王安石

当国

王晨——著

上海社会科学院出版社
SHANGHAI ACADEMY OF SOCIAL SCIENCES PRESS

楔子

　　从广津门沿着汴河搭乘客货船，两岸鳞次栉比的铺子和摩肩接踵的行人逐渐映入眼帘，空气中满是人声鼎沸的喧嚣与市井烟火气，这人杰地灵的地方便是举世无双的大宋东京城了。

　　汴河上架着漆着丹腰的虹桥，这种为了方便漕运而建造的桥梁诞生于仁宗年间，连一根柱子都看不见，宛若一道飞虹横跨两岸。桥面上是热闹的集市，有卖汤饼和茶饮的小贩，也有"打野呵"卖艺的路歧人，有驻足观看或在摊档吃喝的，亦有往来如梭，只是赶路的。般载车轳辘辘地滚动着，挑着货担的汉子们已是袒胸露乳，大口喘气，而桥下的客船里，富贵人家的子弟正推开花格窗，一边享用吃食，一边望着桥上的热闹与两岸的风景。汴水汩汩地流淌，空气中依稀有暮春的味道。

　　视线所及，两岸多是街市酒店，彩楼相对，绣旆相招。迎风的酒望子似点缀着烟火人间的卷帘，而沿岸的酒楼阁子无不敞着轩窗。歌伎粉头咿咿呀呀的唱腔在杨花濛濛的风情里不请自来，柔柔地荡漾着汴梁开封的旖旎风情。

　　货船三三两两地靠在岸边，脚夫们汗流浃背地搬运着一袋袋南北货，几个精瘦的纤夫把纤绳绑在码头的木桩上，这会儿他们正在一家沿街食店的遮棚下大碗大碗地喝着凉茶饮子，黝黑的肤色在午后阳光里泛着古铜似的坚忍。在这一方角落里，好像只听得到鸟雀聒耳的叫声。

　　纤夫们吃着便宜的胡饼，眼见几个部送纲运的外乡农民下了船，搬运起衙前役所规定的替官府运输之财物。纤夫们忽然爽朗地笑了起来，这城市里的坊郭户①与土里

---

　　①　一般指城市人口。宋代坊郭户包括居住在"州府军监"城、县城和镇、市的人户，也包括居住在"草市"（近郊、乡村的商业中心）的人户。

土气的外乡农民之间的分别，真是一目了然。

"且不如俺们拉完一船，尚得在此间快活哩！"

"却闻管库的李宣教是个阎罗门前的马面，去他那里缴纳财货，怕是要掉几层皮！"

"直是可怜！"

纤夫们又是一阵笑语，仿佛浑然忘了这狼吞虎咽后，还有好几条船须得他们在汴河的春风波浪中费力牵引。

御街州桥东面沿着汴河，乃是一大片官营、私营的邸店。所谓邸店，是供游走四方的行旅寓居住宿和寄存货物的地方。官营，自是公家所开设的，而东京城里私营的邸店，大多也是官员才开得，往往日进斗金。

离州桥不远处正是大相国寺。今天又是望日，相国寺瓦市里的"万姓交易"，喧闹非凡。穿过外头贩卖飞禽猫犬和日常什物的三道大门，来到佛殿后的资圣门，此处是买卖书籍、古玩、字画，以及诸路卸任官员差人兜售土特产的地方。这里多是士子文人，也不乏当朝官吏。

这会儿便有已经放衙的官员在资圣门市集里挑选古籍善本或文玩器物，京师不厘务的文臣更是不会错过大相国寺每月五次的瓦市交易盛会，说不定就能在哪个铺位买到心仪的书画，偷得浮生半日闲。

眼下官吏中有结伴而来的，也有似乎是刚偶遇同僚的，他们凑在一起边说话边逛着。

"来来来，晋本《论衡》！"

"蔡中郎碑文！"

在商贩的吆喝声中，有的官吏聊起了去年"谅阴不殿试"的南省放榜故事，但更多的人，都似乎在谈论同一个名字。

"东山未起，当如苍生何？"

"然则相州乃是桓温？"

有人如此调侃，也有人在揣测。

"恐非久在禁林，他日必登凤池。"

"便怎地？须还是我辈过如此日子。"

若是外乡来的部送纲运的农夫在场，自然听不懂这些官场上的暗语，而东京城的百姓们就不一样了，他们可谓生活在辇毂之下、首善之区，早已眼观六路、耳听八方，消息灵通得很。这番话里说的几桩事情、几个人物，可都难不倒他们。

"谅阴不殿试"中的"谅阴"，是指帝王为皇考守丧。而当今官家刚登极即位的治平四年（1067 年），便尚在大行皇帝①的国丧期间，故该年不举行殿试。差不多七十

---

① 大行皇帝，皇帝死后且谥号确立之前，对其的称呼。

年前，还是真宗在位时期，谅阴不殿试就成了定制。赶上这种事，礼部省试一结束，状元便直接诞生了。去年的状元乃是礼部试"大魁天下"的许安世，对那些在会试里成为"省元"的学子来说，这是做梦都要笑醒的天大喜事。

"东山未起，当如苍生何"本说的是东晋时力挽狂澜的宰相谢安，而谢安字安石，因此影射的正是去年九月二十三（戊戌日）被诏任为翰林学士的王安石——王介甫。"然则相州乃是桓温？"，"相州"指的是前宰相韩琦。就在王安石被任为翰林学士的三天后，韩琦以司空兼侍中①的显赫虚职，带着使相头衔出判故乡相州。东晋时谢安东山再起，在桓温帐下为司马——而昔年王安石登科及第后，被授予"签书淮南节度判官厅公事"，其时韩琦正以资政殿学士知扬州，故王安石算得上是在韩琦幕府任职。"恐非久在禁林，他日必登凤池"，是传闻王安石简在帝心，多半来京之后不久就要入政事堂。

此刻，闲逛于大相国寺资圣门市集的京师官吏不仅在戏谑调侃，也在揣摩新登极天子的圣意。一是以翰林学士召回都下的王安石是否会被重用为宰执大臣；二是韩琦出典乡郡，会否去而后来，再入政事堂拜相。毕竟四个月前，韩琦改判永兴军路，镇抚陕西去了，谁说他一定不能回来？

只听在字画古玩前闲谈的人又道："此处有五百尊罗汉，是奉燃灯佛法旨，抑或奉未来弥勒佛法旨？"

另一人闻言，放下手中的《汉书》，在大相国寺的暮鼓声中淡淡一笑：

"扫地泼水相公来，无非是'东堂月朗西堂暗'，你方唱罢我登场，且看谁是现在佛，便依着谁。若佛爷不合吾辈心意，却自有未来佛拜也！"

众人俱是大笑，以为妙哉，深得三昧。

入夜的江左春意难掩，那望日的一轮银月高悬头顶，洒下皎洁的月华，将山水两岸的花草轻柔地覆盖上一层清丽的生机，更兼柳细风斜。这玲珑月照之下，春风十里，芬芳四溢，仿佛是万物有灵，静悄悄地在夜幕里多情低吟。

一艘兰舟已停泊靠岸，船舱里走出一位中等身材、文士打扮的人，他头戴逍遥巾，身着无横澜道袍，双手反剪在背后，正举头望月，似有所思。

片刻，约莫着天命之年的老秀才便自顾自地吟诗作赋起来：

"京口瓜洲一水间，钟山只隔数重山。春风又绿江南岸，明月何时照我还？"②

---

① 司空，正一品，宋前期三公官职之一。三公者，即太尉、司徒、司空。侍中，宋前期正二品。

② 王安石所作七言绝句《泊船瓜洲》。

船上同行的在甲板上的人，听到这首绝句后，赞叹连连。

"'春风又绿江南岸'真是妙语！一路未曾请教，敢问兄台尊姓大名？"

那作诗人回头看去，随口道："某姓王，名安石者是也。"

原来这便是新除翰林学士王安石！他是走水路赴汴京途中停靠在此地。他自江宁府出发，到这瓜洲渡，不过才用了一二日。

王安石在江宁待了四年之久。嘉祐八年（1063年）八月，母亲去世后，他便离京，回江宁府丁忧。然而，在英宗治平二年（1065年）十月，已经为母亲守丧满二十七个月的王安石在服除之后，却拒绝以知制诰的重要差遣回东京城。知制诰一职，是在舍人院中掌草拟诏敕策命的重要职务。能够草拟圣旨，这可是求之不得的美差，是两制级别的高官之位，但王安石却称病辞免，不愿赴阙。次年，他更是三度辞去朝廷的诏令除授，选择待在江宁。

治平四年（1067年）新皇登极之后，于三月诏令王安石出知江宁府。辞免不获的王安石乃从赋闲状态中走出来，开始处理地方公务。九月，又诏除他为翰林学士，不久便召其赴阙。

这一回，王安石没有推辞。

清风朗月之下，王安石想到不久前好友王介来诗相谑："草庐三顾动幽蛰，蕙帐一空生晓寒。"博学如安石，自然知道，这是友人拿三顾茅庐和孔稚珪的《北山移文》向自己寻开心，假意挖苦讥讽他：你这是真隐士，还是沽名钓誉，想着出去做大官？

于是他便以一首《松间》回应王介："偶向松间觅旧题，野人休诵北山移。丈夫出处非无意，猿鹤从来不自知。"

王安石心意已决，经过前夜与宝觉禅师畅谈机锋，他更是坚定了致君尧舜的人生追求。

彼时他问宝觉禅师，"未登此座时如何？"

禅师云："一事也无。"

又追问："登后如何？"

禅师意味深长地回答："仰面观天不见天。"

又说偈云："良工未出，玉石不分。巧冶无人，金沙混杂。有时开门待知识，知识不来过。有时把手上高山，高山人不顾。或作败军之将，向阇黎手里拱手归降。或为忿怒哪吒，敲骨打髓。正当恁么时，还有同声相应、同气相求底么？有则向百尺竿头，进取一步。如无，少室峰前，一场笑具。"①

---

① 王安石所见之宝觉禅师，当是青原下十三世法云本禅师法嗣，宝林果昌禅师。本书所引机锋为同时代黄龙祖心禅师（谥宝觉）语录。因颇契合王荆公仕宦，故移花接木于此，特作说明。

王安石明白，这是禅师在劝诫自己，此去东京汴梁，若要有所作为，定然是风浪滔天。同心同德的人何其难觅，只怕功业到头一场空，徒增当世与来者之笑谈！

但《孟子》云，虽千万人吾往矣！

既然已经决定出山，王安石又如何会放弃呢？

此时，江面上鸥鹭啼鸣，圆月凉风，清夜阒寂，这一连串叫声，仿佛是白鸥问我泊孤舟，此去庙堂之高，可载得动一片江湖朝野的烦琐深愁？

望着江水滚滚，王安石又想起前年作的一首小词：

伊吕两衰翁。历遍穷通。一为钓叟一耕佣。若使当时身不遇，老了英雄。

汤武偶相逢。风虎云龙。兴王只在笑谈中。直至如今千载后，谁与争功。①

是夜，乃熙宁元年（1068 年）三月十五。

---

① 王安石所作咏史词《浪淘沙·伊吕两衰翁》。

目录

第 一 卷

翰 林

第 一 章

独往便应诸漏尽

当今的官家名唤赵顼，眼下不过弱冠之年。他从二十岁的年纪登上了天子宝座，成为大宋官家，实在是因为他的父亲——英宗赵曙过于短命了。

说来，赵曙原本没有可能继承帝位，因为他并非仁宗皇帝赵祯的亲子。然而宋仁宗的三个儿子不幸先后夭折，自庆历三年，赵祯便再没有男性子嗣。在这种情况下，濮安懿王赵允让的第十三子赵宗实（即赵曙）因曾养于宫中，在嘉祐七年被立为皇子。赵祯也委实有些可怜，自己的堂兄弟赵允让有二十二个儿子，而贵为天子的他却没有一个能长大继承帝统的亲生儿子。

幸运的"十三团练"赵曙做了官家后，却"背叛"了将帝位和天下交给他的仁宗，要追尊自己的父亲赵允让为皇考。可是赵曙是以养子身份被立为皇子，从而纂承仁宗的帝统，从法理上来说，自然应当以仁宗为皇考，至于生父赵允让，他只能称之为"皇伯"。宰相韩琦、曾公亮和副相欧阳修都支持英宗追尊生父为皇考的想法，但司马光、吕诲、范纯仁等大臣则激烈反对。几年来朝廷为了此事闹得不可开交，英宗一朝短短四年时间，朝中一直存在这样的争议，是为濮议之争。

另外，仁宗朝四十年日积月累的种种弊病，几乎没有得到有效的解决，而如今全摆在了二十岁的官家赵顼御案前。事实上，天水赵家的大宋出问题已经很久了。真宗皇帝赵恒东封西祀，大搞天书祥瑞，广兴土木，加之后来章献明肃太后刘娥垂帘听政，大肆营建塔庙宫观，财政上早已埋下祸根。到了仁宗朝后期，问题日益严峻，朝廷已无力解决。

四月初四（乙巳日），东京城皇宫大内，垂拱殿。

年轻的官家立在御案旁，俊秀英朗的脸庞上有着一丝急切和期待的神色。

须臾，阁门官吏引着一位紫袍的文臣上殿，来者乃是新除的翰林学士王安石。

"臣见过陛下。"王安石立定一揖。

这是赵顼第一次见到他闻名已久的王安石。原来赵顼登极前，王府里的随龙人韩维每有高论令赵顼惊奇时都会说："此非是臣之见，乃王安石所说。"这让赵顼在十来岁时就记住了王安石这个名字。

定睛望去，只见御座丹墀下的这位大臣立得极是方正，一张国字脸，浓眉大眼，有着颇深的法令纹，严肃中透着威严，三绺胡须似乎未曾好生打理，显得有些随意。

回过神来的赵官家赶紧上前托住王安石的双手道："卿且坐下与朕说话。"

原来今日令王安石越次入对，官家还觉得不够隆重，事先令内侍搬来了机凳，这可是给宰臣或元老重臣的礼遇。

"臣惶恐。"王安石待官家坐回御座后，再次一揖，便不作推辞，径自坐了下去。

赵官家道："朕久闻卿道术德义，士林称许。有忠言嘉谋，当不惜告朕。方今治理天下，当以何为先？"

王安石也是初次见到这位皇帝，年轻的官家继承了英宗俊朗的面貌，虽年甫弱冠，但留着短而精致的髭须，一双细长的凤眼更是炯炯有神，满怀着期待。

王安石对治国问题早已思考多年，便不假思索地应道："以择术为始。"

赵顼微微颔首："卿以为唐太宗何如主？"

王安石正色道："陛下在治国上，事无大小，当以尧、舜为效法之榜样。唐太宗所知不远，所为不尽合法度，只不过适逢隋末天下大乱，文帝子孙昏恶无道，故唐太宗才被后世称许。天道有升有降，人世间国有兴衰、民有善恶，处今之世，恐须每事以尧、舜为法。尧、舜所为，至简而不烦，至要而不迂，至易而不难，但后来之人不能通晓圣人之道，故常以为尧、舜为高不可及。却不知，圣人治理天下，确立法度，常常以最广大、普通之人为标准，故能周遍万物。"

赵顼略思考了一番，王安石说唐太宗不值称道，确实出乎意料，但说要效法尧舜，也并无什么稀奇，这样说的大臣多得很。

"卿可谓责难于君矣，尧舜这等上古贤君，朕自视渺然，恐怕无法符合卿之期待。不过卿可尽心辅佐朕，你我君臣勉力为之。朕想来，祖宗守天下能百年无大变，粗致太平，原因何在呢？"

王安石看出了这位年轻官家想要锐意改革的雄心。其实每一位天子即位之初都想要有一番大作为，但现实是积重难返，种种弊病和朝野纷争繁复，这些很快会让皇帝们放弃大动干戈，而选择因循守旧，得过且过。现在官家也把这样的问题抛给了他。是时候去试一试了！

"陛下，以臣愚见，我太祖皇帝躬上智独见之明，太宗则承之以聪武，真宗而守之以谦仁，以至仁宗、英宗，无有逸德，此所以享国百年而天下无事也。臣在仁宗时即为侍从近臣，仁祖之施政本末与朝野人事，此臣所耳闻目睹，试为陛下分说一二。昭陵（即仁宗）在位四十有二年，实有百年未革之弊！我仁祖一朝，君子非不见贵，然小人亦得厕其间。正论非不见容，然邪说亦有时而用！"

赵顼听到这句话所受震动如白昼惊雷，他从没有从哪位大臣或者奏疏札子里听闻对仁宗一朝这样直接而尖锐的"批评"。王安石居然说在仁宗统治的四十二年里，虽有重用正道君子，但所用奸邪小人也不少；虽有被采纳正确的治国意见，但祸国殃民或苟且因循的邪说也时有施行！这可真是道常人之不敢言！

年轻的官家虽然登极不久，却已听腻了各种似是而非的场面话，今日听到王安石的肺腑之言，不啻黄钟大吕在耳畔炸响。

"卿必有真知灼见，愿卿有以教朕！"

赵顼从御座上激动地站了起来，王安石随即起身深深一揖。

"臣蒙陛下问及本朝所以享国百年，天下无事之故。臣以浅陋，误承圣问，又口出狂言，迫于日暮，不敢久留。况此中因果非一，请陛下许臣退还私邸，粗为文墨，写就文字进呈。"

赵顼明白王安石此时郑重其事的意义，他觉察到一种君臣之间风云际会的神奇感觉。在这一刻，他才算真正相信了古人所说的，太公垂钓于渭水之滨，而风期暗与文王相亲，君臣之遇合，盖亦有天数哉！

禁中，中书门下政事堂。

因韩琦已经罢相回了老家，此时的政事堂里只剩下一位独相，即集贤相公曾公亮；副宰相则是两位参知政事赵抃和唐介。

曾公亮已年近古稀，两位参政也已花甲，此刻正议论着王安石越次入对的事情。

早年以"铁面御史"闻名朝野的赵抃开口道：

"仆以为王安石之为内翰，乃恰如其分之事。王安石文学德行都是上佳之选。只是官家如此迫不及待召其越次入对，似乎……"

这位曾匹马入蜀，以一琴一鹤自随，更弹劾过无数朱紫大员的副宰相，这会儿言语中的意思似是在暗示，虽然王安石被召还京师担任翰林学士是无可厚非的，但陛下如果要进一步重用王安石，就值得商榷了。

"阅道（赵抃字）所言极是，"唐介也开了口，"安石之学问固然好，撰写内制大诏①绝无问题。可若官家急于进用，不次擢拔，让安石位列二府，依某来看，却是不妥！"

唐介之名，比赵抃有过之而无不及，时人称其为"真御史"，所谓"直声动天

---

① 宋代由学士院负责起草大制诏书，如立皇太子、后妃，封亲王，拜相、枢密使等。

下"。凡谈到唐介，必曰唐子方（唐介字）而不敢直呼姓名，以示敬重。昔年仁宗在位期间，张贵妃（即后来的温成皇后）的伯父张尧佐因为"枕边风"的关系，骤除宣徽、节度、景灵、群牧四使，随即授予张尧佐四大官职，唐介便与包拯等一同进谏论列，大加反对。仁宗皇帝无奈，只得除张尧佐为宣徽使、知河阳府，算是让了一大步。同僚们见陛下从善如流，也就不再劝谏。谁知唐介却不肯罢休，继续反对将仅次于宰相、执政的宣徽使授予张尧佐这样的外戚，并弹劾宰臣文彦博通过内侍给张贵妃送礼，勾结张尧佐——故应当罢免文彦博宰相一职，改拜富弼为相。盛怒之下的仁宗皇帝威胁唐介，说要将其远窜岭南①，唐介居然顶撞天子说："臣忠愤所激，鼎镬不避，何辞于谪！"因而差点被贬为春州别驾②。

宰相曾公亮想到唐介的这些往事，不禁暗暗摇头。虽然自己官职高于唐介，但有时也得对他避让三分：譬如，原本在早朝前，宰相在待漏院看百官所进奏疏时，即便是参知政事这样的执政也不能一同看，属于宰相的机密特权。但是唐介却指着曾公亮的鼻子质问，说在朝廷中处理政事，有文书却不能第一时间知晓内容，如果陛下垂问，难道要执政们都一言不发吗？曾公亮不得已，便把文书拿给唐介和其他执政看，自此居然形成了惯例。

此时，曾公亮抚了抚自己漂亮的长须，笑道："子方终是耿直，在台谏为黄钟大吕，天下闻名。在政府，当为陛下分忧，我辈于中书，须得谨言慎行。所谓有容乃大，先须容他，观其言行后效，方知君子小人之别，才与不才之判。吾侪正当勉力辅佐官家，实心办事，以令名威福归于陛下，则纵然怨谤交集，又何妨哉？"

曾公亮显然话里有话，似在讥讽唐介不识大臣体，做了副宰相还拿当御史、谏官的那一套逻辑在中书喧哗，既然身为宰辅，应该把好名声留给陛下，把骂名留给自己，这才是忠君之道……

于是赵抃赶紧打圆场道："是了，曾相说得也不无道理。我们且少安毋躁，陛下新登极御宇，正需进用人才。此事不只是关乎朝野天下的治乱安定，也关乎陛下威望。我们为人臣子，须替陛下考虑。况且王安石为词臣，乃极妥帖。许是官家刚即位，正要广开言路，令久负盛名的安石越次入对，也并非稀奇事，无须过虑。"

曾公亮坐在位子上朝赵抃拱了拱手道："阅道高见，曾某自愧不如。"

唐介却仿佛并不满意，扭过头站起身，竟先出去了。

---

① 岭南，蛮荒之地，也是宋代流放官员的主要地点。

② 别驾，本为秦汉朝郡守佐官，这里的春州别驾属于散官，多用于安置责降官，州别驾为正九品，只能领取半俸。

这日晚间，本正该用晚膳的官家赵顼放下象箸，随即拿起方上呈的奏疏似浑然忘记了眼前的玉盘珍馐。他早已吩咐，若是阁门司得了王安石的奏疏，须立即送来，一刻不得耽误。虽然上午奏对时，王安石声称要退还私邸之后方写就文字进呈，但现在看来这位新任的翰林学士也正迫不及待地要向自己展布才思。

官家不免喜出望外地看起了字体较寻常表状更大的札子[①]：

臣前蒙陛下问及本朝所以享国百年、天下无事之故。臣以浅陋，误承圣问，迫于日晷，不敢久留，语不及悉，遂辞而退。窃唯念圣问及此，天下之福，而臣遂无一言之献，非近臣所以事君之义，故敢昧冒而粗有所陈。

伏唯太祖躬上智独见之明，而周知人物之情伪，指挥付托必尽其材，变置施设必当其务。故能驾驭将帅，训齐士卒，外以扞夷狄，内以平中国。于是除苛赋，止虐刑，废强横之藩镇，诛贪残之官吏，躬以简俭为天下先。其于出政发令之间，一以安利元元为事。太宗承之以聪武，真宗守之以谦仁，以至仁宗、英宗，无有逸德。此所以享国百年而天下无事也。

仁宗在位，历年最久。臣于时实备从官，施为本末，臣所亲见。尝试为陛下陈其一二，而陛下详择其可，亦足以申鉴于方今。伏唯仁宗之为君也，仰畏天，俯畏人；宽仁恭俭，出于自然，而忠恕诚悫，终始如一。未尝妄兴一役，未尝妄杀一人；断狱务在生之，而特恶吏之残扰。宁屈己弃财于夷狄，而终不忍加兵。刑平而公，赏重而信。纳用谏官、御史，公听并观，而不蔽于偏至之谗。因任众人耳目，拔举疏远，而随之以相坐之法。盖监司[②]之吏以至州县，无敢暴虐残酷，擅有调发，以伤百姓。自夏人顺服，蛮夷遂无大变，边人父子夫妇，得免于兵死，而中国之人，安逸蕃息，以至今日者，未尝妄兴一役，未尝妄杀一人，断狱务在生之，而特恶吏之残扰，宁屈己弃财于夷狄而不忍加兵之效也。大臣贵戚、左右近习[③]，莫敢强横犯法，其自重慎，或甚于闾巷之人，此刑平而公之效也。募天下骁雄横猾以为兵，几至百万，非有良将以御之，而谋变者辄败；聚天下财物，虽有文籍，委之府史，非有能吏以钩考，而断盗者辄发；凶年饥岁，流者填道，死者相枕，而寇攘者辄得。此赏重而信之效也。大臣贵戚、左右近习，莫能大擅威福，广私货赂，一有奸慝，随辄上闻；贪邪横猾，虽间或见用，未尝得久。此纳用谏官、御史，公听并观，而不蔽于偏至之谗之效也。自县令京官以至监司、台阁，升擢之任，虽不皆得人，然一时之所谓才士，亦罕蔽塞而

---

① 札子，即榜子，乃是一种宋代以大字手写，经阁门通进奏闻皇帝的文书。

② 监司，即路监司。宋朝路一级地方机构安抚司、转运司、提刑司、提举常平司等总称为"监司"，近似于后世省级地方机构。宋地方行政架构，基本是路、州（府、军、监）、县三级制度。

③ 指君主宠爱亲信的人。

不见收举者，此因任众人之耳目、拔举疏远，而随之以相坐之法之效也。升遐之日，天下号恸，如丧考妣，此宽仁恭俭，出于自然，忠恕诚悫，终始如一之效也。

粗看王安石札子里这数百字，似乎都是些臣子称颂先朝的寻常言语，然而弱冠之年的皇帝聪慧过人，已是读出了其中不一样的地方。他不免想到三天前，四月初一特与优礼，让仁宗和皇考英宗朝的宰臣富弼乘肩舆至崇政殿门，又因为考虑殿门离殿尚很远，自己乃御内东门小殿召见富弼。当时问他，如何才能治理好天下？对西夏党项和辽人契丹又该如何？没想到谈到日头偏西的未时，富弼也只是说"陛下临御未久，当先布德泽。愿二十年口不言兵，亦不宜重赏边功"。赵顼也曾听说，如今的富弼早就成了个诵经念佛的老人，可见到后，才真正诧异，昔日随范文正公庆历新政锐意改革的富彦国竟成了这个模样！

由此再思考王安石究竟在札子里要表达什么，便豁然开朗了。表面上王安石讲列祖列宗如何圣德，但太祖、太宗、真宗之事，王安石都是一笔带过，主要讲的全是仁宗朝如何。在天子赵顼看来，其实王安石对仁宗的评价可以用八个字来概括：含污纳垢、因循苟且！对外，拿蕞尔夏人无可奈何，美其名曰"宁屈己弃财于夷狄，而终不忍加兵"。对内，军戎无法，冗兵严重；理财无术，所任非人；凶灾频发，赈济未备；贵戚近习，时擅威福；奸佞邪慝，或有进用；乾纲常为台谏左右，而乏圣明独断；任免颇有不得人才，而多庸碌流俗……

这才是所谓仁宗时代"盛世"的另一个真相！

官家接着往下看札子，果然，王安石的心里话才正要来：

然本朝累世因循末俗之弊，而无亲友群臣之议。人君朝夕与处，不过宦官女子；出而视事，又不过有司之细故。未尝如古大有为之君，与学士大夫讨论先王之法，以措之天下也。一切因任自然之理势，而精神之运有所不加，名实之间有所不察。君子非不见贵，然小人亦得厕其间；正论非不见容，然邪说亦有时而用。以诗赋记诵求天下之士，而无学校养成之法；以科名资历叙朝廷之位，而无官司课试之方。监司无检察之人，守将非选择之吏。转徙之亟既难于考绩，而游谈之众因得以乱真。交私养望者多得显官，独立营职者或见排沮。故上下偷惰取容而已，虽有能者在职，亦无以异于庸人。农民坏于繇役，而未尝特见救恤，又不为之设官，以修其水土之利。兵士杂于疲老，而未尝申敕训练，又不为之择将，而久其疆场之权。宿卫则聚卒伍无赖之人，而未有以变五代姑息羁縻之俗；宗室则无教训选举之实，而未有以合先王亲疏隆杀之宜。其于理财，大抵无法，故虽俭约而民不富，虽忧勤而国不强。赖非夷狄昌炽之时，又无尧、汤水旱之变，故天下无事，过于百年。虽曰人事，亦天助也。盖累圣相继，仰畏天，俯畏人，宽仁恭俭，忠恕诚悫，此其所以获天助也。

这是作为官家的赵顼从未听闻的石破天惊之论断！王安石的意思是，如今朝廷用人出了大问题！科举这样的抢才大典注重用诗赋和记诵来取士，选上来的都是一些夸夸其谈，只会做花团锦簇的官样文章之徒，又不广设学校培养人才；凭借这样的科举名次和为官资历来安排官员的升迁任免，却没有真正合适的官员考绩考成之方。州县上级的监司（路级转运司、提刑司等）缺乏有效监察地方的官吏，州县的地方长官则又并非经过合理选拔出的良臣能吏，调任频繁之下，磨勘只是循资格而已，哪里能真正考察出官员的政绩实情呢？官场上偷惰成风，苟且成性，因为做好做坏常常区别不大，至于升迁快慢，只是在于会不会钻营投机，建立自己的关系网。天下之本首要在于务农稼穑，然而农民们困于徭役之繁多苛杂，常有耽误农时之类的事情，朝廷却缺少有针对性的救恤措施，对于农田水利的维护、开发，也没有设置官吏专董其事。朝廷百万禁军厢军多为老弱不堪用之兵，又不为卒伍之士选将训练；即便是京师重地，宿卫也多是无赖成军，这不过是五代姑息政策的延续。就连陛下的皇室宗亲，朝廷也没有完善的管理、选拔之法，导致亲疏尊卑紊乱不分！

最让此时年轻的皇帝感到触目惊心又如鲠在喉的是这几行字：

"其于理财，大抵无法，故虽俭约而民不富，虽忧勤而国不强。赖非夷狄昌炽之时，又无尧、汤水旱之变，故天下无事，过于百年。虽曰人事，亦天助也。"

民不富、国不强，这就是积贫积弱！朝廷岁入不可谓不多，然而左支右绌，甚至有入不敷出之时；国非不大，养兵百万，然而却不能鞭笞四夷。说到底，能太平百年，不过是因为一时的运气罢了！

伏唯陛下躬上圣之质，承无穷之绪，知天助之不可常恃，知人事之不可怠终，则大有为之时，正在今日。臣不敢辄废将明之义，而苟逃讳忌之诛。伏唯陛下幸赦而留神，则天下之福也。取进止。

官家终于读完了王安石这道《本朝百年无事札子》，"大有为之时，正在今日"这九个字仿佛刻进了他的脑海。

赵顼激动地站了起来，他反反复复地念叨着奏札中的几段话语。伺候官家用膳的内侍惊讶地看到皇帝陛下走到了殿外的石阶前。赵顼自这禁中大内往外望去，依稀能听到都下酒楼里，金丝玉管的声音好似盘旋空中。烟火人间的热闹在这位天子的耳中，仿佛是某种祥瑞的征兆，是一种无言的谶纬预示。

他坚信，已经找到了自己的稷、契、吕望，绝不会错。

次日，赵顼在结束了前殿视朝之后，在崇政殿里再次召见翰林学士王安石。

年轻的官家很是兴奋，又令内侍搬来杌凳，请自己新任命的这位内翰坐下，方才道："昨阅卿所奏书至数遍，可谓精于谋划，治理天下之方略，想必无有能过于此书者。札子中所条朝政之失，卿必已一一经画，可否今日为朕仔细详说设施之方？"

王安石却显得十分冷静，淡淡回答说："仓促之间，难以尽说。若陛下果真求天下之大治，臣叨位禁林，得侍讲经筵，愿陛下以讲学为事，则经筵之时，臣当能敷陈细论，为之一一具说。讲学既明，则设施之方，不言而自喻。"

看到这位翰林学士正襟危坐，不肯轻易分说他的治国之策，官家赵顼急不可耐，立刻道："卿所言甚是，虽然，试为朕言之，愿卿有以教朕！"

王安石听到官家这般发话，便不再大马金刀地兀自坐在那儿，而是站起身一揖，说："臣不敢当陛下玉音如此垂问。则臣虽无学，姑勉为陛下略陈一二。"

"卿快坐下，朕洗耳恭听！"官家也激动地站了起来，伸手虚扶，示意王安石坐回机凳上去。

无多时，崇政殿里便只有王安石一个人洪亮的声音在指点江山了。

禁中中书门下政事堂。

唐介颇心烦意乱，竟一时间无法集中精神处理公文。

"王安石昨日的札子相公与阅道如何看？"

赵抃道："听说这份札子昨日官家看得废寝忘食，内侍们都在议论新除的翰林学士是何方神圣。若说措辞，也确实偏激，或只是他王安石以求直名？"

唐介摇了摇头说："非也非也！王安石用心诚不可问！这奏札看着是在褒美仁庙，其实是在狂悖大逆地贬诬仁宗皇帝！相公与阅道难道会看不出？王安石在讥讽圣朝理财无人，恤民无政，不能尽去小人，不能复先王之制……盖以为农贫、兵冗、财匮、官贪——他王安石尽要以一己之力更张革之！这断无可能！王介甫自以为'众人皆醉我独醒'！依老夫来看，他这是要祸乱天下！"

"子方言重了，少安毋躁，"曾公亮喝了口上好的龙团贡茶，捶了捶腰，"札子里所说，也是庆历诸公之见。未闻范文正公祸乱天下，今安石文学器业，时之全德，若蒙官家大用，亦是君臣遇合之美事，朝野当谓，陛下得人矣。"

唐介哼了一声："某听闻相公去年有言于陛下曰'安石真辅相之才'，又声称参政吴奎反对进用王安石乃是'荧惑圣听'！某倒想问问相公，若是异日安石恣意妄为，变乱祖宗法度，致使朝野晓晓，处处鸡犬不宁，相公其有责焉？！"

赵抃见状立刻道："相公勿怪，子方乃忠贞国事，又为相公令名考虑。官家御宇不久，进用人才也是理所应当。我等在朝廷，且看官家之后的施政方向吧。"

曾公亮在座位上向赵抃报以一笑，微微颔首，仿佛没听到先前唐介那些尖锐的质问。

　　恰在这时，一名小黄门跑到政事堂外，附在一位宰臣元随①耳边，与他说了好一会儿工夫。

　　忽然鸡人②唱起，又击鼓十五下，巳时正③时牌一过，政事堂内的三位宰执都陆续起身，曾公亮作为独相，率先往自己在东阁的本厅走去，而唐介与赵抃乃是参知政事身份的副宰相，因而办公的本厅俱在西阁。

　　曾公亮刚落座，须臾，那位先前与小黄门附耳密谈的元随也走进来。

　　"相公，"元随先在厅阁门口站定，待看到曾公亮点头后才走到其身前，压低声音道："那边来话，说是王安石滔滔不绝，官家大喜，但王内翰与官家具体说了什么，中贵人也记不住。"

　　曾公亮好整以暇地抚摸着桌案上的一只玉龟茶宠，待元随退下后，他便自言自语道："安石入二府为宰执，可谓箭在弦上呐！圣心如此，唐介唐介，你可真是螳臂当车！"

　　曾公亮自仁宗皇帝嘉祐六年（1061年）闰八月拜相，到现在已经做了快八年的宰相了，又算是三朝辅臣，资格老得很，能长期固位，自是有相当的本事。眼下，他知晓了赵官家对王安石超乎寻常的信任，便更明白今后要如何迎合上意了。

---

　　①　宋代制度，宰相、执政、使相至正任刺史以上有随身人员，称之为元随，人数依职务、官品等高低而不同。

　　②　宋代京城中用鸡人吟唱、敲击钟鼓来报时。所谓鸡人，是官中司职报时的吏员。

　　③　上午10点。

第 二 章

一民之生重天下

　　王安石在京师终于算是安顿下来。这日，韩维做东，在白矾楼请他与司马光、吕公著一同赴宴。

　　放衙后回宅邸中换了便服，王安石才骑马前往白矾楼。这白矾楼乃在大内皇宫东华门外的景明坊，是开封最豪奢繁华的酒楼，连周遭的茶肆、铺子都因之生意红火。南来北往的小商贩和都下的平民百姓虽无那一般富贵能在白矾楼里大快朵颐，但也颇愿意在边上看看酒楼外进进出出的达官显贵和油壁香车，感受这人世间的奢遮①。

　　帝城春暖花开，昨夜临明微雨，眼下正是新英遍旧丛，但见得烟霏丝柳，绿荫摇曳，确是汴梁大城，荡漾一派美景。王安石骑在一匹瘦马上，这牲畜没什么气力似的不紧不慢地走着，马背上已然贵为两制重臣的王介甫看着东京城里熙来攘往的人群。人们走在空空荡荡的御街两旁，那庄严的御街左右阔达二百步许，直通皇城宫禁，象征着天子君权神授的至高无上。

　　这样一路到了白矾楼外，早有酒楼里的人上来牵走那匹瘦马，代客往马槽拴起来去了。王安石迈步走进白矾楼里，灯烛煌煌，又见得雕梁画栋，簪缨满座，处处都是瑶席盛馔的排场。更有佳丽揽客，多是翩若惊鸿，婀娜多姿，各个美目倩兮，巧笑盼兮；有的歌伎在席间现红唇皓齿，缓歌妖丽，似听流莺乱花隔；亦有如天女起舞，娇鬟低亸，仿佛是蛮腰纤纤困无力……直看得不少宾客眉飞色舞，好不快哉。

　　然而对于这一切，王安石却是毫无兴趣，他在酒楼迎客的带领下一路径直上了二楼，既然是韩维请他们几个，自是不可能在底层散座的"门床马道"吃饭，须得楼上具备一定私密性的阁子雅间。

　　走到匾额上写着"玉华阁"的包间外，迎客的小伺给推开门，王安石走进去，见韩维与司马光、吕公著都已落座。

　　王安石见主位空着，显然是留给自己的，自是不肯，坚持序年齿，以年龄最长且

---

　　① 奢遮，宋时习用口语，指了不起、出色、出众等。

做东的韩维坐主位。实际上这四个人的年纪相差无几，都在知天命之年。韩维生在天禧元年（1017 年），吕公著生于次年，司马光又次之，最后则是比司马光小了两岁的王安石。他们在仁宗皇帝嘉祐年间便都位列侍从高位，经常一起雅集燕游，过从甚密，友谊匪浅，被人们称为"嘉祐四友"。

除了韩维是判太常寺的礼官身份，另外三人都是翰林学士。落座寒暄后，自是宾主尽欢。菜过五味，白矾楼自酿的"眉寿"酒也喝了几轮，"嘉祐四友"们放下筷子，天南地北地聊开了。

韩维是今上的潜邸旧臣，也就是朝野官民俗称的"随龙人"，其父乃是仁宗朝执政韩亿，而韩维的兄弟韩绛、韩缜眼下也俱在朝中身居要职。他们这一支颍昌桐木韩氏与韩琦的相州韩氏如今都是显赫的官宦之家。

韩维聊起自仁宗朝以来许多风物人情的往事，忽道："介甫，今日'嘉祐四友'集会，我曹即兴分韵赋诗，如何？"

吕公著亦是微笑颔首，显得饶有兴致。这位吕内翰的家世更是煊赫非凡，其伯叔祖乃是太宗、真宗两朝三次拜相的吕蒙正①，其父又是仁宗朝毁誉参半、曾和范仲淹有矛盾的权相吕夷简。昔年也正是吕蒙正向真宗推荐了自己的这位侄子吕夷简，说"诸子皆不堪，唯侄夷简真宰相才也"。而吕公著之兄弟吕公弼、吕公孺亦是如今宦海中人，可谓是一门皆朱紫。

没承想王安石却道："并非我要扫持国（韩维字）兴，实是今日无心作诗。"

吕公著道："可是来京师安顿，尚有未如意处？介甫是国士，生活琐事，常不挂心，然我等正可助一臂之力也。"

王安石道："劳晦叔（吕公著字）费心挂怀，亦非如此。前些时日，数蒙官家召对，多谈及国用不足。今日仆骑马来白矾楼，一路所见，汴梁虽繁华望之难尽，人烟辐辏、商旅骈集，但也不乏乞儿衣不蔽体，令人心悲。"

韩维道："介甫真是忧国忧民，吾辈楷模。只是这升斗小民，古往今来不免有因破荡家产，而沦为盗寇、乞丐之流者，岂应介甫为之过于悲恸？今日是我们'嘉祐四友'聚会，乃乐事也。"

王安石道："我如何不知，治国乃有纲目之分。将治大者不治细，成大功者不成小。纲举而目张，鲜有牵于微末而不败者。但今日见那些遭人冷眼的乞儿无不面黄肌瘦，我又在白矾楼里酒肉朵颐！不由想到白乐天之诗'今我何功德，曾不事农桑。吏禄三百石，岁晏有余粮。念此私自愧，尽日不能忘'。持国，我们这一桌筵席，或可

---

① 吕公著祖父吕蒙亨之堂兄弟。

供贫困之家一年之用啊！"

司马光亦开口道："介甫所言甚是。今赤贫无依之人，日需二十文，不至饥馁，故若是寻常五六口之家，一百文亦过得一日。一月不过三贯多一些，一年当四十贯可矣。而我四人今日在这白矾楼一聚，珍馐美酒，当不下三十贯，直是可令下户百姓全家过一年了！"

吕公著见状笑道："持国是好意，想我曹四人嘉祐年间何等快活，意气相投，诗书相答。今日不过用一餐饭，无须苛责。岂不闻夫子食不厌精、脍不厌细？"

"无妨，介甫与君实（司马光字）确实是这脾性，"韩维闻言反亦是一笑，举杯向王安石和司马光敬酒，"都是国士无双的君子呐，悲天悯人，我韩维确实是自愧不如！不过介甫轻易不肯入京，此番终于再回汴梁，不知你这葫芦里到底卖的什么药，可有救治天下、致君尧舜的灵丹法宝？"

韩维这一问，倒是令座中几乎凡事都面无表情的司马光也露出了久违的期待神色。

"介甫大才，近三十年来，可谓是独负天下大名。朝野士林，谁不说一句：介甫不起则已，起则太平可立致，生民咸被其泽矣？"司马光竟举起手中酒樽，郑重其事道，"介甫出山，必是为社稷起，为苍生起，仆敬介甫。"

司马君在这"嘉祐四友"中最是严谨自持，虽七岁即能粗知《左传》要旨，为他人说，却始终苦读不避寒暑，未曾有一刻松懈偷惰，后来高中甲科。在新科进士们欢聚一堂的闻喜宴上，按照惯例，新科进士们会在幞头上插四朵由官家赏赐的宫花，是为簪花，但司马光性不喜华靡浮浪，便拒绝佩戴，一同赴宴的其他新科进士对他说："君赐不可违。"司马光这才勉勉强强，戴了一支宫花而已。

见司马光如此，吕公著和韩维也举起酒樽，要一同敬王安石。

"晦叔、持国如何也跟着君实胡闹！"王安石与这三人极为熟悉、友好，这会儿见他们如此郑重地称许于他，反倒有些友人间的谦让未违。

司马光道："我何时胡闹了？你们都知晓，我从不胡闹。"

这一本正经的话语倒是令王安石忍俊不禁，他举起酒杯与三位好友共饮，随即道："安石岂敢当此盛赞及厚望！虽然，愿为三位兄长略说一二。"

众人一饮而尽："洗耳恭听，愿乐欲闻！"

王安石道："若官家果真要用我，那施政就在六个字：变风俗，立法度。"

"今天下风俗法度，可谓是一切颓坏！朝廷中少善人君子，庸人则安常习故而无所知，奸人则恶直丑正而有所忌。有所忌者唱之于前，而无所知者和之于后，虽有昭然独见，恐未及效功，而为异论所胜。此所以范文正公庆历之政一年即败，后韩魏公、富郑公、文潞公①相继并相，竟无所成也！"王安石的目光投向轩窗之外，只见疏星淡月，暮云弄色。片刻后他继续说道："凡欲美风俗，在长君子，消小人，以礼义廉耻由君子出故也。闭而乱者，以小人道长；通而治者，以小人道消。小人道消，则礼义廉耻之俗成，而中人以下变为君子者多矣。"

话音未落，司马光拍案赞叹："壮哉介甫！这正是圣贤道理！国之难治，即是以君子少而小人众。此等道理，非士大夫不知，乃故作糊涂耳！贪惰骄横之风长，礼义廉耻之俗衰，则天下事无怪乎难成而尽坏也！"

韩维道："介甫，往昔潜邸侍上时，我常说介甫大才。如今官家登极已过一年，召介甫入京，必定是要大用，介甫正可展布平生才学经术，解民倒悬，辅佐陛下成就功业！"

吕公著斟酌了一番，却道："介甫，你所说的'变风俗，立法度'，依我看来，可不是简简单单的君子、小人的说法！如你和君实所言，这世上也好，朝中也罢，终究是君子者少，小人者多。倘若要立新法度，以变颓靡之旧风俗……介甫，可曾考虑过，你这是要与少数君子携手，站在一众小人的对立面，可谓难上加难，只恐如庆历时一般。窃为介甫忧耳！"

司马光正色道："孟子言，虽千万人吾往矣。介甫要把百年积弊一力荷之，此大治天下的志向，并非无人想过，而是无人有此才略勇气去施行！介甫之才，过光百倍，若介甫果登二府，得展布底蕴，光愿蝇附骥尾，即便前面就是万丈悬崖，也与介甫一同，绝无二话！"

王安石激动地握住司马光的手，道："君实！若得你相助，你我共同辅佐官家，天下事，必大有可为！"

韩维也上前握住二人的手，笑道："且须不能少了我！晦叔你呢？"

吕公著笑着摇了摇头，自然也是伸出了手："嘉祐四友又怎能少得了我呢？只是介甫，这前路凶险，你可真有具体的设施之方？"

王安石道："变风俗，立法度，目的是富国强兵，有朝一日恢复汉唐旧疆……我知晓前方必定阻力重重，但若官家用我，第一步，我自是要为天下理财，国用充足，方能做全面的革新，扭转贫弱困窘、左支右绌之局面，最终鞭笞四夷，令金瓯得全，河清海晏，国泰民安！"

司马光原本沉浸在一片激动的憧憬中，听到王安石说"为天下理财""鞭笞四夷"……他蓦地如坠冰窟，瞬间冷静下来。

---

① 即韩琦、富弼、文彦博。

"慢，"司马光道，"介甫你说的'变风俗，立法度'，要做的第一件事，竟是理财？"

吕公著也反应过来："介甫，所谓理财者，归根结底，是夺人之财。天之道，损有余而补不足；人之道，损不足以奉有余！若是要夺人之财，朝中利益受损的士大夫更是不能容你了，小人者众，众口铄金，介甫你千万要三思而后行啊！"

王安石当即颔首："要为天下理财，并非只是从兼并之家、形势户手中夺财，而是要调整天下财赋利益之流动，使国用丰饶，百姓安乐！"

"为天下理财？我等君子以儒术治国，曰礼乐仁义而已，何必曰利？又如何能去逐利？朝廷逐利则天下风俗大坏，小人蚁附于上，胥吏盘剥于下，开邪佞奇巧之门，民将不胜其苦，斯害无穷！介甫！你这说到底，是与民争利啊！"司马光痛苦地喊道，或许他都不曾注意，自己本与王安石紧紧相握的手已然松开了。

司马光的骤然变卦令王安石大吃一惊，连吕公著和韩维也瞠目以对……

四月初十是官家赵顼的生辰吉庆之日，即"同天节"。自前几日白矾楼的那次酒会后，王安石与司马光之间似乎产生了龃龉，加上这几日王安石在为经筵讲学做准备，二人便未再碰过面。

不久，王安石受诏与吴充一同修《英宗实录》，算上此前正月受诏与吕公著、韩维同修撰，王安石又与友人多了件共同的差事。此后天子加恩，手诏①令舍人院②召试王安石胞弟布衣王安国。

王安国此前科考之路颇为坎壈不顺，虽有博学之名，然而数次在礼部试名落孙山，后举茂材异等，本已召试秘阁，又遇母丧，是故一直迁延至今，尚无功名。此番经枢密副使韩绛、邵亢与翰林学士承旨王珪等举荐，官家赵顼便诏令召试。

王安石在京中收到弟弟安国来信并诗歌一首，感慨之下赋诗次韵，也写下一首：

> 天末海门横北固，烟中沙岸似西兴。
>
> 已无船舫犹闻笛，远有楼台只见灯。
>
> 山月入松金破碎，江风吹水雪崩腾。
>
> 飘然欲作乘桴计，一到扶桑恨未能。③

---

① 手诏，一种规格较高的命令，即体重之诏，然通常并非皇帝所写，仍是由两制词臣代王言撰写，只是名义上是皇帝所为，故重于一般之诏。

② 舍人院，宋初为知制诰与直舍人院办公之所。常有两类官员任职其中：知制诰（以他官代中书舍人掌草拟诏敕策命，所拟诰命称"外制"）、直舍人院（位次知制诰，与知制诰并掌外制）。

③ 王安石所作七言律诗《次韵平甫金山会宿寄亲友》。

黉夜灯下，王安石吹干墨痕，回想年轻时与几位兄弟畅谈人生志向，大多羡慕渊明旨趣，向往隐逸山水泉林之中，如今却要共蹚这功名仕宦的路来……人生之难料，恰如月照松间、江风吹雪，真是把少年绮梦糅得几度清醒。但愿弟弟安国能一帆风顺吧！

　　时间很快到了熙宁元年七月。

　　除了平日撰写诏令制词等工作之外，经筵讲学的进行也令官家赵顼对王安石有了更多的了解和信任，君臣之间越走越近。

　　然而，一件微不足道的小事在朝中掀起了颇为激烈的纷争。

　　一份御史台的白简弹章正放在官家的御案上。

　　被弹劾的乃是新任的判大理寺许遵。许遵在地方上担任登州知州的时候，遇上了一件凶杀案。登州有一民女名叫阿云，在母丧期间，因孤苦无依，被家中长辈许配给了男子韦阿大。阿云厌恶韦氏丑陋貌寝，还未正式嫁过去时，夜间趁韦氏熟睡，怀刀潜入其寝室向其斫砍十余次，但由于阿云年纪不大，力气过小，只砍断了韦氏一根手指，并未成功杀死韦氏，阿云慌乱逃去。地方官府捕盗寇而不得，认为阿云有重大嫌疑，县尉乃令弓手①缉拿她到衙门里审问，阿云供认不讳。

　　女子谋杀亲夫自然是罪大恶极，一般是要处以极刑的，因而须报中央的审刑院、大理寺。审刑院、大理寺认为这属于"谋杀已伤"，即有蓄意杀害他人的企图，并造成人身伤害的既成事实，加之是女子杀夫，当论以死罪绞刑。②可是登州知州许遵认为，阿云在纳采之日，母服未除，还在服丧，属于违律为婚，婚姻关系无效，故首先应当以"凡人"论，而不能论以妻杀夫；再者，阿云被审问之下便立即承认，属于"按问欲举"，有自首情节。而按照宋律法，按问欲举，减二等罪，因此许遵主张登州女子阿云不仅罪不至死，且应当"罪疑惟轻"。而后刑部判定，如审刑院、大理寺所判，以许遵为错妄。

　　赵顼又拿起另一份许遵的奏状，许遵坚持己见，乞请将这件民女谋杀已伤案下两制讨论。赵顼拿起笔，写下了一个"可"字。

　　于是这封御笔批示的许遵之奏状便再由入内内侍省经通进银台司降付给了中书门下。

　　吏员送达之后，赵抃问道："子方，这事你如何看？"

　　唐介哼了一声："贱妇谋杀已纳聘之夫，大坏人伦，有死而已，又何说焉？"

---

　　①　宋时隶属县尉管辖的"弓手"类似捕快，一定程度上承担的是维护治安、缉拿嫌犯的职责。

　　②　后审刑院、大理寺奏请圣裁时提到"违律为婚"，官家便下敕令赦免死罪。

赵抃道："曾相之见如何？"

曾公亮眼睛都不曾抬，只是应了句："按官家的圣意办，下两制议吧。"

辰正已过，崇政殿内。

赵顼用过了早膳，便来到殿上，想先听一听王安石与司马光这两位翰林学士关于阿云案的意见。

官家道："许遵、御史台纷争，想必已由中书降付给学士院，两位学士应已知悉，不知是何看法？"

在来殿路上，王安石问过司马光对这件案子和许遵之说的看法，司马光却说，许遵乃"立奇以自鬻[1]"，言下之意，这案子再明白不过，阿云论以死罪绞刑并无问题，许遵却是要发表怪论，博取官家注意。王安石一时也只好默然以行。

这会儿官家问话，司马光率先一揖，从容答道："臣以为，按律看，其于人损伤，不在自首之列。然律又云，犯杀伤而自首者，得免所因之罪，仍从故杀伤者。此何也？与人损伤既不在自首之列，但别因有犯，如偷盗、劫掠等，本无杀伤意而致人损伤，祖宗制律，患有司不许人自首，所以申明，犯杀伤而自首者，得免所因之罪。则人偷盗，为人所察，杀伤失主，若其自首，便得免偷盗之罪，从故杀伤论。陛下，我皇宋刑法之中，杀伤亦有二等，大有不同。譬如处心积虑，巧诈百端，掩人不备，然后杀伤之，此为之谋；直情径行，略无顾虑，公然杀害，则谓之故。谋者重，故者轻。谋者已图谋清楚，必要杀伤；故者则临时起意，非深思熟虑，因此为轻。今登州女子阿云，乃是嫌恶丈夫貌寝，图谋已久，显是谋杀，非是故杀。则阿云无所因之罪可免，已杀伤又不在可自首之限。三法司论以绞刑，并无过错。"

年轻的皇帝本不想在此事上过度关注，只是这次的纷争涉及大臣与刑部、审刑院、大理寺、御史台之争，必须加以重视，乃令两制讨论。重大司法问题下两制议论，也算是大宋常见的制度，因为翰林学士和知制诰们历来都是饱学大儒出身，无不是经术非凡、博通刑律。

见到司马光侃侃而谈，明确表态，反观王安石一言不发，官家以为关系密切的两位学士已经达成了一致。

正当他准备同意司马光的意见，对许遵加以申斥，维持原来赦阿云死罪而加以编管的刑罚时，王安石却开口了。

"陛下，臣以为三法司之说不确。"王安石也是一揖，"《刑统》杀伤罪名不一，有

---

① 自鬻，指自卖其身，或自售其才能。

因谋，有因斗，有因劫囚、略卖①、强奸，乃至厌魅咒诅②等。皆是杀伤而有所因者也。律中又明言，谋杀人者徒三年，已伤者绞，已杀者斩。谋杀与已伤、已杀自是三等不同刑名，岂得称别无所因之罪？今法寺、刑部乃以法得首免之谋杀，与法不得首免之已伤，合为一事，其失律意明甚！臣以为登州女子阿云谋杀已伤，按问欲举自首，合从谋杀减二等论。"

话音未落，赵顼心里已是略吃一惊，没想到王安石与司马光的看法截然相反。

"依学士所言，图谋杀害韦阿大是所因之罪，已伤韦氏则是阿云又一罪。按律阿云有自首情节，所因之罪可免，按问欲举须减二等论罪，于是从谋杀减二等……"

"陛下！此谬矣，这与许遵所说臣不知有何不同？"司马光立刻打断了官家的话语，"以谋与杀分为两事，破析律文，近于诡辩！按谋杀、故杀皆是杀人，若以谋与杀为两事，则故与杀亦为两事也。彼平居谋虑，不为杀人，当有何罪而可首者？以此知谋字因杀字生文，不得别为所因之罪！陛下，阿云本已获赦贷死，实属宽恩，而许遵乃为之请，欲天下引以为例，开奸凶之路，长贼杀之源，非教之善者也。臣愚以为，宜如大理寺所定！"

赵顼一听，觉得司马光的话也很有道理，王安石、许遵等于把谋划杀人和杀人的行为算作两件事，也确实有玩文字游戏的嫌疑。处心积虑谋划杀人和临时起意杀人都是杀人，倘若谋划杀人与杀人的行为是两件事，那么假如一个人只是谋划事情，而不是要去杀害谁，那又有什么前因罪行可免呢？"谋"和"杀"联系在一起，才有意义……而如果同意许遵的意见，那么岂不是降低了杀伤的犯罪成本么？

赵顼点了点头，"许遵之说……"

"陛下，请听臣一言，"皇帝又一次被打断了话语，这回是见势不妙的王安石开的口："法寺、刑部何以断谋杀已伤不许首免？不过是因为律疏只说，假如有因盗杀伤，盗罪得免，而故杀伤罪仍要问之。而盗窃与杀伤为两件事，与谋杀、杀伤不同，这是法寺、刑部之见。臣以为不然，律疏假设条例，应当讲究举重以包轻。因盗杀人者斩，尚得免所因之罪，谋杀伤人者绞，绞刑轻于斩刑，则岂有罪重得免，而罪轻反不得免所因之罪？"

司马光按捺不住了："陛下，这是托词诡辩！臣请问，倘若今后一概准许谋杀已伤者，按问欲举，减二等论罪，则譬如两人同为盗寇劫匪，县衙官吏先问左边者，岂非按问在左，则在左之人因自首得免死？反之先问右，则按问在右，而在右之人得

---

① 略卖，指绑架拐卖人口。
② 厌魅咒诅，指以巫蛊、诅咒等邪法害人。

生？狱之生死，在问之先后，而非盗劫之情，非但凶人将行巧，有识之士谁不笑之？天下亦必厌之！臣请陛下三思！"

年轻的官家固然聪明过人，可在司马光、王安石二人的辩论中，仍是有点头晕目眩，因为他们说得都各有道理，挑不出绝对的错来，难道天下的事，都是这样没有绝对的对错吗？那该如何是好呢？王安石的意见显然抓住了现行律法的漏洞，而司马光所说的情形，又值得忧虑……

有那么一瞬间，王安石闪过许多念头，君实这位老友只是在与自己"和而不同"，就事论事吗？分歧止于此吗？还是说，这是自己与君实走向更深之歧路的一个开始？

仿佛过了很久，实则只是一刹那，王安石便回过神来，他开口道："陛下，议者必然如司马学士所说，谓谋杀已伤，情理有甚重者，若开自首，则或启奸。而臣以为，有司议罪，唯当守法，情理轻重，敕许奏裁！若有司辄得舍法以论罪，则法乱于下，人无所措手足矣。"

赵顼并非庸人，从王安石的话里听出了弦外之音：这个案子的重点难道真的是阿云该当何罪，该如何判定刑罚吗？不，这个案子的关键是宫府之争，是敕律之争！到底是官家向文官低头，还是文官辅佐官家！到底是官家的敕令裁决法律之纠纷，还是法律来约束至尊的敕令！王安石在提醒朕，这是登极不久的自己不能随意退让的事，要树立皇帝的权威！既然已经下敕赦免阿云死罪，就决不许三法司再通过批判许遵来把案子翻过来，不然可能有损天子之威信……

"朕明白了！"官家点点头，"卿二人可写就文字进呈，各抒己见，待朕熟思之。"

走出崇政殿，王安石对司马光道："君实，这几日我一直不明白，为何你我往日志趣相投，近来却有些和而不同了。这件案子，你当真看不出我的用意？"

司马光立定说道："介甫，我不知你说的用意是何意？光只知晓居天下之广居，立天下之正位，行天下之大道！这件登州民女的案子，法寺、刑部都判得毫无问题，地方上县衙也判得没问题，有问题的是许遵！他有钓猎奇名的妄想！如果像这样蓄意杀伤了人都可以算按问欲举，以自首论而罪减二等，不知道往后会令多少乡野凶徒得脱法网！"

王安石道："君实，你须看到，这案子陛下本已下敕贷其死罪，御史台却要弹劾许遵，若许遵有错，错哪里止于他，等于陛下的敕令也有错，既误了从县衙到法寺、刑部的判决、审核，更误了皇宋的刑统、法条。可陛下登极不过一年多，试问怎能让陛下有错？若陛下不能错，那只能是三法司错了！"

司马光听后，有些惊讶，片刻后道："介甫，我方才说'居天下之广居，立天下之正位，行天下之大道'，你是大儒，孟子说过什么你不会不知晓！'以顺为正者，妾妇之道也'！君父有过失，为人臣子者，当进谏，怎能反而为君父遮掩、蒙蔽，严重来说，这可是'逢君之恶'！官家圣明，年甫弱冠，有尧舜之资，正需介甫你这样的社稷之才、国之干城来辅弼，如何能不直言进谏，反而巧言令色？介甫，光眼下看不透你了！"

王安石笑道："君实勿怪！正是因陛下有尧舜之资，我等才要同心协力、和衷共济，辅佐陛下，以'致君尧舜'，开万世太平！可你想一想，这一切难道朝夕便可达成吗？这一切的基础是必须树立陛下至高无上之权威，否则一切皆为无根之木、无源之水！"

"介甫啊介甫！"司马光急得站定下来，跺脚道："哎！我辈以儒术辅佐官家，当是要圣天子垂拱而治，群贤忠贞于下，则济济多士，圣政缉熙，岂不美哉？介甫你现在所说却是法家商鞅、韩非、申不害之术！若往重里说，介甫你是想学李斯，而导陛下为暴君赵政吗？！"

王安石这下却笑不出来了，他看得出司马光并非在戏谑，而是无比严肃地质问、告诫，司马君实似乎真的认为他将要走上一条完全错误的道路，而在为自己这位老友担心，也为大宋的未来担心。

与此同时，附近的一个小黄门内侍见到这一幕，乃快步小跑往中书门下方向去了，看来是要给曾相公的元随传点禁中消息。

次日，王安石、司马光的奏札一上，御史台的长官御史中丞滕甫见王安石、司马光各执一词，便乞请官家再选官定议，御史钱顗更是请官家罢许遵判大理寺。于是天子诏翰林学士吕公著、韩维及知制诰钱公辅讨论登州阿云谋杀已伤案。

宋朝的风宪言路之臣，一般由御史台和谏院内任职的官员所组成。而此时知谏院吴申也上疏论及此事。

中书门下政事堂内，几位宰臣便在谈论这道奏疏。

唐介道："好一篇《祖宗成宪不违朝廷众论》！写得大气磅礴，能正人心！"

赵抃道："司马光和王安石的奏札全不相同，司马君实以法寺、刑部为是，王介甫以许遵为是……眼下官家又令吕公著、韩维他们再议，这本不过一件小事……"

唐介道："阅道兄，这哪里是小事？以某观之，司马君实真古之君子也。许遵发怪论，猎奇名，这件案子再清楚不过。现在王安石却为其撑腰，在里面做文章，不知有何居心？"

赵抃只是叹气摇头，须臾又道："曾相，这份吴申的奏疏，明日须进呈陛下否？"

曾公亮抿了口茶："台谏官奏疏，岂可不进呈，使上下壅蔽？"

唐介见曾公亮始终不肯评论司马光和王安石之争，便不再说话，只是俯首看公文罢了。

五更天①，宫城外的待漏院里，曾公亮正在看着臣僚们的章奏，在他身旁的参知政事唐介也在看着。

不多时，赵抃也到了，他身后的元随伺候这位副宰相脱下了灯笼锦②制成的凉衫。虽尚七月，但赶早朝的凌晨时分，已有一丝微凉，像赵抃这样上了年纪的大臣，常在官服外头披件凉衫氅袍以遮风。

唐介见赵抃来了，便道："阅道兄，你且猜猜吕公著、韩维、钱公辅这三位两制大臣，各自倾向谁？"

赵抃想了片刻才道："王安石、吕公著、韩维和司马光四人过从甚密，人称'嘉祐四友'。只是此番王介甫、司马君实意见相左，倒还真不知吕公著、韩维会倾向谁。不好说，不好说……钱公辅似闻与安石有些交情，或许是倾向王安石吧？"

唐介干笑了声："阅道啊，吕公著、韩维、钱公辅，官家让再议的这三位两制，都无一例外地支持王安石！"

"啊？"赵抃闻言走到桌案旁，拿起吕公著等的奏疏，只见上面清清楚楚地写着：

安石、光所论，敕律悉已明备，所争者惟谋为伤因、不为伤因而已……今于人损伤尚有可当之刑，而必使偿之以死，不已过乎？……臣等以为宜如安石所议便。

唐介道："在老夫看来，通篇只最后那句'臣等以为宜如安石所议'便足够，其他都是诡辩的废话！曾相公，阅道兄，你们思量思量，王安石如今只不过是一个内翰，就有这般能耐，利用自己的朋党，把学士院经营得几乎是铁板一块，除了司马光，其他人都和他一个鼻孔出气。这是挟众以要君！他王安石若是入了二府，还不知要如何专权结党！"

曾公亮不紧不慢地说道："子方少安毋躁。谨防这待漏院隔墙有耳啊。眼下常起居③的大臣都到得差不多了，常朝④的百僚估摸着该来的都来了。我们还是说得小声点，别让外头以为中书有什么不合。"

唐介听到曾公亮这话里的意味，心里是一百个不舒服，他越来越看不惯曾公亮的世故圆滑，身为宰相，居然对王安石一句评价都不说，非要说时则尽挑好话。国朝的宰辅乃如此人物，可真是伊于胡底，徒叹奈何！

卯正一刻①，宫门终于打开了，百官们从宣德门外有条不紊地进入禁中。

结束了前殿视朝之后，官家赵顼用了些膳食和点心，今日两府以及御史台谏、学士院等上殿时，几乎都在论说许遵的是非、登州阿云案的判定。令他压力陡然减轻和颇感欣慰的是，韩维、吕公著两位翰林学士和钱公辅这位知制诰都赞同王安石的意见。

想到这里，他决定召王安石后殿越次独对，将原本"后殿视事"②的统统延后。

崇政殿里，王安石随阁门官吏上殿，这已是今日官家第二次与他见面了。

王安石立定一揖，官家便急不可耐地让他坐在机凳上。

"今日得知吕公著等与卿意见相同，朕心甚慰，"赵顼笑道，随即又将御案上知谏院吴申的那本奏疏拿了起来，"卿可观之。"

官家已吩咐内侍们这会儿皆不可在场，于是王安石站起身来，先又是一揖，方才快步走到御案前，接过了奏本。他一目十行，片刻就将奏疏全印在了脑中。

王安石眸中锋锐一闪，道："陛下可知吴申此奏背后的用意？表面上似乎是因登州阿云案纷争而起，实则不然！"

官家笑道："朕自然明白。吴申说'不违朝廷众论'，众论何可不违？刑名之争，盖细末之事，如此若尚不能违众论，况经画远大之事乎？"

天子玉音，如鸣佩环，此刻在王安石听来实在太过悦耳了！

年轻的官家完全听懂了自己先前的那番话，真不愧是有尧舜之资的君王！其聪明如神，远过于其父英宗！官家终于明白，众论并不可怕，只有敢于冲破众论的阻力，才有望更张朝政、革除积弊，实现天下大治的施政目标！

"圣明莫过于陛下！"王安石从机凳上站起来深深一揖，然后才道："所谓兼听则明，偏听则暗。书曰：'稽于众，舍己从人'。但这说的只是先王稽考于众人之意见，若自己的意见不对，方嘉纳忠言，并非无原则地盲从！又古人谚言：'作舍道边，三年不成'。何也？谋贵众，断贵独！陛下每谓唐太宗如何，按李氏虽多不中先王之法，然颇能乾纲独断，故战辄能胜，治国则政令通行无阻，此其过于庸常君主之处。使

---

① 约早晨 6 点 15 分。

② 元丰年间以前，北宋皇帝日常的御殿听政，大体分为三个环节：一是垂拱殿早朝，即俗称的前殿视朝；二是后殿视事，一般最晚辰正后皇帝会回到福宁殿改换便服衫帽并吃饭，之后御崇政殿，听取军头司、三班院、审官院、流内铨、刑部等上殿奏事；三是后殿再坐，皇帝有时会御延和殿，由宦官内侍、诸路走马承受等内臣上殿。

其优柔而寡断，兼听而自疑，则隋失天下，群雄逐鹿，尚未可知，又况其能成贞观之治乎！陛下欲为尧舜，李氏自不足效法，但唐太宗尚能乾纲独断，而况尧舜之君天下？"

官家赵顼颔首道："卿所言，平日无人对朕说。总要朕谨奉祖宗成宪，广听群臣意见。然而朝论往往纷乱，若每待群臣们争出个高低对错，才能判断，天下岂不是乱套？九州赤子翘首以盼朝廷之善政者，又岂非望眼欲穿？"

王安石道："诚如是。且如谨奉成宪，不知吴申意欲如何谨奉？若事事因循弊法，不敢一有所改，谓之谨奉成宪，恐非是！若处处畏惧流俗，不能全力以赴，而曰纳谏从善，亦恐非是！"

一番交流，令赵顼极为兴奋，他走到王安石身边，王安石见状也立刻起身一揖。

"流俗不可从，弊法须当革！卿说得太好了！"官家径直走到崇政殿的入口。

自此处往外望去，便能看到右前方的紫宸殿，从紫宸殿的螭吻再向更南方远眺，便能见到重重宫墙外规制得颇是恢宏的大庆殿。凡值行大礼奏请、致斋、正旦、冬至以及皇帝生辰的圣节称贺，大庆殿内都会举行盛大的仪式典礼和朝会。大庆殿前的广场可容数万人，尽头的大庆门再向南便是金钉朱漆、峻桷层榱的宫城正门——宣德门。宣德门外是仿佛望不到尽头的御街，一百零七年前，大宋的太祖赵匡胤正是从那里走向了天下，建立了赵家的江山基业。

赵顼心中一时又涌起万千思绪，他不免想到李唐时，"九天阊阖开宫殿，万国衣冠拜冕旒"的盛世气象。他想清楚了，他不要做像祖父仁宗那样温和守成的官家！他想做李世民一般的"天可汗"，恢复汉唐旧疆，鞭笞四夷，万邦来朝！

官家转过身，对王安石郑重地说道："先生可要好好辅佐于朕。"

王安石闻言，亦感受到一种不常有的君臣相惜的心神激荡。

七月的阳光自殿外照在官家与他的翰林学士身上，两道斜长的影子靠得很近，远处的御前班直①们无不是站立如松，目视前方。也许此时还没人能想到，这习以为常的一天，却是整个大宋即将走向变法的一个开端。

中书门下政事堂。

唐介道："曾相公，阅道兄，方才进呈取旨，陛下已批示'可'。王安石支持许遵而非三法司，其以势取胜，已是难能抵挡。长此下去，可如何得了。"

赵抃叹了口气："或许未必吧？此番是吕公著、韩维和钱公辅都赞成王安石的意

---

① 宋代御前当值的禁卫军。

见，官家方顺水推舟，让王安石压过了司马光。未必以后都是这般。"

唐介一听，放下了手中的笔："阅道兄，你可真是小看了王安石。哪里是因为吕公著他们赞同王安石，官家才御批'可'，恰恰是因为吕公著他们知道官家向着谁，才挑官家想要的话说！"

曾公亮早已习惯了唐介这数月来在政事堂聚议开口闭口的王安石，他只作听不见，自顾自喝茶摇扇，眼看着公文，心里盘算着朝局。

"曾相，"唐介却问到了他那儿，"我等位居政府，当要辅弼天子，燮理阴阳，可曾相你在中书常漫不可否一句。相公若总不发话，仆不过是忝参机政，于国事能有何补？"

曾公亮朝赵抃看了看，笑道："阅道，你看子方是不是过虑了，整日把王介甫挂在嘴边。我看王安石未必是什么洪水猛兽，中书总天下之大政，万不可先失了分寸、气度，你们说是也不是？"

赵抃正待开口应和，唐介却先声夺人地说起话来："若如曾相这般说法，如今王安石几乎是日日后殿独对，虽人在禁林，已仿佛在我等中书门下宰臣之上。老夫只想问一句，这样下去，到底他翰林学士王安石是宰辅，还是我等中书大臣是宰辅？国朝制度，岂不是乱套，徒然贻笑大方！"

正说话间，阁门送来命令文书。

"官家手诏，请相公们领旨。"

唐介率先走过去，打开一看，黄纸上御笔清清楚楚地书写着：

布衣王安国赐进士及第，仍注初等职官。

第 三 章

壮士忧民岂无术

三朝元老、前宰相韩琦从永兴军①回到东京城了。

本以司徒兼侍中、检校太师、镇安、武胜军节度使判相州的他，由于西北军情，于去年十一月十二（丙戌日），改差遣为"判永兴军兼陕府西路经略安抚使"。西边闹出大动静，官家还是只能派韩琦这样的元老重臣去镇抚陕西，以免真的掀起大战。

眼下边事稍宁，韩琦又反复乞求回故乡相州，王安石都代王言草了好几道不允韩琦离开陕西的诏书，以示官家对其的倚重信赖。后来韩琦的儿子韩忠彦带回韩琦乞请乡郡的奏表，官家这才诏韩琦复判相州，许他归乡养老，并令其赴阙朝觐，也好慰问他一番。

再次见到这位才耳顺之年的元老重臣，赵顼发现韩琦竟有些形颜黧瘁，也不知是车马劳顿，还是身体确实欠佳，心中不禁慨叹。

官家颇为动容，道："不知侍中确似有所微恙，始疑托以为辞，自此须且速就乡郡，好生安养。"

韩琦从机凳上站起来一揖："臣谢陛下恩典，想王陶劾臣跋扈，陛下反授臣陕西兵柄，古将相在内外而诬以跋扈诛之者，鲜有不赤族。臣反得以复典乡郡，就养安闲，此皆陛下天恩保全臣孤危之身！臣感激无地！"

言讫，韩琦便欲大礼参拜，天子见状立刻从宝座上快步走到韩琦身前，将他扶坐回去。

"侍中实是言重了，又折煞朕，"官家坐回御座上说，"外间浮议如何能间你我君臣？侍中乃定策元勋②，皇考在日，常说与朕听，谓侍中乃社稷之臣，国朝股肱，不可须臾离也。"

韩琦道："先帝过誉，臣如何克当？想先帝圣明烛照，如尧舜再世，惜乎天不假

---

① 永兴军，即永兴军路。北宋行政区划名，治所在京兆府（今陕西西安市）。

② 嘉祐七年（1062年），时为首相的韩琦请仁宗立赵宗实为皇子。八月，赵宗实被正式册立为皇子，并复名赵曙，庙号英宗，此即赵顼之皇考。

年，臣每念及此，常悲恸落泪……"

官家闻言神色也是一黯，他的父亲英宗可谓英年早逝，走得太突然了。

"朕本欲留侍中参决军国重事，奈何侍中久劳而憔悴。"官家顿了顿道，"此去，则谁可属国者？王安石何如？"

韩琦一听，官家这是在问，谁可以为宰相治国理政、付以社稷，而官家属意的果然是如今人人都在议论的王安石！

"以臣愚见，安石为翰林学士则游刃有余，处辅弼之地即绝对不可！"

"侍中何以如此言之凿凿？"

韩琦道："陛下，仁宗立先帝为皇嗣时，安石竟有异议，此事播于人口，近臣其谁不知！推其心术，不过欲遂昭陵①必俟亲子而后立之愿……以此观之，陛下，王安石虽经术、文章甚至道德闻于朝野，为人称颂殆二十年，然臣窃疑此人，故臣以为安石位两制则固宜也，入二府则恐非天下之福。"

"此话当真？！"赵顼被韩琦一番话震惊到了，如果此说属实，那就意味着，王安石曾经反对仁宗赵祯立赵顼的父亲——英宗赵宗实（赵曙）为皇子嗣君。这是任何一位天子都不能容忍的事情！

注意到自己失态的官家暗暗稳定了下心神，又开口道："侍中所说，非同小可，然何以朕即位以来，从无近臣说与朕知晓此事？"

韩琦道："陛下左右见安石宠遇正盛，信重之专，无人匹敌，则其谁敢言之，而自取天子之怒？臣入京师，闻贩夫走卒皆曰'官家得翰林王安石，常胜诸相公'，勾栏瓦子中酒客必称'安石乃官家眼前第一红人'。臣斗胆敢问陛下，安石之得圣宠，都下不胫而走，国人咸能说以一二，虽不中亦不远矣，如此孰敢为陛下言昔年往事？"

官家不答，殿内只剩下了一片沉默。

韩琦下殿后，赵顼陷入了一种无可名状的震怒和耻辱感中，他自问如此信任王安石，到头来居然是自己过于年轻，无识人之明，想要重用一个反对自己皇考为嗣君的人？或许近臣侍从们都在暗地里笑话他这位弱冠之年的无知官家吧！

努力试图冷静的赵顼翻开了御案上入内内侍省此前送来的官僚奏本，他翻开上面一本，见是同知谏院孙觉写就的弹章。

才读了数列，官家便出离愤怒。

---

① 指代仁宗。仁宗葬于永昭陵，故曰昭陵。

孙觉在弹章中弹劾枢密副使邵亢"无所建明，尸位素餐"，并举荐陈升之代替邵亢。可这些话，正是不久前奏对时官家说与孙觉听的。原来，官家赵顼嫌邵亢一年多以来在枢密院无大补益，以为其迂阔无用，颇厌之，就曾和孙觉说起过只言片语，并表示考虑用陈升之代替他，而让邵亢出守长安，以补韩琦离开永兴军之阙。

好啊，一个个都以为朕年甫弱冠，好摆布，孙觉身为台谏言官，居然只是望风希旨，这种佞臣作风的人怎能置在风宪言路！

由于韩琦提到王安石曾反对皇考立为皇子一事，震怒之中无处发泄的赵顼将胸中怒火都对准了被自己认定"望风希旨"的同知谏院孙觉。他听闻孙觉平日不拘小节，曾发生过自己口述而令吏人书写弹章白简的事情，这不正是一个好理由么！

想到这里，官家立刻写下御批：

孙觉夺官两级，依前供职。

次日，前殿视朝，垂拱殿内。

在垂拱殿的殿陛与殿门之间，有一道板障，阁门司的官吏站在板障东头，会在上一个班次结束后，引唤下一班上殿，并提醒视朝应当结束的时间。今日当值的乃是一名阁门祇候①，见已过辰正，便奏报当结束视朝了。

此时在垂拱殿里奏对的是王安石、吕公著、韩维等两制大臣。

其他人都退下后，只有王安石还留在殿上，道："臣乞留身独对。"

赵顼看着在原地深深作揖行礼的王安石，心中仍狐疑不定，愣了片刻，便说："可。"

阁门祇候见皇帝临时下旨延长前殿视朝的时间，便又回到殿外的板障内去，将垂拱殿留给了君臣二人。

官家装作若无其事的样子道："卿有何事欲独对奏来？"

王安石道："同知谏院孙觉已由右正言降太子中允，以其令吏人写论列大臣章疏也。臣以为孙觉不当深责。陛下以孙觉为可听信，故擢在谏官，进贤退不肖，自其职分，所当论列。其论邵亢无所建明，又荐陈升之云云，不过是祖宗以来，风宪之臣常行惯例耳。但令吏人书写章疏，诚不足加以谴怒。若陛下不考察邪正是非，而每事如此猜防，则恐善人君子，各顾形迹，不敢尽其忠说之言，而奸邪小人，得伺人主之疑行谗愬也！陛下圣明高远，自汉以来，令德之主，皆未有能企及陛下者，每事当以尧、舜、三代为法。书曰：'任贤勿贰，去邪勿疑。'况我圣朝，谏官固有补外而出国

---

① 阁门祇候，此为职事官之名，从八品，为武臣大使臣官阶，与阁门通事（宣赞）舍人同为阁职。

门者①，然无降官之理！此岂非令孙觉君子而受辱，又何能自安于朝？"

"卿可真是强辩过人，虽苏秦、张仪不能过之。"

官家隐约透着阴沉的口吻令王安石心中大为疑惑。他哪里知道，韩琦对官家说了一番致命的话，更不知道陛下此刻心中想到了什么。

赵顼想起了孙觉这几个月来多次上疏言事。如他上奏说："今天下承平百年，纪纲法度有所未备，顾但守祖宗一切之法而不知变，则何以异于胶柱鼓瑟、刻舟求剑哉！""窃观朝廷之政，未尽得先王之意，而先后之序未尽合圣人之道也。"——这和王安石的论调如出一辙，是劝自己要更张祖宗之法，除旧布新！孙觉又在《论任贤使能之异》中说，"故道德之士，常择君而后起，岂以人主之取舍轻重移其心哉！故人主之得此士也，大则师之，其次友之，则天下治矣"。这不就是告诫自己，要以师臣之礼待王安石么！现在自己一降责孙觉，略施薄惩，王安石就跳将出来口若悬河地为他说话，联想到孙觉此前这么多上奏与王安石桴鼓相应，这不就是他们沆瀣一气的明证么！

王安石这是在结党！而孙觉就是他在言路的棋子！

有这么一刻，二十岁的赵顼不想再和王安石就孙觉的问题多说一句了，只想尽快结束这前殿视朝，好让王安石下殿，落个眼里清净。但他自认为越是愤懑于心，越要努力保持人君的风度。

奇怪的是，在喉咙口酝酿好的几句场面话到了嘴边，却变成一句质问：

"朕想先问你另一件事，"赵顼终究是想亲耳听到王安石的回答和解释，否则不管怎样都没法相信，"仁祖时候，群臣请立皇考为皇子，卿可有过异议？"

王安石一听，终于知道官家方才为何语气怪异。

"回陛下话，"王安石将身板挺得笔直，似壁立千仞，声音也是中正平和："臣确实提过异议。"

赵顼这下真是如遭霹雳，他无论如何都没想到王安石会直接承认，难道他对于这件事丝毫悔过之意都没有吗？难道王安石实则觉得自己是不值得辅佐的人君吗？

官家的声音冰冷到了极点："既如此……"

"陛下，请听臣把话说完，"王安石道："方仁宗欲立先帝为皇子时，春秋未高，万一有子，措先帝于何地？臣万死，以为古来嗣君之争，虽嫡庶或有兄弟阋墙之祸，虽仁皇有难言之圣德，然臣恐先帝于彼情形之下，难以自安，反为不美。是以臣于当时，曾论说一二，谓当慎之又慎，不可仓促立皇子云云。"

原来王安石并不是真的反对皇考为皇子，而是要以防万一，保全皇考！这才是一

---

① 即出外担任地方官职，宋代将官员离开京师称为"出国门"。

心忠贞于上，直言不避斧钺灾祸的股肱忠臣！这才是坦坦荡荡、光明磊落的当世大儒，更是不世出的，堪为帝王之师的稷、契、吕尚！

官家顿时如释重负，他终于明白了来龙去脉，明白了王安石的良苦用心。赵顼一时呆坐在御座上，紧紧握住双拳，恨不得捶打自己，差一点自己就误会了王安石这样一位当世圣贤！

赵顼从宝座上起身，走到王安石身边，竟是一揖，然后才道："先生，朕真是无地自容！还请先生不以朕鲁莽，宽容则个。"

王安石见官家竟如此待他，当即跪拜下去。

"臣如何敢当陛下这般……"

官家扶起王安石，又道："孙觉事，经卿一分说，朕也觉得不甚妥当，然诏令已下，如之奈何？"

王安石道："陛下，既然谏官有出外，而无降官之理，则稍待两日，除孙觉地方上州郡差遣也就是了，无足深忧。"

"可卿方才所说……"

"陛下，臣之进言只是想让陛下知道，对于台谏风宪之臣，当有所优礼，以明人主广言路之决心，"王安石又道，"然岂可轻易追回成命，于乘乾①未久之际，徒损陛下威信？是以臣言，令孙觉补外即可。"

王安石处处维护天子的威权，这才是真正的忠臣！官家的内心至此已云收雾敛、雨过天晴。

然而赵顼又不禁陷入深思：为何韩琦会对朕说出之前那一番话？难道说，有许多仁宗和皇考留下的老臣正在彼此串联，要设计王安石离开朝廷？否则，韩琦怎么会在上殿时绘声绘色说那么多近乎要置安石于死地的话？这是有人不想要朕在王安石辅佐下成为大有为之君！

想明白了这一点后，赵顼甚至有一丝后怕，毕竟他只差一点，就将彻底不信任王安石了。这会儿他再想起王安石和孙觉的奏章，又觉得言之在理了。

"卿以为种谔擅取绥州，筑城兴兵一事，该如何看待？"赵顼想到此前在陕西与西夏的军事冲突。

去年六月，知清涧城种谔上奏，说西夏国主赵谅祚累年用兵，有叛逆之意，而赵谅祚又欲迁徙横山蕃部军民尽过兴州，横山族众皆怀怨不乐，不愿背井离乡，因此其首领嵬名山乃结绥州、银州数万人，共谋背夏投宋，归顺圣朝。时天章阁待制陆诜正

---

① 指登极为帝。

担任鄜延路都总管、经略安抚使，兼知延州，因此官位低微的武将种谔之奏本，先是上呈到陆诜所在的经略安抚司。经略司上报朝廷后，官家便将批示的种谔奏本降付陆诜的鄜延路经略安抚司，又令陕西转运使薛向至鄜延路治所延州，同时命种谔立刻赴经略司与陆诜、薛向密议如何措置此事，并及时上奏，以取进止，听朝廷指挥。陆诜等共谋划上、中、下三策，又派了经略司里的张穆之入奏，薛向便令张穆之届时向朝廷盛言招纳嵬名山的种种好处。在这种情况下，官家便准奏采取陆诜等人的策略。

陆诜本以为朝廷不会批准这种颇为激进的对夏的军事行动，因而对此也并未积极支持。但这时种谔已开始派细作与嵬名山部接触，约定会师绥州、银州的具体日程。冬十月，种谔一个小小的知清涧城武将，在明白陆诜恐怕不会允许发兵的情况下，私自将所部兵马交给府州折家①的折继世②，让他率军先发。种谔与折继世会师于怀宁寨后，略做调整便长驱直入，进抵绥州，立即筑城作为据点，不久火速入银州嵬名山部所在，嵬名山部归降，得酋首三百、户一万五千、精兵万人。

种谔先斩后奏，这才上状告知陆诜，陆诜便弹劾种谔擅自兴兵，又给枢密使文彦博去信说明情况。西夏国主谅祚自然不会咽下这口气，于是在十一月诱骗宋夏边境宋方的知保安军杨定、都巡检侍其臻、顺宁寨张时庸三人，以商议榷场事务的借口将其杀害，宋夏战争眼看箭在弦上，朝廷里很多人主张对种谔严惩不贷。没想到，两个多月后，西夏国主谅祚突然暴毙……

王安石略一沉吟，便明白官家并非要问对种谔、绥州的看法，而是在问他对西夏的总体政策有什么独到的意见。但千金易得，一将难求，王安石仍准备从种谔谈起。

"陛下，臣闻京师大臣多谓'谅祚称臣奉贡，不当诱其叛臣，以兴边事'。然则臣请问陛下，方夏国之地，我艺祖龙兴时，为有为无？"

赵顼道："自唐季以来，拓跋李氏便为定难军节度使，属羁縻之有力藩镇也。太祖时，李氏彝兴便上表归附，受封太尉，位列三公，则当时自无甚夏国之号。"

王安石道："诚然，自元昊狼子野心，僭称夏国帝王以来，我圣朝仁宗、英宗皆是含污纳垢，宽大待之，可谓惟务怀柔之至，而蔑以加矣。但若寻根究底，则僭称夏国之地乃至所谓定难军节镇所辖，俱是我中国之旧疆，无不应奉我皇宋之正朔，立我圣朝之大纛！以此观之，种谔虽有擅自兴兵之举，或欲立奇勋以为进身之阶，然其勇锐与奇谋，兼治军之才具，料敌我之明，皆是元昊鸱张、王师屡挫以来，数十年为罕有。今种谔夺四官，随州安置，闻初不乏诛种谔之议，幸陛下不从，全其首领，庶几

---

① 府州折家是北宋时期一个特殊的边疆藩镇势力。

② 折继世，乃折惟忠之子，折继祖之弟。

不使国体蒙羞，而夷狄窃笑也。"

王安石的层层表述，令赵顼想到了这件事背后许多的问题。

官家道："据陆诜给文彦博的信来看，嵬名山本无归顺之心，是其族帐中一小吏名屈子者，游说诸小帅，密谋内附，假讬名山。后种谔、折继世率军直抵名山帐，名山惊起，屈子及众小帅胁之曰：'宋兵十万至矣。'名山无奈方降。如此，则种谔实有欺君之罪！他如何早先不如实奏来，但云嵬名山一心归附云云？"

王安石道："陛下，种谔一武夫也。况其小臣，处边鄙蛮荒之地，未蒙仰望清光，不知陛下圣哲睿照，有如尧舜。其何由能知陛下之雄心？以其无学浅陋，自然坐井观天，谓当如此，陛下与朝廷方能允其所奏。虽有欺君之嫌，原种谔本心，仍是忠国家之事，有担当之勇。以要言之，此又岂是种谔一人、绥州一城之事？一种谔何足道，一绥州亦何足论，然其背后，是华夷之辨，是中国之名分！彼其地本我中国所有，彼其人本我中国所封，无分大小、南北，何可自贰于中国？我中国欲取之，又何须道理？今颇有大臣谓，擅兴无名之师，妄起边陲之祸，此岂在理哉？或曰，契丹必不能坐视，则腹背受敌，社稷危矣。西夏本是我太祖所敕封，自元昊叛而僭称伪帝、兀卒，朝廷竟不问，夷狄欺侮轻慢中国之心，昭然若揭，然朝廷听之任之，佯装不知，自欺欺人，一至于此，故契丹益轻我也。诗曰：'王赫斯怒，爰整其旅，以按徂旅，以笃于周祜，以对于天下。'倘陛下能秣马厉兵，拣选将帅，谋定而后动，不为一时之小胜小败所沮，则王师虽用兵于西鄙，河北、河东自有官军驻守，契丹虽有狼顾南向之心，彼客我主，以逸待劳，其能奈我何？"

御座上的官家听后极为动容，这些话自即位以来，就没有大臣对他说过。左右近臣，每曰陛下当抚绥夏人，使不生边隙，怀远以德……可谁也没有说过，如何才能平定西夏，把这仁祖以来的耻辱给彻底洗刷。仿佛天子就应该忍辱含垢，认了这拓跋李氏的叛逆嚣张，认了这夷狄骑在大宋头上屙屎撒尿的疯狂！简直是滑天下之大稽！

"先生说得对，"官家赵顼道，"群臣们真是因循苟且得太久了，契丹与我澶渊之时，便是敌国之礼，姑且也就算了。拓跋李氏乃叛臣自立，今士大夫在朕左右者皆饱读诗书，每必曰君臣上下、礼乐仁义，反而对叛臣视而不见，专教朕忍让不臣之贼子，以百姓膏血，岁赐无厌之豺狼！"

王安石道："臣固知陛下有复汉唐旧疆之决心也。然陛下用人尤当注意保全。此番招抚嵬名山之议，薛向亦首倡之人也，若无薛向，种谔小臣何能令陆诜奏来？种谔既降嵬名山，初城绥州时，以毯诈为楼橹状，西贼望之以为神助，惧而去。后增兵又来，然八日之间，种谔三战皆捷，又从容部署，分进合击，亲冒矢石，一骑当先，终令西贼大败而遁。然诏令将种谔下长安狱，其尽焚简牍文书，无一语罣人，惟自引伏，谓'宁坐死罪，以就国事'。此可谓有勇有谋、有义有忠。臣闻薛向尝献《西陲利害》，先帝称善，常置左右。陛下读而奇之，又以示文彦博。会边臣多言横山族帐可招纳者，陛下则召薛向入对，其所陈计策与陛下所面授机宜，皆令勿语两府。此陛下之失，国之大事，在戎与祀，岂有兵戎之事而二府不预？则文彦博与枢密院坚执不可，无足怪也。陛下既已绕过中书与枢府，自以手诏指挥薛向，则事自当有首尾。而今种谔夺四官，安置随州；薛向罢陕西漕长，贬官信州……若陛下往后用人皆类此，则人当谓，陛下专要人任责弄险，而事一有曲折，陛下非但不保全，反黜责随之，流俗以为陛下可轻侮操控，志士失望陛下无恒心担当……臣敢问陛下，如此则谁人能为陛下横身危难险阻之前，勠力王事，以身许国？"

听到王安石说这些痛处，官家似有些失颜面，忙转移话题道："卿所言甚是，以卿之见，往后对西夏当采取如何之策略？"

王安石道："臣仍请陛下观此事，言横山族众可招纳，非止薛向、种谔，高遵裕还自夏州，亦说若纳嵬名山则横山之民皆可招来。何以边境文武，多谓招纳之利，而陛下左右近臣，乃说纳西人叛臣，则得罪于夏，臣实惑矣！西贼割据之地，戈壁广袤，若王师大张挞伐，旬月之间，恐难有大成。纵然连战皆捷，倘若西贼坚壁清野，聚锐卒于兴、灵，届时官军虽至，顿兵于坚城之下，而粮草辎重不继，夏人轻骑游击出于我后，则苟不能破城，其败必矣！"

"难道对西贼束手无策了吗？"赵顼忍不住问道。

"不然，"王安石回应说，"制服西贼，不过四个字：以夷伐夷！所谓'以夷伐夷，国家之利'。西贼以党项一族凌虐诸蕃部之众，我若加以分化、招纳，使彼谙熟地利之蕃兵轮番先入敌境，诱西贼出击，而官军踵之于后，围而击之，浅攻疲敌，得胜不追，多筑城寨，以步步为营，则虽然不能毕其功于一役，然可逐步蚕食西贼，为阳谋上上之策，西人无能奈何！以此御戎，不出十年，西人之败亡可见证耳！"

官家对王安石的见识有了更多的体认，这可真是"维师尚父，时维鹰扬"！王安石从大处着眼、从细处入手的分析可谓切中肯綮，鞭辟入里，真是当世之吕望姜尚！

"卿之言，朕实受益匪浅。而大臣每言不可对夏妄动刀兵，似乎朕乃穷兵黩武的亡国之君，实在荒唐！"

王安石闻言笑道："陛下，流俗之言即如此，以苟且为稻粱安身之谋，以因循为老成定邦之策，不过是先己后公，遂其固位之心，善其家族之私，而忘君父之恩，又好挟众以要君，指正论为错妄，目贤臣为奸邪，无外如是！"

赵顼反复琢磨着王安石所说的话，朝廷上上下下可不就是如此吗？

禁中。枢密院。

文德殿正衙西面便是中书门下政事堂，而枢密院则立于其北。枢密院与中书并称为二府，是大宋最高的权力机关和决策层，其中的宰相、副宰相与枢密院内的长贰执政合称为宰执。中书总天下之庶政，枢密院则管海内之军务，俱是位极人臣的权力之巅，是无数士人魂牵梦萦的终极目标。

此时的枢密院内，有两位长官，即德高望重的枢密使文彦博与吕公著之胞兄吕公弼。文彦博在仁宗朝做了八年宰相，英宗时期又任枢密使至今，眼下是六十有二，但精神矍铄，眼耳过人。吕公弼比文彦博小一岁，反而看着较文枢密使年长不少，须发灰白，全无其父吕夷简那般龙象自傲的相貌与风姿。两位枢密副使则是五十有六的韩维之胞兄韩绛和大他一岁的邵亢，韩绛与王安石还是科场上的同年，两人都是庆历二年（1042 年）中的进士。按照国朝制度，枢密使本与知院事不同置，但官家考虑到陈升之三为执政，宜稍加优礼，于是除陈升之为知枢密院事，他这会儿也在枢府里办公。

吕公弼忽然道："诸公，六月以来，黄河在恩州、冀州等地决堤，七月又淹瀛洲，河北路不知多少百姓流离失所，田宅悉毁！前些日京师接连地震，七月十五（乙酉）时又现震后月食。殆有所昭示耶？想去年薛向、种谔擅开边衅，谅祚乃诱杀朝廷命官，若非忽然暴毙，尚不知晓这事情如何收尾。韩魏公到了陕西，又说不可弃绥州，与我枢密院迥异，陛下竟从之，则往后边陲小臣武夫，凡有利心猎取功勋，皆可不从节制！以后恐朝野无由安宁！"

韩绛道："听闻魏公在陕西时见诸将先前得邻帅或监司移文，即领兵入西界，纷乱无节制。魏公即檄诸路，非主帅命举兵者，军法从事。想陕西诸路尚应妥帖。"

邵亢却是摇头："今魏公复判相州，恐不能萧规曹随，只怕是人走茶凉。"

身材高大的文彦博忽然站了起来，走到枢密院执政们议事厅堂的门口，望着窗外细雨，内心却想到官家对韩琦说的那句"仍虚上宰位待之"，虽然谁都知道这不过是一句场面话，可文彦博心里仍不舒服。如今曾公亮只是集贤相[①]，而自己才六十有二，比曾明仲还小七岁！官家却说什么虚上宰位待韩琦，果真是不想把首相的位子再给自己！

文彦博忽然道："官家聪明睿哲，但年方弱冠，登极堪堪二载不到，须谨防小人窥知官家喜好，巧言诡辞，荧惑君心。薛向者，小人之尤，种谔事，尽是薛向给他撑腰！"

---

① 时曾公亮为行吏部侍郎、同平章事、集贤殿大学士，即俗称的"集贤相"；而宋代首相（上宰）乃同平章事、昭文馆大学士，即"昭文相"。文彦博曾在仁宗时期任首相。

吕公弼道："潞公（潞国公文彦博）说的是。"

文彦博道："仆听闻，去岁司马光为中执法①时于延和殿向官家进谏，言赵谅祚称臣奉贡，不当诱其叛臣，以兴边事。官家犹言'此外人妄传耳，无之'。司马光乃言薛向为险巧小人，又以张方平新除副相，而言其奸邪贪猥。司马君实真乃方正君子也！但官家那时已给薛向、种谔说动了用兵之心，便有了火气，竟问司马光'依卿之见，两府孰可留？孰可用？'宝臣（吕公弼字），令弟与司马光、韩维、王安石号为'嘉祐四友'，从年龄和任职来看，这四人当是往后朝廷里的中流砥柱之辈。仆只望令弟如宝臣，王安石、韩维者如司马君实，则吾道不孤，朝野幸甚！"

在短暂的议论中唯一没有开口的知枢密院事陈升之看着文彦博巍峨如山、毫无伛偻之态的背影，想到了此前韩绛、邵亢举荐王安石胞弟王安国的文章，促使官家下手诏令舍人院召试王安国的事；又想到了吕公弼胞弟吕公著和王安石、司马光过从甚密。只有话里有话的文彦博，他陈升之还未曾看出更多端倪。总而言之，这一切的关键、中心，都围绕着同一个人，那就是王介甫王安石！

黄河泛滥决堤，河北遭灾；京师接连两日地震，加之月食，不知日后是否有人会把这些归咎于你王安石呢？

陈升之琢磨着文彦博，思考着朝局，心中暗自打着算盘。

日落月升，昼夜更替，东京城看似平静地度过了数日。

皇城宫禁，延和殿。

三位翰林学士王安石、司马光和王珪已经站在殿内，今日是他们三人同进呈《郊赉札子》。

按照国朝惯例，南郊祭祀典礼之后，参与祭祀观礼等活动的官吏一概有赏。但曾公亮等两府宰辅大臣们此前上奏表示，如今河北灾情严重，赈济所需数额巨大，当裁减开支、节约费用。况且，两府大臣平时俸禄、赏赐极多，在这国家有难的特殊时刻，实在不能心安理得地再接受南郊之赐，因而乞请两府臣僚，罢赐银绢。官家将这奏札下学士院讨论。

御座上的赵项道："既是同进呈文字，想已达成一致？"

王珪是翰林学士承旨，按照制度，可以算是首席翰林学士，他与司马光同岁，比王安石大两岁，是王安石的科场同年，在仁宗朝便已是翰林学士，且于文章上久负盛名。但也有人私下里讥讽王珪的诗文是"至宝丹"——只是堆砌华丽辞藻，金玉满

---

① 治平四年（1067 年）时，司马光曾任权御史中丞，故曰中执法。

堂，俗不可耐。皇帝问话，王珪是在场学士中资格最老的，自然他先来回答。

"回陛下的话，臣等在学士院内议论多次，唯司马学士有所异议。"王珪只能硬着头皮道。

司马光知道此时若不说，学士院的多数意见必然会压倒他这样的少数意见。于是道：

"陛下，议者或以为两府所赐无多，纳之不足以富国，而于待遇大臣之礼太薄，颇为伤体。臣愚窃以为不然，今国家帑藏，素已空虚，今岁河北之地又灾害特甚。仁宗皇帝庆历末年，黄河决堤于商胡，民田虽伤，官仓无损，而河北父子相食，饿莩遍野！今河决之外，加以地震，官府民居，荡为粪壤。继以霖雨，仓廪腐朽，军食且乏，何暇及民？冬夏之交，民必大困，甚于庆历之时。国家岂可坐而视之，不加赈救乎？况复城橹须修，河防应塞，百役并兴，所费不赀。当此之际，朝廷上下安可不同心协力，痛加裁损，以徇一方之急？"

赵顼听司马光的话，如前几日迩英阁时一般，便越发感到司马光确实是老成谋国。今年河北的灾情比庆历末年那次严重太多，水灾加地震，州县官府的仓储和百姓的田地屋舍都在洪水与地震里被毁坏无数……而庆历那次尚且出现了人吃人，甚至父子相食的人伦悲剧，此番确实是不容小视。

司马光洪亮的声音仍在继续："凡宣布惠泽，则宜以在下为先；撙节用度，则宜以在上为始。今欲裁损诸费，不先于贵者、近者，则疏远之人安肯甘心而无怨乎？必若为臣有大勋于天下，虽锡之山川、土地附庸，何为不可？若止因郊礼陪位，而受数百万之赏，臣窃有所不安矣。"

若不是王安石还在，赵顼忍不住就要为之赞叹了。

司马光继续道："陛下，若只是担忧，如'减于制度，大为削弱，非所以华国''所减无多，亏损大体，非所以养贤''人情不悦，恐致生事，非所以安众'；则是国家永无可省之日，下民永无苏息之期，必至竭涸穷极然后止也！陛下，虽然两府银绢止于二万匹两，未足以救今日之灾，臣亦知此物未能富国家，但若因此得减损其余浮费，则宜听两府辞赏为便，宜从今日为始耳！"

言讫，司马光深深一揖。

官家沉思片刻，便看向立于一旁的王珪与王安石道："二卿有何想法？"

按道理应该由翰林学士承旨王珪先说，但开口的却是王安石。

"诚如司马光所说，国家富有四海，大臣郊赏所费无几，而惜不之与，未足富国，徒伤大体。昔常衮[1]辞赐馔，时议以为衮自知不能，当辞禄。今两府辞郊赏，正与此

---

[1] 唐代宗时宰相。

同耳。若允两府辞免赏赐，朝野或谓，此宰臣悉将求去也，陛下御宇方两年，则人情其谓陛下何？且国用不足，非方今之急务也。"

王安石才说了几句，司马光已经忍不住打断了：

"此言差矣！常衮辞禄位，犹知廉耻，与夫固位且贪禄者，不犹愈乎！国家自真庙①之末，用度不足，近岁尤甚，何得言非急务也？"

事实上，真宗皇帝末年开始已经入不敷出、捉襟见肘，东封西祀、广造宫观庙宇所造成的恶劣影响已经十分明显，加上后来章献明肃太后垂帘听政时期大兴土木，仁宗朝的改革又胎死腹中……现在，官吏、兵丁、宗室等各项开支越来越大，财政状况更加恶化了。而王安石反说国用不足并不是如今的急务？赵顼因此也很好奇王安石究竟有何说法。

王安石道："国用不足，由未得善理财之人故也。"

"善理财之人，不过头会箕敛②以尽民财，如此则百姓困穷，流离为盗，岂国家之利邪？"司马光又一次出言打断。

王安石道："此非善理财者也。善理财者，民不加赋而国用饶。"

"民不加赋而国用饶?！"司马光露出了不可思议的表情，"此乃桑弘羊欺汉武帝之言，司马迁书之以讥武帝之不明耳。天地所生，货财百物，止有此数，不在民间，则在公家！桑弘羊能致国用之饶，不取于民，将焉取之？果如所言，武帝末年安得群盗逢起，遣绣衣使者③追捕之乎？非民疲极而为盗贼邪？此言岂可据以为实？"司马光的语速很快，非常焦急。

王安石道："太祖时，赵普等为相，赏赍或以为万数。今郊赍匹两不过三千，岂足为多？于国用又何所伤？"

"赵普等运筹帷幄，平定诸国，赏以万数，不亦宜乎！今两府助祭，不过奏中严、外办、沃盥、奉帨巾④，有何功勤而将比普等乎？"司马光立刻反驳。

身为翰林学士承旨的王珪只是沉默不语地坐视司马光和王安石一来一回地论辩。

官家赵顼想到刚刚司马光所说的"天地所生，货财百物，止有此数，不在民间，则在公家"，觉得这道理确实再明白不过。的确，这天下的财富，当然是恒定的，算

---

① 指宋真宗赵恒。

② 按人数征税，用畚箕装取所征的谷物。谓赋税苛刻繁重。

③ 最早出现于汉武帝时期，乃是天子用以按察勋贵、大臣等阴私、不法、僭越、贪渎等事的特殊使臣，后亦参与督捕匪寇，镇压民乱、起义等事，甚至有生杀刺史、太守之权。

④ 奏中严，指中庭戒备，古帝王元旦朝会或郊祀等大典仪节之一；外办，警卫宫禁；沃盥，浇水洗手；奉帨巾，奉拭手的巾帕。

来算去，不在老百姓那里，就在朝廷的府库中。过去桑弘羊为汉武帝敛财，最后十室九空，闹得人口减半，就是一个明证……那真宗以来的种种积弊该如何更改革除，王安石所说的种种措施又该如何实现？难道，这天下终究要走向积弊日深的困窘中，没有任何办法了吗？赵顼一时间陷入深深的忧虑之中。

王安石听了司马光的话，心里不住摇头，君实啊君实，你可真是君子有余，而经术政务，颇有才不逮心处！

王安石道："陛下，若粗略想来，司马光之语，确乎值得深思。所谓'天地所生，货财百物，止有此数，不在民间，则在公家'，则一切理财之术，似不过是桑弘羊之流，不外乎横征暴敛，以取于民。然臣请陛下思之，尧、舜、三代之时，所治土地、人民，方汉、唐如何？其财货百物，比之汉、唐，又如何？或曰，是土地、人民之增多，宜其财货百物增多也，然天下之财货百物，仍有恒定之数。今圣朝疆域广大，已过百年，此恒定之数，殆无有增减，乃有所谓不在民间，则在公家之论。果如此乎？我儒家治国，以农为本，臣试以农事言之。民之稼穑，极须耒耜，民通谓之'犁'者也。汉之直辕犁，难以深耕，地利难尽，收获不丰；至唐而有曲辕犁，其掉转便利，犁地时常令熟土在上，生土在下，百谷以此易生长，地利易尽，收获倍于前，则以两汉比之李唐，皆中国颇全盛之时，而谓汉之财富与李唐无异，可乎？又如真庙大中祥符五年，江淮两浙诸路遭逢大旱，令取福建路占城稻三万斛，使民择田之高仰者分给种之，又以种法揭榜示民，于是江淮两浙诸路始亦广种占城稻。占城稻以耐旱早熟故，能令粮食产量大增。则以国朝之初，比大中祥符五年之后，谓南方稼穑所获，无有增减，可乎？以此见之，财货百物之增减，盖有以种种因缘也！岂是'天地所生，货财百物，止有此数，不在民间，则在公家'！此大谬也！陛下，臣以为，欲富国强兵，天下大治，首要在此：因天下之力，以生天下之财；取天下之财，以供天下之费！自古治世未尝以财不足为患也，患在治财无其道耳！"

这一席别具炉锤、石破天惊的分析，好似奔雷入首阳之山阿，而神祇为之采铜，仿佛盘古开太初之混沌，而日月因此放光！

一时间，延和殿内，君臣四人间只剩复杂而无声的沉默。司马光此时无言以对，王珪也无话可说。王安石的惊人之论更是令御座上的官家瞠目结舌。

赵顼在心里消化着王安石的话语：这天地间的财货百物并非恒定不变，而是可以依靠后天的努力创造增加的？而其所举的农事上的例子，更是不容怀疑、争辩。看来除旧布新，天下大治，是完全有可能的！

想到这里，官家把视线投向王珪，道："卿为承旨翰长，方才二卿之见，当如何看？"

王珪被官家直接问话，便不能再沉默了，只得开口说："司马光言省费自贵近始，光言是也；王安石言所费不赀，恐伤国体，安石言亦是也，唯陛下裁之。"

这回答实质上是两边不得罪的和稀泥，表示两人的话都没有错。至于王安石、司马光更深一层的经济思想及治国道术上的根本矛盾，王珪则一句都不肯评论。看来他完全不敢趟这浑水。

官家略斟酌了片刻，道："朕亦与司马光同。"

听到这话，司马光不禁双眉耸动，以为陛下从善如流，可赵顼还在继续往下说："今且以不允答之可也。"

司马光这才恍然大悟，什么"朕亦与司马光同"，这是官家在安慰他，其实陛下是不批准两府辞免南郊赏赐的，陛下赞同的还是王安石。往深层想，这不仅仅是关乎南郊赏赐，这恐怕是陛下相信了王安石说的"因天下之力，以生天下之财；取天下之财，以供天下之费"，而选择了王安石提供的治国之道！

司马光一时间如坠冰窟，即便延和殿外的阳光还尚且透着暖意。

王珪已是深深一揖，道："臣等恭领圣旨！"

走出延和殿，司马光一路沉思。他知道问王安石是无用的，因为自己的好友十分固执，于是便问王珪道："王承旨，光冒昧问下，方才殿内某与介甫的一番话，承旨以谁为是？"

王安石见老友不来与自己讨论，反倒去问王珪，他想怕是方才的辩论令司马光产生一丝自我怀疑。

王珪当然是谁也不想得罪，这会儿被司马光这么一问，只能字斟句酌道："君实，你和介甫之才，都远过于我，这我如何能说得清你们二人刚才的高论究竟谁更正确？所以官家问我，我也只能打个马虎眼，君实你就别为难我啦！"

看着愣在原地的司马光，王安石道："君实，我等且先回学士院吧，你细细思量，就会知道我所言非虚。"

午时刚过，阁门官吏便带着王安石所撰批答来到了中书门下政事堂。原来今日是王安石在学士院当制，自然由他负责"代王言"，也就是撰写制词诏令以及代皇帝批答等。

曾公亮、唐介、赵抃三位宰臣打开一看，只见王安石遒劲雍容、铁画银钩的大字分明写着：

卿等选于黎献①，位冠百工，或受或辞，人用观政。朝廷予夺，所以驭臣。贵贱有差，势如堂陛。唯先王之制国用，视时民数之多寡。方今生齿既蕃，而赋入又为不

———————
① 黎献，指黎民百姓中的贤者。

少，理财之义，殆有可思。此不之图，而姑务自损，祗伤国体，未协朕心。方与勋贤虑其大者，区区一赐，何足以言，故兹诏示，想宜知悉。

一时间，政事堂里只听到副相唐介的声音。

"这王安石是在讥讽我等中书辅臣不识大体！责我等只求自损区区，乃是伤国体、乖天心！好个猖狂放肆的王安石！"

此后，八月中两次轮到王安石在迩英阁侍讲时，官家赵顼都在讲读结束后将王安石留下来与之独语良久，京中各衙署无不对此议论纷纷。有关王安石即将入二府的传闻更是越描越像，一传十，十传百，都下已是无人不知，连深闺之中的少女，都要谈论王安石两句。

时间很快到了熙宁元年（1068年）的十月，过去的两个月中，王安石做着翰林学士的本职工作，又代表朝廷去往大宋皇家诸陵朝拜，一路过中牟、荥阳、汜水关、巩县，抵达仁宗皇帝下葬的永昭陵。永昭陵在河南府永安县内，与英宗皇帝的永厚陵紧邻。真宗永定陵则在七里之外。

王安石见到仁宗皇帝的陵寝，不由得想到自己自庆历二年（1042年）进士登科，以杨寘榜第四名而入宦海，在仁宗朝为官的二十一年。想那时节，与韩绛、吕公著、韩缜、王珪、苏颂等同年登科。自己进士及第后，被授予淮南签判①，同年八月到扬州任职。后来庆历七年（1047年）去往鄞县担任知县，开始了主政一方；皇祐三年（1051年）迁官殿中丞、通判舒州②，成为州郡级别长贰官员；至和元年（1054年），三年通判任满后被召回京师任群牧司判官③；嘉祐元年（1056年）年底短暂担任了四个月的"提点开封界诸县镇公事"④；嘉祐二年（1057年）四月改知常州，始为州长官。此后调任频繁。次年二月即除江东提刑⑤，十月又改三司度支判官⑥，再度回到

① 淮南签判，从八品，属幕职官，协助本郡（府州军监）长官处理文书案牍等公务。

② 殿中丞即元丰改制后奉议郎官阶，正八品，属于本官，这标志王安石由京官升朝官。通判是知州的副贰，即舒州的次长官。舒州属上州，通判为正七品。

③ 群牧司总领全国马政。群牧判官例以京朝官充，与群牧都监每年轮番下诸州坊监，点检地方马政详情。

④ 类似于路级监司的转运使、提点刑狱公事，职掌开封府界（京畿路）所属县（镇）刑狱、贼盗、兵民、仓场、库务、河道等事。

⑤ 即提点刑狱公事，属路级监司差遣，近似元明清省级职务，掌一路所辖诸州府军监刑狱公事，兼劝课农桑、举刺官吏等。在监司序列中，位次转运使。

⑥ 三司为元丰改制前北宋最高的财政机关。三司下辖：盐铁、度支、户部三司。度支司掌诸路财赋上送之总数，每年计量出入，规划朝廷用度。度支司有度支使（副）、判官、推官、主簿等。

京师，且有了进一步熟知全国财政状况和细目的机会；嘉祐五年（1060年）曾伴送契丹来使回辽国；次年任知制诰，在不惑之年成为朝廷两制重臣；嘉祐七年（1062年）则以知制诰"同勾当三班院"①，谙熟武将的管理、任职、考核等事；次年三月，仁宗皇帝驾崩于大内福宁殿，八月母亲病逝于都下，自己则丁忧解官，归葬亡母于江宁蒋山……此后英宗皇帝一朝四年内，自己都不曾应召入京。直到今上即位，以翰林学士召，方再入大宋东京城。

二十余年，转瞬即逝！

王安石不禁吟道：

> 儿童系马黄河曲，近岸河流如可掬。
> 任村炊米朝食鱼，日暮荥阳驿中宿。
> 投老经过身独在，当时洲渚今平陆。
> 秔黍冥冥十数家，仰视荒蹊但乔木。
> 冰盘鲙美客自知，起看白水还东驰。
> 尔来百口皆年少，归与何人共此悲。②

投老独在，帝王去者已历二圣，而洲渚翻为平陆，世间之事，实在堪称沧海桑田！今已近知命之年，勉为天下苍生而起，然而逝者如斯夫，固不舍昼夜，所逝者，百代之光阴，所不变者，殆人情之趋利而短视乎！此身独归，与何人共语！微斯人，吾谁与归！

十月朔日，王安石先后撰写《永昭陵奏告仁宗皇帝旦表》《起居永安陵等处诸陵表》等奏表，为自己奉命朝拜宋朝皇帝陵寝的公务画上了句号。他越来越感到，自己已踏入历史的汹涌湍流之中，要奋身去试图改变大宋百年来的因循积弊。而列圣先帝在上，是否会庇佑官家与自己呢？

王安石在十月初回京后，即在迩英阁建议经筵中以讲《尚书》帝王之制为主。暂且罢讲《礼记》之后，时间很快到了十一月。南郊大礼便在十八（丁亥日）举行，赵顼在圜丘③祭祀天地，大赦天下，又恩赏群臣加官进爵。王安石作为翰林学士，在此

---

① 三班院宋初隶属宣徽院，太宗雍熙年间独立置院后归中书，相当于唐朝兵部之部分职能，掌低品武官铨选、差遣，考校三班使臣的武官政绩殿最（即政绩之高下好坏）。勾当三班院公事，文臣一般须两制以上任。

② 《王荆文公诗笺注》卷九《书任村马铺》。

③ 皇帝冬至祭天的地方，后亦祭祀天地，多称天坛。

期间撰写了不下二十道制文，如《郊祀昊天上帝皇地祇太祖皇帝册文三道》等，无非繁文缛节的儒教典章所需，然而帝国的权力有时便奠基于这种人君与天地的关联里，体现在这重重仪式之中。

而王安石还不知道，他在九月离开东京城，前往皇陵朝拜路过中牟时写的那首诗，已经被有心之人传成他蔑视群臣、狂傲自大的证据。尤其那两句"此道门人多未悟，尔来千载判悠悠"①，竟被说成了王安石已背儒入法，并在官家面前反复进谗；说朝廷大臣们都庸碌不堪用，还劝皇帝用法家的那套严刑峻法来奴使天下臣民……这样的说法，在东京宫府里已悄然传播开来。

在这个冬天，一位名叫王韶的名不见经传之人，来到了王安石的跟前。

这一日，放衙后王安石照例骑着他那匹羸马，慢悠悠地回自己租借的"宅邸"。申时的东京城正是热闹的时候，京师的衙署都已陆陆续续放衙，在通衢街肆上，官吏们或骑马，或坐车，冠盖簪缨纷纷出动。有的约上二三友人，去往正店酒楼里喝上两杯；有的则是要逛逛古玩古籍的铺子，找点心仪的物事……

王安石从潘楼街向十字街而去，此地即竹竿市，又一路向东，来到了旧曹门街，此地有个北山子茶坊，内有仙洞、仙桥，别是一番洞天，官宦人家的女眷多来这里吃茶游乐。自旧曹门街往南，东边朱家桥瓦子里的喧嚣之声好不热闹，亦不知今日里面唱的是什么戏，又是哪几个角在舞台上演绎着都下百姓们喜闻乐见的那些故事。道路两旁各式各样的食店卖着让人眼花缭乱的吃食，东京城里甚至有蜀人口味的川饭店，有南方口味的南食店，店外头酒旗招展，香飘四溢，真是令人应接不暇的京师风情。

过了观音院，骑马再走一会儿，方到了万岁寺附近的"宅邸"里。说是宅邸，其实不过是一间两进的院落。虽然王安石贵为两制重臣、玉堂内翰，却也买不起东京城奢华的宅院。生性简朴的他之所以租住这院落，主要考虑到自己和两个儿子王雱、王旁读书的需要，得有一间藏书、读书、写字为文的书斋。

王安石牵着马进了自家院落，只见有些年纪的院子②上来接过羸马的缰绳，说道："主翁，有位客人来了半个时辰了，说是主翁好些年前的旧相识。正在厅堂里吃茶。"

王安石乃朝这看着比自己年纪还大，实则也不过四十出头的院子点点头。于是走进厅堂里，只见一个俊朗带着一点粗犷的三十余岁模样的男子正坐在客座，蓄着颇有英气的短髭须，一双星眸炯炯放光，身材虽不很高大，脸上的棱角却极是分明，隐隐约约透露着此人非凡的经历与心境。

---

　　① 王安石所作七言绝句《中牟》：颍城百雉拥高秋，驱马临风想圣丘。此道门人多未悟，尔来千载判悠悠。

　　② 宋代官员一般称自己的家仆为"院子"。

见王安石走进来，这男子立即站起身，深深一揖："见过学士。"

"君是何人，且恕仆眼拙。"王安石微微一揖，算是回了礼，却委实不记得在哪里见过这个人。

"森森直干百余寻，高入青冥不附林。万壑风生成夜响，千山月照挂秋阴。
岂因粪壤栽培力，自得乾坤造化心。廊庙乏材应见取，世无良匠勿相侵。"①

男子当即吟诗一首，但这并无甚稀奇，乃是王安石十年前所作的一首诗而已。

"此是仆之拙作，"王安石刚一开口，忽然似有所思，"君莫非是？"

男子笑道："绿皮皱剥玉嶙峋，高节分明似古人。解与乾坤生气概，几因风雨长精神。装添景物年年别，摆捭穷愁日日新。惟有碧霄云里月，共君孤影最相亲。"

一听到这首诗，王安石的记忆全回来了。

"哎呀，你是子纯（王韶字）！"

"正是学生！"男子道，"十年前内翰方为江东臬使，宪车驾临庐山②。那时节韶正在东林裕老庵里读书，庵前有一棵老松，学生便作得此首诗。正巧内翰亦上庐山，不以学生粗鄙夐陋，反谬赞学生之诗作，又与学生讲论学问。内翰当时之学究天人，以及经纶天下的视野，都让学生感佩万分！"

王安石本就记忆过人，这会儿便想到，嘉祐三年时，自己溯九江、上庐山的那段经历来。那次庐山之行，除了看尽"屏风九叠云锦张"的胜景，更结识了小自己十岁的王韶。那时王韶刚刚在嘉祐二年进士登科，算是释褐为官，与自己一见如故，二人便在庐山上的东林裕老庵天南地北地相谈甚欢。

"十年光阴呐，"王安石一时也颇为激动，便朝正走到厅堂里的青衣小环③道，"丫头且去换些茶来。"

哪知那女婢却道："夫人说来客只是用这茶伺候，宫里赐的龙团须不得随意滥用。"

王安石平日全不管家里事情，惯是由妻子吴氏操持。而且他对宅中仆人也没什么官宦重臣的架子，多是和气待人，就算吴氏喜欢的女婢寒翠儿有时有些"放肆"，安石也从不骂她。

"你却只管拿最好的龙团来，我自会与夫人分说，快去！"王安石转而又朝向王

---

① 王安石所作七言律诗《古松》。

② 嘉祐三年（1058年）二月，王安石自知常州移"提点江南东路刑狱公事"，即江东提刑，故云江东臬使。宪车也是提刑的代称。

③ 指家中女婢。

韶道，"子纯，一别竟是十年，也不闻你在哪里为官，还是去了何处游历，莫非是闭门读书吗？如何也不多来信笺，好叫仆知晓你近况？"

王韶道："学生曾去试过考制科①，怎奈学问粗疏，见识浅薄，这之后便客游陕西，访采边事，只为了探知西北番部民风与党项贼人虚实，好有只言片语的浅见或许能芹献朝廷！"

王安石当然知道王韶绝不是什么只有浅见，恰恰相反，自己十年前便认识到此子之非凡，如今想必是已经有了完备的策略！

"子纯想是过谦，今日来寻某，定是要走我这里的终南捷径？"王安石有意戏谑道。

"学生不敢在内翰面前隐瞒！"王韶起身一揖，"学生敢问内翰，西贼可取乎？"

王安石佯作不悦："岂不闻薛向罢黜陕西漕臣、种谔编管随州之事？主上临宇方二载，未可轻用兵！"

王韶道："内翰何故如此戏学生，以学生游历陕西，单骑数入西贼领地所得经验来看，西夏诚可取！要之则是八个字：欲取西夏，先复河湟②！"

王安石拍案而起："壮哉子纯！你且大胆地说，此言与我之看法不谋而合！"

王安石对于自己看上眼的人，常是推诚相待，丝毫不以城府示人。若是他尚有所怀疑，则多半仍会故作姿态，可王韶是自己十年前便认可的才子，当下更是兴奋得难以自抑！

王韶从袖中取出一张手绘的简易版西北地图，道："内翰请看，若河、湟能够收复，则西贼有腹背受敌之忧。夏人连年攻青唐③，不得克，万一克之，必并兵南向，大掠秦、渭④之间，牧马于兰、会⑤，断古渭境⑥，尽服南山生羌⑦，西筑武胜⑧，遣兵

---

① 宋科举承唐制，有制举制度，即制科，又称大科、特科，是由皇帝下诏临时设置的科举考试科目，规格较科举为高，旨在选拔特殊人才。

②. 河湟即今甘肃、青海境内的黄河及湟水流域。河湟地区的丢失，始于唐朝安史之乱。时河西、陇右军队调离，吐蕃趁机侵占河湟。

③ 青唐，今青海西宁。"青唐"可直接指代青唐羌，"青唐羌"，亦称"邈川吐蕃""河湟吐蕃""青唐蕃部"等，或以其政权名称"唃厮啰"称呼之，是吐蕃之分支。

④ 即宋陕西路秦州、渭州。

⑤ 即兰州、会州地区。

⑥ 即古渭寨，在甘肃陇西。

⑦ 《文献通考》："西北边羌戎，种落不相统一，保寨者谓之熟户，余谓之生户。"即归顺中原王朝或已习惯居住于城寨中的，文明程度相对较高者为熟户，反之为生户。

⑧ 即后来的镇洮军，不久后改名熙州。

时掠洮、河^①，则陇、蜀诸郡当尽惊扰，木征兄弟^②其能自保邪？今唃氏子孙，唯董毡^③粗能自立，木征、欺巴温^④之徒，文法所及，各不过一二百里，其势岂能与西人抗哉！武威^⑤之南，至于洮、河、兰、鄯，皆故汉郡县，所谓湟中、浩亹、大小榆、枹罕，土地肥美，宜五种者^⑥在焉。幸今诸羌瓜分，莫相统一，此正可并合而兼抚之时也。诸种既服，唃氏敢不归？唃氏归，则河西李氏^⑦在股掌中矣。且唃氏子孙，木征差盛，为诸羌所畏，若招谕之，使居武胜或渭源城，使纠合宗党，制其部族，习用汉法，异时族类虽盛，不过一延州李士彬、环州慕恩^⑧耳。为汉肘腋之助，且使夏人无所连结，策之上也。"

王安石所需要的正是这样一份大而不失细致的谋划！好一个胆略过人、有凌霄之志的王子纯！

王韶所说的策略，无非三点。第一是收复河湟的巨大战略意义。秦凤路在西夏之东南，而河湟在其西南面，若能收复河湟，就可以对西夏形成合围之势，令其腹背受敌，疲于应对。而河湟地区的这一不可替代的巨大价值，显然西夏也认识到了，于是长期进攻吐蕃。如果我大宋不设法去占据河湟，使青唐诸蕃部为我所用，那么一旦西夏得手，整个陕西恐怕随时都会陷入危险之中！第二，如今青唐吐蕃各族互相分裂争夺，正是势单力孤，容易被击破的时候，我们只需要花较小的代价，便能得到河湟这一战略要地，这在现实层面也完全具备可操作性！第三，河湟地区的大片故汉郡县，在汉朝时就已经营，如今那里仍土地肥美，适宜耕种稼穑，当地具备自给自足的条件，不需要在收复之后花费许多转运成本。

"子纯啊，前些时日，我说与官家，以为对西贼之策，不过以夷伐夷！而你这'欲取西夏，先复河湟'之策，实在是铿锵有声、字字珠玑！想必已写成文字？"王安石伸手笑道。

---

① 即洮州、河州。

② 唃厮啰长子瞎毡之子，即木征、董裕等六人。

③ 董毡，唃厮啰第三子，为青唐吐蕃诸首领中实力最强者。唃厮啰死后，董毡继承保顺军节度使、检校司空。神宗即位，加太保，进太傅。

④ 即溪巴温，河湟吐蕃首领之一。唃厮啰兄札实庸龙孙。

⑤ 即古凉州别称。

⑥ 指五种谷物皆可种植。

⑦ 李立遵与邈川（湟州治所，今青海乐都）大酋温逋奇曾先后拥立唃厮啰为主，尊为赞普。李立遵又以二女嫁给唃厮啰，自称论逋（宰相），一度独揽大权。李立遵死后，唃厮啰令李氏二女出家为尼，李氏所生二子为瞎毡（木征之父）及磨毡角。磨毡角结母党李巴全窃载其母，投奔位于河西的吐蕃宗哥城。此部族即河西李氏。

⑧ 李士彬、慕恩，皆宋边境将领。

王韶果从袖中又掏出了数页纸来："这是学生所撰的《平戎策》三道，还请内翰进呈给官家！"

王安石看着手中这薄薄的几张纸，喟然而叹："这是平夏的法宝啊！天佑大宋！"

这时，一位翩翩公子从屏风后走出来，击掌赞道："兄台高见，与某英雄所见略同！"

王安石乃向王韶介绍道："子纯勿怪，这是犬子王雱，从小轻狂惯了，仆疏于管教，子纯见笑。"

王韶闻言赶紧向王雱作揖行礼："子纯不才，见过公子，不知表字如何称呼？"

王雱道："某字元泽。子纯兄，你如何能想到这番策略，我十年前闻秦州老卒言洮河事，便已在心中思量。真是一见如故！"

王安石一时也极高兴："子纯，今日且在寒舍用点便饭，权喝几杯，聊聊你在陕西的见闻！"

王韶道："学生听闻嘉祐年间，内翰时在群牧司，会包孝肃（包拯）置酒赏牡丹，虽包公强内翰饮，而内翰终席不饮。今则以学生小子故，而欲饮酒，学生感激无地！"

王安石笑道："此是为国士饮，子纯当得！"

于是，自然是宾主尽欢，晚膳后王韶更是与王安石、王雱在书房内长谈了两个时辰，直到亥时方离开王安石的宅邸。

翌日，禁中，政事堂。

午时，宰臣们自中书门下的办公本厅回到了政事堂内，等待未时正①放衙前最后一次集议。

曾公亮、唐介、赵抃几个才坐下没多久，还没喝上几口茶，阁门官吏就带着天子的内降②来了。

"官家御批，请相公们领旨。"阁门官吏朗声道。

三位宰臣赶紧起身，恭恭敬敬上前，由宰相曾公亮接过了内降文字，打开一看，上面赫然写着：

王韶可管勾秦凤路经略司机宜文字。

---

① 下午2点。

② 内降，即内批，指内批指挥降出，但通常也须作圣旨颁行，即以中书札子、枢密院札子形式发布。但有时，确有不经过二府或者元丰改制后三省的内批、御笔作为皇帝的命令，直接付有司、官员。

这下三人你看我，我看你，谁也不知道王韶是什么来路，现任何职，有无出身……

赵抃率先开口说："这王韶究竟是谁？相公与子方可识得？"

曾公亮仰面捋须："仆孤陋寡闻，不曾识得此君。"

唐介却道："除拜自内批，而不经两府，这是斜封①！中书宰臣不知所授者来历，则官家如何知道此人？这必是他夤缘攀附，寻了门路才由奸佞在御前说与官家知道！"

赵抃又是苦叹："子方兄慎言！不如叫审官院②先查一查这王韶是谁，让他们呈文字过来，再理会不迟。"

唐介见曾公亮仍是看着内降文字不言，对赵抃道："阅道，你且看这官家想给王韶的差遣！是秦凤路经略司下面的机宜文字！秦凤路在陕西！这是与夏人接壤的地方。恐怕是有人说动了官家，要继续对西贼动武，所以才除王韶为机宜文字。这机宜文字说来算不得经略司里头面的人物，却也是紧要差遣！何况这才是开头，往后官家说不准还会派更多人去陕西，到时只怕兵连祸结，西面永无宁日！若契丹也狼子野心，则社稷板荡，如之奈何！"

"啊?！"赵抃一听也反应过来，乃道，"曾相，若这真不幸被子方言中，则前头刚刚黜责了薛向、种谔，如今又要让这王韶去陕西兴起事端，我等该如何是好？"

曾公亮喃喃地回答说："官家圣心独运，明照八荒，岂是我等臣子所能比拟与推算的？吾辈不知王韶，未免不是有所遗贤，许是从官③奏对时举荐，也无足为奇……依老夫看，还是签押下发吧，再关报枢密院，毕竟牵涉到西面军机。"

赵抃道："相公所言不无道理，毕竟只是个小小的机宜文字，不必为此逆了官家意思，便签押吧。"

见曾公亮、赵抃都签书完毕，唐介摇头道："若日后果然陕西百姓荼毒兵燹，民不聊生，那这西方用兵之罪，真不知会否从我们签书这道除授算起！"

就在唐介签书不久后，枢密院小吏来到政事堂关报公文："方才官家内批：种谔复西京左藏库副使，可商州都监。几位枢密都已签书。"

居然是第二道内降?！

三位宰臣这下可真是面面相觑。种谔本已随州安置，可这才没多久，居然又给他复官了，且还和上一道内降一前一后？一发中书门下，一发枢密院，这是雷霆手

---

①　即所谓墨敕斜封。凡不经中书或三省，直接由皇帝的中旨、内批而授官，称为墨敕斜封。

②　审官院隶中书门下，考核六品以下京朝官政绩高下（殿最），并以此为基础提出相应的任命草案，上报待批。

③　指侍从级别高官。一般从四品待制以上即为侍从官。

段啊!

官家究竟是想做什么，难道真要对西边用兵?

"他文宽夫(文彦博字)也不过如此!"唐介冷哼道，"明日奏对，我中书门下且该问问陛下这两份内降指挥了!"

赵抃道:"难怪前几日魏公(韩琦)又改判大名府，官家还特降手诏许便宜从事……看来真是要对夏人用兵，而防备契丹趁机南寇，才让魏公坐镇北京。这，若真打起来，两线开战，可如何是好!"

次日，垂拱殿视朝。

中书门下是前殿视朝的第一班。内殿常起居结束后，官员们便退出垂拱殿，留曾公亮、唐介、赵抃开始了第一班御前奏对。

还未等三位宰臣进呈章疏，官家就开口问了个令他们出乎意料又震恐不已的问题。

"今政事堂止三位辅臣，庶务繁多，朕意想要补一位参政，卿等如何看?"

曾公亮等一听，无不明白了天子的心思……

"除拜将相，乃人主之权柄，臣等何敢置喙。自韩魏公以疾乞典乡郡，中书颇捉襟见肘，臣昏聩老迈，难以支吾。"曾公亮率先表态说。

赵顼道:"既然如此，卿等以为翰林学士王安石如何? 可为参政否?"

曾公亮乃道:"臣以为无不可，安石……"

"臣以为不妥!"唐介忽然打断了宰相的发言，"安石恐难大任!"

曾公亮瞥了唐介一眼，乃不发一语，任唐介自与天子冲突。

官家道:"卿谓安石文学不可任耶? 吏事不可任耶? 经术不可任耶?"

一连串的三个反问，已足见唐介的反对引起了官家的不满，然而唐介竟毫不退让。

"安石好学而泥古，故议论迂阔，若使为政，恐多所变更，必曰此则须法古而更张，彼又不合三代之制云云，从而大变祖宗家法，坏国家朝野之旧章法度，必大纷乱天下，而致行路嚎晌，士林切齿。臣恐异时非止怪罪于安石一身，人将归怨于陛下也! 臣又观近日中书尝进除目①，数日不决，陛下每曰'当问王安石'。陛下以安石可大用，即用之，岂可使中书政事决于翰林学士? 臣近每闻宣谕某事问安石，可即行之，不可不行，如此则执政何所用，恐非信任大臣之体也。必以臣为不才，愿先

---

① 除授官吏的旨意。

罢免。臣不忍备位政府，而亲见安石入参大政，紊乱朝纲，令天下不宁，陛下可罢免臣！"

唐介这些危言耸听的老生常谈和动辄以辞官要挟的举动，令赵顼心里极是厌恶与烦躁，但他尚做不出仁宗当年恐吓唐介的举动，便不耐烦地摆摆手道："既有异议，卿等自在中书商量，何须作如此语？若有结论，可写就文字进呈，且议他事吧！"

却说这一日放衙后，王安石照例回到宅中书斋里看书写字。

他想到后殿召对时，官家含蓄提到近日有人阻挠进用自己，又想到官家的信重和期待，便在桌案上挥毫落墨：

沉魄浮魂不可招，遗编一读想风标。

何妨举世嫌迂阔，故有斯人慰寂寥。①

正待文墨吹干，即闻院子来报，说又有故人来访，这回倒是备了名帖，不似前日王韶有意给自己一个惊喜。

王安石一看，竟然是老友曾子固（曾巩），便赶忙走到庭院里去迎接。曾巩长得瘦而白净，看着并不显老，实际比王安石还大两岁，已然是知命之年。虽然比王安石年长，但曾巩入仕却远较王安石晚。王安石天赋异禀，早在庆历二年（1042 年）不过二十一岁就高中进士甲科第四名，而曾巩则在嘉祐二年（1057 年）才与苏轼等人一起进士登科。虽然曾巩已近不惑方才登科，但他的几位兄弟纷纷进士及第，如曾宰、曾布、曾肇等，可谓书香门第、耕读世家里令人羡慕不已的翘楚了。

王安石亲自将曾巩引进了会客的厅堂里，又令女婢寒翠儿去上好茶来。

坐下之后，王安石察觉到老友颇有心事，面色上不见友朋欢聚的那种喜悦神情。

"子固，可是近来有甚难处？"王安石关切地说道。

曾巩低眉叹气，却是不知为何不敢看向安石，只是道："介甫，你我相交已多少年了？"

王安石思考片刻道："屈指一算，当有二十七年了，那时节尚是庆历元年（1041 年），我还记得你后来给我寄来的信笺里附诗一首，其云：'忆昨走京尘，衡门始相识。疏帘挂秋日，客庖留共食……'子固你我挚友，任何事不妨直说，你若有困窘之处，弟定竭力助之……可是去年十一月那事 ②？"

曾巩道："非也非也。介甫，我今日来，绝不是要让你疏通关节。实在是有一腔

---

① 王安石所作七言绝句《孟子》。

② 治平四年（1067 年）十一月，知谏院杨绘言曾公亮不当用其子曾孝宽判登闻鼓院，亦不当用好友曾易占之子曾巩为史官。

048 •

肺腑之言，想说与你听。"

王安石笑道："往日不见子固这般严肃，且说之，仆洗耳恭听，愿乐欲闻！"

曾巩道："介甫，有流言道，你在先帝时屡召不出，乃是嫌弃官小，我却知绝非如此。今上欲大有为，介甫是为天下苍生起。然而，事有缓急，术有经权，欲法先王，也当审先后、定难易、听众论，和衷共济，君子其朋，则事大有可为，能惠泽百姓者，必多矣！今也不然！我观介甫入禁林为学士后的种种言行，多偏离儒学圣教，大者一曰以理财为先，二曰西夏可取，三曰谓祖宗成宪不可事事因循。小者则如谋杀按问欲举，从故杀伤论，减二等科罪；又欲复经筵坐讲之礼云云……余皆数不胜数。只说大者，以理财为先，则道德沦丧，礼法崩坏，世风将日以浇薄无耻，人皆尔虞我诈、贪夺财货，欲再使风俗淳，其可得乎？介甫又说西夏可取，西贼乍起之时，以范文正公、韩魏公帅边亦无能为，而况其今已日强，大臣又无如范、韩者？庆历时，以岁赐区区，换得陕西无算百姓安乐，军士免于马革裹尸，深闺能少无数垂涕孀妻，实是庙算上上之策！而介甫阴助种谔等贪利燥进之小臣，强为官家分说，将兴西方戎事，结怨于夷狄，则异日兵连祸结，介甫何以对陕西军民？不独无颜对陕西，兵法云，'凡兴师十万，出征千里，百姓之费，公家之奉，日费千金，内外骚动，怠于道路，不得操事者，七十万家'，则介甫实无颜对天下百万之家也！三谓祖宗成宪可改，不当事事尊奉。如此，则先帝良法美意，苟有奸臣进言，便可多所纷更，则我皇宋之根基亦有动摇之虞，祖宗之家法亦可驯至倾颓。介甫，到那时，何所不可纷更，何事不可为？朝野将无宁日，又将伊于胡底？！介甫，你且改悔吧！人家已经说你在荧惑君心，行辟而坚、言伪而辩，比你为少正卯呐！你再这般下去，他日若在政府，才真是祸在旦夕，令名亦将尽毁！"

王安石一言不发地听完了老友曾巩的这番话，他的脸逐渐阴沉下来。

良久，王安石方道："子固，你怎知我在官家那讲西夏可取？可是有谁让你到我这，来劝说的？"

曾巩却把脸转了过去，也不吭声，半晌才道："今日只是我自己想来罢了，不曾有人指使。介甫你好自为之！"

王安石的脸庞终是添上了一抹悲凉，如浮云阴翳，结于暮色之中。

"子固，此事我入仕以来素不与人说。我弱冠前，尝作诗云'材疏命贱不自揣，欲与稷契遐相希'①。大宋百年积弊，终究是遗祸子孙，不如我安石一力承之，庶几做一做那'荷担如来'。若众口铄金，积毁销骨之时，左右不过是，我不入地狱谁入

---

① 摘自王安石所作七言古诗《忆昨诗示诸外弟》。

地狱！"

"介甫，你这又是何必！"曾巩长叹一声，起身一揖，告辞而去了。

出了王安石宅邸，跨上马背的曾巩不由地吟道："颇谙肺腑尽，不闻可否言。结交谓无嫌，忠告期有补。直道讵非难，尽言竟多迕。知者尚复然，悠悠谁可语。"

曾巩忽而忆起，曾与王安石一同前往拜谒蒋山佛慧禅师。王安石问禅师："世尊拈花，人所共知，出自何典？"这位人称霹雳广长舌的高僧竟不能对，只云："藏经所不载。"王安石却道："顷在禁苑，偶见《大梵王问佛决疑经》三卷，有云：梵王在灵山会上，以金色波罗花献佛，请佛说法。世尊登座，拈花示众，人天百万，悉皆罔措，独迦叶破颜微笑。世尊曰：'吾有正法眼藏，涅槃妙心，分付迦叶。'"当时王安石的博闻强记、过目不忘，令曾巩记忆犹新。

此刻再想起王安石方才那句"做一做那'荷担如来'"，曾巩不禁觉得他王安石乃自以为是摩诃迦叶尊者，得了佛祖的正法眼藏、涅槃妙心了！

熙宁元年的冬天，似乎更冷了一些。

第 二 卷

执 政

第 四 章

娇梅过雨吹烂漫

转眼间便到了熙宁二年（1069年），这一天乃是正月初一，东京城里家家户户都在噼里啪啦地燃放着鞭炮。都下的百姓大多是相对富庶一些的坊郭户，这新年的第一天也大多给孩子们穿上了新衣服、新鞋子，娃娃们跟在大一点的孩子后面玩闹得好不快活，空气里都是辞旧迎新的喜气与热闹。

人们都早早地起来，升起炉灶，操持新一年的第一顿饭食。眼下正是万里晴空，暖阳东升，开封府处处炊烟袅袅，人间烟火，一派祥和。

王安石宅邸内自然也不例外，虽然他对这些事情全无甚所谓，可他的夫人吴氏却最是看重节庆与年味。王安石的家里算不得人丁兴旺，两个儿子王雱、王旁、一个小女儿，夫妻二人，加上两个侍女、一个厨子、一个院子，总共也才不到十个人。这莫说比其他朝廷重臣，便是开封府里的富户也比不上。

这会儿王安石已在书斋里了，原来他是在桃木上书写喜庆祈福的对联。对联这种事，若是寻常人家，或许在除夕前便找集市上的字画先生来写了，可对于王安石这样的两制词臣，那简直是信手拈来，不费吹灰之力。颜筋柳骨之外早已自成风格的十来个大字如蛟龙之出春水，飘逸且极具章法！

王雱在边上见了，不免夸道："爹爹的字，似百尺竿头更进一步矣！"

王安石忽而心有所想，提起笔在纸上又写下一首诗来：

> 爆竹声中一岁除，春风送暖入屠苏。
> 千门万户曈曈日，总把新桃换旧符。①

王雱拍手赞叹道："爹爹的诗作得好！官家极是倚重爹爹，在我看来，爹爹多半是就要入参大政了，届时可真是要锐意变法，新桃换旧符了！"

次子王旁却道："我只盼爹爹健康，我们一家人平平安安便好了，朝野天下的事，

---

① 王安石所作七言绝句《元日》。

如何操心得完？"

王雱道："弟弟你这却不是正月里该说的话，何况爹爹才冠古今，正该辅佐圣明天子，匡济九州百姓，如何要这般丧气！"

王旁不敢与兄长争辩。

王安石道："大哥不许这样说二哥，你们兄弟之间，还需和睦包容。"

王雱、王旁俱正经一揖，应答说："孩儿知道了，谨遵爹爹教诲。"

王安石点点头："且去把桃木对联换上，新的一年了，我们家也该换个面貌……"

正月里，前宰相富弼被召回了京师。人们都在议论官家此举的用意。

延和殿里，官家召富弼独对。

富弼今年六十有五，看着与韩琦一般有些老态和倦容，不似文彦博那屹立如山的模样，但仍具一副威严面孔，想来年轻时当是风姿挺秀，英特非凡。

富弼此时坐在锦墩上低眉顺目，颇像一尊菩萨或罗汉。官家一来便开口道："郑公别来无恙，朕心甚慰。"

富弼起身一揖："臣老朽之身，如何敢当陛下天心挂怀，不胜惶恐。"

"郑公且宽坐，勿拘礼，"官家道，"前以司空兼侍中拜昭文相召郑公，而郑公恳辞，今见郑公康健，朕放心不少。"

富弼道："陛下不以臣昏聩日衰，竟欲以真侍中除为上宰，顾臣何人，不过乡野老翁，恩判地方已力不能济，多病缠身，如何敢当无上之尊荣？臣万死不能拜谢。"

赵顼心想，富弼果然如自己所预料的那样，已经是一个只知道诵经念佛的老人，这好得很！现在中书只有曾公亮一位宰相，唐介和赵抃都是副相，先前唐介激烈反对王安石入两府，但若是朕仍旧以中书宰臣阙员为理由，同时补富弼与王安石入东府政事堂呢？料来他们就不便反对了吧！仁宗朝留下的几位元老重臣里，韩琦是明确反对王安石的，决不可让他再入相；文彦博已为枢密使，且其较为强势，只恐拜相之后，与王安石不相能……算下来，只有这诵经念佛的富弼最合适！届时以安石主持变法，以富弼笼络人心，则大事将成矣！

"郑公过谦了，这是朕厚待元老之意，如何不能当，"皇帝道，"不过既然郑公谦逊之出于本性，执意如此，朕只能勉而从之。但眼下中书止曾公亮一位平章事，朕决意仍是要以郑公为首相，则依前官左仆射拜相，郑公其勿辞矣！"

富弼起身又是一揖，方道："臣既赴阙，不敢再三推辞。陛下今以首揆之位召臣，臣又荷仁宗、先帝厚恩，有些话，臣今日要对陛下说。"

官家道："郑公但说无妨。"

富弼抬首道:"臣闻近日颇有人于御前倡言灾异皆天数,非人事所致。此臣不能苟同,亦陛下不当听信者也! 夫人君所畏唯天,若不畏天,何事不可为者! 去乱亡无几矣,此必奸臣欲进邪说,故先导陛下以无所畏,使谏诤之臣无复能施,然后可擅人主权柄,快意而乱国,无所不为也!"

赵顼心里吃了一惊,他本以为富弼会像当年的平章事晏殊一样无可无不可,谁知今日却说起这些别有用意的话来? 韩琦、富弼,乃至唐介等人,背后有没有串联,还有没有其他元老、重臣想着要阻挠朕?

官家的手在衣袍中暗暗握紧了拳头,但他的口吻却听不出喜怒来,只是平淡说道:"朕法仁宗与皇考,始终克己自省,仰畏天、俯畏人,四方有灾异,则减常膳、避正衙。郑公忧国之心,朕甚佳之,然勿虑也。"

富弼道:"圣明无过陛下,此虽臣无学,亦能知之。不过,臣闻中外之事,似渐有更张之兆,此必小人献邪说于陛下也。大抵小人唯动作生事,则其间有所希觊。若朝廷守静,则事有常法,小人何所望也。"

赵顼忽然没了与富弼再说下去的耐心,只是频频点头而已。

正月一过,二月初二(己亥日),禁中宣麻拜相:

观文殿大学士、行尚书左仆射、郑国公富弼依前左仆射加兼门下侍郎、同平章事、昭文馆大学士、监修国史[①]。

这是富弼自仁宗皇帝嘉祐六年(1061年)之后再入相,并位在曾公亮之上,为中书首相。

就在开封府一些人弹冠相庆之时,次日,诏令再下:

工部侍郎、翰林学士兼侍讲王安石除右谏议大夫、参知政事!

王安石自江宁府回到京师之后,还不到一年,便从翰林学士任上擢升执政,进入二府,成为副宰相,许多嗅觉敏锐的人都觉察到了国是将变的征兆。

这一日放衙,王安石谢绝了韩维、吕公著说要叫上司马光一同去庆贺一番的邀请,他想到明日官家必定有许多大政方面的细节问题要垂问自己,便想回去做一番整理。

王安石回到府邸书斋里,方写了数张纸,院子便来报,云是有客来访,已经递了

---

① 北宋元丰改制之前,中书长期是"两相三参"或"三相两参",即两位宰相、三位参知政事或三位宰相、两位参知政事。当"两相三参"时,首相则为同平章事兼昭文馆大学士、监修国史,称昭文相;次相即同平章事兼集贤殿大学士,称集贤相。当"三相两参"时,首相则为同平章事兼昭文馆大学士;次相为同平章事兼监修国史,称史馆相;末相则为同平章事兼集贤殿大学士,称集贤相。

名帖。

王安石道:"不是已说与你知道了么,凡有来登门道贺的,一概谢绝。"

院子道:"相公,那人说相公见了他名帖,必是愿意见的。"

王安石接过名帖一看,落款乃是:"学生吕惠卿"五个字。他不禁舒眉一笑:"且请他坐堂上用茶。"

吕惠卿与王安石相识颇早。仁宗嘉祐二年(1057年)时,欧阳修曾来书一封,信中对吕惠卿极为称许,乃云"吕惠卿,学者罕能及,更与切磨之,无所不至也"。当时吕惠卿正要赴任真州推官①,而王安石方出知常州,两地相隔很近,因此欧阳修将晚辈吕惠卿介绍给王安石认识,二人便由此得以结识。嘉祐五年冬(1061年),吕惠卿真州推官任满三年,入京师等再授差遣,当时欧阳修又呈上札子举荐吕惠卿充任馆职②,而当年王安石也在京担任三司度支判官。此番相见,二人畅谈经义,颇多契合,有了更深的交谊。

王安石自书斋移步到会客的厅堂,见姿容俊秀的吕惠卿正站着,竟也不坐,三十有七的他生得轩轩如朝霞之方举,岩岩若孤松之独立,仪表非凡、才貌双全,难怪欧阳修屡屡举荐,韩绛也曾辟其为三司检法官,宰相曾公亮又推荐他担任"编校集贤院书籍"③。

见到王安石,吕惠卿立刻深深一揖:"学生见过师相。"

"吉甫(吕惠卿字)莫作是说!"王安石笑道,又让他坐下,"何必拘礼,且坐且坐。我如今只是执政,当不起你一声'师相'。"

吕惠卿敛容正色道:"惠卿读儒书,只知仲尼之可尊。读外典,只知佛之可贵。今之世,只知相公之可师。昔年师相教诲惠卿经义,如蒙灌顶,获益岂止是良多,不啻七十子之从学于尼父,如听正法于瞿昙④,得未曾有。若蒙师相不弃,惠卿实在愿终身追随师相于左右!"

王安石道:"吉甫言重了!你我乃忘年之交,何必曰老师、学生?且如吉甫之才,

---

① 即"真州军事推官"之简称。真州属于军事州(刺史州),乃是六等州格(都督州、节度州、观察州、防御州、团练州、刺史州)之末等,故其推官称为"军事推官"。吕惠卿所任之真州推官,属于幕职官,为真州知州衙门的属官,协理知州治公事。

② 馆职,三馆秘阁官通称。北宋元丰改制前,昭文馆、史馆、集贤院、秘阁设各级馆职。此指如集贤校理、秘阁校理、史馆编修、崇文院检讨、秘阁校勘等低级馆职。馆职乃文学高选,通常须经召试除授,宰执两制多由馆职逐步晋升,是文臣初入仕途梦寐以求的清贵之职。

③ 职掌整理、校对集贤院图籍的馆阁实事官。职位较低,任职两年才可迁为馆职,如馆阁校勘等。

④ 即佛陀释迦牟尼世尊之本姓乔达摩的另一种译称。

他日必为国朝柱石，岂可谦逊太过！"

吕惠卿道："学生今日来，一者自然是要祝贺师相之入中书，二者也是想问师相，今官家似有革新天下之意，师相可是已有了辅弼天子、具体施政的方略？"

王安石道："自经筵讲读以来，已渐次和官家讨论许多当变革之事宜。今日吉甫来，正要说与吉甫一同参详，定大有裨益！"

畅谈一夜，吕惠卿二更天才离开王安石府邸。长身如玉的他站在街衢上，望着东京城头顶的满天星斗，预感一个大时代已经拉开了帷幕，而自己将在这个时代浪潮里走到什么位置呢？

二月初四（辛丑日），前殿视朝，中书门下在垂拱殿内第一班奏对。

进呈的第一件事是去年由登州阿云案引发的"谋杀已伤，按问欲举，从谋杀减二等论"。原本在熙宁元年七月，已经下诏采纳了王安石、吕公著、韩维、许遵等人的意见，然而法寺、刑部的许多官员都不服，继续论奏王安石等所议不当，官家只能诏王安石与法官集议，前后反复讨论多次，一直延续至今。因而中书再次进呈。

富弼并不说话，只是低眉，仿佛老僧入定。曾公亮也只看着王安石与唐介在御前论辩，赵抃则在边上摇头苦叹。宝座上的官家见状，略显烦躁道：

"既原本已有诏令，更不须改议。朕以为，自今谋杀人自首及按问欲举，并以去年七月诏书从事即可。其谋杀人已死，则依《嘉祐敕》，奏裁。且议下一件事吧。"

见到官家如此态度，唐介也只能沉默。

王安石道："臣请进呈另一事，欲乞于三司之外，另置一司，曰'制置三司条例司'，修天下开阖敛散之法，使利出于一孔，人主得操权柄于上，豪右为摧兼并于下……"

唐介明白了，王安石的目的是要另起炉灶，想用一个新的衙署来架空中书门下和枢密院，好施展他"托古改制"之变法，好把他那些变乱祖宗典宪、刚愎自用的主张都践行下去，这可真是要祸国殃民！

王安石仍然在念着札子："窃观先王之法，自畿之内，赋入精粗以百里为之差，而畿外邦国，各以所有为贡，又为经用通财之法以懋迁①之……"

唐介一字不漏地仔细听着王安石的话语，他必要全神贯注地听听王安石那"诡辩"的逻辑。

王安石先抛出所谓的"先王之法"，以证明自己是托古改制，而并非全无根蒂。

---

① 懋迁，谓贸易。

然后他又极力铺陈如今朝廷无理财之术的窘境，如远方诸路上供财物有数倍于物价的转运耗费，到了京师又竟以半价出售；忧国家因年度预算开支不足，而多纳百姓之租税甚至倍于其应缴之额……王安石进一步说，朝廷征用之物大多不考察地方上产出的多寡、时令等，使得富商巨贾乘机囤积居奇，夺走朝廷的物价贵贱、百货敛散之权……所言皆合官家的心意！

王安石继续道："臣等以谓发运使总六路之赋入，而其职以制置茶盐矾税为事，军储国用多所仰给，宜假以钱货，继其用之不给，使周知六路财赋之有无而移用之。凡籴买税敛上供之物，皆得徙贵就贱，用近易远，令在京库藏，年支见在之定数，所当供办者，得以从便变卖，以待上令。稍收轻重敛散之权，归之公上，而制其有无，以便转输，省劳费，去重敛，宽农民，庶几国用可足，民财不匮矣。所有本司合置官属，许令辟举，及有合行事件，令依条例以闻，奏下制置司参议施行。"

始终沉默不发一语的富弼忽然开口道："陛下，安石所进呈事，断不可为！发运使总六路财赋，事体关乎东南方方面面，今欲无事而增其支用，国帑匮乏，则钱货何所从来？又安石言，'凡籴买税敛上供之物，皆得徙贵就贱，用近易远'，此非细事也，欲措置如此规模之事，不知要更支用多少缗钱方能了办？若徒以立名目，稍增支用，必然无异于前，而有大纷扰于东南，不若一切如旧为宜！安石谓，此法可'便转输、省劳费、去重敛，宽农民，使国用可足，民财不匮'，臣窃恐非但不能，反夺商贾之利，而民众受其害，为祸匪浅！"

这一番话，富弼说得并不快，但极有分量，仿佛是拳拳到肉，在垂拱殿里掷地有声！

赵抃道："臣亦请陛下三思，不可贸然为之，徒增纷乱。"

唐介道："富相所言极是，臣请陛下三思！"

再相富弼，换来的居然是这种结果，御座上的官家不免感到了一股巨大的压力……

赵顼仿佛未听到反对的声音，只是问："曾相以为如何？"

曾公亮从容一揖，然后才道："臣愚以为兹事体大，三司本总天下利柄，故陛下可与枢府执政商议，再做定夺。"

"卿言善。"赵顼点了点头，曾公亮未作反对，即已经是支持了。

中书班子下殿后自然是回政事堂中集议。富弼、曾公亮走在最前头，唐介与赵抃走在一处，众臣全然不理睬王安石，他只得跟随其后。

处理了一些常规庶务，又分厅治事、再集议之后，便是午时了。

正用茶间，阁门官吏来报，云官家召参知政事王安石独对。

看着王安石走出政事堂大厅，唐介道："二位相公，这如今的中书门下，究竟谁是宰相？自王安石入京为翰林学士起，便屡蒙召对，官家独与他王介甫纵谈。现在他入了东府，更俨然是上宰首揆，他人皆不得预闻！我辈不过签书、伴食而已！"

曾公亮只作没听见，仍是低头吃茶。富弼也不知在想着什么，竟未说话。

王安石由内侍引入延和殿，见御案前已摆放好了一把玫瑰椅，而官家赵顼正等候着自己。

王安石当即作揖，官家虚扶了下，请他入座。

官家自己也坐了下来，道："想先生也已见得分明，近日人情于先生极有欲造事倾摇者，所以朕急欲先生就职。向有吕诲①忠直，近亦伺机毁先生。赵抃、唐介皆以言捍塞先生进用，今日又阻挠制置三司条例之事……先生为社稷起，而令名受累，朕实不忍。"

王安石道："臣得陛下信重，虽赴汤蹈火不辞，何惧人言？尚请陛下稍宽圣虑，臣感激无地。"

官家道："午前视朝，枢府班子里文彦博、吕公弼反对先生制置三司条例的意见，韩绛、陈升之还是较赞成的。"

王安石道："有韩绛、陈升之支持，亦足矣，更张天下事，必然招致人情沮抑，此不足为奇。"

官家颔首道："先生的札子朕用膳时反复看详，虽多已与先生商议过，但其中真知灼见仍然令朕大为受益。先生尝对朕言《周礼》，即泉府一官，乃先王所以摧抑兼并、均济贫弱，变通天下之财而设。如先生所说，此乃先王之良法，如何今日之大臣，率不与朕言，待先生进呈，又多方阻挠，是何故也？"

王安石道："国家承平百年，人情溺于苟且因循，以之为晏安无事。凡一有有识之士欲革除积弊，则必曰此紊乱朝纲，轻易典宪，以为孔子亦'述而不作'，如何今人反自以为聪明。陛下，孔子固然曰'述而不作'，但孔子岂以礼崩乐坏之世为不当变革乎？孔子亦欲法尧、舜、三代之时，效先王而改制矣！以此观之，言夫子'述而不作'，所以今世一切旧法不能更张者，若非智识在中人以下，则必居心叵测，以摇惑君心，鼓动朝野也。"

赵顼突然问："朕近来见自二府、侍从、台谏之中，多有众口一词，危言沮坏②

---

① 时任御史中丞，为台官之长。

② 沮坏，指摧毁，破坏。

先生者……以先生之见，可是朝中有朋党，别有重臣串联，为其赤帜？"

王安石道："臣不知。"

官家也意识到有所失言，便转而说道："先生的施政规模宏大，朕已略知之。止如这创设制置三司条例司一事，便见得先生一意许国，又才智超凡。如先生所言，历来朝廷籴买、税敛、上供之物，水陆转运之间耗费无算，又常取之非时非地，至于京师，反多折价贱卖者，空劳乏百姓而又大失军国之财利，实非经久之善策。然而如唐介者，每曰与民争利，每曰君子不当言利，每曰致大纷扰云云。朕实在困惑，何以如许多大臣尽作如此语？直是不见今财用困窘，积弊日深吗？"

王安石道："陛下，此非不知也。流俗之人，于天下之事，往往逆虑其害而不敢求其利，此不可以言智，故往往张皇危言于绸缪庙算之时，而于指挥已下、措置已行，事有小成小败时，又举止无措，动辄谓一切尽罢，此岂是谋国之方、治世之臣？"

官家喃喃道："逆虑其害而不敢求其利，说得真好啊……"

王安石继续说着："人才难得亦难知。今使十人理财，其中容有一二败事，则异论乘之而起。臣谓尧、舜与群臣共择一人治水，尚不能无败事，况所择而使非一人，岂能无失？要当计利害多少而不为异论所惑。"

官家道："先生所言，朕深以为然。制置三司条例，理当必行！"

王安石道："圣明无过陛下！今陛下欲用臣革新庶务，而大臣多不能同心协力。别为一司'制置三司条例司'，则事易商议，早见事功。若如往常一切归中书，则待五人无异议，然后草具文字，文字成，须遍历五人看详，然后出于白事之人，亦须待五人皆许，则事积而难集。"

官家又一次不住点头，道："曾公亮能与先生共事，富弼、唐介、赵抃似不可。今别为一司，以总新政，便指挥诸路州县，先生如有特别属意之人，尽说与朕知道，即入司勾当诸般公事。"

王安石道："制置三司条例司既然要总改革之大政，则事繁而任重，臣举荐编校集贤书籍吕惠卿为检详文字。惠卿之贤，岂特今人，虽前世儒者未易比也。学先王之道而能用者，独惠卿而已。"

"哦？吕惠卿？"皇帝若有所思，"朕记住这个名字了。"

熙宁二年二月二十七（甲子日），官家命知枢密院事陈升之、参知政事王安石设立制置三司条例司，议行新法。

在京师东京城内仕宦的朝官们自然知道，官家是铁了心要变法。这变法也将正式开始，只是不知道这会是另一场庆历新政，还是真能除旧布新？

三月上旬，经过二府宰执的几次御前奏对，官家又下诏两制、两省[①]、待制以上、御史、三司、三馆之臣各自条陈奏疏，议论贡举改革，是否兴建学校，罢废明经[②]、诸科[③]等事。这原本算不得什么新鲜事，因为庆历新政时期就兴办过学校，而终究是成了徒有虚名的形式主义；至于其他改革贡举形式的声音，也并非今日才有。但一石激起千层浪，东京城里，官府内外仍是议论纷纷，有主张罢废诗赋的，有主张废除封弥、誊录[④]而重士子德行的……

三月十六（癸未日）。

禁中，政事堂。

前殿视朝的御前会议结束后，中书班子自然是回到了政事堂里集体办公。

富弼告病假，休养在府中。曾公亮拿起一份奏疏道："苏辙的奏疏，官家御批：'详览疏意，如辙潜心当今之务，颇得其要，郁于下僚，无所申布，诚亦可惜。'官家要召对苏辙，诸公已看过苏辙文字，以为如何？"

赵抃道："洋洋近万字，议论恢弘，颇切中要害，不过有些地方也似过激操切了些。"

唐介连着咳了一会，近些日子以来他抱恙在身，这会儿赶忙喝了几口热茶，方道："我看仍是望风希旨，说一些官家爱听的话。其云：'夫今世之患，莫急于无财而已。财者，为国之命，而万事之本，国之所以存亡，事之所以成败，常必由之。'此大谬矣。国朝以儒术治天下，祖宗含养士人，劝农课桑、重本抑末，乃承平百年而至于今。苏辙小臣，妄论国本，而官家竟批答褒奖，更赐召对，则人将效而从之，皆以甘言欺诈天子！哼，此风不杀，人心殆不可问。"

王安石道："苏辙的奏疏，细微处多有可取之处，但不免举于细者荒于巨。如其说：'臣所谓丰财者，非求财而益之也，去事之所以害财者而已矣。'此即所谓节流。苏辙谓天下害财者三，盖冗吏、冗兵、冗费，此三冗之说，久已有之，确当裁抑。然

---

①　两省，即中书省、门下省合称。元丰改制前，中书省在门下省之上，并称掖署。时有所谓给事中、中书舍人、左右谏议大夫的"大两省"之称，与起居郎、起居舍人所谓"小两省"之称。

②　科举贡举诸科之一，地位低于进士科，考试帖经书、对墨义，以考察记诵工夫。

③　《九经》《五经》《开元礼》《三礼》《三传》、学究、明经、明法等科，通称诸科。

④　宋代科举与唐代不同，应举士子的考卷，一概糊名，谓之封弥；又有专人誊写，以避免辨认出字迹，较之唐代，科举的公正性在宋代已有了相当的进步。

而理财之法，当不只节流，而重在开源。"

唐介又是一阵猛烈的咳嗽，后出言道："此风在二府，在中书，无怪乎有小臣如苏辙倡言于下！不过，苏轼兄弟，想王大参终究是瞧不上的，人谓苏轼才高，王大参前几日乃以苏轼判官告院。今人云介甫为当世孔子，吕惠卿乃颜回，自是须得惠卿这般的才好。想刘恕①、陈知俭②，王大参虽礼贤下士，欲引二人修制置三司条例，彼自知才薄，故力辞不就，是知须高才如吕惠卿者乃可！"

王安石并未理睬唐介的讥讽。到了巳时初③，他率先起身，到中书的后堂去用餐食。政事堂的公务餐食历来都规格颇高，膳食精美，但王安石却无心品尝，只顾想着唐介说的话：如刘恕、陈知俭这样自己看中的人，都不愿入制置三司条例司帮助他，更何况朝廷上下还有很多如唐介这样坚决反对的人，新政草创阶段，竟没有一件如意的事，难啊！

分厅治事之后，众臣回政事堂大厅集议。快到未时正④，又来传报，召参知政事王安石独对。

王安石乃从容步出政事堂，内侍引领王安石往大内延和殿方向走去。一路上小黄门陪着个笑脸道："相公，先前官家召对苏辙，颇赞叹怎地，许是要谈这事。"

王安石微微点头，便算回应了那内侍，小黄门自然不敢再多嘴。

进得延和殿里，官家正端坐在御座上，似是在看着一份奏疏，待王安石作揖行礼之际，皇帝方回过神来。

"先生请坐，今日又须累先生晚放衙回府了。"

王安石又是一揖谢过，然后才坐在玫瑰椅上。

官家道："苏辙的奏疏今又批付中书，想先生已看详。则以为苏辙所言何如哉？"

王安石道："苏辙小臣，而有如此见地，难能可贵。其言财者为邦国之命，万事之本，诚哉斯言。其论固不无精到，然止说节流，不知开源，失之已甚。察其所论，如谓冗吏者，云当'使进士诸科，增年而后举，其额不增，累举多者无推恩'。我朝取士，务为宽厚，若增加科考年限，降低取士频次，天下士子将大失望，谓陛下薄待学子，无进用人才以求治之心，且自太祖起便有特奏名，而真宗皇帝时下诏，定为制度，使累举不中者得直接殿试，若此亦革除，大失天下读书人之心，如其何则可？又

---

① 刘恕，字道原。司马光主持编修《资治通鉴》，召刘恕为书局僚属，遇史事纠错难治者，即付刘恕。王安石与之有旧，欲引刘恕入制置三司条例司，刘恕辞以不习金谷。

② 陈知俭，字公廙。祖父为陈尧佐，仁宗朝宰执。

③ 上午9点。

④ 下午2点。

说当使任子者'袭簪绂而守祭祀'①，则朝官以上，大臣必多怨声载道，谓陛下寡恩矣。不过，苏辙在奏疏最后，有一句所论甚精。其云：'今世之士大夫，恶同而好异，疾成而喜败，事苟不出于己，小有龃龉不合，则群起而排之……众人非之于下，而朝廷疑之于上，攻之者众，而持之者不坚，则法从此败矣'。此见苏辙之才识。"

官家道："先生说的是。这几句话苏辙说得确乎有见地。今朝堂与地方之官吏，多皆如此，疾他人之成事，而喜其挫败。……士大夫如此风气，要能令天下大治，亦难矣。苏辙虽小臣，而人才难得，朕以为可令其为制置三司条例检详文字，与吕惠卿一同协助先生，如何？"

---

① 按宋代制度，中高级官员有许多荫补子孙的恩泽。荫补制度，有戚属荫补、文臣荫补、武臣荫补、大礼荫补、致仕荫补、遗表荫补等，故造成宋代冗官，此其原因之一。而按苏辙的意思，恐怕是要将大部分荫补得官，限制在非品的祠祭官行列中。

第 五 章

力能排天斡九地

　　苏辙与吕惠卿一同成为制置三司条例司的检详文字，这一职位实则能参与王安石筹划的一系列新政核心工作，而明眼人谁看不出，在实施变法期间，制置三司条例司很可能会凌驾于二府和三司之上，成为实际上领导大宋上下改革的指挥衙署。这制置三司条例司里的职务，也就有着品级所完全不能体现的权力和前途，不免有人削减脑袋设法进这个机构，也有人避之不及，认为新政不过是必将失败的过眼云烟。

　　熙宁二年（1069年）三月十八（乙酉日），在参知政事王安石、知枢密院事陈升之两位制置三司条例司的最高长官的执政建言下，官家赵顼接连下了两道诏令。第一道明确要求京师与地方负责财政事务的官员上奏言事，就财政改革提出意见；第二道诏令则说"朕唯理财之臣失于因循，其法遂至于大坏，而天下之货留积而不通……"。允许天下之人，无分户籍，在京师的人可直接向制置三司条例司述说理财之法、除弊兴利之术；在其他地方的人则允许随所属州府军监呈递文状，由地方衙门上缴制置三司条例司，若所提出的策略被采用并施行，则按功绩对其行赏。

　　在朝野之人看来，朝廷的政务重心已经明确转向理财，毫无疑问。

　　东京汴梁，未时已过，执政的全套仪仗停在了富弼的相府外。只见一紫袍大员骑在神态雄俊的赤马宝驹上，前后有数十名元随簇拥守护，这匹骏马装点着金涂银闹装 ① 牡丹花校具 ②、紫罗绣宝相花雉子方鞯，又配着油画鞍桥、白银衔镫，可谓煊赫逼人，贵气非凡。几位元随忙前忙后地安排，有放马凳的，有拿来青罗伞 ③ 的，有去送名帖给富弼相府门房的，不一而足。

　　元随近前伺候，紫袍官员踏在马凳的步梯上，拾级而下，这正是剑南、西川节度使，司空兼侍中，当朝枢密使潞国公文彦博！

---

　　① 　闹装，谓鞍、辔之类饰物。

　　② 　校具，谓装饰物。

　　③ 　俗称"青凉伞"。以青绢为之，宋初，京城内唯亲王得用，太宗皇帝太平兴国年间宰相、枢密使始用之。

那边得知文潞公造访，立即大开中门，富弼的长子富绍庭赶忙出来迎接，对着文彦博深深一揖，道："小子代父迎候潞公大驾光临"。

文彦博也回以一揖："贤侄不必拘礼，闻令尊微恙告假，老夫特来看望，多有叨扰、唐突之处，望贤侄海涵。"

"岂敢，岂敢！"富绍庭将文彦博迎进相府，走过那刻着栩栩如生的仙鹤祥云的照壁，便见到富弼立在会客的厅堂外，降阶相迎，哪里有什么病态？

文彦博笑道："彦国，你这是欺君呐！"

富绍庭知道自己父亲与文彦博交谊逾数十年，早已是莫逆之交，二人连互相作揖的虚礼都免了。他拜过二位，便退下亲自烹茶去了。

富弼反背着双手，亦是一笑："宽夫莫非是要我满门人头落地？"

文彦博随富弼走进大堂，并坐在上首，道："我国朝可不杀士大夫哟。"

富弼似有些嫌弃地说："可不比仁庙时候，有王安石在，那可说不准。"

文彦博道："然则彦国这病，怕不是在肌肤腠理之间吧？"

富弼苦笑："是矣，是矣，我这是心病，病在心头，更甚躯壳！"

文彦博道："官家才拜彦国为首揆，你就三天两头告假，便看着王安石这般操弄下去了吗？"

富弼道："宽夫久在枢府，应当比我更清楚才是。如今中书，曾公亮是个滑头，赵抃有苦说不出，唐介则孤掌难鸣。官家几乎是日日午后召安石独对，我这个虚名的上宰有何用？要我说来，现在政事堂其他宰臣都是假的，独他王安石才是真正的宰相，甚至说他位在二府之上，超然平章事之外，独操国柄，也不为过！"

文彦博道："可彦国你若不争，那光有我和吕公弼在枢府，便是无用。韩绛与你有仇怨[1]，何况他入二府是韩琦举荐，与你我非同路之人；陈升之也支持王安石。现在制置三司条例司已设局开衙，往后怕一条条变乱祖宗家法的指挥就到各路州县镇去了。非但如此，王安石举荐王韶，看来是要蛊惑官家在西边用兵，天下事，便如何了？"

富弼道："宽夫，我时常觉得年老眼花、精疲力竭，岂能比三十年前庆历时？你我都上了年纪了，何必呢？庆历时节，我跟着范文正公，欲革故鼎新，究其实，也不过是小修小补，结果呢？当年我们谁不曾恨过夏竦、贾昌朝之流，但难道只是因为这几个大臣阻挠，才导致功败垂成吗？……哎，眼下宽夫你虽然精神矍铄，可我们是双拳难敌四手，那王安石仗着官家的宠信为所欲为，你何必去趟这浑水！"

---

① 仁宗皇帝嘉祐五年（1060年），韩绛弹奏宰臣富弼，且言张茂实者，人以为先帝真宗之子，而富弼引用其为三衙管军大将，事密难测，将谋不轨。五月，韩绛罢权御史中丞，出知蔡州。

"由着那书呆子胡搞，我不甘心呐！"文彦博怫然变色，"彦国，若是得你助力，我主持西府事，你在中书稳住大局，那王安石或许还翻不了天，事情就还有所可为！先帝即位四年就晏驾登遐，眼下官家不过弱冠，正是启沃圣心的良机。如果得你我这样的宰辅大臣在左右，仁庙以来之积弊，未必不能徐徐除之，则再造盛世，正在当下，正在你我二人呐！"

正说话间，富绍庭亲自端来茶盏和茶壶，那号为"金声玉色"的官窑烧制之瓷盏精美非凡，文彦博便也暂时沉默了下来。

富弼呷了口茶，待儿子退下后，道："宽夫，我实话与你说。如今，我算渐渐明白了，一代人只能做一代人的事。暂且由得他闹腾去吧！"

文彦博道："错矣！错矣！现在退一步，往后青史中，你我恐怕要被写进奸佞的另册去了！"

富弼闻言一惊，他放下官窑所出的瓷盏，道："宽夫此话却是从何说起？"

文彦博盯着友人的双眼道："吾尝闻王安石对人语，'丹青难写是精神'。何止是丹青？庆历新政虽败，而如今世人谓范文正公与夏竦乃至章得象、贾昌朝、陈执中辈，孰贤孰不肖？范文正公辞世二十年，而令名功德至今人所称颂，何哉？因为韩稚圭（韩琦字）、因为你我、欧阳修久在二府，是这大宋的宰臣！若是庆历之后，我辈皆终身不能入这黄扉紫枢①，而贾昌朝、夏竦、宋庠等人窃专政府，其门生故吏占据要津，把持士林之论……如此一来，范文正公欲有今日身后之名，亦恐决不可得耳！孔圣为何要诛少正卯？真是因为少正卯奸邪么？不过是因为孔门七十二弟子也有跑去听少正卯讲学的，这就是韩愈说的道统之争！若我们不与王安石争，则待吾道不传、后继无人，往后就只能任王安石之党抹黑我们了！百世之后，你我若被当成了奸邪，彦国，你真的甘心吗？！"

富弼一叹："宽夫，你说的这是道术之争，古往今来都是成王败寇，今日说诸葛亮贤良，是因为李严输了，若是李严翻了天，废孔明为庶民，那不过是应了杜甫那句'卧龙跃马终黄土'啊！宽夫你说的都在理，可我的心已然是老了，官家的心思，你还看不明白？我如今就像坊间笑话的那般，已是个只会诵经念佛的老人了！'一切有为法，如梦幻泡影，如露亦如电'②，身后事，还想他作甚？"

文彦博道："彦国，我记得很清楚，在嘉祐八年（1063年），那时先帝刚刚登极，

---

① 黄扉，即黄阁。汉代丞相听事阁称"黄阁"，故指代宰相所在的中书门下。紫枢，指代枢密院。黄扉紫枢，故指二府。

② 摘自《金刚经》：一切有为法，如梦幻泡影，如露亦如电，应作如是观。

两宫不和①，你曾写札子说：'千古百辟在廷，岂能事不孝之主。伊尹之事，臣能为之'！那时节你连先帝都敢恐吓威胁，为何今日对着个王安石，你却只要做诵经念佛的老人！哎！"

文彦博竟说起数年前的往事，那时节富弼为枢相②，犹意气风发，如今却已是自谓垂垂老矣……

富弼慨然而叹："宽夫，今上春秋正盛，锐意革新，可不是体弱多病的先帝！你我今日若是以待先帝时的强硬态度对如今的官家，宽夫……那是取死之道！王安石得官家如此信重，国朝以来，虽寇準不能过之，谁能挡得住？宽夫，你听我一言，若王安石果真不自量力，要与全天下为敌，那时自有天降的灾异来收拾他，自有地上的民意来唾骂他，你何必急在一时？我辈且旁观着便是……"

文彦博拽住富弼的手道："三月以来，久旱不雨，正是所谓天时！彦国！为天下计，你总要助我一二啊！"

富弼苦笑："我只能尽力而为……"

文彦博并未久坐，又喝了一盏茶的工夫，便告辞离去了。望着这位带着使相衔的枢密使那离开的背影，富弼知道，二人若非几十年风雨同舟的老友，文彦博怎会对自己倾吐衷肠？

富弼摇了摇头，不禁喃喃自语道："宽夫啊宽夫，怎料你终究还是放不下功名二字，还在惦记相位！"

见到父亲独立照壁之前，富绍庭走过去道："爹爹，潞公此来是何意？"

富弼没有回答儿子的疑问，只是吟诵起来：

"拟将敛黛强消遣，却是幽思苦未兰……"

就在连下两道诏令向天下求理财之术的次日，三月十九（丙戌日），由于久旱，官家乃命宰臣祷雨，并准备避正殿，以示万方有罪，罪在朕躬之意。富弼却进言道："此但系陛下至诚，亦不须避殿。阴阳不和，皆臣等燮理无状所致。然臣等微眇，不足动天，陛下以至诚感，则天必应也。"

另一方面，制置三司条例司则开始了各项变法的准备工作，王安石时常不在政事

---

① 由于英宗皇帝多病，仁宗皇后曹氏（即曹太后）垂帘听政。而英宗与曹太后一度关系紧张，富弼站在维护太后的立场上，曾警告英宗不可不孝。当时韩琦则站在英宗皇帝一边，富弼、韩琦后来便逐渐形同陌路。

② 嘉祐八年，富弼除丧，五月戊午授枢密使、检校太师、行礼部尚书、同平章事，即枢相。当时韩琦为中书首相，曾公亮为次相。

堂，而是与知枢密院事陈升之在条例司里主持方方面面的决策问题，吕惠卿、苏辙等下级官吏也都在条例司内忙前忙后。时间很快便到了四月。

朔日，群臣拜表，请官家加尊号"奉元宪道文武仁孝"皇帝，富弼也再度回中书视事，但宰辅和侍从大臣们的集体建议并没有被皇帝采纳，只是降诏不允，认为尊号虽百字亦无用。

次日，四月初二（戊戌日），又一道惹人瞩目的诏令下发：权知开封府滕甫知郓州。

此刻，滕甫正在殿内陛辞①。

御座上的官家赵顼想到滕甫此前为御史中丞，登州阿云一案时便揪住自己敕令赦贷民女死罪一事不放；薛向、种谔受自己手诏指挥而招纳嵬名山、进城绥州时，滕甫又上疏极言抨击，说夏国主谅祚有纳款归顺之名，朝廷不当失信，否则边隙一开，兵连民疲，必为内忧云云……

想到这些，官家阴着脸看着大礼跪拜的滕甫，也不请他平身，只是开口道："卿此出国门，还宜谨言慎行为好！"

滕甫听到皇帝的训斥，心一横道："臣微贱之身，贬窜固不足惜，然臣知事陛下而已，不能事党人，愿陛下少回当日之眷，无使臣为党人所快，则天下知事君为得，而事党人为无益矣！"

赵顼反笑起来，那笑声在滕甫听来竟如九天雷霆。

"卿谓谁是党人？又党附于谁？"

滕甫伏在地上的头猛地一抬："今二府内乃有曾公亮、韩绛、陈升之，侍从有王珪、吕公著、韩维，小臣盖更不足论，皆党附参知政事王安石！"

官家陡然拍案而起，怒斥道："尔构陷朝廷宰执，离间君臣，特念尔过去微有苦劳，再论妄言，毋贻后悔！"

滕甫竟神色坚定、须发皆张地说道："国乱而民受难，臣当以身同之，有死而已，贬窜岭南又何惧哉！"

赵官家望着凛然无畏的滕甫，忽想到了昔年他在河北任安抚使时的事情。当时河北大地震，百姓屋舍、田地一夜之间废为丘墟，赴任赈济的滕甫便为百姓四处奔走，高呼："屋摧民死，吾当以身同之。"士林无不赞扬其爱民忘身之节，后来河北一路也因为滕甫雷厉风行的赈济而度过了灾厄……

赵顼在心里一叹，心终于又软下来，口吻也变了。

"卿何出此言，朕一时话说重了，卿勿挂于心。且在外善自珍重为宜。"

---

① 朝官离开朝廷，出任地方官等职务时，上殿辞别皇帝。

滕甫又叩拜下去："臣没齿难报陛下厚恩！唯愿陛下广开言路，纳谏从善，毋使人臣窃主上之权柄……"

出得殿来，滕甫径直回宅邸简单打点了行礼。开封府的事情早已做了交割，滕甫这会儿竟是一刻也不想停留，准备明日便出发离京。正思绪惆怅之际，却见一个身影走进了厅堂。

"表叔！"那人唤道。

滕甫抬头一看，原来是范纯仁①。

范纯仁乃是范文正公次子，眼下四十有二。因范仲淹之父范墉乃是滕甫的舅父，滕甫与范仲淹是表兄弟，故滕甫是范纯仁的表叔，但他实则不过大范纯仁七岁而已。因是亲戚，这范纯仁来访，自然不用由门房投进名帖，直接便入得宅来，熟门熟路地跑到厅堂里。

"尧夫你怎么来了？"滕甫请范纯仁坐下。

"诏令已下，我料表叔恐怕不日就要出国门，是以登门唐突……"范纯仁道。

滕甫叹了口气："尧夫你可知此中缘由？"

范纯仁道："小侄已听说，是参政王安石在中书谓表叔为'奸人，宜在外'。"

滕甫看着范纯仁道："我与那王安石，早有仇隙，过往同为试官②，即已不睦，至呼某与郑云谷（郑獬号）为'滕屠郑沽'。然终究不过是考试开封府举人时公事上纷争，却已见得王安石气量褊促，如何能秉国执政？后来的事，尧夫你都知道了。"

范纯仁道："表叔不必挂怀，朝野士林自有公论。若王参政果真一意孤行，变乱祖宗成法，我辈忠贞之士，亦必然前仆后继，绝不会坐视朝政日坏，生民受难！"

滕甫似乎想到了什么，他点了点头："唯夫党人之偷乐兮，路幽昧以险隘。岂余身之惮殃兮，恐皇舆之败绩！③王安石素来认可尧夫你的才具为人……既然忠贞之士都已有了觉悟，我便也能稍微安心地离京了。"

范纯仁道："小侄会在时机成熟之时，请官家罢免其参政一职！"

四月初十本是皇帝赵顼的生辰圣庆之日，考虑到久旱，赵顼在四月初九（乙巳日）诏罢免同天节上寿。而就在下诏这天，雨水竟终于浇灌到东京城的土地上。富弼

---

① 范纯仁，字尧夫，时为起居舍人、同知谏院。

② 嘉祐五年（1060年）八月六日，命右司谏赵抃，直集贤院王安石、郑獬，集贤校理滕甫考试开封府举人。

③ 摘自《离骚》。

立刻上奏云："陛下避殿、减膳、撤乐，三大事诚合典礼，诞日特罢称觞，最为深切，所以动天地。当日得雨，幽灵大效，如在目前。伏愿陛下毋以今日雨泽为善，当以屡见灾变为惧。盖修德致雨，其应如此，万一有损，其灾应岂有缓耶！"

富弼屡屡提及灾异的态度让王安石颇为警觉，在王安石的建议下，官家御批手诏答复了昭文相公富郑公：

"义忠言亲，理正文直。苟非意笃爱君，志在王室，何以臻此！敢不置之枕席，铭诸肺腑，终老是戒。更愿公不替今日之志，则天灾不难弭，太平可立俟也。"

而这份手诏的重点，只在最后一句，即天灾不须过分畏惧，太平盛世可经大有为之政而实现！

就在富弼与王安石暗暗角力之时，四月十一（丁未日）这天，参知政事唐介因连日疽发于背，遂猝然薨逝于府邸之中。消息传到禁中，赵抃久久不语，怅然若失，富弼、曾公亮与王安石几次议论事情，他都沉默不言。官家亦表示要亲临唐介丧礼，慰问其家属。宫府内外、京城之中，流传起一种有鼻子有眼的说法，即唐介完全是被专权跋扈的王安石气得郁积于心、邪火上涌，这才背疽而死。

数日后，五更天。

虽然立夏已过，但四月的清晨仍然透着一丝凉意，差不多卯正一刻，大内皇宫外朱栏彩槛的曲尺朵楼所拱卫的宣德门终于在百官的等待中缓缓打开，二府的宰执们率先从离禁中最近的待漏院走进去。

垂拱殿常起居问圣安之后，自然是中书门下第一班奏对。

富弼进呈起居舍人、同知谏院范纯仁的奏疏："今两府之下，则有侍从官，实九卿之职也。是宜朝夕论思，同国休戚。今则只将主判司局①，便使为己之职事，宠亚四辅，报周庶僚。愿降诏督责，朝廷阙失并须论列。其所上章疏，付政府铨定，量行赏罚。"

待富弼念完，御座上的皇帝问道："诸卿以为何如？"

按说富弼和曾公亮作为宰相应该先发言，但富弼自回中书视事以来，很少表达明确的意见，曾公亮则大多观望王安石，赵抃就更是独木难支，无所谓赞成、反对了。

果然，仍是王安石先开口了。

"范纯仁所奏甚中道理。古之九卿，即朝廷之重臣，而今国朝侍从，本亦有顾问献纳之责。若徒宠以文学职名②，而无讲论政事积弊之实，臣恐大失近臣受人主厚恩，

---

① 司局，即四司六局的简称。判司局指处决公事。

② 侍从的文学职名，指诸阁待制（从四品）及以上。

所当报称之义。"

赵顼点点头，如今正要创设新法、革除因循，而范纯仁此奏上得正是时候，如此一来，令侍从以上条陈朝政阙失，也符合变法的需要。至于广开言路、群臣共议，更是理所当然的事情。看来富弼愿意率先进呈这一奏疏，便说明他反对王安石与新政的态度可能有所松动和妥协了。

官家道："郑公与曾相、赵卿如何看？"

富弼见官家已经点了他们的名，只得第一个说。

"安石所言是。范纯仁此奏当降诏施行。"

于是曾公亮、赵抃俱道："臣附议。"

富弼又颇罕见地主动说："臣愿陛下自范纯仁此奏始，大开言路，广纳忠谏，则庶政缉熙，民被其泽，天下可大治矣。如其不然，虽稍逐言事者，人遂罕敢言事，则上下壅塞，人多观望，事将日颓，而衰乱随之。"

官家道："侍从、台谏自当指陈政事阙失，朕若有过，更须进谏。范纯仁之奏，可批付中书，指挥近臣条陈时弊。"

中书班子下殿后，王安石和往日一样先去制置三司条例司先处理一些公文，再回到政事堂，与其他宰辅一起看详皇帝批付的奏疏，并通过共同签书的形式下发中书札子，来指挥各个京师衙署和监司、州县。

经过与陈升之、吕惠卿等人的商议，几天后，一项重要的变法准备工作下令实施：命权荆湖北路转运判官刘彝、通判府州谢卿材、河北转运司勾当公事王广廉、知安远县侯叔献、著作郎程颢、知开封府仓曹参军卢秉、许州司理参军王汝翼、权兴化军判官监建州买纳茶场曾伉八人，于诸路相度农田水利、税赋科率、徭役利害。

条例司一下子派出八位使者出访诸路，这自然是为新政策做调查研究，采集相关信息。然而如此声势，引起了许多因循守旧、务为安静的大臣之反感。一些知晓其中"底细"的人，则说王安石与陈升之任人唯亲。如谢卿材曾出知临川县，修筑九道陂塘堤坝，人云此乃兴水利造福王安石乡里，故王大参荐之于朝；又如卢秉是王安石曾偶见其题壁诗①，遂大加赞赏而记在了心头；再如侯叔献、程颢则是陈升之所举荐。于是好事者言，如今的条例司都是两个执政夹袋里的人，但说到底，还是王安石专权云云。

---

① 《墨客挥犀》卷十："卢秉侍郎，尝为江南小郡司户参军。于传舍中题诗云：'青衫白发病参军，旋粜黄粮量酒樽。但得有钱留客醉，也胜骑马傍人门。'王安石过而见之，尤极称赏，俄荐于朝。"

八位使者便由京中驰驿往诸路相度公事利害，而转眼已是五月。

五月六（癸未日），禁中枢密院内。

知枢密院事陈升之从条例司回来了。

韩绛开口道："旸叔（陈升之字），今日条例司事务已了办否？"

陈升之向文彦博、吕公弼和韩绛一一颔首示意，这才坐下来道："尚剩下些小事。方才有中书堂吏来，说陛下有除目①，须安石回政事堂当笔。"

吕公弼道："寻常事，例送学士院与舍人院草制，凡两制差除，则方宰相当笔。今郑公告假，曾公亮出使西京，中书只剩下王安石与赵抃二参政……陈枢密，王参政可有说是什么除目？"

陈升之道："堂吏亦但说有除目，陛下旨意如何，无从得知。"

文彦博道："近闻郑獬在南衙②，有夫妻谋杀一妇人，执不肯以新法按问，莫非是出郑獬补外？"

同时，在政事堂内，赵抃看到了除目，大吃一惊。

"王参政，这，这官家是想作甚，"赵抃苦着张脸，"一日间要出一位宣徽使③、两位侍从……介甫，我辈当面见陛下，请陛下收回圣意，否则人情骇然，将谓朝廷何？"

只见那除目上御批写着：

王拱辰判应天府、钱公辅知江宁、郑獬知杭州。

王安石在书案上拿起笔来，当即运笔如飞，开始撰写。

赵抃一见大惊，道："王大参，这两制差除，今日郑公与曾相不在，你我非宰相，如何能当笔？"

王安石一边行云流水地写着，一边回应道："已与陛下商量妥帖，如王拱辰出判南京④，曾相于御前言，拱辰在仁宗时，已知其不正。况拱辰尝结交温成皇后⑤家，

----

① 指除拜官员的旨意。

② 南衙，指京师开封府。

③ 即宣徽南院使或宣徽北院使，真宗咸平年间之后位于枢密使副之下，多用以优待勋臣、外戚等，但通常与参知政事、枢密副使以任命的先后顺序来叙位。

④ 北宋有四京，即东京开封府（东京汴梁）、西京河南府（洛阳）、北京大名府（旧天雄军）、南京应天府（宋州，赵匡胤归德军节度使所在）。

⑤ 即仁宗张贵妃，甚得仁宗皇帝爱幸，宠冠后宫，礼逾皇后曹氏，张贵妃死后被追谥温成皇后。

人皆知之，陛下乃令其补外。"

赵抃见王安石张口便是"已与陛下商量"，知道这是拿官家的圣意来压自己，可王安石这般以宰相自居的傲慢在他看来也未免太过分了。

赵抃略斟酌了片刻，又开口问道："然则郑獬、钱公辅又如何？好像不曾在中书奏对时议过，怎么也骤然令二人出外？何况仆闻，如钱公辅者，与介甫素来相善……"

"以公事出外，岂有私哉！"王安石已然写完了，吹干墨痕，招呼来中书吏员道："送舍人院。"

一个时辰后，舍人院出制词，送通进银台司①点检、审读，知通进银台司祖无择看详完毕，乃不敢行使封驳之权，遂再送御前，而出三人外放州郡的事情，官家早就和王安石商议妥当，自然在确认制敕诏令无误后宣布下发。

于是诏令正式发布：太子少保、宣徽北院使王拱辰出判应天府；权发遣开封府②郑獬为翰林侍读学士，出知杭州；知制诰钱公辅落知制诰，出知江宁府。

诏令一出，一片喧哗。京师官员们初不知王拱辰、郑獬、钱公辅三人因何事而补外，后听一些知晓其中关节的朝官说，乃因三人都以细事而得罪当朝执政，至于这执政究竟是谁，大家心知肚明。

尚未到放衙的时牌，禁中阁门司忽然走进了一员着紫袍的重臣。阁门司小吏一看，竟是御史中丞吕诲。这怕是有要紧事，"独坐"③才会火急火燎地赶在放衙前冲进阁门司。

小吏赶忙躬身上前："敢问台长有何要事公干？"

吕诲板着瘦而方正的面孔道："且引某入内，正要直前请对④！"

阁门司官署瓦当上停着的几只乌鸦忽然叫嚷起来，御史中丞在王拱辰、郑獬、钱

---

① 元丰改制前，自唐以来门下省给事中具有的封驳权基本废置不设，太宗时乃将给事中封驳职权划归通进银台司。故自此，制敕诏令之出，经学士院与舍人院草拟之后，制度上仍需先送通进银台司点检、看详，如以为不当，可加以封驳。

② 时郑獬任"权发遣开封府"，即代理首都长官。宋代资历与所任差遣相比尚浅，本不能任，则加"权发遣"三字，实则职权无异。

③ "独坐"，即御史中丞之别名，亦称"中执法"。"独坐"谓东汉始，御史中丞在朝班时独坐一位，至宋仍有遗制，如常朝时唯御史中丞以交椅一只，坐于殿门后稍西北间。

④ 宋制，在京官员通常有两种乞请奏对的方式。一种是经过中书门下或枢密院审核取旨，报可后再下阁门司，由后者安排班次，上殿奏事；另一种则是直接"牒阁门请对"，即至阁门呈交文书请求奏对，随后阁门司奏报皇帝，经批准许可后安排班次上殿奏事，此为直前请对。但大部分普通官员没有直前请对的资格，北宋时，侍从待制以上及台谏、起居注官可拥有直接"牒阁门请对"的权利。

公辅三人集体出外的诏令颁布后立刻牒阁门请对，这一消息在宫府内外不胫而走，人们纷纷猜测，御史台的长官吕诲究竟是要所奏何事？与一位宣徽使、两位侍从近臣的补外出国门又有没有直接关联？

次日，两府、三司、开封府都奏对完毕，下殿之后，御史中丞吕诲由于昨天牒阁门请对，于是被安排在了第五班第一个上殿的位子。

垂拱殿内，皇帝赵顼听着他的御史中丞在展读奏札：

"侍臣者，盖近于尊，实陛廉①隆峻之级也。……臣不惜四人之去，所惜者朝廷之体，无俾权臣盗弄其柄。以臣言是，乞追还四敕；以臣言非，愿并臣屏逐。……况宰相不书敕，本朝故事，未之闻也！"

耐心待吕诲念完了奏札，御座上的赵顼道："朕已知晓，卿可先下殿。"

吕诲见官家竟全不愿与自己言语，愤然道："陛下既然任臣为司宪②，则臣有论列进谏之本分。昨见大臣除命，事干国体，臣自不能缄默。今日蒙上殿奏对，如何陛下乃不发一言，不置一词？必臣之建言，无一语之恰当，无一处之可纳！进无裨益补阙之效，退有烦渎圣听之扰，则臣请陛下治臣罪，罢臣台长之职！臣不敢叨位妨贤，壅塞言路！"

赵官家当然知道这吕诲奏札中字字句句背后指向着谁，当下心里更是厌烦吕诲以辞官相要挟的作态，但顾及颜面，开口平和地说道："卿何出此言，只是朕须费些思量，且下殿无妨。"

吕诲见官家如此说，亦晓得不可太过，以免被人攻讦自己跋扈要君，当下只得深深一揖，自是下殿去了。但他心里知道，这份奏札多半是要被留中不发的！

御史中丞下殿后，皇帝却令阁门隔下③其余请对的官员，乃命中书召对。

无多时，王安石与赵抃便又一次进入垂拱殿内。

"二卿且看一看这份奏札。"

王安石与赵抃俱是一揖，方上前来到御案旁接过了吕诲刚才所上的奏札。

才片刻工夫，王安石已然看完了。

天子道："王拱辰等出，外间纷纭，二卿知否？"

赵抃瞟了一眼王安石，却见这位王大参道，"不知"。

皇帝若有所思地把玩着御案上的砚台，道："除拱辰宣徽使，自为再任，岂是拔擢？今外判南京，有何不当，乃云贬黜？又如郑獬，朝廷议纳横山，乃倡言'兵祸

---

① 陛廉，指朝廷。

② 司宪，指御史中丞一职也。

③ 隔下，指拦阻，使退下。

必起于此'，及种谔取绥州，郑獬又道：'特尊用变诈之士，务为掩袭，如战国暴君之所尚，岂帝王大略哉！谔擅兴，当诛'。此意谓何？姑不论郑獬为近臣之在人主左右，而竟比朕为战国无道之暴君；况夏人反复无常、变诈百出，全无信用之可言，又本为我中国之疆土，郑獬不知兵家虚实机变之术，而谓纳嵬名山为变诈暴戾，何其迂也！朕仍保全而用以主南衙，谓首善之区当得近臣治理，庶几可宣布惠爱，无令辇毂之下，民无所措其手足。今郑獬反不用明令已著之按问新法，别欲论列，极是生事。朕仍畀以翰林侍读学士之荣，出知物阜民丰之钱塘，如何曰贬黜？再如钱公辅之补江宁，滕甫出外，本朝廷常程事，岂近臣不能出知州郡，必登二府、三司，方协公论？钱公辅乃夸大其事，颇闻离间君臣、构陷执政之语，今朕尚使其典领江左名邦、六朝古都，实属宽恩已极，如何又曰贬黜？"

官家这番一气呵成的长篇大论，及其背后透露的愤怒和君王的威权，都让赵抃几乎为之鷇觫股栗。他看向身边的王安石，却只见这位参知政事站如绝巘之孤松，傲然挺立。

赵抃心里只剩下了无尽的苦叹，官家这哪是要召自己商议，完全是在为王安石撑腰，是告诉他赵抃，所有的大政方针和进退重臣之除拜诏令，都是自己与王安石所议定，中书决不许忤逆、掣肘，徒惹外界喧嚣！

果然，官家又接着说道："王拱辰等出，皆是决自朕意，二卿宜知悉，勿为浮议所惑。"

于是王安石与赵抃俱再深揖，口中唯唯。

官家道："且下殿，安石留对。"

赵抃早已不愿再待在垂拱殿内自取其辱，当下便心如死灰地行礼如仪，然后下殿去了。

见赵抃离去，皇帝立即命内侍搬来机凳，请王安石坐下。

赵顼脸色和气了许多，竟与方才判若两人，只是龙颜似有忧愁。

"先生且宽坐。近来吕海频繁论列先生，必为人所使，前以为吕海忠直，不意昏昧如此，殊不知先生以身许国、不避艰难之用心。"

王安石听到官家如此话语，又欲起身作揖，却被天子劝止，于是乃道："臣惶恐。得陛下如此信重，臣粉骨碎身而难报称也。然此三人者出，原臣之心，但愧不能尽理论情，暴其罪状，使小人有所惮，不意言者乃如此"。

赵官家道："如吕海、滕甫、郑獬、钱公辅辈，众口一词，朝廷中果有朋党耶？若无朋党，何以如此！"

官家之言颇是敏感，王安石道："此臣不能知也。虽然，臣请以《中庸》论之。

所谓诚则明矣，明则诚矣。人之所以不明者，以其有利欲以昏之，如能不为利欲所昏，则未有不明也。明者，性之所有也。"

赵顼道："先生所言甚是。今朝廷将更张庶务，除旧布新，必人情有所不乐。其所以不乐者，不外乎利字耳。"

王安石道："利之一字，非止谓财货。如小人、庶民者往往好财货田宅，亦有自诩君子而直好名也者。好名，亦是利欲熏心。朝政施之于天下，有缓急先后，更有道术之争。譬如汉初宗黄老，而武帝、元帝终于是独尊儒术。又岂止是诸子百家，各有其说，便儒术中，亦有孟子说性善，荀卿谓性恶……其小如《诗经》者，亦有鲁、齐、韩、毛之分。欲一治国之道术，不亦难乎？道术之争，正君子之所不能免。此孔子所以游列国，而孟子所以说诸侯也，先圣所不能免，又况今之所谓君子乎？要之先圣之争道术，非为一己之私，乃是为了天下苍生，为万世之太平。今人则也不然，口中言孔孟，心中思功名。武夫贪图遥郡①、横班②，夤缘而迁，复获陇望蜀，欲畀节钺③；文臣觊觎侍从、馆职，攀附而拜，又得寸进尺，欲登二府。图权位富贵之在先，谋史册令名之在后，此所以今之所谓君子者，利欲昏昏，而不能明也！"

官家又一次被王安石的话语所震动。

实则王安石的话中并无故作深奥的内容，只是说了最根本的事实。但难能可贵在王安石将士大夫的心理看得如此透彻，且鞭辟入里、直言不讳地在御前道破了个中缘由。好财货是贪，好名声就不是贪了吗？赵顼仿佛看到大宋朝廷表面虽然光鲜亮丽，但那些口若悬河、自称儒臣的士大夫们却在暗处各有稻粱之谋，都戴着傩祭仪式④似的面具，要扮孝子时就表演目连救母，要扮忠臣时就演钟馗捉鬼，想要和稀泥、装疯卖傻便演那些恶灵附身的……

赵官家忽然感到一阵头晕目眩，垂拱殿宛如成了龙王的水晶宫，只听到王安石忽远忽近地叫着陛下……

---

① 遥郡，武臣阶官总名之一。宋代武将本官大体分正任、遥郡、横行、诸司使、大小使臣等。自节度观察留后、观察使、防御使、团练使、刺史五阶兼领诸司使副及横行使副等官阶，即为遥郡官，历来被武将视为美职。因为遥郡官一旦落阶官，不带其他阶官，便升为正任。

② 横班，即横行官，为宋武将、内侍迁转之阶官。横行包括：内客省、客省使、引进使、四方馆使、东（西）上阁门使等。因自阁门副使至内客省使不磨勘迁转，均须特旨除授，故亦是武将希冀的官阶。

③ 节钺，即节度使。

④ 即傩仪。除夕日，虽禁中亦办大傩仪。皇城内亲事官、诸御前班直戴假画（面具），有扮作钟馗、土地、灶神等形象，多时可至千人，自禁中"驱祟"，出南熏门外转龙弯，谓之"埋祟"而罢。有驱逐凶邪不祥、祈福喜庆之意。

"无妨，"赵顼回过神来，"许是这几日睡得晚了。先生勿虑，不须唤御医。"

王安石道："陛下勤政好学，虽有乙夜观书之美，仍须爱惜圣躬为上。陛下一身所系，乃祖宗社稷与亿兆万民，岂可不慎？"

赵顼感到方才的不适一瞬而过，便也不再挂于心，乃道："向者闻皇城司①报，云郑獬往昔送客出郊，作得一首诗谓：'高论唐虞儒者事，卖交负国岂胜言。凭君莫笑金槌陋，却是屠酤解报恩'。郑獬遂倡言，高论唐虞、卖交负国皆指先生……郑獬位在两制，而如此无大臣体。朕与先生名虽曰君臣相遇，而实有师生之情。外间朝野浮议，先生不足虑。"

王安石道："皇城司如周之虎贲氏、汉之北军，掌宫门禁钥等事，固有陛下耳目之用，非臣下者可妄议。然天子者，终当咨宰辅与左右之侍从，以台谏风宪之臣为耳目。若好以逻卒察子②揣摭大臣之细事，而以之为进退之据，天下将谓陛下为何如主？陛下虽圣明如尧舜，臣恐渐开酷吏罗织之风，此若不慎，则遗祸子孙，异日将有来俊臣、周兴之流，兴大狱坏国政。"

赵顼为之变色，敛容道："先生之言是。郑獬诋毁先生，而先生反一片公心，真社稷干城！"

就在京师官员们议论王拱辰、郑獬、钱公辅三人骤然出外的那几日，皇城中又发生了一件意料之外的事情。

这一日午后，官家赵顼在延和殿处理完一些政务，又召对了几位大臣，遂起驾去往庆寿宫。英宗皇帝登遐后，赵顼登极，而祖父仁宗的皇后曹氏便被尊为太皇太后，居住于庆寿宫内；自己的母亲高氏则尊为皇太后，居于宝慈宫。

赵顼先在庆寿殿内向祖母曹太皇太后问安，小坐了片刻，怕耽误老人午睡，便行礼如仪地告退离开，乃前往母亲高太后所在的宝慈宫。

进得宝慈殿内，赵顼按例向母亲高太后请安，跪拜下去道："臣向娘娘问安。"

坐在软榻上的高太后今年不过三十有七，养尊处优之下仍然保有姣好的面容。可这会儿她竟铁青着一张脸，也不叫儿子平身，更不让他坐下：

"官家理会外间事甚好，老身却不甚心安！"

赵顼惊诧地微微抬首，望向自己的母亲，她正满目怒火。

"臣不知哪里做错了，惹娘娘生气，还请娘娘说与臣知道。"

---

① 皇城司下又有探事司，职掌派遣亲事官于京师侦探流言蜚语与图谋不轨者。亲事官，禁军士卒之隶皇城司者。

② 皇城司探事司之亲事官，曰逻卒，又名察子。职在伺察京城。

太后道："官家却是勤政得记不全事情哩，前日召对小臣章辟光，可有此事！"

赵顼一听，终于明白了母亲为何勃然大怒。原本自己也能想到一二，只是自欺欺人地不想往那方面想，故欲盖弥彰，掩耳盗铃罢了。

"臣确实召对过章辟光，不过料其只是一著作佐郎①，云何令娘娘牵挂？"

见到皇帝还在装傻充愣，企图蒙混过关，高太后不免怒极反笑。

"官家如今便在老身面前说不得半句真话么？章辟光离间你们骨肉兄弟，宜远窜岭南，永不可召回！"

原来，赵顼虽作为嗣君登极，但他还有个弟弟名唤赵颢，如今封为岐王，最得母亲高太后宠爱，与十三岁的另一个胞弟嘉王赵頵一同住在大内皇宫，常陪伴在高太后身前。而按照大宋制度，亲王不宜住在宫禁之中，当外迁就藩，以免有兄弟阋墙、皇权纷争，这显然是为了做到弥患于未然。章辟光虽然位卑言轻，但他窥见这一关节，便上奏言岐王、嘉王不宜居禁中，请使出居于外。然而这事不知为何竟传到了掖庭之内，让高太后知晓了。

赵顼硬着头皮道："章辟光奏对时，但说些常程事，如谨宿卫出入等，并不曾……"

"我说的不是这次召对！"高太后厉声打断了儿子的话，"章辟光乞让岐王、嘉王外迁，称了官家的意，这才有了召对！"

赵顼跪得膝盖隐隐发麻，道："娘娘冤煞臣了，这却是哪里的事？京中百官，自有转对②，见一章辟光，也算不得甚事，与他上奏说的，更无干系。"

高太后的双手猛然抓紧了锦衣华裳，她几乎是咬着牙道："官家在经筵学的便是这般孝顺的道理么！孝悌二字，官家可还放在心上？今日竟不对我说半句真话！我自是苦命，你爹爹走得早，留下我们孤儿寡母，我平日得二哥、四哥③在左右，尚能排遣些苦楚……大哥，你如何让外间一个奸邪小臣离间了骨肉亲情！"

这一番狂风暴雨，吓得殿内的宫女无不战栗跪倒，大气都不敢吐一声。

---

① 著作佐郎，元丰改制前为文臣寄禄官，元丰新制定为正八品。

② 转对，即轮官转对。北宋多呼为转对，南渡后多称轮对。元丰改制前，大多选择在每五日举行的"百官大起居"这一天进行转对。所谓转对者，即将各官职按顺序轮转，轮某官职时，由任该官职的官员上殿向皇帝奏对，以便皇帝熟悉京中百僚，了解更多信息，也给予在京官员们得以仰望清光、面见天子的宝贵机会。但转对的资格，在北宋长期规定是"朝官"以上，如本官不到朝官级别，一般不予转对。而两府、三司、开封府等已经拥有天子视朝时固定奏事班子的官员，一般不参加转对。

③ 宋英宗与皇后高氏共生下四子四女。长子为如今的皇帝赵顼；次子即岐王赵颢，故曰二哥；三子早夭；四子为嘉王赵頵，故曰四哥。宋时父母称呼儿子为哥，称呼女儿为姐。

"尔等皆下去!"高太后一声令下,宫女们如蒙大赦,无不作鸟兽散,将偌大的一个宝慈殿厅堂都留给了他们母子二人。

"官家,章辟光不过一芝麻小臣,如何有这胆子妄言离间天家骨血?"高太后质问道,"怕不是背后有什么奸臣弄权,要让官家你真正做那孤家寡人,全无兄弟可倚靠!"

见太后越说越离谱,皇帝也只好跪着沉默不语,任由高太后宣泄其愤恨。

"老身别的不管,这章辟光必须诛窜岭表!若不过岭,不说老身难咽下这口气,外间他人如何看?以后都望风希旨,来指点你这糊涂官家戕害骨肉兄弟!他日未必不欺凌到老身和太皇太后这!"

赵顼只得应道:"臣晓得了。"

高太后道:"官家这便去下御批,老身要歇息了,且退下吧!"

此刻政事堂里,富弼又在告病,曾公亮与赵抃正在处理公文,而王安石则去了条例司。

内侍走进来,说是有官家御笔,曾公亮和赵抃二人自然离座,近前恭恭敬敬接过皇帝的文字。打开一看,只见写着:

近以章辟光入奏言事,内一事防微,言当谨宿卫出入,又言当令岐王建外邸,访闻乃自传播云"言岐邸事称旨,故召对"。观其意,乃怀奸间吾骨肉,以要利置君于恶,理不可容。朕误见此人,晓夕思之,甚为惭愧。可将此上来取旨。

曾公亮与赵抃面面相觑,赵抃道:"此事须与安石议论,但他今日说条例司事务多,恐怕不回中书了,吾等明日以何意见进呈?"

曾公亮道:"此事关乎陛下,不可声张,可待明日在待漏院时,与安石先就此事商量。"

王安石这会儿对这一风波还全无耳闻,他在条例司忙完公务,见早已过了未正,便自条例司打道回府。近来薛向回京,又于今日递了门生帖来,云是放衙后有事要登门叨扰。

于是王安石出了禁中,骑马往自己府邸而去。成为执政后,官家听说他骑着匹瘦马,乃赐了一匹御马给他,令其骑乘上下朝。

到得家里,王安石将马交由院子,也不要侍女寒翠儿等伺候,自换了身舒适的道袍,坐在书斋里思量起将要与皇帝商量的许多新法之细则。他这几日颇烦咳嗽之苦,寒翠儿便得了王安石夫人吴氏的吩咐，从厨房拿来早已备好的茶点，走进书斋，放在了桌案上。

"相公日来只是这般，夫人却担心相公身体呢！"寒翠儿没大没小地说着。

王安石也不恼，拿起茶点狼吞虎咽了几口，又坐在圆椅上兀自思考着。

寒翠儿便悄悄关上书斋门退了出去，王安石竟全无察觉。过了小半个时辰，院子方来报，说薛向求见。

王安石乃移步到了会客的厅堂，薛向一见，当即起身深深一揖。

"学生见过相公。"

薛向生于真宗皇帝大中祥符八年（1015年），实则比王安石还要大上五岁，如今乃是五十又四，已过知命之年的他却在私下场合里对安石以学生自称。薛向是门荫出身，因其祖父薛颜在仁宗朝仕宦颇显赫，官至正四品给事中，因而以祖父荫受太庙斋郎①入仕。他自小小的永寿县主簿做起，历任知州、路级监司，在四十二岁时做到河北提刑，此后多任职与财货相关的差遣，并因此被仁宗皇帝赏识。还曾主管马政，后来终于做到陕西转运使，职掌西北财政大权。

"师正（薛向字）亦如此阿谀耶？"王安石笑道，他对于自己赏识的人，总颇为宽容，又请薛向入座。

"相公是国朝周公，如何当不得，亦不过是早晚的事，"薛向道，"学生听闻相公病喘，迁延数旬，今日带了点紫团山人参，恰是在河东时所得，相公拿去煎服，想是大有裨益。"

王安石道："平生无紫团参，亦活到今日。何况师正，京师里于你乃多有非议，虽然你我乃是君子之交，但我若受你一丝一毫的馈赠，更要蜚短流长矣！"

薛向起身一揖："相公如此苛待自己，学生真是无地自容。"

王安石道："且宽坐，如何这般生分。你与种谔在陕西思虑见机招纳蕃部，此想法善矣。王韶去了那边，师正以为如何？"

薛向道："相公看中的人，必定能了办军国大事，且学生听闻王韶有韬略，能机变，又曾在关陕游历多年，知悉边地风物人情，应当是可以为相公成就西方事功的！"

王安石道："条例司如今已经将均输之策讲论商量妥帖，不日就将进呈御前。我意用师正主管东南财赋，徙贵就贱，用近易远，且合置官属，许令你专一辟举，以便

---

① 太庙斋郎，薛向所任为荫补官，此其名也。非品官，隶属太常寺。在非品荫补官中，为最低等，次于太庙室长。成为太庙室长后才有望注官。

你全无掣肘，得行均输之新政。师正你可有这信心，为君父、朝廷，乃至天下万民办好这件事？"

薛向虽然知道条例司成立，也听闻了朝廷有均输财赋的想法，但如今亲耳听到王安石这样向自己许诺，那可真是喜从天降！他兴奋地起身，深深一揖道：

"学生定不负相公所托，为相公办好均输一事！"

王安石正要向薛向说以一番告诫，毕竟这均输一事，不知要招惹多少非议，却见院子来报，说是吕惠卿前来造访。

"请他进来，一并用茶。"

只见吕惠卿已大步流星地走进厅堂，面色极是焦急。

不暇施礼，吕惠卿直截了当地说道："恩相，出事了！"

王安石不以为意地请吕惠卿坐下慢慢说，可他哪里有这心情？

"恩相今日在条例司，过了未正想必便径直回去了，还不曾知晓禁中事。某出得条例司，便见那章辟光在政事堂外喧哗，叫嚷'王参政、吕惠卿来教我上此书，今朝廷若深罪我，我终不置此二人'！某正要上去阻拦，见有堂吏出来驱赶，又一会曾相出中书，某上前一问，原来竟是宝慈宫圣人那边，逼着官家下内降文字，要拿章辟光治罪！恩相，官家若是被迫退让了，这里松了哪怕一尺一寸，往后恩相的新法就很难推行了！宝慈宫深居九重，远在掖庭，如何竟能知道章辟光上奏召对一事？这怕是有人在巧设奸计，要图谋恩相！"

薛向被吕惠卿带来的这个消息惊住了，而吕惠卿显然也是慌乱无措，连学生的自称都忘了。那章辟光所言背后是何意再清楚不过，那是一个位卑言轻的芝麻官鱼死网破的叫嚣，说他若是完了，也绝不会放过王安石和吕惠卿，要将二人都牵扯进来！

王安石却淡然道："吉甫，此不足深虑。且待明日中书奏对，我自会与官家分说。你来得正好，师正也在，我们再议议均输之事，今晚都在我这用饭。"

次日，垂拱殿视朝。

内殿常起居之后，中书第一班奏对。

富弼仍是告假，曾公亮、王安石、赵抃三位宰辅站在御座下方，只见赵官家的脸色并不是很好，竟有些疲态难掩。

赵顼道："章辟光事，卿等想已知悉，如何处置？欲加之罪，恐他人皆逡巡莫言。"

官家的话颇有一番深意。究竟何人"欲加之罪"？作为赵宋的官家，他当然认为章辟光说的没有错，嘉王固然年少，但岐王显然应该外迁，如何能住在禁中？往深处想，不怕犯忌讳的，眼下官家和王安石正要开始一项又一项必然引起朝野大骚动的新法，官家临宇也不过三载，尚无绝对的掌控力和帝王至高无上的威信，若是元老重臣们集体反对，而得到两宫圣人①之旨意，那么，废立之事不难矣。如此，官家就不再是官家，王安石也只怕是要到岭南走一遭了！而此时官家这样说，其他人都犹疑着不敢掺和进这种皇室宗亲的问题，但官家要他们率先表态，不如明哲保身，三缄其口！

曾公亮道："章辟光前所上奏，语涉天家骨肉，臣不敢置喙，唯陛下圣裁。"

赵抃见状立刻也是附议唯唯。

看在眼里，皇帝已是见怪不怪，连失望都谈不上了，但他只需要等待王安石的建议。

"陛下，臣敢问章辟光奏疏中有何险语？"王安石陡然问道。

赵顼说："实无险语，只言当防微杜渐而已，算不得什么危言耸听。持论颇中正，文辞亦甚好，故赐召对。"

王安石道："臣斗胆问陛下，奏对时章辟光又云何？"

赵顼道："亦不过如此。"

王安石道："既如此，陛下无足深忧。章辟光前所奏事，文字俱在；上殿奏对，按例其下殿后当与修起居注官申录御前问答，则亦有文字。如陛下所言，只是防微杜渐之正论，并无险语，可见乃是常事，人情一时虽骇异，不久当平息耳。此其一。其二，章辟光诚小人，然今宫府内外传闻之事，如章辟光倡言献岐王外迁之策，乃蒙召对云云，以臣之见，此未必属实。何哉？章辟光前奏请防微杜渐，语涉岐王、嘉王，持论虽不失为正，然终究有疏不间亲，以在外小臣而干天潢贵胄之嫌。此等事，以常理论，章辟光必不愿多为人所知，人将谓其做倾险邀功之事，亦何肯自传播，而以己身蹈死地？于情理必不然。或恐奏疏时为人所见；或恐奏疏后语从禁中泄露。今群情喧嚣骇怪，人言其可诛罚窜殛，故章辟光恐惧不能自已，乃有垢署于中书政事堂外之事。今朝廷以访闻无根之语，便加罪一小臣，非但恐刑罚不中，且损天家体面。兼朝廷施行赏罚，欲后无弊。且言岐王、嘉王宜建外邸事，在召对之前，陛下当时不以为非，今因人情传播而罪之，是陛下纳其言而恶其播，恐累陛下至德。"

王安石所言，都说进了官家的心里，章辟光事情背后的条条框框也已详尽分析。章辟光所上奏疏乃实封状，照理外间群臣如何得知？章辟光又怎么肯到处传播，而陷自己于离间皇亲的危险境地中？王安石虽然没有明说，但已见得禁中机密不严，时有泄露，且有人似乎在暗中有心散播，要掀起一桩大案……更让赵顼觉得有道理的是王

---

① 指庆寿宫曹太皇太后、宝慈宫高太后。宋代称皇后、皇太后等亦可叫"圣人"。

安石最后的那句话："陛下当时不以为非，今因人情传播而罪之，是陛下纳其言而恶其播。"赵顼尤记得，王安石曾劝诫自己，用人要注意保全，要有所首尾，如果身为官家，动不动因言重而贬黜曾认可、进用的臣僚，那往后就没人真心为君父办事了！作为官家不保护自己的臣僚，那臣僚们便只能各自结党，依附权臣，那时候官家也只是孤家寡人，政令不出大内！

想到这些，赵官家道："卿说得甚是！则当如何？"

这时，曾公亮开口了："臣以为安石所说甚有道理。如章辟光者，原无甚大事，亦须急与一差遣，令出外而已。"

赵顼道："如此亦好，且得安静。"

王安石、赵抃遂皆曰："臣等附议。"

官家顿了顿道："当与何差遣为上？"

曾公亮道："事虽传闻无根，然章辟光在中书门下，政府所在之地作市井语，且妄自攀诬执政，宜降官，外放远小郡县，以示惩处，则外界公议自渐息。"

赵顼道："宜速行遣，迁延恐夜长梦多，卿等下殿，可即于中书进草①，降章辟光出外，不宜过远。"

于是曾公亮率中书班子下殿回到政事堂后，三位宰臣经过片刻的商议，便写就了指挥文字，准备送舍人院。

曾公亮道："今日舍人院谁当值？"

赵抃道："似是苏颂。"

曾公亮不知想到了什么，乃招来中书吏员，吩咐道："尔且去召知制诰苏颂来。"

王安石处理了些常程文字，便去往条例司。无多时，苏颂被引进了政事堂。

苏颂也已近知命之年，仕宦中曾颇得韩琦、富弼等宰相称许，除在地方任官外，于京师任职时长期参与古籍校勘、整理事务，乃是当世公认的学问渊博之士。他长得不甚高，但姿容颇正美，这会儿乃向两位宰辅大臣行礼如仪。

曾公亮道："子容（苏颂字），有一份急速除命，须汝草制。"

苏颂恭恭敬敬接过文书，便看到状上写着：

著作佐郎章辟光降一官，知衡阳县。

联想到数日来章辟光事在外间的风言风语，苏颂问道："敢问相公，尚不见陛下

---

① 中书门下所处分事甚急，不及禀报皇帝画可，先下发公文令施行，后再拟书奏知皇帝，谓之进草。用黄纸，宰相、执政于状背面签书押字。

画可，为急速事固有此制度。然颂听闻，章辟光对人所言者，干系甚大，语涉天家与执政……"

曾公亮乃请吏员搬来凳子请苏颂坐下，"子容，此事唯可速速了办。方才前殿奏对，官家玉音，令速与章辟光在外差遣，勿生事端，无使滋蔓。中书遂以进草行遣。至于子容所疑问之事，章辟光治平四年上书时，介甫犹在金陵，吕惠卿监杭州酒，安得而教之？为已有如此蜚短流长，故官家焦急。吾辈臣子，唯可忠君之事，为官家分忧，若再有迁延，宝慈宫处，更有说法，且置官家于何地？"

苏颂一听，果然是这个理，便点了点头，起身一揖："相公说的是，某这就回舍人院草制。"

到了午后，诏令便正式颁布，制词为苏颂当笔，有云："当小人交搆之言，肆罔上无根之语。"

敕令下发，制词一出，正关注着章辟光事件的在京百司官员顿时颇多惊骇，以为苏颂之制词为非。甚至私下议论，对章辟光未见除名勒停①，编管岭南之重罚，这恐怕是王安石教官家文过饰非，这样他王介甫也自然从这一风波里摘出来。

外面种植了十几棵柏树的御史台里，已得知章辟光降官出外一事的吕诲正在奋笔疾书。乌台宪长所写的乃是一份洋洋洒洒的白简弹章，看他的神色，似带着一种毅然决然的执着和坚定。吕诲深知，自己将和许多志同道合的宰臣们一同在这场政治之争中奋不顾身。我辈士大夫深受国恩，岂可尸位素餐，坐视不言！

雄鸡唱晓，京师又迎来了日出。

禁中辰正时牌一过，阁门官吏遂宣布隔下请对的言事官，令其在中庑等候。按例官家将会入内，回到福宁殿寝宫更衣、进食，然后再御崇政殿或延和殿这样的后殿，由阁门按次序引请对官员上殿奏事。这会儿袖中揣着弹章的御史中丞吕诲便等候在殿外，忽见到翰林侍读学士司马光从中庭走来。

吕诲朝司马光一揖，算是问候。

司马光亦立刻回礼，见其神色凝重，于是道："献可（吕诲字）今日请见言何事耶？"

吕诲略思量了片刻，举手道："不瞒君实，袖中弹文，乃新参政！"

司马光闻言愕然，他自是知道吕诲说的这个新参政是王安石。打从朝廷设立制置

---

① 除名勒停，除名即"追毁出身以来文字"，谓削去官爵，在京簿（具员簿）官籍上除名，俗称废为庶民者。勒停，谓官员革职，即罢免一切差遣、职务，不再有签书、行使公务之权。

三司条例司以来，王安石越来越忙，放衙后与自己和韩维、吕公著聚会的次数已经是屈指可数。近两个月来，司马光又专心修撰《资治通鉴》，或如今日这般，去往迩英阁，准备之后的经筵。他已对朝中事，知之甚少了。

"以王介甫之文学行艺，命下之日，众皆喜官家得人，奈何遽言之？"司马光问道。

吕诲正色道："安石虽有时名，是官家心意所向，然安石此人好执邪见，不通物情，轻信难回，喜人佞己，听其言则美，施于用则疏。安石在侍从，犹或可容，置之宰辅，天下必受其祸！"

司马光道："介甫执政，所图者天下之大治也。谋之大则久乃见效，今方执政三月，献可亟弹劾之，似伤匆遽，未免不可。或献可若别有章疏，愿先进呈，姑留是事，更加筹虑，可乎？"

吕诲一听，司马光到底还是与王安石亲近，竟要自己暂且不要弹劾这位新除授没多久的副宰相，好让他展布底蕴……

"哎，不意君实亦作如此语！"吕诲道，"上新嗣位，富于春秋，朝夕所与谋议者，二三执政而已。苟非其人，将败国事，此乃腹心之疾，治之唯恐不及，顾可缓耶？"

司马光正愣在原地，阁门官吏已高声追班① 呼喊，吕诲遂向司马光匆匆一揖，自是在阁门官员引领下，上殿去了。

崇政殿内，宝座上的官家赵顼看着御史中丞吕诲快步趋近前来，深深一揖，行礼如仪。

"臣有奏本弹劾！"

赵顼道："卿可展读。"

吕诲遂从袖子里掏出弹章，开始字正腔圆地念了起来：

"臣窃以大奸似忠，大诈似信；唯其用舍，系国休戚也。至如少正卯之才，言伪而辨，行伪而坚，顺非而泽，强记而博，非大圣孰能去之？唐卢杞天下谓之奸邪，德宗不知，终成大患。所以言知人之难，尧、舜犹病诸！陛下即位之初，起王安石知江宁府，未几，召为学士，搢绅皆庆陛下得人，及参机务，命论未允。臣谨案：安石外示朴野，中藏巧诈，骄蹇慢上，阴贼害物，众所共知。今略疏十事。

---

① 追班，指官员以次序觐见奏对。

嘉祐间，因开封府争鹌鹑公事不当，御史催促谢罪，谢恩倨傲不恭，一也①。安石每迁小官，逊避不已；及除翰林学士，不闻固辞。先帝临朝，则有山林独往之思；陛下即位，则有金銮侍从之乐。好名嗜进，见利忘义，二也。安石在经筵，力请坐讲，将屈万乘之重，自处师氏之尊，不识君臣上下之分，三也。安石自居政府，留身进说，多乞御批自中而下，下塞人言，是则掠美于己，非则敛怨于君，四也。许遵误断谋杀公事，力为主张，妻谋杀夫，用按问欲举减等科罪。两制定夺，但闻朋附；二府看详，亦皆畏避。挟情坏法，徇私报怨，五也。安石入翰林，未闻荐士，首率同僚称弟安国之才，朝廷与状元恩例，犹谓之薄，主试定文卷不优，遂罹中伤。小惠必报，纤仇必复。卖弄威福，无所不至，怙势招权，六也。宰相不视朝，旬日差除，专罢逐近臣不附己者，妄言尽出圣衷。作威作福，耸动朝庙，七也。与唐介争论谋杀刑名，众非安石而是介。介务守大体，不能口舌胜，愤懑发疽而死。奏对强辩，凌轹同列，八也。章辟光献言俾岐王迁居于外，离间之罪，固不容诛，有旨送中书正罪，安石坚拒不从，九也。制置三司条例兼领兵财，其掌握重轻可知矣。又举三人者勾当八人者巡行诸路，虽名之曰商榷财利，其实动摇于天下也。臣未见其利，先见其害，十也。臣指陈猥琐，烦黩高明，诚恐陛下之悦其才辩，久于倚毗，情伪不得知，邪正无复辨，大奸得路，群阴汇进，则贤者渐去，乱由是生。臣究安石之迹，固无远略，唯务改作，立异于人，徒文言而饰非，将罔上而欺下。臣窃忧之，误天下苍生，必斯人矣。陛下图治之宜，当稽于众。方今天灾屡见，人情未和，唯在澄清，不宜挠浊，如安石久居庙堂，必无安静之理。臣所以沥恳而言，不虞横祸。况陛下志在刚决，察于隐伏，当质于士论，然后知臣言中否……"②

"够了，"官家出言打断了御史中丞的长篇弹章，"卿口口声声说安石为奸邪，举凡十事，似众恶之交归。然则自仁庙时，安石即有文章道德之盛名，上自宰辅侍从，下至庶官士林，谁人不称许？何今日方执政百日，成如此大奸，得无言过其实，危言耸听乎？"

吕诲道："陛下，岂不闻：周公恐惧流言日，王莽谦恭未篡时？"

---

① 事在仁宗皇帝嘉祐七年（1062年）十月。时王安石纠察在京刑狱，有少年得善斗之鹌鹑，其友乞馈赠于己，少年不从，乃携之而去，少年追及之，踢其胁下，立死。开封府判死罪，王安石驳之："按律，公然劫取、窃取，皆为盗。此鹌鹑主人不与尔，彼乃强携以去，乃盗也。此追而殴之，乃捕盗也。虽死，当勿论。"即以为少年不慎踢杀友人属于捕盗，故无罪，而开封府定死罪，殊为不当。事下审刑院、大理寺详定，以开封府之裁断为是。有诏安石放罪。旧制，放罪者皆至殿门谢恩。安石言"我无罪"，不谢。御史台及阁门司屡移牒催促，安石终不肯谢。御史台因奏劾之，时执政以安石名重，终不问。

② 吕诲《论王安石》。

"荒谬！卿比安石为王莽，则朕为哀帝乎！"官家怒极，"卿但言'质于士论'，得无卿有朋党，故可众口一词?！此奏但留中不发，卿可下殿！勿得再言！"

吕诲露出了痛心疾首的表情，正色嚷道："臣斧钺之不避，唯知效忠君父朝廷，更与何人结党？虽然，陛下若要臣以死明志，臣可今日撞死殿上！臣死则死矣，然臣死不能瞑目！臣知陛下为安石所惑，今日上殿前，早已另具弹章副本，移牒中书。安石若尚有廉耻之心，国朝之制，虽宰相，有台谏劾之，当闭门乞辞！臣请陛下为天下万民计，待安石乞解机务，亟从其请。如若安石竟冒天下之大不韪而不请辞，陛下可正安石之罪，罢其参政！"

与此同时，政事堂里，王安石也已经看到了吕诲弹劾自己"十大罪"的奏札。盛怒之下，王安石当即向曾公亮、赵抃致意，云自己当回宅邸中待罪，明日不再上朝及赴中书、条例司视事。

王安石拜参知政事以来，第一次迎来了巨大的风波。

回到府邸，王安石径自去了书斋之中，他摊开纸来，亲自磨墨，开始撰写请辞参知政事、解除政府机务的奏表。

方写完，儿子王雱走了进来，见到桌案上的奏表，以王雱之能，自然是只一眼便知晓是为何事，便道："爹爹是要以退为进吧？可不能真辞了副相职位啊！"

见到父亲闭目不答，王雱又道："朝廷里奸邪众多，都想阻碍爹爹，须得将他们都逐出国门，否则怎么办得好事情呢？"

王安石沉默着，仿佛没有听见儿子的话。

熙宁二年（1069年），五月二十一（丙戌日），参知政事王安石以御史中丞吕诲弹劾"十大罪"，上《乞罢政事表》请辞。官家得到奏表后，立刻封还，令王安石视事如故，不许辞免，又遣中使催促王安石赴朝。另一方面，皇帝赵顼命内侍李舜举向吕诲宣谕圣意，企图安定此次风波。

然而二十二（丁亥日），御史中丞吕诲不依不饶，再上第二道弹章。

见到这份弹章后，天子更是愤怒，吕诲不仅将王安石说得如同前朝权臣，也等于将君父说成了昏聩之主。同时，赵顼又一次注意到吕诲弹章中所提到的"尤当谨于措置，谋谟在得人，安危在委任，图维旧德"云云，这些自许忠臣的进谏者们，他们所说的"旧德"，所指的元老重臣，究竟是哪些人呢？这一切事情的背后，到底有没有人在操纵着？赵官家不敢再往下胡乱猜测了。

王安石由于吕诲的第二道弹劾，而再度称病乞求解除副宰相职务，官家也依旧不允，仍是派遣中使催促王安石赴中书视事，处理公务。

这样的状况一直迁延到了五月二十九（甲午日），王安石方才再入禁中，面见官家。

虽这会儿已是后殿视事的时牌，但官家为延见王安石，又隔下了军头司、三班院、流内铨等衙署。

赵顼已是快有十天没见到自己最信重的这位副宰相了。他早早地命内侍准备好杌凳，待王安石上殿。

无多时，王安石从殿外入内，官家喜出望外，当即从御座上下来，亲迎安石入座。

"执政方百日，却累先生令名再三，"赵顼道，"吕诲殊不晓事，朕诘问他又都无可说。"

王安石道："台谏言官风闻奏事，无足怪也。"

官家见安石似乎还有火气，便道："吕诲言先生每事好为异论，多作横议，或要内批，以自质证，又诈妄希会朕意。如今二府分班奏事，外人如何能尽知御前情状？此必是中书有人与如此说。朕与卿相知如高宗、傅说，亦岂须他人为助？"

王安石一听，知道这是官家在向他承诺，只要改变主意，不再请辞，中书宰臣乃至其他大臣的去留，眼下都可以商量。这等于是官家在告诉他，不可或缺的人，唯有你王介甫！

"高宗用傅说，起于匹夫、版筑之中，所以能成务者，以旁招俊乂[1]，列于庶位故也。"王安石道，"中书有无人泄禁中机密，臣不知。然臣知晓，陛下欲法尧舜，欲富国强兵者，亦须有贤良群策群力，非止不才如臣一人，可了办。"

官家思量了片刻，道："近臣亦多非议先生者。司马光迂直，韩维似才短，恐怕唯有吕公著……不过，其兄吕公弼已在枢府，若更进用公著，以国朝旧制而言，颇相妨。"

王安石道："富弼在密院时，妇翁晏殊为相[2]，此亦近例。如吕公著行义，陛下所知，岂兄弟为比周，以负陛下！今富弼、曾公亮大抵欲不逆流俗，不更弊法，恐如此难恃以久安，难望以致治。"

赵顼颔首："先生所言是也……若出吕诲，则以司马光为中丞，而进吕公著为执政，先生以为如何？能与先生同心，力行新政否？"

---

① 俊乂，指才德出众的人。

② 富弼乃晏殊女婿，其于仁宗朝入枢府时，丈人晏殊为宰相。

官家一般不会拿任免宰执和御史中丞这样的大事来询问一位副宰相，通常都是乾纲独断，避免宰辅大臣引荐亲信，从而结党专权。显然，他对王安石可谓是极为信重。

王安石起身一揖："陛下以国士待臣，臣不敢再请辞。虽然，若陛下必以吕公著兄弟同在二府为妨，何不借机罢吕公弼枢密使，则流俗恐惧，知陛下革新圣政之决心，所益非一！"

赵官家听到王安石如此说，当然能明白这样是行之有效的，但骤然无故罢免吕公弼枢府执政的差遣，不免中外惊疑，恐怕会面对非常大的压力。

于是官家道："此则容朕思量数日。"

王安石再度回到中书视事执政的消息，令京师群臣不免猜测，这位参知政事倚仗着官家绝对的信任而成功经受住了这次巨大的风波，那么冲在最前头猛烈弹劾王安石的御史中丞吕诲，还能否久在台长之位？

与此同时，政事堂开始奏请改革国家抢才大典，朝廷展开了关于改革贡举法的大讨论。

第 六 章

汉家故事真当改

又是一日清晨，内殿常起居刚结束，中书班子开始了第一班的御前奏对。

今日富弼又是告假，王安石正在进呈奏札《乞改科条制札子》：

"……今欲追复古制以革其弊，则患于无渐。宜先除去声病对偶之文，使学者得以专意经义，以俟朝廷兴建学校，然后讲求三代所以教育选举之法，施于天下，庶几可复古矣……"

御座上的官家听完王安石的奏札，道："卿考虑可谓精当。"

王安石道："我朝承李唐科举制度，率以诗赋取士。然如汉时，做得大赋，不过得帝王金玉财货之赏而已，与倡优弄臣无异！方今圣朝，陛下贤如尧舜，如何能仍用此等取士之道？汉时民谣有谓'举秀才，不知书。举孝廉，父别居。寒素清白浊如泥，高第良将怯如鸡'。得非此之谓乎？士人皆习诗赋，又如李唐明经，不过考试帖经书、对墨义，止见记诵工夫而已，岂可谓选拔天下英才？臣记得，在真宗天禧时，右正言鲁宗道便奏曰：'进士所试诗赋，不近治道；诸科对义，惟以念诵为工，罔究大义'。是宜乎不乏进士为亲民官①者，而案牍不习，判狱荒唐，制于胥吏驵侩之手，虽细民常掩口笑之，朝廷望以之惠爱元元、息讼平刑，其可得乎？近如去年孙觉所奏，云'文章之于国家，固已末矣，诗赋又文章之末歁。今上下厌弃，人人知其无用……学究诸科多不通经义，而猥以记诵为工。记诵不能，则或务为节抄，至断裂句读，错谬文辞，甚可闵笑。仁宗患其如此，始立明经科，将以变学究诸科之习'。我朝仁宗皇帝所立明经，从人情之所愿，乃迥异李唐之明经，一者考以经书大义，二者谓出身与进士同。是则祖宗已见不当，故加以改革创新。今何不改以进士科罢诗赋、帖经、墨义，专以经义、论、策取士，则明经科亦成多余，故云可罢。"

王安石认为唐代以诗赋取士，华而不实，建议废除科举考试中的诗赋等科目，改以经义取士。

---

① 指知县、通判、知州等地方正副官吏。

"卿等以为如何？"

曾公亮道："四月二十二（戊午日）陛下已降指挥，诏两制、两省、御史台、三司、三馆臣僚共议贡举。中书看详臣僚章奏，是群臣多欲变改贡举旧法。"

官家道："中书欲进呈者，卿可展读。"

曾公亮于是道："如翰林学士吕公著云：'又经学一科，虽其来盖远，然自唐以后，始加填帖，由是应此科者，专务记诵。此于章句音切，尚不能辨，然而举用之日此可以治人，不待有识者然后知其非也。臣以谓自后次科场，明经止用正文填帖，更不以注，而增试大义……'又有韩维云：'本设明经，举其所取人数与诸科相通者，亦欲渐诱经生，使习义理之学。'苏颂则云：'先士行而后文艺，去封弥誊录之法，先行之州县，使有司专考察，庶几存乡举里选之遗范……'程颢云：'治天下以正风俗、得贤才为本，请修学校，尊师儒……'"

赵抃嘴上不说，心里不免腹诽，这曾公亮此刻进呈的，俱是王安石朋党的文书！

官家颔首道："既然群臣都以为当变革旧法，那么……"

赵抃忽然开口："陛下，臣见司马光有长篇大论，亦有些许道理；另唯独直史馆、判官告院苏轼[①]反对变改贡举旧法。"

见到官家点头，赵抃开始展读司马光的奏状：

"臣窃惟取士之弊，自古始以来，未有若近世之甚者也。何以言之？自三代以前，其取士无不以德为本，而未尝专贵文辞也。汉世始置茂才、孝廉等科，皆命公卿大夫、州郡举有经术德行者，策试以治道，然后官之。故其风俗，敦尚名节……"

官家心想，司马光竟是以隋唐之科举为非，而以汉晋察举为是……因为他认为相较于官员的才干，其德行更为重要。可若这样，则"门阀"岂非重现于大宋？上下臣僚之朋党，必更甚矣！

"且不要念下去了，"御座上的官家道，"皆为变改贡举的不同意见罢了，卿念一念苏轼的。"

于是赵抃开始进呈苏轼的奏状：

"得人之道，在于知人；知人之法，在于责实。使君相有知人之才，朝廷有责实之政，则胥吏、皂隶未尝无人，而况于学校贡举乎！……且天下固尝立学矣。且庆历间尝立学矣，天下以为太平可待，至于今日，唯有空名仅存……"

曾公亮不露声色地瞥了一眼赵抃，这司马光与苏轼的奏状，在待漏院时未闻赵抃

---

① 苏轼此时官、职、差遣分别为殿中丞、直史馆、判官告院。殿中丞为正八品朝官；直史馆为三馆馆职；判官告院次于提举官告院。

要上殿进呈，为何这会儿一反常态，突然在官家基本决定变改贡举之时，半道杀出个程咬金？且细想来，赵抃的进呈很有讲究，先进呈司马光有些不合时宜的长篇大论，待天子不耐烦，再拿苏轼那纵横捭阖、汪洋恣肆的论调出来……唐介之死，使赵抃骤然像变了个人！

就在曾公亮暗暗思量之时，官家开口道："贡举之事，群臣虽多欲变改，但涉及国家抡才大典，不可不慎。朕也有些许疑虑，今得苏轼之奏议，颇有所释然。苏轼、苏辙兄弟似皆才俊，可速召苏轼入对，朕要仔细问问他关于贡举改革的看法。"

曾公亮望向王安石，但见后者低眉不语，并不见情绪有任何波澜。

"臣等领旨。"中书班子集体一揖，便告下殿。

回政事堂的路上，赵抃沉默不言。曾公亮忽然回首侧身道："介甫，如何看苏轼的奏状？"

王安石一哂："确是雄文，唐以来数百年，少有如此文章，如此人物。不过，终究是纵横家做派，谓群臣之见皆非，而辩才难驳。但若问苏轼该当如何，他又只有老生常谈的中人之论。以要言之，苏轼此人，他日固然要成文章之圣手，在治国政见上，却是浮华之下，堪堪庸才，如是而已！又何足道哉！无须虑其荧惑君心。"

曾公亮也是一笑："须让他诗文三分呐，五百年后，怕是未必有人记得你我宰臣，倒是诗赋小道，民能随口乐之，可不慎欤？"

赵抃仿佛没听到二人说话似的，只顾着自己走路。象牙笏板插在他的玉带上，在早晨的阳光下熠熠闪光。

前殿视朝第四班次的开封府官员们下殿后，便是日常的第五班。第五班按惯例是留给京中百司官员请对的，但一般来说须提前请旨，先经中书门下或枢密院取旨，二府报上去获可之后，才能通知阁门，然后由阁门安排班次。然而由于请对的官员很多，并非提前一天请对，次日就定能安排到上殿奏对；有时即便被安排上殿，也可能由于前殿视朝时，二府班次占用的时间过多而被隔下。至于朝中的重臣，如侍从以上以及台谏等官员，乃可不经过二府，直接牒阁门请对。

由于天子临时有旨，阁门乃安排了本来并无请对的小官苏轼，越次入对，挤占了第五班第一个上殿的位子，这对于苏轼来说，真是喜从天降，不啻当年制科第三等[①]

① 仁宗皇帝嘉祐六年（1061年），苏轼、苏辙兄弟参加制科考试，苏轼为第三等，苏辙为第四等。按宋代科考制度，制科考试级别一般被认为较进士更高，且最高名次第一、第二等虚设，第三等即最高等。苏轼之前，只有吴育得过第三次等，故苏轼的制科成绩在当时属于空前，也令他名噪一时。兄弟二人同中制科，更是传为佳话。

的喜悦。

苏轼今年三十有四，中等身材，虽称不上俊美过人，但仪表堂堂，尤其是一双凤眼，灵动有棱，若天纵之锐气，而凡尘所难掩翳。每一位见过苏轼的人，无论是否喜欢他，都不得不承认，他确是别有异相，似文曲星下凡。与其相比，弟弟苏辙倒是相貌稀松平常，没有什么令人印象深刻的容颜仪态。在京中，已有人称他大才如谪仙人，苏轼也洋洋自得，以为当仁不让。

这会儿苏轼在阁门官吏引领下进了垂拱殿，当即快步趋近御座下，然后深深一揖。

"臣苏轼拜见陛下。"

赵官家虽然也听过苏轼的文名，且知道皇考英宗就颇欣赏苏轼，曾一度想破格超擢苏轼，让他试知制诰或修起居注，只是当时宰辅韩琦认为这样骤然使小臣身居高位要职，反而不是爱护才俊之道，会招致很多人的反感，于是作罢。但赵顼自己还不曾仔细瞧见过苏轼，这会儿端详了片刻，也是被苏轼那双如仙人俊逸的眼眸给吸引到了。

"真佳士也！"官家情不自禁地赞叹道。

苏轼忽然反客为主，向官家问道："臣斗胆问陛下，不知何以召见臣？"

苏轼的反应完全出乎赵官家的意料，寻常小臣上殿，大多木讷恐惧，或是紧张无措，苏轼却不等官家发话，反倒主动问之。

赵顼笑道："见卿议事有所喻，故召问卿。"

苏轼道："陛下误矣，人臣以得召见为荣，今陛下实未知臣何如，但以臣言即召见，恐人争为利以进。"

苏轼的话让赵顼再次大吃一惊，获赐召对上殿本是圣恩，苏轼居然上来便说自己有错，可所言又极是方正忠贞，赵顼心里更对苏轼高看了几分。

"卿之言，令朕悚然。真今世罕有，若古之君子也。方才中书进呈卿之奏状，可否与朕详细分说，云何卿以为贡举不当变改？"

苏轼抬首望去，见到官家正以期盼的眼神看着自己，当下内心也非常的激动，他努力平缓了呼吸，道："臣请为陛下言之。今陛下必欲求德行道艺之士，责九年大成之业，则将变今之礼，易今之俗。又当发民力以治宫室，敛民财以食游士，百里之内，置官立师，则无乃徒为纷乱以苦天下耶！若乃无大变改而望有益于时，则与庆历之际何异！故臣以谓今之学校，可因循旧制，使先王之旧物不废于吾世足矣……"

赵顼听着苏轼的雄辩，心里也在思量着。的确，皇帝若以孝道取士，有人就装模作样日夜住在父母的坟茔边，甚至有的竟割肉侍养双亲；皇帝若以廉洁取士，有人就不免故意乘破败的车马，骑羸弱瘦削的病马，甚至穿粗布衣服，吃粗恶之食。只要可以迎合皇帝喜好、心意的，便无所不用其极。这样的话，德行之败坏就极其可怕了。

官家忽然由苏轼的话又想到了去年四月，富弼入见时说的另一番话："人君好恶，不可令人窥测，可窥测则奸人得以傅会其意。陛下当如天之鉴人，善恶皆所自取，然后诛赏随之，则功罪无不得其实矣。"当时赵顼只是被富弼那句"愿陛下二十年口不言兵，亦不宜重赏边功"给气坏了，全然没有注意到富弼的话语里也确有可取之处。

苏轼还在滔滔不绝地说着："自唐至今，以诗赋为名臣者，不可胜数，何负于天下而必欲废之！近世士人，纂类经史，缀缉时务，谓之策括^①。待问条目，搜抉略尽，临时剽窃，窜易首尾，以眩有司，有司莫能辨也……"

苏轼的这番说辞，让赵官家竟对贡举改革产生了动摇。诚如苏轼之前所论，虽然诗赋不足以判断士人有无治国的真才实学，难道策论就一定能选拔出干才良吏吗？一样是有着各种应试的投机取巧之方。至于现在一些主张可恢复以注重察举、名望为取士方式的说法，更是谬论，此为唐代朋党屡禁不止、愈演愈烈的一大原因！

念及此，赵顼道："方今政令得失安在？虽朕过失，指陈可也。"

苏轼一揖，道："陛下生知之性，天纵文武，不患不明，不患不勤，不患不断；但患求治太速，进人太锐，听言太广。愿镇以安静，待物之来，然后应之。"

官家若有所思，道："卿三言，朕当熟思之。凡在馆阁，皆当为朕深思治乱，无有所隐。"

苏轼见官家如此言语，进一步说道："陛下纳谏从善，过于尧舜，臣造次再言！倘陛下必欲登俊良，黜庸回，总览众材，经略世务，则在陛下与二三大臣，下至诸路职司与良二千石^②，区区之法，何预焉！然臣窃有私忧过计者，敢不以告。昔王衍好《老》《庄》，天下皆师之，风俗陵夷，以至南渡……"

赵官家自然能听明白苏轼若有若无的话外之音。由于王安石过去也好，现在执政也罢，在治学上都好谈经义，眼下便有人指称王安石每自比颜回、孟子。而此刻苏轼刻意提起王衍好老庄而中原蒙难、晋室南渡之典，以及宰相王缙好佛，结果大历之政至今为人所笑一事，难道是在影射当今的王安石及其主持下朝廷即将开始的新政？

赵顼一瞬间陷入了不小的疑惑中。他一方面赞叹苏轼的才华，另一方面又觉得奇怪，究竟是王安石与自己反复商议的新政确有不妥，还是朝廷中果真有几只藏在暗处的手上下串联，否则何以苏轼这样的小臣也在召对时要攻讦王安石？难道说赵抃的进

---

① 宋代称士人为应付科举策试，将经史及时务主要内容整理而编成的简括材料。

② 诸路职司指路级监司官员，如转运使、提刑等；良两千石指贤良的知府、知州等地方长官。

呈与苏轼的雄辩言辞，都已尽在算计之中？

赵顼感到自己所掌控的大宋虽幅员辽阔，可自己的能力却很有限，这皇宫之中，尚有不能完全确定的人与事。原来欲大有为的皇帝，是这般不容易做得！

赵官家努力排遣这些猜疑与无奈，开口道："卿言甚善，待朕思量。"

苏轼下殿后，感慨当今的赵官家求贤若渴，真是一代雄主。到了官告院里，同列个个都是恭贺苏轼蒙陛下召对，向他问以一二。苏轼是个直肠子，痛快地将御前奏对的话语尽说了出来，官告院内的同僚们无不称赞苏轼直言进谏，颇有古纯臣之风。可苏轼不知道的是，他刚下殿，便有小黄门跑去条例司禀报，而官告院内也有人笑里藏刀，准备把这些事情故意传给与王安石相交之人。

次日，垂拱殿视朝，中书第一班奏对。

几件事情议论完，官家又令王安石留身独对，曾公亮、赵抃依旧是先下殿。

赵官家道："昨日本想召先生商议，后殿再坐事务繁多，加之过两宫太后又有所耽搁，只得今日再与先生商议。"

王安石道："不知陛下欲与臣商议何事？"

官家道："先生以为苏轼为人何如？"

王安石一听，便知官家是有意进用苏轼，可苏轼这样旗帜鲜明地反对贡举改革，岂能进用？

"苏轼小臣耳。陛下留臣独对，中外观望，岂宜谈论一小臣之进退？此非宰辅所当预，乃有司职事。"

官家点点头道："虽然，苏轼所进奏状，反对改革贡举，先生于中书想已看详。朕昨日在殿上听苏轼分说，亦觉不无道理，先生如何看？"

王安石道："陛下，苏轼所传家学，乃其父苏洵之纵横术也，专好汪洋恣肆、纵横捭阖，其于诗赋文章，固他日罕有匹敌，但臣请陛下思量苏轼在奏状中所提之建议，可有任何实用之处。苏轼言：'陛下必欲登俊良，黜庸回，总览众材，经略世务，则在陛下与二三大臣，下至诸路职司与良二千石，区区之法，何预焉！'苏轼之批驳，诚不失雄辩，然看详其建言，乃与流俗因循之论又何异哉？按苏轼所说，则我朝百年积弊，无所谓当如何，只需坐而论道，乃至令地方守臣条陈，便可一切太平妥帖。陛下但思之，此等荧惑君心之语，自仁庙以来，过于五十年，何曾一日之无有，可谓朝野不绝于耳！然天下何尝大治？无非日以苟且衰颓，府库不盈，百姓愁苦，国不富而兵羸弱。万民苦于赋役之破家荡产，朝廷徒具聚敛之事倍功半，在田垄之农夫不敢多耕，在边鄙之夷狄乐于取索，此又不过略举数事，他不可胜举哉！而流俗乃倡言祖宗之良法俱在，天下虽未臻于大治，亦实无可深忧之积弊，谓徐徐为之，百弊自消而人不知，所谓善战者无赫赫之名，文景、房杜无可载之措——呜呼，臣请陛下熟虑，此岂非老奸误国之论乎！"

赵顼一听，又不啻霹雳万钧，王安石所言刺破了真宗、仁宗以来的盛世假象，更点破了许多大臣老生常谈的苟且之论，谓其近乎"正确的废话"！

王安石还在继续说着："陛下，若依苏轼等人之言，以两府二三大臣坐而论道，俾地方监司、州郡帅守条陈上奏，便能解决国朝一切积弊，臣实不知此如何之为可能！何哉？臣请陛下深思，天下之利，几分归朝廷，几分归品官形势之家，又几分归平民百姓？今欲望占尽天下好处之官宦形势户，自为损益，以利非亲非故，视如蝼蚁之万民赤子，其岂人之常情？汉季曹操挥师南下，东吴孙权虽不过割据之诸侯，尚能知晓人情轻重，盖为臣子者，徇私利己者众，一心向公者少，欲士大夫损门庭家族之利，而成朝廷百代之治，臣以为士大夫多不乐为也，非但不乐为，且要口中论祖宗家法、儒家王道，而阴则行阻挠、坏法之实，甚至无所不用其极。故臣谓，欲二三大臣讲论、良两千石条陈，而积弊自去，实无有是处，纯属无稽之谈，荒谬已极！"

赵顼终于觉得，朝中大小臣工，辩才之强，常能自圆其说，而将颠倒之见以生花妙笔、舌绽莲花之能，说成了天下公论。唯有王安石能在君前剖析问题的实质，指陈利害、本源，不避艰险、谤议，真是社稷之臣，非他人之可比！

"先生所说，真是未曾有，"赵顼沉默良久后，说道，"苏轼也提到，说朕与人官太速，后或无状，不能始终。此说何如？"

王安石道："陛下与人官，患在不考实，若确有干才，虽速与何害！为能奖用人才，方能期以政令之行，若帝王失驭下之术，则虽令不从，阳奉阴违，略无一事之可成，此陛下观史书，必已多见而不鲜。今非止要政令行于地方，更是要讲求治国之术，革旧布新，将兴大有为之政，岂以奖用人才之速为患耳？正恐进用之不及，而庸才窃据要津而已！"

赵顼终于展颜一笑："先生所言，如此极精。不过苏轼兄弟诚亦有才学，今苏辙于条例司勾当公事、检详文字，如其兄苏轼，宜以小事试之何如？"

王安石道："臣已屡奏试人当以事，此言诚是也。"

官家又道："近已与先生商议编修中书条例，则用苏轼预其事，何如？"

王安石道："苏辙虽看似才气逊色其兄，然臣见其尚颇方正，有干吏之才，亦颇晓时务。苏轼则不然，浮华于外，而险躁于内。流俗之人，何可与议变流俗之事？苏轼与臣所学及议论皆异，另试以事可也。"

赵顼颔首："贡举之事，得先生反复开陈，朕已能不惑于浮议。即苏轼之小事，朕亦知矣，可待他日，别有任用以试之。"

王安石一揖："圣明莫过陛下。"

六月二十二（丁巳日），中书颁布诏令：右谏议大夫、御史中丞吕诲罢中丞，出知邓州；翰林学士吕公著为御史中丞。

招惹人情喧嚣的是，知制诰苏颂当笔的制词，即《右谏议大夫权御史中丞吕诲可落御史中丞依前官知邓州》的敕令里，居然对吕诲颇加斥责。一者是明确斥责吕诲屡屡毁谤辅臣，岂非正是指吕诲弹劾参知政事王安石为有罪？二则是苏颂竟以先前出章辟光外知衡阳县的一句制词"党小人交搆之言，肆罔上无根之说"入吕诲出外之诏令，得无安石玩弄权柄，以明吕诲结党之罪乎？三则曰吕诲"言事失实"，而国朝台谏言官本即可风闻奏事，如何竟以言事失实为罪过？

两制所撰写的诏令制词，代表的是皇帝圣意，所谓"代王言"，表达的自然是皇权意志与褒贬黜陟。然而唐宋以来，亦不乏权臣假诏令制词公行排除异己之事。因此，许多人便暗中议论，说苏颂之制词，乃尽出于王安石之意。更让大家非议的是，这空出来的台长一职，竟除授给了王安石的好友吕公著，即是说使台谏为宰辅大臣之私人。而台谏作为天子耳目，制衡二府、纠察百官的作用，还如何公平体现呢？

几日后，京中便有官员如吕陶者为吕诲这位前台长送行。吕陶早年受唐介辟举，今又受其荐而将参加翌年的制科试，然而斯人已逝，吕陶更是对王安石恨之入骨。望着吕诲长亭别去的背影，吕陶愤而写下了一首《三黜诗》，很快便在汴梁都下不胫而走，其中有云："大敌众所畏，未战势自殒。唯公鼓而前，万旅悚兵楯。"听到这首诗，谁人不知，吕陶乃是指王安石为朝廷正人君子的"大敌"，更是为吕诲连章累牍地弹劾"权臣"却遭不公之罢黜而悲愤不平，东京城里一时为之传唱。

就在京师都下议论纷纷之际，熙宁二年的六月，中书堂除，以薛向担任江南、淮南、荆湖、两浙路发运使①，至此，制置三司条例司有关均输新法的准备工作已经接近尾声。

七月初五（己巳日），禁中。
垂拱殿内，前殿视朝，中书奏对班次。

---

① 掌水陆联运淮南路、江南东西路、两浙路、荆湖南北路凡六路七十二州岁供京师所需粮米六百万石，年籴一千二百万石，所存六百万石，以备荒年。且可视诸路丰、凶而平其籴，兼制东南诸路茶盐、财货之政，及举刺官吏，事权极大，所涉极广，谓总东南财政，不为过。位转运使之上，多以郎官（如度支郎中、吏部郎中、度支员外郎）或侍从以上充任。

赵官家拿起御案上的奏疏道："同州赵尚宽等条奏置义仓事，想诸卿在中书已看详否？三日前，以御史钱顗奏，已下诏罢废义仓，今朕见赵尚宽等所条奏，又颇疑之，诸卿以为如何？"

富弼告假，理应次相曾公亮先回答皇帝的垂问。

于是曾公亮道："义仓之法，立意虽善，所行多不便，姑容臣等检会，异日进呈……"

王安石却道："常平、义仓者，盖汉、隋置以利民之良法，常平以平谷价，义仓以备凶灾。周显德中，又置惠民仓，以杂配钱分数折粟贮之，岁歉，减价出以惠民。我皇宋艺祖承五季之乱，海内多事，义仓浸废。乾德初，诏诸州于各县置义仓，岁输二税，石别收一斗。民饥欲贷充种食者，县具籍申州，州长吏即计口贷讫，然后奏闻。其后以输送烦劳，罢之。乃又屡经置废波折，至明道二年，诏议复义仓，不果。景祐中，有请复置，令五等已上户，随夏秋二税，二斗别输一升，水旱减税则免输。州县择便地置仓贮之，领于转运使云云。然事下有司会议，议者异同而止。庆历初，又复议此事，仁宗纳之，命天下立义仓，诏上三等户输粟，已而复罢。"

御座上的赵官家听到王安石细细回顾曾经有关义仓置废的议论，便忧愁地思量起来。

王安石又道："其后贾黯又有奏论，不可谓不切中事理。当时天下一岁断死刑者多至四千余人，看详所犯，为盗贼而大辟斩首者，十之六七，故贾黯谓，此民迫于饥寒，因之水旱，不为盗贼则亦多毙于沟渠也。然何以牵于众论，终不果行，而贾黯谓'诸路所陈，类皆妄议'？臣请陛下思之，此正可见为政之难。如义仓之法，本即上户输纳其多数，则显见侵豪右形势之利，故屡议而不能行，或稍行又遽废。盖政令虽本欲利民，而凡有害豪右者，则事多沮坏难成。豪右形势之家，在地方为有力而能发声者，在朝廷则多品官与之为宗族姻亲，宜乎如贾黯之论，下在京百司议则众以为非；令诸路条陈，则皆曰多有不便。是则非中下户之民不便，乃豪右富户不便耳！"

"朕记得仁祖庆历二年，尝诏天下立义仓，止令上三等户输纳。行不过两年，诏罢义仓。嘉祐二年，仁祖又尝一度诏置广惠仓，然行亦止一年，即于次年二月废罢。"赵顼颔首道，"以此想来，诚如卿所言，岂有他哉！何朝廷百官，受国恩深重，而全无公心，尽作巧舌，倡为异论……朕思之，此真可谓寒心。然则，卿亦以为义仓或可复置？"

王安石道："臣虽认可王琪、贾黯等疾百姓困苦难申之心，但臣并非以为义仓是纾解贫下之民的良法。何也？若人有余粮，乃使之输官，百姓将止谓朝廷苛敛加征，至若骂朝廷夺民口食，亦不足怪，盖人情如此。"

赵顼听之更有了兴趣："那卿之方略，可是前些时日与朕所说的青苗之法？"

王安石道："正是。昔年李参为陕西漕臣，贷民以钱，俟谷熟还之官，号'青苗钱’，行之数年，卓有成效，陕民咸乐之。二十二年前，臣知鄞县时，亦尝贷谷与民，立息以偿，民甚便之。今臣以鄞县时事及李参陕西事，反复推演，考订其法，已在条例司中编订细则，待编讫，即进呈御前。以此青苗新法，必能拯溺贫民，又增朝廷岁入，所利非一，诚开源之良策。义仓人所不乐，正恐余粮纳官，而疑凶年朝廷竟不支散，空有征以待赈之名；青苗则人情当乐，乃因贫下之民众多，得免青黄不接之时，向富户借贷，而终不能偿其数倍、十倍之息，破家荡产之灾，其谁不乐也？”

官家道：“卿之言是，朕翘首以待。”

曾公亮见这御前的奏对又成了官家与王安石君臣旁若无人的“独对”，当下也只是默然。

赵抃见曾公亮全无态度，便出言道：“陛下，青苗法者，条例司如何计议，臣虽不得闻，然想来不过是与李参行于陕西时大同小异，无非贷民以钱，立息而偿。倘百姓不能偿，则又如何？且陛下若行青苗，则地方亲民官必多望风希旨，争相抑配^①，民将不堪其扰，如何可曰良策？能行于陕西者，不过因时因地，权宜之计，未必能行于天下。臣望陛下三思。”

曾公亮注意到，自唐介病逝，赵抃已不同于往日，敢于直接反对王安石的意见。方才这番话，实则是在指责制置三司条例司越过中书，擅自制定国家大政，而宰臣竟不能预之——无疑是在提醒官家注意，这与国朝制度，绝相违背。

见王安石脸色已稍变，御座上的赵官家立刻道：“青苗之事，如王参政所言，条例司尚在讲论编订细则，待进呈时再议不迟。今日更有一事，要与诸卿商议。吕诲既出，朕思量台谏又乏端正人才，当如何？”

曾公亮道：“我皇宋之制，任用台谏言官，一贯乃是人君亲擢、宰执不预、侍从举荐。今陛下问之，臣等亦不过能如是说也，更无其他可言。”

王安石道：“此说固无不当。虽然，举御史法太密，故难于得人。”

官家道：“岂执政者恶言官得人耶？”

王安石道：“旧法，凡执政所荐，即不得为御史。执政取其平日所畏者荐之，则其人不复得言事矣，盖法之弊如此。”

官家道：“正是。祖宗以此法驭下，而宰执反用其意，竟能令所恶之人不入台谏，当有所改。朕意悉除旧法，一委中丞举之，且不妨稍略其资格。旧制，举御史必官升京朝，资入通判^②，今可稍宽其限，以进用人才。”

---

① 抑配，指强行摊派。

② 旧制任御史一般需本官到朝官级别，资序到通判。宋代文臣本官可分为选人、京（朝）官两级，京官中又分为普通京官和升朝官，简称京官、朝官。

赵抃道："陛下，御史用京官恐非体，又不委知杂①，专任中丞，亦非旧制。"

曾公亮知道，这赵抃的言下之意，乃是不欲令御史中丞吕公著得专举任御史的人事大权，因为吕公著乃王安石密友，一旦御史尽为吕公著所举亲附王安石辈，那么王安石的专权也就越发横行无忌，难能阻挡矣！

可官家却道："唐以布衣马周为御史，用京官何为不可？知杂，御史台之属官也，委长官中丞为是。"

赵抃还想再进言，可曾公亮与王安石已经作揖，口称"领旨"。

一瞬间，赵抃仿佛又回到了过去，只剩下一声苦叹。

七月初六（庚午日），中书颁布诏令，命御史中丞举推直官及可兼权御史者。

更十日，七月十七（辛巳日），下诏：立淮南、两浙、江南东西路、荆湖南北路六路均输法，以六路发运使薛向总领均输平准事，赐内藏钱五百万缗，上供米三百万石以为均输之本。这标志着均输法正式颁行实施。王安石执政以来，制置三司条例所制定的第一项新法开始了。

二十七（辛卯日），新御史中丞吕公著以不当干议岐王建外邸事，及素行贪猥，所至狼藉弹劾章辟光，乃降旨：知衡阳县章辟光夺官，降荆湖南路监当②，衡州监税。

一时间，京中传言，说前番吕诲弹劾王安石，论及小臣章辟光离间天家骨肉的大罪，结果只是外放知县，那是王安石为了避免波及自己，而曲加庇护；如今他的亲信吕公著为中丞，却再弹劾章辟光，重加降充监当的黜责，乃是章辟光在政事堂外威胁王安石、吕惠卿的"秋后算账"。这可真是安石专权，左右都是铁腕啊！

就在这种猜测于宫府内外、酒肆街衢间被传得越来越离谱的时候，针对副宰相参知政事王安石的新一轮风波又来了。

这一日，王安石前殿视朝的奏对结束后，照例回到中书处理公文，随即来到了制置三司条例司，他正打算与陈升之及条例司里主要的几位属官讨论青苗法的事情。此前，王安石曾在放衙后将吕惠卿、苏辙、张端三人叫到自己府邸里商讨，命他们将初步的青苗细则拿回去看详研究，好来日继续深入探讨、修订。

---

① 知杂，指侍御史知杂事，乃御史台次长官。

② 监当，即监当官。凡监临诸场、院、库务、局、监等各种税收（如盐、茶、酒、商税、房租等）、库藏（如粮料院、军资库、籴纳库等）、杂作（如作院、船场、冶铸监场等）、专卖（如酒务、合同茶场、矾场等）之事务官，称监当官，多由选人、使臣、宗室差充，亦有京朝官责降为监当者。文中章辟光本官为正八品著作佐郎，已属朝官，外知衡阳县后再降监当差遣，属于较重的贬黜。

条例司内官吏见王安石到了，纷纷起身作揖，有的叫"见过王参政"，有的干脆直呼"相公"，不一而足。

王安石见陈升之还没到，他也不等，坐下后便直接问条例司检详文字苏辙："青苗之法，细则看详下来如何？"

苏辙知道自己兄长苏轼前不久刚刚上奏状反对王安石所提倡的贡举改革，略斟酌了片刻，乃开口道："参政有所问，某不敢不据实以告。以钱贷民，使出息二分，本以救民之困，非为利也。然出纳之际，吏缘为奸，虽有法不能禁。钱入民手，虽良民不免非理费用，及其纳钱，虽富民不免违限。如此，则鞭笞必用，州县事不胜烦矣。唐刘晏掌国计，未尝有所假贷。有尤之者，晏曰：'使民侥幸得钱，非国之福；使吏倚法督责，非民之便。吾虽未尝假贷，而四方丰凶贵贱，知之未尝逾时。有贱必籴，有贵必粜，以此四方无甚贵、甚贱之病，安用贷为？'晏之所言，则汉常平法耳。今此法见在，而患不修，公诚有意于民，举而行之，刘晏之功可立竣也。"

吕惠卿听到苏辙的这番话，便想起此前他条疏自己所拟的青苗细则如何不妥，当时便令自己面颈皆赤，这会儿听后更是警惕起他鲜明反对青苗的态度。

吕惠卿乃道："子由所言差矣。青苗之法，只要不许抑配，则于百姓何害？使五户以上为一保，量人户物力，有愿请青苗钱者，则俵钱贯若干。为其已量人户物力，则虽欲多请而不能得，有何难以偿还？州县间里固有奸猾偷惰之民，得官府缗钱而不愿偿还，此则人情之中非常者也，又岂在多数？子由若事事以特例之害，而不敢求十之八九之利，则天下事，又何可为也？且刘晏常平之法，行之于李唐大乱之后，岂宜与今圣天子时相比拟？"

苏辙见吕惠卿强辩如此，何况又知晓吕惠卿深得王安石信重，便不愿再多言。他望向那位如今已称得上权倾一时的副宰相，见他果然在为吕惠卿说的话捋须颔首。

恰这时，阁门司来人，行色颇匆匆地到了条例司里，云是官家有机要事务要召王安石独对，已隔下后面班次，请速上殿。

王安石道："待陈枢密至，诸位且再议议青苗之细则。"

吕惠卿、苏辙等条例司官员立即起身作揖，纷纷称诺。

王安石一路随阁门官吏又回到了垂拱殿内，他见到官家在御座上愁容满面，乃揖道："臣参见陛下，不知陛下匆忙之间，竟隔下前殿视朝班次，又召臣奏对，所为何事？今新政方行，中外观望，陛下正应沉着镇定，不宜动静非常，而令人情狐疑，于新政亦徒惹事端。"

赵顼倒并不在意王安石如同师长教育学生似的口吻，反觉得王安石劝诫自己不要随意打乱视朝班次，召他独对，这正是王安石大公无私的君子作风。因为官家召臣僚独对，正是弄权的最好机会，又可攻讦同僚，而人所难知……

"先生且坐，"皇帝走到王安石身前，将一沓奏疏递到了他手上，"先生且看，这四封弹章皆为范纯仁所写，前三道论列薛向，第四道奏乞罢均输法。朕这里还有一份陈襄的札子，也是奏乞罢均输，一并让先生看详。"

王安石打开奏本一目十行地看了起来，只见范纯仁第一道奏疏写着：

奏论薛向：

臣累言薛向有罪，不宜获赏；又其性贪狡，不可付以六路之权，不蒙听纳。……天下之士，未至绝无君子，而致陛下屈法奖用小人，是执政之罪也……

王安石的双手竟有些微颤抖，他素来欣赏范纯仁，与之也有一些交谊，更敬重他是范文正公之子。此前范纯仁上奏乞请令侍从以上条陈朝政阙失，这正符合变法的需要，故王安石当时以为范纯仁乃同路之人，正可加以重用，同心协力……如今想来，那时富弼大为赞成范纯仁的奏疏，难道这背后似藏了预先的算计……名义上范纯仁是在论列薛向，但字字句句，都指向四个字"执政之罪"！这执政是谁？不问可知，只有他王安石！

这位大宋的副宰相强抑着双手的抖动，又翻开第二道奏本，上面写着：

再论薛向：

臣前来累言薛向在陕西违条冈上，罪状显明，不当曲加恩贷，仍蒙奖用……今又委以六路生灵，使之专治财赋，则薛向奸诈，必更甚于陕西……

这一份弹章的意思，不外是说薛向在陕西为转运使时，上头的都转运使可限制他，下面的诸路帅臣又不归他统属，加上还有内侍或武臣为走马承受监察等，照理来说，薛向已经不能为奸邪之事，没想到他仍有巧作欺君冈上之恶行。如今将东南六路都交给薛向统领，朝廷也不派特使不时察访，那薛向岂不是要无法无天，为祸东南亿兆百姓？甚至就此激起民变，致东南各地百姓揭竿而起，也未尝没有可能！

王安石打开第三道奏本，乃写着：

又论薛向：

……缘薛向诈佞贪狡，众所共闻，陛下但爱其小才，臣依违而不言，负陛下之罪不容诛矣。

这是范纯仁以请辞免同知谏院的谏职来再三逼迫官家表态，给皇帝施压，以图迫使官家罢黜薛向总领东南六路财政的均输大权。

王安石的双手无法克制地在抖动着，他迫使自己打开了赵官家给他的最后一道范纯仁的奏疏：

奏乞罢均输：

臣伏睹近降敕命，委江淮发运司行均输之法。此盖制置条例之臣，不务远图，欲希近效，略取《周礼》赊敛之制，理市之法，而谓可以平均百物，抑夺兼并，以求陛下之信。其实用桑羊①商贾之术，将笼诸路杂货，买贱卖贵，渔夺商人毫末之利，以开人主侈大之心，甚非尧舜三代务本养民之意也……今执政不明，引用小人，使争利柄，而其人素有贪饕之行，屡为欺罔之奸，必将以美余悦朝廷，以贿赂结权幸……

执政不明，引用小人——是说王安石不以尧舜三代、先王之制启沃上心，而专教陛下以奸邪聚敛之术，又说均输法必定使得东南板荡，百姓陷于水深火热之中！总之，在他看来，王安石的新政，哪怕只是陛下施行这第一项均输，哪怕只是任用一个薛向，都将让陛下大失民心！

见到王安石乃处于情难自已的震愕中，赵顼也颇为不忍，道："先生且宽心，朕岂是要以范纯仁这四奏来质问先生？已决意留中不发，只是想与先生商量。"

王安石这会儿已经把同修起居注、知谏院陈襄的奏本也看完了，他脸上的悲愤溢于言表，乃起身将这五份奏本呈还到御案前，道："臣请陛下明示，乃要与臣商量何事？"

赵官家道："先生且坐。朕只是想问，眼下朝廷正要在东南六路推行均输法，薛向的任命也不过才十日，尚无任何大小动静，台谏已经这般反对，且当如何为好？"

王安石并未坐下，只是深深一揖："陛下，子曰：'譬如为山，未成一篑，止，吾止也；譬如平地，虽覆一篑，进，吾往也'。欲求天下之大治，则前路任重而道远，今日止是均输，往后将有更多异论攻讦。若陛下一一挂心，左右动摇，则虽宵衣旰食，亦无能为也，徒守成而坐视因循之弊，所谓日积月累，愈演愈烈，终无所得。以要言之，又岂是无所得，必不过如前代事，渐渐一无可为，而药石无用。陛下如畏惧浮议，疑惑新政，则请陛下速解臣参政一职，许臣归故里。"

"先生何出此言！"赵顼闻言，错愕不已，立即来到王安石身前，"朕与先生相知，已反复说与先生心意，所谓名为君臣，实如师友。朕痛革国朝积弊之心，先生如

---

① 桑羊，指汉武帝时理财大臣桑弘羊。

何不知？正以朝廷内外，浮议纷纷，方须先生在朕左右，朝夕辅佐，为朕筹谋。如范纯仁者，其见所奏留中不发，乃又进以上数道奏状，乞朕责降出外。他人可如此作态，实为要君，独先生岂能亦如此？朕正要与先生携手共进，虽千万人吾往矣，岂会因台谏之言，而有罢废新政之意？"

听到天子如此言语，王安石也不由心中激荡，当即欲大礼参拜，却被赵顼拦了下来。

"陛下之恩，臣……"

官家将王安石扶坐回杌凳上，道："范纯仁于乞责降状中乃称先生将'上玷圣德，侵刻生民'，其他种种危言耸听之论、无根罔上之谤，乃至訾毁臣僚之说，先生方才已知晓。前出吕诲，虽制词明其罪状，而浮议不息，今正要与先生商量，当如何黜责范纯仁、陈襄二人，岂为他事哉！先生其勿疑矣！"

王安石道："范纯仁者，以臣一向所知，乃方正君子，必为外间浮议所惑，人才难得，臣请陛下稍加宽宥，待臣与其分说，或当事有转圜，则朝廷得不失君子在谏垣之福，陛下亦无屡逐言事大臣之讥，堪为两全。"

赵顼道："如此亦甚好。新政尚未正式铺开，而浮议如此，得无朝廷之内，别有重臣为朋党乎？"

"此事陛下问之再三，臣实不知，"王安石起身作揖，"虽然，臣闻奸邪结党，亦非尽以利相诱。如范纯仁者，实木讷人，所谓君子可欺以其方，必他人说以祖宗以来儒术治国之当如何，而方安石导陛下以王霸、管商①之又如何，似范纯仁辈，乃大为所惑，故为奸邪所用，反以为抗上直谏、忠君爱民也。"

"诚不过如是哉，"皇帝道，"只得劳烦先生与范纯仁分说，使其知悉。"

出得垂拱殿，王安石径直返回到了自己在中书的治事阁内，他叫来元随，令其往召起居舍人、同知谏院范纯仁速来执政本厅。

无多时，与其父范仲淹相貌相似的这位右史言官迈步走进了王安石的治事阁。

"下官参见王参政。"只见他行礼如仪，语气平正，全听不出丝毫公事之外的情感。

王安石开门见山地说："尧夫坐，今日官家已将尧夫的数道奏本交给仆在殿上即时看详。尧夫一片为国之心，仆已体会，只是均输之法新立，尚未行之日久，尧夫毋乃杞人忧天，忧思过虑乎？"

---

① 管商，指管仲、商鞅。

范纯仁却并未坐，只是正色道："下官始见陛下用富郑公与参政，内心实欣喜盼望，以为朝廷得人，必以尧舜之道致太平。今郑公告假不出，参政乃以富国强兵霸者之事佐陛下，此岂儒臣之所当为耶？公未入二府时，道德文章，名字盖国，及参大政，入主机务，天下所谓无不欢庆、翘首而盼。正以公为士林之楷模，学问之宗师，当以儒家经术佐人主，何竟以理财为先，舍本而逐末？若公能听不才愚者之见，追罢薛向之除命，一切废止均输等法令，则某虽人微言轻，愿在公门下学以闻道；若公不能听，则某不过能直言进谏，一而再、再而三，绝不会坐视祖宗成法，为公所坏，天下百姓，以公而倒悬！"

王安石沉默了片刻，方道："尧夫，正为经术以理财为先，且国朝百年，府库不盈，百姓贫苦，故当为天下理财。若不合经术，与仆平生所学有所不同，必不出此策。尧夫谓薛向乃小人，必为奸邪之事，而薛向于钱谷，多有建树，此仁祖所见而亲擢，岂是某之私恩提携哉？治平年间，薛向进献《西陲利害》，先帝以为善，颇奇之，常置于左右，此人所共知。岂仁宗、英宗两朝皇帝，皆无识人之明，而独尧夫乃有料事在先之术？"

"这，"范纯仁为之语塞，他自然不可能说仁宗、英宗皇帝看错了薛向，那等于暗示仁庙与先帝乃是昏君，"参政之强辩，下官自愧不如，无一语可说。"

王安石道："且条例司所立均输之法，徙贵就贱，用近易远，岂非令朝廷与平民皆得利益耶？东京赖汴河漕运，每岁须东南上供粮米财货无算，而三司因循于上，监司转运颟顸于下，遂使轻重敛散之权尽归于豪商巨贾，彼囤积居奇，致地方有以倍价折买之费，百姓有以减价贱卖之实，漕运至京师，又多有无用非时之物，或烂于仓廪府库，或半价抛售于市集……尧夫试思之，若朝廷终不行均输平准之法，一切如旧，则谁占其利者？唯地方与都下豪商巨贾日以富贵，而国家、百姓两受其害。国家入不敷出，积贫于上，百姓苦不堪言，蓄怒在下。两受其害者，不可言智，岂止是不可言智，更不可言天下无事，太平立至矣！以仆之见，若放任坐视，才正要使我皇宋抚养苍生百年之恩，日削月朘，一旦有变，民心即不可问，更恐有不忍言之事！"

范纯仁被王安石一席话惊得哑口无言，半晌才道："公所说，亦未免危言耸听？祖宗成法俱在，亦不过令有司加以改进，择良吏管勾，遣使者监察，如是必能徐徐而善，又何至于必民变乎！"

王安石道："尧夫在奏本里便没有危言耸听吗？你是方正君子，范文正公之后，何必为人所述？尧夫岂不知，豪商巨贾者，其背后有多少朝廷大大小小品官之家的影子，有多少千丝万缕的姻亲乡党之关系！现在官家与某要夺的不是百姓之财，是要稍夺他们操纵物价，大发不义之财的权利，是要将这平准百货的轻重之权收归朝廷！尧夫啊，与其养痈成患，何不壮士断腕！"

范纯仁愣了片刻，然后道："公之强辩，下官今日已领教。但参政说不才为人所诱骗、教唆，某不能认同。且某恰要劝公万万小心身边之人，莫要被其急进希功的妖言所迷惑！想参政还有许多公事，某且告辞了！"

看着范纯仁匆匆一揖便离开执政治事阁的背影，王安石内心又涌起一阵悲哀。他本以为自己能以开诚布公和实事求是的态度说服范纯仁，使这位贤良的君子能为己所用、为朝廷所用，能同寅协恭，共同成就大有为之治……

然而这种尝试和努力，如今看来，还是失败了。

可王安石还不知道，范纯仁与他划清界限、坚决反对新法，这在他的旧友相知之中，不过是一个开始。

思量了一会，王安石竟决定要对范纯仁加以容忍，并对范纯仁的差遣有了新的打算。他还是认为，自己所认可的正道君子，应当加以争取，而不是立刻打压。这位大宋副宰相又一次叫来元随，吩咐道："叫吕惠卿来。"

到了八月朔日，朝廷下诏，"谋杀人自首及案问欲举，并依今年二月十七日敕施行"，再次重申了王安石所主张的按问欲举之新法条。然而诏下刑部、法寺、审刑院，侍御史知杂事兼判刑部的刘述却封还诏书，与同判刑部丁讽一起拒不奉行。王安石对刘述却并没有任何宽容忍耐，他敏锐地注意到，虽然已将吕公著举荐到了御史中丞的位置上，但台谏里针对自己的言官正费尽心思地寻找机会反对他，反对新法。于是王安石奏请官家，遂下诏命开封府推官王克臣劾勘刘述之罪！

八月的京中，渐渐弥漫起不可见的硝烟。

翰林学士司马光正在自己宅邸的书斋中，颇为痛苦地思虑着。他的脑海里回忆着不久前的一次会面，耳边不断重复着一句话："安石者，不世出之雄才，道德之君子，今为吕惠卿等小人所惑，君实以为君子之爱君子，当如何？为当曲意逢迎，坐视友朋误身误国乎？为当忠言逆耳，拔救介甫令名、朝政纲纪、百姓苦难欤？"

君子之爱君子，当如何？

司马光如此性格刚毅之人，这会儿竟也觉得似天旋地转。他想到自己与王安石二十年交情，一直以来都志同道合；又深深佩服王安石的学问、道德，曾确乎以为安石执政，天下可期大治。然而王安石创设制置三司条例司，务在理财，而理财不过是夺民之财，务为聚敛而已！又排挤郑獬、钱公辅、吕诲等近臣出外，奖用薛向、曲佑种谔、荐引王韶，更是对奸邪小人吕惠卿言听计从，将以铲刷东南之民财，兴兵祸于西北，想来又何止是东南，听闻青苗法也在制定中，以后便是要夺天下百姓活命糊口之钱货了！自己屡屡想要与介甫长谈，可王安石忙于中书和条例司的事务，又常受天子召对独奏，放衙后与吕惠卿常会于介甫私邸，竟连劝告的良机都不曾有！近日不过是刑名事，国朝岂有宰执争刑名细事，更岂有以刑名而罪御史的？介甫，错之太甚了！

司马光的脑海中犹天人交战。似过了很久，他终于下定了决心，开始动笔书写章疏。

司马光先写了四个大字："上体要疏"，然后继续写了下去：

臣以驽下之才，自仁宗皇帝时蒙擢在侍从，服事三朝，恩隆德厚，殒身丧元，不足为报……

司马光知道，自己这数千言的奏疏，一旦呈送御前，他与王安石之间的情谊，只怕也将付之流水了！

八月初五（己亥日），官家于崇政殿后殿视事，召参知政事王安石独对。

王安石上殿后依旧是行礼如仪，官家赵顼请其坐于机凳上，然后道："司马光的《上体要疏》，先生在中书可看详过了？"

王安石有过目不忘之能，完全记得在政事堂里看到的司马光奏疏中的每一个字。他甚至还能再一次清清楚楚地体会到当时自己的震惊、愤怒。

司马光的《上体要疏》里有写道：

今陛下好使大臣夺小臣之事，小臣侵大臣之职，是以大臣解体不肯竭忠，小臣谀上不肯尽力，此百官所以弛废而万事所以堕颓者也。

这是在总论王安石执政以来，朝廷里用人的问题。

至于钱谷之不充，条例之不当，此三司之事也。陛下苟能精选晓知钱谷、忧公忘私之人，以为三司使、副、判官、诸路转运使，各使久于其任，以尽其能，有功则进，无功则退，名不能乱实，伪不能掩真，安民勿扰，使之自富，处之有道，用之有节，何患财利之不丰哉！今乃使两府大臣悉取三司条例别置一局，聚文士数人，与之谋议，改更制置，三司皆不与闻。臣恐所改更者未必胜于其旧，而徒纷乱祖宗成法，考古则不合，适今则非宜，吏缘为奸，农商失业，数年之后，府库耗竭于上，百姓愁困于下，众心离骇，将不复振矣！

这是司马光向如今的新政发起的总攻，他直接否定了变法的核心衙署——制置三司条例的合理性、正当性、必要性，认为放任这种非常制度、放任所用非人、放任新法实施，就会国家贫弱、民不堪其苦，最终国将不国！

在王安石看来，司马光更是不点名地批评自己位居宰辅的老友，如云：

> 今朝廷之士，左右之臣，皆曰'陛下聪明刚断，威福在己，太平之功可指日而致'。臣愚窃独以为未也。……今陛下好于禁中出手诏指挥外事，非公卿所荐举、牧伯所纠劾，或非次迁官，或无故废罢，外人疑骇，不知所从。此岂非朝廷之士、左右之臣，所谓'聪明刚断，威福在己'者邪！陛下闻其言而信之，臣窃以为过矣！……若奸臣密白陛下，令陛下自为圣意以行之，则威福集于私门，怨谤归于陛下矣，安得谓之威福在陛下邪？……

这些文字等于在公然指责王安石作为执政大臣窃夺天子之威福，专权自用，常常唆使官家以手诏、内批等形式指挥外廷，从而随意超擢、进用亲信阿附之人，黜责、排挤正直异见之士。司马光虽未明说，却已是昭然若揭，就是请陛下要罢黜这样的执政大臣，也就是王安石！

想到这些，王安石起身一揖："陛下，司马光与臣素有旧，今如此言语，臣不敢辩白。"

"先生如何又过虑，"赵顼示意自己视若师臣的这位副宰相坐下，"一切指挥，虽有自禁中出，无不是朕的意思，先生不过为朕参谋，与朕商量，怎么竟将罪责归于先生？司马光迂直，然以其名望著于朝野，又与先生亲近，故将问先生，且如何理会？"

王安石到了这会儿，已能坦然接受，他开口说："陛下，司马光久在从班，是官家近臣，尚未可遽加贬黜。前有命司马光相度修二谷河事，不如止，独遣张茂则[①]可也。"

赵顼想了片刻道："如此，则司马光可能明白朕与先生的心意？"

王安石蓦地想到从此以后，或许就再不能与司马光执手相谈、吐露心声，共论经术、文章，不禁悲从中来，他喟然一叹，低声道："臣不知。"

御史台内，到了放衙时分，台长吕公著与诸僚属打了招呼，便先走了，然而一众御史中不乏有人正等着他离开。

---

① 张茂则，内廷貂珰，此时已担任"入内内侍省副都知"，即宦官所能做到的最高职务之一。

刘述是侍御史知杂事，乃是御史台中的次长官，仅次于御史中丞，数日前王安石令开封府推官王克臣劾勘其罪，刘述早已是对王安石恨之入骨。这会儿见到吕公著放衙离开，便道："今奸佞当国，荧惑君上，诸公以为且如何！"

侍御史刘琦、殿中侍御史里行① 钱顗等遂同声应道："愿随公共击权臣，以回君心，以正朝纲！"

殿中侍御史孙昌龄见状，却赶紧拿起没处理完的公文，道了声家中有事，便算放衙回去了。

刘述道："台中有不愿共击奸贼王安石的，可现在就走，要去通风报信的，也大可趁早！"

有几名监察御史和言事御史随即起身离开，刘述见差不多了，便对御史台内排名在吕公著和自己之后的刘琦道："公玉（刘琦字）兄，今既然某为知杂，便由我口述，而烦请公玉兄执笔，由安道（钱顗字）校对。"

侍御史刘琦与殿中侍御史里行钱顗俱是点头称是，他们摊开纸张，磨墨提笔，只待刘述开口。

身为御史台次长官的侍御史知杂事刘述早已打有腹稿，乃朗声道：

"论王安石专权谋利及引薛向领均输非便疏：臣等历观自古以来为人君者，未有不以偏听失德；为人臣者，未有不以专权致乱。……臣等切见陛下擢用王安石为参知政事，未逾半年，中外人情嚣然不安，盖以其专肆胸臆、轻易宪度，而全无忌惮之心也。臣等请言其略。伏自陛下即位以来，精心万几，任贤求治，常若饥渴。故置安石在政府，必欲致时如唐虞②，跻俗如成康③。今安石反以管商权诈之术、战国纵横之论，取媚于陛下。陛下遽信其言，遂与陈升之同谋侵夺三司之利，收为己功，开局置官，引三人者于本司议事，用八人者分行天下，惊骇物听，动摇人心。其所辟用，皆门下亲旧之人，如吕惠卿、王子韶、卢秉、王汝翼之徒，岂能通晓钱谷，周知天下之利源乎……"

御史台里刘述的声音不绝于耳，谈到了薛向和均输法、许遵与自首按问欲举的争论、章辟光献岐王外迁之议……还说王安石假公济私，照顾亲友团练副使陆伸叙复④

---

① 殿中侍御史里行，未能正除殿中侍御史，便带"里行"二字，有"实习"之意。

② 唐虞，为陶唐氏、有虞氏，即尧与舜之别称。

③ 成康，指成康之治。西周周成王、周康王时期，周朝国力强盛，儒家文化以其为盛世代表之一。

④ 叙复，指获罪降职之官根据后来的劳绩恢复职位。

著作郎，以及连襟王无咎①充国子监直讲……

罗列了王安石数项"大罪"之后，刘述清了清嗓子，总结道：

"如此之事，皆安石欺罔不公之罪也。……其意无他，是欲持禄保位，觊觎宰相耳！其奸诈之迹，顾不明耶？奸诈专权之人，岂宜任在庙堂，以乱国纪？臣等伏愿陛下，奋乾刚之断，早罢安石重任，以慰天下元元之心！……"

刘琦挥毫落墨毕，钱颛不禁赞叹："真痛击奸臣之雄文也！只望官家能从善纳谏！"

刘述道："此为吾辈君子前仆后继之战斗，王安石之弄权奸诈，其经术之不正，天下共知之！如司马光者，本安石挚友，今亦渐渐割袍断义，正是明证！凡有识之士，谁不知安石乱国！"

钱颛乃仔细地开始校对。确认文字无误后，三人遂共同签书押字，决意绕过御史中丞吕公著。

刘述道："走，我们去通进司投牒，明日上殿，于御前共击元凶巨憝！"

---

① 王无咎，乃王安石连襟，且宗王安石之学术思想，北宋新学学派之学者。

第 七 章

江月转空为白昼

熙宁二年，八月初六（庚子日），垂拱殿内。

赵顼一语不发地在听侍御史知杂事刘述展读自己与侍御史刘琦、殿中侍御史里行钱顗一起弹劾王安石的奏章。偌大的前殿，只有洪亮的念弹章的声音。

终于，念到了最后一段：

"臣等伏愿陛下，奋乾刚之断，早罢安石重任，以慰天下元元之心！其曾公亮位居承弼，被遇三朝，自宜悉虑竭忠，奋身许国，而反有畏避安石之意，阴自结援，更相称誉，以固宠荣。……赵抃则括囊拱手，但务依违。大臣事君，固若是耶？方今河北地震连年不已，加之星文谪见，天下水灾漂溺人民不可胜数，变异之来，无甚于此，庙堂视之，恬不为怪。臣等但恐渐更多事，使陛下不得安枕而卧，皆大臣之罪也。伏望陛下思宗社之长计，措生灵于久安，委任老成有德之人，疏远迂阔生事之辈。臣等不胜爱君忧国之至。"

奏疏念完之后，刘述、刘琦、钱顗三位御史躬身等着官家的质问，然而御座上竟什么声音都没有。他们甚至开始怀疑，官家是不是因过分劳累而睡着了。

钱顗颇沉不住气，微微抬首朝御座上望去，只见官家脸上看不出什么喜怒来，实不知心中在想什么。

赵官家起初听刘述展读时确实很愤怒，但随后怒气却被另一种情绪逐渐盖过了。刘述、刘琦、钱顗的弹章，从内容上来说，并没有什么新鲜。无非弹劾王安石用管商之术、理财之说荧惑君心；创设条例司架空中书门下；任用吕惠卿、薛向等小人变法乱国；许遵事不顾公议坚持按问欲举的新法条；章辟光一案则曲加庇护小人，又借机举荐亲信吕公著为台长；最后是说王安石动用执政的权力，为亲旧大开关系之门。因此统而言之，请罢王安石副相之职……

可近来从吕诲、苏轼、范纯仁到司马光，乃至今日的弹劾，越来越让这位身居九重的皇帝忍不住猜疑，所有这些反对的意见只是孤立的，还是存在联系？士大夫们究竟为何反对新政？甚至新政尚未正式铺开，仅在不久前颁行了均输法，东南也还在筹备阶段，何以众口一词地预见要为祸地方、危害社稷？

想到这些，官家几乎要开口质问眼前的三位御史：既然说"委任老成有德之人，疏远迂阔生事之辈"，假如一切如诸卿所愿，尽罢中书宰辅，那么你们口中的"老成有德之人"又是谁呢？

可在此番奏对的最后，赵顼只是说："朕知道了，且下殿。"

刘琦却还不肯作揖告退，仍是嚷道："臣等不胜忧国之心，乞请陛下早赐睿断，躬行圣裁！"

钱顗也立刻附议。

看着站在御座下的三位御史，官家忽然觉得王安石对范纯仁的容忍或许是一个错误。他仿佛充耳不闻，只是沉默。

刘述不得不向刘琦、钱顗二人使了个眼色，于是他们这才一起深深一揖，告退下殿。

熙宁二年八月初九（癸卯日），官家赵顼经过与王安石的商议，由中书正式发布诏令：侍御史刘琦降都官员外郎[1]，贬监处州盐酒税；殿中侍御史里行钱顗守本官金部员外郎[2]，贬监衢州盐税，并以妄议朝廷新政，诋毁执政大臣，言事失实故；至于侍御史知杂事刘述，王安石当然没有忘记他，只因为开封府推官正置狱勘劾刘述与同判刑部丁讽、审刑院详议官王师元之罪，尚未结案，所以还没有宣布对刘述的处置。

消息一出，官府内外再度哗然。虽然前者御史中丞吕诲出外，并于诏令中加以训斥，但好坏还是给予了知州的差遣和待遇，这一回侍御史刘琦和殿中侍御史里行钱顗都直接贬为可算是极其卑微的监当官！御史以言事而出外，竟连州县亲民官的待遇都得不到，这算是极重的处罚了，简直是官家对台谏的一种羞辱！

在富弼告假、曾公亮明哲保身、赵抃独木难支的情况下，中书的大权几乎早已落入了副宰相参知政事王安石的手中。谈论起官府内外的风波，东京城酒楼里的食客个个眉飞色舞，仿佛他们眼目睹御前会议的剑拔弩张，亲耳听闻那些谋于密室之内的尔虞我诈。

贬黜诏令颁发的当日，侍御史刘琦与殿中侍御史里行钱顗即整理了个人物事，与台中诸官吏告别。

钱顗看着那日他们决意弹劾王安石时率先离开的殿中侍御史孙昌龄，顿时愤懑难

---

① 都官员外郎，元丰改制前本官官名，即改制后的朝散郎官阶，正七品。

② 金部员外郎，元丰改制前本官官名，与都官员外郎一样属于中行员外郎，即改制后的朝散郎官阶，正七品。

平，他前脚刚要跨出御史台大堂的门槛，转身对着孙昌龄骂道：

"平日士大夫未尝知君名正，以王安石昔居忧金陵，君为幕府官，奴事安石，乃荐君及彭思永，得举为御史，今日亦当少念报国，奈何专欲附安石求美官！颢今日罪分当远窜，君在后为美官，自谓得策耶！我视君犬彘之不如也！"

众人见钱颢骂孙昌龄猪狗不如，不免掩口而笑，孙昌龄也只能权作没听见，伏案不应。

恰这时，范纯仁到了御史台大堂外，他向刘琦、钱颢深深一揖："二公为天下奋不顾身，直言进谏，不以名利挂于怀，某甚为敬佩！今日虽左迁国门之外，而公道自在人心！"

刘琦、钱颢闻言，当即也是回以一揖。

"范公言重了，我二人虽去，朝中不可无我辈正道人士，"刘琦道，"请范公在谏院坚守言路，劝谏官家！"

范纯仁从袖中掏出了一道奏本："仆正有此意！已写就文字，这便要去投进阁门，正要论二公不当责降，且欲劝谏天子罢免王安石！"

"范公！"刘琦、钱颢二人乃紧紧握住了范纯仁的手，御史台中也有官吏起身，向三人深深作揖。

范纯仁的奏疏很快由银台通进司送阁门，再由阁门送入内内侍省。到了下午，奏疏便已放至了御案上。

崇政殿内，官家也已结束了后殿视事，来到了御案前。他当然知道一下子重贬两名御史出外，台谏恐怕是会有章奏论列的，因而立刻打开了范纯仁标题为《论刘琦等不当责降》的奏本，看了起来：

臣今日忽闻诏令，以台官刘琦等言多失实，事辄近名，擅去官曹，动喧朝听等罪，各落御史，降充监当者。闻命之际，中外震惊……既许风闻言事，即是过失得原，而柄臣遂非，揶摛其罪，欲其畏避搐缩，遇事不敢辄论。虽于政府便安，而陛下将何所赖？且执政王安石以文学自负，以议论得君，专任己能，不晓时事，而又性颇率易，轻信难回，举意发言，自谓中理。……伏望陛下平气虚怀，深为国计，将琦等责降告敕速赐追还。安石不可久在中书，必恐任性生事，宜速解其机务，或且置之经筵，足以答中外之心，弭未然之患。……

范纯仁将王安石说得一无是处，称其误导人主，将祸国殃民……想来这已完全是针对王安石本人的弹劾了。台谏这般一而再、再而三地要求罢免王安石参知政事的执政官职，赵顼已经颇为厌烦。且范纯仁在奏疏的最后，又说将于翌日起居家待罪，不再赴朝立班，更不前往谏院供职，摆出了请辞谏职、乞加重贬的姿态来。

官家将阁门官吏叫上殿来，道："送中书，交参政王安石看详，可将文字上来取旨。"

阁门官吏自然熟悉禁中文书制度，知道范纯仁的奏疏不交付入内内侍省，显然是留中不发，陛下又特别吩咐只降付给王安石一个人看，那是要王安石拿主意，一旦有了决定，陛下会自宫中出内降指挥，来贬黜范纯仁。看来，王安石果真是得宠信之非常！

于是阁门官吏拿着奏本一路快步来到政事堂，见王安石不在后，又转去条例司，终于遇上了眼下正如日中天的这位宰执大臣。

"相公，"阁门官吏压低了声音，弓着背颇是谄媚地笑道，"官家有奏本降付给相公，说相公看了可写就文字，直接送御前取旨。"

王安石听了当然也明白官家的用意，他接过奏本，也不与一脸谀容的阁门官多话，自回到他的桌案前，打开奏本看了起来。

陈升之看到了这一幕，也只作没见到，但心里却在思量，是什么事情让天子把文书直接降付给王安石个人而不是中书门下，恐怕正和刘琦、钱顗的贬官监当有关！

王安石顷刻间便看完了范纯仁弹劾自己的奏疏，这一回他显得平静很多，因为重贬了两位御史出外，他对引发的台谏之论列，已早有心理准备。

"吉甫，你过来，"王安石将吕惠卿叫到了自己的桌案前，"陪我出去走走。"

吕惠卿当即点头，跟着王安石，走在他侧后方不远不近的地方，出了条例司。

陈升之见了，更是心中琢磨，这王安石有事却背着自己，背着条例司内的大小臣僚，怕是有机密事要嘱咐亲信吕惠卿去办！岂有他哉！

走在条例司外禁中的回廊里，雨幕离披，但见秋色映苑池，绿荷阴尽，传来一阵萧萧败叶之声。

王安石将手中的奏本递给吕惠卿，后者才看了半会儿就已忍不住道："师相，范纯仁如此不恭，毁谤师相，不可不重加贬窜啊，且遂了他也好！"

"吉甫，你说这雨过空山，落英缤纷，为是山色之美，还是雨意可怜？"王安石背负双手，竟如此问了一句。

吕惠卿是何等聪明的人物，立刻应道："山岳为高，判阴阳昏晓；淫雨何功，当令天日驱之！"

王安石看着自己最为欣赏的学生，颇意味深长地笑道："吉甫，天何可令之？"

吕惠卿道："圣人代天燮理阴阳，圣人之言行，即如天，圣人有所发，天必应之！"

王安石的视线穿过廊外的雨帘，叹道："颂声交作莽岂贤，四国流言旦犹圣。贤愚忠奸固在青史间，但丹青难写是精神，若圣与仁，则吾岂敢？吉甫啊，你去见一趟范尧夫，你说与他知道，毋轻易求去，朝廷有用得到他的地方。便告诉他，已议除其为知制诰矣。"

吕惠卿一惊，道："师相，范纯仁屡屡攻讦师相，如今更是要请官家罢师相执政，废新法……对这样的人，师相若是心慈手软，以后定有无数小人群起而攻之！何况范纯仁待师相如此，反擢拔他为两制美官，这，这如何使得！"

王安石转过身来，看着吕惠卿道："司马君实已经不愿与我携手，如范纯仁者再不争取，从今往后的变法之路，只会难上加难。吉甫，你替我去试一试，总要试一试，才知道这究竟是空山新雨，还是山雨欲来。"

是夜，王安石在书斋中又亲自将青苗细则一一修订，他校对了一遍，乃放下文稿。屋外雨打秋声，想是云海沉沉，碧瓦烟昏，书斋里夜寒灯晕，王安石忽有所感，又提笔在纸上写了起来。

他笔走龙蛇，原来是一首七言诗，只见纸上写着：

> 自古驱民在信诚，一言为重百金轻。
>
> 今人未可非商鞅，商鞅能令政必行。①

端详了片刻，王安石又在最右侧写下了"商鞅"二字为题，笔力遒劲有法。

正坐在圆椅上闭目养神之际，府里的院子在书斋外禀告，说是吕检详来了。

吕惠卿这会儿正在厅堂里来回踱步，身上甚至还有一些雨水打湿的痕迹，无多时，见到王安石从屏风后转出来，吕惠卿立刻深深一揖：

"吉甫在我这如何还拘礼，怎么不坐呢？"

吕惠卿道："师相，范纯仁拒绝了！"

"噢，是吗？"王安石喃喃自语地坐在了主座上，似乎对这一结果也并无多大的意外，"他如何说的？"

吕惠卿道："学生好言规劝范纯仁，且明言师相已准备将知制诰的两制差遣除授给他，哪知道范纯仁却说，'此言何为至于我哉？是以利怵诱我也！言不用，万钟何加焉！'其他毁谤师相的话，学生不敢再说，尽是那范纯仁狂悖无状之言！"

王安石道："人各有志。范尧夫是君子，奈何与君实一样，迂直而为人所欺，为

---

① 王安石所作七言绝句《商鞅》。

人利用！可惜了……"

吕惠卿道："师相所言极是，范纯仁乃范文正公之后，竟颟顸如此，不知百年积弊，须当变革，全无其父之才识，诚为可惜！师相，既然如此，我们不能再留他在朝中啊！须得将他重贬出外，否则群邪必定闻风四起，更加沮坏师相的新政！"

王安石道："他们说我是商鞅，吉甫如何看呢？"

吕惠卿一听，先是愣了一下，然后才注意到恩师拿了张写有文字的纸放在高茶几上，他扫了一眼诗文，终于明白了恩师所问的意思，便道："师相何妨学一学商鞅，杀一杀这些小人的猖狂迂腐！"

王安石沉默了片刻，笑道："吉甫啊，你看这人间世，如今依旧是秋萧瑟、林脱叶、水归洪，问这天地，几时明洁，几时昏暗，唐虞以来，毕竟少晴多雨。天雨滂沱，能洗娑婆尘垢，润及无边焦槁，造物岂自言有功？然而古往今来，多少人参不透功名利禄，好权位是贪，好君子之名，亦是贪！"

厅堂外，忽然一阵雷嗔电怒，惊起檐下鸟雀，夜幕里更无余声。

次日，四更天，百官们大多已等候在大内皇城宣德门外。尚有人骑着马，打着书写有自己官职、差遣的灯笼，陆陆续续地来到队伍里，找到同一衙署的官员，彼此攀谈起来。

这正是东方未明之时，然而灯烛粲然，煌煌火城，蔚为壮观。无多时，宰执的仪仗队也渐次到了辅臣的待漏院外，哕哕銮声，车驾纷至，而玉漏犹滴，撤盖下车，只见曾公亮、文彦博、王安石等宰辅们先后抵达的身影。

范纯仁站在谏院言官的队伍里，见到王安石已进了宰臣止息的待漏院，便对身旁的同修起居注、知谏院陈襄道："述古（陈襄字）兄稍待，仆去去就来。"

范纯仁提着灯笼，上面密密麻麻写着几列字："兵部员外郎兼起居舍人、直集贤院、同修起居注、同知谏院"，他走到宰辅们所在的待漏院外，径道："范纯仁求见！恐天子留中，有状申中书！"

曾公亮在待漏院里听到后一哂，道："介甫，范尧夫不依不饶，且如之奈何？"

王安石正看着文书，头也不抬地说："让他进来吧。"

待漏院里的小吏乃打开门帘，迎范纯仁走进来，一阵秋日五更天的风也随之吹到了宰辅们的案头。

赵抃对上范纯仁那坚毅不屈的眼神，叹了口气道："尧夫有甚急速事，竟要在待漏院直申中书？"

范纯仁朝曾公亮、赵抃一揖，遂径自走到王安石的桌案前，道："某有奏本，请诸公看详！"

接过来翻开一看，只见赫然写着："论刘琦等不当责降第二状"！

王安石道："尧夫，何以你就认定我是权幸、奸臣、乱国之人呢？"

范纯仁正色道："今日直申中书就是对介甫还抱有最后一丝希望。如果介甫能痛改前非，尽罢新法，废条例司，请陛下追还贬谪刘琦、钱顗的告敕，停止刘述、丁讽的狱案，那么我范纯仁也定会辞官到底，以向介甫致歉！"

曾公亮与赵抃看着咄咄逼人的范纯仁，都没有插话，而是在等着王安石的应对。

王安石坐在檀木交椅上，终于开口道："该说的都已与尧夫说过了。既如此，那么这奏状本参政收下了，待上殿，便进呈御前。范右史，请回吧。"

范纯仁见状，知道王安石绝对不会同意他所提的要求，便也道："王大参执迷不悟，某也无话可说，告辞！"

曾公亮看着范纯仁头也不回地走出待漏院，乃对王安石道："介甫，你看当出范尧夫于何处也？"

王安石看着进奏院送来的各地奏疏，半晌才道："念其为范文正公之后，亦出外即可。"

时间到了卯正一刻，宣德门开，百官鱼贯而入，在京不厘务的官员自然是赴文德殿立班，而宰执等重臣则赴内殿起居。

垂拱殿内，常起居毕，除中书外，其他臣僚便先行下殿，开始前殿视朝。

而在垂拱殿外的殿庐幕次①里，枢密院里的执政们正各自坐着，等候中书班次奏对完毕，再由枢密院上殿。

枢密使吕公弼在座中道："适才范尧夫在待漏院里持奏状申中书，诸公闻否？"

枢密副使韩绛道："恐怕范纯仁是求去心切了，这一闹，他多半是要步二御史的后尘。"

文彦博捋着长须说："安石得君之专，台谏将为之一空。我们枢府须关心西边之事。数月前，秉常②进誓表，请以塞门、安远二寨与朝廷交换绥州，当时朝廷以誓诏应允，言待夏国割交二寨，便还绥州。此事诸公皆知，乃由枢府在御前与官家所议定。想秉常不过一娃儿，并做不得主，如今夏国牝鸡司晨，梁氏当政，用外戚为国相，方揽权、排异己之不及，何暇谋我？正宜将薛向、种谔妄取之绥州归还夏人，则

---

① 北宋早朝时垂拱殿外有供二府、三司、开封府等每日参加内殿常起居、前殿视朝的重臣们休息等候的殿庐，基本是中书门下为一幕，枢密院一幕，开封府等又一幕，彼此分开。

② 秉常，即西夏国主李秉常。前文突然驾崩的夏国主李谅祚之子。熙宁二年时，秉常仅八岁。由其母梁太后执政，梁太后任命弟弟梁乙埋为国相，其掌握实权。

西鄙自宁。而此事迁延至今，夏人不果偿其夙愿，必再生事端，恐兵连祸结，正吾辈当为天子分忧，早决成算之时耳。"

吕公弼道："潞公之言是，西边不太平也。如今日郭逵之镇鄜延，昔年台谏交相论列，谓其为'黠佞小才，岂堪大用'，诚良是。而郭逵每自谓在先帝时尝除执政①，倨傲自用。绥州事，郭逵便谓不当以二寨易绥州，夫一武臣，焉敢违戾枢府指挥，而自以为高明，乱朝廷边事之成算耶？观陕西五路，又如环庆李肃之、泾原蔡挺，数年以来，每欲生事，肆意妄作而取怨戎狄，开祸乱之源。究其根本，正在于官家听小人之言，欲谋开边，则急进希功之臣，无不雀跃，边事遂至于此！今来官家又听信安石，用一小臣王韶为秦凤路机宜文字，令其相度招抚青唐蕃部，西边大小文武见之，更以为朝廷欲兴边事，正恐往后连年兵凶，而陕西五路之军民不得休养生息也！"

文彦博忽然对着韩绛道："子华，令弟玉汝②使陕西，何不修家书一封，勉其尽力王事，速办以绥州换二寨之事乎？"

想着文彦博平日认着生分的时候就叫自己"韩枢密"，这会儿要拿话来给自己压力，便假装亲热地以表字相称，叫一声"子华"，韩绛不由得在心里骂了声老狐狸。

然而文彦博的声望、地位之高，韩绛也不能发作，便只能干笑道："已作得信笺送去矣。"

文彦博也回以一笑："如此甚好，甚好。旸叔，你在条例司，安石于军务可有议论新法？"

陈升之本在伏案装傻，只作不参与枢密院内的讨论，可文彦博问到他头上，又不能不回答。毕竟文彦博是仁宗时的宰相，现在也是枢密使，是西府最高执政，长官有问话，他这个知枢密院事按道理是不能不理睬的。只是文彦博素来似乎从不在枢密院里过问条例司的事情，可这会儿他问及军务，难道是已决心插手条例司了吗？

陈升之表面假装正忙于手上公务，实则在心中斟酌着措辞，片刻方才抬起头朝文彦博笑笑说："仆虽然同制置三司条例，然而诚如潞公、吕枢密所说，机要事日常官家只召安石独对，岂条例司事是如此，中书事亦止这般。因此，若是真已商量到有关军务的新法，安石若不在条例司里说与众人商量，仆亦实不知也。"

吕公弼对于陈升之这三缄其口的作态，心中厌恶之至，本想开口讥讽他几句，但

---

① 熙宁二年，郭逵正担任鄜延路经略安抚使，故曰镇鄜延。郭逵者，武将也，年少时以范仲淹镇陕西在其麾下，军事上颇有先见之明，曾言葛怀敏、任福之败，人以为真知兵也。后屡立战功，参与平定保州兵变、湖北溪蛮彭仕羲、湖南武冈蛮等战事。英宗治平三年（1066年）四月，拜"同签书枢密院事"，以武臣而入枢府为执政。

② 韩缜，字玉汝，乃韩绛、韩维之胞弟，王安石同年，同为仁宗庆历二年登科进士。

想到自己的弟弟吕公著与安石亲近，顿时又觉得烦恼无比，便只好作罢。正思量间，阁门官吏已在殿庐外喊着，说是中书班次下殿了，轮到枢密院上殿。

王安石下殿后照例回中书处理了些常程事务，随即前往条例司。范纯仁的处置在御前已经基本商议完毕，王安石这会儿心中想的是青苗法的事。而此前正好河北转运司勾当公事王广廉奏请僧牒①数千作为本钱，在陕西实行春散秋敛的朝廷放贷于民间之法，这便与王安石准备实施青苗法的心思不谋而合。王广廉这几日已被召回京师，王安石对这位条例司派出去的八使者之一颇是满意，乃决定要在条例司见一见他，与其商议青苗细则。

就在朝廷内外还等着看范纯仁会被如何处罚的几天里，青苗法的细则经过与王广廉、吕惠卿等人的反复商讨，基本确定了下来。

八月十五（己酉日），中书发布诏令：兵部员外郎兼起居舍人、直集贤院、同修起居注、同知谏院范纯仁罢起居舍人、同修起居注，落谏职，出知河中府。比起刘琦、钱顗贬为监当的重黜，范纯仁犹能外知州府，已经算是宽大处理。但京中仍是传起了关于王安石专权，接二连三罢免台谏的说法。

次日午后，王安石与陈升之正在条例司内理事，阁门官吏忽来传报，云是召苏辙奏对。

苏辙作为制置三司条例司的属官，当是有所上奏而请求便殿面圣，然而事先却不禀告、知会王安石与自己这条例司的执政长官，陈升之心想，这要上奏的事情，必是大有蹊跷！

苏辙走出条例司后，吕惠卿来到王安石面前，愤然道："相公，苏轼兄弟必是攻讦新政！两日前，苏轼考试国子监举人，所发策问，竟曰：'晋武平吴，以独断而克；苻坚伐晋，以独断而亡。齐威专任管仲而霸，燕哙专任子之而灭。事同功异，何也？'这是苏轼在影射官家用相公力行新法耳！原苏轼之心，实不可问！今其弟苏辙无端请对，而不令条例司两位宰臣知晓，如吕诲、刘琦、钱顗、范纯仁一般无二也！"

王安石也感到甚为愤怒，当此准备颁行青苗法的关键时刻，苏辙如果以条例司检详文字的身份蛊惑天子，哪怕官家不为所动，而外间浮议也将倡言，谓条例司机要僚属亦以青苗等新法断不可行，则新政之败可立待也！

---

① 即僧尼之度牒，是获得出家资格的官方证书文件，由朝廷的祠部颁发，故又称为祠部牒、祠牒。北宋时度牒为纸质本。熙宁二年，一道度牒之价格，当在二百余贯，已属于巨款。

王安石冷静下来向吕惠卿道："苏辙固尝非议诸项新法，然亦得其意见，颇加完善。且看他下殿回来如何说。"

陈升之看在眼里也不发话，只是埋首处理文书。

过了小半个时辰，苏辙方回到了条例司。只见他在两位执政的桌案前方站定，朝二人一揖，道："王参政、陈枢密，某已向官家乞请补外，所上奏疏，已录副本，今呈条例司，由二公过目。青苗等新法，辙实在以为断不能施行，以愚鄙迂拙，不能在条例司任事，今即请居家待罪，不再赴条例司。"

苏辙竟公然表示已经请辞检详文字，且乞出外，众人听后皆感到惶惑局促，可王安石却淡淡道："尔兄弟棠棣一心，亦强求不得，君可自去，条例司自有人才进用。"

苏辙再次一揖，便转身离开了条例司，这一次转身，乃是苏轼兄弟与新法彻底决裂的一个开始。

吕惠卿见到苏辙走了，内心骤然升起一股快意来。制置三司条例司检详文字乃是关于新法制定的重要官职，而苏辙一走，吕惠卿的存在对于王安石实施变法来说就更为重要，再没有人可以威胁到他在王安石变法机构中的地位。

眼看未时将至，王安石准备回一次中书，没想到阁门官吏又来传报，说是官家召参知政事王安石于便殿独对。

到了延和殿里，官家依旧是先请王安石坐下，然后直接道："青苗事已如何？"

王安石道："已修订妥帖，再校对后，便可进呈。"

官家问道："苏辙与苏轼如何？其二人学问颇类似。"

王安石道："苏轼兄弟，大抵以飞钳捭阖①为事，臣尝已论之，于治国全无道理，尽是高谈阔论，一无是处。"

赵官家若有所思道："如此则宜合时事，何以反为异论？"

王安石道："其所学不正，非儒家正统，又自恃才高，在仁宗皇帝时应制举，便以过激之论邀直名，非端正佳士。今又见浮议四起，谓有名利可图，故倡言如此耳，陛下不足挂于心。"

"先生所见精到，"赵顼点了点头，又将手中一份奏疏递给了王安石，"先生不妨与陈升之商议，出苏辙于外可也。此为程颢②之奏疏，吕公著举荐其为御史里行，先生以为何如？"

王安石打开奏本一目十行地看了起来，只见程颢写着：

---

① 飞钳，指鬼谷子之飞箝术；飞钳捭阖，指苏轼、苏辙所学乃其父苏洵纵横家一类。

② 时程颢已由晋城令改著作佐郎，吕公著荐其为御史。

惟陛下稽先圣之言，察人事之理，知尧、舜之道备于己，反身而诚之，推之以及四海，择同心一德之臣，与之共成天下之务……或谓：人君举动，不可不谨，易于更张，则为害大矣。臣独以为不然。所谓更张者，顾理所当耳。其动皆稽古质义而行，则为慎莫大焉，岂若因循苟简，卒致败乱者哉？自古以来，何常有师圣人之言，法先王之治，将大有为而反成祸患者乎？愿陛下奋天锡之勇智，体乾纲而独断，需然不疑，则万世幸甚！

"陛下，此真可谓知道矣！"王安石合上了奏本，道，"臣得遇陛下，法尧、舜、三代、先王之制，欲与陛下革百年积弊，正此谓也！陛下诚当尽正邪之辨，致一而不二，乾纲独断，奋而大有为！"

赵顼亦是笑道："公著举程颢，朕看意思也甚好。程颢说'择同心一德之臣，与之共成天下之务'，又说'尹躬暨汤，咸有一德'，不正是说朕与先生君臣相得？便用为御史可也？"

王安石感到欣慰的是，自己推荐好友吕公著接任御史中丞，又乞请令中丞不拘资历、官阶高下而举御史，当真是极对的一步。吕公著在御史台中，今后将必对自己和新政多有鼎力之助，王安石想到如此便展颜笑道："陛下得程颢为御史，臣亦以为甚好。此皆陛下有尧、舜之资，故天下人才能得进用。"

赵官家又道："刘述在开封府对勘，三问皆不承，先生虽欲置狱根勘，近日司马光、范纯仁又颇争之，若贬通判，似非朝廷体，出为知州如何？"

王安石对吕公著举荐程颢极是满意，乃道："刘述为御史知杂，乃宪台长贰，稍全其体面，亦是全朝廷之体。不过丁讽、王师元宜重贬。"

官家道："便依先生的意思办。"

八月二十七（辛酉日），降旨：以秘书省著作佐郎程颢、王子韶并为太子中允①、权监察御史里行。

八月二十八（壬戌日），朝旨再下：工部郎中、侍御史知杂事、判刑部刘述知江州；金部郎中、集贤校理、权判刑部丁讽通判复州；审刑院详议官、都官员外郎王师元监安州税。刘述、丁讽皆坐不依王安石所定按问欲举新法，受刑名敕令不即下，王师元坐论列许遵所议刑名不当，擅不赴职。

御史台的次长官刘述与前御史中丞吕诲一样，被外放知州，保留了一些体面；而

---

① 太子中允，朝官最低一阶之本官，正八品。

丁讽只能按通判资序补外；王师元则更是落了监当官的重黜。一时间京中人又谓王安石权势滔天，一举而罢一位中丞、一位知杂、三位御史①、一位谏官，台谏几乎要给这位得宠的副宰相连根拔起了！

更让在京与地方官吏胆战心惊的是，王安石似乎打算将商鞅的严刑峻法一做到底。新任监察御史里行的王子韶本即安石门下亲旧，如今竟被旨按察两浙，体量、勘察前知明州苗振、前知睦州朱越贪赃渎职等事。苗振之前是以列卿高官的级别任明州知州的，如今刚致仕不久，已回到郓州。即便是已致仕的也要被彻查，这令地方官员们无不惊骇恐惧。

但很快，宫府内外、京师及地方上的注意力都转移到了另一件大事上，而在外的官员忽然明白了王安石令御史王子韶按察两浙的原因，那便是"青苗法"！

九月初四（丁卯日），垂拱殿视朝，中书班次奏对。王安石代表条例司正式进呈，请行青苗法。

参知政事王安石洪亮的声音在殿内响起：

"今欲以常平、广惠仓见在斛斗，遇贵量减市价粜，遇贱量增市价籴，其可以计会转运司用苗税及钱斛就便转易者，亦许兑换，仍以见钱。依陕西青苗钱例，取民情愿预给，令随税纳斛斗。内有愿给本色给，或纳时价贵，愿纳钱者，皆许从便；如遇灾伤，亦许于次料收熟日纳钱②。非惟足以待凶荒之患，又民既受贷，则于田作之时，不患阙食，因可选官劝诱，令兴水土之利，则四方田事自加修益。人之困乏，常在新陈不接之际，兼并之家乘其急以邀倍息，而贷者常苦于不得……仍先行于河北、京东、淮南三路，俟成次第，即推之诸路。其制置条约，别具以闻……"

官家道："中书下殿后即刻出文字，尽快作朝旨下发。"

富弼在告，仍然不赴常起居、前殿视朝及中书视事，于是曾公亮、王安石立刻作揖："臣领旨。"赵抃亦只得拱手。

当日，中书门下作札子后，立即送交银台司审读看详，银台司不敢封驳，确认后再送御前，于是诏令正式从中书颁行。

---

① 除刘琦、钱顗被贬监当外，殿中侍御史孙昌龄于两日后，八月十一（乙巳日），亦贬官出外，通判蕲州。孙昌龄因受刘琦、钱顗当众谩骂，情难以堪，于是奏言开封府推官王克臣"阿附当权，欺蔽聪明。"遂遭贬黜。

② 如遇灾荒之年，许青苗钱偿还推迟到下一个粮食收割期，如夏熟推迟到秋熟，秋熟推迟到次年夏熟。

熙宁二年，九月初四（丁卯日），政事堂发布诏令：

"常平、广惠仓等见钱，依陕西出俵青苗钱例，取当年以前十年内逐色斛斗一年丰熟时最低实直价例，立定预支，召人户情愿请领。五户以上为一保，约钱数多少，量人户物力，令、佐躬亲勒耆户长识认，每户须俵及一贯以上，不愿请者，不得抑配。其愿请斛斗者，即以时价估作钱数支给，即不得亏损官本，却依见钱例纽斛斗送纳。客户愿请者，即与主户合保，量所保主户物力多少支借。如支与乡村人户有剩，即亦准上法支俵与坊郭有抵当人户。[1]"

青苗法来了！

所谓青苗法，简单来说，便是将各路常平广惠仓所贮存的粮食谷物约一千五百万贯石作为本金，由路级监司转运司兑换为现钱，提点刑狱公事司参与监督管理，不得将钱用于别处。百姓借贷青苗钱，采取五户以上为一保的做法，根据各户的贫富高下、家产多少等具体情况，确定可借贷青苗钱的数额，每户可申请一贯[2]以上。但不愿借贷的，从便听之，不允许强行勒令百姓借青苗钱。偿还青苗钱时，则允许以实物形式即缴纳粮食给官府，或者还现钱亦可，随夏秋两税偿还，各收利息二分[3]。如有无田产的客户想要借贷，也可与其主户[4]同保，根据其主户财力之多少，来衡量借给其多少数额的青苗钱；如青苗钱总额在借贷给乡村百姓之外尚有多余，则同样允许借贷给有常产可抵当的城镇坊郭户。最后，朝廷委派专员赴各路提举常平新法，即青苗法，以便于推行青苗新政，同时避免在实施过程中地方官吏营私舞弊……

从青苗法之设计与实施目的来说，自然是为了增加朝廷收入，缓解农民困苦，达到两利双赢而摧抑兼并的效果，既然地方豪右之家惯常放贷于贫苦百姓而收取高额利息，何不把放贷之权收归于朝廷，而宽慰百姓无力还贷之窘迫无诉呢？但青苗法的颁行，立刻遭到了来势汹汹的反对浪潮。王安石与官家赵顼的新政，进入了一个真正实施和接受考验的阶段。

就在宣布实施青苗法的诏令颁布的第二天，皇帝在经筵后乃召参知政事王安石独对。

---

① 宋代城市、城镇经济高度发达，遂出现了城市、农村分治的现象与需要。城镇中的百姓，其有房屋等常产者，即计财产多寡，分为十等，从而承担不同程度的赋税。

② 宋代一贯钱即一缗。通常应以一千文钱为一贯，但宋代采取省陌制度，基本以七百七十文为一贯。

③ 二分利，即百分之二十。

④ 主户即是有田地常产的百姓；而客户则是没有田地常产的百姓，他们向主户或其他地主之家租借土地、耕牛等进行稼穑农桑的劳作，也就是所谓佃户。

待王安石坐下后，赵官家方道："近日出苏辙为河南推官，条例司检详文字阙员，先生以为可进用谁人？"

见官家垂问，王安石想到了前些日子自己有意召孙立节代苏辙为条例司检详，但却被其辞免，于是斟酌片刻道："李常聪明而有行义，王汝翼前为条例司使者亦颇有干才，此二人者，似可为检详文字差遣。"

官家道："此事先生决定便可，以熟状①进呈画可，付外除授，小事也。今青苗新法颁行，是为大事。若地方力行之，当如先生之构想，国用饶而民纾困。虽然，今赋入非不多，只是用度无节，先生以为开源之外，新政当如何节流？"

王安石道："节用事，臣在条例司与陈升之已商量过数次，皆以为当省兵，及裁减宗室之费用。"

官家听了之后，固然认为真宗、仁宗以来大宋养兵百万，而战力堪忧，的确应该考虑淘汰部分老弱，合并缺员过多的指挥②，从而达到省兵减费的目的，然而裁并禁军是非常复杂的事情，会牵扯出许多的纠葛……另一方面，宗室的开销也越来越大，理应立法减损为宜，但他们多半会设法到两宫娘娘那里哭诉，这都是不容易处理的事情。

官家道："养兵及宗室之费，的确是问题。不过省兵非易事，先生的意思如何？"

王安石道："陛下今欲省兵，当择边州人付以一州，令各自精练，仍鼓舞其州民使各习军伍，则兵可渐省。前日陛下所召种古③等数人，臣略与语，似皆可付一州。臣因与古言：'今边州有兵五千处，若止拣留三千，仍以二千人衣粮之费，令以鼓舞所留兵及州民使习兵战，则可以战守否？'古乃言：'若果然，止得二千人兵亦可矣。'"

官家道："种古、种谔俱种世衡之子，颇有其父之风，若为边地知州，得专练兵、统军之事，训练土丁、强壮、蕃部等人众，似确可省兵，亦济得事。"

王安石道："以近臣为边州帅臣，而择边将选练谙熟地方之悍勇乡民，编练成军，渐以募兵于边境参禁军两用之，养兵之费自然减省。且用边郡之人，西贼、契丹若

---

①　中书日常政务处理时，预先在白纸上写好须请示的事体，并经由正副宰相集体签书，这类文书命令称为熟状，送御前画可后即可付外拟旨，皇帝通常不会仔细看这些熟状。

②　指挥，在这里并非朝廷命令的泛称，而是军事上的编制单位。理论上步军一个指挥500人，马军400人，实际常缺额。

③　种古是种世衡长子，种谔的胞兄。种世衡本文官出身，以文资换武资，成为武将，在仁宗皇帝与西夏李元昊的宋夏战争中成名。种世衡受庞籍、范仲淹等提携，但种古曾先后奏论庞籍、范纯仁。

至，其保乡土之心，比之远戍之禁军，必奋勇无畏，岂可谓不能战也？以之征讨，则知地利虚实，所利非一。募兵之法，诚当讲论。待臣等议定细则，再作进呈。"

官家忽然道："唯须拣选人才，苟得人才尽其用，余事当皆可了办。前者先生曾说与朕，当编修中书条例，以使中书政务不至烦冗迁延，而以细事归有司。今亦可有人选？"

王安石道："吕惠卿诚可办此。其在制置三司条例司任检详以来，精敏非凡，无一事不妥帖，均输、青苗等事，皆参预期间，若兼编修中书条例，必亦能了办。"

官家道："现在馆职，无足以胜任编修法度的，唯吕惠卿才高，其论事极有本末。前开经筵，朕召吕公著说书，似不能到惠卿所说到之程度。先生也确需进用人才，否则诸事艰难，如何了办？有一事，朕颇顾虑，需要说与先生知道。"

王安石立刻从圆椅上起身作揖："请陛下示下。"

官家摆摆手道："先生何必拘礼，快请坐。经筵后，朕问吕公著，之前举荐程颢、王子韶为御史，何不举吕惠卿作御史？公著竟言，惠卿才能虽高，然奸邪不可用。公著为先生挚友，今似对惠卿颇有微词，此事先生可知晓？公著可曾与先生说以一二？"

王安石闻言，似并不吃惊，只是道："公著方正，故不乐惠卿也。然惠卿学术，岂特今人少比，似前世儒者未易拟议。学先王之道而能用者，臣独见惠卿而已。其材他日必为陛下用。人所以言其奸邪者，以为阿附臣。惠卿自为举人，即与臣相从，非臣执政而后从臣。惠卿既有所附，诚于人少降屈，虽与臣，亦未尝降屈，以此为人毁。"

官家道："惠卿负其材以取人怒，亦似其所短。"

王安石道："惠卿非以其材敢有所矜傲，但于上无所附丽，在下无所结纳而已。故颇有人言之，陛下实不足虑也。"

"如此即善，"官家也点了点头，"小臣上殿应对仓皇，惠卿极从容，盖其中学识广博，极有所蓄。吾问之不穷，惠卿亦不惧慑。若再以惠卿兼任经筵讲官，为朕说书，先生以为如何，其能兼顾否？"

王安石喜道："以惠卿之高才，当无碍耳。有道术之士，视外物固轻，亦何至有所慑？臣尝以谓奸邪者，大抵皆内无所负之人。若内有所负，亦何肯为奸邪？今有资财之人，尚不肯妄与人相殴搏，况于有道术之人，岂不自爱？今均输、青苗已实行，如薛向在东南，亦须宽大其事权，乃可了办。"

官家道："且待先生在条例司议定，以文字进呈，即明发诏令可也。"

就这样，许多的事情，便在一次经筵后的独对中基本确定了下来，而二府的其他宰臣，竟无一人能参与其中。

自此次王安石独对后，整个九月，新的除官指挥诏令都在频繁下发。

九月初八（辛未日），以太常博士、秘阁校理李常，前许州司理参军、国子监直讲王汝翼为制置三司条例司检详文字。

九月十三（丙子日），条例司上奏："常平、广惠仓条约已行于京东、淮南、河北三路。访闻诸路民间多愿官中支贷，乞令司农寺遍下诸路转运司：如有便欲施行，即具以闻，当议迁置提举官。"

这是极为重要的一条上奏，是说青苗法已经在京东、淮南、河北三路试运行，而访闻地方诸路百姓，大多乐意借贷青苗钱，于是请令司农寺下发指挥给诸路转运司，体量考察各地情形，便于立即实施青苗法的，即行奏闻，且朝廷将派遣提举官去监督指导——青苗法在三路的试运行只不过进行了九天，眼下就要加速推行向全国了。官家看后即刻批准，下诏实施！

九月十六（己卯日），以制置三司条例司检详官吕惠卿、李常看详中书编修条例。

同一天，条例司又奏："银铜坑冶、市舶之物皆上供，而费出诸路，故转运司莫肯为，课入滋失。今既假发运司以钱货，听移用六路之财，则东、西、南经费皆当责办。请令发运使、副兼提举九路银铜铅锡坑冶、市舶之事，条具利害以闻。乞诏发运使薛向、副使罗极兼都大提举江淮、两浙、荆湖、福建、广南等路银铜铅锡坑冶、市舶等。"

这一项上奏则是要加大薛向的发运司之财权，授其"都大提举诸路"之官衔，令他总管九路银铜铅锡坑冶、市舶等事，从而进一步扩大均输法的范围和效果。条例司既上奏，官家不仅批准，且亲下手诏付薛向："东南利国之大，舶商亦居其一焉。昔钱、刘①窃据浙、广，内足自富，外足抗中国者，亦由笼海商得术也。卿宜创法讲求，不唯岁获厚利，兼使外藩辐辏中国，亦壮观一事也。"官家不但将东南九路的财政大权统统交付给了薛向，更以手诏形式加其威重，令朝野哗然侧目。

更让满朝百官难以置信的是，薛向在正式得到兼总九路财赋的空前大权后，又再度上奏，云："移用金谷，要当不失事机。如响应声，远近一体，则功利易集，而民亦受赐。今九路监司鲜能协力，徒害成事，请辟置本司官属，分隶诸路，参举政众事，纠其弛慢不职。凡财货轻重，郡县丰凶，山泽之利废兴，府库之积虚实，可以周知其数，以通有无。"

薛向的奏请，官家仍是立刻批准！

原来，东南漕运本已弊端无数，其负责漕运的官吏、士卒上下串通侵盗钱粮官物，甚至常以漕船因风水沉没而无从追查为托词，三司统计下来，每年东南漕运中莫名其妙损失的官物不少于二十万斛！因此，均输法不光要夺豪商巨贾囤积居奇、操纵

---

① 钱、刘，指代吴越国与南汉国。五代十国时期，占据浙江、福建、江苏一带的吴越国，建立者为钱镠；占据广东、广西、海南的南汉国，建立者为刘龑。故称两国为"钱、刘"。

物价牟取暴利的权利，同时也要革除地方官吏贪渎漕运官物的积弊恶习，自然会遭遇到阳奉阴违、拒不执行甚至是公然捣乱等各种阴谋诡计。于是，薛向请官家批准他辟置专门的僚属，负责监督东南九路均输，将其属为专使分赴各路，并赋专使权力以参劾、弹纠监司及州县官吏的种种渎职、贪赃等罪行。此外，还要核查清楚地方财货基本状况，以确定均输转运的具体改革细节……赵官家的批准，意味着东南九路之上将设立一个宋朝前所未有的职权——"东南总督"，而薛向这位"东南总督"有权派遣专人按察监司大员、州郡长贰，以刺探地方官吏的种种不法事。如此看来，官吏与豪商沸反盈天的反对声，已是完全可以预计的了。

换言之，青苗法与均输法都将正式进入到全面铺开的阶段。

九月二十九（壬辰日），吕惠卿迁太子中允，兼任崇政殿说书，成为得以侍君左右以进读经史的经筵官。京师之中，有人更加确定，王安石将亲信安插在官家身边，还要时时蛊惑皇帝，将为大奸之事！

而就在八天前，尚有一道不十分引人瞩目的中书札子：知怀仁县曾布转官著作佐郎。曾布是王安石好友曾巩的同父异母之弟，仁宗嘉祐二年登进士榜。如今朝廷内外皆关注于青苗、均输法的全面推行，丝毫无人议论此事。

十月初三（丙申日），崇政殿内，天子召富弼独对。原来上个月，这位朝廷的昭文相公、首相郑国公十余次上章，以疾病在身、不堪中书政务之繁而请求辞相。

御座上赵官家和颜悦色，道："郑公请对，得无要事乎？若仍是如前者请辞，朕即不准，国家尚有诸多大事须郑公赞襄，望郑公知悉，勿再苦辞上宰之位也。"

富弼竟不肯坐下，只是又深深一揖，道："臣今日乃是上章自劾，斗胆再烦渎圣听，乞陛下天恩准许。"

言讫，将奏本呈到了御座前。赵顼接过奏本，打开一看，不外乎是此前十数道请求辞去相位的老生常谈之套话，但中段竟有不少直接攻讦参知政事王安石的话，分分明明地写着：

> 如安石者，学强辩胜，年壮气豪。论议方鄙于古人，措置肯谐于僚党？至使山林末学，草泽后生，放自得之良心，乐人传之异说。苹苹者子，譊譊其书[1]，足以干名，

---

[1] 苹苹，草聚生貌，此处指众多；譊譊，指喧嚣。此句意思是说，王安石的新学令许多读书士子钻研其歪曲先贤经义的异端邪说，谋求功名富贵。从根源上讲，自然算是败坏儒学圣道之根基。

足以取贵。拖绅朝序者①，非安石之党则指为俗吏；圜冠②校学者，异安石之则笑为
迂儒。叹古人之不生，恨斯文之将丧。臣切观安石平居之间，则口笔丘、旦；有为之
际，则身心管、商。至乃忽故事于祖宗，肆巧讥于中外。喜怒惟我，进退其人。待圣
主为可欺，视同僚为不物。台谏官以兹切齿，谓社稷付在何人？士大夫罔不动心，以
朝廷安用彼相！

这段话富弼说得很重，赵顼明白，这是严厉批判王安石刚愎自用：一不能团结二
府宰臣和百司官吏；二以其王氏新学之异端邪说蛊惑士林；三则谓王安石口称尊奉孔
丘、周公之礼法、学问，为执政却尽是管仲、商鞅的王霸之术；四则弹劾王安石变乱
祖宗典宪成法，又排挤忠良异见之士；五则攻讦王安石欺弄天子、凌轹同僚；六则曰
自台谏至京师、地方之百官士大夫，无不认为王安石乱国，不当用以为执政大臣。

官家耐着性子看到了最后，终于见到富弼在奏状的末尾再次请求辞去相位：

伏乞陛下特申雄断，大决群疑。正安石过举之谬，以幸保家邦；白臣等后言之
罪，而俾归田里……

这是富弼再次以退为进，要拉着王安石一起罢免宰执的职务！

赵官家已经心里有了成算，他笑呵呵地从御座上走下来，亲自扶富弼坐到圆椅
上，然后方开口说："郑公如何又求去？朕已说谕者再三、再四，即不能听许。缘何
又要引病辞相，则置朕与朝廷何地？"

富弼听到官家居然只字不提王安石的事情，甚至语带讥讽地在指责自己屡屡辞
相，于是又起身，一揖到底，说："陛下，臣实老病不能，尚请陛下念臣获事三朝，
微有苦劳，许臣解冢宰之位，若未蒙即归田里，则出臣于地方，唯当日日宣布陛下惠
爱元元之意，臣不胜感激涕零之至！"

赵顼又一次扶起富弼，叹道："郑公屡屡恳辞，真是措朕于无地……虽然，朕
亦不忍郑公政务在身，而不得就养微恙。必欲去，则朕有以问之，谁可代郑公为宰
相者？"

富弼倏地抬起头来，道："臣见今日朝中，唯文彦博可任中书上宰！若置为昭文，
庶几可救安石之刚愎、公亮之缄默！余者皆不足道也，何能抗安石之权势也！臣闻曾

---

①　指百官臣僚。

②　儒者戴的圆形帽子。也叫鹬冠。此句谓朝野之中，治学儒道的人，只要与安石的学问意见
不同，安石及其党羽便指为迂腐之儒。

公亮，云'安石与上如一人，能奈何？'陛下若必不愿解安石机务，臣恳请陛下拜文彦博为首揆，或能正朝纲，稍救安石乱国之偏邪！"

言讫，富弼又是深深一揖。

然而这番话却让皇帝赵顼默然无言，良久方道："王安石何如？莫不能代郑公为宰相吗？"

听到官家的玉音，富弼也终于沉默了下去。他自问，已经无愧于社稷，无愧于君父，无愧于友人，无愧于士林。

熙宁二年，十月初三（丙申日），开府仪同三司[①]、行左仆射[②]、门下侍郎[③]同平章事兼昭文馆大学士、郑国公富弼罢为武宁军节度使、同平章事、判亳州。

中书的上宰首揆富弼罢相，以使相衔出外了。

---

① 开府仪同三司，北宋前期文散官二十九阶之首，从一品，一般为宰相所带阶官。

② 行左仆射，即行尚书左仆射。尚书左仆射属于北宋前期朝官本官官阶，即元丰改制后的特进，相当于从一品。

③ 门下侍郎，北宋前期作为宰相所带阶官，无实际职事。

第 八 章

膏泽未施空谤怨

却说富弼当日下殿后，御座上的赵顼乃立刻叫来阁门祗候，命其火速召王安石入对。赵官家这个念头已经在心里存了许久，他要立刻拜王安石为相！

王安石这会儿正在条例司里听取各方新法实施情况的汇报，而陈升之尚在枢密院里处理文书。薛向和各路提举官的奏疏都已陆陆续续送到条例司，等待着王安石亲自过目，如有重大乞请，还须看详后择日进呈御前取旨。

阁门官吏踏进条例司，望见坐在桌案后的参知政事王安石，便立刻作揖道："相公，陛下召对！"

王安石也不理会阁门官吏的谀称，只是放下奏疏，随其出了条例司，往后殿方向快步而去。

入得崇政殿，见官家竟反背着双手，站在御座下望着殿门，王安石遂作揖行礼。

"臣参见陛下。"

"先生快请坐，"赵顼难得露出了笑容，"须说与先生知道，富弼恳辞相位，朕已准许。今欲令学士院锁院，拜先生为相！先生才冠古今，忠义许国，其勿辞矣！定要名正言顺，辅佐朕兴大有为之政！"

王安石没想到皇帝急着召自己独对，居然是为了这事！

他立刻又从圆椅上起身，道："陛下除臣参政，尚不足一年，已为超擢，人所议论。今若遽然又拜臣为宰相，恐不利新政，徒招朝野烦碎之言。"

赵官家见状罕见地打断道："非也。朕与先生极为相知，全无寻常臣子谦退逊让之道理。外间浮议，尚何足惧？朕与先生，唯当君臣一心，共冀三代之治，先生且勿辞矣！若以班曾公亮之下不能名正言顺，即拜先生为昭文相又如何？虽故事多以拜相先后为序，然此非待大贤之礼，朕直欲使先生位冠众卿，与朕一同图万世之功也！"

王安石闻言便欲大礼参拜，却被官家阻拦住，于是安石只好深深一揖道："陛下，臣并无此意。今朝廷变法，政务烦冗，将来还当有方方面面之事，须二府大臣协力。条例司创设至今，陈升之可谓与臣颇能共济。考陈升之资历，其为执政，在臣之前，理当先拜陈升之为相，庶几明朝廷进用大臣之礼，彰人主劝勉百僚之效，亦可绝小人希进超躐之心。而陈升之既拜相，必更勚力新政，所谓一举而数得，愿陛下无犹疑忧虑也。"

赵顼一愣，心中更是涌起了对王安石难以名状的尊敬，前来无数台谏官员都说王安石觊觎宰相之位，专好弄权跋扈，固位邀宠，可眼下王安石居然将近在咫尺，可谓已经到手的昭文首相拒之于外，而将宣麻拜相的荣耀和权柄都拱手让给了陈升之！这难道还不能说明王安石一心为公、以身许国，全无半点个人的算计么！

官家颇是激动地扶起正在作揖行礼的这位副相，道："先生之才恐怕过于吕望，而德行之高，又空前而绝后！"

王安石道："臣如何克当陛下这般过誉？以臣得陛下知遇之天恩，方真乃古今罕有，而臣所望者，不过是辅佐陛下膏泽兆民，利益社稷，岂以得爵禄为念哉！"

君臣正说话间，阁门祗候忽在殿下高声道："陛下，知枢密院事陈升之云有急速机要事，须即刻上殿，请旨隔下后头班次！"

赵官家一听，难道是有边境的紧急军情？可如果是边疆有警，何以枢密使文彦博、吕公弼等不一同请对，而是陈升之独自前来？

赵顼正要问个究竟，王安石已经开口了。

"陛下，此必是枢密院意见不一，陈升之以事关急速，故匆忙请对。臣请下殿回避。"

"无妨，若确是机要军情，亦须与先生商量，"皇帝立马明白了，向阁门命令道，"传陈升之上殿。"

然而，让赵顼感到意外的是，陈升之并非一人走进崇政殿，他身后还跟着一个文官打扮的绿袍小臣。

陈升之见到王安石在，也不意外，乃与身后之人一同向官家行礼。

官家问道："是何事也？此又何人？"

陈升之道："陛下，此为郭逵军中的机宜文字赵禼。"

赵顼蓦地猜到了这是一桩什么事情，他陡然紧张起来，连口吻和语气都忘了注意，急促问道："可是以绥州换二寨出了差错！夏贼食言入寇了吗？"

原来，此前在熙宁元年十二月时，西夏遣使臣都罗重进来京，请许和议，并乞归还绥州给他们。当时官家下诏赐夏国主秉常，允诺他们用塞门、安远二寨与朝廷交换绥州，但西夏始终拖拖拉拉，未归还二寨，反乞请大宋先还绥州。于是朝廷派韩缜与西夏之臣薛老峰在边境反复谈判，欲将此事了办。然而实际负责此事的边境大帅、太尉郭逵却坚持西夏必须先交割二寨，然后大宋才归还绥州。迁延日久，赵官家与枢密院计议之后，听从了文彦博、吕公弼的意见，已下诏命郭逵焚弃绥州城，即先交割绥州给夏人，以示其信。难道此事如今竟出了纰漏？

陈升之道："郭逵已具奏本末，令遣幕中机宜文字赵禼赍来京师，乞陛下召询原委。故臣不待细禀，仓促与其上殿，请陛下恕罪！"

赵顼对陈升之还在繁文缛节地说个不停极是厌烦，皱着眉道："呈上来！"

陈升之只得硬着头皮将赵禼所带来的郭逵之奏状呈递到官家手中。

赵官家才看了几个字，顿时觉得烦躁难耐，即以奏本付王安石，对着赵禼道："你近前说话！直接说与朕，发生了什么事，敢有一字虚言，朕唯你是问！便是郭逵，亦不轻饶！"

四十有二的赵禼见圣上龙颜大怒，立刻跪在地上，道："太尉叫小臣往受夏人二寨，理会交割事，嘱咐小臣必二寨地界先还，勘验妥帖，方可徐以绥州归还党项。小臣到边境，夏人曰：'二寨，只剩得寨基是也，何地之界有？所献者唯寨基，其四旁土田皆不可得。'"

"夏贼敢尔！"赵顼一股脑将御案上的文房四宝通通打落在地，愤怒以极地瞪着赵禼。西夏贼子居然称塞门、安远二寨只剩下两处地基，并没有什么城寨，更无其他地界可以交割，大宋要拿去，自然没问题，但只能得到一片朽木疙瘩而已！

这下，连陈升之都吓得跪倒在地，崇政殿内便只剩下皇帝和王安石还站着。

王安石早已看完了郭逵的奏本，道："陛下息怒，万须保重圣躬。臣已看详，事甚妥当，郭逵理会得是，且待赵禼为陛下分说。"

听见王安石如此说，赵官家的脸色终于稍霁，便道："你且继续说！"

赵禼登时磕头如捣蒜，道："小臣见夏贼如此无礼，乃云：'二寨之北，旧有三十六堡，且以长城岭为界，西平王祥符① 所移书固在也。如何云无地之界可交割？显见欺妄！'虏使遂不能答。臣便将此禀告郭太尉，'若不得地界，但将此二墙墟安用之？'太尉说与小臣，'绥州与之，夏贼亦要不时用兵掳掠，不与亦用兵，边备未可弛也。'方正筹谋理会，将与虏人折冲樽俎② ，而敕令已至，命太尉焚弃绥州。"

听到这里，赵顼真是恨极了当日文彦博、吕公弼所说之言，说什么"我之先焚弃绥州以与贼，贼得之而未必能守，其若不还二寨，则曲在彼，直在我。若锱铢必较，

---

① 西平王，指西夏第四位国主李德明。李德明即李元昊之父，他在北宋真宗皇帝景德三年（1006 年）遣使向宋表示臣服，请求册封，于是真宗加封其为"西平王"。祥符，指此后真宗大中祥符的年号。此句大意是，西平王李德明在大中祥符年间的文书中尚且明确二寨地界等事。

② 折冲樽俎，指在宴席中运用策略取得战争胜利，也泛指通过外交谈判制敌取胜。

必先得二寨，恐徒使夏人谓我先纳其叛羌①，又以细事责让已臣之番邦，失上国体，而取笑于夷狄云云"。真乃是纸上谈兵，书生误国！

"郭逵何为？"官家又是厉声追问。

赵禼见状又是忙不迭地磕头，然后才道："太尉谓小臣，'一州既失，二寨不可得，中国为夏人所卖，安用守？臣为愿以死守之。'于是太尉终藏陛下之诏，不以示幕府文武，而详具奏本，令小臣赍以赴阙，待陛下圣裁！"

听到这里，赵官家才总算明白了整件事情，然而现在还不知晓绥州是否已被夏贼窃夺回去，因为赵禼得了郭逵命令，自然是立刻赶着赴阙，并不了解后续的结果。

官家平息了下情绪，道："卿无罪，反有功劳，且起来。陈枢密亦且平身。"

王安石道："陛下，为今之计，当立刻召枢密院使副入对，早定成算，后则贻悔无及！"

官家乃立刻点头，出言对殿下的阁门祗候道："召文彦博、吕公弼、韩绛来！"

陈升之看着刚才还勃然大怒的陛下和从容侍立的王安石，内心升起了一丝难以抑制的恐惧和嫉恨来。他见赵官家全然没有让王安石下殿的意思，当下更不敢开口。

赵顼对着郭逵麾下的机宜文字赵禼道："卿且下殿，一路乘驿赴阙，颇为劳苦，可休沐数日，另候指挥。"

赵禼当即又是大礼跪拜，然后方起身一揖到底，这才小心翼翼地退下殿去。官家的九天雷霆，实在是令他这样平日根本没有机会仰望清光的小臣恐慌失措。

却说阁门官吏到了枢密院，将天子召对的旨意传达给了西府里办公的执政们，于是文彦博、吕公弼、韩绛都纷纷起身，随着阁门官前往崇政殿。

王安石与陈升之这般等了一会儿，便见到枢密使文彦博、吕公弼走在最前头，后面跟着副使韩绛，都上得殿来，站在御座下作揖行礼。

官家铁青着一张脸，竟未让三人免礼平身，只是质问道："不知绥州可还在我大宋手中？！"

文彦博早在陈升之匆匆忙忙拿着奏本出了枢密院之时，就知道事有不妙。且说当时垂拱殿视朝结束后，西府执政们下殿回到枢密院集议办公。过了不到一个时辰，竟有亲事官来报，说有陕西急速机要军情，且云郭逵帐下机宜文字赵禼已候在枢密院外。赵禼拿着郭逵的奏本进来，说奏状副本已投进奏院，又恐边事急如星火，乃命他带着亲笔书写的奏本直接来枢密院找几位执政。文彦博、吕公弼、韩绛、陈升之四人

---

① 指薛向、种谔直接接受神宗皇帝赵顼密旨，绕过枢密院，"擅自"招纳鬼名山部，筑城绥州事，详见上文情节。

共同看详后都颇为吃惊，吕公弼本让赵禼退下，要在枢密院内先共同商议出个说法和对策来，而陈升之却不待与众人商量，拿起奏本就拉着赵禼往外走，留下了面面相觑的另外三位枢密使副。他们当然能猜到，陈升之是带着赵禼去告御状了，三人便也顾不得陈升之的做法，只能先紧急商量应对之方。

此时面对着官家的震怒，文彦博作为枢密院乃至朝中资历最尊崇的元老大臣，不得不先开口应答。

"陛下，臣等以为塞门、安远二寨不过弹丸之地，久在夏人范围，今又不能知其地熟户人口，而夏人谓二寨只余寨基，显见断壁残垣、墙墟瓦砾之下，恐不能有多少蕃部人丁牲畜，得之于我皇宋无益，所谓鸡肋者是也……"

"如卿等之言，则土疆固不足惜哉?!"官家忽然出言打断道，"莫只当将绥州拱手送还夏贼?"

吕公弼也开口了："陛下，文枢密之言诚乃老成谋国。今夏人必欲得绥州，我若不与，则兵连祸结，边疆无有宁息之日。陕西百万生灵、十数万兵马皆陛下赤子，何忍以一绥州蛮荒之地，而使陕西五路流血漂杵，又耗费军用无算，所谓得不偿失，不可谓智。臣请陛下熟虑，纵我得塞门、安远二寨，为当发兵戍守耶? 为不当守耶? 所驻扎之兵丁少，则不足以弹压二寨及周边生户、熟户，亦未必能守御。若派遣之兵过多，则粮饷耗费尚不论，又将苦转运之不易。且今日二寨唯剩寨基，得之无用，若筑城寨，又须添支缗钱、物力，不若弃之。"

文彦博接过话道："陛下，此事全因薛向、种谔妄自招纳嵬名山而起，擅开边衅，确实是我理不直，曲之在我先。臣等以为，不如再下诏予郭逵，令遵前指挥，仍追还绥州戍守人马，刍粟粮秣迁之不尽者与城尽焚之，然后交还夏人，亦无所谓二寨之地界如何，则夏人必德我。而秉常即位以来，已表顺服，所谓和议已定，若彼再生事端，则曲在夏人，然后陛下运筹帷幄，二府决成算于庙堂，军心乃可用，师出为有名，战则亦必胜矣。岂若今日之进退失据，左右为难?"

官家没有回答二人，只是道："韩绛何意?"

枢密副使韩绛知道官家仍在盛怒之中，只能小心斟酌着字眼，道："陛下，臣以为前所指挥郭逵与夏人交割绥州，换取二寨之指挥，妥也。然凡事须因时因地，若夏人前后变诈，则此事，宜朝廷先议定统一之对策……"

"陈升之，卿如何看?"赵官家又问道。

知枢密院事陈升之此时思绪乱作一团。官家明显不愿接受文彦博和吕公弼所说的方案，要在枢密院众臣中寻找支持己见的，然而若公然与文、吕二人大唱反调，恐怕日后在西府日子也不好过，否则韩绛又怎么会说一堆两可的废话? 正犹豫间，陈升之忽然想到，从自己执意单独带赵禼上殿面圣起，便已经和文彦博、吕公弼意见不合、有了不小的裂隙……

"臣以为西贼诡谲，今竟然欲以无用之寨基易我已城之绥州，若便许之，恐为夷狄所轻，他日若北虏①亦如此，要我以关南之地②，如之奈何？不过若郭逵虽藏诏旨，不曾交割，而有所不谨，为西贼所乘，绥州已失，则臣以为当一面敕令陕西诸军严为戒备，一面遣使与夏人谈判二寨地界，必其纳还，无使夷狄玩侮中国，而令天下寒心！"

御座上的官家终于点了点头，面色稍缓道："卿可谓有远虑。参政意思如何？"

王安石亦先是一揖，然后道："升之所言是。今不当问绥州与二寨之如何，但当问夷狄与中国为如何！彼西贼狼子野心，百年间何曾真正恭顺？元昊僭位以来，王师屡挫，陕西五路为之死难者不知凡几。夏人与我既定和议、称臣受封之后，岁币赐之不绝，而入寇掳掠者不时有之，今乃以绥州还之，望其德我，臣直谓不知何德之有，无非助长西贼贪饕之念、无厌之欲，使其益轻中国，而生北虏窥伺关南之心！何况我大宋城绥州，则进可据横山之险，北可扼银州之冲，又得招纳横山羌以为我用，如何谓之鸡肋？臣请陛下速降诏，以金字牌急递发郭逵处，追还前焚弃绥州以易二寨之指挥，更不施行，令其谨守戒备，勿使夏贼有机可乘！"

官家道："安石与升之所言深得朕心，而枢府其余诸卿，于此事前后至今，令朕失望，诚不知苦劝朕以中国之大，而取夷狄之欢，所为何事！今后内殿视朝，朕看可以二府合班，如此议论军机大事，乃不致如此！卿等可写就文字进呈，待朕批阅，以作打算。绥州事，便依安石意见，枢密院速降指挥发陕西，陈升之且留下，其余诸卿并可下殿。"

见赵官家不是留下王安石独对，而是命陈升之留身，文彦博立即就明白了个中缘由：这闽人③怕是要做相了！

待众人皆下殿后，官家道："富弼辞相，朕已允之，将命卿为相，望卿与朕共济大事，革故鼎新。"

陈升之顿时感到喜从天降，拼命抑制住内心的狂喜，赶紧摆出稳重的样子，大礼参拜道："臣无德无才，如何能任冢宰之职，请陛下三思。"

御座上的声音再次传了下来。

"乃是安石一力荐卿，卿其知之。"

---

① 北虏，指辽国，契丹人之帝国政权。

② 宋辽边境瓦桥、益津、淤口三关以南的地区，这是辽国数欲夺回的关键疆土。

③ 闽人此处特指陈升之，其籍为建州建阳（今福建省南平市建阳区）。

熙宁二年，十月初三（丙申日），学士院降麻①，连续颁布大诏。

富弼罢相出外；曾公亮除昭文馆大学士、监修国史、兼译经润文使、鲁国公，成为当朝首相；陈升之除行礼部尚书、同中书门下平章事、集贤殿大学士，拜为次相。

大家的注意力几乎都在这三道大诏之上，御前关乎宋夏边境绥州之争的风波，已不再被人提及。

而枢密院的指挥则以金字牌急递日行五百里的速度，将圣意火速送往鄜延路郭逵处，即追还前一指挥，不得焚弃绥州城，更不与夏人交割，改绥州为绥德城，其知城以下防托兵官使臣，委郭逵选差把截②，堡铺守御兵马器械等，并从长处置。

颇使京师百官瞩目的是，赵官家前殿视朝时出现了令二府合班奏事的情况，此形式只在真宗、仁宗皇帝两朝边境不宁的特殊时期出现过。但明眼人仍能看出，二府合班，是要扩大中书的权力，甚至可以说是为了扩大副宰相王安石的权力——官家这是要确保他宠信的王安石在军政问题上有更大、更及时的知情权、参与权和决策权！

十月初五（戊戌日），前殿视朝，两府合班奏对。

议论完折继世、嵬名山的事，官家又令宰臣们发表关于减省京师禁军的意见。枢密使吕公弼激烈反对退军减兵，两府在御前辩论到最后也没达成共识。

枢府下殿后，文彦博与吕公弼走在前头，吕公弼道："潞公，方才何以不规劝官家，反顺王安石、陈升之所言，若进呈文字，官家遽然御批拟旨颁行，则奈何？"

文彦博压低声音道："宝臣，在御前时你未见得官家与王安石、陈升之一唱三和吗？此事恐怕官家已与安石先有商量，且中书亦早预闻，而止我枢密院不知，为的就是今日两府合班奏对，突然一击，使你我猝不及防。且官家那句'此事但执政协心，不煽动人情自无事'，已属诛心。老夫若再拦着官家，宝臣以为，可谓智乎？"

吕公弼见韩绛远远地还走在后头，便道："那为今之计，难道要看着王安石他们插手军务，欺在我枢密院头上吗？"

文彦博笑道："宝臣少安毋躁，王安石倒行逆施，自然有人会再提醒官家的。"

这一日午后，诏令再下，命府州折家的折继世为忠州刺史③，左监门卫将军④嵬名山为供备库使⑤并赐名赵怀顺。至此，朝廷对于薛向、种谔、折继世三人进取绥州的处置已完全反转。京中传言，这完全是王安石蛊惑皇帝要开边用兵，才至于如此。

---

① 降麻，同"宣麻"。

② 把截，指把守堵截，驻扎防御。

③ 忠州地属夔州路，属于下州，故忠州刺史在宋初为正四品下，元丰以后刺史统为从五品。

④ 左监门卫将军，环卫官名，从四品。

⑤ 供备库使，武臣诸司正使官阶，元丰新制后定为正七品。

次日，官家午后在延和殿向司马光询问台谏阙员之事，意在令其举荐。司马光回到家中写就奏疏，举荐了四人担任台谏言官，分别是龙图阁直学士陈荐、直史馆苏轼、集贤校理赵彦若和职方员外郎王元规。

可最终，这四人并未被除授为台谏官，而赵官家想要推行的退军出戍之事①，也未能实施。

远在陕西，皇帝的诏令也终于在数日前抵达了鄜延路延州郭逵的幕府中。绥州仍在大宋的掌握下完好无损，这位郭太尉乃将藏匿的上一道枢密院札子拿出来，继而上奏，禀明绥州具存，且自劾违诏之罪。

十月二十六（己未日），夏国的使者罔育讹抵达汴梁开封府，来谢封册，面对大宋此番的强硬作态，夏国竟无如之何。然而王安石反而建议官家告诫陕西文武大臣，谓"今既封册秉常，宜坚明约束，勿令边将生事，妄立城堡，争小利害，自作不直"。赵官家知道，眼下命边疆帅守不得生事，王安石乃是为了日后在党项人的西边掀起军事开拓行动。王韶去往陕西秦凤路已经快一年了，而君臣二人所议定的对夏军事行动，正是由秦凤路向河湟地带开始的。

制置三司条例司已进一步完善农田水利新法细则，准备于下月进呈取旨，然而此时，已然拜为集贤相的陈升之却忽然在御前请免签书条例司事，谓"宰相者无所不统，所领职事，不可称司"，乃是请陛下将自己与王安石的条例司差遣改为"提举制置三司条例司"，而以吕惠卿、孙觉领局。王安石一时间对陈升之骤然想要和条例司拉开距离，撇清关系的做法大为震惊，他本以为陈升之是与自己和衷共济的执政大臣。于是在前殿视朝时，王安石与陈升之发生了激烈的辩论，他既不肯条例司并归中书门下，亦不肯独领，最终王安石向赵官家建言，从陈升之宰相免签书条例司之论，改由枢密副使韩绛同制置三司条例。

二府将下殿，官家却叫住了王安石，令他留身独对。

文彦博带着枢密班子徐徐下殿，曾公亮则带着中书班子亦下殿去，陈升之跟在曾公亮身后，神情肃穆，一副大国宰相的模样，目不斜视，行步威仪，殿外的御前班直也不禁在心里赞叹，确实是堪为国朝相公的好仪容。

待二府的其他宰执大臣都下殿后，赵官家终于开口道："先生，陈升之刚才所说，朕亦无意外，但这里有两道留中的奏本，先生且看看。"

王安石躬身接过奏本翻开一看，赫然写着：乞罢制置三司条例司！

目光扫到最左边，那署名和签押竟是御史中丞吕公著！

<hr>

① 此前陈升之建议京师宿卫禁军年四十以上而非精锐者，酌情减少其军俸，并徙之淮南屯驻。枢密院反对。

王安石忙不迭地看了下去，只见写着：

"臣窃以三代圣王之政，至于久则不能无弊，在审所救云尔。……惟是制置三司条例一司，本出权宜，名分不正，终不能厌塞舆论。盖以措置更张，当责成于二府，修举职业，宜倚办于有司。若政出多门，固非国体。宰相不任其责，则坐观成败，尤非制世御下之术。兼臣昨来已曾论列，所有制置条例一司，伏乞罢归中书，其间事目有可付之有司者，即付之有司。"

虽然短短的论奏里没有涉及王安石本人，但此刻这位实有执政大权的副宰相却无法抑制地颤抖着，他不明白，为何老友吕公著也步司马光的后尘，开始站到了自己的对立面，反对变法。

王安石又急切地翻开第二道奏本，吕公著这第二道奏本里，一句"今朝廷处置，实未能有利及民"，字字如针地扎在安石双眼之中。吕公著用一句话就全盘否定了王安石执政以来陆续推行的几项新政。他本以为罢黜吕诲，而举荐了吕公著担任御史中丞，占据了台谏阵地，他将是自己推行新法的极大助力，可为何才短短的三四个月，吕公著就走到了另一条反对他的路上？难道是司马光和吕公著私下聊过，达成了政见上的一致？

"先生，先生！"御座上传来的声音，终于是让王安石回过了神来。

"陛下，臣失态了。"王安石深深一揖。

赵顼叹了口气道："吕公著前几日已上奏，朕留中不发后，他又上了第二道。今日陈升之请免签书条例司，这两件事之间，先生以为可有联系？"

王安石道："公著断然不可能与升之有所串联，必无此事。"

"公著素与先生善，今来亦如此。朕留中不发，先生当已知吾变法之心绝不动摇，先生亦无须惊诧。当年韩琦、富弼亲善如一人，后来如何？天下熙熙，皆为利来，天下攘攘，皆为利往。能不动心于名利者，朕只见先生一人。"

"然公著必非好名利之人，"王安石痛心疾首地说道，"臣往日尝屡对人言，谓'吕十六不作相，天下不太平'。臣期公著者甚远，公著必不为名利所动矣！"

赵顼又是微不可察地一叹："先生期司马光又何尝不远也？止如先生所说，世间人有好功名权位者，有好直名君子者，亦更有好名利而不自知，反谓己壁立千仞，无欲则刚者。若如此，即难以令其醒悟。"

王安石如何不明白这点，但他此刻仍深陷于被吕公著"背叛"的震愕与痛楚之中。

官家道："前几日朕要推行退军事，使宿卫禁军老弱者出戍淮南，而竟不能行。

今来皇城司又报，言都下颇谓青苗、均输扰民，地方多不靖也。新政要夺地方豪右之利，而归诸朝廷，故步步难行。先生其勿虑，虽然如司马光、吕公著等近臣不能与你我君臣同心，然步步难行，唯当步步行之。待数年后，吕惠卿等亦稍具资历，则擢置要津，事当不同，易于行也。先生其勿忧，更当爱惜身体，勿伤心也。人各有志，何足怪哉？"

想到自己年近知命，却得以被弱冠的官家安慰，王安石不禁热泪盈眶，他深深一揖，道："臣惭愧，谨受陛下教诲。"

十一月初二（乙丑日），朝廷颁布诏令，以枢密副使韩绛同制置三司条例。然而诏令初下，京中又有传言不胫而走，谓这是王安石在拉拢门庭煊赫的韩家。他本就与韩维相善，近又欲与韩维之兄韩绛携手，其心不问可知，无非是要借助韩家在朝野的巨大影响力，进一步专权乱国，最终登上东府宰相的位子。

十日后，东京的一间酒楼外，刚刚由判官告院除权开封府推官的苏轼将马交给了店里的马馆。尚未正式去南衙点卯，今日在官告院里完成了交割，便早早地离开了衙署，又因与人有约，于是径直到了这潘楼街的正店潘楼里。在东京汴梁七十二家大酒楼，也就是正店里，除了白矾楼和马行街任店、景灵宫东墙长庆楼、龙津桥西清风楼、州桥北八仙楼等，这潘楼街上的潘楼也是鼎鼎大名的奢遮酒楼。

迎客的一边高喊着"贵客登山哟"，一边殷勤地将苏轼领进了二楼临街的雅间，里面早有人靠轩窗而坐，原来是同任馆职的集贤校理赵彦若。

赵彦若生得一张白净的圆脸，看着极是亲善，三绺胡须显见打理得颇是精细，他是宗室出身，又博学能为诗文，故在馆职中与不少同僚都交谊匪浅，今日正是他在此宴请苏轼。

"子瞻（苏轼字），快入座！"赵彦若起身相迎。

苏轼刚坐下，店里的小二便诣笑道，"二位贵客可要点花牌？"

既然是豪华酒楼，店内自然有上等的歌伎陪酒弹阮、抚琴弄弦。

赵彦若摆摆手道："今日且稍待，先将新鲜食材做几道招牌菜，再拿一壶好酒来！"

苏轼笑道："蒙元考（赵彦若字）宴请，你我真是同病相怜，听闻前一阵司马内翰举荐台谏言官，却了无下文。"

赵彦若道："某自然是忝列其名，然如陈龙图、子瞻贤弟，岂非近臣、才俊，当置于言路乎？怕只是有人不想让我们成为官家的风宪耳目，想要一手遮天啊！"

正说话间，潘楼里行菜的麻利地端上了一盘盘美食佳馔，又有一厮波 ① 专来斟

---

① 厮波，宋代在宾客餐桌旁斟酒、换汤，送上水果、香药等物的人。

酒，小心伺候着侍立在一旁。

赵彦若从衣袖里掏出一沓铜钱来，那厮波赶紧恭恭敬敬、躬身俯首地双手接了过去。

"这里一时间不须用你，且自下去吧，我们自斟酒。"

苏轼见赵彦若如此，知道他必定是有话要说，今日绝非普通友人同僚之间的宴请，当下也停下筷箸，以表洗耳恭听。

"子瞻，数日前，更有一事，恐怕你还不曾知晓，"赵彦若道，"如今有人不仅不想让子瞻贤弟为台谏，更视贤弟为眼中钉，必欲拔之而后快！"

苏轼笑道："元考兄未免言重了。轼不过一京师小臣，算不得什么人物，如何会叫大臣惦记。"

赵彦若叹道："此不然也！贤弟虽眼下明珠蒙尘，但贤弟之才高、见识之卓远、德行之忠直，早在仁庙、英庙时便名满都下。先帝也曾想加以擢拔，选任贤弟试知制诰或修起居注……是以贤弟既才德兼备、名望颇盛，又不肯阿附当途，必有小人嫉恨矣！"

苏轼拿起酒喝了一杯道："郑子真①不诎其志，躬耕岩下，正所谓'岂其卿'。大臣有不乐我者，不过能不令某为卿大夫，又如何？高卧北窗之下，清风飒至，自谓羲皇上人，岂不快哉？"

赵彦若道："贤弟固然名利不挂于心，然我等读书人皆世受国恩，见天下万民受苦，社稷行将板荡，正当以直言进谏，在官家左右，规劝陛下！这是吾辈读书人之责任，须得当仁不让！"

苏轼闻言点了点头："元考兄说的是，只是轼不在其位，前言贡举一事，官家虽颇意动，仆谓官家当从善纳谏，竟仍是……哎，不提也罢。"

赵彦若也喝下一杯酒，盯着苏轼的双眸道："贤弟，你可知数日前，官家也欲进用子瞻修起居注？"

"哐当"一声，苏轼手中的杯盏脱手摔到了地上。

"某确实不知有此事，"苏轼道，"先帝时轼入仕之日尚浅，确实不宜骤登近要。但如今若是能让某常在官家左近，必能常有规劝陛下之时……"

赵彦若当即唤来厮波，给苏轼换了一套杯盏，待雅阁内又只剩下二人后，乃道："子瞻对时局何尝不是洞若观火，有无数高瞻远瞩之见和忠言谠论可劝说天子、裨益朝政！然而官家在御前问那獾郎②：'用子瞻与孙觉同修起居注如何？'，獾郎听后勃然

---

① 即郑朴，字子真，西汉末隐士，大将军王凤曾欲引荐聘用，辞不出山。

② 时人有云，王安石小字獾郎。

变色，曰：'轼岂是可奖之人？'官家道：'轼有文学，朕见似为人平静，司马光、韩维、王存俱称之。'獾郎随即攻讦污蔑子瞻。某先向贤弟告罪，否则愚兄不敢再说。"

苏轼脸上已经有了不悦的神色，但他道："自无妨，轼才德浅薄，乃无知小臣，当途纵然骂我，亦合该受得。元考兄请说。"

"子瞻心胸宽广，吾不如也，"赵彦若在座位上拱了拱手，然后道，"却说那獾郎听闻官家赞叹子瞻，竟立刻说：'邪险之人，臣非苟言之，皆有事状。作《贾谊论》，言优游浸渍，深交绛、灌①，以取天下之权。欲丽附欧阳修，修作《正统论》，章望之非之，乃作论排章望之，其论都无理。非但如此，遭父丧，韩琦等送金帛不受，却贩数船苏木入川，此事人所共知。轼非无才智，若省府推、判官有阙，亦宜用。但方是通判资序，岂可使令修注？'被獾郎如此一说，天子也就罢了进用贤弟为左右史的念头！"

苏轼这会儿极为愤怒，他可以忍受王安石抨击他的文章，可其居然在君父面前以谣言污蔑自己假意不受金帛，而借官船贩卖苏木入蜀谋取钱财私利……又说自己针对章望之是为了阿附欧阳修，可那只是学生出于维护恩师的基本立场而已，却被王安石作了如此诛心的评价！京中近来常说的民谣"王大参，大过天，一手遮天不见天"这会儿在苏轼心中也越发响亮、鲜明起来。

苏轼悲愤地举杯，一饮而尽，也不答话，只是朝临街的窗户外幽幽望去，似在思索什么。忽然，潘楼街上响起了一阵极吵闹的喧哗声，只见一队人马被一群锦衣华服者围了起来，拦在当路。

只听到牵马的马夫大声呵斥，然而毫不奏效。

遮拦在马前的人群中，竟有人忽高举起一纸状子，大呼道："吾等皆是官家的宗庙子孙，且告相公看祖宗面！活我等，叫官家追还前令，勿裁宗室恩遇！求相公活我等！"

从二楼的酒楼雅间里看到这一幕，苏轼明白了，这是前日朝廷下诏，颁行了裁减宗室授官的新法。谓"从今往后，宗室中唯宣祖②、太祖、太宗之子，可择其后一人为公爵，世世不绝；其余元孙③之子，将军以下听出外官；而祖免④之子，更不赐名、授官，许令应举⑤……"可对这些习惯了生下来就有官做的天潢贵胄，对于这种

---

① 指西汉绛侯周勃与颍阴侯灌婴。

② 宣祖，指太祖赵匡胤之父。

③ 元孙，本人以下的第五代。

④ 本指古代丧服，袒露左臂，以麻布缠头。后指宗族内五服以外的远亲。

⑤ 根据北宋初年制定的宗室制度，其皇家赵氏子孙全由朝廷提供衣食住行一应开支费用，长子以外者，一般七岁开始赐名、授官，可领取俸禄。至熙宁初，宗室一年的费用已经与京师禁军所需军费接近，超过了在京百官的俸禄总和，成为不小的负担。

裁减宗室皇亲恩遇以减少冗官的政策，如何能接受？

马夫又惊又怕，喊道："都让开！怎么能拦着相公的车马！"

这时候王安石下了马，立在潘楼街上，竟毫无惧色地直视着这群正虎视眈眈的宗室子弟，喝道："祖宗亲尽，亦须祧迁①，何况贤辈！"

有几个宗室皇亲见王安石居然如此不留情面地驳斥他们，全无半分肯收下陈情状子的意思，当即哭天抢地起来。

"相公这是要绝我等生路啊！我等若无生路，须官家面上也不好看！相公且看祖宗面，看官家面呐！"

王安石负手而立，朗声道："尔辈既然为皇亲宗室，却当街拦执政车马，岂非有失官家与朝廷的体面么！"

看着下面的宗室子弟仍然围着王安石不停喧哗、叫嚷，苏轼却觉察出其中蹊跷。这会儿王安石显然是在放衙回府的路上。但他每每放衙，都是让元随们各自回家，并不用仪仗开道，那么这些宗室子弟，究竟是如何辨认出这已换了寻常衣裳的骑马者就是当朝副宰相的呢？他们又如何能预先知道王安石今日何时放衙？这恐怕是有人在背后给宗室们出谋划策，算计好了今日这出大戏！

赵彦若也在苏轼边上看着楼下的闹剧，道："子瞻，今日这獾郎怕是下不了台了。"

却见王安石厉声斥责着宗室们："若有陈情状，自当投阁门。如这般当街拦执政车马，成何体统，而使百姓皆围观，尔等却以天子、朝廷之体面为何物！速速散去，则事犹可商量，否则某当禀明官家，今日到场者，一概黜罚，绝无宽贷！"

一些胆小的宗室子弟见到这王大参如此铁面狂妄，都吓得溜之大吉。渐渐走掉的宗室越来越多，潘楼街上终于清出了一条可以通行的道路来。

"子瞻你看，"赵彦若道，"獾郎尚还不是宰相，已然这般，若拜了中书正宰相，何止宗室蒙难，吾辈君子、天下苍生，定不堪其苦！"

正说话间，王安石已重新上马，扬鞭数下，向潘楼街的另一头奔去。

苏轼看着那远去的背影，喃喃道："轼治学二十余载，岂会坐视天下大乱！"

赵彦若笑道："子瞻且再饮一杯！"

昨日宗室子弟"叩马而谏"的事，仿佛并未使王安石动摇，反而促使他更坚定了加快变法脚步的决心。

---

① 祧迁，指把隔了几代的祖宗的神主迁入远祖之庙。

十一月十三（丙子日），王安石与韩绛在二府奏对时代表制置三司条例司乞请行"农田水利法"，官家当即表示立刻拟旨颁行。这标志着第三项新法正式实施。

所谓农田水利法，即鼓励地方上大力开垦荒田，同时加以兴修水利，通过淤田、灌溉等方式而将薄恶贫瘠的土地变成肥厚的良田，并且按照谁受益则谁出工、出钱之原则。豪绅地主一般按照户等拿出一定的钱力物力，若工程预计较大者，则允许向朝廷申请借贷钱粮；若贫下户欲兴修水利、开垦荒田却苦于无钱者，则可向地方衙署申状，由州县劝勉富户出贷，依例计息，并由官府代为催还。

关于王安石将要通过条例司陆续颁行各项谋夺民财、横征暴敛、骚扰地方的新法之传言，在数日间更是沸腾于京师，甚至皇城司一日间可收到数十条察子密报。然而无人知道，这些传言来自何方，又由谁散播。

这一切令司马光这样的君子心急如焚，他已然发觉官家和王安石真的要一条道走到黑，他也清楚如今再对老友王介甫说什么，也毫无作用了。

四天后，赵官家御迩英阁经筵，这一日正是司马光当值侍读。

迩英阁内，午后的阳光照在地上，投影出君臣二人不远不近的两道影子，司马光正在进讲自己编修的《资治通鉴》，这会儿说到了西汉初年曹参接替萧何为丞相，却完全遵循萧何的政见和定下的制度，也就是著名的"萧规曹随"。

司马光讲完了萧规曹随，便道："陛下，曹参以无事镇海内，得持盈守成之道，故孝惠、高后[①]时，天下晏然，衣食滋殖。"

听到司马光所说，赵顼心里知道这是司马君实又要借古讽今，议论不应变法了，他颇不耐烦地反问："假使汉朝常守萧何之法，久而不变，可乎？"

面对官家的质疑，司马光立刻顶了回去："陛下，何独汉也！夫道者，万世无弊，夏、商、周之子孙，苟能常守禹、汤、文、武之法，何衰乱之有乎？武王克商曰：'乃反商政，政由旧。'可见虽周代商牧天下万民，亦用商政也。《书》曰：'毋作聪明，乱旧章。'然则祖宗旧法，何可变也？汉武帝用张汤[②]言，取高帝[③]法纷更之，盗贼半天下。宣帝用高帝旧法，但择良二千石使治民，而天下大治。元帝初立，愿改宣帝之政，丞相匡衡上疏言：'窃恨国家释乐成之业，虚为此纷纷也。'陛下视宣

---

① 孝惠，指刘邦之子，汉孝惠帝刘盈；高后，指刘邦之皇后吕雉。

② 张汤，汉武帝时大臣，历官至御史大夫，后人谓之为酷吏。其辅佐汉武帝行严刑峻法，经济上实施盐铁官营等政策，又大力打压富商巨贾，诛锄豪强并兼之家，然死后家无余财，不过五百金而已。

③ 高帝，即汉高祖刘邦。

帝、元帝之为政，谁则为优？荀卿①曰：'有治人，无治法，'故为治在得人，不在变法也！"

赵官家听着司马光的长篇大论，却道："人与法，亦相表里耳。人才朝廷当然得求之于天下，置之于卿士，但法亦当变其弊，而使朝廷之善政，常能惠及百姓，亦何足怪也？"

司马光闻之蹙额道："陛下，苟得其人，则何患法之不善；不得其人，虽有善法，失先后之施矣。故当急于得人，缓于立法也。臣请陛下思之，今可谓得人乎？"

赵顼道："安石乃卿素所相善，道德经术皆天下称许，今来卿屡论安石不可大用。朕则异于是，以为安石乃旷古之相才。卿既以用安石不为得人，则侍从以下者，惠卿如何，可谓得人耶？"

司马光道："此臣诚披肝沥胆，屡陈于陛下前，如惠卿奸邪小人，如何能谓得人？且其误安石甚深，又将误陛下、误苍生者，必亦惠卿也！"

见司马光骤然攻击吕惠卿，官家也未料到，乃继续问道："如吕公著请罢条例司事，卿知否？"

司马光一揖："臣不敢于陛下前有所隐瞒，公著尝说与臣知晓。臣亦问，何以与安石忽为异论？公著答，正要乞罢条例司而救安石令名也。此正君子之爱友朋，非若小人相党，利同则交欢如一人，请陛下明察。"

官家听后沉默片刻，乃说道："这会儿日刻已晏，不便再留卿等辩论。望卿终能体会朕与安石之苦心，乃能协力朝政。"

司马光只能深深一揖，未再言语。于是诸经筵官，俱下殿而去。

时间很快到了十一月十九（壬午日），官家再次于午后驾御迩英阁，开经筵，而这一天，便是由兼任崇政殿说书的吕惠卿为官家开讲。经筵除司马光当值主讲所编修的《资治通鉴》，其余侍讲，多主说王安石建言的《尚书》。今日吕惠卿讲的便是《尚书》。

果不其然，围绕《尚书》中法度变与不变的问题，吕惠卿和司马光反复辩驳数千言，最后官家下令停止议论，此事才告一段落。之后由王珪进读《史记》、司马光进读《资治通鉴》。二人今日只是稍讲了些，赵官家便示意宣讲已毕，随即命内侍搬来杌凳，一一赐座于御座前。

赵顼忽然似有所想，问道："朝廷每更一事，举朝士大夫汹汹，皆以为不可，又不能指明其不便者，果何事也？"

---

① 荀卿，即战国思想家荀子。

王珪作为翰林学士承旨，这样的场合理当由他先来回答，于是道："臣疏贱，在阙门之外，不能尽知；使闻之道路，又不能知其虚实也。"

吕惠卿不免在心里讥笑王珪的圆滑世故，可正思量间，司马光洪亮的声音又传入耳中。

"朝廷散青苗，兹事非便。今闾里富民乘贫者乏无之际，出息钱以贷之，俟其收获，责以谷麦。贫者寒耕热耘，仅得斗斛之收，未离场圃，已尽为富室夺去。彼皆编户齐民，非有上下之势，刑罚之威，徒以富有之故，尚能蚕食细民，使困瘁，况县官督责之严乎，臣恐细民将不聊生矣！陛下唯当速罢青苗之法，与民休息！"

吕惠卿立刻进言反驳："是言不然！司马光不知此事，彼富室为之，则害民，今县官为之，乃可以利民也。昨者，青苗钱令民愿取者则与之，不愿者不强也。"

司马光正色道："陛下，愚民取债之利，不知还债之害，非独县官不强，富民亦不强也。臣闻作法于凉，其弊犹贪；作法于贪，其弊若何①？昔太宗平河东，轻民租税，而戍兵甚众，命和籴②粮草以给之，当是时人稀物贱，米一斗十余钱，草一围八钱，民皆乐与官为市，不以为病。其后人益众，物益贵，而转运司常守旧价，不肯复增，或更折以茶布，或复支移③、折变④，岁饥租税皆免，而和籴不免，至今为膏肓之疾，朝廷虽知其害民，以用度乏，不能救也。臣恐异日青苗之害亦如河东之和籴也。"

赵顼听到司马光一席话揭开了所谓皇帝含养亿兆子民，这一温情脉脉话术背后的真相，颇有些挂不住脸面，违心道："和籴固是一弊，因而今以青苗救之。朕闻青苗之旧法，在陕西由李参行之久矣，民不以为病，皆乐请贷也。"

司马光痛心疾首地道："臣陕西人也，见其病，不见其利。朝廷初不许也，有司尚能以病民，况今立法许之乎？且陕西行青苗时，细民在边鄙之远，其怨苦何能达于天听？而陕西之臣，自然以之为功，故诡言民甚便之，此皆欺君也！"

官家只得顾左右而言他，与其他经筵讲官说了些不甚重要的事情，便令内侍赐汤饮，结束经筵。

王珪乃率诸讲官起身请退，赵官家忽又对司马光道："卿勿以吕惠卿言遂不慊意，

① 典出《左传·昭公四年》，在凉薄（所征收之税较轻）的基础上制定法令，其后果尚且如贪婪招致灾祸；而在贪婪的初衷、基础上制定法令，其后果又将怎么样呢？恐怕会更严重吧！

② 和籴，北魏既已有之，宋朝承袭前代之法，即朝廷强制收购民间粮食的一种官买制度。

③ 唐宋时期规定民户将税粮送往指定地点或出钱由官府运送的制度。

④ 宋代政府将税法规定征收的内容改为其他财物的制度。即在征收两税的过程中，官府任意以某种本应征收的实物折合成另一种实物；并可折合成钱贯，又再将钱折合成其他实物，而在折合的实际过程中大大扩大原本的征收额，甚至有超过十倍的情况。

皆是就事论事，各为国家、百姓耳。"

司马光早已认定了吕惠卿是奸邪，但也只能深深一揖说："臣不敢。"

这一番经筵中的御前交锋，即司马光与吕惠卿彼此寸步不让的辩论，也随即传到了京师群臣的耳中，大家不免要谈论起官家的心意乃至变法的决心，更要讨论究竟是谁更得皇帝的宠信。

就在数日后，朝廷下旨：知璧州林英差提举开封府界常平仓事，太常博士、知鄞县张峋提举两浙常平仓事，前宣州司理王醇管勾两浙常平仓事——这些差遣的任命，自然是为了进一步推行青苗新法。

皇帝推行新法的意图，看来丝毫都没有受到影响。王安石主政下的朝廷，仍在雷厉风行地大力推进变法改革。

王安石与韩绛则在制置三司条例司内开始了对后续诸多新法的准备工作，每日他们在前殿视朝结束后，便赴条例司，逐一与检详文字官等讲论、完善诸新法细则，陆续形成文字，以待择日一一进呈御前取旨。

闰十一月初八（辛丑日），又有两桩狱案令朝野颇为瞩目震惊。因王安石之请，官家下诏：遣提举司勾当公事沈衡，于秀州审讯前知杭州、龙图阁学士祖无择，又遣内侍管押祖无择乘驿，自京师速至秀州对狱根勘，严加审讯；又命权御史台推直张景直在越州查办光禄卿苗振贪赃渎职案。

在百官们看来这些实属鸡毛蒜皮之事亦要置狱勘问，对王安石的不满怨言中，更多了许多恐惧的声音。东京城里都说，王安石过去在嘉祐年间和祖无择同为知制诰，按理来说，词臣如翰林学士、知制诰等做诰命，可以接受获官之人的润笔财物，然而王安石偏异于众人，分文不取，人所强与者，则一概封存，置诸舍人院房梁之上。后来安石丁忧，祖无择将房梁上的钱物拿下来，充作舍人院公款，王安石得知后颇厌恶。如今都下之人尽言，这是性格褊促、气量狭小的王大参挟私报复。甚至有人说，这是王安石利用官家无心朝政之时机擅权报复，制造政治恐怖。原来就在两日前，闰十一月六日（己亥），出生仅仅十三日的皇长子不幸夭折，官家现正处于丧子之痛中。

次日，王安石在条例司内处理完公文，时间便到了午后。未时，中书集议讨论完当日最后的公事，王安石起身放衙回府。他已安排了一次会面，要见的人是一位三十出头的小臣，此人名曰曾布，乃是老友曾巩的同父异母之弟。

归得府中，曾布已候在厅堂多时，王安石自是先换了一身道袍，二人叙了宾主之礼，这才分了主客各自坐下。

"子宣（曾布字），近来居京师，尚还习惯？"

曾布忙起身又是一揖："劳恩相挂怀，自租赁下屋舍，亦无大事，只闻都下谤议颇多，似此等流言，若曰无人有心散播，恐不能如此。恩相或当留心一二，以防不利。"

"子宣不必拘礼，且宽坐，"王安石笑道，"浮议纷纷，又何妨，人言不足恤！你送来我处的文字，都已仔细看过，子宣之才，正可助官家与朝廷，力行新法！"

说话间，王安石将一份文稿递给了曾布。

"恩相，这是？"

王安石道："此乃更张役法的初步构思，子宣且看一看，是否有所未妥帖处。"

曾布全神贯注地看完了稿子，才抬起头望向安石，他此刻的震撼，难以言表，沉思了片刻，方道："恩相，此虽初稿，然构思着眼之宏大而精准，切中国朝乃至前代以来数百年役法之弊，实为高屋建瓴，巨匠斫月！"

王安石很满意曾布的态度，道："然则子宣以为如何？"

曾布平息了下激动的心情，开口道："恩相，我皇宋国初循旧制，凡诸差役，衙前以主官物，里正、户长、乡书手以课督赋税，耆长、弓手、壮丁以逐捕盗贼，承符、人力、手力、散从官以奔走驱使，在县曹司至押录，在州曹司至孔目官①，下至杂职、虞候、拣掏等人，各以乡户等第差充。国朝分主户为五等，以轮派差役，虽有祖宗旧制，但如恩相文字所说，有不胜其弊者！"

王安石对曾布虽为年轻文臣却精于政务，感到更是满意和欣赏，不禁心中感叹，真是有实干之才！

"请子宣接着说，某愿闻其详。"

曾布道："我朝虽曰务在爱民，然差役之重，百姓实不堪其苦！如今之乡户衙前，最是破家荡产。此不足为怪也，盖以乡村上三等户轮差衙前，或为主管官物，或为押运官物，若物资有失，则须按数目照价赔偿；更有如部送纲运，至于交割之所，而管库之吏，无不横加挑剔，必得贿赂乃可入库签押，民常有筹钱无门而不得归家者。仆又闻，偏远州县，甚至有令下户轮差衙前者，则不免百姓泣血号哭，自刭于沟渠！再如里正，虽亦曰号为脂膏，人所愿为，然不过以偏概全也。何哉？里正主课督赋税，遇乡里有故意欠纳或下户逃亡者，例须里正代为垫付，民多苦之。

弓手、壮丁等隶州县巡检司、尉司而任以逐捕盗贼之役外，尚须督修道路、解送公事、押解人犯，乃至巡察寺庙、酒坊、河渡、驿馆，其非能比厢军士卒，弓手、壮

---

① 县曹司至押录、州曹司至孔目官，此即宋代地方政府衙署中的所谓"吏"。押录者，即押司录事，常从上户中差派，后多改为招募，须熟悉地方政府公务者才能充当。州县之吏中，自孔目官至粮料押司官共十阶，谓之职级。孔目官为吏人之中最高等，辅佐州县长贰官点检文书，处理公务。吏虽政治地位低，但因多终身为之，且代代相传，乃能掌握地方之实权。

丁一无月俸，二无口粮，令一切自给，如弓手服役，常须满七年，大妨民户耕种稼稿，况弓手轮差三等户，壮丁多轮差四、五等户，民如何能堪？看详熙宁以前，散从、弓手、手力等，苦公事接送之劳，远者有四五千里，人非草木，何能堪？余者更不须论也，止这数条差役，百姓已不能聊生。况我朝差役之外，尚有夫役①，虽曰以厢军主之，解民倒悬，救前代之弊，然实则多有发民夫服役者。以某之见，今何以国家用度不丰，盖民困窘也！彼乡中农户，稍有几亩良田，稍事耕种，则左邻右里，众口铄金，指为富户，使充衙前，故中下户之百姓，皆田地不敢多耕，桑梓不敢多植，牲畜不敢多畜，为免户等之升，为避衙前等差役之害，若说句犯忌的话，得无谓之'苛政猛于虎'乎？"

曾布话已说完，却看到王安石坐在主座上默不作声，正担心是自己言语过激，令执政大臣不乐，谁知王安石突然击掌数声，道：

"好！子宣所言甚善！"王安石的兴奋全然不是场面上的，而是发自内心的喜悦。自他以翰林学士入京后，见过了太多异论，执政以来更是连司马光、吕公著这样的至交好友都渐行渐远，如今总算在吕惠卿之外，又得到了一个更年轻的实干之才！怎么能不为君父和朝廷感到高兴呢？

曾布起身深深一揖："仆如何敢当恩相这等赞誉？恩相筹划中的助役新法，以钱雇募代轮差征发，实为利益百姓之德政！不过，原本官户享有免役特权，而恩相之新法，乃要官户一例出钱助役，则届时人情之如何，亦可料矣！"

王安石道："为富国强兵，些许蚊蚋之浮议，何足道！我意用子宣参与助役新法之修订，望子宣有以助我！"

曾布这一刹那的激动，不亚于进士登科、释褐为官："恩相不以某鄙陋无识，学生敢不奋身为之！"曾布这会儿连称呼都改了，一揖到底，他知道，自己从此往后便是王安石门下参与新法公务的臣僚了。

熙宁二年，闰十一月十六（己酉日），命著作佐郎曾布差看详衙前条例。

与此同时，王安石早年的学生李定因得孙觉举荐，也被召至京师。李定正以卑微的选人官阶定远尉担任秀州判官。李定刚抵达东京汴梁，当晚便至王安石府上拜谒。

王安石前几日得曾布，是他格外欢畅之事，今日见到李定，亦是喜笑颜开。

看到李定身上都是积雪，王安石亲热地拉住李定的手，让他坐在烧着炭火的暖

---

① 夫役，即宋以前的所谓徭役、劳役，乃朝廷或各级地方政府强制性征发民夫进行无偿的劳动服务，如修陵、造桥、治河等。宋代以后，以厢军承担了不少劳役，但仍常有征发百姓服徭役之现象，如河防、转运军需、进筑城寨等都是最为繁重疾苦的徭役。

炉旁。

李定道："冬来京师大雪，甚寒。未审师相一向身体可还安康？"

王安石道："某甚好。资深（李定字），登二府以来，你一直不曾来信求官，如今得莘老（孙觉字）荐，方至都下，可谓能持正，轻易不为名利所动。"

李定起身一揖："学生虽愚，有一诗一信，终身不敢忘。"

王安石似有了兴趣，道："哦？资深且说与吾听？"

李定道："乃是师相所作之《感事》，有云：'丰年不饱食，水旱尚何有。虽无剽盗起，万一且不久。特愁吏之为，十室灾八九。原田败粟麦，欲诉嗟无赇。间关幸见省，笞扑随其后。况是交冬春，老弱就僵仆。州家闭仓庾，县吏鞭租负。乡邻铢两徵，坐逮空南亩。'师相在而立时节，已心忧元元，悲天悯人，正当是我辈读书人应有之仁心也！学生一刻不敢或忘！"

王安石道："往昔小诗，资深羞煞我也。然则一信又是？"

李定站得笔直，诵道："'天下之变故多矣，而古之君子辞受取舍之方不一。彼皆内得于己，有以待物，而非有待乎物者也。非有待乎物，故其迹时若可疑；有以待物，故其心未尝有悔也。若是者，岂以夫世之毁誉者概其心哉！'"

王安石叹道："此为三年前，我写予资深的信！"

李定道："回师相的话，正是。学生获益匪浅，三年来日日诵读，吾辈君子正当为天下万民，一往无前，岂以毁誉而有所畏惧乎？今师相辅弼天子，兴大有为之政，将膏泽烝民。然学生至京师，谒李常，其问学生，'南方之民，以青苗为如何？'学生据实以告：'皆便之，无不善。'而常谓学生曰：'今朝廷方争此，君见人，切勿为此言也。'师相，青苗、农田水利、均输，俱是利民富国的善政，以定所见，民其谁不乐之？学生唯知不作虚妄之言，却不知京师乃不得言青苗之便也！"

王安石握住李定的双手激动道："青苗果便民乎！"

李定看着自己的恩师，斩钉截铁地回答说："民甚便之，绝无半分虚言！"

王安石经过与素来信任的学生李定的一番见面，更坚定了推行新法的决心和信心。

闰十一月十九（壬子日），下发诏令，差官充逐路提举常平广惠仓，兼管勾农田水利差役事：屯田郎中皮公弼、太常博士王广廉、秘书丞侯叔献、殿中丞陈知俭凡三十一人；又差同管勾：大理寺丞朱纹、王子渊、著作佐郎曾亢凡十一人，分行天下诸路，加快速度、加大力度地推行青苗与农田水利两项新法。诸提举、同管勾官员，并令阁门引上殿面圣，聆听官家教诲，谕以重任和君父之期望。

两项新法果然在朝野掀起了更大的反对声，然而不止是浮议四起，如吕公著这样的旧交老友，曾被人视为安石之党的吕公著，也和王安石之间分歧越来越大。王安石一方面打发张载这样政见不合的小臣出外，让他去负责根勘苗振贪渎之案，另一方面又开始进用一些新的面孔。

十二月初三（乙丑日），王安石便奏荐李定参预编定《三司岁计》《南郊式》《三司簿历》，这不仅是为了给李定晋升的资历和机会，也是为了打造一支忠诚于他的变法臣僚队伍。

十二月二十一（癸未日），垂拱殿前殿视朝。

赵官家道："今来吕公著及台中御史屡言惠卿奸邪，不可在左右；又云条例司近转疏脱，所举官皆是奴事吕惠卿得之，谓非是安石、韩绛所识。此事卿等以为如何？"

王安石道："陛下，御史张戬言惠卿奸邪，臣不知有何状可言奸邪？"

官家道："张戬言惠卿尝欲排司马光，令其引咎辞官。此是经筵时事。眼下论列惠卿者甚众，何也？"

这会儿是二府合班，文彦博、吕公弼等俱在，王安石便道："若以惠卿果奸邪，陛下于经筵之时必已斥责，臣不知陛下是否斥责惠卿？"

赵官家摇摇头："亦不过讲筵中共论而已，云何须斥责，司马光亦有过激语。"

王安石道："臣所料亦必如此。既然陛下不以为非，则张戬所论列者，措陛下于何地？得无谓陛下无识人之明乎？"

吕公弼当即进言："安石如此攻讦御史，实为诛心，岂大臣体？臣请陛下问安石是何居心，而欲隔绝中外，壅塞言路。祖宗以来，台谏风闻奏事，何尝不得与人主为异论？"

王安石道："吕枢密所言诚是，正为此理，陛下于群臣当有所含垢，而臣之义亦当包荒①，故于此亦有所难言，然在陛下，不可不察也。至于吕公著所言条例司辟举之僚属一事，自外举者，诚非臣等所识，然取于众议。若谓奴事吕惠卿，则惠卿在条例司用事已来，几日在外，而能结党营私？人如何奴事得？"

官家遂道："安石所言是，若无他事，则安石留对，卿等可下殿。"

于是曾公亮、陈升之、赵抃与文彦博、吕公弼、韩绛俱作揖下殿。诸人早已对陛下屡屡留王安石独对见怪不怪。

---

① 包荒，指度量宽大。

待诸臣退下后，官家又道："先生，孙觉近日议论全与以往不同，称张载学问不在吕惠卿下。又谓张载贤者，不当使鞫狱①。依朕看来，孙觉如今专附吕公著耳。"

王安石道："令张载鞫勘苗振狱，自是陛下意，中书本不差除。"

官家点了点头："本置校书，政欲如此差除也。方才非是朕疑吕惠卿，实欲姑以试二府，而见曾公亮等惟拱默不言，吕公弼又欲借惠卿摇先生，韩绛又不敢置喙。二府大臣如此，新政浮议甚多，事颇难为。先生以为当如何？"

王安石起身一揖："陛下，今异论如此，若要力行新政，须有雷霆手段矣。臣已有思量，欲芹献于前。"

赵顼笑道："先生何必绕圈子，直说无妨。"

王安石道："本年正月以来，朝廷已委御史台询察审核衰老疾病疲癃之官员。事既有所因，便可借势而为。今不妨增三京留司御史台、国子监及宫观使②，如宫观祠禄官者，毋限员额，则非但可优待老臣，以令其俸禄无缺，更可用以处置异论者，令与闲散无事之职。一则使欲沮坏新政者出外，二则令奸邪宵小之辈有所忌惮。如此，则新法之行，或能减少阻力矣。"

赵官家听到此说，顿时精神为之一振。

"先生之策略，甚为高明！以优待之名，行贬黜之实，则士大夫难以非议，则庶几能震慑异论，使近臣不敢二三其心，唯当与朝廷协力王事。此意甚好！先生可在中书写就文字进呈，速降诏旨！"

王安石深深一揖："陛下圣明！"

熙宁二年十二月二十四（丙戌日），中书颁行诏令：增三京留司御史台、国子监及宫观官，以处卿监、监司、知州之老者，宫观毋限员，并差知州资序人，以三十月为任。

诏令一下，自京师至地方，百官哗然。士大夫们谁都看得出，这是王安石和朝廷的阳谋，从此以后，处置异论者也就有了名正言顺的手段！

熙宁二年的冬天格外寒冷，自闰十一月以来，开封府里贫困百姓冻死的不在少数，官家不得不几次下诏，令在籍贫民不能自存者，日给钱二十文；又令南衙收老疾

---

① 鞫狱，指审讯犯人。

② 三京留司御史台，指西京河南府、南京应天府、北京大名府所置之御史台，宋初为前执政官休老养病之所。宫观使，祠禄官名。祠禄官在宋初多有优待老臣、勋贵、戚里等之意，或与当时皇帝尊崇道教有关，熙宁以后往往用意处置贬黜官员，以剥夺其实际权力，只领取俸禄。

孤幼无依乞丐等，将其安置在京城的"四福田院"①里……

就在各项新法大力实施的熙宁二年（1069年）年末，在这个官吏各怀鬼胎、百姓饥寒交迫的冬天，苏轼写就了一篇铁骑并进、刀枪齐鸣的万言书②，以小臣的身份，公然向王安石的新政发起了攻讦。

---

① 北宋京城开封府在当时有东南西北四座福田院，专门收养老幼残疾而无依靠之人。

② 即后来历史上有名的《上神宗皇帝书》，苏轼在其中以万字雄文，逐一批判王安石已经推行的各项新法及改革、变法的思想。

第 三 卷

青 云

第 九 章

去马来车扰扰尘

熙宁三年（1070 年）如期而至。

正月十五上元灯节可算是一年中最热闹的日子，实际上这种京师里的狂欢从正月十四就开始了，一直要持续五到六天。眼下东京汴梁城里，到处都搭着彩棚，悬挂着华灯望子，无不是五颜六色，竞相攀比，令都下之民眼花缭乱、目不暇接。但最热闹的还要属皇城大内宣德门外的山棚①奇观，更有歌舞百戏，鳞鳞相切，可谓是一个接着一个，乐声、人声混杂一处，喧嚷欢腾，十里不绝。远远望去，便能见到这鳌山上金碧相射，锦绣交辉，仿佛是人间仙境，如梦似幻。

这会儿在宣德门的宫阙城楼上，官家与两宫圣人及掖庭的妃嫔等都已到场，各自落座于黄罗彩棚内，扈从在附近的御龙直②侍卫们，则手执黄盖掌扇，颇是威风地列于帘外。

此刻宣德楼下的大戏乃正式开始。正对着宫门的广场上，以枋木垒成一座高高的露台，四周栏槛结彩，两边的禁军身着锦袍一一排立，各个幞头簪以御赐宫花，手执金骨朵③，看得围观的都下百姓无不叫好。

表演开始后，喜庆的氛围充斥着整个东京城。皇宫城楼上的天家眷属们便饶有兴致地观看起来，妃嫔们欢声笑语，并未受后宫冷冰冰规矩的束缚，各个座位前都摆放着一张桌案，上有吃食、果子、汤饮，供贵眷们边看戏边享用。露台两边，自灯山至宣德门楼横大街，百余丈的范围皆用棘刺围绕，呼为"棘盆"。内设两根高数十丈的长竿，以五彩缯布装饰相连，高竿上悬着无数百戏人物，随风摆动，宛若飞仙。棘盆

---

① 北宋上元节时，以木料、松枝搭建，装饰者各种花卉、彩旗而成的巨大彩山，时人呼为山棚。

② 御龙直，扈从宋代皇帝的殿前班直之一，也就是俗称的皇帝近卫军，分为御龙左右直、御龙骨朵子左右直、御龙弓箭直、御龙弩直。

③ 兵器名，宋代官禁卫队有一部御前班直统一手持这一武器，礼仪性质的仪仗作用多过实际作用。

内另设乐棚，衙前乐人和禁军在里头演出百戏，供都下围观的百姓们观赏，是为与民同乐之意。

一轮明月正挂于夜空之中，宫阙两边的朵楼上则各张一巨型灯毬，约方圆丈余，内燃如椽大烛，照得城楼上恍如白昼。

官家的御座设在两宫娘娘边上，约莫看了一会儿工夫，高太后忽然侧过头来，对皇帝道："今日喜庆，本不当说与官家此等事，但吾放在心中，已有时日。"

赵顼听到母亲忽然垂问，乃收回了俯瞰露台歌舞的目光，恭恭敬敬地看向太后，道："不知娘娘有什么事要问臣。"

高太后道："去年年末，宗室里的女眷来我宫中哭诉，云是官家听信王安石，裁减宗室恩遇。我久在深宫里，如何知晓外朝事，竟是不能措一辞，但让她们少安毋躁，归语各自夫君，且谅解朝廷难处。"

赵顼脸色不免尴尬，应道："回娘娘的话，确有此事。朝廷用度匮乏，宗室支散请给，岁须甚多，因此不得已，才出此下策，稍减五服以外恩遇。观前代故事，亦不为无先例也。"

高太后一哂："即是下策，如何使得？官家便总叫安石说动，尽使些下策指挥，外间当如何看？"

赵顼全然未料到今日上元节灯会，高太后居然会这般责问自己，他看到曹太皇太后正在全神贯注地看露台表演，而自己的皇弟岐王赵颢亦坐在附近，心中万幸此时人声鼎沸，太后的声音也不大。

"娘娘，王安石公忠体国，诚社稷栋梁，外朝事务繁杂，既然要利益社稷百姓，些许损益，在所难免。"

"无家何来国？若官家不照管自家人，国何从来？邦家邦家，家事就是国事，"高太后的凤眼瞥视过来，"不过官家有一言在理，外朝事务繁杂，王安石当真忙得过来？依吾看，官家须得再找两个帮手才是。"

太后的话看似随意，可官家这会儿听来，真是分辨出了字字千钧的味道来。赵顼此刻看着宣德楼下彩山左右以五彩扎成的文殊、普贤两位菩萨的巨大人偶，恍惚中看到骑着狮子、白象的两尊大士，他们手中不断流出的"甘露"仙水，竟成了决堤的滚滚黄河浊浪，从露台下汹涌而来，将要淹没宣德门城楼，甚至是整个大内皇宫。

"官家可是在思考人选？"太后的声音让官家如坐针毡。

"娘娘，"赵顼回过神来，"外朝才智堪与安石相近的，直是难觅。"

"今亦不须问才智，当问才德如何，"高太后拿起一块梅花糕，放进嘴里细细品尝了一会儿才继续说，"我非是要干政，只为先帝走得早，大宋的江山担子又重得很，官家当拣选德行天下皆称许的俊杰人物，置在左右，吾与太皇太后方能无忧。"

赵顼硬着头皮道："近已相陈升之，且令韩绛同制置条例司。"

高太后道："未闻天下称许此二人德行，材与不材，非吾所知。若说德行忠贞，仁宗至和年间不豫，国嗣未立，天下皆寒心而不敢言。当时是何人主张立你爹爹为太子？乃是司马光！"

赵顼一惊，这是太后第一次在自己面前直荐某人，赵官家陡然感受到了巨大的压力。这会露台上的歌舞正到高潮，妃嫔们的喝彩声和棘盆外百姓的喧闹也更是响亮，可皇帝全无节庆的欢喜心情了。

"回娘娘的话，先帝立为嗣君，在司马光上疏前，似尚有谏官范镇首发其议，况富弼、韩琦等亦并非无功。"

才说到富弼和韩琦，赵顼便后悔了，生怕太后说出什么召回二人的话来，然而太后却道："岂止为这一件事？若但说请仁宗立嗣，亦未必即见出忠贞来，古往今来不乏借此拼一份定策功勋的小人。可后来的濮议①，似韩琦、欧阳修者不免望风希旨，司马光却敢忤逆先帝……濮议一事，你爹爹之意确实不合乎礼法，今日太皇太后在，官家若还有疑问，何不问之？别的且不说，只这两件事，就见出司马光德行高出他人一截，是以天下谁不称颂？请立嗣，是忠勇；不肯附濮议称皇考，是刚直。这样的大臣，该用与否，吾不须多说，官家自然会思量。且他和王安石，非朝野皆知的'嘉祐四友'耶？"

赵顼正愁着如何回答，边上曹太皇太后终于也侧过身来，笑道："滔滔与官家在说些什么？"

高太后乃自回过头，看向了庆寿宫圣人，道："回娘娘，止是些寻常欢喜的话罢了。"

赵顼忽感身心俱疲，太后的声音忽而远在天边，随即周围的一切仿佛变成了镜子上的海市蜃楼，又破碎成了无数琉璃，除此之外，只徒留一片黑暗幽深的虚空……

上元节数日的狂欢一过，京师百司官吏又恢复了往日的繁忙。

卯正一刻，宣德门开，宰辅大臣们依旧是在队伍最前头步入宫内，内殿常起居，问圣安之后，前殿视朝的第一班已然默认为是二府合班奏事。

---

① 即濮议之争。英宗赵曙原乃濮王之子，后成为仁宗赵祯养子，即位后欲尊生父为皇考，当时的宰执如韩琦、曾公亮、欧阳修等都支持英宗皇帝，而司马光、吕海、吕公著等台谏官员均极力反对。最后曹太后不知出于何故，由反对到赞成英宗，且下诏书令英宗称濮王为皇、为亲，次日英宗乃下诏称濮王为亲。之后近臣及台谏官员等遭到大面积贬官出外。

曾公亮、文彦博各自率领二府班子进了垂拱殿，其他参与常起居的臣僚们也跟在其后，各自按照殿内的石位、杂压①站立排列。由于此前是上元节休沐，非比平日只须两拜，这会儿内殿起居的内外文武臣僚乃依次向官家行两拜之礼，并舞蹈②。

可看着近要臣僚们的起居之礼，赵官家心里只感到一阵说不出的烦躁。待起居终于结束，群臣下殿，二府便开始了今日前殿视朝的第一班奏事。

官家道："翰林学士范镇，右正言李常、孙觉前各上奏本，朕皆留中，今付卿等看详。"

于是曾公亮、文彦博乃上前接过了两份奏本二府的宰执大臣们分别看了起来。王安石先是见范镇的奏本上写着：

请罢青苗法疏：

臣窃以常平仓始于汉之盛时，贱则贵而敛之，恐伤农也；贵则贱而散之，恐伤民也，最为近古，虽唐虞之政，无以易也。而青苗者，唐衰乱之世所为也。所为青苗，苗青在田，贱估其直，收敛未毕，而必其偿，是盗跖③之法也。今以盗跖之法，而变唐虞不易之政，此人情所以不安，而中外惊疑也。陛下以上圣之资，厉精求治，宜先道德，以安民心而服四夷。有司乃皇皇于财利，使中外人心惊疑不安，臣恐四夷有以窥我也。乃者天雨土，地生毛，天鸣地震，皆民劳之象也。伏惟陛下观天地之变，罢青苗之举，归农田水利于州县，追还使者，以安民心，而解中外之疑。

看毕，二府交换了彼此手中的奏本，王安石又看到了自己的亲信孙觉、李常写道：

河北提举常平王广廉近至京师，倡言取三分之息，又闻制置条例司欲行其法于天下。乞明诏有司，勿以强民，仍且试之河北、陕西数路。初敕旨放青苗钱，并听从便，毋得抑勒，而提举官务以多散为功；又民富者不愿取，而贫者乃欲得之。即令随户等高下分配，又令贫富相兼，十人为保首。王广廉在河北，第一等给十五贯，第二等十贯，第三等五贯，第四等一贯五百，第五等一贯。民间喧然，不以为便。而广廉入奏，称民间欢欣鼓舞，歌颂圣德。

官家道："范镇谓常平新法乃盗跖也，乞罢青苗及农田水利法，卿等以为如何？"

皇帝所问的青苗、农田水利均属于民政，如今二府合班奏对，但民政问题一般也应由中书先发表意见。曾公亮见王安石没有立刻说话，只得先开口道：

"陛下，翰林学士范镇之言，考诸汉唐，亦有所见地。然常平行于今日，确有积弊，所论者非一。而青苗新法，施行之日尚短，若骤然罢之，臣恐乡野蠢氓，妄议国政，而损陛下圣德，则所害非细。不若下诏，明令禁止州县强俵①抑配，一经查实，则加以黜责。州县长贰见此指挥，当不敢抑配邀功，扰民之事，或可减少。"

陈升之亦道："臣附议。"

王安石道："青苗之法，本以纾解民困，然后以利国家。今谓不许抑配，固为是。然既兴大有为之政，天下观望之际，陡然再出诏令约束，州县不免惶惑，以为朝廷亦自动摇，则新法将愈难行矣。"

吕公弼听到这里，还不等赵顼是否有所表示，便出言打断：

"陛下，安石此论，实所谓讳疾忌医、掩耳盗钟也！臣看详范镇奏疏，所说皆中肯。如云民借青苗钱，而当夏秋二税缴纳之际，如何能免地方以贱价估百姓之粮粟，高其二分之息，多敛以取宠于上？青苗新法，犹如驱亲民官而贼民也，谓之盗跖之法，不亦宜乎？况近来灾异频仍，圣人每曰，此民劳困窘，而天降示警，将以告诫人主也。且王广廉在河北竟已敢按户等强俵，是已可见利害端倪。安石反谓不当降诏，则地方长贰贪功绩者，得肆无忌惮，扰民抑配，盖有不胜言之弊也！"

文彦博亦道："陛下，中书曾相之言是，当下诏禁止抑配强俵。"

赵顼被吕公弼的一番话说得更为心烦意乱，因为自从他登极以来，已做了三年的皇帝，对官员们尤其是地方官吏的道德素养有了更贴近现实的认识，而不再对士大夫们有过高的幻想和期待了。吕公弼说的那些情况，在地方州县里并不罕见，释褐为官者，哪个不想升官发财？如今朝廷推行新法，当然会在磨勘时考绩他们的新政推行情况，以定高下，再以此决定升迁或降黜。

"常平新法，本为惠爱元元，既有抑配之患，确可考虑下诏禁止，安石以为如何？"

王安石见到官家似已动摇，便道："陛下，前者颁行青苗法之诏敕，已然写清'不愿请者，不得抑配'，则朝廷法令，禁地方强俵亦已明矣。今再降诏约束，地方长贰恐即狐疑，谓常平新法，或行将罢废亦未可知，如此则必不能力行新政矣！"

赵抃道："臣以为不然。今李常、孙觉已言王广廉倡言青苗当取三分息，且制置

---

① 强俵，即强行抑配摊派，支散青苗，借贷给百姓。

条例司有行之于天下之意。若惮前诏明言不许抑配，不可再行约束，则今变二分息为三分，岂非亦朝令夕改？独不惮乎？其至地方，州县见朝廷唯欲多取息于民，则恐四分、五分、七分之息，未必不抑配百姓也！"

赵官家道："既如此，中书拟文字便降指挥吧。"

王安石知道这会两府都主张下诏，便只得说："陛下必欲下旨约束，则当亦明令州县不可沮遏愿请者，凡敢借故不散青苗，民请贷而百般不予者，亦须黜责。如此方稍能不坏常平新法。"

官家点点头："如此亦好。"

下殿后回到中书，曾公亮当笔，王安石看过后觉得无甚问题，乃与陈升之、赵抃一同签押，处理了其他公务，便去了制置三司条例司。

再回到中书，已过未时，王安石道："诸公，明日仆有事告假，中书政务，有劳费心了。"

曾公亮笑道："介甫且放心，一日不打紧。"

陈升之亦报以颔首微笑，唯独赵抃只作没听见，也不理睬。

王安石将手头文书处理完，便也顾不上其他，叫来元随准备车马，自先放衙离开了中书。

待安石走后，陈升之忽然道："诸公，方才诏旨中，'仍戒沮遏愿请者'，何不删去？"

赵抃一惊，道："不知相公竟能如此！"

曾公亮捋着须髯道："明日安石既告假，行下亦无不可，但后日见之，则怎生理会？"

陈升之道："青苗如此，岂能成事？必大扰民！异日史书谓吾辈为何？"

曾公亮沉默了一会，乃说："那便删了这句，也算是保全介甫令名。"

陈升之道："正是！"

此时发生的一切，王安石全然不知情。他回到府上，才歇了片刻，本欲为明日事情做些准备，院子却来报，说有个书生拿着名帖求见。

王安石打开名帖一看，原来是自己在江宁讲学时的学生，陆佃①！

"快请他进来。"

王安石略一想，便知道陆佃当是入京应举来了。

---

① 陆佃，乃陆游祖父。

叙了师生礼，二人便在厅堂里落座，王安石关心了陆佃的学问，想到青苗、均输也已在民间推行数月了，便问道："农师（陆佃字），你自南方来，新法行之如何？民间乐意否？"

陆佃想到自己此番拜访恩师，必然会被问以新法在民间的情况，他斟酌再三，还是决定将自己所见乡里之情形委婉道之。

"恩师，新法非不善，但推行之初，或许有所不能尽如人意，反有些许扰民处，如青苗是也。至于均输，学生忙于读书，实所不知。但闻豪商巨贾之家，皆大不乐也。"

王安石喝了口茶道："青苗何为乃尔？我与惠卿议论再三，又访问民间，当不至于如此。"

陆佃道："恩师乐于纳谏，固善之善者，然外间颇以恩师为拒谏。地方官吏，又欲邀功，学生实在担心恩师的新政，本为利民，而竟使恩师负谤难辩。"

王安石明白，陆佃所言，亦为实情，便笑道："吾岂拒谏者？但邪说营营，顾无足听。法之初行，下及地方而有所弊端，此不过人之常情，要在后续如何。今吾力行新政，欲夺富户之利，纾解百姓困苦，增加朝廷岁入，而所利益者，乃乡野无知之氓，所摧抑者，乃地方有力之豪右，若全无小挫，反为痴人说梦矣。"

陆佃仍面露忧色："学生知恩师以身许国，然天下未必知，且人厚己爱私者众，利他奉公者少，实在为恩师担心！"

王安石付以一笑："二十八年几往返，一身长在百忧中①。有所忧亦何妨，无所忧是庸碌纨绔也。"

正月二十四（乙卯日），五更天。

王安石昨日告假，今日如常赴朝。他到了待漏院后，向陈升之和赵抃二人拱了拱手，方坐在桌案前看起进奏院送来的各地臣僚奏疏和公文。

王安石这般看了一会儿，见无甚大事，便又看起了邸报②。首相曾公亮也终于到了，与中书的宰臣们行颔首礼。

王安石一目十行地浏览着，猛地看到邸报上昨日下发的约束各路常平新法的诏令里，居然唯独少了自己特别强调的那一句："仍戒沮遏愿请者"！他分明记得，当日放衙离开中书前，曾仔细审阅过曾公亮当笔的诏旨，为何正式下发时偏少了这最紧要

---

① 对应王安石诗《句容道中》："荒烟寒雨暮山重，草木冥冥但有风。二十四年三往返，一身多在百忧中。"此诗作于治平三年（1066 年）。

② 邸报，即朝报，宋代官报，类似于在官吏间流通的内参，又称传报、报状、进奏院报。

的一句！

"诸公，"王安石将邸报放下，强忍着愤怒道，"前在御座下，已商量妥帖，曾相所撰文字亦甚好，何以有所删改？"

陈升之见曾公亮和赵抃都不说话，便道："介甫，这事须你谅解则个。本确当按原来文字下发，不过青苗之行，王广廉竟已按户等抑配，事之严重，介甫在御前亦亲闻。"

王安石打断了陈升之的话，道："此已议过，如何便骤然删改已定之诏令文字？"

陈升之道："介甫有所不知，那日你放衙后，陛下又将程颢、李常的奏疏降付中书，说是王广廉之兄王广渊①在京东路和买②，抑配取息。正因此事，仆与曾相、赵参政才商议删改了此句。"

赵抃闻言，却暗自在心中感慨，这陈升之可真是信口开河！明明是恐青苗终不能成，徒令他陈升之在白纸黑字的史书上留下污名，却在王安石的质问下，脱口而出另一套说辞，真可谓奸猾之人也！

陈升之如此一说，王安石只能将此事暂且作罢。

卯正一刻，宣德门开，百官进入皇宫大内。

内殿常起居后，依旧是二府合班奏对。

议论完陕西的几道奏疏后，官家道："程颢、李常论王广渊和买抑配事，中书意见如何？"

不等曾公亮、陈升之有所发言，王安石便率先道："臣方才在进奏院看详奏本，今来河北转运使刘庠不肯散青苗钱，拒不执行朝廷诏令；又提点开封府界县事吕景亦拒散青苗钱，臣以为所系非小。刘庠为河北漕臣，其不肯行新政，则王广廉虽为提举常平，州县观望监司之意，事尚何可为之？非但青苗于河北不能行，农田水利亦必不能行也。吕景不肯散青苗钱，则为害有过于刘庠者。开封府乃首善之区、辇毂之下，而竟不行天子之诏，则虽欲令诸路行之，其可得乎？故王广渊在京东力行新法而遭劾，刘庠、吕景者故坏新法而不问，举事如此，安得人无向背？"

赵官家道："召吕景至中书戒谕，则如何？"

王安石道："召区区提举官至中书，于体非便。宰臣者，佐人主燮理阴阳，岂能

---

① 当时王广渊正担任京东转运使，为王安石科场同年。

② 和买，亦作"和预买"，始于北宋真宗咸平二年（999年）。这是一种朝廷向百姓预购绸绢的制度。在春季农户青黄不接时，朝廷借贷钱给百姓，到夏税缴纳时则按所借贷的钱数折算绸绢输纳，进行偿还。最初是官民两利，但随着时间的推移、和买推行范围的扩大，它逐渐成了一种新的剥削手段。

事必躬亲？诸路闻此必狐疑观望，不敢推行新法，只令条例司指挥可也。"

吕公弼对王安石所说早已腹诽不已。他深知王安石是想撇开中书其他宰臣，以便在条例司里痛斥或恐吓吕景，成其奸诈！

于是吕公弼也顾不得曾公亮等尚未发言，便先开口道："陛下，青苗等新法固为民政，然河北路临边，干系北虏，事体甚大，臣不敢缄默。王广廉倡言取三分息，然臣反复看详朝廷去年九月所初下之常平新法诏令，并不言向民取息。且止言'先行于河北、京东、淮南三路，俟成次第，即推之诸路'，当时条例司谓'凡此皆以为民，而公家无所利其入'，而后无数日，即遣提举官逐路分行监司州县，且已言取二分利息。则此可谓失信于天下也！安石好言孟子，臣请以孟子论之。孟子尝谓梁惠王，'何必曰利，亦有仁义而已矣'！诚哉斯言！青苗若不取息，自然利民。故今日事，若不罪王广渊兄弟二人，反黜责刘庠、吕景等，恐不妥当！"

王安石立即道："此言臣不能苟同！朝野浮议纷纷，未必意在法之如何耳！且孟子所言利者，为利吾国，如曲防遏籴①，利吾身耳。至狗彘食人食则检之，野有饿莩则发之，是所谓政事。政事所以理财，理财乃所谓义也。一部《周礼》，理财居其半，周公岂为利哉？盖因民之所利而利之，不得不然也。然二分不及一分，一分不及不利而贷之，贷之不若与之。然不与之而必至于二分者，何也？为其来日之不可继也。不可继，则是惠而不知为政，非惠而不费之道也，故必贷。然而有官吏之俸，辇运之费，水旱之逋②，鼠雀之耗，而必欲广之，以待其饥不足而直与之也，则无二分之息可乎？则二分者，亦常平之中正也，岂可易哉？"

官家的视线掠过吕公弼，望向其身旁的枢密副使韩绛："卿以为如何？"

韩绛道："常平新法乃民政，当以中书意见为重。"

官家点了点头道："是也。非朝廷欲掊克百姓，然国用不足，若无二分息，虽此惠民之政，亦难以为继。王广渊可放罪不问，吕景令条例司戒谕。"

二府班子各自下殿时，一个念头在王安石脑中闪过：治平四年吕景为御史时曾被罚铜、贬通判濠州，当时便是司马光上札子劝皇帝收回成命；后来的熙宁元年司马光又举荐吕诲、吕景出任台谏……这些应该只是巧合吧？

王安石压下了这些念头，转头忙于中书和条例司公务去了，毕竟还有方方面面的大小事务等他过目和决定。

---

① 曲防遏籴，典出《孟子·告子下》。曲防，即曲堤。遏籴指邻国灾荒时，禁止邻国来采购粮食。

② 逋，指拖欠。

正月的最后几天很快便过去了，而朝野内外的暗流涌动似乎一刻也不曾停歇。

二月初二（癸亥日），垂拱殿视朝。

方才常起居时，王安石已发现官家面有不豫之色，这会儿二府宰臣们再次集体作揖后，便听到御座上传下声音：

"韩琦昨日上实封奏一封，曾相且念予众臣。"

曾公亮躬身上前接过了奏札，字正腔圆地读了起来：

"今乃乡村自第一等而下，皆立借钱贯陌[①]，三等以上更许增数，坊郭户有物业抵当者依青苗例支借。且乡村三等并坊郭有物业户，乃从来兼并之家也，今皆多得借钱。每借一千令纳一千三百，则是官放息钱，与初抑兼并、济困乏之意，绝相违戾，欲民信服，不可得也。……欲望圣慈矜臣愚直，更赐博访，若臣言不妄，即乞尽罢诸路提举之官，只委诸路提点刑狱臣僚，依常平旧法施行，以安众心，天下幸甚！"

曾公亮终于读完韩琦长长的奏札，二府宰臣们无不面色凝重，除王安石外，皆面面相觑。

韩琦乃是元老重臣，是仁宗、英宗朝的宰相，英宗登极，韩琦更是有定策之大功。他的上奏，自然具有非同一般的分量。更何况韩琦在这份请罢青苗法的奏札里，逻辑极为清晰地梳理了三大理由。一者，地方上已出现青苗取息三分利的现象，这与最初的常平新法诏令所说的"纯粹利民、官府无所入"自相矛盾，是失信于民。二者，乡村上户本就有财力物力，不须借贷，可见多半只能支俵给贫下户。按照法令这些贫下户所能请领的数额也有限，地方官自然会担心完不成朝廷的指标而影响磨勘、升迁，这种情况下抑配摊派等事恐怕难以避免。即便全由贫下户自愿请领，那么他们本就税赋繁重，何以能随夏秋两税缴纳？若下户无力偿还，则将连累整甲，人情岂不沸腾？三者，民间豪右放贷，其还贷时间、方式等都较为灵活，暂时逾期对双方都不会造成太大影响。但朝廷的情况不同，常平广惠仓的本钱相对天下诸路的放贷范围来说，是比较有限的，如果百姓出现了大量逾期不能随二税偿还的情况，非但青苗法无法继续运行，更不免对百姓严刑峻法，催缴盘剥，那么地方上的民怨、骚扰也就可想而知！

赵官家脸色竟有些苍白，仿佛透着很深的疲惫，他叹道："韩琦真忠臣也，虽在外[②]，而不忘王室。朕始谓青苗可以利民，不意乃害民如此，出令不可不审。诸公以为青苗法当如何措置方妥帖？"

王安石不等曾公亮等进言，即道："陛下修常平法所以助民，至于收息，亦周公

---

① 贯陌，即贯百，指一贯以上若干钱数。

② 当时韩琦已由复判相州改任河北安抚使，判大名府。

遗法也。且如桑弘羊笼天下货财以奉人主私欲，游幸郡国，赏赐至数百万，皆出均输，此乃所谓兴利之臣也。今陛下广常平储蓄，抑兼并，振贫弱，置官为天下理财，非以佐私欲，则安可谓之兴利之臣乎！收息固无害，况陛下已又下诏约束！"

赵顼道："卿言亦善，然坊郭俵钱如何理会？常平新法，本已明确，先支与乡村人户有剩，然后可依条例支俵坊郭户，如何今日提举官已要强与抑配，使坊郭户请领？则韩琦所论人情将沸腾不乐，亦诚可忧。"

曾公亮道："陛下爱民之心可谓至矣。以常理论，坊郭户即不当俵钱，虽初之诏令言坊郭有抵当者，亦可待乡村人户请领剩余，从而支与。然今来不免抑配，则坊郭中游手无常产可抵当者，率得钱陌，恐亦难以催还，别生琐碎。"

陈升之亦道："曾相所言是。坊郭者不事耕耨，本无青黄不接之急，亦何须请领官钱？若游手之人得之，转眼成空，于缴纳时即多不能偿还，而使吏人追挞，尤碍盛世之观也。"

王安石道："苟从其所欲，虽坊郭何害！坊郭所以俵钱者，以常平本钱多，农田所须已定而有余，则因以振市人乏绝，又以广常平储蓄，所以待百姓之凶荒，不知于义有何所害？"

吕公弼道："我朝以农为本，以商为末，儒术治国，莫不如此！官贷青苗钱予乡村农户，尚有一二可采之处，然贷予城镇商贾坊郭之人，实不知何意？为是助坊郭之上户兼并耶？为是令坊郭之游手者挥霍耶？商贾奸诈，朝廷不可予钱，贷之必遗祸！"

韩绛见状，开口道："今止论不当抑配坊郭，非所谓农本商末之辨。且商贾行贩、街衢市集之所征，亦朝廷岁入之大者，云何不能支散青苗钱以取息？"

曾公亮道："公弼所说亦有在理处。坊郭上户则无所用之，下户得青苗钱则难于输纳偿还。"

王安石道："既取情愿，则坊郭以为无用者自不俵；既有保甲，则难于纳者自不能请矣。何须过虑！"

陈升之又道："但恐州县避难索之，故抑配坊郭之上户，强令其请领以取息邀功。"

王安石决定不再客气，道："抑配诚恐有之，然俟其有此，严行黜责一二人，则此弊自绝。如河北路则恐不可抑配，闻韩琦以北京留守、元老帅臣之威自讽谕诸县，令言百姓皆不愿请青苗而使投状，内一县切以为不便，而为司录①陈纮者说譬曰：'若朝廷更遣人体问百姓，反称情愿，则奈何？'于是乃未行投状之事。倘河北一路

---

① 司录，即幕职官"录事参军事"，宋代州、军设录事参军，府为司录参军事，其为州郡属官，掌州、军监狱众事务，并纠察诸曹官，宋初上州录事参军为从七品上。

有一人不愿，则韩琦必受其状以闻。今琦自入奏乃无此，则百姓不以为不便，举提举官不敢抑勒，可知矣！况韩琦在奏札中说'贫下人户见官中散钱，谁不愿请？'则民情如何，亦已甚明；其又说'日闻一路官吏所论，皆云散钱不便'则非百姓不便，乃官吏不便耳！此韩琦自言，非臣揣度，而民以为便，官吏反不便，内里缘由，臣不敢妄论，唯陛下圣心体察！"

王安石的话非常尖锐。他说韩琦竟以自己元老和一路帅臣的威权，想迫使所辖州县长贰强令百姓投状说不愿请青苗，但其中某县官吏认为不妥，万一朝廷派人访问，而百姓称情愿请青苗钱，则有欺君之嫌，于是向韩琦麾下的司录参军陈绂说以此顾虑，最终才没有做诱逼百姓投状的事情。而王安石更一针见血地指出，既然韩琦认为青苗法在河北一路绝无可施行的道理，那么只要河北路有一个人不愿请青苗钱且投状，韩琦必定会把状子随奏札一并实封御前！可现在韩琦的奏本中，并无任何一道百姓投状，那么看来河北百姓并不认为青苗不便，而提举官也不敢行抑配一事，是显而易见、毫无疑问的！——这已然是说韩琦弄权欺愚皇帝了！另外，王安石提出为何韩琦奏札中，百姓们以为青苗钱是好事，而官员反普遍以为不妥？显然他是在暗示，地方官吏之家，亦多是放贷取利的豪右兼并之家！青苗新法，正是在伤害他们的巨大利益！

近来屡屡三缄其口的文彦博终于说话了。

他高大的身子向御座前迈了一步，深深一揖，然后道："陛下，韩琦乃定策元勋，今论青苗一事，理切而情挚，所以中书曾相、陈相皆以为韩琦之言是。而安石为国家执政，乃以风闻无根之语，深诋朝廷元老忠贞之臣，巧言诡辩，全无大臣体。臣看安石所言，乍听虽雄辩不能驳，其实皆无道理。如言'倘河北一路有一人不愿，则韩琦必受其状以闻。今琦自入奏乃无此，则百姓不以为不便，举提举官不敢抑勒，可知矣！'此诚眩乱名实也。非河北路无百姓以为青苗不便，乃人情不能无不同，法不论善与不善，在民间皆有便与不便之见，若韩琦以数状谓一路百姓皆言不便，是乃欺君。此事在韩琦为之，又有何难？今琦不为此，正可见其忠荩，不愿张弥天之说，荧惑圣心。安石又论韩琦章奏前后矛盾，臣以为非是。贫下户以易得官钱为乐，此正人情也，然得钱时易，偿还时难，亦人情之常！前后臣僚论者，不下数十次，韩琦所谓'一路官吏所论，皆云散钱不便'，正以此。而安石竟于御前，播诛心之论，摇三朝宰臣，臆测地方长贰，尚倡言'非臣揣度''不敢妄论'，臣不知其可也！且看详韩琦所奏，青苗之弊、抑配之情，亦已甚明，伏唯陛下圣裁！"

赵顼本已被王安石的话所打动，深恶韩琦之弄权，但听到文彦博条理极为清晰的驳斥后又有所动摇。他想到文彦博素来与富弼最为交厚，和韩琦已暗有龃龉，如今反而却秉公为韩琦说话，想必是秉公直言。

韩绛这一刻更加感觉到了文彦博背景巍巍如山的压迫感，这位如今朝中威望最高的元老，不出言则已，一出言便完全驳斥了王安石那一番无懈可击的论言。

韩绛犹豫了片刻，也跨前一步，道："正如彦博所说，'人情不能无不同，法不论善与不善，在民间皆有便与不便之见'。河北一路乃至天下诸路，必有众多百姓愿请领青苗钱，此又何疑？陛下兴大有为之政，能利益多数百姓即为善法，虽尧舜时亦有共工、驩兜，而不能令人人乐其政法，故臣附议安石，请陛下勿疑！"

吕公弼顿时怒喝道："韩绛，尔在御前谓谁是共工，谁是驩兜！"

官家见两府奏对竟成了宰臣们互相攻讦，便想到上元节时高太后对自己的步步逼迫，只觉得一阵晕眩和烦躁，正待说话时，王安石终于开口了。

"陛下，臣以为此事至小，利害亦易明。直使州郡抑配上户俵十五贯钱，又必令出二分息，则一户所陪止三贯钱。因以广常平储蓄，以待百姓凶荒，则比之前代科百姓出米为义仓，亦未为不善。况又不令抑配，有何所害，而上烦圣心过虑？臣论此事已及十数万言，然陛下尚不能无疑。如此事尚为异论所惑，则天下何事可为？"

赵顼眼神竟有躲闪，道："亦须要尽人言，若不令人说，恐有拒谏恶名。常平取息，地方上豪右奸雄或可指以为说动百姓。"

王安石深深一揖："陛下，今榷盐酒，皆用重刑以禁。民买绸绢，或强支配以监。奸雄不以此为说动百姓，常平新法乃赈贫乏、抑兼并、广储蓄，以备百姓凶荒，不知于民有何所苦？民别而言之则愚，合而言之则圣，不至如此易动。大抵民害加其身，自当知。且百姓与法令之成坏有何私情干系？其言必应事实。唯士大夫或有私情，则其言必不应事实也。"

王安石的这番话非常有力地强调了百姓虽然从个体上来说目不识丁，但作为总体的"民众"而言，则有其民贵君轻、天下之本的神圣性，即是说，天下百姓并不是好愚弄的！况且朝廷执行的法令，其成败本身与百姓没有多大关系，百姓只关心自己的切身利益，对法令的好恶通常不会有任何私情；而同样的法令却会牵涉到士大夫方方面面的利益，所以他们常对朝廷之举措别有私心杂念！

文彦博道："陛下，安石所言，臣窃惑矣。民别而言之则愚，固世之公论，不辩自明。然臣只见过行路之布衣黔首，或独行，或三三两两，未尝见所谓'合而言之'之百姓也。不知此'民之合'，安石于何处所见？非安石所不能见，古之圣贤亦岂能见也！今安石以此虚无大言，谓民不可欺愚，而古来奸雄驱民为乱者，岂在少数！陛下防微杜渐，欲弥患于未然，正子爱万民、圣心独运而莫测也，臣不知安石学贯古今，云何竟不能体察陛下之心。"

王安石颇为悲愤道："文潞公未读过《尚书》？'天听自我民听，天视自我民视'！夫民者，天之所不能违也，而况于王乎？况于卿士乎！书所言之民，非'合而言之'乎！"

文彦博笑道："此真泥古之论也，书谓天子当以民之所求，以民之心为治天下之心，今乃论青苗支俵个别一一之民，所谓就事论事，岂是论学也？"

见王安石、文彦博互不让步，赵顼感觉甚为头痛，他摆摆手道："今日且议到这里。韩琦所说常平新法抑配等弊，二府不可不察，且自商量，待文字写就，另来进呈取旨。"

曾公亮、文彦博、吕公弼等见状立刻作揖："臣领旨。"

只有王安石一人还错愕地站在原地，难以置信地望着一脸苍白的官家。

下殿之后，王安石称病告假中书亦不去条例司，直接叫来元随，出了宣德门，乘上车马回府了。

王安石称病居家的消息立刻在宫府内外传播开来。御史台里，吕公著自然也知道这一消息，他默默无言，只是继续低头处理公文。而御史王子韶、程颢等听到消息不免面面相觑，颇有惧色。程颢之前也曾上奏言成都不可行常平新法，但他未曾想到自己也卷入了这最高层的权力交锋之中。

却说王安石回到府上，径自去了书斋，当即磨墨写就请辞参知政事的奏札。儿子王雱进来送茶，一见大惊道：

"爹爹何必退让！"

王安石道："出去，我自有处分。"

王雱急得跳脚："爹爹，如何能遂了那些奸人的意思！官家和天下都离不开爹爹！新政推行方数月，爹爹不可退啊！"

"出去！"王安石喝道，"你亦要忤逆我吗？"

王雱再不敢多言，只得一揖。

王安石写完了奏札，又想到赵官家因为韩琦、文彦博、吕公弼等人的连番进言便对新政如此动摇的举动，更是如鲠在喉。他甚至无法确定，官家变法的决心究竟还有多少，难道自己所主持的变法即将如范文正公的庆历新政一般，不到一年便要夭折？

想到这些，他提笔写下了一首诗：

范蠡五湖收远迹，管宁沧海寄余生。
可怜世上风波恶，最有仁贤不敢行。[1]

———————————
[1]《王荆文公诗笺注》，王安石所作七言绝句《世上》。

春秋吴越争霸的最后，范蠡扁舟远行，杳杳于江湖，再不问天下世事；汉季诸侯逐鹿的时节，管宁滨海余生，飘飘乎山水，唯手捧诗书数册，可谓大贤卷怀，其来有自！世上从来事难成，早将林泉隐逸去！

次日，曾公亮、陈升之、赵抃在待漏院里看到王安石托疾请辞的奏札，知是头等大事，便立刻进呈御前。

两府班子前殿视朝奏对下殿后，阁门官吏拿着官家批答不允的王安石奏本，火急火燎地往学士院跑去，今日在学士院当值的正是翰林学士司马光。

阁门官吏道："司马内翰，官家令你即刻批答王大参的札子。"

司马光猜到，称病居家的介甫定然是在奏本中请求辞去副宰相一职。他接过官家已简要批答的奏本，当即挥毫落笔，开始代王言，完成真正的批答。

这日午时刚过，大内的貂珰李舜举便带着司马光写就的批答出了皇城，直赴王安石府上。

王安石此时仍是在书斋里坐着看书而已，但他心里烦躁，一时间也颇读而不知味，竟有些出神了。

书斋的门忽然被推开，在家中敢这般做的也只有王安石的夫人吴氏了。只见吴氏铁青着一张脸，道："大姐①在外头受苦，你可知道！"

王安石一脸惊愕："大姐能有什么事？"

吴氏陡然垂泪："我今日差人送些物事去吴家，亏寒翠儿机警，见大姐面色不好，原来是舅姑②与她脸色看！"

王安石道："我与冲卿③情谊甚笃，交往多年，大姐与安持一向甚好，怎生有如此事？"

吴氏立刻怒目圆睁，骂道："獾郎你个老糊涂！竟真是半点不知？你鼓捣那新法、新政，却不问大姐的姑爷是不是赞成！眼下却要害了大姐一辈子么！"

王安石愣在圈椅上，半晌说不出一句话来。吴氏只能掩面而泣，自顾自跑出去了。

原来，王安石与吴充两亲家公乃是官场上颇为罕见的"同官同齿复同科"④，他二人不仅年龄一样大，又是同年进士登科，在仁宗皇帝至和年间又同为群牧判官，情谊是相当好，相交已近三十年。王安石更是将长女王氏适吴充子吴安持为妻，士林乃传为佳话。王安石为执政之后，吴充上疏引嫌而求解谏职，遂知审刑院，不久权三司

---

① 大姐指王安石的长女，此时已嫁作人妇，为王安石同年吴充之子吴安持的妻子。

② 舅姑是古时丈夫父母，即公公、婆婆之称呼。

③ 吴充，字冲卿，时任权三司使。

④ 出自《酬冲卿见别》。

使，成为计相。但王安石推行新法以后，制置三司条例司总天下利权，甚至凌驾在二府之上，吴充也成为反对变法的大臣之一，甚至和王安石不怎么来往了。

就在王安石想着这些事的时候，忽被一阵急促的敲门声打扰，院子来报："相公，宫里有来使已到厅堂等候了！"

王安石只得站起身，回到卧室躺着装病。

无多时，女婢领着李舜举来到王安石床前。李舜举是勾当御药院①的得宠大珰，时人谓"御药一职，最为亲密"，他常伴官家左右，岂是没有眼色之人？见到王安石毫无病象，夫人吴氏又不在床边伺候药石，李舜举自然知道眼前这位官家最信重的副宰相不过是在装病而已。但他对大臣的这种作态见怪不怪，当下也不点破，径自拉开圣旨读了起来。对于称病的大臣，宋朝皇帝一向宽恤，可以在床上接旨，不用拖着病躯，下床跪听。

李舜举念道："朕以卿才高古人，名重当世，召自岩穴，置诸庙堂，推忠委诚，言听计用，人莫能间，众所共知。今士大夫沸腾，黎民骚动，乃欲委还事任，退处便安。卿之私谋，固为无憾，朕之所望，将以委谁？"

李舜举念着念着便察觉到不对，这司马光通篇都在责问王安石得君之专，前无古人，而竟然在新政争议最大的时候急流勇退，安贫乐道，满足了自己的谋划，却把官家的殷切期望，丢到哪里去了？可算是指着鼻子在骂王安石不识君臣之体，毫无感遇之心！

果然，王安石勃然大怒地从床上跳下来，一把拿过批答的圣旨，一看字迹就知道是司马光所写。

"这可是司马君实所写?！"

李舜举尴尬地点头干笑道："好叫王大参知晓，今日确乎是司马内翰当值。"

王安石拿着这份挚友司马光代王言所撰写的批答，不免双手颤抖，他努力保持着风度，道："劳烦天使，仆抱恙在身，恕不远送。"

见到这会儿才匆匆赶到的王雱，王安石道："代我送送中贵人。"

李舜举也只能回以一笑，道："望参政早日康健，官家可谓是翘首以盼，待王大参回去主持大政呢。"

待李舜举走远，王安石愤而将圆桌上的茶具统统打落在地，大声叫嚷着"司马

---

① 勾当御药院，为御药院内臣长官，于皇帝坐朝时，得侍立左右或殿角，以供随时传唤。御药院本职掌按验秘方真伪，应时配置药品，以供奉皇帝及宫中使用；兼供职皇帝行幸扶持左右、奉行礼仪、御试举人、臣僚夏药给赐、传宣诏命及奉使督视等，实为皇帝近习亲信。

十二"①，随即回到书斋中准备抗章自辩，好将司马光的讥讽一一痛加批驳！

赵顼见到王安石的奏札后，先是请吕惠卿去王安石府上催促他不可居家，当赴朝视事，又立刻封还其章，表示不接受辞去参知政事的乞请，且下手诏抚谕："诏中二语，乃为文督迫之过，而朕失于详阅，今览之甚愧。"然而赵顼认错抚慰的手诏并没有改变王安石要辞副宰相职务的决定，次日他虽然入宫面圣，却只是依旧上章请辞。

这般来来回回到了二月初十（辛未日），王安石又请辞参知政事，乞分司②而居闲散，并请于江宁安养疾病。这一天，御史王子韶、程颢和谏官李常称有急奏，乞请上殿，遂在御前进言，不当听王安石解机务之请。三人意颇恐惧，而赵官家也是脸色疲惫。

二月十一（壬申日），朝廷又接连发生两件大事。

御前会议上，官家将秦凤路经略司机宜文字王韶的实封状拿给两府宰臣们看。原来，王韶称"渭源城下到秦州，沿河五六百里，良田不耕者不下万顷，可置市易司，笼商贾之利而取其赢以治田"，于是请旨措置。韩绛遂乞从王韶之奏，二府为此又辩论了一番，尚无结果。

早朝垂拱殿二府奏对之后，文彦博忽然请求留身独对，这是治平四年官家登极以来比较少见的事情。凡宰臣乞独对，外间便容易有弄权专擅之讥，故此文彦博非常注意，若非必要，轻易无有如此乞请。

众臣下殿之后，赵官家即命侍立在殿庑的李舜举差小黄门搬来机凳，赐文彦博坐。

赵顼道："潞公久未留身独对，今日不知有何事？"

文彦博并未坐下，只是深深一揖："臣岂敢当陛下如此语？臣以老迈昏聩，前乞罢枢密使，而陛下不许，谓当一岁之后方可再议。今已满陛下期年之约，臣不敢叨位贪禄，请陛下准许臣辞执政而补外。"

原来一年前，文彦博见韩绛与王安石常常一唱一和，遂表示请辞枢密使，亦向官家暗示，自己无法团结枢密院的其他执政，恐不能再任西府长官。但文彦博的地位摆在那里，如果听任他也和韩琦、富弼一样出外，那么仁宗、英宗朝的元老宰臣就只剩下曾公亮了。既然赵顼还想用王安石主持新法，考虑到两宫娘娘，他就至少要留一个元老重臣在宰辅位置上，否则宝慈宫圣人是断然不会同意这种安排的。因此去年文彦

---

① 司马十二，指司马光，其行第十二。

② 分司，唐宋之制，中央官员在陪都任职者，称为分司。北宋在东京汴梁之外，尚有西京河南府、北京大名府、南京应天府，皆可视为陪都。

博请辞，且告假归第之后，官家屡遣中使召文彦博赴朝视事，而文彦博多闭门不出，如是者再三，官家只能与其约定，再任一年，彦博方勉强奉诏。

想到这些事，赵顼忽然道："潞公岂可求去？国家仰赖潞公之处甚多，在朝裨益非小，切勿再言。今来新政事繁，正须潞公居中燮理，须臾不可离也。朕意进用司马光为枢密副使，潞公为元枢，卿以为何？"

文彦博听到官家如此言语，乃显出极为高兴的样子来，笑道："司马光乃方正君子、道德楷模，天下称许不已，若以其为枢副，甚为妥帖，臣贺陛下得人矣！"

"如此，亦可见朕用贤之决心，"赵官家道，"潞公可否勉为朝廷、苍生，留在枢府辅佐朕？"

文彦博又是深深一揖："臣愦眊无学，又气血衰颓，本不能荷枢府重任，徒负陛下信重。今陛下既欲以司马光为枢副，则西府得大贤，臣亦宽慰，稍可支吾，不致败事。陛下寄臣以重望，臣唯有夙夜黾勉，思竭犬马之力，以图尺寸之功！"

赵顼点点头："如此甚好，朕得潞公在，乃能心安也。"

文彦博仍是揖道："臣不敢。"

待文彦博下殿后，皇帝叫来李舜举，道："去王安石府上，告之朕欲进用司马光为执政，问其意见如何。"

李舜举方才站在殿庑，多少能听到些御前的对话。他联想到上元节在宣德楼上宝慈宫圣人与官家对说良久，而官家面色数变；在文彦博请辞的作态下又抛出要除司马君实枢副的话头来；如今再叫自己去知会王安石……这位御药院的大珰知道，官家这是在制衡朝野几方势力，帝王之术已越发纯熟。

李舜举作揖奉旨，官家又道："把王韶的这道奏本也一并带去。"

出了皇宫，李舜举命小黄门快马加鞭，立刻去王安石府上传旨，他完全知晓官家的心意有多焦虑和急迫。

见到王安石，李舜举也顾不得行礼，对佯装抱恙而卧床的王安石道："此为机宜文字王韶的奏本，大参可卧榻而阅，官家亦让仆来问参政，眼下准备用司马内翰为枢副，不知大参以为如何？"

王安石本就一目十行而不忘，这会儿刚看完王韶的奏本，听到官家竟然要除司马十二为执政，瞬时从床上一跃而起。

"且请御药先回去禀明官家，某立刻进宫入对！"

李舜举一揖，自是告退了。

王安石乃立刻换上常服，疾速驰往宫城。

君臣再见面，尚在午时之前，得知王安石要上殿，官家便下令隔下后续奏对臣僚，在崇政殿召王安石独对。

李舜举依旧是侍立在殿庑。他依稀听到，官家与王安石先是议论王韶所奏之事，之后便议论起司马君实。说到激动处王安石已是高声谏言，李舜举听得十分清楚："光外托劘上^①之名，内怀附之下实。所言尽害政之事，所与尽害政之人，而欲置之左右，使与国论，此消长之大机也。光才岂能害政，但在高位，则异论之人倚以为重。韩信立汉赤帜，赵卒气夺，今用光，是与异论者立赤帜也……"

王安石下殿后不久，以秦凤路经略司机宜文字王韶提举蕃部兼营田、市易的诏令正式下发。然而令李舜举颇感意外的是，这一日官家仍然是让舍人院草诏，中书随即颁行诏令，除司马光为枢密副使！官家屡次未采纳王安石的谏言，这可是前所未见！

果不其然，王安石回府之后继续称病，虽官家再下手诏抚慰，但他仍不赴朝视事，坚持上札子请辞副相。而京师中百司官吏们无不在注视着王安石与司马光的进退。司马光在二月十一（丙申日）接到除拜枢副的诏命后，次日便上章辞免枢密副使的任命。而朝中，关于青苗法的处置问题，也因王安石告病假而迁延下来，始终议论不出一个章程来。

如此拉锯了数日，时间到了二月二十（辛巳日）。

垂拱殿视朝到了辰正之后，阁门祗候隔下了后面的班次，赵顼也感到一阵烦躁和疲惫，他回到福宁殿里草草用完饭食，便再御崇政殿。今日司马光牒阁门直前请对，言有要事，于是安排了这位翰林学士第一个上殿。司马光声称自己仁宗朝时"从庞颖公^②通判并州，妄陈书生之见，而致麟州之祸^③"，属于在军事上不通戎机，因此仍旧辞免枢密副使的除拜任命，之后便又开始长篇大论攻击新法……

却说午时后，曾公亮、陈升之、赵抃正在政事堂里处理公文，三个人各有心思，一时间彼此竟无话。

恰这时，内侍来传报，云官家在便殿召对中书几位相公。

曾公亮等当即起身，随着内侍前往延和殿。自进用王安石以来，便遇事，赵官家

---

① 劘上，指规劝君上，直言诤谏。

② 庞颖公，即庞籍，仁宗皇祐年间首相，拜相前曾任枢密使，对司马光有提携赏识之大恩。

③ 此指仁宗皇帝嘉祐二年事。时司马光以庞籍辟举为其僚属，而通判并州。司马光见麟州屈野河西多良田，夏人蚕食其地，为河东患，遂建议进军筑二城堡。庞籍令麟州执行司马光之策，州将郭恩引兵渡河，为西夏击溃，事亦无成。仁宗诏侍御史张伯玉按鞫，庞籍隐匿司马光初所陈事，为其遮护，故司马光得以去官免责。而庞籍被御史劾奏，罢昭德军节度使，司马光不自安，三上书乞独坐其罪，不报。庞籍薨，司马光升堂拜其妻如母，抚其子如昆弟，时人贤之。

几乎都是召安石独对，已经很少在后殿再坐之时引见中书其他宰臣，不知今日是何要事？

陈升之耐不住性子，问了走在前头带路的小黄门："官家可否亦召枢府入见？"

那小黄门回过神来谄笑道："好叫几位相公知道，官家只召了中书宰臣，不曾传召枢密院。"

到了延和殿里，曾公亮领着另外二人一同向官家作揖行礼，遂皆赐座。待三位辅臣都已坐于机凳上，赵官家道："青苗法可罢废，止此一事，说与卿等。"陛下的声音中竟听不出半分悲欢喜怒。

曾公亮、陈升之、赵抃闻言，无不大惊，他们不约而同地望向御座上的赵官家，只见陛下竟从御座上起身，转入屏风后面，往内里而去，只留下了呆坐着的三位宰臣面面相觑。

回到中书，方一坐下，陈升之道："近来官家进用司马光为执政之意，似颇坚决，光抗章辞不拜，凡已五、六，而官家不允，可见国是将变！吾辈不可不慎。况青苗致天下骚动，不若即刻奉旨出诏，公等以为如何？"

曾公亮捋须道："旸叔所言极是，既然官家已纳韩琦之奏，今来又不准文彦博补外，及欲用司马光为枢副，事机已无可疑问，便奉诏吧。阅道怎么看？"

赵抃这会儿心里狐疑不已，沉吟了片刻，终于说："罢青苗甚好，只是此乃王安石与条例司之首尾，今来安石在告，韩绛不与闻，似大有蹊跷。莫须待介甫参告否？若介甫出，再罢青苗，则事甚妥帖，人情亦当谓中书共有此意，天下事便渐太平。"

曾公亮默然，陈升之见赵抃不敢签书押字，心里又是看轻赵抃之胆怯谨慎。

到了放衙时分，曾公亮坐上车马，在车厢里想起今日午前之事。官家曾遣韩绛之子往安石府上催促其入对，而安石仍不从，乃令官家失望，而同时，官家很可能在其他地方也受到了极大的压力，这才心灰意冷，决心罢废常平新法！

于是，曾公亮刚到府中，便唤来了儿子曾孝宽。

"汝用完晚膳，便去一趟王参政府邸。"

曾孝宽唯唯，又问："然则大人可是有书信要儿子带给大参？"

曾公亮道："你附耳来，我说与你听！"

曾孝宽见父亲如此谨慎，当下也不敢发一语，只是凑过去听曾公亮如何说。

是夜，曾孝宽坐着一辆不起眼的驴车，自相府平日运菜肉果蔬的小门而出，径往王安石府上疾驰而去。

此时王安石正在书斋中喝茶。他方才送走了吕惠卿和曾布，二人将这几日朝中的事情都细细说与恩相知晓，纷纷劝他快些赴朝视事。

正用茶次，院子来报，说是有一后生持名帖欲拜谒求见。

王安石接过名刺一看，上头写着无学晚辈曾孝宽百拜云云。

这么晚了，曾公亮之子来访，难道有极紧要之事？

"快请！"

待王安石走进厅堂，曾孝宽已站候在一角，忙不迭地作揖行礼。

"见过参政，冒昧叨扰，尚望海涵。"

王安石道："贤侄何必拘礼，且宽坐。"

曾孝宽见眼下厅堂里只有王安石坐在上首，未见他人，便急不可耐地低声道："参政，家严派我来，乃是要说朝中之异动。今日官家忽然在午后召中书于便殿，竟说要罢废青苗法！陈升之即刻欲出诏，家严佯从，会赵抃以为当俟大参出而视事，自理会首尾，乃可罢常平新法。家严以为，参政当速速面见官家，若不出，则事未可知。倘再晚一二日，参政虽在朝，终做一事不得也！"

这一机密消息官家只说与中书宰臣，吕惠卿和曾布自然不会知晓，王安石听闻之后如遭霹雳。

他当即拍案而起，道："有劳贤侄，且告曾相，我明日便赴朝！令尊之谊，安石深不敢忘！"

曾孝宽走后，王安石在书斋中踱步思考了很久，天子也是人，韩琦的奏札、文彦博、吕公弼乃至陈升之、赵抃这四位宰臣在御前的态度、司马光、范镇等大臣喋喋不休的上章，加上台谏层出不穷的反对……不过二十出头的官家，因众臣上奏反对而有所动摇，固不足为奇！然而旬日间竟由动摇到口出天宪，要罢废青苗新法，这背后定然有着非比寻常的事情。确如曾公亮所说，新政已经到了最危急时刻，如果他王安石还称病居家，而不去支持官家，那就万事皆休！

要成就大有为之政，甚难矣，但知难而退，并不是王安石的作风！

次日，参知政事王安石果然入宫面圣。

见到御座上的赵项面容竟透着憔悴，王安石心中不免担忧。他深深一揖，才在机凳上坐下。

"国朝政事繁重，陛下尤当爱惜圣躬。今臣上殿，一者为谢陛下手诏抚慰之恩，二者欲最后为陛下试言今日之局面。"

赵官家知道中书还没有颁行正式罢废常平新法的诏令。他方才在垂拱殿视朝时问曾公亮等，三位宰臣俱说待王安石赴朝签押后再出诏旨，官家听后内心也为之一宽，似是没有了前日那般心冷甚至绝望。

"先生但说无妨，吾洗耳恭听。"

王安石道："自陛下召臣入京，置在左右，旋又除臣为执政以来，屡问臣朝中浮议，可有大臣结党，臣每曰不知。此一则为人臣者，不当干预君父临朝御下之事；二则陛下天心独运，自有乾纲圣断，非臣浅薄而可知；三则身为辅臣，唯当勉力与群臣同寅协恭，不可妄自指异论为朋党。故臣曰不知而已。今来朝廷已颁行均输、青苗、农田水利之新法，又有裁抑宗室恩遇等敕令，而宫府内外、京师朝野，人情汹汹，率士大夫造作邪说，故成流俗之大势，以摇动陛下。若此时臣有所畏避人言，吝啬一己之名，缄默不语，则新政之立败已可见矣。臣请陛下熟思，自朝廷置条例司讲论革新庶务，而倡言祖宗典宪不容置喙、天下太平不当更张、举目四顾无一事可改者凡几人？为是一心为公，抑或间有私念不可告人？自小臣而台谏，自近臣而宰辅，自地方长贰而在京百僚，其前仆后继、危言耸听、挟众要君之势，步步为营，实亦可见而不待疑问矣。是故今日陛下若问臣，臣据实以答，朝中诚有大小臣僚朋比为党！岂又今日之有朋党？太宗时枢密副使赵昌言、盐铁副使陈象舆、度支副使董俨、知制诰胡旦、右正言梁灏等相结为党，昼夜聚于赵昌言私邸，时都下之人呼为'陈三更、董半夜'，后胡旦等更与执政李昌龄、大阉王继恩朋比为奸，于太宗不豫时，谋立楚王为天子。幸宰相吕正惠公①力挽宫变，方使真宗皇帝登极。真宗时，前有王钦若、林特等五鬼为党，伪造天书，致使定陵②难言之圣德白璧微瑕，耗费国帑民财无算；后有天禧年间丁谓、曹利用、钱惟演等弄权，排挤寇准、李迪，几成不忍言之事！再如仁宗皇帝时，范文正公副天下人望，入参机务，实施革新之政，行之未期年，夏竦等竟诬富弼有废立之谋③，而范文正公、富弼、韩琦等先后罢执政补外。止此数事，已见朝中历来有大臣朋比为奸，皆国史所录，近在人耳闻目睹之间，臣不敢再赘述猥细，以烦渎圣听。"

赵官家听到王安石讲起这几件太宗至先帝时候的事情，自然想到了如今朝中百官们亦各怀鬼胎，结朋营党只为私利，焦虑忧愁的神色不免浮现在皇帝脸上。

"先生说的是，今日朝中亦是有朋党。"赵顼眉头紧锁道。

王安石继续说道："观如今众口一词之浮议，不过欲令陛下解臣机务、罢条例司，尽黜干才果毅之良吏，悉用苟且因循之庸回，然后废新法、依旧贯，美其名曰治

---

① 吕正惠公，即吕端。

② 定陵，指宋真宗赵恒。

③ 庆历新政时，夏竦不满枢密使被授予倾向范仲淹等人的杜衍，更愤恨欧阳修、蔡襄、余靖等谏官交章论列，导致他不能重回二府，遂命家中善书法之女奴习练石介笔迹，伪造石介为富弼草拟废立仁宗皇帝的诏书，成为范仲淹集团失败的一大导火索。

万世而谨奉成宪，实则不过从彼奸邪党人名利之私欲！二府、三司、台谏乃至近臣侍从、京师百司，皆欲令陛下临朝渊默、言听计从，美其名曰圣天子当垂拱而治；监司部使、州县长贰乃至地方搢绅官户、豪右兼并、形势之家，皆欲使积弊如旧、恣意妄为，美其名曰置郡国以万邦咸宁。以要言之，如此之人，皆无爱君父、忧天下之心，率以社稷为陛下家事，苍生为外于己者，故苟能利及身家子孙，便无所不用其极。臣斗胆请陛下思之，我皇宋基业，以此积弊，日削月朘，不幸若内有水旱灾异，加之以外兴夷狄鸥枭，民则流离转徙，吏乃贪渎狼藉，兵为骄惰怯懦，届时设有圣君贤臣，亦无所措其手足矣！"

赵顼又已多日未见王安石，因此格外仔细听着王安石说的每一个字。他与司马光都为大宋描摹了一个颇为相似的可怕结局。司马光的重点在于坚持变法会致天下动荡大乱；王安石则认为百年积弊若听之任之，那么在内忧外患发生之时必然毫无抵抗之力。赵顼细想来，王安石说的确有道理，历朝历代更多是因这种情况才亡了国，而厉行变法反倒会强盛一时，既然固守成规最后必定贻祸子孙，且不如放手一试！

"先生所言极契我心，请先生再为朕言之！"

王安石道："陛下欲以先王之正道胜天下流俗，故与天下流俗相为重轻。流俗权重，则天下之人归流俗；陛下权重，则天下之人归陛下。权者与物相为重轻，虽千钧之物，所加损不过铢两而移。今奸人欲败先王之正道，以沮陛下之所为。于是陛下与流俗之权适争轻重之时，加铢两之力，则用力至微，而天下之权，已归于流俗矣，此所以纷纷也。臣往日尝问陛下，何以新法之行，宫府内外、朝野上下无不纷纷。陛下答以置台谏非其人。臣今不论吕诲与吕公著孰是孰非，更不论其他台官谏院之臣如何，只说陛下之如何。以臣之见，陛下遇群臣可谓无术，数失事机！若别置台谏官，而恐但如今日措置，亦不能免其纷纷也。"

赵顼听到这句"陛下遇群臣可谓无术，数失事机"的话语，不仅不以为忤，反觉得如清泉涤荡，自己尚为年轻，亦常被浮议动摇，又何止是驭臣乏术，面对太后……也一样心无余力。除了王安石，似乎没有人真心期许自己做一代雄主。那些口口声声说他有尧舜之资的臣子，不过是各怀鬼蜮心肠，如安石所言，恨不得他赵官家只是垂拱而治，一切依从他们摆布罢了！

赵顼正待说话间，王安石又继续讲道："陛下，虽然，今事犹可为之！能四两拨千斤者，在下则为权臣奸雄，在上乃为帝王人主。若陛下能持正无疑，厉行新法，虽奸邪欲从旁加铢两之力，臣知其无可施为也。我皇宋立国，艺祖圣心独运，革唐季五代之弊，内无权臣，外无骄将，虽有一二擅权，不过召学士，授以词头，麻制①既

---

① 麻制，唐、宋任免宰执大臣的诏命。

出，文武虽宰相、节钺，三公三孤，不过一匹夫耳，何难制之？"

赵顼自御座上站起来，叹道："青苗法，朕诚为众论所惑。今甚愧对先生。寒食假中静思，此事一无所害，极不过失陷少许钱物尔，何足恤！"

王安石见官家的眼神中重新燃起了光彩和烈焰，便知道，那个一心变法的陛下又回来了！

经历风波后的王安石终于露出了久违的微笑，道："陛下圣明！今来措置青苗法，但厉行之，勿令小人故意坏法，必无失陷钱物之理。止如和买预置绸绢，行之已久，亦何尝失陷钱物！"

赵顼郑重其事地点头，道："极是！和买直令百姓亏钱甚多，而士大夫不以和买当废；青苗利民，今反说民皆不便，内中私心杂念，不问可知！朕再无疑惑矣！则先生今日，尚有负薪之忧①乎？"

王安石知是官家在说笑，起身一揖："臣不敢再言请辞一事，从今日起，便销假视事！"

赵顼激动地握住王安石的手，道："先生切不可再言请辞，务必辅佐朕成就大有为之政！"

最后只听到王安石爽朗的一声"臣岂敢不从"，王安石语气坚定。此后变法之路虽限难险阻，但相信只要君臣一心，必能克之。殿庑里站着的李舜举可依稀听见殿内君臣之言。在他看来，文彦博、韩琦、司马光等与王安石之间的较量，仍是这位得君宠信的介甫相公赢了。而那宝慈宫的圣人究竟有没有牵涉其中，或者说牵涉多深呢？想到这里，李舜举一阵哆嗦，赶紧把这大逆不道的念头从脑海里赶了出去。

---

① 负薪之忧，指生病。

第 十 章

漠漠岑云相上下

　　王安石重回到中书视事的消息片刻便传遍在京百司，汴京的官吏们明白，这是赵官家又坚定地站到了王大参这边，韩琦的上奏也好，二府的附议也罢，都成了白忙一场。

　　禁中枢密院内，吕公弼见文彦博正伏案处理公文，便道："潞公，王介甫本已必去，青苗以魏公之奏，亦行可罢废，今来一切付诸流水，往后且奈何？"

　　文彦博道："宝臣无须过虑。王安石此人一意孤行，看似坚不可摧，实则已是众叛亲离，司马光、吕公著已贰于王介甫；陈升之自拜相之后，亦已不附安石；赵抃更不待多言。唯曾公亮依违两可，阳作持正，阴相助之。近臣之外，宝臣看看王安石身边尚有何人？仅一吕惠卿而已！吕惠卿，人皆知为奸邪小臣，何足惧。其他安石素所亲信者，亦已反目，皆论新法不便。此无他，盖王介甫倒行逆施也。宝臣且看，请罢废新法者，绝无止免。"

　　"如此便尚有转机，"吕公弼一叹，"只是那司马君实实为迂直，官家欲用其为枢副，如何抵死不从，抗章再三。若其为执政，御前奏对时，便多一助力，彼却不思量此一关节，只说什么上不听其言，则臣不能贪荣冒宠……今公著在台，幸能醒悟，知安石不可大用。眼下王韶得提举蕃部，又兼措置营田、市易，吾忧一二年内，边事必再起。"

　　文彦博道："今李师中帅秦凤[1]，尚能制王韶，若其去，乃可忧。李师中颇能识人。闻说二十年前师中始为县官，邸报见包拯除执政，人云朝廷自此多事矣，而师中曰：'包公何能为，今鄞县王安石者，眼多白，甚似王敦[2]，他日乱天下，必斯人也。'如今看来，其言信乎！"

　　吕公弼道："以安石比王敦，虽过矣，然变乱祖宗成法，祸及亿兆百姓，诚今日

---

①　当时李师中以天章阁待制出任秦凤路经略使兼知秦州，是王韶所在的秦凤路经略司长官。
②　王敦，王导之堂兄，东晋初权臣。

可见之事！潞公，某记得李师中亦是王安石同年^①？"

文彦博笑道："是矣，宝臣端的好记性。只是他与王安石素不睦，往日是得庞籍赏识而进用。宝臣可听说过一事？传言时新科进士期集，广坐中人皆称李师中少年豪杰，而王介甫方识之，见众人称誉其豪杰，乃云：'唐太宗十八岁起义兵，方是豪杰，渠^②是何豪杰？'众人皆不敢对，李师中以此深恨安石！"

吕公弼不由捋须："确如王介甫所行之事！他们二人无同年之谊，那便甚好！"

次日，二府在垂拱殿视朝时依旧合班奏对。赵官家明确表态，青苗法将继续施行。陈升之、赵抃一时间不能措一语，吕公弼虽以长篇大论提出反对，然而又被王安石、韩绛激烈反驳，文彦博亦不曾多说，吕公弼只得愤然作罢。二府班子下殿后，王安石回到中书将几日来有所堆积的公文处理了一番，之后便去往制置三司条例司，准备开始修订助役法的细则。条例司里的僚属都察觉到今日的副宰相格外精神抖擞，斗志昂扬。

然而青苗法的风波远未结束。

二月二十三（甲申日），内殿常起居毕，二府早朝奏对，赵官家将一封昨日通进司黄昏时分送进来的实封奏本拍在了御案上。

官家道："这是右正言李常的奏疏，依旧是论列常平新法。李常说，地方上竟有令百姓在夏秋两税征收时，直接缴纳二分利息，虚认青苗贷，实则不支俵钱贯的！"

官家的话，可谓惊人。按照李常的说法，州县居然存在实际上不将青苗钱借给百姓，只是按照户等抑配摊派，强迫百姓虚认借贷若干青苗钱，等于说在诸般税赋之外，生生增加了一年两次的二分利息，这无异于强夺民财！虽然李常只是一个谏官，资历、威望、级别都远不能企及韩琦，可他抨击青苗法的理由，相比韩琦所说，何啻严重上十倍、百倍！

官家愤怒地说道："常平新法皆经中书行遣，今人言纷纷如此，乃因执政议论不一故也！是以州县乃敢观望、依违，自行妄为！"

见陛下在斥责二府宰臣，曾公亮赶忙第一个表态：

"陛下，常平新法，臣本以为不可。"

陈升之见状，立刻也附和道："臣本不欲如此。今既已签书青苗诏令，更不敢言。"

官家道："若以为不可，当极论之，何以先签书？既书奏矣，又何以至今乃议论

---

① 李师中也是仁宗皇帝庆历二年进士。

② 渠，也称渠侬，宋时方言，指第三人称"他"。

不一？且此法有何不便？"

曾公亮道："陛下无须问其不便，陈升之乃原创法之人，李常前在条例司，亦同议论，今尚以为言，则其不便可知。"

王安石道："台谏讻讻如此，陈升之自然当变，臣愚，诚不见其不便，不敢妄同流俗。"

陈升之本就几度疑惑，为何在青苗法行将罢废的关键时刻，王安石突然进宫面圣，而将局面又翻了回来，当日只有自己和曾公亮、赵抃三人在御前听闻官家要罢废青苗法一事，连御药院当值的大珰都被皇帝勒令于殿外候召，按理说没有泄露御前机密的可能！可眼下曾公亮表面上虽在说青苗法不当，亦不赞成云云，然而实际上却将矛头对准了他陈升之，甚至明里暗里在指责自己出尔反尔……再看王安石这会儿竟不以曾公亮之言为忤，亦谴责他陈升之畏惧台谏论说，妄同流俗——他们二人，乃是在一唱一和，相为表里！这是要把官家的怒火引到自己身上！

"陛下，青苗法但财利事耳，虽不同，何所害？臣在政府，日夕纷纷校计财利，臣实耻之！"

王安石道："理财用者，乃所谓政事，真宰相之职也，今国用匮乏，何可以袖手空谈，反以为耻乎？若为大臣而畏惧流俗，不敢为人主守法者，臣亦耻之。"

吕公弼道："陛下，此无非王安石一意孤行，不顾中书其他宰臣之意见也。青苗新法虽中书颁行，然自讲论草创、议定细则，皆是王安石条例司之首尾，不但中书不能预闻，枢密院更是无从置喙。今害民如此，皆王安石与条例司之责也。"

曾公亮道："陛下，不如且罢诸路提举官，收新法，付提刑司行之，如常平旧法。"

官家道："如此，则是新法善，但提举官非其人耳。提举官容有非人，提点刑狱岂得皆善乎？"

曾公亮道："若陛下并新法悉废之，尤善。"

陈升之看向曾公亮，他确信，给王安石通风报信的就是这位曾相！眼下曾公亮哪里是要乞请皇帝罢废新法，而是在故意激怒官家！如今王安石既然不再请辞，则官家变法之决心如何，京师百官尽所分明，曾公亮却还是请求罢废新法，他是在激将！

果然，赵官家脸色怫然："新法有何不善？若推行有害，但黜责官吏，则害自除矣。何能因噎废食！"

赵抃道："陛下，不若且只俵今年一料，先试行一番，即权止之，俟无害乃再行则可矣。"

王安石道："不可！州县本即观望，若见朝廷只俵一料，则人必有故为沮坏，或令官钱失陷折损，而网罟百姓以破新法者。"

赵顼这会儿厌烦透了曾公亮、陈升之忙于推诿的姿态以及赵抃遇事猥琐的模样，更不乐吕公弼动不动就当场指陈王安石不是的情状。

"今日止问李常奏疏当如何处置，勿得支蔓！"

王安石从容进言道："陛下宜稍息怒，李常既然言有抑配百姓不得钱，而只认二分之息者，可令李常分析，是何处州县如此，再议处置不迟。"

于是曾公亮、陈升之齐道："谏官许风闻言事，岂可令其分析？"

王安石道："此事干系非小，台谏虽许风闻奏事，固亦祖宗之法，然设若果有州县如此，必当戒谕黜罚，明发诏旨，宣布于中外，方能俾使地方亲民官不敢依违指挥，渎职乱法！"

曾公亮道："如此则是王安石但欲己议论胜耳，非祖宗广开言路，许台谏纠察奸宄、拾遗补缺之意。"

陈升之看到曾公亮狡猾的嘴脸，恨不能立刻揭下这老狐狸的面具，他这是在利用官家对王安石绝对的信任，使官家当下偏向王安石促成其谏言！

"此乃诛心之论！"官家怒斥，"安石岂有此意耶？"

曾公亮叹道："此言若诬，天实临之！"

王安石果然未曾反击曾公亮，反而道："陛下，臣始与陈升之议此法，升之以为难，臣即不强升之。既而以吕惠卿、程颢亦责升之畏流俗，升之遂肯同签书。当时若升之不同，其与臣同为执政，臣亦岂敢强升之为此奏？天下可行之事至众，但议论未合，即无强行之理。及至朝廷已推行，则非复是臣私议，乃朝廷诏令也。大臣为朝廷奉诏令，自当以身徇之。臣非好以议论胜，乃欲朝廷法令尊，为人所信，不为浮议妄改而已。"

吕公弼见文彦博一言不发，正想说话间，官家已开口道：

"安石所言极是，此方为大臣体，可谓以身许国者也。便依安石议，令李常到条例司分析！"

王安石率先一揖，曾公亮随即也是作揖，于是二府宰臣只得一同行礼。

"臣等领旨。"

出了垂拱殿，陈升之全然不想理睬曾公亮，一个人走在前面。而王安石回到中书之后，立刻便命人去谏院将官家的旨意向李常宣示，要他写就文字后，即时赴条例司分析。

处理完公文，王安石便去了制置三司条例司，与吕惠卿等议了个把时辰，乃见到右正言李常在吏员引领下走将进来。

李常走到王安石的桌案前深深一揖：

"见过大参。"

王安石竟不答话，只是伏案看着公文。

这时候吕惠卿走了过来，厉声呵斥道："君何得负参政？我能使君终身不如人！"

这番直白的恐吓令条例司内的大小僚属无不噤若寒蝉，生怕卷入其中，除了韩绛外，各个都装作没听见。

王安石道："吉甫言过了，且要让公择（李常字）说话。"

李常脸色一白，亦只是一揖。

王安石对着李常道："君本出条例司，亦尝与青苗议，今反见攻，何以异于蒋之奇①也！实封状中所言，不知是何处州县？"

李常自然知道蒋之奇对欧阳修恩将仇报，诬蔑他帷薄狼藉，与长子之妻有染，而自己反最终被皇帝贬为监当官的事情。他嗫嚅道："亦止是风闻，实不知何处州县。"

吕惠卿从旁问道："公择，可是有人教唆你投此实封状？若即说来，参政必待你如初。"

李常道："实无人教我，诚是风闻而已。"

吕惠卿一阵冷笑，乃讥讽道："固许台谏风闻，但若不加辨别，则国朝言官与市井之徒道听途说，以讹传讹者何异！诚为君羞耳！"

王安石摆摆手："那便将文字留下，吉甫亦毋须多言，人各有志。陛下自有明断。"

判北京大名府的韩琦自然很快得知了自己的奏札不被采纳，王安石依然稳坐执政的消息，他在邸报上看到后便立刻上奏，请罢其河北四路安抚使②差遣。赵官家见到奏疏后便下旨，批准了韩琦请罢河北四路安抚使的乞请，保留了其大名府路安抚使的差遣，人皆谓这是韩琦不平王安石之弄权也。

二月二十七（戊子日），司马光上奏第六道请辞不拜枢密副使的札子，并在上殿时再次请赵官家下旨收回枢密副使的敕告。官家仍未答允。

司马光下殿后，今日乃其当值，回到学士院不久，枢密院的小吏来到案前俯身低语道："内翰，潞公有请。"

司马光呵斥道："执政召见，无不可对人言，尔是何作态，乃令大臣为人所疑！"

小吏吓得连连拱手，听到司马光又说了句"前头带路"，这才如蒙大赦，俯首躬

---

① 蒋之奇本得欧阳修赏识提携甚厚，后因心生怨恨而以谣言弹劾欧阳修。

② 当时韩琦所任为河北四路安抚使兼判大名府，其所辖河北四路为定州路、真定府路、高阳关路、大名府路。此四路乃是防范北方契丹政权辽人的重镇，一般均以曾任宰执的重臣担任。

身地一路领司马光进了西府，来到文彦博此刻所在的办公本厅。

司马光在阁子外站定，行礼如仪："见过潞公。"

文彦博见状，立刻从桌案后面大步流星地走出来，将司马光迎进阁内，又请他入座。

"君实何须多礼？我辈君子以道术、学问相交，不须论官爵。"

司马光道："仆岂敢蒙潞公错爱？在朝中，自当分上下尊卑。"

"君实律己何严之如此耶？"文彦博捋须而笑，将手中一封信笺递给了司马光，"此为稚圭的书信，君实且阅。"

司马光一听此信是韩琦所写，乃打开细看了起来，信中大意是拜托文彦博劝说司马光接受枢密副使的任命，"主上倚重膺之，庶几行道，道不行，然后去之可也"，这是劝勉司马光，既然官家正欲倚重大用他，不如且辅佐君父，如果事有不成，再请辞执政也不迟。

文彦博道："君实，魏公此笺，你可明白其中深意？正当为君父、朝廷、天下万民，勉为其难，且登二府，共救国事啊！"

司马光从座位上站起来，深深一揖："魏公如此器重某，实在愧不敢当。仆愚鄙才短，备位学士已不通四六①，若叨枢副更不知兵戎，焉能冒贪荣宠？且须说与潞公，方才上殿，已上第六札，向官家再辞执政矣。"

文彦博道："君实何可过谦！今安石用事，国政如何，君实已亲见。正为君实乃王介甫之友，若君实为执政，或常能从旁规劝，且更可日日进纳忠言良策于御前。此诚利益朝廷与百姓之事也。"

司马光正色道："古今为此名利所诱，托言为君父、万民，实则贪禄恋位，亏坏名节者不少矣！陛下不用某言，而骤擢至执政，仆若受之，人将谓天子以权位塞臣子之口。光非不欲为宰臣，然若陷君父于不义，万死不敢受也。至于介甫处，仆已有计较，将再极言规劝而已，以尽吾辈君子爱人之意。"

听到这里，文彦博明白，是不可能劝说得动司马光了。他只得站起身来，还以一揖："君实做事，令人不可及，直当求之古人中也。老夫甚愧。"

当日放衙后，司马光便回到家中，立刻磨墨写字，只见他提笔挥毫：

二月二十七（戊子日），翰林学士兼侍读学士、右谏议大夫司马光，惶恐再拜介甫参政谏议阁下：

---

① 四六，指骈文，骈四俪六，多四六成句。翰林学士草制词，须精通骈文，或曰四六文。此处是司马光自谦。

光居常无事，不敢涉两府之门，以是久不得通名于将命者。春暖，伏惟机政余裕，台候万福。孔子曰：'益者三友，损者三友。'光不材，不足以辱介甫为友。然自接待以来，十有余年，屡尝同僚，亦不可谓之无一日之雅也。虽愧多闻，至于直谅，不敢不勉。若乃便辟、善柔、便佞，则固不敢为也。孔子曰：'君子和而不同，小人同而不和。'君子之道，出处语默，安可同也？然其志则皆欲立身行道，辅世养民，此其所以和也。向者与介甫议论朝廷事，数相违戾，未知介甫之察不察，然于光向慕之心，未始变移也。窃见介甫独负天下大名三十余年，才高而学富，难进而易退，远近之士，识与不识，咸谓介甫不起则已，起则太平可立致，生民咸被其泽矣。天子用此，起介甫于不可起之中，引参大政，岂非亦欲望众人之所望于介甫邪？今介甫从政始期年，而士大夫在朝廷及自四方来者，莫不非议介甫，如出一口。下至闾阎①细民，小吏走卒，亦窃窃怨叹，人人归咎于介甫，不知介甫亦尝闻其言而知其故乎？

原来这是写给王安石的一封长信。司马光一边写，一边想着自己与王安石近二十年来的情谊，他紧锁眉头，长叹一声，继续洋洋洒洒地写了下去。后面的文字，温情回顾不再，而是变成了指陈王安石施政之弊的激切言论，即便被当成宣战的"檄文"亦不足为怪。

这样又写了数千言，最后写道：

谄谀之士，于介甫当路之时，诚有顺适之快；一旦失势，必有卖介甫以自售者矣。……属以辞避恩命，未得请；且病膝疮不可出，不获亲侍言于左右，而布陈以书，悚惧尤深。介甫其受而听之，与罪而绝之，或诟詈而辱之，与言于上而逐之，无不可者。光俟命而已。

吹干墨痕，又反复读了数遍，司马光方叫来家中老仆，道："且送往王大参府上。"

司马光深知，如果此前所上奏的《体要疏》已经让自己和安石间情谊近于决裂，那么这封《与王介甫书》恐怕将会让二人更加形同陌路。但司马光仍固执地要试一试，万一真的能以一封信笺，劝得老友回心转意呢？他深信，自己是在践行着'君子之爱君子'的高尚之举。被安石愤恨也好、诟骂也罢，甚至奏请痛加贬窜自己也无妨，司马光认为，他的君子之爱，问心无愧。

这一夜，吕惠卿、曾布都在安石府上用饭，餐后三人便坐在厅堂里谈起正在修订中的助役法。正说话间，院子拿来了司马光的信笺。

---

① 闾阎，古代平民居住的地区、民家，也泛指民间、平民。

王安石当着吕惠卿和曾布的面拆开了信封，拿出笺纸看了起来。

短短片刻之间，王安石脸色数变。他看完后，将手中书信递给了二人。

"你们不妨看看，司马十二是如何说的。"

吕惠卿、曾布乃一同看起司马光的这封信来，可越看越是心惊肉跳，这司马光未免也太过分了！

说到王安石辟举条例司之僚属，则曰"衔鬻争进，各斗智巧，以变更祖宗旧法。大抵所利不能补其所伤，所得不能偿其所亡，徒欲别出新意，以自为功名耳"，这是一棍子把制置三司条例司里王安石、韩绛之下的大小之臣都给打成了奸邪！

说到王安石派到天下诸路推行新法的提举官，则曰"亦有轻佻狂躁之人，陵轹州县，骚扰百姓者。于是士大夫不服，农商丧业，故谤议沸腾，怨嗟盈路"，这是说提举官横行无忌，扰乱地方正常民政，以至于官吏、百姓怨声载道！

说到青苗法要百姓偿还利息，则曰"贷息钱，鄙事也，介甫更以为王政而厉行之"；说到还在制定中的助役法，则曰"徭役自古皆从民出，介甫更欲敛民钱，雇市佣而使之"，"常人皆知其不可，而介甫独以为可"。这是直接否定两项新法，并指责王安石刚愎自用，要一条道走到黑！

论及王安石个人，则曰"介甫素刚直，每议事于人主前，如与朋友争辩于私室，不少降辞气，视斧钺鼎镬无如也。及宾客僚属谒见论事，则唯希意迎合、曲从如流者，亲而礼之；或所见小异，微言新令之不便者，介甫辄艴然加怒，或诟詈以辱之，或言于上而逐之，不待其辞之毕也。明主宽容如此，而介甫拒谏乃尔，无乃不足于恕乎！"这是说王安石在御前无大臣体，专好辩论胜人，以逞己意；对待臣僚又只喜欢逢迎阿谀者，异见之人一概怒骂随之，加以黜责出外，全无容人之量，忠恕之道！

吕惠卿怒斥道："师相！这司马十二诋毁师相，更将新法贬得一无是处，此人虽誉君子之名，实则处处张皇大言，欲逼迫师相废新法、辞执政，真伪善之已极！"

曾布亦道："今来司马光六辞枢副不拜，士林必更称之。其在朝中，已是异论浮议之旗帜矣，恐为害非细！"

王安石沉默了半晌，乃道："君实固执如此，为人所利用而不知，甚可惜也！"

言讫，安石不免想到近日所见的傅尧俞。傅尧俞是自己一向所善厚的臣僚之一，此番他除丧至京师，王安石本欲擢拔他为宝文阁待制，以侍从级别置其于言路，让他同知谏院，没承想论及新法，傅尧俞居然也持鲜明反对的态度。何以范纯仁、李常、孙觉这些素所雅厚的同僚，乃至司马光、吕公著这般相交莫逆的挚友，都要反对新法呢？

王安石当然明白这背后的深层原因，但在情感上他仍感到一阵似有若无的孤独感，于是不禁吟起一句二十年前自己的诗句来：

"只愁地僻无宾客，旧学从谁得指南！[①]"

吕惠卿与曾布面面相觑，他们最害怕王安石的信心受到打击。

"吉甫、子宣，可是某品性不合做宰臣，是以人心向背，乃如今日这般？往日志同道合的友人，一一离我而去。"

吕惠卿急道："师相岂可如此自贬自疑？今上正以大有为之政期许师相，天下亿兆百姓，待师相立法解其倒悬！况师相道德节义，如古之圣贤，虽孔孟不过如是！师相何以因司马十二诛心之语，而至于此？又闻如今司马光朝夕所与切磋琢磨者，乃刘攽、刘恕、苏轼、苏辙之徒而已，皆苟且反复之小人，其言岂足理会？"

吕惠卿边说边使眼色给曾布，于是曾布也开口道："恩相，惠卿所言极是！古往今来，大贤用事，奸邪便是如此百般沮挠，内外使力，不惜令亲近之人毁谤攻讦之。而贤良君子情难以堪，便堕奸邪之计，诚亲者痛仇者快！况如惠卿所说，恩相如今之进退，岂是一人之事？关乎君父之天恩厚望，更关乎社稷百姓！眼下奸邪愈是如此，愈能证明，恩相所立之新法，皆切中百年积弊，故方能利益百姓，而令官宦、形势之户心急如焚！此正彰显恩相所行之道术，乃天下正道！吾辈誓死追随，绝无一丝一毫之疑虑退缩！虽千万人吾往矣！"

两位最信任的助手信誓旦旦、一片忠诚之言令王安石又重振了精神，恢复了信心。他激动地握住了吕惠卿和曾布的手，道："得二子助我，亦足以成就大事矣！"

这一刻，王安石完全忘记了司马光信笺中所说的"谄谀之士，于介甫当路之时，诚有顺适之快；一旦失势，必有卖介甫以自售者"这句话，或者说，他全然未挂于心。

二月末，官家终于下诏，收还了司马光除枢密副使的告敕，仍任翰林学士兼侍读学士旧职。时人云："凡除两府，听其让遂止者，国朝未之有也。"

三月初一（壬辰日），曾公亮、陈升之皆称病告假。京中百官都盛传，说中书二相俱是心病，皆因与王安石争论青苗法不胜，乃愤而托疾家居。

却说司马光收到了王安石的回信之后，竟不愿放弃，更写了第二封信笺，于是王安石再作答书，一一反驳，其中写道：

今君实所以见教者，以为侵官、生事、征利、拒谏以致天下怨谤也。安石则以谓受命于人主，议法度而修之于朝廷，以授之于有司，不为侵官。举先王之政，以兴利

---

① 出自王安石所作七言律诗《到舒州次韵答平甫》。

除弊，不为生事。为天下理财，不为征利。辟邪说，难壬人，不为拒谏。至于怨诽之多，则固前知其如此也。人习于苟且非一日，士大夫多以不恤国事，同俗自媚于众为善。上乃欲变此，而安石不量敌之众寡，欲出力助上以抗之，则众何为而不汹汹然？……如君实责我以在位久，未能助上大有为，以膏泽斯民，则某知罪矣。如曰今日当一切不事事，守前所为而已，则非某所敢知。无由会晤，不任区区向往之至。

司马光得书之后，亦是不依不饶，回了一封更长的信来……

然而，二人往来的五封书信竟在都下出现了誊抄副本，并流传到了京师百官们手中，甚至还有大量真假难辨的传抄件，有些完全是由市井俚语拼凑而成，也冠以司马光、王安石之名。

三月初四（乙未日），前殿视朝时，王安石拿出了解决青苗法存在抑配摊派问题的办法。他进呈制置三司条例司奏本，乞朝廷再降诏令指挥，逐一申明青苗法意，并令逐路帅、漕、宪臣及提举官等监督州县官吏，防止这些地方亲民官因缘为奸、故意沮坏常平新法。

另外，之前韩琦上奏，官家下诏将韩琦等奏章付制置三司条例司看详，实则是令条例司出文字驳倒元老韩琦、翰林学士司马光、范镇，御史中丞吕公著，台谏孙觉、李常、程颢、张戬等对青苗法的反对意见，维护常平新法的合理性。故此番与以往不同，王安石亲自书写奏疏，对韩琦等人的主要观点逐一进行批判、反驳。而他这会儿展读的正是此奏本。他最后念道：

"自是州县官吏弛慢，因缘为奸，不可归咎于法。乞令逐路安抚、转运、提点刑狱、提举官觉察，依条施行，命官具案取旨，重行黜罚。安抚、转运、提刑、提举官失于觉察，致朝廷察访得实，亦当量罪，第行朝典。"

赵官家听后道："如此则甚好。州县不敢坏法，监司不敢姑息，条例司提举官在，当能厉行青苗，而利民无害也。"

到下殿时，陈升之忽然请求留身独对，得到皇帝旨意后，阁门便隔下了后面上殿的班次。

王安石亦不管陈升之欲如何，依例下殿回到中书批阅公文。待他正准备去条例司时，阁门却来人通报，说是官家召对。

在后殿，赵官家对王安石道："先生，今日陈升之留对，云家中老母年事已高，且多病，乞罢相归乡，得以奉养老母。若允升之罢去，人言又必纷纷。"

王安石道："升之意有何言？"

官家道："意以郁郁不乐，但不言耳。似是拜相以来，多与先生有所龃龉，而朕皆不从升之，闻外间亦有浮议，故升之不乐也。至于老母多病，或亦有之。"

王安石道："臣与曾公亮、陈升之议事多有不同，臣固不敢曲从。自来参知政事多宰相所引，唯宰相得议事，参知政事唯诺而已。欧阳修当时有所异同，然终不能夺韩琦所为。臣备位中书，而不阿附宰相，吏人皆怪骇，以为不当如此。曾公亮、陈升之以是或心不能平。臣亦屡与人言，臣于御前论议，亦未尝敢阿顺，岂容阿同列？察臣所以事陛下，即同列亦可以恕臣本心矣。"

赵顼道："先生既任事，岂苟顺人情也！朕尤知之。升之既先生所荐，今以母老乞罢，毋乃不可从乎？"

王安石道："陛下圣明。升之虽畏避人言，然尚可共事，不当听其去。"

官家点了点头："善，便依先生的意思理会。"

王安石下殿后，便得去往条例司处理公事。可他还不知道，此刻御史台正在酝酿一场新的风波。

右正言孙觉和李常两位谏官来到了台内，监察御史里行程颢和张戬迎了上去，四人所议论的，正是青苗法。

孙觉道："二位御史既然也同意某与公择之见，吾辈当往见中丞，若台谏合力，庶几能稍回天心！"

程颢与张戬点了点头，于是四人乃走进了台内长官御史中丞吕公著办公的阁子里。

吕公著见到他们进来，已猜中了七八，便道："诸公有何见教于某的？"

孙觉道："吕中丞，今制置条例司画一文字颁行天下，晓谕官吏，其凡有七。至于论敛散出入之弊，将来陷失，人所能知者，皆置不论，乃援引经义，以附会先王之法，我辈岂能坐视耶？！"

李常亦道："中丞，安石在御前令某分析，台谏许风闻，此祖宗以来法度，为使大臣有所警惧，百司不敢渎职。今若使不杀此风，台谏官行亦沦为执政私人耳！"

吕公著看着自己台中的两位监察御史里行，问道："伯淳（程颢字）、天祺（张戬字），汝二人何如？"

程颢一揖："匡正朝政之失，正吾辈君子所当为。乞台长从之。"

张戬亦是一揖。

吕公著沉默了片刻，开口道："固然是这个道理，不过既然为台谏，动静更应合法度。诸公可写就文字，投通进司。"

李常急道："然则中丞不与我等一同上疏乎？"

吕公著道："诸公之奏若不行，某自会再上本论列。"

李常忽然明白过来，作揖道："中丞远见！一并上奏，不若前仆后继，则官家亦知吾辈君子绝不妥协之意也！"

次日（丙申日），待漏院里，中书宰臣们的桌案上已经预先放好了昨日夜间官家批阅过的奏本，这些降付给中书的章奏，都是要宰臣们看详，以决定一会儿在垂拱殿内举行的御前会议上，进呈哪些章疏，讨论哪些事情。

王安石见到四位台谏官乞请罢制置三司条例司及青苗法的奏疏，顿时又是怒上心来。

卯正一刻，宣德门开，二府大臣们出待漏院，率先进入皇宫大内，垂拱殿常起居毕，赵官家忽言今日二府分班，仍令中书先奏对，于是枢密院执政与其他大臣一同下殿，而前殿视朝正式开始。枢密班子下殿时，吕公弼极为惊异，他凑到文彦博身边道："潞公，这？"文彦博低声道："必是不欲你我说话，当是青苗法事。"

垂拱殿内，王安石立刻奏道："陛下，前在待漏院，已见右正言孙觉、李常，监察御史里行程颢、张戬请罢制置条例司及青苗法之章疏，皆无理之已甚。臣今节略进呈，请陛下圣断。"

官家颔首之后，王安石开始择要朗读四位台谏官的奏疏，每读一段便作评论。

"……李常身为谏官，前不能分析，唯以无根之语沮坏朝廷已下之成命；今而语侵宰辅，皆操不恭之言诋毁二府见在之大臣。又造作危言，其沽名钓誉，猎取直名，率已可见……张戬、程颢身为御史，唯知阿附浮议，倡言朝廷良法美意之不善，又不能论其实，引喻失义，迹在摇惑人主，遂奸协非，而以为得计……孙觉之意，乃谓今青苗法即便无害，及至后世，必有剥肤椎髓者，然考诸周之泉府，出官钱贷民取息之法，盖圣如周公所不以为虑，而孙觉虑后世乃过于周公？此可谓是私忧过计，实杞人忧天之类也！"

官家道："诚如是，台谏所奏，殊无道理。人言何至如此？"

王安石道："自大臣以至台谏官，皆有异论，则人言纷纷如此，何足怪？"

官家道："均输事何以无人言？"

王安石道："人言非少。吕公著因江西事 ① 遂攻薛向，而因薛向体量江西文字乃

---

① 江西事，指吕公著于此年所上《论江西重折苗钱奏》："臣切闻江南西路，去年米价每斗约四十五以来，转运司和籴每斗五十以来，所有人户合纳苗米，却令纳一色见钱，每斗九十以来，比市价增及一倍，比和籴价亦增四十有余。臣切以米者地之所生，而钱非农人所蓄，舍其所有，责其所乏，则固已非义，况复于常计之外，取增倍之入？……所任之吏，负法害民，至敢如此。若复不加谴责，则虽有仁民爱物之意，何以取信于天下？兼闻本路转运司并是受指挥，尚亦有此处置。伏乞朝廷特赐访察施行。"详王安石意，后薛向分析江西情况的奏疏亦至，而皇帝采信了薛向的说法，则似乎可认为吕公著作为御史中丞，只是风闻奏事，必薛向之奏，细节清晰，故能令皇帝稍消疑虑。

先至，其言不效，故其意沮折，而不复敢为诬妄常平事。大臣固不悦，但陛下初即位，以为善政，不敢异论。然自初施行，阴欲沮坏，至于百端。其后陛下每见提举官上殿，辄问新法便否，人人知陛下意疑，所以内外交结，共为诬罔也。"

陈升之道："岂可使陛下不访问群臣？此皆提举官所在张大妄作，故致人言耳！"

王安石反问："提举官到任不过数处，若妄作，即须有事实。全无事实可说，即其言岂可听信？"

官家道："台谏如此，固须理会，然亦不可失人心。"

王安石道："所谓得人心者，以有理义。理义者，乃人心之所悦，非独人心，至于天地鬼神亦然。先王能使山川鬼神亦莫不宁者，以行事有理义故也。苟有理义，即周公致四国皆叛，不为失人心；苟无理义，即王莽有数十万人诣阙颂功德，不为得人心也。"

赵官家沉吟了片刻，看向曾公亮道："卿以为如何？"

曾公亮言："台谏官乃祖宗所以监察百僚者，虽宰臣亦在弹纠之列，以故臣不敢置喙，此事唯当陛下乾纲独断。"

赵顼固然很反感孙觉、李常、程颢、张戬四人喋喋不休地请罢青苗法，但若又要一下子行遣数位台谏言官，必会引致朝野浮议。何况在中书，陈升之与赵抃也毫无疑问会反对此事，曾公亮之态度尚在两可之间。官家一时也难以定夺。

"既如此，卿等亦在中书商议，可写就文字进呈。"

王安石见官家有所犹疑，但既然曾公亮已作如此语，亦只得与中书班子一起作揖领旨。

如此过了数日，三月初八（己亥日），这一天举行今上即位之后第一次朝廷抡才大典中的殿试，治平四年时由于"谅阴不殿试"的规矩未能举行，直接将状元授予了礼部试第一的许安世。因此，这是官家赵顼御宇以来首次亲临集英殿试礼部奏名进士，也是首次罢赋、诗、论三题而改试策一道的殿试，官家自然格外重视。他安排了王安石来撰写殿试制策，准备亲自录取一批能够支持新法的"天子门生"。

殿试结束之后，赵顼感到一阵微微的兴奋，正此时，勾当御药院李舜举不待官家传呼，忽然急匆匆上殿，将一份实封奏状呈到皇帝手中。

"陛下，皇城司有急速机要文字。"

赵官家拆开来才看了片刻，竟脸色骤变，一巴掌猛拍向御案，差点震落御案上的文房四宝。

李舜举受此惊吓，立刻跪伏在地。

"命皇城司即刻全力侦查此事！务必查出所有干系人等！"

御座上的声音如火山般喷发、咆哮，李舜举唯唯领旨，如蒙大赦地赶紧退下了。

而盛怒不已的皇帝仍是气愤得胸膛剧烈起伏，鼻孔翕张可见。

赵顼的双眸，紧紧盯着奏本上所写的数列文字，只看到上面分分明明写着：

市井近来盛行蜚语，云司马光与王安石信笺中言，韩魏公欲兴晋阳之甲[①]，以除君侧之恶。又谓‘天不佑陛下，致圣嗣不育’[②]，或曰此司马光书中语，或曰乃韩魏公说，都下疯传。

一场可怕而莫测的风暴已然在东京城中拉开序幕。

三日后。

孙觉、李常与程颢、张戬见上奏以来，五、六日间竟毫无音讯，于是经过商议，遂决定以孙觉为代表，牒阁门直前请对，要求上殿，面见陛下！

这一天乃是三月十一（壬寅日），经赵官家批示，安排了谏官孙觉在崇政殿后殿视事时入对。

这会儿孙觉正等在殿外的幕次里，无多时，阁门祇候传引其上殿，孙觉快步趋入崇政殿，在御座前站定，深深一揖，行礼如仪。

官家的声音听不出喜怒来："卿牒阁门，言有机要事，未审是何文字？"

孙觉于是开始展读起自己写就的奏本。原来，上奏的仍是论列青苗法之弊，当速罢青苗、召回逐路提举官、解散制置条例司等千篇一律的内容……

然而，孙觉念完了数千言的奏疏，官家却全无表示，原来，赵官家听了个开头，便已神游物外了。孙觉只听闻，数日来，官家临朝多渊默，与过去雷厉风行的做派大相径庭，实不知何故。

"陛下，陛下，"孙觉只得抬起头唤了数声，"若以臣所奏有可采之处，请降付中书施行，若以臣无理，乞黜臣出国门，重加贬窜！"

赵官家终于回过神来，但声音仍是不冷不热："卿言青苗，朕已知之甚详。若无他事，便可下殿。"

孙觉见官家居然不置可否，恐怕奏疏被留中，于是把心一横，嚷道："青苗之害民蠹国，患非止当下，更祸在子孙！今陛下不从元老、近臣之言，专信王安石泥古刚愎之见，变乱祖宗成法，人皆知其不可，独陛下不知！况近来条例司驳韩琦疏，镂板行下[③]，非陛下所以待勋旧大臣意。赖韩琦朴忠，固无他虑，设当唐末、五代，藩镇

---

① 晋阳之甲，赵鞅是晋国权臣之一，以清君侧之名，攻入国都，实现了清除异己，专执晋国大政的目的。故后世以"晋阳之甲"喻地方官吏因不满朝廷而举兵为兴。

② 此蜚语之意，为上天不保佑皇帝赵顼，导致其所生的皇子早夭。

③ 指雕版印刷，榜于朝堂、京师，更行之监司、州县，播告四方。

强盛时，岂不为国生事乎！"

听到孙觉的话，赵顼攥紧了双拳，努力克制住了自己的怒火，连日来，他后殿再坐时都要召见勾当皇城司的内臣，问以蜚语一事的调查进程，然而至今尚无明确线索，故越发烦躁不安，抑郁难平。

御座上传来似无感情的话语，却不是对孙觉所说，而是向侍立于殿外板障内的阁门祗候下达命令："传引下一个班次。"

孙觉愕然，然亦只得一揖而下殿。

望着孙觉退下的身影，赵官家想到，方才在殿上，似也听到他说了韩琦举兵的这种"危言险语"，正与数日前李舜举呈上来的皇城司密报相吻合，京师中蜚语之盛传，果然已经到了不胫而走，臣民皆知的地步了吗？

以正道君子自居的孙觉下殿后悲愤难以自已，心里已决定要写乞请解除谏职、贬谪补外的奏疏。回到谏院后，他立刻与李常说了今日上殿的情况，二人乃决定再赴御史台，以大义迫吕公著面圣，请官家罢青苗新法！

于是孙觉、李常出了谏院，直奔御史台，找上了程颢、张戬两个监察御史里行，再次来到吕公著办公的本厅。

吕公著看着四人，静静听他们说完，然后才徐徐道："诸公以为今日官家可进谏否？"

李常道："知而不言，是为不忠！谏而不听，唯当再谏！人主不能用，不过去位而已，如何可安享廪禄，坐视朝政日坏，万民荼毒！"

程颢一揖，道："中丞，人之情各有所蔽，故不能适道，大率患在于自私而用智。君子入世则以道事君，名利不能惑心；出世则天人不二，万物皆备于我。今止青苗之害，君子与有识者所共见，而执政一意孤行，正是中丞当直言君上之时，虽殉命忘躯，亦无所惜。今不当问人主之可谏与否，只问吾辈君子之当如何也！"

张戬见状，亦是一揖。

孙觉也道："晦叔，吾知汝与王安石素相厚善，某亦如此。然安石用事以来，所行皆不合经义，不畏天地，不法祖宗，不顾公议，是不可止念私谊，而罔顾国事也！况你我乃至司马君实等，苦口劝说安石者，已再三、再四，亦可谓仁至义尽，于君子之私交，至矣尽矣，蔑以加矣！"

吕公著终于是喟然一叹："诸公所言，仆岂不知者也？某所上奏，亦累乞官家罢条例司，废青苗钱，而竟不能听。今诸公责我，固不敢辞，然不过亦尽人事而已。"

见到吕公著已应允，两位谏官和台中的二御史乃齐齐深揖。

次日，吕公著以御史中丞有急速公事，报阁门请即刻安排上殿，天子乃隔下后殿视事的班次，先召吕公著入对。

见到这位中执法大臣在御座前行礼，赵官家道："若为青苗事，即不须说。台中御史，尚赖卿说谕，无得造作浮议纷纷，徒乱朝廷成法。"

吕公著没想到官家如此决绝，竟连读奏札的机会都不给自己，他脑中一时间闪过今上登极三年以来的许多事情，一阵愤懑不平的情绪蓦地涌上心来。

他抬起头，直视着御座上的至尊，毅然决然道："臣方叨司宪，固为台长。然今三院御史，率皆忠良直言之士。其与谏官见朝政阙失，诤论达于天听，臣岂敢以官高于彼，而沮挠威吓，若臣如此，即是以中丞而壅塞言路、隔绝中外，不忠不义之至也！臣今更乞请陛下速降指挥，罢诸路提举官，勿使抑配青苗钱，然后责宰臣讲论利害，下两制、侍从廷议新法，果利天下者，虽尽逐异论之臣不为过；必害万民者，乃当亟行罢废而不以为惮，臣请陛下勿疑！"

赵顼道："二府之中有异论，台谏之中如此汹汹，近臣亦复如是。今来台谏齐心，卿谓皆忠良，故不敢阻挠。得无二三奸邪相为表里，彼此串联，结党以坏朝廷法度乎？！卿可保异论之臣必皆忠良乎！"

吕公著不敢相信官家竟说出这样的话，他愤然捏紧了自己的奏本，道："陛下何能如此好疑而自用，以与臣下争胜为乐哉！若陛下必以异论之臣非是，不过出之于外，另用良吏可也，何可作如此语？使外间闻知，则群臣寒心，非止谓陛下拒谏，更将以为陛下视群臣为土芥也！"

赵顼当然知道吕公著最后说的这句话乃出自《孟子》，所谓"君之视臣如手足，则臣视君如腹心。君之视臣如犬马，则臣视君如国人。君之视臣如土芥，则臣视君如寇雠[①]"，当下便怒极反笑："正欲出小大异论之臣也！前有韩琦，后亦不惜有卿！"

听到官家提及韩琦，吕公著忽然开口说道："韩魏公乃三朝元老宰臣，有定策大功，今陛下令条例司逐条批驳其章疏，播告天下，此岂待元勋之礼？臣斗胆敢问陛下，今魏公判大名府，距京师不过五百里路，若见社稷行将板荡、苍生蒙难，而陛下但听二三执政之邪说，方韩琦因人心不忍，如赵鞅举甲除君侧之恶，数日可至开封，不知陛下何以待之？！"

言讫，吕公著涕泣跪伏，又道："此诚社稷宗庙安危存亡所系，陛下不以臣言为可采，当即罢臣执法，重黜贬窜，臣万死！"

"前来孙觉亦如此语，卿敢谓无党乎！"赵顼愤怒以极，拍案呵斥，"都下蜚语流

①　典出《孟子·离娄章句下》，寇雠，指仇敌也。

传，莫非是卿等所为？乃欲动摇九重，令天下藩镇皆抗旨不臣耶！"

吕公著最近对京城里的流言也有所耳闻，但此刻他情知已不能退缩，乃复抬起头，直面圣颜道："陛下，防民之口甚于防川！辇毂之下，人言如此，必朝政大有阙失，故人情造作怨怼之语，而诸路州县百姓，心不能平，不直常平新法，亦可见矣！"

赵顼从袖中掏出了数日前皇城司实封的密奏，猛扔到吕公著面前，骂道："然则天不佑朕，致圣嗣不育，亦尔所谓民心耶！！"

吕公著大惊，这一传言，他实不知晓，若事先知道蜚语中有这样大逆不道、指斥乘舆的不恭诅咒，那他是无论如何也不敢说韩琦如赵鞅举甲的话⋯⋯

"臣，臣万死⋯⋯"

赵顼盛怒至极，实在无心当下赐罪于他，便叫他即刻退下。

吕公著惶恐下殿之后，阁门祗候正欲传引军头司臣僚上殿，御座上响起一阵听起来有气无力、疲惫已极的声音："隔下后面班次，召王安石入对。"

得到阁门官吏通传，王安石乃快步往崇政殿走去。一路上，阁门祗候压低声音道："相公，方才官家见过吕中丞，似大发雷霆也。"

入得殿内，官家将吕公著刚刚所上的札子递给王安石，请他看详。

安石双手接过了奏本，边看边道："陛下，吕公著累奏乞罢提举官，又谓'取大臣章奏疏驳，巧为辨说，敷告天下'，此即以朝廷为非，而韩琦为是。人见之，宜怀二心，轻陛下指挥，慢朝廷法度，岂止新法不能行，盖旧法亦多不能行也，此所以仁宗以来因循积弊过于五十年之局面也！"

才二十三岁的赵顼如今承受了来自多方面的巨大压力：宝慈宫高太后若有若无的干政之语，二府宰臣的反对之声，近臣台谏雪花般的章奏论列，以及地方上元老重臣故意逼迫州县不执行新法⋯⋯而眼下，东京城里更冒出了一条又一条触目惊心的蜚语流言！

一直以来，赵顼心中的积郁和愤恨未曾与人说，而今听到王安石说出这些话语，双眼竟有一股酸楚的垂泪之意。他假作举手扶一扶所戴的交脚幞头，实则强掩激动情绪，稍过了会儿，乃道："先生见得深刻。如此，则韩琦安得不动心乎！"

王安石道："朝廷作有理之法，今藩镇逐条疏驳，而执法①乃不以为非；方镇作无理章奏，朝廷谆谆晓谕，而执法乃谓之巧为辨说，即非理之正。言事官当逐条辨论其非，以开悟陛下之聪明可也。今但为巧言辨说，而不见辨说之不当，则其情可见矣！"

---

① 执法，即中执法，御史中丞之别称。

赵顼道："以先生之见，何以今日朝中如此上下纷纷乎？"

王安石道："陛下创设新法，宰相摇之于上，御史中丞摇之于下，方镇摇之于外，而初无人与陛下为先后奔走御侮之臣，则人情何为而不至此耶？陛下且看公著之言，曰'止令提点刑狱或转运使管勾'。近来曾公亮亦有此奏，不过欲稍顺流俗耳。陛下试思：开封府界若无提举官，止有吕景，则此法已不得行；京西无提举官，止有提点刑狱，则已言人皆不愿请。以此验之，则不设提举官，付之它司，事必不举矣。"

赵顼道："今州县官吏慢法而不奉行，奈何？"

王安石道："提举官虽卑，然以朝廷之命出使，尚未敢按举州县不法，即已纷纷然以为陵轹州县。言事官本当为朝廷守法，乃更朋比流俗。如此岂是正理？今来台谏汹汹，与前吕诲在时无异，此陛下亲见。故臣谓，当出公著于外，罢台谏阻挠新法者，则州县见朝廷行遣，当稍不敢慢法抗旨，知王命敕令之不可忽。"

赵顼点了点头："朕料吕公著必将上奏辞中丞，亦如先生所想，有此意也。其他台谏异论者，亦须黜责补外。"

王安石起身一揖："陛下圣明。"

"然则待公著落中丞，以何人任中执法为宜？"

王安石道："臣以为韩维可为司宪。"

赵官家领首，又道："更有一事，近来范镇在通进司，屡抗旨封还，前不肯行下李常分析文字，诏听司马光辞不拜执政，其又封还。且范镇亦数为异论，谓新法皆非。今已上奏请解封驳事，朕以为可从，先生之见如何？"

王安石道："陛下能进贤退不肖，则新法有可成之日矣！"

于是，三月十七（戊申日），诏范镇罢知通进银台司。三月二十五（丙辰日），右正言、直集贤院、同修起居注孙觉以奉诏行视开封府界青苗钱抑配虚实反复，降知广德军。而吕公著已上奏请辞多次，官家皆留中不发，亦不下诏抚慰，台谏及京师百司见风向如此诡谲，人人难安。

三月二十九（庚申日），前殿视朝。二府近来又多分班奏事，枢密班子即将下殿，文彦博忽然请留身独对。

赵官家已猜到文彦博留对的目的，无非近来罢范镇、孙觉及吕公著请辞等事。但他仍不得不表现出尊礼元老枢臣的姿态，于是道："潞公留对，不知欲何事说与朕指教？"

文彦博一揖："臣岂敢？然臣蒙三朝圣君过爱，强颜冒宠，位忝三公，职当论道。事有所闻，深亏圣政，若默而不言，则无以对仁宗之灵、先帝所托，亦负陛下眷倚之重。"

赵官家对文彦博的这番话极为反感，看着是寻常的谦辞，其实大有文章，字字句句都在提醒当朝官家，他文潞公是三朝元老，非他人可比，更代表着仁宗、先帝的识人之明，若以文彦博为非是，则是仁宗、先帝皆昏聩也。

赵顼只得挤出一抹笑容来："潞公但言无妨，朕一切虚心听之。"

文彦博道："近日以来，中外喧传，以诸路散青苗钱，深为不便。臣比不知本末，今访知其由，深可惊骇，不近人情，有玷圣化，无甚于此！臣谓此事岂可不达圣聪？皆云朝廷主张，及诸路所差之官承禀风旨，威福州郡……"

赵官家假意耐心地听着，实则却仍在思量皇城司每日奏报的蜚语调查。然而，因王安石和司马光位居高位，且皇城司无皇帝公开诏旨，便不能大张旗鼓地调查，只能暗中走访，故至今无果。

文彦博终于念完了颇长的奏札，无非又是请罢青苗法的老生常谈，赵顼道："潞公忧国为民之心，朕已知之。不过吾令中使二人亲问民间，皆云常平新法甚便，咸乐之。"

文彦博听后露出一副痛心疾首的模样，喟然叹道："陛下今有韩琦三朝宰相之言而不能采信，反信二阉竖①乎？！"

赵顼对文彦博指教自己不可用内臣的话极是不满，他故作平和地说："非是寻常小黄门。既是访闻青苗法，干系民事非细，朕乃遣张若水、蓝元震②二人。令其微服潜察府界俵钱事究为如何，归报无抑配，而民率皆愿请。"

文彦博道："陛下，此诚误矣！臣闻赵抃尝对司马光道'王安石每有中使宣召及赐予，所赠之物必倍旧例，阴结副都知张若水、押班蓝元震，因能固上之宠！'臣固疑之，谓安石文章德义天下称许，似不至如此，今听陛下言，信乎哉！"

赵顼眉头微皱："然则司马光何以不向吾说？必无此事！"

文彦博道："陛下，赵抃在中书，日见安石之如何。而司马光乃方正君子，又素善安石，虽亦以安石乱法为非是，然恐不忍对陛下言如此语也。陛下若疑，何不问安石乎？

皇帝看着文彦博那写满忠义而更具威仪的脸庞，心里却颇是厌恶。作为官家，他如何会拿这种事去问宰辅大臣，问了便等于要宰臣请辞了，文彦博这算哪门子建议？

文彦博继续道："王安石一贯倡言，云'陛下躬亲庶政，无流连之乐、荒亡之行，

① 阉竖，对宦官的蔑称。

② 张若水当时为入内内侍省副都知，正六品，通常意义上的宋代宦官次长官。蓝元震为入内内侍省押班，正六品，辅佐都知执掌省事，位次于副都知。

196·

每事惟恐伤民，此亦是惧天变。陛下询纳人言，无小大，唯言之从，岂是不恤人言？然人言固有不足恤者，苟当于义理，则人言何足恤！至于祖宗之法不足守，则固当如此。且仁宗在位四十年，凡数次修敕，若法一定，子孙当世世守之，则祖宗何故屡自变改！'安石强辩天下罕有匹敌，宜乎陛下三年来为其所惑。然臣请陛下思之，安石每谓，要令异论不能以纷纷而坏法，而观安石所劝陛下待臣子之道，无非擢拔小人、黜责异己，此皆古来奸邪权臣所为，而安石一无所戒惧。臣非谓安石必欲为奸邪权相也，然此殊非大臣之体，陛下宜向其说谕之，亦全君臣之义，明陛下爱辅臣之心也。"

文彦博这番话，看着平和中正，实则完全是在攻讦王安石擅权云云。

"此恐是赵抃年老眼拙，见之误甚也。"赵官家喃喃道，"余事朕自当说与安石。"

赵抃今年六十有二，而文彦博比他还年长两岁，官家这话，颇似在指桑骂槐，讥讽他莫要做个老糊涂，更不要再议论此话题了。而后面一句，则是在告诫他，自己与安石君臣相遇，非外人能间！

文彦博自然能品出官家这言外之意，当下起身一揖："陛下可将臣所奏，下中书、两制、侍从讲论，臣虽昏眊才短，犹望益于国家也。"

听到文彦博回以"昏眊才短"四个字，赵官家知道这位元老重臣已领会到了自己的那番话，便道："潞公在朝，朕得益多矣。"

文彦博又是深深一揖，告退下殿了。

独自面对咄咄逼人的文彦博令赵顼又感到一阵疲惫。他想到近日来有奏地方淤田一事不能协力，似农田水利法也颇有不顺；加之虽已罢黜范镇、孙觉，然而御史张戬仍在不依不饶地上疏乞改新法。赵官家越想越心烦意燥起来。

宫禁之中，珠流璧转，铜壶漏刻，转眼间已是人间四月天。

四月初五（乙丑日），前殿视朝结束后，中书降指挥，以都官员外郎王庭筠，太常博士、集贤校理刘瑾，殿中丞宋温其，著作佐郎钱长卿、曾布，前河西县令杜纯，并为编敕删定官。京中百司随即议论纷纷，云"王庭筠尝奏疏称颂王安石所定谋杀刑名；而温其素为王安石检法，赞成其事；杜纯则亦在熙宁初上书言事，得安石赏识，盖皆其亲信也"。

这一天，赵官家刚御延和殿，便见到上殿的乃是阁门使李评。

李评，是李端愿的儿子，李遵勖的孙子。李遵勖在真宗皇帝大中祥符年间迎娶了皇妹，即宋太宗之女万寿长公主，故其一家成了外戚，李评也是以此而入仕。

赵官家道："卿亟请上殿，有何事奏来？"

李评大礼跪拜下去，磕头道："臣不敢言。"

赵顼喝道："荒唐，即有事上殿，云何曰不敢言！"

李评仍然跪伏在地："臣以所欲进呈文字，语涉大不恭，乞陛下过目。"

赵顼一听，忽然猜到了什么，道："呈上来！"

李评于是起身，躬身俯首上前，高高地捧着一道奏本，双手呈放在御案上。

赵官家打开一看奏本，只有数页纸张。稍一扫视，见上头写有韩琦的名字，更有"臣欲兴晋阳之甲，以除君侧之恶"；再看后面一张，当中一列，分明写着"天不佑陛下，致圣嗣不育"云云。

赵顼拍案而起，怒喝道："你从哪里得来！"

李评磕头如捣蒜，道："皇城使沈惟恭①之门客以此数纸示臣，臣见而夺之。其门客言，沈惟恭令人播此谣言于京师。沈惟恭以干求恩泽不如所欲，竟生怨怼君父、朝廷之逆心，适都下盛传司马内翰与王参政书，乃使其另一门家孙辈②托名司马光、韩琦等重臣名讳，造作信笺、奏表，撰指斥乘舆之言，巧为谤讟……"

赵顼没有想到，皇城司调查了那么久都未查出结果的事，竟让小小的西上阁门使给查明了！

赵顼此时虽盛怒未消，但已稍显冷静，压低声音道"卿可曾对他人说？"

听到天子的问话，李评俯首伏地："臣岂敢！小臣虽无学，亦有忠爱君父之心，唯知勉力替君父分忧，故亟请上殿，未告一人知耳。"

御座上传下一句话来："甚善，且下殿吧。"

赵顼即刻拿起御笔，批示逮皇城使沈惟恭、门客孙辈，下大理寺根勘穷治。与此同时，他心中也有了另一决断：如今罢黜吕公著的理由和时机都有了！

于是赵顼批道：吕公著可依旧翰林侍读学士、落中丞，同提举诸司库务；韩维权御史中丞；李中师③权知开封府。

放下御笔，赵顼长吁了一口气，这些天压在他心头的事情总算有了结果。

不过，话说回来，这沈惟恭背后，不知还是否有其他人。想了一会儿，赵顼还是决心先召谕中书，以免内批下去又生波折。

于是赵顼下旨隔下今日后殿再坐时所有班次，令御药院当值的内臣火速赶往政事堂。

无多时，曾公亮领着中书四位宰执上殿站定行礼。

赵官家先请赐宰辅们入座，然后道："吕公著诬韩琦将兴晋阳之甲，离间君臣，

---

① 沈惟恭，时任皇城使、开州团练使，乃真宗贵妃沈氏之弟，太祖、太宗朝宰相沈伦之孙。

② 孙辈，开封人，进士。

③ 李中师，与李师中非一人。

造作危言，不宜再任司宪，可落中丞，卿等以为如何？"

　　曾公亮等也都已听闻这段日子以来京师中的流言蜚语，但亲耳听到官家说吕公著曾在上殿时如此言语，还是不免震惊。

　　曾公亮道："御史中丞诚不可有此言，陛下措置是也。"

　　陈升之、赵抃也不敢有异议，于是中书都表示领旨。

　　赵顼道："当告谕当制舍人，须明言公著罪状！"曾公亮等唯唯。

　　回到中书，曾公亮令吏员去唤今日当值的知制诰、直舍人院来。须臾，乃是宋敏求到了政事堂。

　　曾公亮将除官的词头拿给他，道："次道（宋敏求字），吕公著落中丞的外制，汝但言引义未安即可。"

　　王安石闻言立刻道："圣旨令明言罪状，若但言引义未安，非旨也！"

　　宋敏求向中书几位宰臣拱了拱手，唯唯而退。

　　然而直到放衙前，仍不见诏书发回中书。通常来说，二府关于官员任免的集体意见进呈取旨之后，就会送学士院或舍人院，由当值的翰林学士或知制诰等两制大臣草制；制词写就之后，要送银台司审读看详。草制和银台司看详这两个步骤中，两制与知通进银台封驳司官员都有权封驳未成成命的"圣旨"。银台司亦以为无误后，会再送御前，官家确认制敕诏令内容后发给中书，由中书出诏令指挥。

　　这样看来，官家很可能对那份诏令内容有疑议。

　　次日，前殿视朝，中书奏对班次。

　　赵官家道："昨日令明言吕公著罪状，何以宋敏求草制，但书'敷陈失实，援据非宜'？且公著有远近虚名，不明言罪状，则人安知其所以黜，必复纷纷矣！"

　　曾公亮道："陛下，落中丞固宜也。然若明言其罪状乃称'韩琦将如赵鞅举甲'，则四方传闻大臣有欲举甲者，诚非美事，恐不便耳。"

　　赵抃随即表示附议。

　　陈升之道："曾相所说是，若如此行遣，使韩琦何以自安？"

　　王安石道："吕公著诬韩琦，于琦何损也！如向日谏官言升之媚内臣以求两府，朝廷岂以此遂废升之？"

　　陈升之果然不敢再说下去，乃缄默不语。曾公亮、赵抃亦沉默。

　　官家道："安石所论正合朕意。既黜吕公著，明其言妄，则韩琦无不安之理；虽传闻于四方，亦何所不便？不尔，则非议青苗细事岂足以逐中丞？且公著自三月十三日后不复对，已家居俟命，其自知罪愆，亦已明矣。"

见皇帝态度无比坚决，曾公亮等只得行礼后，俱表示奉旨。

四月初八（戊辰日），中书正式颁行诏令："御史中丞吕公著，比大臣之抗章，因便坐之与对，乃诬方镇有除恶之谋，深骇予闻，乖事理之实，可翰林侍读学士、知颍州；权知开封府、翰林学士兼侍读韩维权御史中丞；知太原府、端明殿学士兼翰林侍读学士冯京为翰林学士兼端明殿学士、知开封府。"

吕公著被措辞严厉的"王言"罢黜出外，京师内自然免不了百官议论。随着皇帝的生辰贺诞已近，宫府内外日渐打点出喜庆的气象。四月初九，天子在琼林苑设宴赏赐近臣；初十同天节，禁中举行皇室家宴，一些关系亲近的宗室也入大内参与筵席。然而整场庆贺与筵席中，宝慈宫高太后竟只和官家说了寥寥数语……

次日，中书班子奏对后，官家又留王安石独对。

赵官家道："今来赵抃数上奏章求去，当听否？"

王安石道："赵抃亦专为异论，在执政无所补益，不若听之。"

官家又道："若听赵抃去，复召欧阳修如何？朕闻欧阳修素来与先生相善。人云至和、嘉祐间，欧阳修常作诗赠先生，谓'翰林风月三千首，吏部文章二百年。老去自怜心尚在，后来谁与子争先？'①朕玩索诗意，欧阳修似用沈约赞谢朓之典②，十五年前已知先生才高，今若复召回二府，可乎？比赵抃如何？"

王安石道："修之才具，岂赵抃能比？"

"比邵亢③如何？"

"诚胜邵亢也。"

沉吟了片刻，赵官家道："比吕公弼则何如？"

王安石一听，心知皇帝动了召欧阳修拜为枢密使，取代吕公弼的心思，乃道："欧阳修亦胜吕公弼矣。"

"然则与司马光孰胜？"

王安石道："修才高，亦过于司马君实。"

官家道："便召欧阳修，可乎？"

---

① 仁宗皇帝嘉祐元年（1056），欧阳修作《赠王介甫》。

② 谢朓，东晋南北朝著名诗人，其在宋明帝时为吏部尚书郎。沈约，南朝文坛领袖，朝中宰辅大臣。其与谢朓等人，共同创造了对近体诗影响很大的"永明体"诗歌，注重音律平仄，纠正了诗歌的用语艰涩之病。

③ 枢密副使邵亢已于熙宁元年十二月罢执政，以资政殿学士、给事中知越州出外。

王安石道："陛下宜且召对，与论时事，更审察欧阳修在政府有补与否。欧阳修性行虽善，然见事多乖理，陛下用修，修既不尽烛理①，有能惑其视听者，陛下宜务去此辈。"

赵顼也觉得有道理，便道："谁与修亲厚？"

王安石道："修好有文华人，如今日苏轼之辈，故臣恐其误陛下所为。"

"善，待欧阳修赴阙，徐议之。"官家点了点头。

吕公著出外，而韩维竟力辞御史中丞，人言便谓韩维忧惧在台长任上，既难以协调御史，又不知如何与老友王安石相和谐。于是曾公亮等在御前请召吴中复②为御史中丞，而王安石留对，谓吴中复阿附文彦博，在成德军又拒不支散青苗钱，"枉道媚韩琦"，官家以为是，遂不召吴中复入京。

四月十八（戊寅日），罢秦凤路都钤辖向宝所兼"提举秦州西路缘边蕃部"之差遣，专任王韶。此事二府合班奏对时，赵官家用王安石言，恐秦凤经略使李师中及其所信重之边将向宝阻挠王韶，文彦博、吕公弼虽谓不可以王韶一小臣而夺秦凤帅李师中之见，然官家不从，故令枢密院降指挥，罢向宝提举蕃部。

一天后，朝廷下诏书：

参知政事赵抃罢执政，以资政殿学士出知杭州。

同日，以吏部侍郎、枢密副使韩绛兼参知政事；除李定为太子中允，升其本官为正八品朝官，权监察御史里行；而程颢罢御史，除权发遣京西路提点刑狱公事。四月二十一（辛巳日），除屯田郎中、淮南转运使谢景温为工部郎中、侍御史知杂事。

这几道除拜拜免的旨意一下，又是内外哗然。李定是王安石的学生，本为秀州军事判官，本官不过卑微的选人官阶，前欲令李定知谏院，而曾公亮、陈升之等以为从无选人可任台谏；谢景温则是王安石胞弟王安礼妻子之兄长，素与王安石相善。于是京中传言四起，谓自罢吕公著，王大参又安插亲信在御史台中，更让谢景温担任御史台次长官，意图牢牢掌控风宪言路，排除异己。

接下来的两日，又继续颁布诏令。四月二十二（壬午日），宋敏求以前撰吕公著罢中丞制词不明言其罪及封还李定除目，罢知制诰；右正言、秘阁校理李常落职名、

---

① 烛理，形容人主，指英明治理；形容臣民，指察知事理。
② 吴中复，时任龙图阁直学士、知成德军。

罢谏官，降太常博士、通判滑州；监察御史里行张戬、王子韶并罢御史，张戬外知公安县，王子韶知上元县。四月二十三（癸未日），刑部郎中、侍御史知杂事陈襄罢御史知杂，除同修起居注；太子中允、同提点京西刑狱程颢再责降签书镇宁军节度判官事。

大幕落下，京中议论更起，市井亦有人倡言：中丞恼了王相公，一台御史为之空！

第 十 一 章

平皋望望欲何向

　　四月二十六（丙戌日），垂拱殿前殿视朝，二府合班奏对。在讨论如何处理秦凤经略司问题的时候，王安石、韩绛都主张遣使戒谕帅臣李师中，责其团结前线臣僚、将佐，使知朝廷威福，不可互相排挤、阻挠。尽管文彦博、吕公弼都极言应尊重李师中作为一路帅臣的处置之权，但赵官家最终仍然采纳了王安石、韩绛的主张。

　　而数日前任命高遵裕①与王韶同提举秦州西路缘边蕃部的举措，也被人在背后议论，说王安石一方面是企图讨好宝慈宫圣人，另一方面让李师中投鼠忌器。有关王安石奸邪弄权的说法，如是甚嚣尘上。

　　但对于这些风言碎语，王安石显然并不在乎。又因为他的举荐，二十七（丁亥日），大理寺丞、鄜延经略司勾当公事薛昌朝升迁为太子中允，除权监察御史里行；五月初六（乙未日），以王益柔、蔡延庆直舍人院，以天章阁待制孙固兼权管勾御史台、知通进银台司，罢免才担任了十三天"权发遣御史台事"②的陈荐，也解除了他在银台司的封驳权。直舍人院虽为两制词臣的差遣，但自太宗皇帝太平兴国年间以后便不再除授，京中百官乃私下相谓，这是王安石要用王益柔、蔡延庆来草李定除授御史的制词；至于罢陈荐，也是考虑到陈荐多半会封驳李定的除命，且以代理台长的身份不放李定入御史台，而且陈荐之前为司马光所举荐，又上奏导致王安石主张裁汰禁军、出戍淮南的建议不能施行，因此深为安石所忌。

　　李定的事，也是吵得沸沸扬扬。前不久，正是陈荐在权管勾御史台任上弹劾李定居然不为生母服丧，可谓是不知孝为何物，犹如禽兽云云，焉能为御史？于是初八（丁酉日），朝廷乃下诏命淮南、江东转运使往扬州、宣州体问李定不持生母丧事之虚

---

　　① 高遵裕，外戚，时任西京左藏库副使、阁门通事舍人，宝慈宫高太后之伯父，真宗朝大将高琼之孙。按西京左藏库副使为本官，七品；阁门通事舍人为武臣阁职，从七品，属于武臣之清选，视同文臣之馆职，差遣、俸禄皆从优。

　　② 这里的"权管勾御史台""权发遣御史台事"都是代理御史台长官的意思。

实①。这不由得让王安石感到，朝中反对的声音还没有放弃。因为李定当时已经解官居家，则反对者们谓李定贪恋官位的说法是站不住脚的，他们反对李定为御史在王安石看来，也只是因为李定是自己学生的这一层身份，然后借题发挥而已。

五月十四（癸卯日），皇帝御批：知制诰苏颂、李大临屡格李定太子中允、权监察御史里行之诏命不下，不肯草诏，反复封还，轻侮诏命，国法不容，并落知制诰，以本官归班②。于是命新除的直舍人院蔡延庆草李定迁官、除御史里行制词。同日，又下诏大幅增设宫观祠禄官员额——这自然是天子与王安石商议后的决定，实际不过是去年十二月诏令的进一步扩大化。都下浮议再起，皆云，此是王安石欲以处置异论者，故再增宫观员额，无非是想吓退正义的士林公论罢了！

陕西，秦凤路治所秦州，经略司帅臣衙门。

今日州衙中门大开，从近两千里之遥的京师赶来的天使一行，自然是大摇大摆从正门走进来。身着绯罗袍服，头戴软脚幞头的内侍在帅司大堂里站定，身边的小黄门则双手捧着朱漆木盘，上头放着的正是当今大宋官家所下发的圣旨！

李师中率麾下一众大小文武之僚属，在准备好的香案前行礼如仪，他身后站着秦凤路的副都总管窦舜卿，再往后则是都钤辖向宝、走马承受刘希奭等官吏。而皇宫里的中贵人已展开了官家的手诏，开始宣读起来。

"秦凤经略使、知秦州李师中接旨：付卿一路，宜为朕调一将佐，使知朝廷威福。今用一王韶，于向宝有何亏损，遂欲怨望不肯尽命？若果如此，朝廷岂无刑戮以待之？卿为主帅，亦岂免责？韶所建立，卿皆与议，事之成败，朝廷诛赏，必以卿为首，不专在韶。尔秦凤路小大之臣，宜深体朕心，同寅协恭，殚精毕力，用图报销，以副朕怀柔远人、永靖蛮氛之意！"

在经略司僚属们众目睽睽之下，被远在宫阙九重之中的皇帝如此戒谕责备，李师中可谓颜面尽失，这会儿心里更是恨极了王韶，但他显然不能当着内廷中使之面而发作，于是只得恭恭敬敬地作揖，口称领旨。

李师中将中使迎入上座，经略司其余诸人自然都纷纷退出帅司的议事厅堂。

秦凤路经略司里，原本机宜文字王韶和都钤辖向宝的矛盾摆在明处，秦州大大小小的官吏无不知之；而作为经略司最高长官的李师中与王韶的龃龉尚且在暗处，李师

---

① 此事按照李定的说法，其担任泾县主簿时，曾听闻自己的庶母（父亲的侍妾）仇氏去世，而自己不知道是否为仇氏所生，问了父亲，则说不是自己的生母，故李定心有疑虑而不敢服丧，于是转而以侍养老父的名义解官在家，服"心丧"（指不穿孝服而内心哀悼）。

② 归班，指有本官、爵禄者被解除差遣，就闲待选。

中也不会自降身份，处处在大庭广众之下与王韶打擂台。可官家的手诏，却把这一层薄薄的平衡给捅破了。如今所有人都明白，向宝的背后靠山是李师中，而朝廷则站在王韶这边，这就令秦州的局面变得扑朔迷离，经略司的官吏们皆避之唯恐不及。

这般过了几日，王韶正在伏案工作，高遵裕忽然走了过来。

他迎面笑道："子纯，且去饮茶何如？"

王韶心知肚明，晓得高遵裕有话要和自己商量，便与他步出经略司衙门，二人上了马，径往秦州城内的一间茶楼而去。一路上，王韶在马背上却是心事重重。他到关陕已一年有余，然而一年多来，所成何事？在他那堪称宏大的谋划里，第一步便是要在古渭建军①，即将古渭寨升为军的行政建制，然而此议李师中并未赞成；便退一步提出先施行屯田、市易，但李师中又不肯批准；再退一步建议在屯田、市易中先施行一种，可李师中还是百般阻挠。若说越过经略司，直接以自己小小的机宜文字身份去奏劾经略使李师中，那是大大的忌讳，也全无成功的可能。这河湟开边的策略，何日才能真正落实开展？

这般想着，已到了茶楼外。知客的小二将二人引上楼，在雅间各自落座。高遵裕乃道："前几日的事，可算是给了待制②一个晴天霹雳！某看近日来的邸报，朝廷行遣台谏，好似疾风骤雨，自中丞以下不知凡几。看来有王参政在中书，你我二人招抚蕃部等事，必能成也！"

王韶反而有些愁容："官家远在东京，固是要为你我撑腰，但如今这般戒谕李经略，他如何能咽下这口气？向宝罢了提举蕃部，便更要阻挠我等。眼下诸羌形势错综复杂，而经略司帅臣颇忌你我二人，恐怕此事不易了结……"

高遵裕沉吟了一会儿，道："是这个理。某才来几日，已觉察窦副总管③似乎也见不得子纯好，不过他乃是自成一派之人，若能争取到他的话……"

王韶苦笑："待制一日尚在，你我二人便仍是其下属，若为提举蕃部事找上窦副总管，即是明火执仗了。何况，窦副总管是相州安阳人，年纪又大，无过便是功……眼下你我能排向宝，暂时已是极限矣。"

高遵裕明白王韶的意思，窦舜卿是韩琦的乡党，并无奢遮的功勋，竟能做到殿前都虞候和观察使，想来无非得了同乡韩相公多年来的提携，要其与他们同心，确乎是难上加难。但高遵裕却仿佛并不怕事，道："子纯，只怕是你的退让，人家不领情，

---

① 指州府军监的"军"，非部队之意。

② 李师中当时以右司郎中、天章阁待制为秦凤路经略使兼知秦州，故以待制代称。

③ 窦舜卿，时任殿前都虞候、邕州观察使、秦凤经略司副总管，乃是此时秦凤经略司仅次于李师中的二号人物，武臣。

必要置你于死地而后快！况且，子纯可知，庆州李复圭①那边亦不平静……"

王韶细想，高遵裕乃是当今太后的叔伯，所得消息灵通也不足为奇……听说李复圭一向是好大喜功，且办起事来雷厉风行，甚至杀伐决断毫不眨眼。往年他为滑州知州时，一士卒和一工匠争执不休，闹到他的知州衙门大堂里，李复圭居然拿起兵器敲杀了二人，再拖出去斩首，从此滑州无人不畏惧这李太守。但王韶知道，李复圭颇得王安石赏识，因此在环庆为帅，一向胆大包天。眼下高遵裕说李复圭那边亦不平静，难道是对西夏……?！

"李复圭是要用兵？"

高遵裕慢条斯理地喝了口茶，道："闻是西贼在庆州荔原堡北，筑了个堡寨名'闹讹'，距荔原堡方二十余里。而庆州蕃部巡检李宗谅乃是环庆一带熟户蕃将，其部族离西贼闹讹堡甚近，恐妨碍族人耕作放牧，遂率众千余人与西贼战于闹讹堡。李复圭于是命庆州钤辖李信出兵助战。然李信按兵不出堡中，亦不开堡门，李宗谅只得继续与夏人交兵，终全军覆没！"

王韶一惊："是了，李信一时间亦不知那李宗谅是否已投了西贼，要骗开堡门？经略司必有制度，军情不明时，敢入堡者皆斩……只是如此，宗谅部败亡殆尽，李复圭必不肯善罢甘休。"

高遵裕给王韶倒上茶，道："然也，李复圭已怒斥李信等人，吓得李信等将佐出经略衙门时亦双腿打颤。听人言，李复圭已下了死命令，令李信等带兵主动出击，去打西贼！"

王韶愣了半晌，按照本朝的军事制度，边境上的经略安抚使的确有权在没有接到朝廷指挥的情况下相机出兵，但允许出兵的最大规模一般也只有两三千人而已。可这对于此时的宋夏边境来说，仍算是不小的动静了！

"可听闻西贼在环庆接壤处，如今陈兵众多。李信带兵出去，莫说几百人，便是数千人，也未必济事！"

高遵裕对王韶的判断很赞同，道："子纯与某英雄所见略同！李信这一去，我看是凶多吉少！若是环庆路果然覆军折将，必然惊动朝廷！那对你我在秦凤将做之事，只怕是有百害而无一利！"

王韶对上高遵裕的眼神，听着茶楼外街衢上行贩商人的吆喝，一时间也不知局势会如何变化。

---

① 李复圭，时任环庆路经略使、知庆州，为环庆帅臣。

数日前，京师开封府。

五月十五（甲辰日），忽然诏制置三司条例司罢归中书；两日后又命常平新法等付司农寺，以太子中允、集贤校理吕惠卿同判司农寺。这下大家明白了，制置三司条例司罢归中书门下，并非是赵官家终于从善如流，要罢废条例司和新法，而不过是将条例司负责的新法事宜转交给司农寺，且以吕惠卿负责司农寺所行一应新法事务。可见，这是为了大力提拔吕惠卿！吕惠卿的本官级别已远不能体现其如今的权力，只恐他这是要做"小相公"了！

果然，五月十八（丁未日），在青苗法、农田水利法等移交司农寺主管后，朝廷立刻颁行新的诏令："青苗钱委诸路转运、开封府界提点、提举司，每年相度留钱谷，以备非时赈济出粜外，更不限时月，止作一料给散，却作一料或两料送纳，以便人情；如愿分两料请者，亦听。"

这是一项对青苗法实施细则的重大修改。原本规定百姓有请贷青苗钱者，必须随夏秋二税分两次各缴纳本钱和二分息，现在规定，可由百姓自行选择分两次或一次缴纳；且在支散青苗钱时，依百姓便利任选分一次或两次请贷。这样的调整，表明青苗法在民间的支散与缴纳上都具有了相当的灵活性，便利于民，也足见王安石继续大力推广常平新法的决心！

这日结束了后殿再坐，赵官家忽然说要去大理寺，乃令李舜举先去知会。

这位御药院大珰自然知道，官家无事怎会去法寺盘旋，只可能是为了沈惟恭指斥乘舆的案子！

他先行到了皇城外景灵宫南面的大理寺，晓谕了法寺官吏，办妥了各项准备之后，便与一众官员们在大理寺庭院里等候皇帝驾临。无多时，果见到赵官家身穿寻常富贵人家的便服，从马车里下来，到了法寺衙门口。

李舜举与大理寺官员们一起将皇帝迎了进来，赵官家冷着脸，道："朕要见沈惟恭。不须其他人等，差一吏员前头带路，朕自与李舜举去。"

大理寺官员各个口称领旨，亦不敢多嘴。赵官家和李舜举便一路走到了关押重犯的大理寺单人牢房里，走到尽头那间，便看到沈惟恭脚上戴着铁镣，正瘫卧在角落里。

赵官家道："你亦退下，候在外头，任何人不得靠近。"李舜举忙不迭地领旨走开了。

皇帝对这位勾当御药院内臣的行事颇为满意。他方才一路走来，见到关押重犯的其余的单人牢房都撤空了，显然是事先已让狱卒们把那些重犯暂时羁押至别处，好留出一个绝对私密的场合。

沈惟恭听到说话声便转过身来，见竟是官家，便立刻带动着铁镣扑了过来，跪伏在地上磕头如捣蒜，道：

"罪臣万死，罪臣万死！"

赵官家冷冷地俯视着这位有着外戚身份的皇城使，不知沈惟恭磕了多久，他才开口："你知罪吗？"

沈惟恭抬起头，额头上已满是鲜血，他哭丧着一张堆满横肉的脸："陛下，臣知罪，臣知罪，求陛下看在贵妃娘娘面上，饶臣一命！饶臣一命！"

"伪撰近臣章疏，指斥朕躬，亦云韩琦将兴晋阳之甲，"赵官家竟笑了起来，可那笑声听在沈惟恭耳中，仿佛是地府里十殿阎罗的催命狞笑，"惟恭啊，你学问好得很呐。"

沈惟恭又是一阵磕头："皆为孙裴那厮写的，臣，臣本不过想发几句牢骚，不承想竟闹成了这样……臣死罪，臣死罪！"

"朕今日特此面见，你却当朕三岁小童！"赵官家猛然呵斥，"便是今日令大理寺赐死你，你也难赎其罪！"

沈惟恭听到这话，吓得一阵屎尿俱下，顿时恶臭扑鼻，令皇帝更是厌恶。

"臣，臣实在是一时猪油蒙了心，臣不读书，不知事会闹成这般！告陛下看贵妃面，饶了臣，饶了臣！告陛下看娘娘面啊！"

号哭声伴着沈惟恭溲溺的刺鼻味道，官家不禁掩面。

"谅你非有胆量寻死之人，便念在沈娘娘情面，朕可以饶你一死，"赵官家道，沈惟恭如蒙大赦，又是磕头如捣蒜。但官家继续道："朕今只问你一次，这事情背后，可有人教唆你？"

沈惟恭眼神似有闪躲，惊恐万分道："告陛下，这，这实在无人指使臣，全是臣糊涂啊，臣不想死，臣不想死，臣想活命……"

赵官家强忍着恶臭，道："你可知道孙裴已经全招了？"

"这，这不可能啊……"沈惟恭一愣，又仿佛明白了什么似的，又是磕头，"陛下不可以信孙裴那厮胡诌，实无人教臣，全是臣糊涂，是臣糊涂……陛下饶了臣，饶了臣……"

李舜举在大理寺牢狱外守着，百无聊赖地看着法寺庭院里黄鹂鸣啭，熏风拂柳，等得久了，他目光望向宫城东北面的开宝寺铁塔，一时间只觉得这偌大的东京城，街衢酒肆里的烟火气才显得真切，而官家和大臣们仿佛就像站在那浮屠上似的，真是高标跨苍穹，烈风无时休啊！朝中百官各个以为自己是羲和、少昊，其实不过是在龙蛇窟里上上下下。在塔里供着的时候是佛祖身边的菩萨罗汉，可一旦跌落凡尘，无非各个算计着子孙富贵，真个是君看随阳雁，各有稻粱谋！

这般想着，官家却不知何时已经走出来，李舜举忙迎上去，却见到陛下的脸色冷若冰霜，比来时更骇人。他不知道皇帝和沈惟恭说了些什么，又说到了哪一层，这都是官家的秘密了。

三日后，官家对大理寺呈上来的结案卷宗和审判结果画可。于是下诏：皇城使、开州团练使沈惟恭追毁出身以来文字，琼州①安置；进士孙裴处死；其余传抄之人皆释罪赦免，不问。

沈惟恭虽然落了个废为庶民、发配琼州的下场，但总算保住了一条命；而他的门客孙裴就没有这样的好运了，只能命丧黄泉。这一系列京中传言之风波，总算是结束了。

五月二十八（丁巳日），又一道引人瞩目的诏令颁行。将原本考核六品以下京朝官政绩并以此作为差遣除授依据的审官院，改为审官东院；并新设审官西院，职掌武臣阁门祗候以上至诸司使之磨勘和差遣，命天章阁待制齐恢为知院事，兵部郎中韩缜为同知。诏令一下，百司哗然。因为按照旧制，武臣升朝官的考绩、任免都归属枢密院，现在却将西府这一权力剥离出来，归诸一个新设的机构"审官西院"，等于枢密院的一部分权力被夺走了！京中百官一打听，向官家建议如此做的人，果然是王安石和韩绛！看来无非是要抑制文彦博和吕公弼二人的权势，而且新任命的审官西院长官之一乃是韩绛、韩维的胞弟韩缜！百官在背后纷纷说，他王安石真是把朝廷名爵，尽作私家馈赠，专用来结党擅权。

这一切，皆是在中书独班奏对时所决策的，枢密院事先全不预闻。文彦博不免在奏对时反复申言："屡与大使臣②因差遣相见，尚患不知其人，付之审官，则愈不知，缓急难为选擢矣。"然而官家只是回答："欲知之，不在数见。"二府闹成这般，许多人都战战兢兢，不知该如何站队才能不被殃及池鱼。

在这种波谲云诡、众说纷纭的情况下，环庆路经略司的军报送到了。

赵官家立刻召二府入便殿，举行御前会议，紧急磋商对策。

曾公亮与文彦博各自率中书与枢密院班子向官家行礼，然后方才一一坐下。

赵顼道："西贼四月以来陈兵数万，屡侵绥德城，又于边境新筑堡寨八处，近者去我国境不过四里！虽郭逵已遣燕达攻克二大堡，然亦闻贼兵仍有数万在边境逡巡窥伺。今李复圭奏，云西贼在庆州荔原堡北筑堡曰闹讹，且侵犯熟户李宗谅部族，钤辖

---

① 琼州，广南西路最南面，今海南省海口市一带。

② 使臣为武臣、内侍官阶之名，有大使臣、小使臣之分。大使臣指内殿崇班、内殿承制、阁门祗候；小使臣指三班借职、三班奉职、左右侍禁、左右班殿直、东西头供奉官。

李信率军三千应战，以违李复圭节制故，轻敌大败，阵亡凡八百人！又李宗谅部率皆战死！西贼如此，卿等以为当如何？"

文彦博道："可否容臣等细读环庆军报？"

于是文彦博双手从御案上接过了奏疏，与吕公弼一同看完后又递给了曾公亮。

"陛下，臣看详李复圭所奏，文辞皆含混不清，"文彦博道，"如荔原堡在我宋境，西贼所筑闹讹堡在其夏国境内，不犯汉地。则若如其所奏，贼侵熟户李宗谅部，而钤辖李信以兵三千助战，既大败，如何不闻荔原堡失陷？显见李复圭大段欺妄！臣料必是李复圭贪功冒进，命李信出兵，战于贼境，而蕃部与官军寡不敌众，故有此败。其云李信违节制，又不言如何指挥，恐是诿过于一武夫，不欲朝廷行遣自身耳！"

吕公弼亦道："陛下，彦博所说极是。此必是李复圭见鄜延路城绥德，秦凤路有古渭建军之声，乃承执政风旨，觊觎朝廷赏功，内则有不甘人后之心，外则为火中取栗之行。"

韩绛道："李复圭为一路帅臣，若奏报不实，走马承受如何不上达天听？"

曾公亮道："绥德一事，已颇生边衅，为今之计，当戒谕李复圭，务为安静为上。"

陈升之道："李复圭一贯强横刚愎，恐走马承受未必敢言。观其奏疏，竟已将李信、种咏等将下狱。其凶焰如此，庆州乃至环庆一路，何人敢贰于复圭？"

王安石当然也从奏疏中看出蹊跷来，但若不在此时维护李复圭，则王韶等在秦凤路，想要推进招抚青唐诸羌、开拓河湟的战略也将无从谈起，文彦博等人必定会抓住李复圭贪功冒进一事大做文章，进而影响整个关陕地区对夏战略，将从根本上否定自己和官家所议定的对夏大计！

他近前一步，又侧向文彦博等人，道："国朝以文驭武，李复圭为环庆帅，而李信等将隶其节制。今蕃部熟户李宗谅一族兵马尽没，官军阵亡不下八百人。若朝廷骤然问罪复圭，恐今后边将皆曰，战与不战，无虑主帅如何，我辈可临机自专，朝廷不之问也。则臣恐将大坏文臣临边节制之法度，武将在下，若夫可战而退与不可战而进，乃至逗留观望，皆有以开其渐。然后朝廷虽欲帅臣指挥，而武将阳奉阴违，略无忌惮，且边情在数千里之外，陛下与大臣何由知之？必屡费使者，又每待走马承受奏报，缓不济急、延误军机之害，不难见矣！"

赵顼明白王安石这背后所意为何，于是说道："李复圭为帅臣，处置将佐，固其宜也。今官军与蕃部人马阵亡者众，可令复圭酬赛①，对战殁将士之家，曲加抚恤，戒谕严为守备，勿得令西贼入寇。"

---

① 酬赛，指祭祀酬神。

吕公弼急道："陛下如此措置，边帅皆知朝廷不以擅起边衅为有过，其逐路经略司将佐又率为粗鄙武夫，恐多生利心，跃跃欲试，无不思以边功而受恩赏，则国境何日可得安宁？臣正恐兵祸一起，百姓咸受其害，且粮饷虚耗，国用更为不足，则必帑藏为之一空，而划刷民财，转输二边，民之羸弱者流离失所、死于沟壑；青壮者斩木为兵、揭竿而起，天下为之板荡，社稷为之危难，臣谓已可逆料也！"

赵官家怫然变色，道："卿造作危言，谓朕为何如主！"

吕公弼闻言，立刻大礼跪拜："臣，臣惶恐！"

然而赵官家已是拂袖而去，只留下了空空荡荡的宝座。

曾公亮仿佛什么事都没发生，对着御座一揖，转身便欲下殿，陈升之、王安石和韩绛遂亦如此。只有文彦博扶起了吕公弼，二人望着御座，都是不发一语。

可让官家和王安石没能想到的是，数日后，秦凤路经略司李师中的奏疏也送到了东京汴梁。五六月间的东京城，宫府内外一时间阴云密布。

由于秦凤路发回京师的奏疏乃是急速机要边情，这一天的垂拱殿视朝便仍是二府合班奏对。

赵官家道："李师中之奏，卿等在待漏院想已得见。今蕃部托硕、隆博二族相仇，董裕[①]以兵助托硕，王韶言招抚青唐诸羌，事逾一载有余，而今如此！又李师中言，托硕、隆博欲相交兵，高遵裕方为提举，已生畏惧，乃谓师中，乞使向宝讨二族。事已发，而王韶、高遵裕全无措置，乖张至于是！李师中故奏称，'蕃部非向宝不能制，臣已令将兵讨托硕族，乞依旧留向宝，仍敕王韶等令协和'。卿等以为如何？"

曾公亮道："无论招抚之与否，李师中为秦凤帅，此奏不过欲令蕃部无事，而使王韶等稍知尊奉经略司指挥，臣以为可从之。"

枢密使吕公弼道："诚如陛下睿断，王安石前奏请陛下以王韶为机宜文字，提举招抚蕃部之事，今反如此，不见其效，而祸已可睹，臣请责王韶等迁延无功，擅自施为、不从经略司之状，使知朝廷内外之威福，边事上下之法度！"

王安石立刻道："王韶等岂可但责戒励，当究见情状虚实、道理曲直，而后行法。今王韶者，一小臣也；高遵裕，方任未久。而一岁以来李师中事事阻挠，若骤然责之，韶、遵裕皆惶惧不能，尚有何事可成？"

官家本在气头上，这才在奏对一开始便轻易表露了态度，这会儿听到王安石所说，想到李师中的种种做法，也觉得确乎如此。

"师中所奏，亦诚前后反复。如前言'向宝在边无由得安，乞罢向宝，专委王韶

---

① 董裕，又作董谷，唃厮啰之孙，瞎毡之子也。

及高遵裕'，今反如此。朕意遣使体量，如何？"

文彦博见到官家又轻易被王安石说动了，便道："王韶、高遵裕本即得专奏蕃部事，不由主帅。陛下前已严词戒谕李师中，今若从安石之见，再遣使体量，而不责韶等，则是令秦凤一路经略使反奉机宜文字小臣也。此岂是边事所当宜有？他日边疆帅司文武，悉皆贪功冒进，不待帅臣指挥，则国朝以来，祖宗所定制度，荡然无存，祸不在小！此韩琦前为陕西五路安抚使时已数有论奏，陛下岂可不察？"

官家道："王韶所措置事皆关白主帅。"

王安石亦道："诚如陛下所言。且若王韶措置有害，李师中自合论奏。师中素无忌惮，专侮慢朝廷，何至奉韶等？陛下戒谕师中再三，晓以西事大计，而抗旨如此，不如罢之，另择帅臣。"

官家想到在一次经筵结束后，留吕惠卿独对，谈到陕西之事，问及李师中，吕惠卿便说，"师中好为慢上不恭之大言，屡向人道：'天生微臣，盖为圣世，有臣如此，陛下其舍诸！'"心下顿时也对李师中屡屡与王韶龃龉，阻挠他招抚蕃部、施行屯田及市易等事颇是不满，便道：

"然则移郭逵镇秦凤，如何？"

曾公亮道："郭逵见在延州，鄜延路尤为紧要，宜如郭逵者镇之，不可阙人。"

"然则蔡挺？"官家又问道。

一时间众臣皆认为不可，说蔡挺帅泾原，不宜轻移。

王安石道："若用蔡挺，不如用郭逵也。"

文彦博道："安石不知陕西事，延州乃重于秦州，郭逵不可移。"

面对文彦博攻击自己不通军务，不知关陕边情，王安石反驳道："臣固不知陕西事，然今秦州蕃部旅拒①，夏国又时小犯边城，或遂相连结，则秦州事岂不甚重？且陕西诸路皆与夏国对境，苟一处有隙，夏国来窥，则来窥处即是紧切要人处。郭逵若不可移，盍使窦舜卿摄领？"

韩绛道："窦舜卿为秦凤路副都总管，于体为帅司佐贰，命其权且摄领可也，臣附议。"

赵官家道："朕亦以为妥帖，可令李师中往永兴军听旨。"

吕公弼见讨论了半天竟是这个结果，急忙出言道："陛下，此断然不可！今李师中与王韶龃龉，又蕃部托硕、隆博二族交兵，正多事之秋也。而帅臣上疏论之，乃亟命其往他处听旨，实解其任，是则令一路经略使威权扫地。臣所惜者，岂师中也？要

---

① 旅拒，本有聚众抗拒之意，此指秦州缘边蕃部抗拒朝廷命令，尚未受招抚而降服。

在今后缘边诸路，僚佐见此皆怀二心，乃敢侮慢帅臣，凌轹同列，各贪功勋，倘二虏来寇，不堪设想！况董裕者，木征之弟也，今令李师中听旨，向宝必闻而深惧，尚何以望其统兵讨之？则董裕兼并隆博一族，其势必也。木征一向跋扈，今若董裕亦渐坐大，秦州以西蕃部更相依附，必谓朝廷之势缓不济急，而木征兄弟之淫威，乃在肘腋，我其从之也！则陛下虽欲令王韶等招抚，臣不知招抚何由得成？"

韩绛道："是何言也！托硕、隆博不过蕃部二小族，董裕亦弗如木征远甚。朝廷以堂堂正正之王师，尚惧此等文法不及数十里之戎狄，若使契丹、党项闻之，将谓陛下可欺，中国可窥！况岂有以中国之大，而畏惧瞎毡诸子者？虽董毡亦何足惧，而况一董裕乎！木征兄弟若果能号令蕃部诸族，则何必用兵，不过以文书命令隆博可矣。今也不然，处置二小族细事，亦须董裕统本部人马，则其威势之衰，图谋之小，诚无足虑！"

王安石道："韩绛所说是。朝廷既以窦舜卿摄领秦凤事，向宝岂敢不从？设使向宝依违乖张，自有典宪法度行遣黜责，别命一将讨之可也，何忧不能制董裕与托硕、隆博二族之细事！"

韩绛亦道："秦州尚有西路都巡检刘昌祚①，射术远近闻名，颇具军略勇武，苟向宝不能办此，遣刘昌祚理会，当亦妥帖。"

官家点点头："二卿之见可从，便令窦舜卿摄领秦凤事，而命李师中往永兴军听旨。"

曾公亮等乃率中书班子领旨，文彦博、吕公弼亦只得作揖。

六月初七（丙寅日），诏殿前都虞候、邕州观察使、秦凤路副都总管窦舜卿知秦州，领秦凤路帅臣事；李师中于永兴军听旨。

朝廷的指挥在当日刚刚发出，才过了一天，李师中新的奏疏又到了。这会儿李师中显然还未收到暂解其帅臣权力，命他去往永兴军听旨的中书札子，看来他早已准备了后手。

这一天前殿视朝，又因李师中上奏事，故依旧是二府合班奏对。

由曾公亮展读李师中的奏疏："王韶申，欲于甘谷城②等处未招到弓箭手空闲地一千五百顷，乞差官从三五顷至一二十顷以上，逐段标立界至③，委无侵犯蕃、汉地土，然后欲凭出牓，依朝旨召人耕种。缘本司先准中书札子，王韶募人耕种，止标拨④荒闲地，不得侵扰蕃部。今韶乃欲指占极边见招置弓箭手地，有违诏旨；又欲

---

① 刘昌祚时任供备库副使、西路都巡检。

② 宋夏边境堡寨分为城、寨、堡三级，城规模最大，行政级别最高。

③ 标立界至，此指立下每段荒闲土地边界的标志，即一一划定范围之意。

④ 标拨，指分拨。

移市易司于古渭寨，臣恐自此秦州益多事，所得不补所失。盖韶初献议，朝廷即依所奏，未尝令臣相度，欲乞再委转运使一员重行审定。"

赵官家道："卿等如何看？"

韩绛道："陛下，李师中两道奏疏，所隔一日，乃前后而发，不知何以如此？看详其所论，似不过欲先以董裕及托硕、隆博交兵事耸动朝廷，然后论列王韶指占弓箭手地，有违诏旨，倾轧之意甚明。"

吕公弼勃然变色，道："御前论事，何如此诛心？前王韶大言：'渭源城下到秦州，沿河五六百里，良田不耕者不下万顷，可置市易司，笼商贾之利而取其赢以治田'，今一岁以来不见尺寸之功，朝廷已不加责问，反令一路帅臣赴永兴军听旨。诏旨明言，不得侵占蕃部、汉民土地，而王韶欲占极边招置弓箭手之地，坏经略司军机要务，则李师中奏之，又何怪之有，尚何可责之！"

文彦博道："如此，则是渭源至秦州沿河无多余荒闲土地可以屯田，事甚明矣。而欲在古渭寨置市易司，显见极无可行之理。是王韶张大虚言，欺朝廷之在先，而惧行遣，弥缝之在后，故如师中所奏，竟指占弓箭手地。陕西、河北、河东，以区区机宜文字之差遣，而肆无忌惮，一至于此，唯独王韶一人。陛下，此不过乃王韶自恃在朝中有奥援，虽虚言邀功，而有大臣每助之，故如此也。"

赵顼感到颇为烦躁，自己和王安石筹划的对夏战略，连个头都还没开始，却已然闹成了这样，枢密院的执政们似乎就等着看笑话，难道对夏的方针将要胎死腹中？

"中书如何看？"

面对官家的垂问，王安石也在苦苦思索对策。可他毕竟人不在陕西，亦不知道王韶所说的渭源至秦州沿河五六百里之处，到底有多少顷荒闲土地可以实施屯田，进而施行市易，以招抚蕃部为大宋所用。

曾公亮道："可令李师中、王韶各自上奏，分析欲作屯田土地，究系何者。"

陈升之道："如此，尚不能免各执一词。既已命李师中赴永兴军听旨，可令窦舜卿覆实甘谷城等处土地归属，系与不系蕃、汉所有，或为弓箭手地，照勘李师中、王韶所奏，则孰为欺妄玩侮朝廷，自可见矣。"

王安石知道，自己必须保护王韶，若此时一言不发，那后果是难以预计的。

"陛下，臣固不在陕西，不能确知虚实。然臣记得，甘谷城乃两年前，熙宁元年七月时，韩琦遣副都总管杨文广[1]所筑成者，初名筚篥城也。当时韩琦先遣李立之驰奏请修筚篥城，而枢密院以为非是，谓：'筚篥是秦州熟户地土，将来兴置一两处，

---

[1] 杨文广，名将杨业之孙、高阳关副都部署杨延昭之子，熙宁元年时任秦凤路副都总管。

接连古渭，又须添屯军马，计置粮草，复如古渭之患。'韩琦奏曰：'秦凤路沿边累为西人侵掠，西蕃熟户日失藩篱之固。昨郭逵已筑治平、鸡川二寨，包入熟户疆土不少，若更修筚篥城一两处，则西与古渭相接，方成外御之势。'韩琦庆历时尝与范文正公并在陕西，熟知地利虚实，此可谓知兵也。韩琦奏疏更云：'窃观后世图制匈奴，患其西兼诸国，故表河列郡，谓之断匈奴右臂，隔绝南羌。今西夏所据，盖多得匈奴故地。自昔取一时之议，废弃灵州以来，因失断臂之势，故德明、元昊更无忌惮，得以吞噬西蕃，以至甘、凉、瓜、肃诸郡，皆为贼有，势既大。至宝元初，始敢僭号，以背朝廷。……近年西人复将西市城修葺，建为保泰军，只去古渭寨一百二十里，去汉界之近如此，自前未有也。木征、瞎药①更与自来秦州多点集不起广有力量青唐族相结，谋立文法，去西界所建西市城甚近，阴与夏人通款。若渐次尽为西夏所诱，不独古渭孤危，秦州西路城寨日为贼逼，则其董毡一带至回纥以来搬次②尽为阻隔。所以久在西陲谙知边事者，皆谓城筚篥，则可与鸡川、古渭通成外御之势，隔绝得西人并吞古渭一带诸蕃，与瞎药、木征、青唐等族相结之患。'陛下，此论可谓至矣。故王韶上《平戎策》三道，陛下亲览而知其才略远见，乃特旨擢拔为秦凤经略司机宜文字。"

文彦博心想，王安石长篇大论地引述韩琦两年前之奏书，这过目不忘之能，人皆知之，无足为奇。但他提起甘谷城旧事因缘，目的是让自己和吕公弼无从反驳。两年前韩琦在陕西，屡次与枢密院意见迥异，却往往胜辩，倒把自己与吕公弼衬得似完全不懂军务。难道朝中元老，只有他韩琦能办军国事？老夫也是平定过贝州之乱③的！而如今王安石借韩琦之奏，论证他和王韶的对夏战略不可动摇，可真是奸猾之至！

文彦博正待开口，王安石却仍然在说着。

"然而时枢密院不知陕西虚实，竟以为不可城筚篥。韩琦更曰：'若谓其修城之后，又积兵聚粮之费，臣以为不然。盖筚篥既城，则秦州三阳、伏羌、永宁、来远、宁远诸寨皆在近里，可以均匀抽减逐寨之兵，往彼屯泊，更有创置酒税场课利相兼。'此真知陕西事也。且秦凤路酒务过于百数，秦州酒课税入旧额，一岁常在三十万贯以

---

① 瞎药，青唐羌大酋俞龙珂之兄，又以妹妻木征，为木征之重要谋士。

② 搬次，即般次，一是指少数民族对中原的贡物，二是指出使中原王朝的使节。宋时唃厮啰等族谓贡献为"般次"，也用以指贡物。此处韩琦谓一旦西夏通过招纳木征等手段得到秦州西部的控制权，则董毡等势力将因为被阻隔，而无法再派使者前往宋朝，那么他们便只有也依附西夏这一选择。

③ 贝州之乱，事在仁宗皇帝庆历七年十一月，时贝州宣毅卒王则据城谋反。庆历八年正月，时为参知政事的文彦博乞请往贝州平叛，于是出为河北宣抚使、体量安抚使。闰正月，文彦博夜选壮士二百，衔枚由地道入，贼众惊溃，王则开东门遁。王则被捕后押解往京城处死，文彦博因平叛贝州之乱有大功，于是由参知政事而宣麻拜相。

上，我国朝唯秦州、京师、杭州三处有如此酒课之税。"

文彦博终于忍耐不下去了，打断道："今陛下但问，当如何措置李师中与王韶上奏前后反覆之事，安石云甘谷城事，极无干系，不知所谓，徒烦渎圣听。"

"此不然！"王安石厉声道，"秦州酒课，岂止甘谷城如此，若于古渭寨置市易司，乃竟不能办酒务耶？臣不烦细碎，便要证明，前者枢密院谓笮篥既城，所费甚繁，实无道理，且更以此见古渭寨置市易司，并无不便，反可获利非细！是王韶一向之所建白，皆有可取处！臣请陛下思之，今李师中谓王韶欲指占之地土为弓箭手招置用地。而师中为一路帅臣，缘边土地用于何事，不过是师中一言而决。王韶若指占一处，师中即谓是招置弓箭手土地，韶虽欲辩驳，其势可胜师中乎？且看详王韶前所奏云，渭源城下到秦州，沿河五六百里，良田不耕者不下万顷。即便王韶失于点检，实无万顷，臣今姑以半数为陛下言之。若渭源至秦州沿河五六百里，有荒闲地五千顷，设使勘察得一千顷可垦田，臣记得去年陕西田地，多亩产两石，则一千顷田岁可产二十万石①。今缘边诸路屯驻禁军②，臣以料钱五百之中等长行③论，其月粮为两石五斗，则开垦此一千顷闲田，可养屯驻禁军六千六百人有奇；其驻泊禁军④，每日食二升，月不过六斗，则一千顷田可养驻泊禁军两万七千七百人有奇；若招募义勇，亦不过日给米两升，则亦可得两万七千七百人有奇。则王韶指荒闲土地事，十中有一分不虚，即可养兵如许，得利如此，尚何须疑？又更谓古渭寨不可置市易司？韩琦之所奏论、臣所锱铢以算者，陛下皆可令有司检会，当能知臣无半分虚妄差错。若古渭建军，则酒课之利不难办，屯戍之兵不难养，而古渭之利害，韩琦已论之至为精当，臣不敢再赘述于御前。故臣以为，亦不须令窦舜卿覆实照勘，李师中既行将赴永兴军听旨，责成王韶、高遵裕专办其事可也。"

垂拱殿内的赵官家和二府其他宰臣，皆惊愕于王安石超乎同列的敏捷才思。王介甫非但过目不忘，还能一边阐述一边将这些繁琐数目算计清晰，便是三司的胥吏亦须借助工具来筹算，又如何能在御前滔滔辩论时于刹那间以心口之算完成？此乃奇才！

不过文彦博可不关心这些，他立刻道："陛下，安石为国家执政，唯当坐而论道。今漫无边际，又锱铢必较，此乃桑弘羊得宠于汉武帝之能，非宰执大臣体。臣请陛下严查王韶所指荒闲土地，所谓万顷之数，实与不实，乃在何处，且要令其分析，加以

---

① 当时北方粮食基本为一年一熟。又一石为十斗，一斗为十升。一顷为一百亩。

② 屯驻禁军，指长期屯驻、戍守在陕西的禁军。

③ 长行，指宋代军士，此处王安石指月俸五百文铜钱的中等禁军，即中禁兵。

④ 驻泊禁军，乃从京城或其他地方调拨而来，驻守时间相对屯驻禁军要短上很多，属于临时性质。

诛赏，方能戒励后来之人。"

吕公弼见状，赶紧道："彦博所说极是，臣附议。"

陈升之亦道："今已命李师中听旨，而独不问王韶指荒闲土地事，诚不妥。"

韩绛欲说话间，王安石又开口了：

"陛下，朝廷若必不能听王韶一面之辞，则亦不可止令窦舜卿理会，须拣选臣僚，往秦州体量，然后庶几可知虚实。"

赵顼同意王安石前面所言，但众宰臣都主张要勘察出实情，而且作为官家也应掌握秦州的情况，于是道："便遣使体量。"

二府班子见玉音如此，乃一齐表示领旨。

次日，六月初八（丁卯日），诏权开封府判官王克臣、内侍押班李若愚赴秦州体量，按实以闻。以京府判官和内臣押班作为朝廷专使，分量已不轻，足见皇帝对此事的重视。

就在王克臣、李若愚离京数日后，官家总算有了宽心的事情。一是环庆路经略司奏报，已遣将梁从吉等攻破夏国金汤、白豹、兰浪、萌门、和市等寨，斩首皆过百数，于是赵官家赐李复圭手诏奖谕。二是秦凤路亦奏报，向宝、高遵裕领兵已击破董裕人马，使托硕、隆博二族讲和，杀伤董裕所部数百人，斩首二百余级。皇帝御批："观此处置，恩威先后，出兵次第，却甚为允当。"

除此之外，总东南财政的薛向上奏，将均输法实施至今的几项成果一一阐述。上个月东南漕运至京师的整整六百二十万石上供米已经全部装载发船，另外还雇用私船，将超额的二十六万石也纲送入京。薛向在奏疏中说，往日漕运皆用官船，而官吏、兵卒多有上下侵盗之事，今募民间私人之客舟与官船分运东南上供之钱物米粮，则便于检察，漕运旧弊可去！

赵官家心中有许多宏图大业想要去实现，他要做大有为之雄杰圣君，要富国强兵，平西夏，复燕云，要恢复汉唐旧疆……可这一桩桩、一件件，都需要亿万钱贯作为基础。如今由薛向坐镇东南，似乎已开了个好头。赵官家决定必须要及时赏赐薛向，给他加官进爵，方能劝勉更多人效忠君父和朝廷的大计。

六月二十二（辛巳日），官家御批，令中书授予薛向天章阁待制的殿阁职名。一旦成为待制，就意味着不再是普通的"庶官"，而是跨入了侍从的行列。侍从算得上是大宋的高层文官，是成为两制、三司使、御史中丞甚至执政的基础级别。赵官家此番对薛向的恩赏，使薛向自原本的司勋郎中从六品，一跃成为从四品待制，确乎算是超擢了。同日，韩绛、韩维的弟弟韩缜亦除集贤殿修撰[①]，离待制也只有一步之遥。

①　集贤殿修撰，馆职之高等，正六品。

百官们更是眼红，谓王安石的党羽各个"鸡犬升天"。

不仅如此，赵官家又下诏："京师仓储已丰，比闻民间米价稍贵，可发淮南上供新米，令酌中估价，遣官分诣诸市，置场出粜，以平物价。"

有了薛向五月份漕运而来的六百多万石米粮，官家便有了底气，想到近来民间米价看涨，便下旨遣官以低于市场的粮价在市肆置场，向民间出售价格低廉的粮食，以平抑物价，明朝廷惠爱百姓之意。

可赵顼的喜悦之情尚未持续多久，便收到了新任御史中丞冯京认为薛向不可骤为待制的奏疏。皇帝阅后决定留中不发后，这位台长再度上疏反对。同时，王安石举荐的御史知杂谢景温也上奏谓薛向为聚敛之臣，不可用等云云。

烦躁的赵顼便召王安石在延和殿独对。

赵官家道："谢景温乃先生所荐，今为台中佐贰，乃以聚敛名薛向也。闻其与程颢相善，时有讲论学问。而谢景温谓薛向在东南，十事未成者七八，果如此乎？"

王安石道："陛下，薛向在东南领均输事，措置极有方略，成效如何，固非远方之人所能非议，实陛下已能见也。止前者上供米一事，已能知薛向干才非凡。又今东南稍有钱荒，而闻薛向以现钱折兑绢帛于先，复以粮米折兑金银于后，则一可纾解东南铜钱流通之不足，二可稳定东南金银之价，此正是收开阖敛散之利权于朝廷，臣料薛向能办均输，为供亿万财货，以助军国事也。"

赵顼道："冯京不为人惑时亦可用，其所奏亦极疏谬，朕与逐条诘难，京即服其非，拜谢而去。试观冯京奏疏，恐不宜使久处言职。吾所虑者，在群邪因此诪张为幻，造作浮议以欺朝野，当如何处置？"

冯京是三元及第①的天才人物，又是富弼的女婿，与王安石一样都到了知命之年。

王安石道："冯京烛理不明，若鼓以流俗，即不能自守。"

官家道："作中丞恐失职。"

王安石乃道："冯京作中丞，充位耳，非能启迪陛下聪明。陛下当于几微之际②警策之，勿令迷错。臣闻其在陕西时③，亦请城古渭，通西羌唃氏，畀木征官，以断夏人右臂——此见与韩琦论西夏事及王韶《平戎策》颇为相通。似亦有可用之处。"

"令作枢密副使，何如？"

---

① 三元及第，指科举考试中解试（乡试）、会试、殿试都是第一名，即连中解元、会元、状元。

② 指有所征兆、迹象之时。

③ 冯京在英宗皇帝治平二年五月，以翰林学士、权知开封府出为陕西安抚使。

官家不满文彦博、吕公弼，王安石自然是心知肚明，于是道："亦可也。解其中丞，而除执政，则秦州事，或能协力。"

官家颔首："待他日再议。薛向在东南，能办均输，亦诚不易。"

经过王安石的详细说明，官家对薛向在东南均输一事更加明了。

当日，赵官家下手诏赐薛向：

> 政事之先，理财为急。故朕托卿以东南赋入，皆得消息盈虚，翕张敛散之。而卿忠识内固，能倡举职业，导扬朕意，底于成绩，朕甚嘉之。前览奏，且虑流言致惑，朕心匪石，岂易转也。卿其济之以强，终之不倦，以称朕意。

谁知，均输法的喜讯刚过，陕西就传回了两份惹官家头疼的奏报，分别由如今在永兴军听旨的李师中和机宜文字王韶所奏。然而两人所说有颇多矛盾之处，甚至王韶的奏报与之前窦舜卿所奏蕃部事亦有不同，前线到底如何了？官家决定明日一早便与宰辅们商议。

六月二十五（丁亥日），垂拱殿视朝。

常起居后，二府合班奏对，曾公亮、文彦博率中书、枢密班子作揖行礼。

官家心里憋着一团火：十七日时，由于窦舜卿奏报向宝已破荡董裕人马，因而一度批付二府，令王韶在秦州听旨，颇有问责王韶的意思；但在王安石请对之后暂时搁置了下来。

想到这事，赵顼开口道："王韶为何奏报中一日两说，初云蕃部溃散，又云董裕助兵万人，相去才二十里，乃如此不审！"

文彦博道："前秦凤经略司已奏遣向宝破荡董裕，使两族媾和。今王韶又云董裕再助兵万人，前后反复。以臣所见，若非是妒忌向宝等立功，便是王韶实无边事之才，故不能料敌动静，且语皆疏谬。臣乞令王韶暂解职事，依旧于秦州听旨，责其反复无状之罪。"

王安石道："此不然！王韶但凭探事人所报耳。蕃部旅拒，即二十里内自不通往来，或伪退而复进，或既散而复聚，何由得知？此未足罪韶。然臣亦疑韶智有所短。朝廷用王韶提举蕃部时，向宝、高遵裕尚为管勾，韶即受而不辞，臣疑韶智有所短，特此事耳[1]。然韶孤立，才领职，威信未能使人，不可遽责以不能前知蕃部动作。若

---

[1] 提举要高于管勾，这是王安石说王韶不知谦退辞让，与同僚乃有所龃龉，且向宝为一路都钤辖，本就地位远高于王韶。王安石认为王韶应如当时宋朝官场惯例，上表辞以才不堪任，朝廷再三不允之后，可请与向宝等同为提举，或能稍免同僚侧目，以利秦凤路经略司之团结。

亟令于秦州听旨,恐沮韶意气。后王克臣、李若愚体量文字到,或王韶非罪,朝廷虽复令其干事,韶心更局缩,何能为陛下招抚蕃部?"

然而,赵官家罕见地没有立刻被王安石说服,反而道:"朕亦虑若即令王韶于秦州听旨,而经略司有望风希旨、借端诬罔构陷王韶罪名者。然方倚向宝用兵,韶在古渭,似与宝相妨。"

王安石明白,官家这是在担心秦凤路的军情,若是不让向宝安心,则董裕等果真再度发兵作过①,向宝很可能会按兵不动或者临阵佯战,后果确实可忧。

"陛下,王韶在秦州受到孤立,又被李师中所忌,众官兵所恶,安能沮向宝?朝廷但忧王韶为众排陷,不得申其志,不当忧王韶沮向宝事也。请促韶分析,未须令往秦州听旨。"王安石继续道。

赵顼道:"似亦可,便令王韶分析可也。"

吕公弼道:"陛下,李师中乞推究请罢向宝者,特赐处分。"

赵官家听到吕公弼借用李师中所奏分析秦州事的文字,剑指王安石,当即不乐道:"罢向宝提举蕃部,是御前共议!李师中乞罢谁?"

吕公弼竟毫不避让官家质问的眼神,道:"前者罢向宝事,独王安石所倡,而韩绛附其议,二府其他宰臣皆以为不可,然陛下终信安石之言,亟罢向宝提举蕃部。向宝尝奏:'蕃部不可以酒食甘言结也,必须恩威并行,且蕃部可合而不可用。'此议论与王韶之见迥异。然今日视之,果如向宝所说。非但王韶一年以来于招抚之事略无见效、迁延无功,且蕃部失向宝弹压,则作乱至于此!赖向宝在秦凤军中能服众,而以本部军马、蕃兵、寨户、弓箭手破荡杀戮蕃贼,挫董裕凶顽野心,和托硕、隆博二族仇怨,可谓有功!是朝廷行遣不当在先,而李师中乞处分请罢向宝者在后,固其宜也!"

王安石道:"公弼论臣,臣不敢自辩。然王韶乃边鄙一小臣,无由时时仰望清光,臣请为王韶辩之。枢密院初用王韶提举蕃部,略不措置。向宝自以为乃一路都钤辖,于招抚蕃部事反为王韶部辖②,故耻出其下,乃与韶不和。既不和,更令宝与韶共事,宝专欲用兵,韶专欲招抚,其势必相沮坏。故臣欲罢向宝,但用王韶。韶欲招抚,故令提举蕃部;宝欲用兵,故令依旧作都钤辖。若蕃部可和,则委韶和之;若不可和,则令向宝与战。此朝廷委李师中作帅本意也。向宝虽罢提举蕃部,仍带御器械③,即

---

① 作过,本义为做坏事,特指叛乱、闹事等。

② 部辖,指部下。

③ 带御器械,文中向宝所任"带御器械"属于外任军中差遣的武臣所带"职名",此如文臣馆阁职名一般,是以示恩宠的荣誉带职,以重其威权,无实际职事。

朝廷于向宝非有负。宝虽不管勾蕃部，犹在秦州作钤辖，固未尝夺师中所倚赖之人，如何便致蕃部作过？又师中以韶不能前知董裕作过，便为韶罪。韶与董裕非深相要结，又其恩威使人，势不及师中，师中既不能知董裕作过，王韶亦何由独能前知？"

韩绛亦道："公弼所言可谓无理。李师中不过一待制，非在言路，如何语侵柄臣，直欲要朝廷处分执政，全无纲纪！宜深加黜责！且如安石所言，前罢向宝提举蕃部，与托硕、隆博二族仇杀自为二事，不知有何干系？蕃部有事，固愿先观望木征兄弟之意也，无非经略司远而木征兄弟近，此势之必然。今详公弼之意，是向宝在边能令蕃部妥帖，胜过陛下诏敕之威德也！然观董裕等作过，又何尝以向宝为恤！"

赵顼颔首："二卿之言是，诚如前所论，不宜令王韶解职事而听旨，止要其分析可也。用向宝要战，用王韶要和，用师中要节制此两人。朝廷于向宝何所亏损，而师中言乃如此？"

曾公亮道："师中有干才，然措辞常不知礼，非一日也，恐不须深责。以免边帅不敢为朝廷言事耳。"

"李师中如何措置，姑候体量到别议之。"官家看到吕公弼错愕无语，忽然想到了什么，又道，"更有一事，欲说与卿等。知谏院胡宗愈至沮败朝廷政事，又论不当置审官西院分枢密院权，非所以体貌大臣；且令大臣有所施恩，有害于政。此言乃倾中书，以为排沮枢密院。盖枢密院论议已是如此。又言张若水①者，其意盖欲倾韩绛耳。朕尝面责以方镇监司事可言者众，略不为朕作耳目，专沮败朝廷所欲为。宗愈甚愧怍，云'陛下许臣，臣乃敢言'。为人主风宪言路之臣，乃行事如此，卿等以为如何，可须责降否？"

吕公弼明白，这是官家不满他屡次反对王安石之论，且对朝廷设置审官西院有所意见，因而不免感到沮丧心寒，竟缄默不语。

文彦博仿佛没听出官家的言外之意，依旧道："且看胡宗愈这两日会否为陛下言地方政事阙失，若其言可采，似可涵容，若所言奸邪不正，再黜责不迟。"

曾公亮亦道："陛下数逐台谏，恐非是。彦博所论，可从也。"

韩绛听到胡宗愈弹劾他勾结貂珰张若水，心下有些慌张，道："胡宗愈乃言官，陛下且姑务包容。"

二府下殿在回枢密院的路上，文彦博对身旁的吕公弼道："宝臣，近来安石、韩绛对你百般排挤，而官家每多偏帮他二人。你若是再直言无忌，恐怕有所不利啊！"

---

① 张若水，时为入内内侍省副都知，正六品。此意指言官胡宗愈指责执政韩绛勾结内廷大珰张若水。

吕公弼似有些心灰意冷，他叹了口气道："观御前方才言语，陛下似是在怀疑胡宗愈为我所指使，故语倾韩绛也！官家既已如此疑某，尚何可为！"

次日，知谏院胡宗愈果然请对。准确地说，他在二十五日这一天便请求安排上殿，而阁门官在得旨后把他安排在了第二天崇政殿后殿视事的班次里。

官家看着这位他并不喜欢，甚至还有些厌恶的谏院言官，道："卿今日上殿，欲奏何事？"

胡宗愈深深一揖："臣前已说'陛下许臣，臣乃敢言'，故今日不避万死，上奏为陛下陈环庆路欺君之事也！"

赵顼一听，心里陡然紧张起来，他本不过是揶揄胡宗愈，说他身为言官，不为皇帝言天下边境方镇、路州府军等事，却专排挤大臣，没成想，今日胡宗愈真要言方镇之事！可眼下李复圭已奏报连破西贼堡寨，尚有何事呢？

胡宗愈道："臣要弹劾的是工部郎中、直龙图阁、环庆路经略使兼知庆州李复圭！"

官家怒道："荒唐！朕方以手诏奖谕复圭边功，更有何事须卿弹劾！"

胡宗愈露出一副悲愤的模样来："陛下，正为此事，臣论李复圭虽远窜岭外不为非！陛下固降手诏，奖谕环庆李复圭，此盖其欺妄诡辩，巧为文辞，变乱先后，尽以不实之言上奏御前，视君父为稚子！臣闻环庆战事与复圭所奏大有不同！事之初，西贼以兵十万筑垒于贼境内，李复圭出阵图方略授李信、刘甫、种咏，使自荔原堡约时日袭击。李信等如其教，引兵三千往十二盘击贼。十二盘亦在境外，非汉地也。未至贼营，贼兵大至，信等众才三千，与战不利，多所失亡，退走荔原堡。李复圭急收前所付阵图方略，执李信等付宁州，命州官李昭用劾以违节制论。其后李复圭欲掩其败绩之罪，谋立边功，乃别遣将夜入西贼境内，时夏人兵马已去，而唯杀党项平民，老幼凡数百口，以其首级报捷，云连破数寨事，复圭度陛下远在京师，固难以察知，乃敢欺妄，以是竟得陛下手诏褒奖……"

赵顼的震惊已形于御容之上，如果胡宗愈所言非虚，那么李复圭完全就是颠倒黑白，诚如文彦博所说，属于诿过于李信等诸将，甚至胆大包天到了欺弄朝廷、欺弄君父的地步！他一方面在内心感慨着文彦博能参透两千里之外边事的老辣，另一方面又深知李复圭的事情如秦凤路一般，牵涉到对夏战略的方方面面。作为大宋的至尊，他会搞清楚真相，但还有比真相更重要的，是要设法保住他和王安石的一系列对夏大计！

想到这里，官家脸色沉了下来，呵斥道："朕前戒谕卿，身在台谏，要能言方镇监司政事阙失，今日便上殿张大虚妄无根之说，望风希旨，欺愚朕躬，奸邪无过于是！毋得再言，速下殿！"

胡宗愈吓得面无人色，也不知自己是如何出得崇政殿的，只感到外面六月的艳阳耀眼炫目，他一阵头晕眼花，竟是连路都走不了几步，跌坐在殿外。

目送胡宗愈下殿后，官家下令隔下后面班次，急召王安石入对。君臣二人很快便就胡宗愈弹劾李复圭一事达成了共识。

六月二十七（丙戌日），诏秘书丞、集贤校理、同知谏院胡宗愈落馆职，以本官通判真州。

吕公弼在枢密院内听闻此诏令，便在未正时牌后，和文彦博打了招呼，自行放衙回府。

吕公弼回到府中，在女婢服侍下换了身居家的轻便野服，又喝了点祛暑的饮子，乃坐下来开始写一份奏疏。

近一个时辰后，他刚誊抄完修改后的奏疏，便听到门口似有脚步声，随即门开了。

"见过阿翁！"

吕公弼一看，原来是自己平日尤为宠爱的从孙[1]吕嘉问。眼下吕嘉问也在京师为官，不过年纪尚轻，之前在条例司里做些事，为人机敏非凡。吕公弼年事已高，看到吕嘉问这样的聪明小辈，自然就越发欢喜。常人不敢随意出入吕公弼书房，毕竟他是当朝枢密使，书房内不乏紧要机密的奏疏公文，但嘉问却不在此列，吕公弼有时还会和他聊起朝中大事。

"望之（吕嘉问字）来了，便在我这里用饭。"

祖孙二人乃到厅堂用茶，自是说起近日京师中一些见闻。

王安石这会儿在府中正与吕惠卿、曾布二人商议秦凤和环庆的边事。吕惠卿眼下判司农寺，主要负责新法的许多事宜，而曾布则在编订助役法，实则以二人的职级，尚没有资格参与到朝廷军机要务的决策中，但王安石时常叫他们来府中用饭，心里早已将二人作为心腹了。

天色渐晚，三人在庭院里喝了好一会儿茶，直到彩霞送夕阳，听到暮鼓声声，于是移步到饭桌前，继续说起各项新法的事情。

夫人吴氏和两个儿子王雱、王旁以及家中的次女也围桌而坐，王安石将吕惠卿、曾布当作自己的学生，自然是不须避女眷。

用完晚饭，王安石又与二人复到庭院中各自坐下，但见得绿水满池塘，风送荷花

---

① 从孙，指自己亲兄弟的孙子。

香，修篁林里蝉鸣不绝于耳，夏夜明河月影，倒是有几分偷得宦海虚闲的惬意在。不过三人这会儿都没有吟诗作赋的雅兴，谈论的仍俱是军国之事。

一个时辰后，吕惠卿与曾布准备起身告辞，忽见院子拿着张名帖来报，说是有一后生要拜访相君。

王安石一看，上头写着"无学晚辈下官吕嘉问百拜"。

这么晚了，吕嘉问能有何事来找自己呢？

"且叫他进来。"

于是本要告辞的吕惠卿、曾布又坐回藤椅上。

吕嘉问由府中院子引领到王安石跟前，正欲行礼，又看到了吕惠卿二人，于是作揖道：

"见过相公、吕集贤、曾佐郎。"

曾、吕二人也站起来回礼。

王安石请吕嘉问入座，然后道："望之这时候来，不知有何事见教？"

吕嘉问道："岂敢当相公这般说话？某，某有些许小事想说与相公知道。"

吕惠卿和曾布都是惯会察言观色的聪明人，见吕嘉问似乎吞吞吐吐，便知道必是有密事相告。于是二人不约而同地起身，说天色已晚，先行告退。

王安石道："无妨，望之你但说便是，吉甫与子宣不是外人。"

吕嘉问笑了笑，从袖中掏出几张纸来，双手恭恭敬敬地递给了王安石。

王安石略一扫，已是心中一震，月华映照之下，尚能分辨清纸上的字迹，这居然是吕公弼所写的奏疏草稿！详看了片刻，原来上面写的全是些触目惊心的话语。他从秦州、庆州的事情谈到各项新法，乞请官家追还罢免胡宗愈言职的诏命，且要求速解韩绛和他王安石的执政差遣，甚至还攀扯到此前京中那些有关韩琦和皇嗣的流言蜚语，说王安石变乱祖宗家法，这才朝野汹汹，人心不宁，边疆亦多事，而百姓蒙苦难……

奏疏的最后，吕公弼自然写了一些玉石俱焚似的话，说就算和王安石、韩绛二人一同罢黜也在所不惜，以此对官家施压。

王安石道："望之爱惜之意，某心领了。"

吕嘉问听到这话立刻从藤椅上跳起来，深深一揖："不才以为国家百年以来，积弊无数，须新法利益天下，更须相公坐镇中枢，此亦是为君父、朝廷，故下官忠孝难以两全……"

言讫，吕嘉问竟还露出了一抹悲伤的神色来。吕惠卿、曾布虽对他支持变法的态度表示心慰但心中不免觉得，这出卖亲戚的行为，的确很不光彩！

王安石喃喃道："此意某自然知晓。"

吕嘉问心中狂喜不已，他觉得自己赌对了。

次日，垂拱殿视朝，赵官家想与众臣商议欧阳修屡辞宣徽南院使和判太原府职事差遣的事情，但内心不愿与文彦博、吕公弼有所异论，故下旨中书、枢密院今日分班奏对。

君臣议论完，中书班子行将下殿，王安石忽然乞请留身独对。

待曾公亮等下殿后，王安石将吕嘉问给自己的奏疏呈到了御案上。

"陛下，此乃吕公弼今日所欲上奏之草稿，昨夜其从孙吕嘉问持以遗臣。"

赵顼看完所呈稿件，顿时气得捏紧了拳头："看来胡宗愈攻韩绛，果为公弼指使！否则他何以请留宗愈！其余事，更不足论，皆是要推翻朕的成命，他眼中可谓全无君父、朝廷的体面！尽想着自己的直名！国用不足、边事堪忧、百姓困苦，其在执政，无一善之可陈，字字句句都在排挤同列，无非要朕逐先生与韩绛！"

王安石道："此事唯在陛下圣裁。"

赵官家看着手中的奏草，道："便罢其枢密使吧！"

"此事尚须与曾公亮、陈升之等商议。"王安石道。

赵顼颔首，自登极以来，烦心的事情可谓一件接着一件。

王安石退下后，枢密班子上殿呈进，而吕公弼今日进呈的奏疏，正是同样的内容。他才读了一个开头，就被官家厉声打断，严辞责问吕公弼无大臣体，不知是何居心云云。虽有文彦博从旁为其开脱，然而面对皇帝的盛怒，吕公弼只得跪伏惶恐，不能再措一辞。

翌日，赵官家又令中书与枢密院分班奏事，之后在垂拱殿内与中书数落吕公弼种种罪过，且以并州阙人为由，要中书出词头，罢吕公弼枢密使，将其出于国门之外。

曾公亮乃请官家自内批出，云除拜罢免枢臣虽中书不敢自专，又说吕公弼到底是先朝两府大臣，今出外，当与迁转两官，加以优礼，全其体面。

王安石则请明著吕公弼之罪，然而官家终究是说，太原重地，不欲显斥之。

枢密班子上殿时，对这此事还一无所知。

数日后，赵官家先是御笔内批旨意，令勾当御药院的内臣直接降付政事堂，随即又下手札告知枢密使文彦博：

太原重地，须谙知边事之人乃可寄委。早来已指挥中书差吕公弼，见是枢臣，故不及与卿议，要卿知耳。

文彦博读完这份官家的手札，坐在枢密院办公的本厅里，手指有节奏地敲着桌案，陷入了沉思之中。

七月初四（壬辰日），朝廷下诏：行尚书刑部侍郎、枢密使吕公弼罢为吏部侍郎、观文殿学士、知太原府。

吕公弼很快发现了草稿失窃的事情。他细细调查并思考了所有时间点曾来过自己书房的人，终于得到了那个他不愿相信的答案。偷走自己奏草的不是别人，正是能够随意进出府中书斋的、自己特别宠爱的从孙吕嘉问！

吕嘉问"家贼"的骂名便自此传开。吕公弼也表示和他的从孙恩断义绝，再无干系。他在落寞中打点了行礼，自旧宋门始，经过万岁寺，一路驶到新宋门，出了汴梁城。也不知吕公弼是有意还是无意，他这离开京师的路线，仿佛在编织一个谶言：这大宋的天下，一头是祖宗家法的老旧皇朝，另一头则是王安石为皇帝描绘的崭新蓝图，当中坐着的则是今上官家。可这一旧一新，到底哪边才是大宋未来该有的方向呢？

或许天下有如此疑问的人，不止吕公弼一个。

吕公弼罢执政的同日，朝廷又下诏：翰林学士、端明殿学士[①]、礼部郎中、权御史中丞冯京除右谏议大夫、枢密副使。

近日，京师的天气也大有异象，七月十日这天，甚至反常地下起大冰雹，人皆怪之。翌日，开封府判官王克臣和内侍押班李若愚体量王韶所指荒闲土地的奏疏，终于抵达汴梁，被送到了进奏院。

进奏院见是实封的急速奏状，便很快送往禁中的通进银台司，刚过午时，内侍就将其递到了皇帝手中。赵顼本就坐在延和殿里批阅奏疏，见到是秦州发回的王克臣、李若愚之奏，于是立刻打开看了起来：

臣等奉陛下旨意，往秦凤路体量渭源至秦州沿河荒闲地土实与不实以及古渭寨置市易司便与不便等事。至秦州，臣等问王韶所欲耕地安在，韶不能对，但言'众共沮我，我已奏乞归田'，实乖张无状。窦舜卿使人检量，仅得地一顷六十亩，与王韶所谓不下万顷者迥异。既而地主自讼，复以归之。王韶欺罔朝廷，虚指荒闲土地万顷，可谓确凿。又臣等以为，古渭寨置市易司为不便。古渭寨距青唐俞龙珂等部甚近，董裕、木征等又常窥伺。古渭置市易司，本钱置古渭寨者过于三十万贯，若西贼与诸羌阴图之，或相勾结，则必起边衅。朝廷若大张挞伐，则军费无算，往来遣使又恐无

---

① 端明殿学士，翰林学士承旨及翰林学士久任者所带殿阁职名，正三品。

益，徒损我皇宋之威。且王韶在边，以官钱假亲旧，使之他方贩易，放散甚多，人皆知之……

赵顼气得将奏疏猛扔到地上，他脑海中只剩下这么一句"仅得地一顷六十亩"！

王韶说不下万顷，王安石在御前又坚决维护他，说即便有五千顷，又只有五分之一可耕种，亦可养兵六千到两万七不等，可实际体量后发现，居然只有一顷六十亩！

甚至更可笑的是，王克臣和李若愚还告诉他，这一顷六十亩地也是有主之地，不是荒闲土地，由于地主闹到经略司，窦舜卿乃又把地还给了人家。这样说来，竟一顷地也没有？所以王韶才要指占弓箭手地？看来，李师中所言不虚！

"召二府入对！"官家向身边的勾当御药院黎永德大声下令。

二府宰执大臣们无多时便来到了延和殿内，整齐划一地在御座前作揖行礼，抬起头却发现赵官家的脸色冷得骇人。

"卿等自己看看吧！"

见到皇帝用指节敲了敲御案上的一道奏本，曾公亮上前接过，得到官家的应许后，开始展读起来。

当宰执们听到那句"仅得地一顷六十亩"时，都是脸色各异。文彦博乜斜了一眼王安石，他察觉到，即便是这位刚愎自专的王大参，也不免惊愕。

曾公亮刚刚念完，官家便怒斥："前李师中说王韶指占地土乃甘谷城招置弓箭手用地，今来体量文字到，并窦舜卿检量，皆云只一顷六十亩地！而此一顷六十亩地亦为有主之地！甚可笑也！"

文彦博道："诚如陛下所说，王韶提举招抚蕃部、营田、市易等事，虽在经略司不过一机宜文字，然在秦凤一路，官吏皆知王韶乃陛下特旨所差，所谓简在帝心，谁人不惧？且王韶凡有所奏，朝中每大臣极力助之，秦州小大文武，见其势焰如此，除李师中、窦舜卿外，尚有何人敢言？王韶职虽卑，而措置招抚、营田、市易等，事权在秦凤不可谓不大。得陛下如此信重，韶本当勉力职事，思图报效，而乃先张虚言，欺妄君父，又略无一事可称。至于散官钱而私亲旧，亦见其贪鄙，不足多论。臣请速解王韶差遣，令于秦州听旨。至于裁处，唯陛下圣断。"

王安石知道，官家盛怒之下，极可能对王韶降罪免官，事已急矣！

"陛下，李若愚尝为广西走马承受，时李师中在广西为提刑，二人以是素相交善，恐其所奏不能尽为实言！"

赵顼经王安石提醒，终是冷静下来。走马承受虽然官品卑微[①]，但却是皇帝特派、

---

① 走马承受通常以内侍和武臣三班使臣以上充任，亦称"监军"。

身份公开的监察特使，有直达天听的密奏之权，地方官吏多有畏惧，怕是任职监司帅宪漕臣的文官士大夫，也多乐于与其结识、交好，以多一条门路。因此，本被官家派往各地用以监察的手段，有时反成了官员们营私朋比的南山捷径，实在是讽刺。

赵官家心中不免一阵懊恼，选派内臣时为何未考虑到此种情由？甚至，他开始有些怀疑李若愚、王克臣的体量文字了。若是李若愚果然念在与李师中的交情，而逼使王克臣相从，联名上奏，王克臣又何敢逆之？

文彦博却道："王参政此言差矣。李若愚为陛下所差，而君无端责以诛心之论，是谓陛下无识人之明也！何况，秦凤路今由窦舜卿摄领帅事，若李若愚、王克臣所奏不实，何以窦舜卿亦云，检量止得一顷六十亩？详安石之意，必谓秦凤一路，自李师中、窦舜卿以下，皆是虚妄，而陛下所差体量之使者，亦无实言，则莫非秦州止他王韶忠荩不二？"

韩绛刚想发话，王安石已出言反击道：

"彦博之论非是。陛下，此中蹊跷实不难见。窦舜卿知秦州诏旨，事在前月初七。而命王克臣、李若愚往秦州体量，事在初八。朝廷凡降诏敕指挥边事，皆发急递，由京师而秦州，至晚则八九日间亦必到，快于使者多矣。窦舜卿在使者到秦州前，已领秦凤经略司事，有知秦州之命，如何不能察觉王韶大段欺妄，必待使者至然后才言？得无李若愚在其间讽谕游说乎？且窦舜卿不乐王韶，人尽皆知。其前为副都总管，乃经略司佐贰，竟半点不知王韶欺妄事，必待今日方说？臣请陛下熟思之，以王韶所进《平戎策》之才，若非癫狂，焉能以一顷地而虚指万顷？此等弥天大谎，虽三尺小童不愿说也。若有一二千顷荒闲地，人邀功妄指万顷，尚有中理处。今李若愚、窦舜卿谓止一顷六十亩，王韶非痴儿，岂能为此漏洞百出之说！"

韩绛紧张得直冒冷汗。若王韶获罪，而王安石对夏战略因此失败的话，文彦博等人会借机对新法发起总攻，整个新政很可能兵败如山倒。再细细想来，这些事情的背后不会只有李师中的影响，他没有这样大的能量。如果说李若愚顾念旧情尚有可能，但窦舜卿却是不买李师中账的，那他背后指使必是韩琦！是了，韩琦当然乐于见到王安石从九霄云霓上重重跌落下来，摔得越重越好！

万幸王安石还在继续辩驳：

"臣前已论，王韶在秦州掣肘甚多，故一年半载，尚无近效。今李若愚言王韶有乞请归田之意，正可见其意气沮丧，为人所排。陛下此时若不加详察，骤然黜责，则招抚蕃部之事，高遵裕一人岂能办妥？今已除沈起为陕西漕①，既然李若愚等又论古

---

① 七月十一日（己亥），沈起由工部郎中、直舍人院、盐铁副使除集贤殿修撰、权陕西都转运使。沈起是王安石同年，二人素相交善。

渭置市易司不便，何不遣沈起再体量王韶事及相度移市易司于古渭之利害？"

韩绛赶紧附和道："此论极是。臣附议。"

文彦博道："大有不然！详李若愚等所奏，即以为古渭寨不可置市易司。秦凤之人皆知，聚三十万货物必启戎狄贪心，又妨秦州小马、大马家①私交易，且私交易多赊贷，今官市易乃不然，兼市易就古渭，则秦州酒税课利必亏。此可谓知边事之言也。臣请陛下勿信安石之说，安石远在庙堂，焉能知秦州虚实？陛下遣使者访察，既按实以闻，当从之勿疑！"

于是曾公亮、冯京都出言，认同李若愚之说，不应将市易司由秦州移至古渭寨。

韩绛见二府中反对王安石意见的又占多数，生怕赵官家给他们说动了，于是折中道："王韶即不可罪之，当如安石所议，遣沈起别为体量覆实。如古渭寨置市易司事，臣以为曾公亮等是也，似当从长计议，亦不可骤然移之。"

王安石道："若西人能得古渭，则非特三十万贯钱之利也。若不敢置三十万贯钱于古渭，恐西人争夺，则尚何须议招致洮、河、武胜生羌？西人敢与我争致此羌，则其为利岂特三十万贯钱而已。以此言之，则若愚以为聚贷起戎心非是也。又言'官市易不许赊贷，百姓不便'。今官市亦非禁民间私相赊贷也，于百姓有何不便？则若愚言于百姓不便非是也。又言'亏秦州酒税'。今秦州尚运致钱物就古渭，若秦州酒税减，即古渭增收，钱在古渭在秦州一也，则若愚以谓亏秦州酒税为不便非是也。陛下，可见李若愚等所奏，一无是处，皆荒谬绝伦，而彦博以为是知边事之言，臣不知何以然也！且决成算，在庙堂，在二府，岂在边鄙帅司？更不在一二使者小臣也！今若贸然从李若愚等，则往后边臣乃至地方监司州县，皆轻朝廷指挥，以为我其自专矣！如此陛下尚可成何事？陛下之诏旨，又如何自禁中指挥逐路大小官吏？"

韩绛忽然明白了王安石的意思，假意道："韩琦曾令增古渭地税，恐秦州人往古渭居。"

果然王安石立刻说："以此验之，尤见人情以就古渭交易为便。不然，何须增税以困就居之人？今王韶欲就古渭置市易利害，臣所不敢断，然若愚所奏，即臣未见有害。"

赵顼见陈升之尚未表态，便道："置市易司于古渭，卿如何看？"

陈升之道："陛下，臣以为秦州应接蕃户过远，古渭则极边，诚恐群羌窥觊之心。"

王安石见其所言与李若愚之奏意近，也是附和文彦博、曾公亮和冯京的意见，乃

---

① 小马、大马家，据记载应是久已归附宋朝的熟户蕃部。

道："今蕃户富者，往往有二三十万缗钱。彼尚不畏劫夺，岂朝廷威灵乃至衰弱如此？臣诚以为，今欲连生羌，则形势欲张，应接欲近。就古渭置市易，则应接近。古渭商旅并集居者愈多，因建以为军，增兵马，择人守之，则形势张矣。今议者患秦州因此商旅更少则非也。秦州但患战兵少而已，岂欲冗食之人多乎？"

古渭建军！是啊，只有古渭建军才能以连结诸多蕃部生羌！以古渭作为依托，走出招抚青唐蕃部的第一步！没有这一步，开拓河湟便不可能，而不得河湟，就无法断西夏右臂，那调一天下、兼制夷狄就终是镜花水月！赵官家终于被王安石说服，道："中书下札子吧，诏陕西转运司理会此事，至于王韶，命其具文分析所指荒闲地土。"

曾公亮又是率先一揖："臣领旨。"随后众臣亦作揖领旨，唯文彦博还晃神立在原地。

文彦博感到了一种莫大的羞辱。让陕西转运司理会古渭寨置市易事，王安石真是老奸巨猾！怪不得他事先向官家引荐他那老友沈起，成功令沈起除为陕西都转运使！王介甫一步三算，竟到了这种程度！而官家让王韶上奏分析，看似问责，实际是给了王韶自圆其说、加以诡辩的机会，等于还是完全听从了王安石的妖言！难道任何局面都可以让王安石逆转过来？难道自己终将步吕公弼的后尘？

官家已然起身，回过神来的文彦博也只得赶紧作揖。

于是，中书出札子：诏陕西转运司详度移市易司于古渭寨利害以闻；令王韶具析本所欲耕地千顷所在。

数日前，秦凤路古渭寨。

两名骑士正在汩汩流淌的渭河边，眺望远方，只见重峦叠嶂谷地无垠。这里不是荒漠戈壁，而是绿野沃土。盛唐之时，这里便叫渭州，与如今在秦州东面的渭州本是两个地方。自汉时张骞出西域，此地便是通往丝绸之路的要地，然而天宝十四载，安禄山起兵造反，李唐盛极而衰，吐蕃趁机侵占了大片汉唐故土，这渭州也就慢慢成了现在的所谓"古渭"。

"公绰（高遵裕字）兄，"马背上的骑士道，"我每在古渭寨这里思及汉唐之事，都觉得愧对古人。"

这两名骑士原来是高遵裕和王韶！一阵风吹过，二人扶了扶毡帽，随即调转马头，自渭河往古渭寨方向缓缓策马。经过一段时间的共事，两人已经因为共同利益而建立起了信任，早已不问年齿和官职差遣，私下里只以表字相称。

"子纯贤弟，"高遵裕道，"你方才所说之事，太过凶险，当须慎思。"

"朝廷所派使者皆非善类，那宦官李若愚只一心向着李师中，王克臣虽为文官，却半分不敢忤逆于他。"王韶阴沉着一张脸，然而他的目光却极是坚毅决绝，"往时李师中在秦州日，窦舜卿作个缩头王八，响雷都打不醒，如今一见朝廷专使，便整日与之密议，出则皆在左右，必是谋以沮坏你我招抚蕃部之事！"

"是以子纯乃对其佯装惶恐失措，连一顷地都指不出？"高遵裕忽然明白了，"更言欲乞请辞官归田？此皆为麻痹众人，好办今日之事吧？"

王韶一笑："公绰兄高见！正为此耳！料窦舜卿那老儿与李若愚这阉竖，如何能知我胸中次第！"

高遵裕蓦地对王韶深感佩服，但同时也心生一丝敬畏和忌惮来。

"但为兄实在忧虑。子纯此去，轻车简从，锦衣夜行，若有不测……不堪设想！"高遵裕表现出的担心也非假象，毕竟现在，二人在秦州的利益是高度一致的。

王韶仰天大笑："大丈夫生不五鼎食，死即五鼎烹耳！况区区鼠辈，何足惧哉！"

第 十 二 章

晓歌悲壮动秋城

　　狭义的青唐诸羌以俞龙珂部最为强大，号称有人丁十二万。但若再放眼河湟，那么就涵括了如今吐蕃赞普董毡的部落，以及瞎毡六子，如木征、董裕等之部落，此外还有札实庸龙之孙溪巴温这一支势力藏在暗处⋯⋯其他大小部族更是不计其数。因此，招抚青唐，继而开拓河湟，是王安石与王韶计议后秉皇帝赵顼而既定的对夏战略大方向。只有斩断西夏右臂，使其腹背受敌，才能去操作后续的战略。反之，一旦西夏招抚河湟、青唐蕃部，那么秦州乃至秦凤一路转眼就将被夏人的铁鹞子①淹没。而陕西五路彼此同气连枝、唇亡齿寒，秦凤、环庆、泾原、鄜延、永兴军无一处不是军事要地。更其甚者，若是党项人得了秦州，由秦凤入川，那便是一发不可收拾，再难遏制了！

　　此时，俞龙珂部"青唐城"的大帐里，大酋俞龙珂坐在一张名贵的虎皮上，他正茹毛饮血，以刀割肉，大快朵颐地用着晚膳。两个俏丽的西域美女正一个为他斟酒，一个给他捶腿。帐内立着两个形制颇大的羊角铁足灯架，顶上装饰镶金的凤凰，其下的托盘上则燃着巨烛，更有其余矮小些的短灯檠排列左右，一一点着红烛，将一个偌大的帐子照得恍如白昼。

　　俞龙珂如今可谓香饽饽。黄河以北的董毡想要拉拢他，更北面的西夏想收其为己所用，连木征都试图与俞龙珂交好，而其余瞎毡之子也与他通以书信，保持联络。甚至东面的大宋，近来也频频向他抛出橄榄枝，一年多来，已派过使者数次。既然想要招纳俞龙珂、与之结盟，各方自然都不会空手而至，每次都会馈赠其大量的礼物，金银、茶叶、绸绢不一而足。俞龙珂简直笑得合不拢嘴。他摆出这种八面玲珑、待价而沽的姿态，就是要争取到最大最多的好处，只要不轻易落子，那么他仍然是各方想笼络的不二选择。

　　————————

　　① 铁鹞子，即西夏所谓"平夏骑兵"，是一种披挂重铠的装甲骑兵，夏人往往自称为"铁林"军（骑），骑士以钩索贯穿在马上，虽死不从马上坠落，多以西夏豪族子弟亲信充任，故战斗力极强。

正吃得爽快间，部族里的亲卫蕃兵来报，说是抓到了六个汉人，他们各骑着马匹，且自称是秦州的使者，但又拿不出有秦凤经略司签押的文书作为依据。

"没有文书为信？"俞龙珂幽深的大眼珠一转，"莫不是夜色里想混进来的细作！"

亲卫请示说："可要绑了他们，拿来问话？如今还在外头对峙着，他们自称是宋人官吏，所以还不曾动手，只是把他们围了起来。"

"都给我拿下！"俞龙珂又喝了口美酒，忽然转念一想，问道，"领头的可曾报上官职姓名？"

往常秦凤经略司派过来的使者多是经略司下面的文吏和小校，这会儿听到亲卫说是"官吏"，俞龙珂便多留了个心眼。

亲卫道："自称是什么机……文字？说叫王韶！"

"混账！"俞龙珂猛推开身边两个妙龄女子，"你侍奉我也有两年了，竟不知道宋人秦州的机宜文字王韶！快快有请，不得无礼！"

俞龙珂部的"青唐城"堡寨外，这会儿被上百名蕃部骑兵包围的原来不是别人，正是秦凤经略司机宜文字王韶和他带来的五个亲兵！

一行六人在月色下被骑兵高举的火把照得脸庞通亮，然而王韶却毫无惧色，仍是厉声呵斥着："吾大宋秦凤经略机宜文字王韶，尔等还不快快让开道路，速迎我去见你们族长！"

方才那位俞龙珂的亲卫终于快马到了堡寨门前，大声嚷道："都散开，都散开！族长有令，迎宋朝官人入见！"

听到俞龙珂的指示，蕃兵们纷纷让了寨门，王韶毫无迟疑，策马随那亲卫一路到了俞龙珂起居的大帐外。

亲卫在门外道："宋朝官人已带到！"

里头传出了一声雄浑的指令："快快有请！"

王韶和五名亲兵都下了马，他把缰绳递给俞龙珂的亲卫："劳烦照顾我这几名属下，骑行多时，弟兄们都又饥又渴，且安排个帐子，弄些酒食来。"

几名亲兵一听，忙道："机宜，不可！我等须与你同去！"

王韶笑道："便是龙潭虎穴，某自独身去得，何况此处！"

亲兵们仍然坚执不从，王韶瞪了他们一眼，又道："某军令如山，不去享用吃食的，自吃吾剑！"

亲兵们无奈，这才随那俞龙珂的亲卫去了。

王韶撩开大帐的门帘，走进去，看到前方正中间坐着大酋俞龙珂，两旁还列坐着十来个他手底下的豪酋。

这还是王韶第一次亲眼见到俞龙珂。

只见那俞龙珂四五十岁年纪，满脸凶横的模样，头顶上盘着粗硕的发辫，脸上勾画出幽邃的两道阴影，眼窝远深于汉人，眼神里生杀予夺、大权在握的威压颇令人不寒而栗，燕颔虎须，气场非凡，确算得一方枭雄了。

王韶站如孤松，笔直而立，只是抱拳拱手，便算是见礼了。

"秦凤经略司机宜文字王韶，见过族长！"

"大胆，怎么不作揖行礼！"两边坐着的豪酋们乱哄哄地斥责、叫嚷起来。

王韶却丝毫不为所动，只是伫立在大帐门帘处。他当然知道，这不过是下马威而已，蕃人一贯喜欢恫吓汉官，古来如此！

俞龙珂一笑："不得无礼！机宜官人还请快快入座。"

王韶这才走到一张正对俞龙珂，显然是预先摆好的几案前，大大方方地坐在了软垫上。

"我这里的部族酋长们不通汉人文法，不知机宜是大宋的大官人，以为机宜是之前来的那些小小的文吏、军校，切莫见怪。"俞龙珂又令人给王韶端上酒食，"远客来此，且先用餐食。"

俞龙珂果真是名副其实的老狐狸！王韶心想。

方才俞龙珂的那番话别有深意。说他手下的豪酋不懂汉人文法，虽看似只是寻常的场面话，但实际上是告诉王韶，你的大宋和我这青唐部族之间，本就是两方势力，你是经略司重要的文官机宜文字又如何？与我等何干？后头说以前来的都是"小小的"文吏、军校，俞龙珂特意把小小二字咬得特别重，那是要告诉王韶，你们宋人更何况也不重视我们，一贯派来的都是些无足轻重，无权决定任何事的跑腿，不过是来送礼通好，结个善缘罢了，就别指望与我青唐俞龙珂部真有什么深厚的交情或是实质性的约定！

"那某便谢过族长款待之情！"王韶假装没听出这些言外之意，当下旁若无人地吃起酒食来，他早就在落座前看到那些列坐于左右的豪酋们，把腰间的弯刀都拔出了鞘，放在各自面前的几案上，可他只作不见，吃得是好不欢实。

这下倒让那些得了俞龙珂命令，用威吓来试探他的豪酋们摸不着头脑了，这些蕃人中的小酋长见到王韶如此安之若素，心里面不免都对他高看了几分，确乎与此前来的那些文吏、军校，判若云泥。

见王韶不说来意，俞龙珂便也不问，只顾吃酒，身边依旧是方才两个美女服侍着。

王韶不紧不慢地吃完了一桌子的牛羊肉，喝完了一大壶酒，俞龙珂乃道："机宜官人可要再添些酒食？莫在我这里饿了肚子，那可就待客不周了。"

王韶道："丈夫用饭，且须多多益善，再来！"

左右的豪酋们大眼瞪着小眼，不知道王韶葫芦里卖的什么药，俞龙珂却哈哈大笑起来："机宜倒像我们这些化外的壮士！来人，再上三盘牛羊肉，两壶好酒来！"

这般又吃了小半个时辰，王韶仍是来者不拒，将送上来的第二拨酒食吃得精光。

俞龙珂却是不急的，他自认为有的是时间，你一个宋人的文臣，孤身在我大帐里，任你智计百出，还能翻出什么花样？

"机宜官人，可还须再添酒食么？"

王韶掏出袖中的锦帕，抹了抹嘴，又擦了擦手，好整以暇地塞了回去，这才站起身，直视着俞龙珂的双眼，道："吾固能再饮千杯，只是时不我待，眼下族长之势，危在旦夕，然依某今日在帐中所见，只恐族长与诸属下豪酋们，仍一无所知！"

"大胆！"

"胡说什么！"

在座的豪酋们纷纷骂将起来。

俞龙珂却显得全不在意，也并不生气，只是道："哦？机宜官人难道是在与老夫打机锋么？我们青唐人笃信佛法，倒愿聆听大官人的指教。"

王韶猛然呵道："我以数骑轻身而来，正欲救族长与一众十数万人，今乃置侍妾、女婢于左右，戏狎亲昵，此岂待客之道？莫非以为我皇宋可辱乎！"

"放肆！"

"混账！"

列坐左右的豪酋们猛拍几案，将上面明晃晃的弯刀震得直作响。

"已是说与机宜官人了，我辈粗鄙，不通汉人文法礼数，且宽待则个。另外，"俞龙珂微笑着说，手却仍旧环抱着美女，"机宜此来，似乎没有贵国经略司的文书，不知是以何身份、名义而来？老夫岂有侮辱宋国之心？若是机宜官人以个人身份来我部族里做客，我辈极是欢迎，宽留数日，亦不妨。若是以经略司名义来，还请赐下文书，容老夫拜读！"

王韶见俞龙珂说"宽留数日"，知道这老枭已是语带威胁恐吓之意，但王韶早将一切置之度外，有了置之死地而后生的觉悟，更何况，他早有通盘的推演、成算，料定今日必能成功！

"若族长终是如此无礼，于某个人，亦无伤大体，但于朝廷，则是皇帝一怒，伏尸百万！"王韶猛拔出腰间佩剑，近前一步。两个娇滴滴的西域美女吓得面如金纸，不禁惊叫起来。

这下大帐里左右的豪酋们纷纷拿起弯刀，围了上来，眼看一声令下，王韶便是有三头六臂，也要殒命当场了！

王韶直勾勾地看着俞龙珂："今日既然敢孤身来族长帐中，生死已不论，若无班定远①之心，何敢来此？族长必不能以礼节待汉使，那韶唯有血溅五步，舍命而已！"

俞龙珂一双深陷的眸子狠狠盯着王韶，而那些围在王韶身侧的豪酋们一时间也不敢妄动，如今族长和这汉官之间近在咫尺，万一真让他砍到了族长，可就成了大罪难恕了！

这一刻仿佛过了很久，又好像只是一刹那，俞龙珂忽然喝令道："干什么？！都放下刀来！机宜官人是我的贵客，都退下！"

见到一众豪酋仍在面面相觑，俞龙珂站了起来，反而走到王韶的剑下，厉声骂向众人："都退下，退出大帐，各自回去睡觉！"

见到族长决意如此，十来个豪酋们只得一一把随身的弯刀又插进了刀鞘里，慢慢退到了帐外。

俞龙珂对身边的两个女子亦道："你二人也先下去。"

王韶这才收起剑，重新落座。俞龙珂的一番表现，让王韶不禁心中赞叹，真不愧是在青唐打下一片基业的蕃部豪杰，难怪他的兄弟瞎药斗他不过，要跑去依附木征。看来自己没有看错人！

俞龙珂这会儿对王韶又何尝不是暗自赞许，多年来他见惯了故作大言的各方使者，但真要在危急关头毫无惧色的，也唯有他王韶！不过，光有这几分赞许，自然不足以让俞龙珂下决心与宋朝合作，更不要谈归附二字。作为叱咤风云的一方枭雄，他连自己那被大宋关在秦州十几年的亲爹瞎厮铎心②都能不闻不问，素来只看谁开的价格最好，谁给的条件最优，唯利而已！因此对王韶来说，今日他独闯龙潭，也只是要过的第一关。

俞龙珂拿过自己的酒壶，干脆坐到了王韶的几案前，与他面对面彼此注视着。他给王韶满上了一杯美酒，然后才道："机宜官人真豪杰也。不过你口口声声说自己是大宋使者，却没有经略司的文书，又说我族危在旦夕，那么，还请大官人指教一二。"

---

① 班定远，东汉班超，素有大志，不甘为刀笔之吏，遂投笔从戎，在出使西域时，夜杀匈奴使者一行，迫使鄯善国不能首鼠两端，乃与汉朝结盟，这便是"不入虎穴焉得虎子"之典故。班超后以功受封定远侯，故曰班定远。

② 瞎厮铎心为瞎药、俞龙珂及木征妻子之父亲。

王韶绝没有如寻常的文官士大夫那样，把蕃部的大酋们都看成只知道贪得无厌的蠢驴木马，相反，他认为像俞龙珂乃至木征、董裕、董毡这样的蕃人小大头目，都是不容小觑的一方人物，若没有一点真本事，怎能在讲究强者为尊的蕃部里，威权在手，享受富贵呢？也许早就被人轻则架空，重则杀而代之了。

因此，按照王韶谋划好的策略，首先要先声夺人，恫吓住俞龙珂，让他摸不清自己的底牌；接下来，则必须示之以诚，建立信任；最后，便是半真半假，让他明白形势如此，不得不为之。

"族长，某说你和你的族众眼下危如累卵，绝非虚言，不过，"王韶顿了顿，先将杯中酒一饮而尽，"某当然也是存了私心的。只是这私心背后还有公心。族长可愿听我说一说？"

俞龙珂笑道："若说私心，想来是招抚某一族为大宋所用，以此立功，这等私心，官人不说老夫也知道，无甚稀奇。可是别有什么曲折在里面？"

王韶眼睛一亮，便直言道："某此来，即是要救族长和十二万部众，为族长规划一条利益最大的康庄大道，也是要为自己求得一生功名！"

听到王韶这般说，俞龙珂终于来了兴趣，他深知，对于东面的宋朝文官来说，功名就是一切，若没有了官职权力，那他们会比死还难受！这和蕃人爱财爱女人都是一样的，不外如是。

"也就是说，机宜官人的功名和老夫的身家富贵、部族的安危是一件事了？"

王韶猛抓住俞龙珂骨节粗大的手道："正是！这是二而一的事！敢问族长可知道经略司的向宝是何人？"

俞龙珂道："乃秦凤经略司的一路都钤辖，窦总管之外，经略司地位最高、权力最大的将军，老夫还是略知一二的。"

"向宝对蕃部的态度，族长可清楚？"

俞龙珂左眼一跳，自然明白了王韶的意思。那向宝可一贯叫嚣着要对蕃部用兵，将一切不肯归顺、听从经略司命令的蕃部都剿平，他的凶名，青唐还有谁不知？前头带兵打董裕和托硕部的，也就是这个人！

王韶接着说道："向宝只想着靠杀戮蕃部人丁来升官发财，他背后站着的是经略使李师中，这个族长想必也是知道的。"

"可老夫听说，贵国的李经略已去永兴军听旨，被解除权力了。"俞龙珂颇为警觉，他死死地盯着王韶的双眼，若是接下来王韶的话有半句虚言，他就再不会听他说任何一句。

"李师中虽去，如今管事的窦舜卿，也是反对招抚的。他一把年纪，能重用谁？

还是向宝！"王韶也不回避俞龙珂的眼神，"向宝等人因事要对付某，近日竟以欺君之罪上书诬陷某。如今朝廷派来专使核查，但某毕竟位卑言轻，势必不能洗脱冤枉。族长细想，若接下来一道圣旨降秦州，某被罢免一切职务，则窦舜卿、向宝为遮掩诬陷之事，必要制造更大的事端。那他们会如何做？"

俞龙珂终于明白过来，"你是说他们要动兵征蕃，凭立功来遮掩这一切？"可转念一想，道："但动兵当对势力弱小的部族，机宜官人何以认为其必定征伐我族？"

王韶早就预料到俞龙珂会这样问，他知道，俞龙珂正慢慢进入自己设下的圈套。

"族长，窦舜卿、向宝若是还打托硕、隆博这样势力的小部族，何以闹出大动静？故他们势必要找势力强大的部族征讨，然而，若是对瞎毡两个势力颇大的儿子动兵，那赞普董毡会作壁上观吗？毕竟董毡乃是名义上的吐蕃共主，木征、董裕的叔叔。就算他只是做做样子，那也不是秦凤路窦舜卿、向宝二人所能应付之局面。变数太多，后果或许太严重，他们不敢！"

王韶说的确乎是当前的真实形势，俞龙珂不免踌躇起来，连脸上的凶横都褪去了几分，甚至不自知地露出了一丝恐慌来。

"但是我部众十二万人不止，难道对我动兵，就可保必胜？"

王韶心知俞龙珂害怕了，所谓十二万部众定是掺杂"水分"，不然何以俞龙珂部常对外宣称？王韶估算过，他族下的壮年蕃兵，至多也就一万人，这在青唐虽算得上势力强大，可还不至于让窦舜卿、向宝无法应付。不过这些，他认为没必要说，应当说的，是其他俞龙珂未曾深思的问题。

"因族长离古渭寨很近。请族长待某细细道来……"王韶幽幽地说道。

"却说某何以未带来经略司的文书？常因朝廷里有人要对付我。族长可听说过韩相公、文相公？窦舜卿背后站着的是韩魏公，李师中背后有何人某不知，然其皆不愿我在秦州有尺寸之成！何以？盖因某追随王相公。"

俞龙珂道："官人所说之王相公，可是贵国皇帝身边名噪一时的王丞相？我听闻机宜官人你便是贵国皇帝和王丞相派到秦州来的。"

王韶道："正是！如今王相公在推行新政，而某在秦州招抚蕃部，也是这新政中对西夏战略的关键一环，甚至可以说是第一步。但是韩魏公、文潞公这样的神仙，他们不想看到王相公做成这样的大事。族长可懂了，这是我皇宋最高层看不见血雨腥风的权力斗争，看着不会你死我活，总留几分体面——但那是几位神仙们的体面。神仙打架，凡人遭殃，血雨腥风不是在东京，眼下是要出在你青唐这里了！你死我活也是出在这里！"

"此话怎讲？！"俞龙珂越来越惊愕起来。

"我方才怎么说的？族长离古渭寨近啊！"王韶道，"李师中在日，经略司里集议，不止讨论过一次古渭置市易司和建军的事。他们是什么意思呢？他们都说如果在古渭寨放上三十万贯以上的财物，不光是怕西贼惦记，也怕离古渭寨更近的你俞龙珂一时利令智昏，过来抢！到时候乱了秦州的局面，如何兵连祸结！现在已经牵涉到几个相公们的权力争夺，族长且想一想，窦舜卿、向宝为了掩盖诬陷我的事情，他们敢不敢发兵攻打你俞龙珂部？到时候就借口，是你们风闻了古渭置市易司事，以为古渭寨中已经运来了无数财货，是来抢了，这才打了起来！如此一来，他们就可以把招抚青唐蕃部的路堵死，把天子使臣联合他们污蔑我的事情也压下去。因为一旦打起仗来，我一个小小的机宜文字冤与不冤，真相还重要么？但这在我王韶个人，不过是贬官罢职，最坏也就是岭南走一遭，固然功名没有了，但命还是保得住的。可窦舜卿、向宝他们既然要做这等事，就必然不会接受你俞龙珂投降归附，必要杀人灭口，甚至将你族众扫荡殆尽！这种事，窦舜卿做得出，向宝也做得出，你十二万众人的生命，在文潞公、韩魏公这些神仙看来，也只是一些方外蝼蚁的生死，他们眼睛都不会眨一下！"

俞龙珂完全被这一可怕的情形所震愕，他另一只手情不自禁地抓住了王韶的右手，道："这可如何是好？！……不对，不会吧，只为了遮掩你的事，窦舜卿、向宝便要兴起这样的战事来？"

王韶心下大喜，俞龙珂其实已经深深相信了他说的话，于是道："他们自然会这样做！因为王相公若是把我的事情翻了过来，窦舜卿、向宝都没有好果子吃，一样可能功名尽失！"

其实这就是王韶在欺负俞龙珂到底是蕃人，不可能深知大宋内部的许多事情和弯弯绕绕、错综复杂的官宦之情。王安石或许有本事在御前力挽狂澜，保住他王韶，甚至也可能确实将这事再翻过来，但窦舜卿已是三衙管军级别的武臣，一件牵涉区区机宜文字指占土地虚实的事情，他完全可以推说被李若愚、王克臣或是秦州地方上其他人愚弄了，蒙在鼓里，不是要欺君，加上乡党韩相公的庇护，顶多贬官而已，断不至于功名尽失，打入谷底。何况窦舜卿年纪很大了，或许只是令他致仕，回乡养老，依旧是过他的富贵日子。至于都钤辖向宝，他虽然危险大一些，但没有窦舜卿首肯的话，他决计无法翻得了天，没可能真的对俞龙珂这样势力的大酋大规模动兵。所以窦舜卿、向宝实际上没法真的铤而走险到这种程度，但这一切，俞龙珂是不会明白的。

相反，俞龙珂这会儿正以蕃人的逻辑和思维在想王韶说的事情，他只知道，在蕃人的世界里，一旦被逼急了，哪管你什么赞普、大酋，连最底层的小卒也敢犯上作乱，这是因为自家的富贵、性命受到了最大程度的威胁，那可就顾不得什么规矩、法度、地位了！宗哥族李立遵和邈川温逋奇也何尝不是为了自己的根本利益才会和有赞普血统、赞普之名的唃厮啰先和而后分，甚至闹到兵戈相见，互相杀戮的程度！以己度人，窦舜卿、向宝为了维护他们的根本利益，对他俞龙珂一族用兵，也就完全是极其可能的事情了！更不要说，如王韶告诉他的，这二人背后还有宋朝的那几个反对王丞相的老神仙在争权夺利，若是他们下了密令，更由不得窦舜卿、向宝不出兵了，说到底，他俞龙珂在青唐为大，可莫说是和大宋相比，便是和秦凤一路比，也终是众寡不敌，人为刀俎我为鱼肉！

王韶不动声色地观察着俞龙珂的表情，接着又说道："族长，不妨想一想，若几位相君也好，窦舜卿、向宝也罢，他们坐视不管，由着我王韶成功招抚了青唐诸羌，让你归附了大宋，那是个什么局面？到时候古渭建军，由寨升为军，大宋的禁军屯驻在古渭，而族长的部众就在附近，古渭置市易司，一年利润何止十万贯，青唐其他蕃部都会眼红而争相归附。窦舜卿、向宝就要靠边站，我将逐渐可以主导秦州事务，届时官军与归附蕃部合击木征、董裕，便是董毡来了，又有何惧？一旦得了河湟，如此大功，韩魏公、文潞公再要扳倒王相公，那就是难上加难了！所以他们决计会拿你一族十二万众的人命，来掩盖我这件小事，归根结底，他们的目标不是我，是东京城里权势正盛的王丞相！相反，如果你不随我归附，族长不妨再想一想，眼下你看似左右逢源，其实即便没有窦舜卿、向宝图谋你，依然是危如累卵！因为青唐诸羌夹在河湟与秦凤路之间，你若依附西夏，我皇宋要打你，董毡、木征、董裕他们如果不想投靠西夏，就也要打你；而你若不归附西夏，一旦董毡投了西夏，第一个要打的也是你，董毡和瞎毡诸子一直以来跟西贼党项眉来眼去，族长是知道的。今我只想问族长，难道想把自己和族众的命运放在西贼与董毡诸人之手么？若你归附了大宋，你的部族与古渭军左提右挈，互为犄角，青唐与秦州连成一片，非但一岁财利无数，亦再无生死之忧！且你一旦归顺，朝廷必授你官职，如此你在部族中更是威望如日中天，设他日小有不利，你的兄弟瞎药也没法来谋夺你族长的位置！"

俞龙珂眉头紧锁，也不知在想些什么，良久忽道："这些话固然不错，老夫也认同你说的。可我还有一个疑问，现在这些问题，是只有你机宜官人想明白了呢，还是王丞相真的明白？他远在东京，如何能知晓青唐、河湟这般乱成一团的事情，各族之间的恩怨纠葛、势力范围、来龙去脉……王丞相能知道吗？你可有王丞相给你的密信作为凭证，给我看一看？老夫爱好佛法，苦学过汉字，听说你们汉人有句话叫作'肉食者鄙'，若是王丞相不明白这些，我归附了大宋，古渭寨却还是古渭寨，即不建军，你大宋的禁军也不过来，到时候万一董毡等人皆投了党项，全力谋我，则又如何？"

王韶知道，这是今日最后的交锋了，只要消除了俞龙珂这最后的一点狐疑，就一定能说服他答应归附大宋之事！那样，有了这一功勋，即便王安石没能在御前保住自己，相信事情仍有转机，天子一定会保他王韶。这就是王韶的性格，他不愿将命运都交给他人。或许，这也是王安石最看重自己的地方吧！

　　"族长好佛，韶请以佛法说之。族长可能不知道，京师里，许多厉害的文臣士大夫，视王丞相为当世的天人师①！"王韶一边说，一边不忘向东南面拱了拱手，"王丞相的智慧，那是犹如汪洋大海，所以能如佛陀一般发海潮音，拯救斯民！"

　　俞龙珂道："此不过是寻常马屁话，如何能当真？岂有凡人是大日如来的？"

　　王韶笑道："族长有所不知。某离京来秦州前，王丞相在府上为我饯行，特地对我叮嘱甚多。他说青唐唃厮啰者，实际应该叫'嘉勒斯赍'，说这才是正确的读法。又说河州人的方言，谓佛为'唃'，亦'嘉勒'；谓儿子为'厮啰'，亦'斯赍'。王丞相说，彼僭称佛子，故宗庙动荡。丞相说起青唐、河湟的旧事，如数家珍，韶未深知，又问，然则唃厮啰何以必能为李立遵、温逋奇争相立为赞普呢？吐蕃自李唐武宗渐次衰弱以来，如何尚能知唃厮啰赞普后裔？王丞相为某书写了世系，我已经都记在心中。丞相说，末代赞普曰朗达玛，而其长妃有子曰雍登，次妃有子曰沃松，以争权混乱及年幼故皆不得立。沃松有子曰吉贝考赞，其又有二子，长曰吉德尼玛贡，次曰墀扎西孜巴。而墀扎西孜巴又有三子，曰巴德、沃德、基德，其中沃德又有四子，曰帕巴德斯、赤德、赤穹、聂德。赤德所生，即扎实庸龙与唃厮啰！扎实庸龙再生必鲁唃那，必鲁唃那生溪巴温。而唃厮啰三子，乃至如今诸孙辈，则青唐、河湟人尽皆知也。族长，唃厮啰的祖上世系，即便是今日的木征、董裕等瞎毡诸子都未必能说得如此完整，恐怕只有青唐王城里的董毡知道，因为族谱必在董毡处。族长虽所知未必全，但大体应该知道些，韶方才说的这一赞普世系，可有分毫之错？某今日说破了嘴皮，绝不是要骗族长，这些赞普的身世秘密，我来到秦州也不过一年多，如何能知？而东京的王丞相能倒背如流，岂不是如佛陀那般智慧才可能？你只要归附了大宋，上了王丞相的船，还怕保不住身家富贵吗？至于你说有没有王丞相密信，今日说的许多事情，犯尽忌讳，丞相怎么会留下文字给我？这是其一；再者，朝廷派专使来对付我，事出突然，已经是间不容发，所以我深夜轻身而来，若这时候我反而拿得出什么密信，那才是事先有所准备的，要骗族长的把戏而已！"

　　俞龙珂这下完全懵了，他真是被王韶方才的那番话唬住了，真认为京中的王安石是佛陀、菩萨转世，要不然怎么能身在京城，而知晓数千里外五百年来的事情呢？他

---

　　① 天人师，佛陀的十号之一，即佛的别称。

哪里知道，王韶是碰巧在古渭寨遇到过一位来往于西域和秦州的商人，这人去过青唐王城，生意做得不小，也见过董毡。一次董毡一高兴，酒后向他吹嘘起祖上高贵的赞普血脉来，而这商人极有记忆之能，算账也是远过常人的速度，竟是记在了心中，回去后抄录了下来，王韶则重金购到了这份世系名号，想着哪天或许有奇用。

俞龙珂确实颇信佛教，他这会儿竟大礼朝东南方向跪拜下去，口中念念有词，王韶看得滑稽，知道他多半是在拜还蒙在鼓里的王安石。

连着磕了好几个头之后，这位大酋转过身来，面向王韶道："我的朋友，也许这如你所说，就是佛陀的法旨，所以我愿意将部族十二万众都托付给你，愿意归附大宋，现在你是我俞龙珂和全族人的兄弟了！只是我还有个不情之请，虽然丞相不能写下机密文字，但是可否请你回京的时候或者写信给丞相，央求一份墨宝，如是丞相抄写的佛经更好。我俞龙珂要日日焚香叩拜，他日托生净土！"

王韶强忍着笑意，道："此自是好说，定让王丞相赐你字画！"

当夜，王韶便睡在了俞龙珂给他安排的一处大帐里，他谢绝了俞龙珂要派给他的侍寝美女，他只感到极深极沉的疲惫，今日孤身入俞龙珂大帐，实在是漫长得像一场鏖战！

具体归附的计划自然要等到第二天才会商议，而俞龙珂仍处于极大的惊诧和兴奋中，睡意全无。他一边喝酒，一边还不忘叫人去王韶的帐外听听里面的动静，结果手下回报，说秦州来的大官人鼾声如雷。

"真英雄也！"俞龙珂不禁长叹一声，"也是，这是佛爷王丞相座下的，莫不是转世的尊者罗汉？"

次日，王韶醒来后与俞龙珂作了进一步的商讨，终于确定了初步方方面面的各项约定，从一旦古渭置市易司乃至升寨为军的许多合作事宜，到如果与木征、董裕等交战，俞龙珂部如何配合官军，二人都进行了详细的推演，达成了宋朝对其招抚的初步协议。

王韶还告诉俞龙珂，现在只要让朝廷知道你有这个意思就好了，因为如今暂且仍是窦舜卿在秦州做主，还不是举族内属的恰当时机，如果操之过急，一方面使俞龙珂在青唐、河湟面前成为众矢之的，另一方面窦舜卿、向宝乃至朝廷中的势力极可能会暗中破坏此事，弄出许多乱子，让皇帝以为招抚这步棋走错了。

俞龙珂对王韶更是分外信任起来，他亲笔写下书信，又和王韶拟定了初步的归附协议草案，也签押上自己的名字，随即道："清晨我便派人知会了另一大酋旺奇巴，他也已经遣人来表示愿意归附。"

王韶喜道："如此甚好！不过眼下，你们还不便大张旗鼓地出现在秦州，如果窦舜卿、向宝知道了这事，万一他们狗急跳墙，反生波折。族长可派几个得力的族众豪酋，让旺奇巴部族的使者也一并跟来，随我今日回古渭寨。我们将一些市易的细节、兵事上的秘密联络在古渭一一确定、落实好，然后我会发密奏直达御前，只要大宋的天子知道了族长归附的事情，那窦舜卿他们就算还想翻出花样，也黔驴技穷了！"

俞龙珂郑重其事地点点头，将笔递给了王韶。于是王韶也在协议上签押署名，又用随身带着的官印盖了上去。

"子纯老弟，哥哥一族十二万人，就都托付给你，托付给丞相了！"

王韶将俞龙珂的书信和归附的草案文书都揣进了怀中，拱手抱拳，也是热情地看着对方："族长放心，朝廷不会负你，丞相与某也不会负你！"

这一日午后，王韶带着数位豪酋和旺奇巴的使者回到了古渭寨。一年多以来，虽然招抚蕃部的事情在今天之前，还几乎没有什么实质性进展，但王韶早已凭着自己的手段，把古渭寨经营成了铁板一块，成了他的自留地，连李师中的人都很难安插进来。这亦无足为奇，李师中自持身份，不会折节下士，眼中哪能装下秦州极边之地一座小小堡寨的文吏、将校，更不要说底下的蕃汉小卒了。而王韶不同，他常常在古渭寨中与吏员、将士们吃在一起，聊在一起，同他们一道大碗喝酒、大块吃肉，平日措置来的财货利润，又总是想办法赏赐给这些人，因而人人争为他们的"机宜"效死。王韶散官钱让亲旧去牟利不假，但所得利润，他不是用来中饱私囊，而都用在了古渭寨的经营和后续招抚蕃部的开销上，自己早已准备了一个小金库以备不时之需。因此如今带着俞龙珂的几位豪酋回来，他压根不担心走漏消息。

王韶暂时安顿下几位蕃人头目，又差亲信信速往秦州城去，他所写就的奏疏正要由亲信交给高遵裕，让他一并签押署名，然后由高遵裕在秦州发回东京。随奏疏一起的，还有俞龙珂的书信、归附文书，只要把这大功分润给高遵裕，就不怕他中途换船，而高家人名义的奏疏，在秦州还没有人敢拆视阻挠！那么，这件事情就会安全而机密地在第一时间到达天子的御案前，自己的差遣、招抚青唐、开拓河湟的大战略应该都能被保下来了！如果到了这种程度，京师的官家还看不出王韶在重重困难下的惊人干才，那也不是王韶的问题了。

想着这些，王韶走出了自己在古渭寨中签押文书的厅堂，他望向西北的浮云，一时间百感丛生。

大宋首都东京开封府。

七月流火，暑热渐消，天气开始转凉。然而除了十日那场诡异的大冰雹之外，东京城整个七月，竟滴雨不下，旱情再次出现了。

王安石在七月下旬为了解决学生李定除御史的争议，在御前反复为其辩护，终于换来赵官家明确的态度："李定处此事甚善，兼仇氏为定母亦未知实否也。"算是将台谏的反对声压了下去。

另外，朝中因为小臣范育上奏请恢复井田制，也颇有一番讨论。王安石在奏对时批驳了这种泥古不化的说法，认为范育的建议和程颢的"限民田，令如古井田"基本一样，都是错乱之道。在王安石看来，如今朝廷已经在施行农田水利法，尚要依靠地方上的兼并有力之人户，因此像范育、程颢这类的主张，即遽夺豪右之田以赋贫民，实际上全然不可行。

七月临近尾声的时候，王韶、高遵裕联名的密奏送到了禁中。

通进司将这实封的奏疏送达御前，赵官家见是王韶、高遵裕所上，不免疑惑，按理说其分析指占荒闲土地的奏本不应如此快就到了，但他并未多想，第一时间拆开来看了。

御案前的官家才看了几列字，已然愣在那里，他可谓是大喜过望，一口气读完了王韶、高遵裕签押的奏本，并赶紧又打开俞龙珂的亲笔书信，以及确定归附的草案文字。

赵官家将这三份文字反反复复看了不下三四遍，他按捺不住心下的狂喜，对当值的勾当御药院喊道："召王安石入对！"

兴奋的官家在延和殿里来回踱步，无多时，参知政事王安石终于来了。

赵顼不等王安石站定行礼，已是快步到他跟前："先生，王韶已经招抚了青唐俞龙珂！他竟招抚了青唐大酋俞龙珂！王韶没有负朕，也没有辜负先生，没有负朝廷！"

王安石也是大吃一惊，他明白王韶此时不便发私书给自己，眼下情势危急，秦州窦舜卿、向宝和李若愚等都想把王韶拉下马。没想到在这种局面下，王韶还能孤注一掷，着实不知用了什么手段，在极其困难的条件下说服了俞龙珂！

赵顼将王韶、高遵裕二人实封奏疏里的三份文字都递到了王安石手上，这位平日一向镇定自若的东府执政此时也激动得难以自已，他一目十行地读完，确定无误后，终于是深深一揖："此皆是陛下慧眼如炬，擢拔王韶于卑微之中，更赖陛下天威浩荡，乃能怀柔远羌。"

"先生亦如此恭维朕耶？"赵顼这会儿极是高兴，笑了起来，"王韶固然是先生举荐，但朕也确实知其有干才。只是今日方知道，他王韶还有如此勇略！非以身许国，必不能如此也！"

王安石道："陛下，李师中虽去秦州，但窦舜卿尚在。苟窦舜卿在，恐王韶、高遵裕终是百事受人掣肘。"

赵官家点了点头："朕亦有此心思，须易秦州帅臣。"

王安石下殿后，赵顼唤来勾当御药院李舜举，命他将自己重新封装的王韶奏疏送禁中架阁库封存。

七月二十七（乙卯日），垂拱殿前殿视朝，二府合班奏对。

枢密使文彦博正在进呈摄领秦凤帅事的窦舜卿之奏："蕃僧结吴叱腊及康藏星罗结两人者，潜迎董裕，诣武胜军①，立文法，谋姻夏国，有并吞诸羌意。王韶招诱董裕下人不当，所以致结吴叱腊作过。臣愚以为宜喻董毡，令约束董裕。"

赵顼在御座上想，窦舜卿等人果然不置王韶于死地不罢休，便道："董毡虽有赞普之号，然自奈何董裕不得。"

王安石也立刻道："舜卿与李若愚等合党，欲倾王韶，所奏托硕作过，因甚灭裂②，却专以为董裕下人作过，其意可见。又朝廷无奈董裕何，反控告董毡，此徒取轻于董毡，而使董毡更骄，于制驭董裕则殊非计。今但当以兵威迫胁，厚立购赏，捕星罗结并结吴叱腊，招安其余众。"

文彦博道："星罗结即须捕。结吴叱腊是生户，宜勿问。"

王安石道："生户侵犯汉界，如何纵舍不问？"

文彦博讥曰："购赏诚无益，西贼元昊时亦尝立购赏，而未闻有能近元昊左右者。"

冯京道："彦博所说是。虽立购赏，要得蕃人豪酋首级，诚难矣。"

王安石道："结吴叱腊非元昊比也，其族类非君臣素定，闻自有敢轻侮之者，以兵威迫胁，重赏购捕，必可得。"

赵官家道："良是。元昊威行国中，人孰敢犯，购捕诚不可得。今结吴叱腊事乃不类。料不过一蕃僧，能左右逢源而已，岂如元昊一国之主？"

王安石道："陛下圣明。若君臣分定，中外协附，虽无元昊威略，亦不可购捕。今秉常虽不过十岁，然以其为夏国国主，故亦非可以购捕得也。"

赵官家道："此事便如安石议，命陕西出榜，厚立赏格，务得蕃僧结吴叱腊及康藏星罗结，生死勿论。"

王安石道："今欲购获，须边帅肯尽力行朝廷意。不然，虽张榜购捕，而示无推

① 武胜军，今甘肃临洮。
② 灭裂，指言行粗疏草率。

行之意，虽出兵迫胁，而不示以必攻之形、不据其要害之地，则虽有迫胁购赏之名，而事必无成。"

赵官家也明白秦州现今情形，便道："今沈起为陕西都转运使，令其专责王韶及高遵裕了此事，如何？"

文彦博忽然一惊，李若愚、窦舜卿等奏王韶所指占土地实际只有一顷六十亩的事情还没了结，沈起的奏疏还未回报，为何官家已然决心不动王韶，继续用他主管蕃部之事呢？难道说近来有什么事情，只有官家和王安石知晓？

王安石道："欲出兵迫胁，非此两人能任。窦舜卿、向宝在，而命王韶、高遵裕领兵讨荡，非便。以臣所见，窦舜卿不宜置在秦州。朝廷付舜卿以事，奏报乃尔①乖方，虽黜责可也。"

文彦博明白，窦舜卿这是罢免在即了！

果然，官家道："用韩缜如何？"

韩绛闻言，道："臣备位枢府，兼领机务，而若弟韩缜在边为帅臣，得典重兵，于体不便。"

文彦博深知窦舜卿已是弃子，眼下韩琦又不在御前，无人能救他。于是开口道："臣以为韩缜有才具，又素来能为朝廷办事，可差往秦州，代窦舜卿也。"

王安石遂道："彦博之说是。陛下欲弃形迹嫌疑，则用韩缜亦何伤？韩绛、韩缜兄弟皆忠贞之臣，亦毋须虑也。"

官家终于是一锤定音："二府既无异议，便用韩缜。"

次日，七月二十八（丙辰日），诏兵部郎中、盐铁副使韩缜为天章阁待制、知秦州。韩缜超除待制，出为秦州帅臣，而窦舜卿则靠边站了。

七月以来，西夏党项人不止在李复圭的环庆路蠢蠢欲动，在郭逵所镇的鄜延路亦屡屡出兵筑堡，好在郭逵沉着冷静、调度有方，夏人未曾占得什么便宜，反而阵亡了数百人，所筑堡寨亦多弃而遁去。郭逵的静难军节度留后任期就在这个月任满，他恳切希望能转官节度使。尽管曾公亮、文彦博认为其可授节钺，但由于王安石的反对，郭逵最终只是移镇雄武军节度留后，仍判延州，为鄜延帅。

八月上旬，旱情并没有任何缓解，官家颇为忧虑民间的秋收。

八月初八（乙丑日）这一天，翰林学士司马光乞对于垂拱殿。

最近数月，除了入值经筵，司马光几乎不再上殿面君，大部分时间都在专注于编

---

① 乃尔，指竟然如此。

修《资治通鉴》。

司马光对着官家深深一揖，然后道："臣乞知许州或西京留司御史台、国子监等在外闲散差遣，使臣得一意修书。"

赵官家道："卿何得出外，朕欲申卿前命，今枢密院阙员，还欲除卿枢副，卿且受之。"

司马光明白，这只是官家宽慰自己的场面话，乃道："臣旧职且不能供，况当进用为国家执政？且军务事，臣素不能知。臣必不敢留于京师。"

赵顼沉吟良久，道："王安石素与卿善，何自疑？"

司马光道："臣素与安石善，但自其执政，违迕甚多。今迕安石者如苏轼辈，皆毁其素履①，中以危法。②臣不敢避削黜，但欲苟全素履。臣善安石，岂如吕公著？安石初举公著云何，后毁之云何？方荐公著为中丞时，安石谓公著才德堪作相；及欲黜时，臣闻安石谓公著有驩兜、共工之奸。彼一人之身何前是而后非？必有不信者矣。"

吕公著、孙觉那次的风波背后是沈惟恭一案，极是官家所不想提及之事，他板着脸道："安石与公著情谊本如胶似漆，及其有罪不敢隐，乃安石之至公也。且公著屡论青苗当罢，今如何？青苗已有显效。"

司马光道："兹事天下知其非，独安石之党以为是尔。"

赵顼见到司马光的犟劲又来了，便道："卿前言苏轼，盖以谢景温弹劾事耳。苏轼非佳士，卿误知之。鲜于侁在远，轼以奏藁传之，倡言朝廷新法之不便；韩琦赠银三百两而不受，乃贩盐及苏木、瓷器，爱名而阴图财利。"

司马光乃耿直无比，与官家一言不合，竟也是立刻顶回去："凡责人当察其情。轼贩鬻之利，岂能及所赠之银乎？安石素恶轼，陛下岂不知？以姻家谢景温为鹰犬，使攻之，臣岂能自保，不可不去也。且轼虽不佳，岂不贤于李定？不服母丧，禽兽之不如，安石喜之，乃欲用李定为台官。再如五月时王安石荐唐坰为馆职。唐坰本无出身，卑为北京一监当官而已，窥伺执政喜恶，乃上书曰：'青苗不行，宜斩大臣异议者一二人。'呜呼！国朝以来，祖宗未有轻易杀辱士大夫也。而唐坰在韩琦所判大名府为官，竟作如此语，非奸邪小人而何？安石反闻而喜之，以为己助。陛下不能察，赐唐坰出身，用安石言除为秘书省正字。臣闻唐坰得志猖狂，对人言：'我向王相公说，宜斩大臣异议如韩琦者数人'。坰亦有才辨，韩琦甚爱之，其反作如此语，臣恐

---

① 素履，指质朴无华、清白自守的处世态度、高洁的德行操守等。

② 侍御史知杂事谢景温弹劾苏轼，称其在治平三年回乡守制（丁父忧）时，差遣地方士卒，并私自利用官船运送私盐、瓷器等进行贩卖牟利。时人多以为谢景温是承王安石恶苏轼之意。

此类无耻之徒，异日必卖王安石也。又如六月间进用崔台符权判大理寺，此亦安石喜其附己。前按问欲举之议，陛下唯安石是听，卒又从之，然后崔台符闻，于众人中举手加额，曰：'数百年来误用刑名，今乃得'。如李定、唐坰、崔台符等安石近来进用之人，陛下可一一思之，比苏轼为如何？臣见皆邪险无耻之辈。又前根勘苗振、祖无择事，今俱责授贬黜①，苗振谓有贪赃事，臣不知虚实，故不论，然祖无择何罪，率细事，而辱从官至于此，人皆言是祖无择嘉祐年间即触怒安石也。安石性刚愎，无容人之量，久在二府，诚非陛下保全大臣之道……"

君臣一场奏对又是不欢而散，赵顼虽然没有答应让司马光出外，但他的唠叨着实让官家心烦。赵官家认为，王安石要推行新法，进用几个官吏，是情理之中的事情，司马光等却始终口口声声说王安石所用之人皆为"奸邪"，而他们这些可称得上君子之人又不为其所用，那王安石到底该用何人呢？

赵官家终究还是咽下了这些话，不失体面地让司马光下殿去了。

数日后，王安石收到了王韶的来信，大约是出于谨慎，信中只字未提招抚俞龙珂的事情，只是谈及古渭寨今后置市易司的各项准备，乃至古渭建军的一些必要性。

王安石乃立刻请对，在延和殿中与官家就古渭建军一事基本达成了共识。

放衙回到府中，王安石便在书斋里写信给王韶。想到如今复杂多变的内外形势，落笔之际，他不免也对王韶在秦州的处境有了几分忧虑，于是写道：

某启：

得书，承动止万福，良以为慰。洮河东西，蕃汉集附，即武胜必为帅府。今日筑城，恐不当小。若以目前功多难成，城大难守，且为一切之计，亦宜勿隳旧城，审处地势，以待异时增广。城成之后，想当分置市易务，为蕃巡检，大作廨宇，募蕃汉有力人，假以官本，置坊列肆，使蕃汉官私两利，则其守必易，其集附必速矣。因书希详喻经画次第。秋凉自爱，不宣。

王安石最后写下自己的名字，装进信封，然后盖上中书门下参知政事的官印。他这信笺乃通过朝廷的邮递发到陕西，因为里面涉及军国大事，要确保不会有人私自拆开书信。

---

① 熙宁三年七月，龙图阁学士、右谏议大夫祖无择责授检校工部尚书、忠正军节度副使，不签书本州公事。同年八月，光禄卿苗振责授复州团练副使。在宋代，节度副使、团练副使等是安置重罪贬责的官员，通常无任何实权。

王韶远在秦凤，古渭寨周边的情况又难以捉摸，王安石也只能指望他可以像轻身入俞龙珂大帐时那样，始终做到随机应变、逢凶化吉。不过好在如今已经拿掉了李师中、窦舜卿，派了韩缜过去，想来处境总要好上很多！

八月二十二（己卯日），环庆经略司上奏，云帅臣李复圭已斩杀了环庆路钤辖李信、庆州东路巡检刘甫，所监押的种咏暴毙于狱中，荔原堡都监郭贵被废为庶民，发配广南西路。这动静可谓不小。

当日垂拱殿二府合班奏对，第一个议论的便是这一事。

文彦博道："陛下，经略使在边，虽言有便宜之权，战时将校违节制者，以军法虽斩可也，然臣看李复圭前后所奏，兼台谏所得传闻，恐不尽如复圭之言。自六七月间，郭逵等屡奏，云西贼大点集人马，陈兵数万至十万，在陕西诸处。方此用兵之时，复圭在庆州，唯当团结一路文武，使将士用命，乃可却党项之侵而守御无虞。今也不然，锻炼数将成狱，杀三命、流一人，间闻李复圭本出阵图、方略授李信、刘甫及监押种咏，料必是透过诸将，恐朝廷体量，故急于或杀或流，不欲陛下知其虚实也。臣料有官身者，复圭处置已四人，而无官身之军校，又不知斩杀者凡几！西贼点集得如许人马，必要入寇劫掠，臣不知环庆一路，以将校猥缩、军士怨怼，复圭能保环庆全境平安否？届时百姓死难者，复圭难辞其咎！"

冯京亦道："彦博所说是，李复圭处置极蹊跷，似有内情，朝廷当遣使体量。"

王安石却站出来说："臣以为李复圭斩李信等，甚为恰当！彦博所说，不过是此前胡宗愈风闻无根之语，陛下已责之，解其言职，令出外。正为西贼陈兵边境，不时侵汉地，或筑堡、或劫掠，复圭在庆州，亦须弹压一路小大将校。若帅臣只卖恩以结部辖之欢心，则庆州文武，皆不知有典宪、军法可畏，故若无弹压，虽欲团结，而势必不能。"

文彦博道："若如安石之言，将士死不足惜，怨恨盈满军中，臣料久必生变！"

赵官家心里明白王安石的考量，乃道："卿且置官职，试以人命观之。正为将士牺牲诚可惜者，李信等所陷至官军八百人众，蕃部熟户更不论，如何反不言死乎？"

文彦博道："国朝以文驭武，固祖宗家法。然环庆事若果如台谏风闻，是李复圭颠倒黑白，擅开边衅在先，妄杀将校在后，而以安石佑复圭，朝廷竟不加体量、行遣，臣恐以后远方之人，皆以为朝廷可欺愚玩侮也！臣非止惜有官职者四人，亦深为八百官军可惜也！臣料非复圭擅启边衅，不至如此。今安石力保复圭在环庆无可指摘，皆李信等将校之罪，臣恐庆州军士见朝廷措置，当切齿痛骂矣！安石为国家执政，而不惜将士之命，宜乎不以青苗等法害民为事耳！"

韩绛见到文彦博借题发挥，把边事之争扩大到新法上，于是道："安石在京师，如何必能知李复圭如何？此亦不过是环庆经略司之奏，而执政以帅臣之言论是非，何可支蔓其他！"

赵官家也开口道："今日止论边事。"

文彦博道："陛下既以安石所言是，臣亦不敢再论。必如此，臣请指挥环庆路经略司牒夏人以复圭擅出界事，且宜明发诏旨，使李复圭不敢违背。"

王安石道："不然。夏人但见复圭屡出侵之，不知所以，或当少有畏惮。若便牒报，示以情实，往往旅拒。反令夏人轻我，谓我惧其陈兵边境，生西贼傲慢猖狂之心，则其势更欲时时入寇，而陕西无由安静也。"

赵官家道："此言善，仍不须牒报。岂有以中国之大，而夷狄顿兵于边，我反理曲，牒以谢之？无有是处！"

文彦博一揖："陛下圣裁，臣不敢置喙。然臣料陕西以此必多事也。"

数日后，文彦博的断言很大程度上得到了证实。

陕西环庆路经略司的紧急军情送达京师，谓西贼自八月十五以来，举国入寇，围大顺城，屯骑抵榆林，离庆州只有四十里，兵锋又及柔远寨、荔原堡、淮安镇、东谷西谷二寨、业乐镇，兵多者号二十万，少者不下一二万，游骑至城下……

消息送入禁中，官家震惊，急召二府再入对，文彦博遂深诋李复圭略无措置，又结怨于庆州将校士卒，因此西人乃能长驱直入、处处烽火。王安石此时已无法再维护李复圭，从经略司的奏报来看，很明显，李复圭对于西夏如此规模的入寇拿不出行之有效的退敌方案，此时将严重的军情直接禀报上来，说明他正处于慌乱之中，寄希望于朝廷指挥陕西其他经略司，救援环庆。

无多时，得到消息的侍御史知杂事谢景温立即弹劾李复圭擅自兴兵，导致西贼入寇，乞亟罢复圭环庆帅臣职务……

八月二十四（辛巳日），诏以工部郎中、直龙图阁、河东转运使王广渊为宝文阁待制、知庆州，急速赴任！

李复圭被解除环庆帅职一事并无多少意外，毕竟他捅出的篓子委实太大了。新任命的帅臣王广渊乃超擢待制，虽有御史范育反对，然终究被授予了宝文阁待制的殿阁职名。京师中盛传，王相公指使谢景温弹劾李复圭，弃车保帅，复又进用聚敛之臣王广渊，超迁待制，可谓翻手为云覆手为雨，文相公斗他不过！

三日后，官家自禁中御批：

闻在京诸班直并诸军所请月粮，例皆斗数不足，内出军家口亏减尤多。请领之际，仓界斗级①、守门人等过有乞取侵剋，甚非朕所以爱养将士之意，宜自今每石实支十斗。其仓界破耗及支散日限、斗级人等禄赐、告捕关防、乞取条令，三司速详定以闻。

自京城开封到逐路的州府军监之胥吏，人数庞大，是各级衙门里主要的办事人员，但荒谬的是这些人都是没有俸禄的，他们只能依靠索贿纳贿和贪污克扣来获得养家之资。要给吏人发放俸禄，这事情王安石已向官家提了许多次，但国用不足的困境下，始终未能实施，实际上等于坐视胥吏侵盗官财。但也许是有感于陕西边情，赵官家才终于痛定思痛，决定给胥吏们发放俸禄，以避免他们再贪赃受贿。仓法自此开始实行。

九月朔日（戊子），朝廷置中书检正官，设检正中书五房公事，每房又各置检正公事二员②，并以朝官充任。制置三司条例司也由此并归中书。中书检正官的设置，是王安石进一步加强中书权力、行政效率以及进用新人的举措。

同日，风头正盛的吕惠卿知悉了父亲的去世，按照制度，他必须返回乡里，丁忧守制，解官服丧二十七个月。吕惠卿自然不敢有丝毫的拖延。他向官家上了奏疏，在司农寺做了公务上的交割，再向"师相"王安石告别之后，便准备离京了。在这个新政大幅度推行、西北边事起的节骨眼上，被迫离开权力中枢，吕惠卿心里很不情愿，但礼法不得违背，纵万般无奈也只能放在心中了。

却说陕西的军情，尤其是环庆路连折数将的边报令赵官家心神不宁，他罕见地不召二府入对，也未召王安石独对，而是召了王安石与韩绛二人，入见于便殿。

"今陕西事，当如何了办？"官家问道。

韩绛道："西贼寇庆州甚急，方此陕右用兵之际，臣请出使，为陛下措置边事。"

王安石道："臣于边事未尝更历，宜往。"

赵顼一听，也确实有理，王安石虽然入仕以来历知州县、监司，但却没有在边疆领兵的经历，如今陕西军情紧急，派王安石以执政身份前往，自己也可放心。于是道："卿未尝行边，可出使也。"

韩绛急曰："陛下，朝廷方赖安石，新政之事，宜有安石坐镇中书，不宜令其往陕西也。"

---

① 斗级，指主管官仓、务场、局院的役吏。

② 五房即中书孔目房、吏房、户房、礼房、刑房，以孔目房为首。孔目房者，掌文武升朝官及刺史以上等官员的进奏、除授，知州、通判差遣之事。

王安石见韩绛如此说，想到他不同于陈升之，始终与自己同一阵线，顿时颇感欣慰，道：

"朝廷所可赖者，独韩绛尔。"

赵顼道："二卿皆朕股肱，以卿等见，陕西民兵可用否？"

王安石道："今有边事，乃可修之时。况西贼亦不足惮，以顺讨逆，以众攻寡，以大敌小，以陛下明圣当十岁孤儿①，则胜负之形已决。又今彼举动无算，其可胜必矣。然应之在勿扰而已。临事惶扰，所措置不中事机，即为边将所窥。又大计已定，小有摧败，亦不足挂圣虑。"

赵官家道："卿言可谓精当。李唐时，高霞寓败于铁城②，而宪宗谓'胜负兵家常势，不可以一将失利，便沮成计'，以古况今，亦如是。二卿宜无亲疏厚薄之别，务在内外相成，其为朝廷所赖一也。若韩绛去，有不及事可上奏同议之。"

韩绛道："臣至陕西，有未尽事，当以私书抵安石。宜令安石在中书为表里。"

王安石不免推心置腹道："臣不习边事，每谋议不敢果。如庆州事，若臣知诚不可破，则不须令诸路纷然奔走也。恐陈升之或在告③，则中书应接宜得习事之人，谓宜留绛遣臣。"

赵官家对王安石和韩绛之间的和睦与信任感到非常满意，如今他对内推行新法，对外又要招抚蕃部、图谋西夏，正是需要宰臣协力的时候。如果二府总是争吵不休，那么对决策的推行和实施是极为不利的。

"容朕再思量下，二卿的忠贞之心，朕都明白了。"赵顼想了想，忽然又道，"还有一事，近来司马光甚怨卿，其是非淆乱，诚亦为患，且数乞出外，若骤然允之，又颇烦浮议……"

王安石与韩绛出得延和殿，一路上他还在思考官家所说的司马光之事。虽方才他逐一批驳，可此刻心里丝毫没有得胜的喜悦，只有与老友形同陌路的悲凉。司马光自请出外，乃是要和自己彻底决裂。

想到这里，王安石叫住了韩绛，道："子华，不论最终你与我谁人出使陕西，某得子华在两府通力协作，实在感激之至！"

---

① 时西夏国主秉常年十岁，然实权自非其所掌，此是王安石文辞修饰也。

② 唐宪宗元和十一年，高霞寓受命领兵讨伐淮西吴元济，以悍而寡谋，中伏大败，仅以身免。

③ 陈升之时与王安石不睦，而王安石多面折之，升之不能堪，称疾卧家逾百日，又以母老求解政事，而天子不许。因此王安石说陈升之在告，即告病假也。从"或在告"来看，陈升之百日间应该是多次告病假，而非百日都不赴朝视事。

言讫，竟是一揖。

韩绛见状赶紧回了一礼："介甫何出此言，本当精诚团结，共为陛下与朝廷耳。"

王安石叹道："若二府大臣，尽如子华与我相知，则事易办矣！"

吕惠卿丁外艰①离京，王安石便决心大力提携曾布。事实上，早在八月下旬，曾布已得到了编修中书条例的重要差遣。而九月初六（癸巳日），曾布又被授予了吕惠卿曾得到的职务，即崇政殿说书，这意味着他获得了可经常与官家交流的机会，其本官也由从八品的京官著作佐郎升为正八品的朝官太子中允。曾布资序甚浅，却在短短一年来屡获升迁，如今更是成了经筵讲官，百司官员的不服声遂甚嚣尘上。

然而王安石并未理会这些，两日后，又以曾布同判司农寺，等于将吕惠卿在变法中的重要职务交给了曾布，让他来主管如今的新法衙门司农寺。

但九月初八（乙未日）这天，更重要的诏令几乎将京师所有人的目光都吸引了过去。

朝廷颁布诏令：工部侍郎、参知政事韩绛为陕西路宣抚使②，度支员外郎、直舍人院吕大防为宣抚判官③。这标志着朝廷对陕西军情极为重视，因而才派出执政官宣抚陕西，这是做好了在陕西五路与西夏爆发大规模战争的准备，自秦凤、环庆、泾原、鄜延、永兴军，都要受陕西最高军政长官韩绛节制，下属的州府军监更是如此。战云已经笼罩在陕西上空，甚至远在京师，都隐约感受到了紧张的气氛。

数日后，一连串对两府宰臣进行调整的大诏令宣布于宫城内外。

九月十三（庚子日），以年逾古稀的首相曾公亮屡请致仕之故，诏：尚书左仆射兼门下侍郎、同平章事、昭文馆大学士曾公亮为司空兼侍中、河阳三城节度使、集禧观使④，仍五日一奉朝请⑤。

九月十四（辛丑日），诏：枢密副使冯京为参知政事。翰林学士、权三司使吴充为枢密副使。

---

① 丁外艰，指遭逢父亲丧事，而丁忧。

② 宣抚使，北宋时边境所设最高统师，往往掌管一路或数路军政，节制辖区一切军队，掌宣布朝廷威灵，统兵征伐或安内攘外，战事结束通常便还阙罢使。

③ 宣抚判官，此时为初次设置此差遣。一般来说，宣抚判官是辅佐宣抚使和宣抚副使的宣抚司重要僚属，北宋时多以庶官充任。

④ 集禧观使，宫观使名、祠禄官名。仁宗皇祐五年改会灵观为集禧观，供祀五岳帝，在东京城南薰门外东北普济水门西北面。

⑤ 奉朝请，谓赴朝立班。这是指曾公亮罢相后带使相衔，但不须赴本镇，而是在京为集禧观使，每五日才需要赴朝一次，即六参（每月逢一、五日赴朝会立班），以示优礼元老宰臣。

曾公亮罢相，众人并不意外，毕竟他年事已高，又屡屡请求致仕；冯京由枢副除副相，亦很合理。倒是王安石的亲家公吴充除执政，让人议论纷纷。大家都知道，吴充在政见上是反对新法的，因此不少人等着看这对亲家在御前针锋相对，唯恐天下不乱……

与此同时，曾布也因为京中浮议而坚辞崇政殿说书，于是改除集贤校理。

三日后，官家诏宰执一同前往韩绛府邸，为其次日离京宣抚陕西送别，又赐韩绛手诏"如有机事不可待奏报，听便宜施行"，明确了韩绛作为宣抚使便宜处置、临机专断之大权。

韩绛此去，以执政出为陕西五路宣抚使，虽有些临危受命，但也颇具八面威风，这是自此前韩琦为陕西五路安抚使以后，第一次有宰执大臣统辖节制关陕。人们都在纷纷猜测，他韩子华是会"拥节还来坐紫微"呢，还是落得个灰头土脸，黯然下台？

第 十 三 章

终随松柏到冰霜

九月二十五（壬子日），京师开封府的上空，太白金星清晰可见。小民们驻足观望，欣赏于它的耀眼光芒。然而，在司天监[①]看来，却是"太白昼见经天，强国弱，弱国强"，"人君薄恩无义，懦弱不胜任，则太白失度，经天则变；不救，则四边大动，蛮貊侵也"。似乎这太白金星的出现预兆了不祥的边事，乃至官家新法的不当……

在九月的末尾，司马光终于获准离开京师。皇帝下诏：

翰林学士兼侍读学士、知制诰、史馆修撰司马光除端明殿学士，出知永兴军。嘉祐四友中，除王安石外，还留在京师的，便只剩下韩维了。而即便是韩维，也正走向与王安石决裂的路上[②]。

大宋的东京城是一个名利场，朝堂上也好，民间也罢，每天都有不同人物的悲喜在上演。有人走了，就有人来，这里簪缨遍地、商贾云集，熙熙攘攘，一日都不曾停歇。

眼下，有一位从永兴军路来的官人，在暮色中抵达了汴梁开封。他一路乘传赴阙，到了顺天门外，此处早有人等候着，将他迎入门内。这人先带他到馆舍中稍作休憩，又将他到来的消息奏回禁中。

这位官人躺在馆舍的床榻上，兴奋得辗转反侧。一路上，官家给予了他优厚的礼数。先累诏催促他速速赴京觐见，又命他乘驿而来；进入河南地界后，皇帝更是在中牟、八角、顺天门安排人等候迎接他。黄昏时分，那顺天门外的金明池波光粼粼，琼林苑则是枫叶赤红，耳边更闻寺庙暮鼓，这一切都让他醉心不已……自己前不久呈予

---

① 司天监，宋初沿袭唐制，称司天台，太宗皇帝端拱元年后，称司天监。掌察天文变化，以占卜吉凶；及钟鼓、刻漏，以确定时间，考定历数；选定黄道吉日；每年预造新历，颁发四方等事。

② 九月制科试，孔文仲、吕陶等因在制科策论中攻击新法，被皇帝与王安石黜落，韩维、范镇、陈荐、苏颂等大臣上奏反对。

官家的奏疏，定是颇合官家心意。想来，自己曾写信给宰臣王安石，颂扬他的诗文，如今看来是起了极大的作用，他果真向官家大力举荐了自己。

他想起自己的奏疏中有这样一句："陛下得伊、吕之佐，作青苗、免役钱等法，百姓无不歌舞圣泽。臣以所见宁州观之，知一路；一路观之，见天下皆然。此诚不世之良法，愿陛下坚守行之，勿移于浮议也。"

伊尹、吕尚自然指的是王安石；至于免役法，虽然还没施行，但消息是已传播到地方了。躺在床榻上，他颇是得意于自己所写的奉承之词，甚至能想象官家在读到这句时双眼放光的模样。

五更天还不到，他已然穿好了正式的官服，离开馆舍，骑马向宫城方向而去。自顺天门沿着汴河向御街一路骑行，过了金梁桥，渐渐能看到居住在东京城各处的百官们纷纷提着灯笼，坐在马背上打着哈欠，按辔徐行，去往宣德门外。

"四更时，朝马动，朝士至"，此刻这位刚入京的官人眼中，满是烛笼聚首的"火城"景象。闻到了这帝都权力的芬芳，谁还愿意轻易离开东京城？他站在宣德门外庶官的队伍里，等了一会儿，宰执们的车马陆续抵达。

王安石从车马上下来的时候，等候的庶官们瞬间都压低了声音。这位官人不禁感慨：这是权倾天下的威压！自己没有选错要站的队伍！

卯正一刻，宫门开，百官们随着宰执和近臣鱼贯而入，接下去便是文德殿的常朝和内殿的常起居同时进行。

这官人好不容易等到官家结束前殿视朝，阁门官来传唤他了。

"职方员外郎、宁州通判邓绾上殿入对！"

原来这个初到京城的官人叫作邓绾，他本是永兴军路宁州的一个佐贰之臣，倒是正经的进士出身，且登科时属于名中高第。

一身绯红官服的邓绾走进了崇政殿，他行礼如仪，向官家深深一揖。

邓绾事先准备好的奏疏是关于陕西边事的，他知道眼下皇帝最关心这个，于是开始展读起奏本，大抵说了一些挑不出毛病的军略。

待其读完，赵官家开口道："卿识王安石否？"

邓绾道："小臣无缘得识参政。"

"王安石乃今之古人也。高才过于稷、契、伊、吕。"官家又问，"识吕惠卿否？"

邓绾道："臣不识。"

"惠卿乃今之贤人也。"

邓绾道："陛下，臣虽不识参政，然在宁州见新法皆切中时弊，无不能便民而抑兼并。以陛下尧舜之资，欲兴大有为之政，必得大贤高才如王参政者辅弼乃可，愿陛下不恤流俗浮议，一力行之，必能成就万世之洪业！"

赵顼对邓绾很是满意，见他文辞晓畅，所言皆合道理，觉得王安石的举荐可谓得人。

却说邓绾下殿之后，自是往中书拜谒王安石。

他在亲事官的引领下走进政事堂，恭恭敬敬地对着王安石和冯京作揖施礼：

"下官邓绾见过王参政、冯参政。"

王安石听他自报家门，乃道："家属俱来乎？"

邓绾道："承朝廷急召，未知所使，不敢俱来。"

王安石更是一笑，站起来走到他身前："何不俱来！君不归故官矣！"

邓绾心中狂喜，王相公这是在承诺自己，此番可留在京师，不用再回宁州做通判了，必然是有着好差遣安排给自己！

离开禁中后，邓绾找了个酒楼准备用饭食，他今日心情极好，自是觉得吃得奢侈些也是应该的。正两杯美酒下肚，忽然一人指着他道："莫不是某乡人邓郎么！"

邓绾一听那声音，就知道是自己的老乡韩百二，闻说他在京中做生意，居然赶巧不巧地在这里遇上了。

"邓郎今日是见了官家？"那韩百二大大咧咧地坐下，"想是上书称了官家与相公的心意？"

邓绾笑而不答，只是给他倒酒。

"你不说我们也知道，"韩百二眉飞色舞地描述道，"邓官人的上书在京师可是传开了，但老乡们见到的怎么就和你在宁州时大不一样呢！怕不是货比货，话挑话，尽拣好的说？"

这韩百二与他从小相识，因而说话全无忌讳，邓绾竟也不恼，乃道："笑骂从汝笑骂，好官我须为之！"

韩百二先是一愣，随即大笑起来："妙哉妙哉，当浮一大白！"

然而事情倒没有像邓绾想象中那样一帆风顺。数日后，适逢王安石以执政代表朝廷致斋①祭祀，陈升之赴朝视事，与冯京一道奏请除邓绾为宁州知州，即在原差遣上只升了一级。

听到消息的邓绾愤恨不已，公然对几位交游的朝官抱怨起来。

"急召我来，乃使我还知宁州也？"

这会儿大家在酒肆的雅间里用茶，座中数人都在劝他，有人便问："文约（邓绾

---

① 致斋，指行斋戒之礼。

字）今当作何官？"

邓绾道："我不失作馆职！"

又一人笑问："文约得无为谏官乎？"

邓绾颔首："正自可以为之！"

又聊了一会儿，邓绾全没了吃茶的心情，与诸人散了席，自去王安石府上要说此事。但邓绾不知道，他的一番话，很快就在京师里传开了，原本对他毫不熟悉的大臣也都知道了这个"好官我须为之""我不失作馆职"的邓文约。

王安石得知后，自然是面奏官家，十月初六（癸亥日），邓绾的新差遣宣布了：除集贤校理、检正中书孔目房公事。集贤校理是馆职，而检正中书孔目房公事更是时下的美差。孔目房乃是中书五房之首，中书检正官又是王安石新设之职，邓绾凭借着一纸上书和给王安石的信笺，竟实现了令人艳羡的龙门一跃。

近日来，官家真正关心的乃是陕西的军情，至于邓绾一个通判资序的小臣，王安石要如何进用都无不可，他全然不放在心上。韩绛的行事作风素来雷厉风行，眼下他的一份奏议已送到御前。

原来，韩绛宣抚陕西后立刻召种谔问以计策方略，又除其为知青涧城兼鄜延路钤辖，同时管勾鄜延路蕃部事。此前在招抚嵬名山、筑城绥州时密切合作的府州折家折继世与种谔商议，认为应当主动出兵，在啰兀筑城，打通绥德城和麟州、府州地区的通路，从而使得"鄜延、河东有辅车之势，足以制贼"。实际上，种谔之父，名将种世衡筑青涧城时也具备这种战略思想，认为城青涧可以北图西贼的银、夏二州，只是种谔的计划要更进一步，更为大胆。种谔的建议得到了韩绛的首肯，于是立刻以急递发回京师，赵官家看到的正是这一积极的战略构思，他决定，召种谔急速赴阙，问以具体措置。韩绛在陕西的动作也很大，他将陕右蕃汉土兵分为七路，别作七军，独立于四路经略司。这些事，赵官家都想等种谔到后，一一问之①。

十月下旬，而陕西都转运使沈起体量王韶指占荒闲土地虚实的奏疏终于也送到了。

沈起的奏本，果然提供了另一种说法。按照沈起的体量文字来看，王韶此前所不能确切指出的荒闲土地，在渭源至秦州沿河一带确实存在。但沈起建议，屯田耕种的事情不宜立刻实施，因为一方面陕西正有战事，另一方面招抚尚未见效，骤然实施营田垦种，易使蕃部诸族首领以为朝廷让他们献纳土地，反而不利于招安。因此沈起认

---

① 后于十二月二十一日，以韩绛奏言："方委种谔乘机进取，乞免令赴阙。"于是从之，免种谔赴阙。

为，应当暂缓屯田事，待招安诸蕃已见其成效，人情无疑虑之时，再加以实施。

御史知杂谢景温和监察御史里行薛昌朝却不认可沈起的体量结果。他们两人分别弹劾，认为沈起所说的荒田，是属于甘谷城用以招募弓箭手的土地，并非王韶所奏"渭源城至成纪县沿河良田不耕者万顷"之地，而甘谷城距离渭河为远，故谢景温和薛昌朝弹劾王韶妄指荒闲土地之罪，且弹劾沈起附会王韶所言，包庇欺妄之罪。

谢景温、薛昌朝虽然都是王安石所举荐，但事关王韶，便是干系到了招抚青唐、拓边河湟的大战略，王安石显然是不会沉默的。在二府几次奏对时，王安石舌战文彦博等人，指出沈起不曾在奏疏中说甘谷城地便是王韶所指占之地，反而是李师中、向宝在秦州时，稽留朝旨，奏报反复。争论到最后，官家竟表示秦凤路李师中、向宝、王韶各有罪责，看似是采纳了薛昌朝的建议。

然而不久之后，数道诏敕连续下发，文彦博等才恍然大悟，他们都上了赵官家和王安石的当。

十月十九（丙子日），胆大包天的李复圭在谢景温弹劾下成了贬官罪臣身份的"保静军节度副使"，韩绛虽上章为他求情，依然被天子罢黜贬责。

十月二十二（己卯日），前知秦州、右司郎中、天章阁待制李师中落天章阁待制，降授度支郎中、知舒州；秦凤路都钤辖、皇城使、带御器械向宝落带御器械，为本路钤辖；著作佐郎王韶降授保平军节度推官，依旧提举秦州西路蕃部及市易司。高遵裕作为高家人，诏令里自然没有涉及。

让大家感叹的，是官家对王韶的处置。表面上看，王韶的本官由京官最高等的从八品著作佐郎连降七级，断崖式降为选人从八品的节度推官，可算是极重的黜罚。然而明眼人却立刻能看出，王韶最关键的差遣并没有被罢免，反而让他"依旧提举秦州西路蕃部及市易司"，等于是降级留用，本官虽降，职权不变。而且秦凤路最大的绊脚石李师中被褫夺了侍从的殿阁职名，待调离秦州；向宝虽仍为钤辖，却丢了带御器械的武臣职名。从此以后，王韶事权得专，掣肘不再。官家到底偏帮谁，已经是一目了然。

同一天，王安石甚至不忘继续提拔原本只是个小小通判的邓绾，除他同知谏院，成为言路的谏官。许多心怀不平之人，自然对王安石及其变法派"一党"更加侧目了。

人们更在揣测，王相公是不是很快就要成为名副其实的"相君"，因为在前一天，由于久病的老母去世，陈升之罢相丁忧了。而此时，朝中已没有了正任的宰相。

十一月的东京城里，赵官家一面操心着边事，一面还关注着河北饥民流徙京西的事情，而王安石则与曾布以及司农寺官吏们全力修订保甲法的细则，准备在年底前正式颁行。

让官家头疼的是，陕西那边的意见竟不能统一。韩绛采纳了种谔的建议，准备用兵横山，进筑啰兀城，此前奏报朝廷，赵官家已然批准。但是鄜延路经略安抚使郭逵却极力反对这一策略，韩绛屡屡遣幕府中僚属往延州与郭逵商议，但这位曾经官拜执政的武臣却依旧不从，甚至让人带话给韩绛，"此举不唯无功，恐别生他变，贻朝廷忧"。既然闹到这种程度，那么韩绛自然不会给郭逵任何面子。

于是韩绛上奏朝廷，言郭逵阻挠军机擘画，二府奏对时，赵官家又一次听从了王安石的建议，乃召郭逵赴阙，实则是将妨碍韩绛的绊脚石挪走了，甚至再出诏令，命韩绛兼任河东宣抚使！一方面固然是因为种谔的作战计划里，需要河东禁军支援，另一方面也是为了增加韩绛的事权，助其弹压、节制边境的一众文武。官家认为，陕西战事，已紧张到了不容有任何闪失的地步。

而另一边，朝廷的新政仍在继续。

十二月初九（乙丑日），颁布保甲法[1]，先于京畿开封、祥符两个附郭县试行，待有所成效，再行之逐路州县。所谓保甲法，是将百姓按照十家为一保，五十家为一大保，十大保为一都保的组织形式加以编定，依次在主户中选出富裕而有才干的人担任保长、大保长、都保。不论主户、客户，凡一家两丁[2]以上，即出一人为保丁，若单丁户、女户、老幼、疾患，则就近附保，不用出人担任保丁。除军用弩机等禁止民用之兵器外，弓箭等由保丁自行购置，保丁则利用农闲习学武艺。每一大保每夜轮差五人，在保内往来巡视警戒。遇有盗贼，则立即击鼓，同保之保丁便须接应抓捕盗寇，如果逃入邻保，则亦以击鼓报警，邻保之保丁也要参与捉捕。每有捕获，即按条例赏赐。

在王安石的设想中，如此一来：一方面可以显著提高社会治安，减少盗寇公行的恶性团伙犯罪；另一方面则能在行之数年后，渐渐取代一部分禁军，从而缓解募兵制度所造成的军费开支过高、战力堪忧等问题。

从十一月到现在，王安石忙得不可开交，而保甲法的正式颁布，也是他兵制改革的一个先声。

次日，禁中衙署已陆续放衙，翰林学士王珪这会儿也在宅邸中歇息。他早在仁宗

---

[1] 赵子几上奏，以近岁以来寇盗充斥，劫掠公行，颇为可患，乞请恢复开封府界过去曾有过的保甲制度，将其重新编定，从而维护地方治安。宋神宗随即将赵子几之奏付司农寺，遂在此年十二月颁行《畿县保甲条制》。

[2] 成年男子曰丁。

皇帝时便已是两制重臣，知制诰、翰林学士，乃至权知开封府，他都担任过，可就是没有更进一步的时运。英宗皇帝曾许诺他，一旦二府阙员，就考虑进用其为宰执，然而这番话随着英宗晏驾登遐而成了画饼。王珪在当今官家的朝堂上，算得是两制词臣里资格最老的重臣了，因而赵顼一登极，就除其为翰林学士承旨，但王珪心中所求的哪里是这一"承旨"，他做梦都想要一顶青凉伞！时人都说王珪"典内外制十八年，最为久次"，这话听在他耳中，可不是滋味，他眼看着一个又一个资格比自己浅的人都入了两府，偏他还在学士院里，内心怎么能平衡呢？眼下中书已是连宰相都没有了，即便是枢密院也只有文彦博和吴充……那自己究竟有没有机会美梦成真呢？

王珪的宅邸极是奢华舒适，他躺在榻上闭目养神，身边两个年轻貌美的女婢在给他揉肩捶腿。屋外风雪交加，天寒地冻，屋里却是温暖如春。这个冬天，即便是开封府这样的首善之区，也出现了很多冻死的百姓。初八那天朝廷下诏，要界官吏收养赤贫无依者，和去年冬天一样，让他们在四福田院住泊。说起来，今年寒冬更甚以往，京师积雪深至四五尺。但王珪自然不会去想这些，他心里仍然惦记着两府阙人之事，思量着自己能有几成把握成为执政大臣。

正焦躁烦恼时，宅邸里院子来报，说是宫里来人了。

王珪从榻上猛一起身。这时候宫门都关了，禁中却派了使者来找自己，那必定是有大事要他草拟内制！但他旋即又有些沮丧，看来这大事里，也不会有自己的好事，不然就会叫其他词臣入宫去了。

过了不到两刻，一辆车从王珪宅邸中驶出，跟在中使李舜举后头，一路朝皇城方向疾驰而去。

到得左掖门，只见宫门紧闭，也没有禁军把守。无奈之下，李舜举又带着王珪到了右掖门，敲了好一会儿，才有人回话。

"宫门已闭，谁人在外喧哗！"

李舜举怒道："官家有召，如何不开宫门！"

里头的班直显然是没听出外面是大珰李舜举，竟道："入夜不得擅开，且待禀报。"

王珪推开车厢门，朝李舜举笑道："外间冷，李御药还是到车里等候吧。"

李舜举是骑马去往王珪宅邸中的，这会儿冷得直搓手，于是也不推辞，钻进了王珪的马车里。

王珪道："官家可曾说是何事？"

李舜举道："不是咱家要瞒着学士，官家实不曾说。"

王珪也只是随口一问，无非是想和李舜举这样的貂珰内侍套套近乎。二人在车厢里又等了许久，宫门终于打开，看来是传了官家的旨意了。

李舜举与王珪自右掖门进去，内侍遂引二人一路到了内东门小殿里。

王珪走进烧着暖炉的殿内，见到官家已伫立御案前，于是立即作揖行礼。

赵官家示意李舜举退下，然后才让王珪免礼，道："雪夜召卿入内，是有两道大诏要卿来写。"

王珪又是一揖："蒙陛下不以臣才短无学，未审圣意之如何，尚望玉音示下。"

官家看着殿外的大雪，道："卿当锁院，劳卿草两道白麻大制，以韩绛为昭文相，王安石为史馆相。"

果然是要除拜宰相！

王安石宣麻拜相毫无意外，不过是或早或晚。但韩绛的运气可真是羡煞旁人！如今中书无相，而宣抚陕西、河东，又须重其威权，这才让他得了军中拜相的天赐良机！

可，何时才轮到我王珪？这"带入"①之荣，为何迟迟不至！

正心有不甘地作揖时，官家忽然从御案上拿起一份文字，递给王珪看。

"已除卿参知政事矣。"

王珪一时竟不敢相信自己的耳朵，他呆立着看向手中的御批"翰林侍读学士王珪可参知政事"，一阵狂喜如汹涌澎湃的海浪冲击着他，半晌终于回过神来，当即大礼参拜。

"臣，臣如何克当天恩如许……"

赵官家道："卿久次，在两制已近二十年，亦当酬奖矣。望卿能与安石、韩绛同寅协恭，助朕成就大有为之政，膏泽万民，除旧布新！"

王珪感激涕零，他下殿后，自是来到学士院里，开始草拟内制大诏，待皇帝审验无误后，便会在明天一早，直接颁布中外。因为这种除拜宰相的诏令，是不需要银台封驳司看详的，一旦宣麻拜相，就没有封驳这回事，非比其他差遣任命的除授。这就是宰相那万人之上的尊权啊！

按照体例，拜相的制词写于专门的白麻纸上，每一列只写四个字，且所书写之字极大，一般是由翰林学士在夜幕下锁院密草，拂晓之前进呈皇帝审阅。

王珪在动笔前略一琢磨，就明白了该怎么写这两道大诏。别看韩绛拜昭文相，只不过是因为他入二府成为执政的时间比王安石早了差不多一年半②，按理来说，先入

---

① 带入，指翰林学士、知制诰草拜相大制，或得以次补执政。

② 英宗皇帝治平四年九月，韩绛自三司使除枢密副使。

262·

二府者为首相，后入的自然只能为次相。可官家心里如何排序，这一目了然，刚那番话里，也特别强调了"望卿能与安石、韩绛同寅协恭"，乃先提的王安石……

黄夜灯下，学士院大门紧锁，王珪正在里头一笔一划地写着，他的字是雍容华贵的馆阁体，虽然方正，但亦有一股龙盘凤翥的皇家气象，端的适合用来写诏旨。他不敢让官家久候，便写得极快，但字极端正，足见王珪二十年两制词臣的功夫。

写完两道大诏，他立刻一路跑向内东门小殿，见到李舜举也等候着，便朝他微笑示意。

"官家等着呢，说是学士来了即刻进去就好。"

王珪快步趋入殿内，赵官家正坐在御案后头批阅奏疏。

"陛下，臣已草拟诏旨，恭请陛下御览。"

言讫，王珪恭恭敬敬地低着头，双手将两道白麻放在了御案上。

熙宁三年十二月十一（丁卯日），清晨的禁中。内殿二府奏对毕，官家传旨隔下后面班次，令百官往文德殿听麻，这显然是有大拜除了。

两道大诏早已安置在专门的箱子里，放在垂拱殿御座东面。这会儿两个小黄门郑重其事地将其抬出殿，送到阁门司。阁门使则立即在文德殿内摆好承放大诏的制案。无多时，参加内殿常起居的二府大臣和其他文武重臣们都到了殿内。

由于没有正任的宰相，王安石与冯京作为参知政事，遂代表政府跪受接旨。王安石双手接过两道诏命后，便把诏旨交给通事舍人①，自己则与冯京站回了中书宰臣的石位。

通事舍人恭敬接过诏旨后，又在文德殿宣制位站定，展开第一道韩绛的拜相大诏字正腔圆地读了起来。虽然金殿宣麻，但由于韩绛人在陕西，故此诏旨随后还要立即遣使往军中宣布。

念完了韩绛的麻制，真正的重头戏到来。

通事舍人展开第二道大诏，念道：

"门下：夫天地至神也，非通气运物，则功不足见于时；圣贤一道也，非经世裕民，则名不足见于后。故士莫不待辰而欲奋，志莫如得位而遂行。矧夫居三公之官，而有临四海之势。岂不能究利泽，躬义荣，以事施于一时，而誉动于后世者哉！朝散

---

① 即阁门通事舍人，从七品武臣，一为差遣名，一为武臣阁职名。作为差遣的通事舍人，往往选吐词清晰洪亮、熟习仪制、礼容有节的武臣（或戚里子弟）充掌朝会、宴集、巡幸时宣传辞令等事。

大夫、右谏议大夫、参知政事、上护军①、太原郡开国侯②、食邑一千一百户、赐紫金鱼袋③王安石，良心不外，德性攸尊。至学穷于圣人，贵名薄于天下。不以荣辱是非易其介，不以安危利害辞其难。方予访落之初，劳乎用贤之务。昭发猷念，与裁政机。众訾所伤，曾靡损身之惮；孤忠自许，唯知报国之图。朕取其知道者深，倚以为相者久。兹合至公之首，肆扬大命之休。若作室，用汝为垣墉；若济川，用汝为舟楫④。予有违而汝弼，汝有为而予从。于是大亨，盖出绝会。于戏！自成汤至于帝乙，靡不怀畏相之心；若孟子学于仲尼，其唯达事君之道。尚祈交敕，卒俾蒙成。可特授金紫光禄大夫、行尚书礼部侍郎⑤、同中书门下平章事、监修国史、上柱国、开国公，食邑一千户、食实封四百户，仍赐推忠协谋佐理功臣⑥。"

果然是王安石拜相！这是文德殿里听麻的百官皆意料之中的事情。

与韩绛那份用语平常的拜相制词不同，王安石这份制词可谓是把他摆到了皇帝师臣的高度。

"众訾所伤，曾靡损身之惮；孤忠自许，唯知报国之图"，是在明告中外反对新法、攻讦安石的大小之臣，不要再痴心妄想，官家洞若观火，看得很清楚！"若作室，用汝为垣墉；若济川，用汝为舟楫"，是引用《尚书》之语，赞许王安石仿佛古之大贤，乃时宰不二之选！王珪更极尽夸张地写道"予有违而汝弼，汝有为而予从。于是大亨，盖出绝会，"这完全把王安石捧成了帝师兼宰相，乃是说，官家有了过错，就倚赖安石来辅弼纠正；安石有所建设施政，官家则嘉纳听从，如此必然国泰民安、河清海晏！在听麻的百官看来，王珪完全拿捏到了官家的心理，对王安石极尽阿谀拍马，两边都投其所好，这老狐狸制词功力了得！

通事舍人将拜相诏旨呈奉还王安石，便算是完成了金殿宣麻。

王安石去年让给陈升之的宰相一职，这回终于是名正言顺地授予了他。从此以

---

① 上护军，勋名，北宋沿唐代制度，为勋级第十转，次于柱国、上柱国，为正三品。

② 开国侯，爵位名，从三品。

③ 紫金鱼袋，章服之名。北宋前期，三品以上服紫、佩金鱼袋；四、五品服绯、佩银鱼袋；六、七品服绿；八、九品服青。

④ "若作室，用汝为垣墉"，典出《尚书·梓材》中"若作室家，既勤垣墉"；"若济川，用汝为舟楫"，典出《尚书·说命上》中"若济巨川，用汝作舟楫"。此皆代王言，指王安石为国家之股肱，朝廷之倚赖。

⑤ 金紫光禄大夫、行尚书礼部侍郎，金紫光禄大夫，正三品文散官；行尚书礼部侍郎，从三品本官。

⑥ 上柱国，勋名，为北宋勋级最高等，正二品。开国公，爵位名，北宋十二等爵之第六等，正二品。推忠协谋佐理功臣，功臣名，始于唐玄宗皇帝开元时，北宋沿袭之。

后，别人称呼他为"王相公"，可就不再是谀称，而是名副其实。眼下韩绛在外领兵，朝廷里王安石俨然是大权在握，在京百司的官吏们无不预感着，新法又将进入一个新时期……

这一天晚些时候，舍人院出麻，中书颁行诏令，礼部侍郎、翰林侍读学士、端明殿学士王珪除参知政事！

这下大家都议论这做了二十年两制词臣的王珪今朝终于是得偿夙愿，踏进二府，成为执政了！

不过这还算不得什么震撼的事，因为十月下旬刚刚除同知谏院的邓绾竟又兼直舍人院①！他进京才数日，便除馆职、中书检正官，而后一个月不到除谏官，两个月就到两制！大家都说，往后王相公的权势恐怕就更盛了吧！

然而，刚刚拜相的王安石却与往日一样，既没有任何喜悦，也没感到什么压力，依旧是在政事堂里办公，又接见了判司农寺的曾布，与他商议新法之事……

放衙后，王安石回到府中，儿子王雱、王旁都跑来恭贺父亲，府中的佣人更是把"相公"二字叫得比往日还响亮。倒是前来拜访的曾布之内弟②魏泰，显得颇是从容，见到王安石行礼如仪，却不谄媚。

王安石向他回了一礼，又淡然地问两个儿子："如何府上人都知道了？"

王雱满脸兴奋："爹爹，早已是传遍都下了！方才娘已经赏赐过他们了。"

王安石道："吾平日如何教你二人的？君子者，当诚意而正心，些许事，与尔等何干，恁地欢喜？"

王旁只敢低头唯唯，王雱却迎着父亲的目光笑道："爹爹，我与二哥不只是为沾爹爹拜相的光才高兴，而是为爹爹的志向、抱负眼看就要一一实现而高兴！子曰正名，名正则言顺，现在爹爹终于是中书的宰相了，辅佐官家，推行新政，一定是事半功倍！"

王安石听了王雱的话，一时间想到了三年来许许多多或悲或喜之事……数不胜数的至交老友与他背道而驰，甚至决裂到不通书信的地步；但好在官家信任自己，同心协力的人逐渐增多，新法也是一项项地在颁布推行中……

他终于露出一抹欣慰的微笑，儿子们长大了，几年来自己忙得都没空管教他们读书，但若能减轻天下亿兆百姓的负担，能实现富国强兵，能为官家分忧，便也算是不负此生了！

---

① 直舍人院，是王安石专门让资历浅、尚不够格担任知制诰的人做外制词臣的权宜之计。
② 内弟，指妻子之弟。

王安石吩咐两个儿子去准备些茶点，自与客人进了西厢的一间小阁里。这显然是一间单独会见来客的茶室，布置得十分清幽简朴，王安石平日会一个人在此间静坐用茶，偶尔也会写写字。于是宾主落座，二人天南地北地聊了起来。

正说话间，院子来报，说外头来了无数大小官人，都在府门外大雪中候着，他们一一递了名帖，都表达了想要登门道贺的愿望。

"且告他们，某尚未谢恩①，故不能见。"于是院子便退下了。

王安石与魏泰聊得还算投机。他听曾布说起过这位内弟，知道此人无意仕宦，但博览群书，方才聊来，发现他言谈极是风趣。

魏泰笑道："相公玉堂宣麻，金殿拜相，今日却是只与在下这样一个闲云野鹤相见，实在惶恐！"

"道辅（魏泰字）是子宣内弟，自须一见。"王安石甚至能听到外头车马萧萧的声音，他忽然皱起双眉，颦蹙良久，乃拿起笔写道：

霜筠雪竹钟山寺，投老归欤寄此生。

魏泰一看，惊道："此非渊明旨趣乎！'我行岂不遥，登降千里余。目倦川途异，心念山泽居。望云惭高鸟，临水愧游鱼。真想初在襟，谁谓形迹拘。'②相公身在青云之上，而山林蓑笠之志竟不曾或忘，真古人耳！"

王安石虽然深知与司马光已分道扬镳，可他蓦地想到司马十二所说的，"谄谀之士，于介甫当路之时，诚有顺适之快；一旦失势，必有卖介甫以自售者矣"，他是在预言，那些趋炎附势之人，有朝一日未必不会出卖他王安石以自谋富贵！

这一刻，大宋的宰相竟感受到彻骨的孤独，司马光、吕公著、韩维……都弃自己而去。如果还能像嘉祐年间时那样，君子同道而行，该有多好！如果此时在府外，来道贺的是他们，又该多好！

接下来几日，王安石按照惯例先上表辞免同平章事，赵官家当然是批答不允，于是安石上了谢表，正式接受同平章事的宰相差遣，复又撰信札回谢王珪，拜相之事大幕落下。从此以后，王安石便是正式站在了大宋百官的最顶层。

刚拜相的王安石如今最为关心的是刚刚在开封府界试运行的免役法。如同保甲法

---

① 按照宋代制度，臣子被授予除命后，还不算正式履职，而是要上"谢表"，然后才算是正式接受了官职。

② 摘自陶渊明《始作镇军参军经曲阿作》。

一样，此事也与提点府界刑狱公事的赵子几有关，正是他向官家乞请在开封府范围内先试行保甲和免役两项新法。此后经过吕惠卿、曾布二人先后在司农寺主持编定细则，免役法便有了初步的方案。但是免役法干系甚大，王安石也认为应当慎之又慎，所以此次在府界的试行，颇是悄无声息。

王安石的学生李定在十二月二十二（戊寅日）除为崇政殿说书，但李定竟固辞不受，于是改除集贤校理、检正中书吏房公事；两日后那位吕氏"家贼"吕嘉问也得到了美差，成了编修三司令式①、敕及诸司库务岁计条例的删定官。

却说陕西的边事，韩绛的部署需要河东路出兵策应，但出知太原府的吕公弼不肯立刻遵宣抚司命令，于是他上奏皇帝，请朝廷明降指挥。官家随即命中书明发诏旨，令吕公弼一听宣抚司处分。然而，富弼和司马光上奏再度请求不可轻易动兵。官家看后颇是心烦，但西夏之事，从仁宗皇帝宝元年以来就是关陕的大患，赵顼踌躇再三，还是难以心安，于是在午时以后召王安石独对延和殿。

赵官家将司马光、富弼两道议论兵事的奏疏拿给王安石看。

片刻工夫，王安石已是仔细看完了手中的奏本。

赵顼道："司马光、富弼之见，相公以为如何？"

王安石沉吟了片刻，道："陛下可否记得治平四年之事？时司马光屡屡反对薛向、种谔招纳横山部众。"

赵顼道："绥州事？朕自然记得。"

王安石道："种谔每有动静，司马光必论列不已，按种谔不过一武夫小臣，司马光尝为中执法，乃侍从近臣，相去何啻霄壤。二人又素不相识，何必至如此？果种谔不堪为将耶？然城绥州已见种谔之能，且薛向知其才在先，今韩绛纳其策在后，种谔当确有韬略将才也。"

赵顼道："诚如相公言，则何也？"

王安石道："陛下，种谔乃种世衡之子，种古之胞弟也。"

"此朕略知晓，然与司马光何干？"

"元昊既议和，仁宗庆历五年时，庞籍乞恩赏僧人王嵩，云种世衡遣王嵩入夏国离间元昊君臣，使西贼上下猜疑，遂成和议，当论功行赏。时种世衡已病殁矣。然四年后，皇祐元年，世衡长子种古诣阙，控诉庞籍为鄜延帅时罪状。其云：'父世衡在青涧城尝遣王嵩入夏国反间，其用事臣野利旺荣兄弟②皆被诛。元昊于是势衰，纳款

---

① 三司令式，是通过编修政策文件，对熙宁以来立法进行制度性总结，具有较为重要的政治意义。

② 即野利旺荣、野利遇乞，西夏重臣，元昊的左膀右臂。

称臣。经略使庞籍掩父功，自取两府。'庞籍时已为枢密使，乃自辩白，而当时朝廷亦以执政为重，谓种古妄言，然念世衡旧劳，遂赠刺史，录其子之未仕者。种古复上书诉赏薄，于是，加赠世衡团练使，特授种古天兴县尉。及庞籍罢相，种古再上书辩理，当时朝野颇论之。"

赵顼终于明白了，这庞籍乃是司马光待之如父的恩公，原来种世衡父子居然与庞籍有着这样的仇怨……

"然则真相究竟如何？"

王安石道："近三十年前之边事，臣亦不敢断言。庞籍、种古二人之文字，皆有错讹漏洞。如庞籍庆历时奏王嵩为种世衡用间于夏，于和议有功；而皇祐时反称王嵩入境即被西贼所囚，谓元昊委任野利旺荣如故，是则王嵩不得反间也，何功之有？前后不过五年，何庞籍前是而后非，自相矛盾？然种古谓野利兄弟诛于和议之前，似无可能。庞籍在鄜延为经略使，若敢如此欺妄，不至无他人论列。且后来边境谍报云，似是元昊欲废其正妻，其妻野利氏固旺荣之妹也，野利兄弟遂谋元昊，事觉族诛。以臣之见，种世衡用王嵩间其君臣，当确有其事，元昊戎狄狼子，性雄猜好杀，有此亦不足怪也。元昊之诛野利兄弟，虽未必尽以种世衡用间，然王嵩入夏境，致其君臣上下疑贰，容或有之。"

赵顼喃喃道："种世衡投笔从戎，乃不可多得之儒将！"

王安石道："是矣。昔年世衡为范文正公赏识，在其麾下为将。及其殁，范文正公为作墓志铭，亦略说此事。庞籍待司马光甚厚，且庞籍位极人臣、出将入相，若种世衡诸子能立大功，万一使陛下改国史之载，重订此事，则于庞籍令名，似有污损。司马光平日独称庞籍为'始平公'①，视若己父，如何能坐视世衡诸子翻案？此公案朝廷虽以庞籍为是，然亦追赠世衡、录赏其子，考诸当时各方文字，亦略可见端倪。故臣以为，司马光谓韩绛不当令官军出征，似无理也。又如富弼，谓恐契丹干预，臣前已论之，河北、河东非无战守之兵也。况契丹有何名义？今是西贼入寇，非我图彼，则契丹虽欲耸动形势，索求好处，望如庆历时，亦无借口，固无足深忧。"

"相公所言诚是。只是司马光亦不能免徇私忘公乎？"

王安石道："司马光烛理不明，于军国事，极昏昧而短视。其或深信庞籍之尽善，而深恶种谔之兴事，故不知己徇私也，反谓一心向公。今日异论者众，亦有如此之人也。"

官家颔首，最后道："但愿韩绛在西边一切顺利，早传捷报！"

秦州西部，古渭寨。

王韶刚处理完手头的公文，亲卫就来报，说秦州来人。原来是高遵裕到了。

几个月过去，古渭寨被王韶经营得已是有模有样，虽然还不曾正式将市易司从秦州移置过来，但不少蕃部生户都在古渭寨与王韶所召来的商贾进行了交易。接下来，以古渭寨为中心，王韶若继续推进实施市易，那么招抚秦州西部蕃部的事情定然是更为顺利。

高遵裕将一封信笺交给他，道："贤弟，此为王相公书信。"

王韶请高遵裕坐下，拆开信笺看了一会儿，又递给了高遵裕。

"韩相听了种谔的话，要谋取横山，此计虽佳，但须得河东路配合。种谔筑城啰兀，西贼岂能坐视不理？若无河东兵策应，只恐变生不测！"

高遵裕道："子纯说得是，我看信笺里王相公担心的亦是此，方来信询问。眼下乃吕公弼在太原府，河东一路会否齐心协力？"

王韶看着东面，眼神里满是担忧："别人怕韩相公，他吕公弼可不怕。往昔已是枢密使，官韩绛之上，可今日韩子华成了昭文相，吕公弼焉能心服？官家信任韩相公与种谔，某却不看好这横山攻略。"

高遵裕也是一叹："子纯，若种谔此番栽了，你我在秦州之事会不会又有变数？"

王韶担心的也正是此事。

高遵裕又道："近日某在秦州还听闻，韩相公准备请朝廷调薛向来关中，做两路宣抚副使！"

王韶眼睛一亮："宣抚副使？若横山之计能成，论功行赏的时候，薛向在宣抚副使上，就是除为执政亦属寻常……"

高遵裕道："可不是嘛，让人眼红得紧。但朝廷里，文潞公能让薛向做这宣抚副使么？前些日子，董毡趁着西贼大点集，南境空虚，倒是纵兵深入，大肆劫掠，朝廷还下令遣使赏赐。若能早点拿掉李师中、窦舜卿，让你我得以全力招抚青唐诸羌，未必此时不能做一支奇兵，遥相策应种谔！说到底，还是朝廷这事情做得不利索！"

王韶忽然站起身来，他走到自己办公阁子的窗户旁，朝外望去。

"过去之事，不说也罢。不妨凡事往好处想，若是种谔栽了，后头事情，公绰兄，朝廷还能靠谁？相公定会保你我！"

高遵裕也站了起来，走到王韶身边，颇有些摩拳擦掌、跃跃欲试的样子。

"子纯看得透彻！是这个理！"

王韶道："但还是指望种谔之运气能好上一回，若得横山，西贼更无精力顾及南疆。如此，则你我犹如龙入大海，党项人再想跟吾辈争夺河湟，也没些个气力了！"

　　熙宁三年的十二月，大宋的边城与京师，便如此处于一种人心各异，人人猜忌的情势中。形同独相的王安石坐镇中书，每日看着各地报上来的新法施行状况，以及关陕、河东的军报，开始了入仕以来最繁忙的一段时光。

第 四 卷

平 章

第 十 四 章

独倚青冥望八荒

熙宁四年（1071年），正月。

白雪纷飞之下，一支两万人的宋军出无定川，开始了横山攻略。

大军的统帅正是种谔！马背上这位年富力强的将军此刻风光无二，惹人厌的郭逵已经被召回京师，宣抚司里韩相公的钧令可是许了种谔便宜之权。此番出征，相机招纳讨击，尽付予种谔一人，关陕四路经略司不得干预，随行蕃汉诸将皆听种谔节制。

到了正月初四（庚寅日），大军抵达啰兀城地界。自正月朔日以来，大小四战，宋军在种谔的指挥下连战连捷，斩首超过一千二百人，俘虏和投降的超过一千四百人，西夏军其余伤亡之数，也有几千人。自庆历和议之后，这已经算是规模较大的宋夏战事了。

当夜，军中宴饮。种谔坐在上首，他带过来的蕃汉诸将都各自按官职大小、亲疏远近纷纷落座。

众人举起杯盏，喜笑颜开地纷纷道："大帅神机妙算，西贼无不敬畏！"

种谔听着众将佐的恭维，心里也很是受用。实则以他现在的官阶[①]，当不得一声"大帅"，一般能被正儿八经唤作大帅的，也得是一路的马步军都总管，但如今官场上，不论文武，都喜欢谀美、过称上司的官职。

说起来，种谔亦觉得自己确实当得起麾下武将们的美言。出兵前，他就考虑到横山一带有西夏囤积的粮草，于是命所统领的步骑两万兵卒每人只许携带极少量口粮，骑兵亦不许多带马料，一律轻装急行，兵贵神速！这才自出无定川，正月朔日神兵天降，先破一部数千人之西贼，次日便抵达抚宁堡，又破贼军，俘获甚重，敌军至有迎降道旁者。种谔一面令麾下步骑大军因粮于敌，就抚宁堡地界止息，一面禁止收缴俘

---

① 种谔时任皇城副使、权鄜延路钤辖，皇城副使从七品，为武臣诸司副使阶之首，钤辖在总管之下，都监之上。按此时种谔的官职，实际上只能称呼他为钤辖、总辖。

虏兵甲，听其自随归降。又明日，种谔统兵至啰兀城地界，西贼大酋都啰马尾[1]乃在北面马户川一带，准备与宋军交战。啰兀城的地理位置极其重要，对宋而言，啰兀处在南面的绥州和北面的麟州之间，一旦宋军控扼啰兀，则治平四年时薛向、种谔、折继世三人用计得到的绥州便能与麟、府两州通路，陕西与河东两路边境众多军事堡寨、要塞的联系就将被直接打通，大大缩短互相支援的路程和时间，宋军将能够由无定川一带构筑完整而坚固的防线，且得以随时威胁西夏敏感的战略纵深横山方向。对西夏而言，与啰兀近在咫尺的横山一带不仅囤积数目不少的粮草，且分布着大量茶山、盐铁、竹箭等民用、军需物资生产作坊，一旦被宋军攻占，对西夏的民生经济和国防都是不堪设想的后果。因此西夏将领都啰马尾得了军令，必须击溃来犯的宋军。

然而种谔是久知用兵的宿将，大军一路上早已撒出去无数斥候，都啰马尾部仍在马户川修整，得知情报的种谔便点起三千轻兵，偃旗裹甲，钳马衔枚，出其不意地主动突袭马户川。西夏人果然猝不及防，尽管都啰马尾麾下有数百铁鹞子和数千步跋子[2]，足见这支西夏前锋军的精锐，但韩绛给到种谔的也都是蕃汉锐卒，蕃军多骑兵，汉军都是百里挑一的悍勇老兵，一时间神臂弓齐发，西贼不能抗。宋军又以装备陌刀[3]的步军列阵而行，逼向都啰马尾部的铁鹞子，这些西夏骑兵想要逼近，先是遭到被保护在阵中的弓弩手箭矢如雨的攻击，近了又被陌刀砍马足，终是不能击破宋军步卒的阵列。而随着两翼蕃骑的包抄穿插，都啰马尾见打下去败局已定，不得已下令撤军，自己也先行逃遁，西夏兵马遂退至立赏平一带。

种谔又命使者送了三套妇人衣服到西夏军营中，都啰马尾更疑宋军再添援军，实力倍增，因而要羞辱他，激其决战，以图歼灭。他哪里知道，这完全是种谔在虚张声势。

初四日凌晨，种谔令麾下吕真率领步骑千人为斥候先锋，大张旗鼓地出现在立赏平西贼营垒附近。西北多尘沙大风，恰狂飙骤至，都啰马尾果然以为宋军数万人将要包围自己所部人马，乃不战而溃，拔营便走。西夏人是全民皆兵，并非如宋朝那般采

① 都啰马尾，按当时宣抚司判官吕大防所奏，应即是西夏都枢密都啰。又据《西夏书事》："(熙宁四年、夏天赐礼盛国庆二年)都枢密使哆腊战于马户川，败绩，弃啰兀城走。"则都啰马尾即哆腊，且为西夏都枢密使，与吕大防捷报可参照。西夏枢密院应有"东拒、入名、枢密使、都枢密使、左枢密使、右枢密使、都枢密、枢密直学士、押进枢密副都承旨"等官职称呼。

② 步跋子，西夏立国后，多征横山部众为精锐步卒，谓之"步跋子"，擅长上下山坡、出入溪涧，最能踰高超远，轻足善走。其多在夏州以南，故称"南山野利"，实羌族一支也。

③ 陌刀，《释名》曰："陌刀，长刀也，步兵所持，盖古之断马剑。"又按《长编》卷二百三十三："五月庚辰朔……命供备库副使陈珪管勾作坊，造斩马刀。……遂命内臣领工置局，造数万，分赐边臣。斩马刀局盖始此。"是则大量制造和使用相对标准化的斩马刀，始于熙宁五年五月。

用募兵制，大部分兵丁属于战时临时征发，对于各个部族的酋首来说，打掉的可都是自己族里的人马，若优势在手，那么为了劫掠和赏功，自然奋战不在话下，可若是情势不利，明知极可能战败，各族人马往往是竞相逃逸的。能死战不退的，也只有少数大将的亲卫部队罢了。

在自己的指挥下，大军只用四天就击退西贼，达成占领啰兀的初步目标，接下来就是要在啰兀旧城的基础上修筑堡寨了。

这样想着，种谔也举起了手中的杯盏，笑道："也是诸君勇武！"

众将见到种谔高兴，当下也无不欢颜，又是一番恭维话，这才饮下杯中茶水。种谔治军极为严厉，左右有犯者立斩，或先刲其肺肝，旁人见之皆掩面变色，种谔却饮食自若。因此凡在其麾下，受他节制的，无论蕃汉将校，对他都是又敬又怕。种谔对自己人狠，对敌人也就更狠，因而连西贼也畏惧种谔杀人如麻的威名。

种谔道："自出无定河，高永能、李宗师、折可适功冠军中，某敬三位！"

高永能立刻站了起来，颇是自豪，他自认为算得上是大帅种谔的亲信。高永能祖上世代都是绥州人，其伯祖归附宋朝拜团练使后便成了大宋的蕃将，到他这一代已居住于青涧城，因而数年前种谔任知清涧城时二人便有了渊源。他少时就有勇武之名，极善骑射，自行伍中补为殿侍，后得迁供奉官，成为将校。此番啰兀用兵，种谔便用其为先锋之一。

李宗师闻言赶紧站起身，高举杯盏，过于头顶，半分不敢怠慢。他也是一位投笔从戎的将军，是受了郭逵举荐才以文换武，今年已是五十有二，比种谔还大七岁，由于他出于郭逵门下，而郭逵与韩相公、种谔向来不合，因而李宗师就更为谨慎小心，对种谔十二万分之尊敬。

折可适是折家里的年轻后辈，眼下不过弱冠之龄。马户川之战时，他一骑当先，西贼都啰马尾麾下有一将轻其年幼，拍马来战，被折可适一个照面就斩去了首级，于是宋军士气大盛，而西贼节节败退。折可适匹马斩将的勇武自然让军中同僚们称许不已。这会儿他见到种谔敬自己，立即也紧随高永能、李宗师站起身，高高举起杯盏。

"大帅谬赞，末将不敢当！"

三人齐声道。

"诸君！王师已得啰兀，而啰兀旧城南傍无定川，立于石崖十数丈之上，控扼非常。我等在旧城之上修筑新城，则易守难攻，乃是王师进取横山的桥头堡！"种谔大声道，"韩相公宣抚陕西、河东两路，待河东援军至，则西贼更奈我何！今日尚不是最终庆功之时，西贼也决计会伺机再来，故只能以茶代酒，待大功告成，再与诸君痛饮！大宋万胜！"

"大宋万胜！"一众将佐齐声嚷道。

朔风呼嚎，白霜铺地，石崖上遍是篝火熊熊，是一派"古戍苍苍烽火寒"的景象。抬头仰望月华，只见得明河灿烂，与银装素裹的横山遥遥相对。这一天夜晚，宋军便开始在啰兀筑城了。蕃汉士兵与民夫们无人敢偷懒埋怨，谁都知道大帅种谔军纪严厉之至，若稍有懈怠，就会有掉脑袋的风险。

这座西夏人唤为"石头城"①的堡寨在横山的东路，绥德与银州之间，距绥德有百里之远。在深入敌境、夏人环伺的情况下筑城，本就是一桩危险的买卖，城寨修建完毕后，还要长期守住，才能实施攻略横山地区的计划。然而在相当一段时间内，啰兀城驻军的补给都要靠后方绥德甚至是青涧城转运上来，运输距离超过了两百里，通常需要四到六天才能送达啰兀。但啰兀的战略意义在种谔看来完全值得赌一把。稳稳占据啰兀之后，通过营建一系列距离颇近的堡寨构成防御体系，则距离啰兀城仅二十里左右的银州就时刻暴露在宋军的兵锋威胁之下；同时横山诸羌也能渐渐招抚，而夏人作为天然防御屏障的横山就将不再为其所有；更重要的是，西夏之所以能立国，实则只靠两块地方作为根基，一则是俗称的兴灵腹地②，一则便是银夏地区③。其中银州与夏州皆在无定河畔，自啰兀可取银州，其银州失则夏州亦不可保。此二州一旦为宋所得，银夏地区就很容易全部落在大宋手中。整个西夏国，其一半左右的财政收入要依赖银夏。若失银夏，西贼就再没有了从兴灵出军，与宋陕西五路及河东打大规模战争的实力，其败亡诚可立待！

种谔正是明白这一点，才始终在横山上动脑筋。违背当时的鄜延帅臣陆诜而出兵招抚嵬名山、夺绥州是这个计划的第一步；如今啰兀筑城是这个计划的第二步。他之所以能说服宰相韩绛，也是因为这一系列计划的回报，定会让官家、首相都惊喜不已。

在筑城的第六天，正月初九（乙未日），河东路的援军抵达了。

种谔从啰兀带着数个指挥的人马亲自入生界④，往迎麟、府之兵。

两军相遇时，府州折家的族长，府州知州折继祖在马背上阴沉着一张脸。原来，宰相韩绛以宣抚司下令指挥河东发兵与种谔会和，有不能如期抵达的，令种谔斩其将。种谔竟约河东兵五日至银州地界会师，而麟、府人马由神木寨入生界，大约需十五日才可抵达，紧赶慢赶，也花了整整九天时间。

---

① 西夏语中，"石头"发音正是"啰兀"。

② 兴灵，即西夏首都兴庆府和西平府（灵州）的合称。

③ 银夏地区，即定难五州包括的"夏州、绥州、银州、宥州"以及洪州、盐州等地区，此时绥州已在治平四年被种谔攻占，改称绥德。

④ 生界，未依附宋朝的蕃部，即生户活动的地带。

折继祖身后，尚有其弟折继世，两人的侄子折克柔、折克行等折家将，都身骑在毛发俊美的高头大马上。

折克柔对叔父道："种谔这厮，仗着有韩相公撑腰，要俺们五日到银州，他却先抢了头功，恐怕是不愿分润功劳的！便看他有没有胆量斩了俺们！"

折继世瞪了一眼，道："嗫声！晓得他背后是韩相公，还敢造次？"

折克柔知道自己的这位叔父和种谔交好，二人夺绥州时就合作过，眼下筑城啰兀、攻略横山的事情最初也正是他二人谋划的。可当着自家人面，还要向着外人，折克柔气得撇过头去，一语不发。

正说话间，只见种谔军中一员骑士出阵疾驰而来，正是折可适！折可适算起辈分来，是折克柔、折克行的侄子，折继祖、折继世的从孙了。

折家人当然也知道种谔治军极严，想来折可适必是得了种谔吩咐才策马出阵，来迎接家中长辈。于是折继祖诸人总算面色稍霁，种谔既然让可适相迎，则定不会为难他们了。

过了会儿，种谔也策马孤身来到麟、府军前，他朝折继祖和折继世微笑示意，然后才道："诸位行军辛苦了。"

"大帅言重了。"折继祖违心地应答着。别看他们折家人多是遥郡、横班，然而蕃汉有别，蕃官们的级别看着高，实则地位与汉官判若云泥，级别比他们低的汉官往往都可以节制他们。折家在麟、府势力可谓盘根错节，又世袭府州过于百年，但在麟、府两州之上尚有麟府军马司①监管、约束着他们。更何况种谔虽只是诸司使副，但背后却是宣抚陕西、河东两路的昭文相公韩绛，折家人作为蕃官，那是万万敌不过的。

种谔道："啰兀尚在修筑城寨，自绥德城运来的粮饷辎重，一路便要劳烦麟、府人马沿途分兵，一一保护转输了。"

折继祖闻言，脸色骤变，几乎就要发作，却被身旁的折继世拽住了缰绳，当下也只得冷静下来。他身后的折克柔、折克行也都是面露不平。

折继世笑道："韩相公令俺们听大帅节制，大帅但有吩咐，莫敢不从！"

折继祖当然明白自己弟弟话里的提醒，乃在马背上朝种谔抱拳拱手，道："遵大帅指挥。"

种谔点点头，算是回答了折继祖，只是在拨转马头前朝折继世努了努嘴，仿佛在暗示，这折家该由你做主。

---

① 麟府军马司，对外是为了防御西夏的入寇劫掠；对内则是为了压制折氏在麟府二州的势力，使其不会因世袭府州而不断做大，威胁到河东路宋朝的统治。

折氏众将对种谔的指派颇为不满。折克柔心下更是大恨，待种谔回身走远，乃对叔父折继祖道："三叔，这种谔恁地欺人太甚，仗着有韩相公撑腰，如此使唤俺们！他却要把功劳尽占略，只将看护转运的差事分给俺们！这百余里路要弟兄们处处分兵，风餐露宿，三叔你怎么就答应了他！"

折继世喝道："休得对你三叔无礼！这里还轮不到你说话！"

折继祖也不理睬弟弟和侄子的纷争，只是默默看着种谔策马回到军中的背影，一言不发。

正月十三（己亥日），东京汴梁，禁中。

上元的狂欢即将开始，然而深居九重之内的赵官家却全无喜悦之情，他恨不能亲自到陕西去看看，好知道前线的战事究竟如何。

朝廷里近日又有了几项重大的人事任免。先是屡屡与宰臣王安石意见相左的御史知杂谢景温被解除了台官职务，授直史馆兼侍读，谢景温自知内中关节，于是请辞，乃罢侍读，外知邓州。而递补上来的人，正是邓绾！邓绾一跃坐上了侍御史知杂事的位子，成了御史台的次长官。引得京中官吏在背地里感慨"力田不如逢年，善仕不如遇合"。

垂拱殿内，二府合班奏对。

宰执大臣们进呈的乃是出知太原府的吕公弼和河东转运司的奏疏，由于涉及急速军情，自然也是急递实封，发回京师汴梁。

赵官家道："今河东经略、转运司俱言宣抚司令计度运粮义勇、民夫之数，所备过多，颇闻骚扰。卿等如何看？"

王安石道："韩绛以首相宣抚陕西、河东两路，一应监司、州县，都应奉宣抚司指挥。看详吕公弼之奏，则官军出无定川，已有成功，将城啰兀，今又欲筑堡抚宁，乃调发关陕、河东义勇及民力，虽正月天寒，然军情紧急，不得不尔。"

赵顼也怀疑这是吕公弼在河东故意沮坏边事，以掣肘韩绛，但正要说话，文彦博抢先开口道：

"陛下，吕公弼及河东转运司所奏，不可不察！臣请为陛下说以绥德以北形势。"文彦博站出一步，拿着笏板一揖，"今官军所到之处是啰兀旧城地界，在无定河北，去绥德甚远，距离麟州、府州乃是远之又远。宣抚司谓城啰兀则可得横山，以断西夏一臂，其势固有如此，然西贼岂不知之？必大兵来攻，誓要夺回。而啰兀离南北汉境甚远，孤悬于外，岂能当西贼倾力围攻？宣抚司所以令关陕、河东调拨人力、物力，正为啰兀之难守也！倘若筑城未毕，而西贼数万人马复来，则为之奈何？以臣愚之见，恐致王师蹉跌，将士有埋骨塞外之难！"

王安石实则对韩绛的这一战略也有不少疑虑，但无奈赵官家迫切地想要拿下横山。因为若此战略成功，待王韶成功占据河湟，那西夏的左右两臂就都被大宋斩断了，假以时日，西贼便只能坐以待毙，别无他法。文彦博的话，不是全无道理，啰兀城眼下是一个孤城，缓急难救，且一切军需暂时都要关陕、河东转运过去，所需的人力、物力在两路都是不小的负担。但韩绛是自己的政治同盟，若此次在陕西出了岔子，那河湟开边的事情甚至新法都会遭到攻击……

想到这些，王安石道："彦博所说可谓知兵。然宣抚司或已考虑此事。故种谔得啰兀后，又欲于无定河南面筑抚宁堡，则绥德与啰兀之间，辎重易保，缓急可救。正为此，宣抚司乃指挥陕西、河东两路，调拨转输。陛下宜下诏，令两路据实需而备，不可观望而不从宣抚司，否则边事大坏，韩绛尚如何节制文武？"

参知政事王珪随即附议。

赵顼道："今见转运司又请借常平、广惠仓十万缗钱，以助籴军粮，且曰宣抚使科率①民力已不堪……若果然，恐别致生事。朕又虑者，恐转运司过当处置，动摇边事，亦是所害非细。朕意遣使乘驿急速赴边，体量以闻，卿等以为如何？"

文彦博道："陛下圣明。"

于是众臣作揖领旨。下殿后，中书出札子，派遣权监察御史里行范育往西北体量边情。

上元已近，王安石早早放衙回到府中。歇息了片刻，院子来报，说是有人递帖子欲拜谒相公。

王安石看到帖子上写着："著作佐郎章惇②百拜叩首"，他不由得想起此前李承之③的推荐，当时自己答以"闻惇极无行"，而李承之说"某所荐者才也，顾惇才可用耳，素行何累焉？公试与语，自当爱之"。

章惇今年三十有七，是仁宗朝嘉祐二年（1057 年），和苏轼同榜的进士。但因其族侄章衡殿试高中状元，他耻于名次在子侄辈之后，竟当众以冷言冷语讽刺、讥诮主考官之见识，遂将进士及第的文书弃掷于地，放弃了此科到手的功名。两年后，章惇再次高中，以一甲第五名的殿试成绩进士及第。他这一番惊世骇俗、年少轻狂的作风自然传遍了朝野，有了许多对他不利的声音和评价，故多年来，章惇沉沦下僚，仍郁

---

① 科率，指官府于民间定额征购物资。

② 章惇，字子厚，仁宗朝宰相章得象族子，与苏轼私交甚好。曾受欧阳修举荐，应试馆职。

③ 李承之，字奉世，真宗朝宰相李迪之子。熙宁初，任制置三司条例司检详文字，时任检正中书刑房公事。

郁不得志。

王安石想到有关章惇的种种传闻，犹豫了片刻，终于决定，既然李承之如此盛赞章惇，见一见也无妨。

"且请他厅堂里候着。"

须臾，王安石自书斋来到会客的大厅里，见到此人长身玉立、目若朗星，眉宇中自信果决，一望可知，真是一副丰姿英俊的相貌，这第一眼，章惇就让王安石有了个好印象。

"下官见过大丞相！"章惇立刻作揖行礼。

"请坐，奉世谓君才高八斗，今来有何见教？"王安石在主座上坐下。

章惇又是一揖："不敢当相公如此语。相公秉政以来，措置新法，利民利国，惇一介小臣，今得拜谒丞相，若蒙听以一二刍荛之见，实不胜荣幸！"

这番话听起来谦逊，实则仍是透着舍我其谁的信心。但毕竟是李承之屡屡盛赞，王安石便点了点头："某洗耳恭听。"

章惇知道这次会面对自己来说，可谓是一次比礼部会试、禁中殿试还重要的大考，能不能获王安石赏识，可就全看今日了。章惇曾与二苏聊过不少次，自觉已对王安石的脾气有了一些客观的了解。从他的本心来说，他很支持王安石锐意革新的执政思路。

于是章惇从熙宁二年开始推行的均输法说起，洋洋洒洒，论及青苗、农田水利、保甲，乃至如今尚在开封府界试行的免役法，他始终站定支持变法的立场，并就新法中可能出现的问题和如何预防、改进等提出了自己的看法。这些话他早已准备了许久，每一个观点都经过了反复推敲。王安石时不时还会就其所言而发问，章惇便小心翼翼地斟酌措辞回答。

一番问答下来，章惇那敏捷的才思、清晰的逻辑都给王安石留下了极好的印象，章惇并没有一味阿谀王安石的新政，而是切切实实地作了深入又不失独到见解的分析。

恰这时，女婢寒翠儿也端上了茶汤。

王安石道："君可谓有真知灼见，尚未知君之台甫？"

章惇心下大喜，王安石能问自己的表字，那就说明他接纳了自己！

"惇草字子厚，不敢当丞相谬赞！"

"且用茶，"王安石道，"更有一事，欲与子厚议论。"

章惇才拿起的茶盏又放了下来："相公请说。"

王安石内心接纳了一个人，便会快人快语，于是问道："陕西边事，子厚如何看？"

章惇道："若谓西贼果能撼动关陕，即是浅人之妄见，徒张大夷狄之势，或为沮坏朝廷新法耳！"

"说得好！"王安石赞许道，"朝野流俗之浮议甚多，子厚能看透这一点，甚好！"

章惇道："止说去年八月，西贼号称大点集三十万兵马，入寇环庆，围大顺城，一时间人谓'陕右大震'。然而官军虽有伤亡，大顺城、庆州贼亦无能如何。反倒是河湟董毡趁虚率兵入寇夏国西境，而梁乙埋[①]乃狼狈撤军。西贼凡大点集，至多不过能赍百日之粮，关陕若坚壁清野，则西贼不战而自退。是以惇以为西贼无足惧。以此见之，往日西贼尚无能为，何况今日韩相公宣抚两路，坐镇关中，岂须过虑？要之庙堂早决成算，措置如何耳。"

这些观点正与王安石对陕西边情的看法高度契合，他又喝了口茶，乃道："近日官军出无定川，在啰兀筑城，此事子厚可知晓？以为当如何？"

章惇略一思忖，道："惇见之于邸报。城啰兀若能守，其利百倍、千倍，乃至算数譬喻所不能及，丞相当是明察秋毫。但若不能守……"

"何以见得？"王安石深邃的眼神望着章惇。

"惇看邸报，见官军与西贼战于马户川，非是战于啰兀旧城。此可见，啰兀旧城中多半本无西贼驻军。可啰兀城北当横山之冲，南扼无定之川，西窥银夏，东连麟府，秉常固十岁小儿，其母与梁乙埋岂有不知之理？"章惇也丝毫不躲避宰相的凝视，"既如此，何以西贼不驻军啰兀？一者，或以为我皇宋一向谨慎，不至深入其境百余里而夺孤城；然更要紧的，恐怕乃是啰兀者诚难守御！惇尝访闻京师商贾行贩于陕西者，其人云，'啰兀'者，党项语谓石头也。则啰兀一词，究其皆以石头垒砌而成，抑或本筑于戈壁砾石之上？若是后者，恐啰兀旧城中，掘井而无水，故西贼不驻军也！以此见之，啰兀城欲守，兵多则苦于粮饷转运，兵少则难抵西贼围攻。且若城中果真无水，又岂有可守之理？西贼围之，断水以后，不过数日，城必不攻自破。啰兀城固易取，只恐横山不易得！"

如果说方才王安石只是对章惇颇为赞许，认为他可以成为自己推行新政的助手，那么现在，这位大宋的宰相已然被章惇所展现出的极其敏锐的军事嗅觉所震惊。

"正为如此，种谔已奏，欲在南面，修筑抚宁堡，则平日可护辎重转运，缓急又可增援啰兀，子厚以为如何？"

章惇道："若西贼舍啰兀，而以精兵数万直取抚宁，绥德必能救乎？韩相公宣抚陕西、河东，抚宁若能坚守，非止绥德援军可北上，关西环庆军、关外东兵皆可增援，则我胜算仍占多数。只恐届时抚宁新筑堡寨，城狭未易守，失陷于数鼓之间，则绥德之军虽欲救之，而缓不济急；抚宁若失，将难以供馈啰兀粮草，待城中饮食尽，

---

① 梁乙埋，西夏国相，夏国国主秉常之国舅，摄政梁太后之弟。

即绝无可守之理，而取横山之策，便满盘皆输！"

王安石当然明白章惇所说的道理，若西贼果真以数万锐卒急攻抚宁，那么一旦抚宁城陷落，绥德与啰兀的联系就被切断，那时候只怕啰兀城里的大宋官军，都作了西贼的瓮中之鳖、俎上鱼肉了！

只是当此之时，他如何能劝阻已经完全被说动的官家呢？

"子厚之见深刻！"王安石缓缓点了点头，"韩子华在关陕，当慎思此事。且容我再斟酌考虑！如子厚这般才俊之士，当多为国献计，往后还望常来我府邸！"

章惇起身深深一揖，今日他拜谒相府的目的显然是达到了。

过了上元节，御史林旦和薛昌朝因为追论李定不服母丧的事情①，而被降官贬黜，林旦外放知黄县，薛昌朝知宿迁县，都被赶出了国门。而此前得到侍御史知杂事美官的邓绾又再判司农寺，迅速跻身到王安石新法的核心队伍中。值得注意的是，郭逵麾下的赵卨得到了升迁。此前他一直对种谔筑城啰兀这一横山战略表示反对，正月下旬，他反倒升为右司谏、直龙图阁，且让他权发遣延州，这等于是把鄜延路延州方面的权力交付给了他，只不过他资序尚浅，才未正除知州，而是授权发遣。就在赵卨升迁的前一天，朝廷下诏，令赴阙的宣徽南院使郭逵归宣徽院供职，莫非是郭太尉在殿上和官家说了什么？这一项人事任命又会对陕西的战事造成什么影响？

就在京城百官们还在观望时，前线宣抚司的奏疏又发急递传了回来。宣抚司奏称，鄜延路承担进筑四座城池堡寨的任务：一是最为重要的啰兀城，正由种谔率军修筑；二是都监燕达、赵璞修筑的抚宁旧城；三四则是待修筑的永乐川、赏逋岭二寨。而河东路将承担荒堆三泉、吐浑川、开光岭、葭芦四座堡寨的修筑。陕西与河东一共要进筑八座堡寨的消息在京师里炸开了锅，这是近几年来少有的对夏进攻的大规模军事活动，此前吕公弼和河东转运司已奏称难以负担转运等事，而今却还要大筑城寨，只恐地方和宣抚司、朝廷之间的争议要打上几个回合了。

赵官家的担忧王安石也完全看在眼里。官家一面下令，由主管财政的三司借内藏库银二十万两付河东路应付军费，一面又赐度僧牒两千道给鄜延路、三千道给河东路，以助边费。诏令下发的次日，官家甚至以金革变礼为由，诏陈升之"夺情"起复②，只是由于陈升之坚请终丧尽孝，才又许其继续丁内艰。这一切在王安石看来，都是官家对横山攻略满怀期待又忧虑难抑的表现。

---

① 林旦先后上六道奏疏，薛昌朝七道，反复论列李定不为生母仇氏服丧，不可为御史云云。

② 起复，指古代官员遭父母丧，守制尚未满期而应召任职。

二月朔日（丁巳），王安石代表中书上《乞改科条札子》，贡举改革的事情又一次被提起，官家批示后，贡举新法也随之诞生①。

　　王安石认为国家的抢才大典"进士科"过往偏重诗赋，导致读书的士子们所学非所用，与入仕后的具体政务几乎毫无关系，既浪费了大量的时间操练章句声病这种应试的文辞技巧，也助长了浮薄投机的不正之风。因为人才的进用取决于各级考试时主考官对诗赋文风的个人偏好，则广大学子多致力于诗赋小道，又仰承考官鼻息，这都是王安石所深恶痛绝，且认为是导致士风浇薄、吏治败坏的原因之一。兴建学校以养士，罢废诗赋、诸科、明经等……两年前苏轼反对的贡举改革，终于还是实施了。

　　二月初，西夏点集十二监军司②人马，要大举发动全面战争的消息，由宣抚司急递发回了东京城。

　　二府合班奏对后，官家留王安石独对。

　　赵官家道："西事诚可忧，朕近日屡睡不安稳，方才文彦博进呈吕公弼所奏，委是难办！"

　　原来，此前在河东路派出麟府军马之后，朝廷又令河东再发兵两万，由荒堆新路趋啰兀城增援，而吕公弼不从，认为取道永和关，绕远路比较安全，新路恐遭西贼设伏。结果由神堂方向之新路行军的东兵果然中伏不得进，而绕路的宋军则安然无恙。吕公弼又请罢废啰兀地界修筑三座堡寨，专为持重守御之策，方才王安石在垂拱殿里和文彦博、吴充等已有过一番辩论。

　　王安石道："陛下，吕公弼之意见，不外乎全然反对韩绛在横山的战略，今韩绛是宣抚使，又是首相，朝廷自然不可从公弼之说。然公弼在太原府，能知前线虚实，亦有可取之处，唯须审察其所言。"

　　赵顼从御案上拿起一道奏本，走下御座递到了王安石手上。

　　"此是司马光所奏，论列先生，措辞极乖谬。"

　　王安石展开奏本，只见司马君实写道：

　　臣之不才，最出群臣之下。先见不如吕诲，公直不如范纯仁、程颢，敢言不如苏轼、孔文仲，勇决不如范镇。诲于安石始知政事之时，已言安石为奸邪，谓其必败乱天下。臣以谓安石止于不晓事与狠愎尔，不至如诲所言。今观安石引援亲党，盘据津

---

　　① 《续长编》卷二百二十："今定贡举新制，进士罢诗赋、帖经、墨义，各占治《诗》《书》《易》《周礼》《礼记》一经，兼以《论语》《孟子》。每试四场，初本经，次兼经并大义十道，务通义理，不须尽用注疏。次论一首，次时务策三道，礼部五道。"

　　② 十二监军司，军兵总计五十余万。

要，挤排异己，占固权宠，常自以己意阴赞陛下内出手诏以决外廷之事，使天下之威福在己，而谤议悉归于陛下。臣乃自知先见不如诲远矣！纯仁与颢皆与安石素厚，安石拔于庶僚之中，超处清要。纯仁与颢睹安石所为，不敢顾私恩废公义，极言其短。臣与安石南北异乡，取舍异道，臣接安石素疏，安石待臣素薄，徒以屡尝同僚之故，私心眷眷，不忍轻绝而预言之，因循以至今日，是臣不负安石而负陛下甚多。此其不如纯仁与颢远矣！……今陛下惟安石之言是信，安石以为贤则贤，以为愚则愚，以为是则是，以为非则非，谄附安石者谓之忠良，攻难安石者谓之谗慝。臣之才识固安石之所愚，臣之议论固安石之所非，今日所言，陛下之所谓谗慝者也！

饶是王安石这样意志坚定的人，且与司马光又早已分道扬镳，但看到司马十二在奏疏中说"臣与安石南北异乡，取舍异道，臣接安石素疏，安石待臣素薄"，"是臣不负安石而负陛下甚多"时，他仍然感到一阵气血上涌和头晕目眩。

君实啊，你我二人终究还是反目成仇。

王安石起身深深一揖："司马光责臣，臣无一言可说。"

赵顼道："朕岂不知先生？只是今日要与先生议论，如何措置此事。陕西用兵，司马光在永兴军，一应军机戎务竟无一应付之办，误国至于如此，尚深诋先生！韩绛在宣抚司，令永兴军路增修城壁，光奏罢之；宣抚司请添屯军马于长安、河中、邠州，光又谓'岁凶民艰食，惧无以供亿，乞罢添屯'；宣抚司令百姓造干粮备军用，光以为昔常造，后无用腐弃之，民力可惜；又擅自牒所部八州军，命其不得依司农寺指挥催理青苗钱……依朕看来司马光不可在永兴军。"

王安石道："诚如是。富弼在亳州，亦以大臣之威，阻遏百姓愿请青苗者，亦须理会。若不然，则人人观望，有恃无恐，以为朝廷终不行遣也。"

当日，中书下诏，知永兴军、端明殿学士兼翰林侍读学士司马光知许州；江、淮发运司遣官劾亳州属县官吏阻遏愿请青苗钱人户事状。

就在同一天，啰兀筑城完毕，种谔初步留下了一千五百人守城，自己则回师绥德。而权监察御史里行范育到了陕西后的体量文字，也终于在次日发回了进奏院。

二月初六（壬戌日），赵官家在便殿召二府宰执入对。

王安石、冯京、王珪和文彦博、吴充五位辅臣上殿后，赵官家急令免礼，皆赐座。

"范育之奏疏方才到矣，王卿且为众臣展读。"

王安石恭敬上前，双手接过奏本，朗读道："臣自到河东，凡语劳费之状，无不归转运使，以调发之烦，驱率之暴，文书约束之峻，皆转运司所出，而宣抚使又出牓告谕以非己意故也。比臣取索到转运使承禀移文及遵行节次，并经略司出兵事状，乃知皆起于宣抚司妄举重兵，军须暴并，而成于转运司仓猝应命，计虑不精，使一路务本勤俭之民，荡析生业，濒于死亡之患……"

赵顼道："范育体量文字如此，诸卿有何意见？"

文彦博道："陛下，看详范育所奏，则宣抚司实有措置不当。使三十万百姓转饷供馈，所耗五六百万贯，又将修筑抚宁等堡寨，前后共八座，计今陕西、河东之民力，加之以西贼侵扰，恐决无可成之理。"

官家连日来为西北战事忧心而近乎夜不能寐，看了范育的奏疏，再听到文彦博如此说，心里便极是烦乱，乃开口道："范育诚未足信！或须更令人体量！若张问①辈果用意沮坏，则不可容。"

王安石道："若果用意沮坏，固不可容，就令失错，所害至大，亦非可施轻典。然范育所奏，谓河东转运司如此，当颇得实情，唯其支蔓宣抚司，即无道理。边事由西贼大举而起，军兴所需，自当责成转运司了办，张问若科扰百姓，措置乖方，罪张问可也，与宣抚司何干？此则范育昏昧不明，如其论列李定事②，亦如此。"

文彦博当然听得出，这是王安石要把韩绛从范育的奏劾中摘出来，所以才咬定错误止在河东转运司，与宣抚司无关，真是牙尖嘴利！

王安石继续说道："今边事繁剧，又瞬息万变。前鄜延帅郭逵归院供职，而令赵卨权发遣延州，赵卨与种谔似不相能，不如令赵卨帅庆；而以宣抚司判官吕大防知延州，当能与种谔相安，了办军兴等事。司马光既知许州，永兴军可令王广渊镇之，庶几陕西五路能办宣抚司指挥。"

赵顼本在诧异王安石为何赞同范育的体量意见，这会儿听他要调整延州、庆州、永兴军的安排，终于明白了其用意，立刻颔首道："如此甚好。中书可出札子付外施行。更有一事，韩绛乞用陕西提刑韩铎权河东转运使，然铎暴刻，恐河东新经疮痍之后，未可用。卿等以为如何？"

文彦博不禁在心中感叹王安石的手腕。赵卨久在鄜延，能知边事，又颇持重，正好让他去庆州处理李复圭留下来的烂摊子；吕大防则去延州，宣抚司的功过都系于啰兀城和横山，想来他不会做对自己不利之事；而王广渊又是王安石亲信，以待制镇永兴军，则能填司马光的阙，从而配合好韩绛。这是"一石数鸟"之计！眼下先将张问定罪，再由官家引出韩铎，保不准他们君臣二人早已商量好了。

冯京道："韩铎好希向时事，惯见风使舵。"

王安石道："如韩铎即反复无常，先前颇助行常平法，后闻臣将罢政事，遂一切

---

① 张问，字昌言，时以礼部郎中、集贤殿修撰任河东转运使。

② 范育在权监察御史里行任上亦前后七奏李定不服母丧。

沮坏，如此人恐难任以边事。"

文彦博却道："韩绛要铎了边事，今不用铎，用他人恐败事。"

赵顼对文彦博赞成韩绛的用人意见，感到一阵意外。

"如肯希向时事，虽小过当扰人，犹胜张问在河东故意坏事。张问等必难留在任，且用铎，如何？"

见官家如此说，王安石便也不再坚持，遂作揖领旨，文彦博等二府宰臣亦行礼如仪，各自下殿。

次日，朝廷下诏，陕西河东宣抚判官、度支员外郎、知制诰吕大防知延州；权发遣延州、右司谏、直龙图阁赵卨权发遣庆州；知庆州、工部郎中、宝文阁待制王广渊知永兴军；韩绛权河东转运使。

骤然调整陕西三路中的帅臣，又拿下了张问河东漕臣的官帽，京中百官都看出了西北战事的紧张。

二月初八（甲子日），诏令再下：太子中允、集贤校理、直舍人院、检正中书户房公事曾布除为检正中书五房公事，也就是俗称的"都检正"。自制置条例司罢归中书，新法的主要机构一个是司农寺，一个自然是中书门下。而"都检正"在诸房检正之上，总理、督察中书五房一切公事，可谓是事权极重。曾布自熙宁二年闰十一月以来，在王安石的庇护汲引下，由京官升朝官，由低级官吏升为两制词臣，仅用一年零四个月，便走完了别人三十年都未必能走的路！

当然，王安石的权势又招惹了新的弹劾论列。在曾布除都检正的同日，便有臣僚立刻上章称安石擅权，即中书检正官每有须定夺的文字，居然只与宰臣王安石商量后便送御前取旨，而参知政事冯京、王珪多不能预闻。可赵官家此时才不愿理会这种攻讦安石的白简弹章，相反，三天后他用一道诏令表明了自己对王安石的信重不疑——升安石之妹婿朱明之为太子中允、集贤校理、崇政殿说书兼管国子监。这是让朱明之得以常常亲近官家，并在国子监中施加"王安石新学"的影响。赵顼的措置可谓果决，一时间有力地堵住了其他侍从和言官的嘴。

然而，西北的边事官家却无法用帝王之术来随意处置。

没多久，吕公弼的奏本到了。其奏疏中说，河东路岚、石、隰州都巡检康从领兵入西贼地界，其所部官军多遭敌寇阻击而战殁。又云："西贼冲突，修寨处难为施功，愿且罢役，严诫边吏，专为坚壁清野之计。"赵顼对吕公弼禀报的军情十分头疼，看来河东路的用兵和进筑城寨情况都不容乐观，但如果就此放弃在河东路方向西贼地界内修筑荒堆三泉、吐浑川、开光岭、葭芦四座堡寨，那这又将令整体的横山战略受到影响，这是官家不愿接受的。于是赵官家诏令韩绛所在的陕西、河北宣抚司，责成河东路速修第一寨，贼至则坚守之，勿得畏难推诿！

然而两天后，一个自北面急递发回的边报让赵顼顿时陷入了慌乱中。

延和殿内，二府宰臣们被紧急召对。

赵官家甚至没有坐在御座上，这位年轻的皇帝心急如焚地背着双手，站在御案前，紧锁着眉头。

一见到宰执大臣们上殿，官家立刻下令免礼、赐座，同时道："探报云契丹阴发内地兵马三十万往西界，不令中国知，欲助西贼，诸卿以为当如何？果有此乎？"

文彦博不语，等着看王安石如何说。

"臣以为虽有此不足怪，"王安石显得无比镇定，道，"陛下即位，即经营绥州，今又谋西贼银夏之地，破其唇齿之势。北虏以为中国若已服夏国，当窥幽燕；若乘中国有事之时，能阻挠我策，则其用多矣。夏国主幼，妇人用事，忿而无谋，或请师于契丹，则为契丹计，虽许之，何为不可？可以阻挠中国，而无损于契丹，彼自谓游刃有余而为之，但恐其无远略，不能出此。"

文彦博讯道："契丹贪狼也，夷狄性狡，见有利可图，如何不为也？如安石所言，正为陛下欲破西贼、北虏唇齿相依之势，乃不能坐视我成功。臣每言朝廷宜务安静，于边事须戒谕帅臣将佐，不得妄作擅兴，唯当谨修守备，以为万全。今也不然，宣抚司用一二无知武弁之策，大臣助之于朝廷，于是边衅遂起，结怨戎狄，生隙四方，闻广西路有言交趾可取者①。臣敢问安石，可保北虏必不以兵马援助西贼乎？"

赵顼这会儿顾不得为文彦博提到的广西路之事而不快，他急切地问道："若契丹果出兵，则奈何？"

王安石知道，这是官家在问他一个人而已。此时其他人都是指望不上的，冯京、吴充多与文彦博议论相仿，王珪又除参政不久，且不懂军务，眼下更是插不上嘴。

他起身一揖，从容应答道："臣料契丹必不肯大发兵！今北虏国主②昏聩，数年前有重元之乱③。向河北安抚司刺事人④谍报云，契丹军政，多归太师、魏王耶律乙辛⑤掌控。今北虏之势，其西北有乌古、敌烈、鞑靼等部族；西南为党项夏国，皆须

---

① 熙宁三年十月时人言："交人挫于占城，众不满万，可取也。"至熙宁四年正月，皇帝赵顼任命萧注知桂州，入觐陛见，赵顼乃问萧注攻取之策。萧注对以不可，所谓"兵不满万"为妄。

② 指现在的辽国皇帝耶律洪基（辽道宗）。

③ 重元之乱，即耶律重元之乱，耶律重元为耶律洪基之父辽兴宗耶律宗真之弟。辽清宁九年（1063年），重元趁皇帝耶律洪基太子山围猎时，发动政变，最终重元兵败亡入大漠，后自杀。

④ 刺事人，宋时刺探敌国情报的间谍、特务。

⑤ 赵王耶律乙辛因平定重元之乱立有大功，拜北院枢密使、进封魏王，赐"匡时翊圣竭忠平乱功臣"号，辽咸雍五年（1069年）为太师，势震中外，权倾朝野。

分兵把守；内则又有权臣乙辛窥伺国柄，正所谓自顾之不暇，何能举兵三十万，倾国助西贼以谋我哉？计其兵、民数量，无能抗我大宋者，虽进取燕云，在我亦尚未能，然彼又何尝能犯我？澶渊以来，几七十年无事，臣是以知契丹无能为也。假若北虏竟无谋之至，真大举入西界，亦无足惧！陛下诚以静重待之可也。虽加一契丹，于边事亦不至狼狈。若欲进取，非臣所知。且我坚壁清野，积聚刍粮以待敌，则敌未能深为我患。而彼两国集于境上，其刍粮何以持久？我所患者，在于刍粮难继而已！爱惜刍粮，无伤民力，而以静重待敌之衅，则外患非所恤也！"

冯京道："但恐其如庆历时事 ①。"

王安石道："庆历自是朝廷失节，为北虏所轻侮！"

文彦博道："庆历与北虏重订盟书，内则仁宗皇帝运筹帷幄，外则富弼两赴危难，臣不知安石乃谓谁失节！"

王安石道："时富弼屡辞枢副之除拜，且言：'契丹既结好，议者便谓无事，万一败盟，臣死且有罪。愿陛下思其轻侮之耻，坐薪尝胆，不忘修政。'是富弼亦谓我大宋为北虏所轻侮！此人所共知。"

文彦博未料到王安石居然知道当时富弼说过的话，这是差不多三十年前的事情，那时节安石方进士登科，此人脑中究竟装了多少事？

赵顼见气氛剑拔弩张，便道："庆历时契丹极有机可乘，朝廷自失之，不须多说矣。"

冯京道："为策万全计，不如遣使契丹，令说与夏国退兵，亦可知晓其真实动向。"

王安石道："此亦何补？欲胜夷狄，只在闲暇时修吾政刑，使将吏称职，财谷富，兵强而已。虚辞伪事，不足为也。且徒令二虏轻我，谓我果有惧意也。"

赵顼叹了口气："契丹若不发兵，则陕西军兴，财用可办否？"

王安石道："今所以事事艰难，正以财不足，故臣以理财为方今先急。未暇理财，而先举事，则事难济。臣固尝论天下事如弈棋，以下子先后、当否为胜负。又论理财，以农事为急，农以去其疾苦，抑兼并、便趣农为急，此臣所以汲汲于差役之法也。"

官家点了点头："改革差役事，赖卿一力为之。横山方向，种谔筑啰兀城，朕颇不能放心，西贼必来夺，今河东进筑堡寨不顺，亦不知鄜延方向抚宁等堡寨如何。近

---

① 此指仁宗庆历二年（1042年）三月，辽国趁宋夏战争，且宋军先后在三川口、好水川战败，乃遣使节至宋，索取宋辽接壤的关南十县之地，并以用兵动武作为要挟。在宰相吕夷简的推荐下，富弼出使辽国，至九月，宋辽重订盟书，宋每年在原先基础上，再增加十万两白银、十万匹绢给辽国。

者赵禼、李宪①屡言其不可守也。"

王安石又何尝不忧心，他既不能看着文彦博、吕公弼等在朝廷内外沮坏韩绛的横山攻略，又确实如章惇提醒的那样，在疑虑啰兀、抚宁一带的军情。

"陛下，不如差一聪敏亲信之内臣，与一朝官俱往，按视鄜延方向啰兀、抚宁等城寨。"

赵顼道："朕亦有此意，不过用宰相宣抚，而令内臣审复，于体不便。用曾布如何？曾布是宰属，当可也。"

王安石道："新法事繁，皆须曾布，不可遣。"

吴充道："不如用谢景温。"

王安石又道："恐景温不识军机利害。"

文彦博忽然道："臣以为可用张景宪。"

冯京道："彦博之言是，韩绛曾举景宪，且与绛亲。若遣之往按视，韩绛当无不乐也。"

官家沉吟良久，乃道："亦无妨。令李评同往，如何？"

文彦博道："李评为枢密都承旨②，于理可也。"

吴充、冯京都立刻附议。王安石、王珪便也作揖领旨。

下殿回到政事堂，王安石写好了遣户部副使、司勋郎中张景宪，与枢密都承旨、东上阁门使李评按视啰兀、抚宁二城的文字，李舜举忽然送来了官家的内批。

王安石打开一看，只见写着：

日者守边将吏，或贪功生事，妄起衅端，以开边隙。虽以体量黜责，尚虑未能尽体朝廷镇四夷之意，须议特行戒谕陕西、河东诸路。宜令逐路帅臣，自今遵守约束，各务安静，觉察缘边将吏，无令引惹生事。如稍有违，当行诛责。

王珪见李舜举已离开中书，乃对安石道："相公，陛下可是要打退堂鼓？然韩相公仍在陕西，官军亦在进筑堡寨……"

蓦地，王安石竟想到了十年前，即嘉祐六年（1061年），他以知制诰的两制词臣身份担任制科试考官，苏辙在制策中说"古之圣人，无事则深忧，有事则不惧。夫无事而深忧者，所以为有事之不惧也。今陛下无事则不忧，有事则大惧"——那时自己

---

① 李宪，内侍，以入内西头供奉官擢为永兴军走马承受，时任太原府走马承受，数论边事称旨，合乎帝心。

② 枢密都承旨，从五品，枢密院属官之首，掌承接、传宣机要密命，通领枢密院事务。

认为苏辙是攻讦仁宗皇帝以沽取直名讨好宰臣，眼下却觉得，年轻的官家虽然不是仁宗的血脉，但却也有这极为相似的弊病。或许陛下终究是太年轻了，如今内忧外患，这副担子确实太沉重了。

"相公，相公，"王珪小心翼翼地叫唤着，"这该如何是好？"

"官家内批文字已如此，你我且先签书吧。"王安石想到章惇提醒自己的种种，终究还是放弃了对官家再加以劝谏的念头。

无定河以南，抚宁地界上，宋军与民夫正在修筑堡寨。

二月的寒冬里，大雪遍地，莫说是被征调的百姓，便是官军心里也叫苦不迭。然而大帅种谔已经下了死命令，必须尽快修筑完毕，否则即以军法问罪。刺骨的北风，呼啸着，几乎无一刻停歇，异土运甓的士卒、民夫口吐重重的白雾，暴露在外的指节无不是绛紫色，监工的小校也冻得来回搓着手，看着他们深一脚、浅一脚地踩在雪地里，来回搬运着木头和石料。

远处的天空云如烛龙，虬曲盘绕，低低地压着地平线。望着那云龙风虎的变幻奇景，小校突然发现地平线上一片绵延的黑色如潮水般起伏，正奔自己所在方向汹涌而来。这名小校是鄜延路的老兵了，他立刻反应过来，那是大队大队的骑兵！是西贼的铁鹞子！

"敌袭！敌袭！是西贼来了！"小校高声嚷着，跑向城寨深处，立刻去向都监赵璞秉报。东兵的斥候呢？折家军的斥候在干什么！

抚宁城自然是还没修筑完，但好在种谔留在此处的宋军有三个指挥都是精锐的蕃汉人马，待民夫们跑进堡寨，官军则迅速集结列阵。牌手在最前，次则刀手、枪手，神臂弓、劲弩居中，作为重武器的床子弩①和机动力量蕃骑布置在阵之后方。这样一支颇为精锐的蕃汉宋军，一旦依托堡寨列阵，也具有相当的守御能力。

夏国的铁鹞子整齐划一地行进着，如连绵的铁甲矮山一般向抚宁堡靠近，肃杀的气息在空气中迎面扑来，那显然不是一般的铁鹞子，而是重甲铁骑的绝对精锐！宋军将领已然能看到一面面大纛，上面的西夏文难不倒久在关陕的鄜延将校们，除了"夏"字外，还有数面"梁"字认旗！

"入娘的，这怕不是西贼梁乙埋亲自来了！"军官们都在心里嘀咕，这极有可能是夏国都城兴庆府里拱卫王室的环卫铁林军！

与此同时，数骑自抚宁堡内疾驰而出，直奔往绥德城，请节制诸军的大帅种谔调

① 床子弩，又称床弩，自唐朝绞车弩发展而来，有双弓、三弓、兜子床弩之别。双弓弩须七人张发，射程可一百七十步；三弓则须百余人张发，射程可三百步，威力在当时可谓巨大。

兵增援。此时抚宁堡寨里只有一千多蕃汉宋军，至于数百民夫自是派不上大用场，而西贼的人数粗看当不会少于万人！

绥德城。

种谔得知抚宁堡遭到西贼大兵围攻，已是一个多时辰后的事情了。虽然抚宁距绥德不算远，但大雪天，纵是轻骑亦难全速急行。

这位宋军大帅面色阴沉，一脚将传讯的小卒踢翻在地。

"直娘贼！如何不先往细浮图求援兵！"

原来，种谔对于西夏的反扑早有预料和安排，他命折继世、高永能等将率重兵驻扎在细浮图，距离抚宁地界只有十五里路，远比绥德城近，为的就是西贼来袭时，可以迅速支援啰兀与抚宁。

不过种谔也明白，自己治军极严，恐怕情急之下抚宁那边只敢先请示他的军令，"可点起了狼烟了？"

小卒吓得不住磕头，道："回禀大帅，自是点了。东兵想能见到，说不准这会儿已有往细浮图报信的。"

"滚下去！"种谔回头对身后的转运判官李南公道，"西贼这是来者不善，人数当在两万左右，且是其最精锐之环卫铁林，事不宜迟，当召燕达、折继世等速援抚宁！公亦须与某同作文字，发宣抚司相公处！"

李南公道："诚如是，不可稍缓！"

种谔飞快地写下调兵命令，又叫来亲卫，嘱咐其速往细浮图催促折继世点集兵马增援抚宁，之后下令绥德城中人马做好出战准备。在他的算计里，眼下啰兀、抚宁虽然驻军不多，但到底还是能倚堡寨而战，只要抚宁能守个半天，大军便能会于抚宁堡外，破西贼不难！

二月十九（乙亥日）庆州环庆路。

昭文首相、陕西、河东宣抚使韩绛的车马到了经略司衙署外头，扈从的骑兵竟是清一色的蕃骑，各个身骑高头大马、甲仗甚精，看来都是蕃兵中的佼佼者。

在西北沿边地区，始终盛行着一种说法，叫"东兵不如西兵，禁军不如土丁"。东兵这里指的是宋朝部署在关陕与河东的禁军，而西兵、土丁则是当地蕃部与汉人组成的土兵。这些生长于西北、河东的蕃汉勇士，有着远过于禁军的战斗力，甚至土兵一人，可以抵得上禁军三个人的战斗力，无论宋朝还是西夏，对此都心知肚明。故连西贼也害怕沿边的土兵。

看到宰相出为宣抚使那威风赫赫的仪仗，庆州城里的环庆军士卒却有不少人在朝地上吐唾沫。

"呸！鸟相公！"

"和李经略那鸟人一般！"

士卒们小声谩骂着，看来李复圭帅庆时造的孽，让他们记恨到现在。而且眼下在环庆军中甚得人心的广锐军都虞候吴逵[①]，也被抓进庆州大牢里关了四十多天了，不少士卒对此亦颇为不满。韩绛以宣抚使身份带着大量御赐的空名告身[②]、宣敕[③]、锦袍、银带来到陕西后，却尽数招募蕃官、蕃部，并对其加以厚赏犒劳，甚至夺禁军骑兵之战马，转授蕃兵。私下里乃有少数禁军叫韩绛"蕃相公"，谓其尽将好处送与蕃人！

此时，庆州帅臣王广渊率领着一众大小文武在衙门外迎候宣抚使昭文相公。

韩绛踩着一个蕃兵的背下马，这最早是王文谅[④]为讨好宣抚相公玩出来的花样。一直以来，王文谅飞扬跋扈、嫉贤妒能进而陷害蕃汉将领的行径，令陕西无数文武之臣对其侧目[⑤]。这会儿几个环庆军兵卒见到王文谅，都是咬牙切齿，如有生死大仇。

入得州衙大堂，韩绛对着王广渊道："才叔（王广渊字），且令人将罪将吴逵押上来。"

王广渊立刻吩咐人下去办，宣抚相公又开口道：

"都散了吧，才叔你也忙去，某有几句话要亲自问吴逵。"

---

① 吴逵时任邠宁州广锐军都虞候，"军都虞候"一职是宋代军一级编制单位的副长官，次于"军都指挥使"。

② 空名告身，朝廷授予韩绛便宜之权，可将空名告身用于赏功和招抚。告身，指官员身份的凭证文书；空名，即填上名字便可原地得官。

③ 宣敕，亦属授予韩绛便宜之权，有立功者，可以宣敕立即升迁。

④ 王文谅，本西夏前代权臣国相没藏讹庞之家奴。李谅祚捕杀讹庞，并下令族诛没藏氏全家后，家奴王文谅逃到了宋朝，韩绛宣抚陕西，以其知西夏虚实，又与梁氏大仇，绝无叛变可能，乃奏其为指挥使（一指挥的军事长官），迁右侍禁（约正九品，属三班小使臣阶），以王安石荐其才之故，加阁门祗候。自此在陕西得韩绛大用，令王文谅专节制蕃将赵余庆等西讨。

⑤ 《续长编》卷二百二十，熙宁四年："绛先遣文谅专节制督蕃将赵余庆等西讨。文谅与余庆约会于金汤川结明萨庄，不至者斩。及期文谅至金汤故寨，去结明萨庄尚二十余里，文谅已见贼人马即引归，及余庆率兵往，不见文谅，使人候望，知文谅已归，乃返。文谅恐余庆发其事，遂诬余庆失期，绛囚余庆于狱。上手敕绛释余庆，责后效。绛执奏久之，乃以诏释之。绛又遣文谅出界，凡官军斩级，多夺与蕃兵，至掘冢戮尸为级。邠宁广锐都虞候吴逵尝与文谅争买马，文谅怨之。是役也，逵率众力战，用铁连枷杀贼首领，文谅使部曲夺之，诬以夜至野（此字：左者右多，形如：者多），会与贼斗，呼逵不至及扇摇军士。宣抚司追逵，送庆州狱四十余日。"

于是经略司和庆州的一众僚属们都朝韩绛深深一揖，转身离开了大堂。王广渊边走边在心里琢磨，这韩相公从延州来到这里，难道就为了见一见被关押的吴逵？吴逵只是个广锐军都虞候，竟须如此理会……

无多时，吴逵便被两个王广渊的亲卫带到了大堂上。

在暗无天日的牢狱里关了四十几天，吴逵这会儿仍是有些睁不开眼睛。站定后，他陡然看到面前陷害自己的王文谅，登时怒不可遏，挣扎着要冲过去。

"好狗贼！怎敢害你爷爷！"

大堂里韩绛的蕃骑亲兵围站了一圈，他们见状皆齐刷刷拔出了佩刀，护在昭文相公身前。

"吴逵，你好大的胆！"王文谅也立刻呵斥。

这下吴逵总算是看清了王文谅身旁还有一个一身紫袍、头戴长长展脚幞头的文官，那是大宋的首相，陕西、河东宣抚使韩绛！

八尺大汉顿时双膝一软，跪倒在地。

哪知道韩绛却冷哼一声："尔欲行刺宰相，当格杀勿论！……"

王文谅露出了狂喜的狞笑，在来庆州的路上，他就劝韩绛干脆杀了吴逵，免得留下后患。因为吴逵在广锐军中威望太高，若只是降官留用，就容易像赵余庆一样，虽被官家特旨开释，却怀恨在心而临阵带兵投了西贼，那可是要出大乱子的！

亲卫们正要动手，外头忽然闯进来十几个兵卒，虽然枪矛等兵器在甲仗库里，看着似是赤手空拳，但听州衙外面鼎沸的喧嚣，似还有数十人！

"吴都虞何罪！皆是王文谅陷害，相公难道不知么！"

"杀了王文谅！"

"杀了狗贼王文谅！"

"吴都虞无罪！"

离韩绛最近的几个闹事兵卒，他们手中匕首的光芒已近在咫尺！

王文谅马上挡在宰相身前，又招呼亲兵们拱卫住韩绛。

在衙内的王广渊听到喧哗声赶紧冲了出来。

"尔等疯了？！要造反？！谁再敢近身相公，我王某人就地砍了他！"

王广渊身边的几个亲兵也拔出了佩剑，一时间庆州衙门里剑拔弩张，气氛紧张到了极点。王广渊是王安石科场上的同年，又一直支持新法，是安石的亲信之一，因而将他调到陕西接替李复圭。但若是昭文相韩绛在他主政的庆州州衙里出个三长两短，便是王安石也不会救他！

"都给我滚！"王广渊是文臣，这会儿也须发皆张地骂嚷了起来，"韩相公和我保吴都虞候不死，决不食言！"

看到王广渊给自己使的眼色，铁青着一张脸的韩绛终于开口道："吴逵自有官家处分，不至死耳！"

王广渊道："还都愣着干什么，把吴都虞候送回牢里去！"

吴逵不是傻子，他明白一开始韩绛已起了杀心，当真想杀了他！

心如死灰的将军站起身，任王广渊的亲兵将他左右架着，要押回大牢。

"弟兄们，都回去吧，不要为了俺做傻事！回去吧！"

听到吴逵这般说，那些闹事的广锐军士卒无不是落泪，这些带头的都是他的亲兵，吴逵一个个都叫得出名字。

哭声震彻州衙内外，广锐军几十人目送着他们的都虞候消失在视线里，随即才退出衙署。

韩绛面如冰霜，挥手道："都下去，王广渊留下来！"

王文谅便领着蕃兵出去，守在了外面，把大堂留给了二人。

韩绛阴沉着嗓子，当即骂了起来。

"王广渊你在庆州带的好兵！"

王广渊忙是惶恐地一揖到底。"相公受惊了，都是下官治军无方……"

韩绛怎么都料不到，一个小小的军都虞候，不过管着五个指挥的一军之副长官，竟能使底下的人闹出这样的乱子！

他鼻息起伏极重，好不容易才压抑下了心中的怒火。自己此番来，一是想了解庆州军中孕育已久的矛盾，二是有要事吩咐王广渊。他作为王安石的亲信，乃是他韩绛可以信赖和倚重的陕西一路帅臣，当下也不可再对其继续诟骂了。

"才叔，你安抚好广锐军心，即刻准备粮草辎重，点集兵马，开赴入西贼地界！"

王广渊恭敬地说："回相公，如此亦须几日也。不知须出兵往何处？可否先告知下官，好作万全之准备。"

韩绛道："啰兀城。"

"啰兀？"

韩绛叹了口气："抚宁丢了！"

宣抚使没有在庆州逗留，直接就返回了延州。韩绛这般来去如风之后，王广渊还在想着方才的那番话。昭文相公嘱咐自己要日夜兼程，火速支援啰兀城，至少起到牵制西贼兵力的作用，而且强调务必保密，不得事先泄露抚宁沦陷的消息，以免军心不稳。如今秦凤兵马要防备董毡、木征等人，何况远水不救近火；而泾原也是一样，离啰兀远；永兴军在司马光离开后还阙着帅臣；河东路又在神堂折了不少兵马；那只有离啰兀城较近的鄜延和环庆能及时出兵了！抚宁一丢，啰兀城和绥德城之间的联系就被西贼拦腰截断，啰兀就成了一座孤悬于外的城寨，粮饷定是运送不上去！这可真是始料未及，陕西的战事居然到了这步田地！

二月二十二（戊寅日），东京城禁中。
政事堂内，王珪与冯京看着宣抚司七天前发回的奏疏，面面相觑。
只见韩绛在奏本上写着：

河东所修四寨，皆难得水泉；又其田膏腴，乃必争之地，向去必难固守。已追还大兵，先于近里进筑堡子。令吕大防往，专相度弃守利害次上。

最左侧是官家的批答：

今既第一寨追回大兵，必难守御，其修堡亦恐枉费工力，且未得兴役，别候指挥，仍令大防候到本路并相度以闻。

恰这时，王安石从自己的视事阁回到了集议的厅堂里，王珪立刻将奏本拿给他。
"相公，这，这韩相？"
王安石扫了一眼也是愣住了，恐怕此前由新路行军的河东兵遇伏损失不是个小数目，然而吕公弼为何语焉不详？眼下，原本计划好的由鄜延、河东两个方向进筑堡寨，占据横山的策略，官家只想执行鄜延方向了，河东方向他打算放弃了！可若不是韩绛自己先打了退堂鼓，官家也不至于如此。
韩子华啊，韩子华，你究竟在想些什么呢?！以首相之尊宣抚陕西、河东，怎么可以前后措置乖方，自相矛盾？这是要被朝野取笑的呀！
"禹玉（王珪字），且少安毋躁，待某面圣。"王安石正欲起身，内侍竟又抱着一沓奏疏送到了政事堂里。
短短时间里，官家竟两次降付臣僚章奏，可见他心里急躁不安，已没有耐心全部批阅完。
冯京道："且先看看是否有陕西或河东发回来的。"
于是三位宰臣在政事堂里看起奏疏。

最上面一道奏本是右司谏、直龙图阁赵卨呈交的，他眼下还在延州，尚未交割而去庆州赴任。赵卨的奏本主要是说西贼先锋至顺宁寨一带，而知保安军景思立贸然出击，大败而回。这本官家看了并作了批答："边城斥候如此疏略，思立不顾军城事重，辄离所守远去，不取禀经略司处分，岂不误事！令逐路将守，自今并归经略司节制。"

韩绛宣抚陕西、河东，本一切用兵都只听韩绛指挥，经略司节制不得行于所部。可如今官家又令各路经略司有权直接指挥所部兵马，这等于是在削弱韩绛作为宣抚使的事权。若要持重谨慎，又何必一开始赋予韩绛专断之权！

王安石一下子没了继续看后面奏本的心思，不禁喟然而叹。

二月二十四（庚辰日），距宰相韩绛离开庆州已过了四天。王广渊安抚了吴逵的那批亲兵，又做足了粮饷、兵仗等准备，终于于今日下令授甲，随即发兵。

然而大雨不期而至，王广渊无奈，只得再宣布不授甲，待雨止方出兵。可这场冰冷的瓢泼大雨却下了一整天，直到傍晚才渐渐止息。夜间行军是很危险的事情，王广渊乃命翌日黎明开拔。

他坐在州衙的治事阁里，想提笔给宰相王安石写封信，又不知该如何把这些错综复杂、牵涉到方方面面的事情给概括清楚。此时连王广渊也在琢磨，如今大宋两位宰相皆支持用兵，只是介甫相公的对夏战略落脚在秦州，落实在王韶身上；而韩绛的策略则更加冒险，且一旦成功将利益十倍、百倍的夺取横山地区之计划——相较而言，安石相公更谨慎、耐心，而宣抚使韩子华则是孤注一掷！

想着想着，已是银月高悬，王广渊忽然听到若有若无的喧哗声，他皱着眉头走出阁子，正想一探究竟，亲卫已是狂奔到他跟前。

"启禀待制，广锐军反了！"

"什么？"王广渊如遭霹雳，整个愣在原地，突然又反应过来：

"你先去大牢里看看吴逵还在不在！"

此时，吴逵早已被亲卫从大牢里偷偷救了出来。眼下两千多广锐军簇拥着他，在庆州的北城点起大火。士卒们纷纷泣血嘶吼："愿为吴都虞效死！愿为吴都虞效死！""反他娘的！反了，俺们反了！""杀去延州，杀了王文谅那厮！"

吴逵看着身边的亲卫和周围两千多弟兄，顿时热泪盈眶。事情怎么会闹到了这种地步，那杀千刀的狗贼王文谅！那糊涂的蕃相公韩绛！

可吴逵亦知道，事到如今，他们已经没有退路了。说什么杀去延州，那是疯话，绝对死路一条！要活命，只有设法离开陕西界，跑去西贼那里！然而弟兄们的家室多在邠州……

两千多广锐军士卒早在北城攻占了甲仗库，眼下一个个披挂铠甲，手持兵器，等着吴逵发话。

另一头，得知噩耗的王广渊总算从震愕中缓过神来，开始部署应对。他急召五营屯兵守御城内各紧要之处，可这会儿吴逵早已率部自北城斩关而出！

陕西五路如此之大，一时间要围追堵截这两千多叛军，还真不是一件容易事！更何况，眼下还在和西贼交战！

王广渊看着火光映照下的庆州上空，韩相公、种谔他们的谋划恐怕都要付诸东流了！但愿这事情，不要波及介甫相公和新法才好！

三月初三（戊子日），东京城禁中，资政殿内。

官家赵顼急召二府上殿，今日是上巳节①休假，汴梁百官们本不用点卯赴朝。若无重大之事，想必不会突然派人召宰执入对。

王安石一路上都在忧愁着。昨日赵卨自延州发回急递，奏报了抚宁堡寨失陷、千余将士阵亡的噩耗，抚宁一丢，啰兀城如何守住就成了天大的难题！难道啰兀也已然丢了？

这般想着，王安石进了殿内，文彦博、吴充和冯京、王珪也已经到了。宰臣们正要行礼，赵顼却打断道："皆免礼，事关急速，陕西转运使刚刚上奏，庆州兵变！"

众臣闻后，脸色大变。常言道内忧外患，可对一个王朝来说，内忧往往比外患更可怕。尤其像大宋这样占据中原和江南富庶地区，以正朔自居的大国，肘腋之患永远比夷狄让人忧心得多。

宰臣们很快传阅完了奏疏，知道了广锐军兵变作乱的事情，除王安石与文彦博外，其余人皆面面相觑。

赵官家道："如此，则此事如何了办？"

王安石道："陛下，当务之急，是要阻止庆州广锐军的叛乱扩大。须遣一聪敏能干之使者，乘驿赴环庆，令其说谕诸军，抚定环庆一路军心，庶几不至有大乱。"

众臣表示附议。于是官家决定派遣勾当御药院内臣李舜举疾速赴环庆路经略司。

文彦博见时机已到，便开口道："陛下，臣以为朝廷施为，务合人心，以静重为先。凡事当兼采众论，不宜有所偏听。陛下即位以来，励精求治，而人情未安，盖更张之过也。祖宗以来之法制，未必皆不可行，但有废坠不举之处耳。"

来了，庆州兵变，新政改革竟成了致乱之由，按照文彦博的说法，原来天下的种

---

① 上巳节，古人每年三月初三有在水滨举行祓除不祥的祭礼（祓禊）习俗。

种弊端不是因为祖宗法度的问题，恰恰是因为没有严格贯彻、执行祖宗之法！

赵顼对这种论调极其厌烦，尤其在这西北边事紧张的时候，于是出言作意气之争：

"卿谓祖宗法一切不可改耶？三代圣王之法，固亦有弊，国家承平百年，安得不小有更张？"

王安石也立刻道："朝廷但求民害者去之，有何不可？万事颓堕如西晋之风，兹益乱也。"

枢密副使吴充道："朝廷举事，每欲便民，而州县奉行之吏多不能体陛下意，或成劳扰。至于救敝，亦宜以渐。盖缓图之或可，急为之恐不能耳。"

官家见吴充口吻委婉，乃微微颔首。

文彦博又道："陛下今急西事，如庆州军乱，臣请为陛下论之。今陕西用兵，朝廷前后馈饷所费，盖无算矣。正月时，出榷货务钱五十万缗助籴陕西军粮；又令内藏库银二十万两付河东路，再赐度牒五千道，合一百二十万缗。去岁韩绛宣抚陕西后，种种开支，更无须赘述。国家财用不足，而谋取横山，构怨戎狄，臣不知其可。今又行蜀中交子法①于陕西，而乏本钱②，则与'空券'何异？前者转运司患钱不足，漕臣沈起乃请令百姓尽纳铜、铁钱于官，而易以交子，谓候三五岁之后，边事既息，复还民钱。沈起之所倡，何异径夺民财？而陛下竟从之！不待有识之士，亦可知此是饮鸩止渴，必令陕西物价涌贵，铜钱益少流通，而所发交子，渐同白纸，大坏朝廷威信！且以交子而坏盐钞③，陕西盐课又损，此所谓拆东墙补西墙，岂经久之计也？"

赵顼红着脸道："行交子诚非得已，若素有法制，财用既足，则自不须此。今未能然，是以急难不能无有不得已之事。固当创立法制，改革积弊。"

冯京道："陛下，彦博所说是。今欲兴大有为之政，而又用兵西北，民力实不能堪。止说京师，府界既淤田，又修差役，作保甲，人极劳敝。"

文彦博攻击沈起，实则是为了攻击王安石和新法，这会儿参知政事冯京也赞成他的说法，并立刻引出了农田水利法、保甲法以及开封府界正在试行的免役法，官家当下便警惕起来，胸中的火气也一点点积蓄着。

"淤田于百姓有何患苦？近来令内臣拔麦苗，观其如何，乃取得淤田土，视之如

---

① 川蜀地区由于历史原因通行铁钱，但铁钱极重，购买力又不如铜钱。于是川蜀地区开始私下发行"交子"。仁宗天圣元年十一月，成立益州交子务，开始由朝廷发行交子。初时规定交子只在四川地区使用，且三年一易，新的一界发行就收回旧的一界，不使交子流通总量超过定额。但十五年后，党项人李元昊独立称帝，宋夏战争令政府财政恶化，交子发行便打破了最初的规定，如多印额数，通行于川蜀之外等。

② 本钱，指发行纸币交子的准备金。

③ 此年正月二十四日（庚戌），诏陕西已行交子，罢永兴军买盐钞场。

细面然。见一寺僧言旧有田不可种，去岁以淤田故遂得麦。兼询访邻近百姓，亦皆以免役为喜。盖虽令出钱，而复其身役，无追呼刑责之虞①，人自情愿故也。"

文彦博道："如保甲事，用五家为保，犹之可也。今乃五百家为一大保，则其劳扰可知。"

赵顼针锋相对："百姓岂能知事之曲折，只计自身之事而已。但有实害及之则怨，有实利及之则喜。虽五百人为大保，于百姓有何实害而以为劳扰乎？"

此时二府宰臣中，除了王珪仍然伫立在一旁，并未发言，其他如文彦博、冯京、吴充都已在不同程度地诘难新法，可算是轮番上阵。

王安石终于又开口了。

"交子事诚如陛下言，行之非得已。然陛下宜深思，财用不足，人材未有足赖者，于边事姑务静重而已。若能静重以待边事，则夷狄未能为患，于是可以修内政；内政已成，人材足用，财力富强，则为之无不可者。"

赵顼一愣，"姑务静重而已"？怎么王安石也与文彦博一个鼻孔出气，劝自己不要轻易用兵？不过官家转念一想，明白了安石的深意。这是他在劝自己，当前庆州发生兵变，韩绛的横山攻略恐怕指望不上，那么在谋取横山和内修新政两者之间，孰为重，孰为轻？必要的时候，只能选择保住新法，而舍弃陕西的原定战略。

可文彦博显然也听出了王安石的言外之意。

"陛下，安石谓边事当静重，此诚是也，"文彦博道，"然祖宗法制具在，不须更张以失人心！修祖宗之法，行祖宗之制，方是所谓修内政而后'为之无不可者'！"

赵顼见到文彦博不依不饶地企图借庆州兵变推翻全部新法，当下也是怒不可遏，他猛然拍案而起，斥道："更张法制，于士大夫诚多不悦，然于百姓何所不便？！"

赵官家这是撕破了脸面，径直质问文潞公：朝廷施行新法，真正不高兴的哪里是老百姓，恰恰是你们这些有损利益的官员们！

可文彦博非但没有免冠谢罪，反而踏了一步向前，更靠近御座，也不作揖行礼，腰板挺得笔直道：

"为与士大夫治天下，非与百姓治天下也！"

一瞬间，殿上的君臣全都感受到了文彦博这石破天惊的威压，连王安石也未料到文彦博胆敢跋扈到这种程度。

赵顼甚至以为自己听错了，这句话仿佛余音绕梁，莫名在他心间反复震慑着、嘶

---

① 按照试行的免役法，原本必须承担差役的百姓上交一定数额的"免役钱"，由朝廷用以雇用专人从事差役，使百姓得以休息、专心务农耕桑等，不用承担原本苛刻的官物赔偿、税赋垫付等差役职责。

吼着。

这位元老宰执的话，既是在告诫，也像在威胁。告诫赵顼这天下是你们赵家人和我们读书人、士大夫们的天下，不是那些泥腿子、庄稼汉的天下！从京师到地方，正是有这些享受到利益的士大夫官吏治理，朝廷才办得了事。威胁他若始终一意孤行，将与国同休的士大夫群体合该享受的利益夺走，去分配给目不识丁的布衣百姓，那么朝廷的政令在州县闾里还能实施得下去？陛下的天宪圣旨，还能出得了大内吗？

沉默片刻后，官家终于开口道："士大夫岂尽以更张为非，亦自有以为当更张者。"

王安石见状，乃亦近前一步，道："彦博之说非是！法制具在，则财用宜足，中国宜强。今皆不然，未可谓之法制具在也！"

文彦博道："祖宗法度尽善尽美，务要人推行尔。今所进用者，乃何如人？"

王安石道："若务要人推行，则须搜举材者，而纠罢软①偷惰、不奉法令之人除去之。如此，则人心岂能无不悦？上下相扇为苟且，不欲奉法，类多如此，则谁肯推行法制者？陈留一县因赵子几往彼修保甲，发举强劫②不申官者十二次，以数十里之地而强劫不申官者如此其多，则人之被扰可知矣。条保甲乃所以除此等事，而议者乃更以为扰，臣所未喻也。然更张事诚非得已，但更张而去害则为之，更张而更害人则不可为。"

王安石仍在提醒官家，如今只能先顶住两府其他执政大臣的压力，坚持新法不可动摇。至于鞭笞四夷的事情，眼下庆州发生兵变，暂时不能再坚持下去了！

赵顼也总算从对文彦博话语的震怒中缓了过来，他心领神会，道："今日原止说边事，岂干新法！新法诚不可为浮议所摇！"

王安石继续道："吕大防恐不能了延州事务。观其在河东措置，似颇乖方。前韩绛奏河外所修荒堆寨，久远不可守，已令废拆，且抽兵回，而大防独不肯。闻韩绛因使大防以便宜往相视，大防又迁延麟州不即往。大风雨，役人暴露，终夜叫号，河外官皆如此说。且朝廷便宜大权只付宰臣韩绛，岂可转付大防？欲戒大防，凡事当申宣抚司，毋得径行。荒堆寨乞令毁拆，如宣抚使指挥。"

官家颔首："大防不如赵卨。郭逵可用，但韩琦恶逵耳。"

王安石道："种谔献策，亦不可谓无理。是所谓事成而卿，不成而烹者也。然陛下计利害不能与谔同。何也？陛下乃九州亿兆百姓之君父，故决庙算，必务周全；而种谔不过一武夫，唯见眼前事。"

---

① 罢软，即疲软，不振作，无主见之意。

② 强劫，指盗寇强行劫夺民财作恶。

文彦博道："臣闻往日安石盛赞种谔可用，今反谓其鼠目寸光耶？治平四年绥州事至于今，皆种谔擅兴兵凶，结怨夏人所致！如此无知匹夫，尤当刑重典，以为后来贪功冒进者之戒！"

王安石知道，文彦博诋毁种谔，不过是准备支蔓到韩绛身上。

"种谔若委以兵三二千，令出入境上扰击蕃部，即似可用，顾不可纯倚仗也。"

见到宰相安石如此说，官家也心如明镜，道："用谔如马隆①，即无伤。绥、麟通路在理可为，但种谔仓猝，故不能终其事尔。"

文彦博见官家和王安石连种谔都要百般护着，更是不会容许他此刻攻讦韩绛，便也沉默下来。

见官家终是对谋取横山心有不甘，王安石乃又道："西夏未宁，不害圣政，民力困敝实可忧。朝廷既治，远人自宾，如尚倔强沙漠，但当蓄财养力，考择人才，一举破之，岂但绥、麟通路而已！"

官家未回应，在这件事上，他和王安石始终无法达成一致。于是他留安石独对，命其他众臣下殿去了。

官家忧心忡忡地思考着良久才道："啰兀城之事，若李评等以为可守，则何如？"

王安石也不由得在心里叹了口气，官家还是心存侥幸，颇舍不得韩绛、种谔为他描摹的那个巨大的胜利果实，竟寄希望于派往按视啰兀、抚宁堡寨利害的李评、张景宪能传回一些好消息来……

"倘啰兀地界不须筑堡运粮，则存而守之无害。"

赵顼皱着眉："如欲守之，固当筑堡。"

王安石明白，此时必须让官家放弃幻想。

"陛下，于啰兀筑堡则必致西贼来寇。今抚宁新陷之后，士气沮怯，乃于贼界中作堡，又必致寇，以沮怯之众，当力争之寇，则其生变必矣。况又陕西人力疲困，难于供馈乎！"

"如此，当不复计惜已费财力，弃之耶？"赵顼反问道，"然以兵马三千人在彼为可虑，及积粮草多为可惜。"

王安石亦不能逼迫太过，乃道："今李评等相度急递闻奏，俟其奏至，弃之未晚。"

赵顼忧郁地望着殿外一派绿暗红稀之景，他近来每见到暮春落英狼藉，便愁绪万千，仿佛这一切是某种不祥的征兆，正对应着西北糟糕的战事。

---

① 马隆，西晋名将，平定鲜卑首领秃发树机能发起的"秦凉之变"，并斩杀了秃发树机能，因而功勋颇大。

虽然在官家面前反复申明当前变法的第一重要性，可王安石心里不免也在为西北边事忧心，只怕闹到最后，韩绛这相位不保啊！

三月初五（庚寅日），麟府路走马承受萧汝贤所奏亦至京师，果然验证了王安石说吕大防在河东措置不当的话。吕大防作为宣抚司的宣抚判官，往河东相度修堡寨事，命三千兵卒留下驻守，导致数百军士在其帐前喧哗申诉，戒谕再三，终不能禁。无奈之下，吕大防只能斩闹事兵卒一人，然后才定，差点也闹出兵变来。官家乃下手札付吕大防，又降诏令河东经略司依宣抚司韩绛指挥，毁弃荒堆寨，兵马不再屯戍于彼。

三月初七（壬辰日），诏宣徽南院使、雄武军节度留后郭逵判永兴军。另一方面，横山攻略既然已难实施，原本任薛向为宣抚副使的诏旨自然也不再施行，乃在同一天除薛向为权发遣三司使，又赐以金带赏其办理均输的功勋，以示特恩。为了应对庆州的兵变，朝廷又令泾原副都总管张玉①为陕西招捉盗贼，派入内副都知张若水为副手，往前线与张玉同办平乱之事。

而初三因庆州兵变而牵扯出的对新法之攻击，才正要开始。

三月初九（甲午日），枢密院进呈保甲法扰民等事，说发生了百姓为避免被抽为保丁而故意截指断腕的惨剧！赵官家看着那些触目惊心的文字，仿佛看到一个个蒙受苦难的百姓在他面前号啕控诉，他当即御批，令宰相王安石体量保甲法扰民虚实。在不少官吏眼中，这是官家对保甲法动摇的一个信号。

王安石一面操心着西北的边事，一面还得设法说服官家，全力维护保甲法。好在环庆经略司发来急递，云庆州的兵变已大体平息②，而后王广渊只是被降了两官③，庆州帅臣的重要差事还是保住了。倒是环庆副都总管的窦舜卿又走了霉运，因广锐君隶属其所在的邠宁二州乃由观察使贬康州防御使，坐失察之罪。数日来，吕公弼奏疏屡至，不外乎与韩绛针锋相对，但此前他的种种预言都一一实现，便是王安石也不再论其阻挠边事，反而劝皇帝下手诏抚谕。而永兴军罢行交子，也被中外视作边事政策将变的信号。

三月下旬，对庆州兵变的处置也终于告一段落。朝廷原本要尽诛叛军家属，上万

---

① 张玉时任龙神卫四厢都指挥使、昭州防御使、泾原副都总管。

② 庆州兵变当日，吴逵率广锐军乱卒至耀州城外，东路都巡检姚兕以亲兵守御西门，广锐军不得入，退往耀州石门山。后林广亦率军追至，分两将扼石门山出入，广锐军夜色中欲撤离，林广纵兵尾追击杀，吴逵及乱卒势穷力孤，多投降邠、宁部将任怀政，任怀政送之泾原副都总管张玉，遂押赴朝天驿，皆斩。

③ 三月初十（乙未日），诏工部郎中、宝文阁待制王广渊降为度支员外郎，依旧职知庆州。

人几乎就要人头落地。然而经宣抚司机宜文字李清臣提醒，韩绛上奏，认为当论广锐军乱卒罪状轻重，不可一概诛及妻孥，于是皇帝下了新的诏旨①。

庆州兵变杀了这么多人，赵官家连惯常的宫中春筵也取消了。三月十八（癸卯日），官家下了罪己诏②，德音降陕西、河东，死罪者改囚，徒刑以下皆释，又对两路兵马再加特支赏赐。

更重要的是，赵官家又下诏令鄜延帅臣赵卨相度啰兀城利害，如不可守，则先行弃毁，之后再奏报即可。京中百司官吏都明白，赵卨从一开始就反对"城啰兀、谋横山"的用兵计划，现在官家因为广锐军叛乱和李评、张景宪的奏报，加上方方面面的压力，把啰兀城守与弃的决定权交给了赵卨，这等于是弃城了。而李宗师与啰兀城中的三千官兵，还在拼死守御，他们还不知道，朝廷已然放弃了这一切。到头来，韩相公的横山战略，成了一个天大的笑话！

三天后，宣抚判官、知制诰吕大防落职，夺两官，知临江军；皇城副使种谔责授汝州团练副使，潭州安置；其余人等亦先贬谪。在下发诏旨前的垂拱殿御前会议上，尽管王安石试图将罪责都推到种谔身上，但由于文彦博等人的压力，最终还是明确了此番西北用兵，首相韩绛难辞其咎。

次日，三月二十二（丁未日），百官于文德殿听麻，通事舍人洪亮的嗓音念道：

"门下。……同中书门下平章事、昭文馆大学士、兼译经润文使、上柱国、南阳郡开国公、食邑四千三百户、食实封一千二百户韩绛……辍自贰公之列，往定安边之图。而听用匪人，违戾初诏。统制亡状，绥怀寡谋。暴兴征师，深入荒域。卒伍骇扰，横罹转战之伤；丁黄驰驱，重疲赍粮之役。边书旁午，朝听震惊。……其伸宪法，以解机衡。仍旧秩于天官，殿近蕃于京辅。……可特授行尚书、依前吏部尚书，知邓州军州，兼管内劝农使、京西路安抚使，提举本路兵马巡检盗贼事，仍改赐推诚保德翊戴功臣。"

拜相四个月后，韩绛罢相，责知邓州。

变法派的一位宰相，倒台了。

---

① 三月十六（辛丑日），诏："庆州叛兵亲属缘坐者，令环庆路经略司检勘服纪、年甲。应元谋反手杀都监、县尉，捕杀获者，其亲属当绞者论如法；没官为奴婢者，其老、疾、幼及妇女配京东、西，许人请为奴婢，余配江南、两浙、福建为奴；流者决配荆湖路牢城。非元谋而尝与官军斗敌，捕杀获者，父子并刺配京东、西牢城；老、疾者配本路为奴。诸为奴婢者，男刺左手，女右手；余亲属皆释之。"

② 三月十八日（癸卯），诏："朕德不明，听任失当，外勤师旅，内耗黎元。秦、晋之郊，并罹困扰。使人至此，咎在朕躬。其推卹隐之恩，以昭悔过之义。……劳民构患，非朝廷之本谋，克己施行，冀方隅之少息。"

第 十 五 章

壮节易摧行踽踽

昭文相公韩绛罢知邓州的同一天，禁中便殿内。

官家赵顼愁眉不展地召中书入对。

"保甲一事，恐须暂缓。"

听赵官家这么说，王安石赶紧从圈椅上站了起来。

"陛下何出此言？"

冯京午后告假离开了皇城，眼下王安石边上只有参知政事王珪，这王禹玉见状立刻也站起身。

赵顼道："朕遣内侍遍历府界一十三县探麦苗情状，问得百姓，言保甲扰民，诚有斩指以避者，此朕不忍闻！相公三日前说与朕，'推究截指者两人，其一人遍问无有，一人盖因斫桑误伤'。今内侍谓诚有此。恐赵子幾在府界试行保甲，惧为御史弹劾，而向相公言无之？"

"赵子幾必非如此人！"王安石道，"况保甲法臣为陛下反复说之，近则可令盗贼消弭，远则渐变募兵之弊，诚有大利益于军国事，岂可骤然罢废？"

赵顼道："朕亦知之。如保甲令大户作都副保正，自言管辖景迹人[1]，若便废罢，即却被景迹人仇害。此极是好法，要当缓为之。诸县官吏又多不能称人意，保甲一事，若行之以渐，且只委知县为之，如何？"

王安石道："如陛下言，诸县官吏多不能称人意，而知县更多非其人，恐不可委。"

"如此，则罪知县可也。"

安石道："此不然。令选人[2]为之，尚不免违失法意致惊扰。若委知县为之，其致惊扰但有甚于选人。以知县皆京官，自视甚高耳。及其惊扰已甚，乃始罪之，恐已无及。且奉行法令不能称人意，便加之罪，此陛下所未能行于朝廷也，如何遽责赵子

---

[1] 景迹人，指为盗贼所立的特殊户籍。其屋舍门前立红泥粉壁，书写所犯何事和姓名。

[2] 宋代制度，以选人任县之长官，则为县令；以京官为之，则为知县。

幾辈行之于州县？"

赵顼被说得心里颇为尴尬，王安石是在问他，即便是陛下你的政令，也未能都在朝廷中完全按照预期实施下去，那么赵子幾等人在州县推行新法不尽如人意，怎么能骤然加罪于他呢？官家明白，他是告诫自己，不可随意黜罚推行新法的官吏，否则更无人为朝廷落实新政了。

王安石继续说道：

"致人斩指，亦未可知。就令有之，亦不足怪。以朝廷所选士大夫甚少，陛下一有所为，纷然惊怪，况于二十万户百姓固有愚蠢为人所蛊惑者，岂可以此故遂不敢一有所为？今保甲所惊者，畏为义勇、保捷而已。就令尽刺为义勇、保捷①，陕西、河东固尝如此。"

王珪想说两句，又怕不知官家确切心思，便仍是沉默地站着。

官家道："如此则恐不便，须致变。"

王安石道："陕西、河东未尝致变，则人情可知，岂有怕为义勇即造反之理？"

赵顼道："民合而言之则圣，亦不可不畏；自上制法以使之，虽拂其情，然亦当便于民乃可。"

王安石道："陛下，今保甲固疑有断指以避丁者。然臣召八乡人问保甲事，皆以为便。则合众百姓而论之，固知其便。设有斩指者，非众情皆然也，不过一二特例。今所以为保甲，足以除盗，然非特除盗也，固可渐习其为兵。然后使与募兵相参，则可以消募兵骄志，省养兵财费，事渐可以复古。此宗庙长久计，非小事也。但要明断，不为浮议所夺而已。赵子幾能得府界民情，可久任，付以此事必有成。"

官家又沉思了片刻，终于露出释怀而喜悦的表情。

"是矣，保甲法诚是极好事，然且缓而密。"

王安石道："光阴飞逝，日力可惜。此事自不敢不密，今日独王珪在此，必不漏此言，所以敢具陈。"

王珪一揖："臣以为相公所言极是。"

官家总算是改变了主意，继续由赵子幾在开封府界施行保甲，然而步出延和殿的王安石却感到了深深的疲惫。韩绛罢相，出知邓州，使王安石在中书少了一位最为重要的盟友。至于新法队伍中的其他人，都还远没有资格宣麻拜相，不足以在二府中帮助到他。

两天后的三月二十四（己酉日），权知开封府韩维又奏请暂缓府界保甲，待农闲

---

① 义勇，北宋时河北、河东、陕西皆有"义勇"番号的乡兵；保捷，陕西缘边禁军番号。

再排定施行，理由自然也是枢密院所说的乡民或自伤残以避为保丁。韩维作为王安石嘉祐四友中最后一位还留在京师的大臣，也在屡屡反对着昔日的挚友，如今的新法宰相。好在曾孝宽①奏言，已张榜于七十余县，立赏格，昭告捕煽动、蛊惑百姓沮坏保甲者，官家也开始怀疑是有人不愿保甲推行。

陕西那边，如今韩绛罢相、种谔贬黜、王文谅问罪，啰兀城也宣布弃守。而并不知晓这一切的守将李宗师仍拼死抵御，梁乙埋的西夏大军竟也未能攻破啰兀。但梁乙埋很清楚，宋人已经丢了抚宁城，这啰兀也是决计守不住了，他不急在一时。

官家既然命鄜延帅臣赵卨处理善后啰兀城弃守的问题，没多久赵卨便派了都监燕达率军接应李宗师部撤退。然而，回师途中，狡猾的梁乙埋果然屡屡派出铁鹞子邀击、阻拦，宋军众多步卒，伤亡惨重。将校士卒多有落泪痛哭者，便是燕达，亦垂头丧气。

声势浩大的横山战略，最终却成了外则进退失据、内则庆卒作乱的局面，损失惨重！

眨眼间便到了四月初十的同天节，这是赵官家的圣诞，按惯例当然是要朝野庆贺的。可官家显得兴致并不高，只是像走过场式地过完了这一天。

在大相国寺的同天节道场，戏台上侏儒和倡优们正逗趣滑稽地表演着，台下的王安石望着戏台，心中不免回忆起自入京以来的这五年，一路艰难险阻，没有一件容易做成之事；他更想到了宝觉禅师所说的"正当恁么时，还有同声相应、同气相求底吗？有则向百尺竿头，进取一步。如无，少室峰前，一场笑具"……

以出世间的心，做入世间的事，是不是就能看淡这成败呢？

想着这些，这位大宋的独相，陡然在心中生出了四句诗来：

"侏优戏场中，一贵复一贱。心知本自同，所以无欣怨。"②

同天节一过，新的御史中丞选任就成了一个问题。自冯京去年由台长拜枢副成为执政以后，御史台便没有中执法，先后由陈荐、孙固权领台事。官家乃一度想用翰林学士韩维，却遭到了宰相王安石的反对，他已经不能信任老友韩维了。王安石则举荐了同为翰林学士的杨绘，两年前，正是杨绘在谏官任上建言裁抑宗室荫补之恩，与自己当时意见颇接近。

有人升迁，有人继续倒霉。已经被贬为汝州团练副使、潭州安置的种谔再贬贺州

---

① 时任开封府界提点诸县镇公事。

② 王安石所作五言绝句《相国寺启同天节道场行香院观戏者》。

别驾，这横山攻略失败、庆州兵变的罪责，仿佛都落在了种谔一人身上。

到了五月初二（丙戌日），环庆路上报，云夏国韦州监军司发文牒环州，欲与大宋继续通和。可夏人求和的"谦辞"之下，却是开口再度索要绥州。这种要求，朝廷自然是不可能答应的，党项人求和，也正说明了他们耗不起，往后只是免不了要费些口舌，来来回回打几场口水仗了。西事看着是要告一段落。

东京城里，枢密院近日奏报说，为了推行农田水利法，竟导致有些地方承担淤田夫役的厢军士兵，出现了近乎成建制逃亡他乡的事情。程度严重的，有一个指挥手下才五名士兵归营；开封府界甚至有一军营全部的厢军妻子们跑到提刑衙门哭诉，请求放回在淤田夫役的丈夫……

这一日，中书在御前议论的便是此事。

王安石道："陛下，臣检会兵员簿历，根究考查，已得其实。淤田兵士走亡他乡者，多处总数不及三厘①；犯法而逃者，总数及八厘。以天下淤田役兵之多，逃亡者不及百人，尚应得第一等酬奖，至于用法走死及八厘，自与淤田无关。便是有关，总数又不过增二百人。臣不知枢密院如何谓'一指挥但有军员五人归营'。中书以此事牒密院问之，云得之曾孝宽，孝宽得之阳武知县李琮。臣命赵子幾问李琮，令其分析。李琮曰，兵员逃亡乃指淤田前一年，荥泽斗门役兵两处，各前后逃走，共七十余人，故曰三厘。可见逃亡事，乃在淤田之前！又营妇于提刑所泣诉事，查得只两人而已，非是'举营'。且所诉者，乃都水监现役修造，至今未放兵员归家，故营妇泣诉。二营妇乞依淤田所之例放夫归家。原来，淤田所放兵员归家甚早，远早于都水监，故为都水监所役兵员之家，其妇怨恕，乃诉于提刑衙门，如是而已！今枢密院竟前后颠倒，又极夸大其事，本两不相干，反谓淤田致使兵员客死他乡、举营营妇泣诉，甚为荒谬！"

官家想着过去曾公亮尚属能与王安石共事，其子曾孝宽在朝廷政务上也算是支持新法的，便疑惑道："曾孝宽何故如此？"

王安石道："或只是误听，亦不可知。"

参知政事冯京道："人言所闻何害？若不闻四方之言，乃无法知新法利弊、百姓便与不便也。"

赵官家道："小人好道听途说、以讹传讹，恐宣力新政者意气沮丧，因之解体。密院前言淤田无效，其土如饼薄，朕令取一方土，如面厚尺余，问得极有深处。"

冯京道："陛下，枢密院既如此说，可见固有薄处。淤田恐不能尽如人意。"

---

① 一厘，宋代一厘当为二十五人。

赵项道："关键在不皆如饼薄，即淤田有效。"

王安石道："薄处若水可到，但当令次年更加淤田，则有望变贫瘠为肥沃，不知有何所害？"

赵项道："陈荐前日上殿，言喜朝廷觉察，或云将罢却淤田。问荐何谓，荐言人号诉以为淤田不便。此可见外间有人造作浮议，妄言朝廷兴废法令！"

听到陛下这般言语，冯京也和王珪一样沉默了。

王安石又道："陛下用陈荐辈为侍从近臣，今荐又权发遣开封府①，府界内淤田其罢与不罢及利害初不曾知，而惟务阿附流俗。今人臣各怀利害爱憎之心，敢诬罔人主，无所忌惮。陛下若终不能察，则虽以周公为相臣，无缘致太平也。"

官家颔首道："相公所说，朕深以为是！今新政是朝廷良法美意，而浮议如此，即百僚不肯宣力，各怀心肠！淤田事，当无害矣……"

王珪心想，这一回合与枢密院和冯京的交锋，又是王安石赢了。

三日后，五月十四（戊戌日），开封府府衙内。

陈荐的天府尹做了还不满一个月就被打发走了，如今东京城的长官乃是以天章阁待制身份坐镇南衙的刘庠。刘庠在去年河北转运使任上便不肯散青苗钱，拒不执行朝廷诏令，是旗帜鲜明地反对变法的侍从大臣。然而韩维、陈荐从开封府卸任后，王安石在他的变法队伍里找不到资历足够的人来担任开封府知府一职，无奈之下，只得将这个重要的"四入头"②之一的差遣给了所谓"旧党"人士。

也不知从什么时候起，朝野间开始拿"新党""旧党"来指代支持王安石变法和反对新政的两派官员，当然在这种称呼出现前，党争已然存在。王安石本抱着一丝奢望，盼着刘庠能念及自己同意他执掌开封府的恩情，改弦易辙来到支持变法的队伍中，谁知道刘庠见了官家，就说宰相王安石执政以后，种种措置，"未尝一事合人情"。王安石此番对旧党大臣的援引和示好，终是失败了。

这会儿在南衙里，刘庠正聚精会神地临着一份碑拓。但见他端详良久，随即下笔如风，好似鸾翔凤翥，他也对自己的书法造诣颇为自得，写完后又比对着碑拓上的文字，捋须而笑。

忽然一阵急促的脚步声打破了这午后闲适慵懒的气氛。

① 陈荐以龙图阁直学士权发遣开封府，在此年四月，接替韩维离开的空阙，但陈荐权发遣开封府时间不足一个月。

② 四入头，指三司使、翰林学士、知开封府、御史中丞，以此四职多能晋升执政，故称。

"府尹！出乱子了！"府判①宋昌言心里头也是直骂晦气，"成百上千的乱民围住了府衙！正要往里冲呢！"

刘庠竟是头也不抬，依旧欣赏着自己写的几个大字。

"慌什么，天子脚下，老百姓还敢造反不成！"

"府尹，这阵势在京师别说没见过，就是听也没听过，自太祖以来未尝有，"宋昌言急道，"今日却叫我等撞见……这可如何是好！此等事，往大了说就是民变，处理不好的话……"

刘庠笑道："仲谟（宋昌言字）呐，你治水有功②，方才自都水监擢拔在南衙。你须知道，细民若汇聚在一处，那便是一条大河，拦是拦不住的，和你修河一样，需要疏，需要引到别处！"

一番话听得颇有干吏之才、精通水文的宋昌言云里雾里，正疑惑间，这位府尹刘庠终于从书案边迈开步子，朝他走了过来。

"且随我去看看民心如何，光天化日的，倒是有何冤情？"

刘庠抑扬顿挫地说着，嘴角挂着微微的喜色，这更让宋昌言看得莫名其妙。

二人到得府衙正堂外，果然见到开封府大门口围了密密麻麻的布衣老百姓，少说也有几百人之多。这些人见到穿着官袍、戴着展脚幞头的人出来，知道必是府衙里的大官人，于是纷纷叫嚷起来。

"官府强索役钱！"

"狗官升户等③盘剥！"

……

几百个看着暴怒不已的老百姓聚集在一起，饶是开封府里的衙役也是无不变色。这一阵阵巨大的声浪几乎要把府衙门口屋顶上的瓦片给掀翻了，而如此罕见又惊人的动静自然吸引无数行人驻足围观，人群里三层外三层，一时间计算不出到底有多少人堵住了府衙，真容易闹出大事来！

"父老乡亲们！"刘庠推开护在他身前的差役，走到了大门外，直面着愤怒的闹事百姓。带头的几个人手中的锄头，甚至都快碰到这位天府尹的官袍上了！

"父老乡亲们！我乃开封府知府刘庠！尔等有何冤情，又从何处来？"

带头的几个老百姓嚷道："我们从东明县来，如今县里推行新法，把我们这么多

---

① 府判，即开封府判官。

② 宋昌言曾为都水监丞，于熙宁二年建议修二股河，以解决黄河水患问题。

③ 赵子几在府界试行助役法，若百姓的户等被县衙由四等以下升为三等，则将从免输钱变为须输纳役钱。

人升到第三等，各个要交钱，是何道理！"

"我们要活命！我们要活命！"

于是几百人一齐高喊。

刘庠举起双手，示意人群安静下来，然而收效甚微。

带头的几个便道："大伙静一静，且听府尹怎么说，可与我们做主！"

刘庠竟朝人群一揖，然后道："父老乡亲们，这助役法之事，乃当朝宰相所施新政，本府虽有心帮你们，可也决计无权替你们讨回公道。"

带头的又问道："你没诓骗我们？"

刘庠笑道："本府及身后所有僚佐都可作证，这新政是我皇宋眼下第一要事，确确实实，乃是由相公主持，你们要讨公道，不当在本府这里。"

带头的几个顿时转过身朝人群振臂呐喊："我们去相府讨公道，去相府要个说法！不给说法，誓不罢休！"

"去相府！去相府！"

看着数百人的队伍转眼间就从府衙门口缓缓挪动起来，宋昌言等开封府官吏都为之长吁一口气。可转念一想，方才府尹刘庠的那番话，岂不是祸水东引，这是把乱民疏通到宰相那里去了！

"府尹，"宋昌言压低声音在刘庠耳边说道，"你方才那般说，乱民们眼下去冲撞相府，若闹出事来，该如何是好？"

刘庠也斜着眼睛看向宋昌言，笑道："一群无知蠢氓，如何能在这东京城里找到相君府上？"

宋昌言一听，这说得颇有道理，王安石眼下还住在相对普通的府邸里，宫城附近正在营建的东府、西府宰执官邸还没完工，比不上这开封府衙醒目，确实不好找。可刘庠这样措置，他总觉得有说不出的蹊跷。

开封府衙门里的官吏中，有一位勾当右厢公事[①]蔡确此时正若有所思，冷冷地看着这一切。

与此同时，王安石已放衙回府，正在书斋里想着前一段时间保甲法和农田水利法的争端。他半靠在玫瑰椅上休憩，不似其他高官显宦，至少两三个婢女在身边揉肩捏腿地伺候着。他平时起居全然没有寻常富贵人家的奢华派头，甚至有人半开玩笑地说王介甫私下里如苦行僧一般，毫无士大夫的闲雅享受之乐。可听闻这种说法的王安石

却反而嗤之以鼻。

在他想来，自己俸禄丰厚，不事耕桑，过着饭来张口、衣来伸手的生活；从幼年起便能识字读书，科考之路又是一帆风顺，很早就成为两制级别的侍从近臣，再没有什么书是想读而买不起的；出行则有车马，妻子儿女也都衣食无忧……这如何是苦行僧的生活呢？

相反，天下间的百姓那才多是真正的困苦不堪！灾荒年月里一家数口人嗷嗷待哺，朝廷的赈济往往是杯水车薪，灾情只要稍严重点，难免会出现饿殍倒于沟渠的惨状；丰年收成好，老百姓反而更是心慌，因为官府胥吏便要催收往年积欠，又常百般刁难，不乏闹得家破人亡。除此之外，老百姓们甚至有地不敢多耕，桑树不敢多种，牛马家禽皆不敢多养，无非是怕户等被升上去后，便要服那不但不给报酬，还要自己搭钱的差役！而百姓务农不能尽地力，畜牧不敢多蕃息，这对朝廷来说，税收直接减少！国力又焉能不捉襟见肘？

想到这些，王安石不禁闭上了双眼，默默地思索着，几个月后根据赵子畿在府界试行的助役法情况，对法规进行修订，然后推行全国，想必就能大大缓解各路州县百姓们的差役之苦，使老百姓们可以安心地务农耕桑……

这般想着，外头一阵阵喧哗声如潮水般地传进了耳中。王安石感到奇怪，这听起来像是有很多人进到院落里似的。

他刚从玫瑰椅上起身，儿子王雱、王旁大惊失色地撞进了书斋。

"爹爹！不好了！无数乱民闯了进来！"

王雱心急火燎，王旁也是一脸惨白。

"乱民？"王安石震愕莫名。

"爹爹，要不还是避一避吧！"两个儿子都如是说。

"糊涂！哪有宰相在自己府上逃走的！你们且留在书斋，为父自去看看究竟！"

不等王雱、王旁的反应，王安石已是大步迈出门去，穿过不长的廊庑，到了庭院前，见到自己府邸门里门外已被挤得水泄不通，看着怕是有数百人！

府上的院子们都吓得面无人色，但还算知道守在主翁王安石身前。

庭院里的老百姓正挥舞着拳头，嚷道："我们要见相公！我们要见相公！"

王安石走到庭院里，直面着一张张陌生的面孔。

"某便是王安石，尔等有何事闯我这相府！"

带头的几个瞅了片刻，竟道："你说是就是？焉知不是诓骗我们的！"

"笑话！"王安石怒目喝道，"大宋宰相，何人敢冒充？尔辈今日却有何事，不申官府而到我这里？"

带头的几个道："我们都是府界东明县的百姓，如今强索助役钱，又升我们户等，官府这般做派，我辈小民哭诉无门，求告到南衙，府尹指点我们来找相公，说是只有相公能救！求相公救百姓们，不要升户等，不要强索助役钱！留点活命钱给百姓！"

于是里里外外数百个东明县乡民都高喊起来："求相公救百姓们！求相公救百姓们！留点活命钱给百姓！留点活命钱给百姓！"

王安石看着群情汹汹，乃道："东明县妄升户等之事，相府不知。尔等诉求，我现已知晓，当与指挥，不令升等。"

带头的几个道："相公此话可当真？莫要欺弄我们这些布衣百姓！"

于是人群又呐喊起来："莫要欺弄百姓！莫要欺弄百姓！"

相府外围观看热闹的人越来越多，整条街都给堵得死死的，可显然，开封府压根不想管这件事，至今也没有逻卒来驱散人群。

王安石朗声道："某是大宋宰相！既然答允你们，便决不食言！朝廷也不会妄升户等，必将一一查实！汝等来，东明县知县可知晓？"

带头的几个眼珠转了转，回答说："县令实不知我们来这里。"

王安石道："既如此，且各自散去，勿在京师重地招摇过市。"

带头的转过身，对数百名东明县百姓道："乡亲们，王相公已经答应了我们，说会让朝廷下指挥，不升我们户等。眼下天日昭昭，神明在上，便是这东京城里路过的也能给我们做个证！相公如此说，我们便先从此地离开吧。"

看着浩浩荡荡的东明县百姓乱哄哄地终于从庭院内外退离自己的府邸，王安石觉得整件事情极为不寻常。

王安石心想：东明县才多少户口，一下子居然来了数百人？何况东明县距开封府有近百里之遥，凭脚力来回须得数日，这么多老百姓，若无人组织，怎么可能赶到汴梁大城里？竟一上来就先冲去了南衙，然后又到了自己的相府？他们找得到南衙尚可理解，可偏生能找到不显眼的宰臣私邸……甚至，权知开封府刘庠的态度，也十分可疑，他非但不处理这事，反有推波助澜之嫌。这一切的背后，似乎有一只巨手在操控着，想要借此风波，让尚在试行阶段的助役法被扼杀在襁褓之中！

就在王安石疑虑思索之时，他不知道，东明县的这数百名百姓，并不是出城回县里去，而是直奔御史台！

当晚，曾布、邓绾、章惇都到了王安石府上，一起商议此事。

王安石问道："某申时后入宫见过官家。今日事，诸君如何看？"

曾布道："此间事，岂偶然耶？内里蹊跷，相公与文约、子厚必皆知之！恐有人将矛头对准了助役新法！"

邓绾道："东明县知县乃贾蕃，下官知其底细，乃是范仲淹之婿，与范纯仁等皆过从甚密，想如子宣所说，此背后必有阴谋！"

章惇道："赵子幾府界事向能了办，若他措置不当，何以只东明县一县出了大乱？且一县之百姓有所陈请，合该申诉于县衙，何以知县贾蕃不受理？相公又云百姓言贾蕃不知，岂有是理哉？"

曾布又道："相公，乱民们先后突入南衙、相府、御史台——绝非临时起意，乃是精心策划之路线。或为将相公置于令名受损、尴尬难辩之境。如此，其幕后之人便可发动反对变法之大小臣僚，群起而攻之，全面推翻助役法，想必保甲法等其亦要推翻！"

王安石道："我如何不知？众人闹至御史台，便是为彻底震动朝野。依我看，不止是南衙，柏台里亦有手段，保不准这会儿已有御史在写弹章了！"

邓绾急道："恩相，此歹毒之计，须即刻反击，否则后果不堪设想！"

章惇与曾布也在低眉思量着。

王安石道："今夜正是要与诸君商议对策。"

曾布忽然似乎想起了什么，猛抬头看向王安石。

"相公，数日前，枢密院已选差贾蕃，似是勾当进奏院之新差遣！"

深居宫禁之中的官家在王安石面见前，已由皇城司报予知晓了此事。据皇城司之报，东明县数百人浩浩荡荡地先后突入开封府衙门、王安石的宰相府邸、御史台中申诉，要求撤销县衙升其户等的举措，抗议胥吏强索役钱……

官家方从横山战略的失败和保甲扰民的风波里缓过来，便又遇上了这府界助役法引起的更大骚动，说是骚动已是含蓄，再处理不好，便是乱民暴动了！

虽然下午已见过王安石，但官家心中仍惶惶不安，乃赶紧下手敕，令中使在夜色中送往王安石府邸，想要再问问独相的意见。

次日，内殿起居之后，官家令两府分班奏对，王安石再次强调了贾蕃与"旧党"过从甚密。但中书的意见亦不能统一，冯京便与王安石就助役法争辩起来。到最后，王安石仍是请留身独对。

两位参知政事冯京、王珪下殿后，宰相王安石一揖，然后道：

"陛下以手敕问臣，酸枣①有升下户入上户者否，如是，则徒有免第四等役钱之名，而无其实。臣昨夜令曾布差人先将开封、祥符两县新旧簿于今晨送待漏院，经臣

---

① 东京开封府下辖十七县之一。

312 ·

检会，其减等者至多，升等者至少，盖诸县造簿等第不同，皆系官吏缓急，故簿籍有不实。如开封，乃有七百户第一等，此不可不减。酸枣、东明，乃各数百户三等已上，余皆四等已下，至有三等以上差役本等阙人，便尽取于四等以上，此乃是四等中自有合为三等以上之人，而造簿不正，缘吏人受赂置之下等，及至上等无人则又不免纠取，纠取之时又可取赂，若不升降使各从其实，则徒使吏人长奸，百姓侥幸。又有偏受困苦者，非政事也。且逐等物产，皆有籍在，籍第四等以下，较其物产乃与三等同，则何不可升？升之百姓亦自无憾。乞如司农寺所奏约束。"

赵官家道："相公之意，乃是如酸枣、东明二县，簿籍上三等以上人户本就少于实情？"

"胥吏无俸禄，以此等手段取贿，不足为奇。"王安石道。

即是说，这些府界县衙里的胥吏在造五等簿时，因为受了一些富户的贿赂，便将这些人置在四等，以使他们免于轮差上三等户应服的差役，可这贿赂之人一多，便导致三等以上人户数量锐减，原本额定上三等户差役便出现了缺额。那么胥吏只好在四等户中点派，将一批四等户升为三等户，而在这一过程中，其为了避免升等，胥吏们又加以勒索受贿。因此应该按照司农寺的要求，责成府界提点司 ① 差官分赴诸县，重新核查户等并造五等簿，来公正地升降百姓户等。

赵顼颔首道："先生言之有理。东明县事，想是如先生之见。况役钱之事，向闻诚是人情以为方便。"

王安石道："陛下以道揆事，则不窥牖见天道，不出户知天下 ②；若不能以道揆事，但问人言，浅近之人，何足以知天下大计，其言适足沮乱人意而已。"

"或以为役钱事，必致建中之乱。"

"臣不知是何人为陛下言此？前保甲事，陛下对臣说：'密院以为必有建中之变。'唐德宗时四镇节度使作乱，泾原兵变，与今保甲、助役何干？况此李唐衰世之事，而有以比拟陛下圣德之治，殊为引喻失义！人言所以致此，由陛下忧畏太过，故奸人窥见圣心敢为诳胁也。"

赵顼想了一会儿，又道："今于府界试行，官户纳助役钱可是太少？"

王安石道："官户、坊郭，取役钱诚不多，然度时之宜，止可如此，故纷纷者少。不然，则在官者须作意坏法，造为论议；坊郭等第户，须纠合众人，打鼓截驾遮

---

① 提点司，此指开封府界提点司。其长官为提点开封府界诸县镇公事、同提点开封府界诸县镇公事，掌管府界诸县刑狱、兵民、贼道、仓场、库务兼沟洫、河道事。赵子几已于熙宁三年十二月由大理寺丞、勾当开封府界常平等升迁为太子中舍、权发遣同提点诸县镇公事。

② 《道德经》："不出户，知天下；不窥牖，见天道。其出弥远，其知弥近。"

执政，恐陛下未能不为之动心。若陛下诚能熟计利害而深见情伪，明示好恶赏罚，使人人知政刑足畏，则奸言浮说自不敢起，诡妄之计自不敢施，豪猾吏民自当帖息。如此，虽多取于兼并豪强以宽济贫弱，又何所伤也！今尚非其时，故不可操之过急。"

赵项道："县吏皆无俸禄，反只责备其造五等簿籍受贿，甚是无谓。终须解决。"

王安石道："本收助役钱有剩者，将用以为此辈之俸禄。"

赵项道："以现役钱便可早定法制，使县吏知。凡今新法致纷纷，亦多是此辈扇惑百姓。"

王安石再道："早定法制诚是，然畏此辈煽惑非也，当令此辈不敢煽惑而已。若使此辈无忌惮，敢为煽惑，而专望以禄利弭息，恐非所以为政也。人主若不能尽天下，则不能胜天下，而反为天下役，若此则乱矣。"

天子最后说道："东明县事，如昨日所说，仍须令赵子幾根究事实。"

王安石一揖："臣领旨。"

然而到了这日午后，勾当御药院李舜举忽然送来官家的内批文字，王安石与冯京、王珪一同恭奉御笔，只见上面写着"民之不愿出钱者仍旧供役"。

冯京笑道："相公，中书当领旨么？"

王珪也望向王安石，这位政事堂里的独相看着脸色可不太好。

自庆州军变之后，官家方方面面的信心都受到了不小的打击，保甲法上的动摇是如此，如今助役法的动摇亦如此……前头刚刚与官家颇费口舌地论说了许多，才几个时辰，这内降文字就发到了中书门下！

王安石想了片刻，乃道："陛下旨意，中书自要奉行！只是此事干系助役法，亦须我辈商议，谨慎为之！"

五月十六（庚子日），御史台内。

御史中丞杨绘正在自己的治事阁里喝茶，这会儿已近未时，想到朝廷的指挥发给了司农寺，他不由得心情舒畅。诏令里命司农寺晓谕府界诸县，如百姓有不愿纳役钱的，仍依原来条贯认本等差役，候年月至赴官轮差充役。官家和中书都动摇了，看来王安石的手段也不过如此！

却说选任新的御史中丞时，这杨绘本是由王安石举荐的，可没多久王安石又在御前说杨绘昏聩不能烛理，任以台长颇强人所难云云，虽最终还是把中执法除授给了他，可参政冯京却将王介甫的话泄露给了杨绘，这便大大激怒到他，乃想着设法毁罢助役法以自立异者，既与王安石完全撇清关系，也让王介甫知道，他杨绘可不能小觑！

杨绘喝着龙团，一阵匆忙的脚步声由远及近，原来是刘挚没敲门便冲了进来。

这位新任不久的监察御史里行刘挚实则上与台长杨绘一样，都是得了王安石的举荐[①]，他神色颇急，也不作揖行礼，径道："中丞，司农寺竟缴还了圣旨！"

杨绘亦是一惊道："莘老（刘挚字），司农寺缴还的可是助役法的那道指挥？"

刘挚道："正是！本圣意已有所松动，没料到司农寺竟……"

杨绘气得一掌拍向桌案，龇牙咧嘴地骂道："怪不得王安石一开始痛痛快快地在中书作札子，下指挥给司农寺，原来这是和判司农寺的曾布、邓绾早就商量好了，来个里应外合！奉行旨意是假，让司农寺缴还才是真！好大的胆子！这是弄权欺君！国朝只有学士院、舍人院缴还词头，银台司点检、封驳，从来没有司农寺可以缴还圣旨不行的故事！"

刘挚道："中丞！我等为官家风宪耳目，亦自当有所行动才是！"

杨绘眯缝着眼睛，猛又凶相毕露道："莘老，国家出了奸臣。某过去敢击曾公亮，如今又如何不敢弹劾他王安石！你可敢与某一道，共击权幸时宰！"

刘挚深深一揖道："中丞能两击宰臣，顾不才仰慕之至，惟愿蝇附骥尾，为国进直言！"

御史中丞杨绘弹劾司农寺缴还圣旨不当的奏疏一上，王安石遂于十八日称病居家，告假不赴中书视事。这下，东京城里大小官僚都明白了，围绕新法、围绕助役法的交锋已经开始了。

当日放衙，曾布、邓绾又来到了王安石府上。两人都认为，助役法被众人所摇，若无有力举措，恐此法难成！

宫中也派了中使前来慰问宰臣王安石，且催促他一定要尽快入见。

五月十九（癸卯日），王安石即入宫城，并请独对。

垂拱殿里，大宋的独相正为官家分说助役法与东明县百姓风波之间的关系。

王安石道："陛下，助役法之事，臣先后与吕惠卿、曾布等反复商量、修订，又于府界试行，而赵子幾颇能任其事，实大有利于百姓与社稷！方才臣所说已过数千言，恐不可再赘述，以烦渎圣聪。止如今东明县百姓突入京师一事，其东明县衙合该受状而晓谕百姓，乃不受状，反教唆数百户百姓入京，而府界其他县即无此等情形。圣明莫过陛下，此中古怪，当可见矣。"

---

① 本年二月，皇帝赵顼本欲用朱明之为中书检正官，王安石举荐刘挚代朱明之。于是除其著作佐郎、馆阁校勘刘挚为权检正中书礼房公事。

赵顼近来一个人沉思时，竟越来越能理解祖父仁宗的难处和苦楚。这会儿听到王安石再提东明县乱民风波背后的问题，他沉默了片刻才开口。

"贾蕃近日里选差勾当进奏院，其与密院官孰善？"

这位东明知县必是与枢密院中的大臣有所关联，已是毋庸置疑的事实，否则他如何能被枢密院选差上？可看得出的事，却未必可以说。

"臣不知也。"王安石道，"不过，今大臣、近臣孰为助成圣政之人，台谏官孰为不附流俗者，陛下又于忠邪真伪之际，未始判然明白，示以政刑，小人何所忌惮？小人无忌惮，敢为纷纷，而陛下恃耳目聪明欲以胜之，臣恐陛下虽劳终不能成治也。"

赵顼叹了口气："朕知相公何意。朕亦以为贾蕃背后是有人指使。助役法固有利，然司农寺之做法，却实是粗疏！今日杨绘与刘挚又上弹章，云司农寺预将役钱总额均摊各县，令各县一一依数认领役钱而定五等簿，如此升等，百姓岂能甘心而服？刘挚更请罢废助役新法，以安众心。"

王安石急道："陛下，杨绘此是倒果为因。府界役钱总额，乃审慎而定，司农寺以户口数均摊各县，亦不过朝廷常法。且各县管认之役钱数额，又经府界赵子幾与诸县商议复核，若东明县承担之役钱数额不当，如何贾蕃当时一无所陈？此事极易分明，东明县上三等户缺额较大，乃胥吏受贿，助富户匿于四等户耳，今役钱不足，故升四等户中所匿者。向突入京师之户，必多是此等奸猾之民，而其为人所用，又是不言自明，且一贾蕃实不足道，朝中有沮坏助役法之大臣为赤帜也！"

东明知县、开封府知府、御史中丞……这背后若确有人在操控着，那这个人的手腕……

赵顼脑海中闪过许多念头，道："杨绘之言，固有错谬处，且有诛心之论，谓今判司农寺乃御史知杂邓绾、都检正曾布，非其直言，则无人敢言。"

"陛下，曾布、邓绾皆干事之才，须陛下保全。杨绘如此论说，诚非中执法之所宜言。"

赵顼点了点头道："朕明白，且容朕再考虑如何处置。"

王安石下殿后便回到自己在政事堂里的视事阁，并令吏员召曾布前来。

曾布在都检正差遣外又兼判司农寺，这会儿走进宰相办公本厅，深深一揖。

王安石道："子宣，你差人告赵子幾，务必查明贾蕃底细！且要快！迟则生变！"

在这山雨欲来的五月，官家赵顼的第二个儿子出生了，这总算给皇城大内添上了一份久违的喜气，赵官家自然也是极为高兴。新皇子的出生，无疑让赵顼长吁了一口气。

皇子降诞的次日，王安石忽然进呈了一份修订后的新助役法试行条贯文字。

待听完后，赵官家道："如今百姓供税敛已重。输纳役钱上，坊郭及官户等不须减，税户升等事更与稍裁之，便无害。"

原来，王安石与曾布、邓绾等人商议后，决定减少坊郭户和官户应输纳的役钱数额，从而减少在府界试行助役法的阻力，更为将来推广向全国做准备。

"陛下，今取于税户固已不使过多，过则当减。若方可取之时取之，待其凶缺食，量彼力不足而我所收役钱有余，则特与放一料，此乃是于粒米狼戾时多取之，于食不足时则周济之，合于先王不忍人之政①。朝廷制法，当内自断以义，而要久远便民而已，岂须规规②恤浅近之人议论？陛下以为税敛甚重，以臣所见，今税敛不为重，但兼并侵牟尔，此荀悦③所谓'公家之惠，优于三代；豪强之暴，酷于亡秦'。"

赵顼道："先生说的是。朝廷虽有良法美意，然而乡里豪强暴虐百姓，是故民生多艰。此兼并所以宜摧。"

王安石道："摧兼并，惟古大有为之君能之。所谓兼并者，皆豪杰有力之人，其论议足以动士大夫者也。今制法，但一切因人情所便，未足操制兼并也。然论议纷纷，陛下已不能不为之动，即欲操制兼并，则恐陛下未能胜众人纷纷也。如今助役事，未能大困兼并也，然陛下已不能无惑矣。"

官家尴尬一笑："常平新法已行之近两年，亦所以制兼并。"

王安石道："陛下，青苗法于治道极为毫末，岂能遽均天下之财，使百姓无贫？亦不过因时因地，权宜之计而已。光靠常平法，难以完全纾解百姓之困苦，必以助役新法，然后百姓得一力务农，则于国方为长计。"

赵顼道："待理会完东明县事，便以此作指挥行下。"

王安石本以为事情有了很大的进展，基本已说服了官家，重新稳固了他对助役法的信心。然而此番奏对的第二天，新降生的皇子居然又夭折了，连名字都还没来得及取，官家又备受打击，暂时无心助推此事。

另一边，得到曾布指示的赵子幾立刻以开封府界提点司名义，举劾东明县知县贾蕃。而闻讯的御史中丞杨绘则立刻上奏，对贾蕃加以维护、辩解。一时间，一个小小的府界知县，竟成了新旧两党变法之争的关键。

六月以后，新旧两党关于助役法的争斗愈加激烈起来。

六月初一（甲寅日），宰相王安石在御前直接论列御史中丞杨绘不宜任职风宪言

---

① 《孟子》公孙丑章句上："人皆有不忍人之心。先王有不忍人之心，斯有不忍人之政矣。"

② 规规，指浅陋拘泥。

③ 荀悦，东汉末年颍川荀氏家族成员，史学家、思想家。

路，后府界提点赵子幾又奏劾东明县知县贾蕃种种不法事①……

官家御批："贾蕃可令治其不奉法之罪，其他罪勿劾。昭示四方，使知朝廷用刑公正。"然而王安石纳还御批，以为不可如此，说"朝廷立法，惠在弱远不知所以然之人，怨在强近能造作谗谤者"。这些自是引起众人议论纷纷，认为这拗相公是专欲与朝中的大臣们过不去，更是要与地方上的形势户、豪右之民过不去。

御史台对宰相的反击也很快到来。

六月初五（戊午日），刘挚上疏，谓"盖善恶者，君子小人之分，其实义利而已……是故今天下有二人之论，有安常习故乐于无事之论，有变古更法喜于敢为之论"，这显然是在针对王安石所主持的新政变法。六月初七（庚申日），御史中丞杨绘上奏论列助役法，论列雇募人从事差役，这一做法难行之处有五点之多，即"民难得钱，一也；近边州军奸细难防，二也；逐处田税多少不同，三也；耆长雇人则盗贼难止，四也；专典雇人则失陷官物，五也"。同日，刘挚再上奏，称助役法有"十害"。

六月十一（甲子日），欧阳修致仕②，杨绘上奏："今旧臣告归或屏于外者，悉未老，范镇年六十三、吕诲五十八、欧阳修六十五而致仕，富弼六十八被劾引疾③，司马光、王陶皆五十而求闲散，陛下可不思其故耶？"所言又是将矛头对准了宰臣王安石，而外间议论多以杨绘为然。

就在朝野都在为助役法所瞩目时，王韶回到了京城。

原来，此前韩缜帅秦，奉命再打量王韶所指闲田，乃奏云实有四千余顷。于是官家赵顼下旨，令王韶赴阙召对。京师里人们都在关注着这件事，因为韩绛、种谔的横山攻略破灭，朝廷在西事上的倚仗就只剩下了王韶招抚青唐、拓边河湟的谋划，若是在王韶召对后有所旨意，当能见出赵官家在西事上的态度。

禁中，枢密院内。

文彦博抬眼望了望窗外的天色，对枢密副使吴充道："冲卿，想那王韶这会儿也该下殿了吧？"

吴充放下公文回应说："怕是差不多了。只是今日是独对，圣心如何，亦令人忧虑。国家多事，西边总要太平些才好。"

文彦博道："恐是要给王韶复官。今日在垂拱殿，王安石便向官家说'不知陛下尚夺其官何意'，中书冯当世（冯京字）虽反对，却哪里说得过王介甫。所惜者，岂

---

① 赵子幾举发知县贾蕃在任日，贷借官钱与手力，因同天节沽市村酒，刱买部夫席屋等事。

② 观文殿学士、兵部尚书、知蔡州欧阳修为太子少师、观文殿学士致仕。

③ 五月二十七（辛亥日），富弼因青苗法之案请辞离开亳州，赴西京河南府洛阳养病，皇帝批准。

是王韶一著作佐郎之官，恐其复官，则贪功冒进之徒皆以为官家将重启西事。新法万端，百姓皆受其苦，若是西边再添青唐诸羌、夏人党项之衅，日费万金而兵连祸结，朝廷供馈不能，则层层加诸细民，如此国事将伊于胡底？"

吴充叹道："潞公所虑甚是。天下承平日久，溺于晏安，兵将多不堪用。西事不可为者，仁庙时已见得如此，今岁韩子华军中拜相，宣抚陕西、河东，亦不过是外则取辱于西贼，内则兵变于庆州……西事只可修缮州城与缘边堡寨，广积刍粟甲兵，严为守御而已，若欲开边拓土，却是取祸之道！"

文彦博道："某料官家总还要拿王韶复官事与宰臣们商量。官家欲大有为，便易被近臣窥知，此事不会因王韶召对下殿便结束，反而是个开始。"

吴充道："若果如此，我枢密院当在御前力争！"

文彦博在圈椅上对着吴枢副抱了抱拳道："冲卿是王介甫的儿女亲家，却无半分私心，凡事都只为国家考虑，彦博深为敬佩！"

吴充赶紧还礼道："哪里哪里，潞公过誉，羞煞我也！"

文彦博的预感是准确的，次日垂拱殿起居后，前殿视朝，皇帝命二府合班奏对，上来便问起王韶可否复官。

枢密院自然是反对，中书班子里冯京也跳出来帮腔，然而王安石舌战群儒，一一反驳。终于，在富弼落使相而判汝州①后的第二日，即六月二十三（丙子日），王韶本官恢复为著作佐郎，差遣不变②。王韶身上的公罪、私罪终于算洗刷清楚，成为过去了。

---

① 熙宁四年六月，武宁军节度使、左仆射、同平章事富弼落使相，以左仆射判汝州。同时，通判亳州、职方郎中唐谨，签书判官、都官员外郎萧傅，屯田员外郎徐公衮，支使石夷庚，永城等七县令佐等十八人皆因不行新法而被贬降官职。

② 熙宁四年六月，保平军节度推官、提举秦州西路蕃部及市易司王韶复为著作佐郎。

第 十 六 章

有言未必输摩诘

七月，秦州古渭寨。

古渭寨如今已经建设得颇具规模，可谓做好了古渭建军的一切准备。与蕃部来往贸易的商贩越来越多，自秦州迁居来垦种荒闲田地的贫困人户亦是与日俱增。在秦凤路西部的缘边地区，古渭寨竟呈现出一派欣欣向荣的景象，这一切全得益于在此主持招纳及市易事务的王韶。

高遵裕仍是常在秦州城里活动，一方面秦州乃秦凤路经略司治所，他作为高家人，养尊处优惯了，自然在州城里更快活些；另一方面王韶也需要高遵裕在秦州为自己留心方方面面的消息，一旦有情况，便好及时通知、商量。

这日晌午，高遵裕便带着几个随从又来到了古渭寨。

他将马交给古渭寨衙门外的戍卒土兵，自己径直走进王韶的治事阁子。

推开门，王韶正伏案低首，批阅着公文。

见高遵裕来了，王韶便站起来，笑道："公绰兄如何来了？朝廷那边可有消息到秦州？"

高遵裕关上门，与王韶一同坐下，然后才道："子纯，两件事，一是朝廷里王相公最近日子不好过，二是韩缜的处置下来了，落职分司西京①！"

王韶叹道："韩缜丢了待制的殿阁职名，更丢了差遣的实权。说起来这事情闹得有点大了，不过是麾下武将喝多了误入州宅，撞上了韩缜的侍妾，本是一小事。哪知道他韩玉汝竟下令打死了那傅勍！人家寡妻便拿着傅勍的血衣到京师敲登闻鼓告御状，才落得如此下场。不知他韩玉汝是否后悔？"

高遵裕道："可不是么！现在连天子脚下，都知道秦州民谚'宁逢乳虎，莫逢玉汝'了！圣旨下来，连走马承受刘用宾和刘希奭都各有责罚！韩缜能为子纯你分说有荒闲田地四千余顷，自是能与你我合作之人，可眼下他却丢了秦州的帅臣位子，而判

_____

① 熙宁四年七月，兵部郎中、天章阁待制、知秦州韩缜落职，分司西京。

秦州的乃是郭太尉，以后的曲折或许未必比李师中、窦舜卿时候少！”

王韶阴沉着一张脸道：“郭逵位高权重不假，可我们也不怕他。比起相公在京中支持你我，他郭仲通（郭逵字）又算得什么！韩玉汝之事，已成定局。只是相公尚有何难处？”

高遵裕道：“为了保甲和助役法，朝廷正闹得不可开交。御史中丞杨绘、刘挚皆是反对助役法的急先锋。杨绘甚至请官家加以防备王丞相！子纯，若是相公在中枢为群小所摇，你我之一切努力，都将付诸流水了！”

王韶亦不禁握紧了拳头，眼神中泛着凶光：“公绰兄莫急。既然这杨绘已是半点脸面不要，如此胡乱地诛心……我料相公绝不会坐以待毙，定有手段让杨绘、刘挚等人吃不了兜着走！若我所料不差，那胜负在这一两月内便可见分晓，届时相公必与你我更大事权！这招抚青唐、拓边河湟之策，相公不会放弃！也是绝对正确的策略！”

却说东京汴梁，宰相王安石在六月下旬成功令王韶恢复本官后，加紧了对杨绘、刘挚等旧党的反击。实际上，在王韶复官的前一天，中书已进呈司农寺的奏疏，其中不易发觉的是，他将“助役法”更名为“免役法”，而外人更不知，王安石与曾布等人已经就助役法做了更多的改动。

七月初五（戊子日），在王安石授意下，检正中书五房公事、同判司农寺曾布上奏，将杨绘、刘挚等台谏所论说的助役法之不便，一一条陈批驳，并再申贾蕃之罪。

垂拱殿内中书奏对，王安石当即进呈展读曾布的奏章。

“畿内上等人户尽罢昔日衙前之役，故今之所输钱，其费十减四五；中等人户旧充弓手、手力、承符、户长之类，今使上等及坊郭、寺观、单丁、官户皆出钱以助之，故其费十减六七；下等人户尽除前日冗役，而专充壮丁，且不输一钱，故其费十减八九。言者则或以谓朝廷受聚敛之谤，或以谓凌虐赤子，此臣所未喻也……”

官家听着曾布的奏疏，数个“臣所未喻也”将杨绘、刘挚之论尽数驳倒。刘挚谓助役有十害，今曾布则从十一个方面进行了细致的辩驳，赵顼心里终于是相信了助役法的便民本质。

“曾布所作文字甚好，然则如何理会？”

见到官家垂问，王安石道：“欲于中书作札子与杨绘、刘挚，令其据曾布所奏分析。”

参知政事冯京一揖，然后道：“杨绘是中丞，刘挚乃监察御史，并身居风宪，令台谏分析，非广开言路之王道也。”

王珪亦道：“亦未必须分析。”

赵官家道：“令分析方是朝廷行遣。”

冯京道："杨绘、刘挚近日来别无文字，若令二人分析，恐复纷纷不安，以致人情汹汹。"

王珪道："人情须理会。"

官家道："待分析到更相度如何。且向时富弼之责，杨绘在学士院草辞，竟云'天付忠纯'，然则是朝廷行遣不当，黜辱忠纯乎？如此更称誉富弼，殊不体朝廷意！"

王安石道："孟子曰：'杨、墨之道不息，孔子之道不着。邪说诬民，充塞仁义，仁义充塞，则率兽食人，人将相食。'然则人将相食，其本在杨、墨之道不息。今朝廷异论，类皆怀奸，其实岂止于杨、墨之道不息而已，以邪为正，以正为邪，其为名不正甚矣，则其患至于人无所措手足、人相食无足怪也。如晋之乱，戎狄据中国，自生民已来未有如此，其乱本乃在王衍之徒，托清静无为之说，以济其苟简贪慢之私而已。今异论如此，朝廷恐不可姑息！"

王珪被这番话吓了一跳，王安石的口吻极为尖锐，这等于说谁再反对让杨绘、刘挚分析，谁就是苟且颟顸的晋朝大臣王衍！

果然冯京也闭口不言了，于是官家终是传下玉音。

"且以曾布所言札与杨绘、刘挚，令其分析以闻。"

曾布的十一条批驳极为致命，御史台若是不能加以分析辩白、自圆其说，那么在与政事堂的这场关于"助役法"或曰"免役法"的交锋中，便落于下风，行将失败了！

数日间，杨绘与刘挚须要避开邓绾这位御史台次长官。好在邓绾兼判司农寺，有时不在台里办公，二人乃得以日夜商量对策，写就文字应付曾布的奏疏。

七月十四（丁酉日），垂拱殿前殿视朝，中书奏对。

君臣们议论的第一件大事便是杨绘、刘挚的奏章。然而，二人的分析并没有扭转局势。

同日晚些时候，朝廷颁诏，杨绘落翰林学士、御史中丞，为翰林侍读学士[1]；刘挚落馆阁校勘、监察御史里行，监衡州盐仓。而曾布却由太子中允升右正言，除知制诰，坐稳了两制重臣的位子。

这一番政府与台谏围绕助役法的交锋，又是王安石赢了。自滕甫、吕诲、吕公著到杨绘，王安石已经赶走了四位御史中丞，而刘挚褫夺馆职、落御史，贬为监当官，

---

① 两天后，杨绘又被外放，出知郑州。

亦不可不谓重黜。王相公的赫赫权势再度让京师和地方的官吏们咋舌、感慨。

王安石对于刘庠这位南衙知府自然也不会忘记。七月二十一（甲辰日），诏令连续发布：徙知太原府、观文殿学士吕公弼知郑州；新知郑州、翰林侍读学士杨绘知亳州；翰林学士元绛权知开封府；天章阁待制、权知开封府刘庠为龙图阁直学士、知太原府。

刘庠从京师被赶到了太原府，他留下的天府尹之阙，则除授予翰林学士元绛。元绛比王安石尚年长十二岁，曾在路级监司任上待了近十年，成为侍从待制后却始终挤不进真正的决策层，仕宦虽已显赫，但仍每叹年老不如人，有迟晚之恨。元绛见王安石当国，便在翰林学士任上曲意折节，专寻机会附和、讨好当朝宰相。旧党之人视其可耻，但元绛总算被王安石所认可，如今也终于得了知开封府的重要差遣。

王安石对御史台的整顿和清理甚至扩大到低级的推直官①身上。四天后的七月二十五（戊申日），侍御史知杂事邓绾上奏："本台推直官宋飞卿、孙奕皆前御史中丞吕公著所举，台主簿赵同亦薛昌朝、谢景温荐引，各怀所知，意趣乖异，欲乞别选推直官二员、主簿一员。"于是诏宋飞卿、孙奕、赵同并送审官东院，另除差遣，而御史台推直官、主簿则令不依名次选人任职。京师和地方官员都在背后议论，这宰辅不插手台谏言路的祖宗家法，可在王相公处尽数作废了！

到了八月，王韶的一份奏疏送抵京师，官家便召二府宰执入对崇政殿。

赵官家道："王韶与高遵裕在奏章里说，措置洮河事，只用回易②息钱给招降羌人，未尝耗费官本，乞于古渭寨设市易司，则能速成招纳之效，得蕃部归附之利。诸卿以为如何？"

文彦博道："工师造屋，初必小计，冀人易于动功。及既兴作，知不可已，乃方增多。陛下若检会王韶向来所奏，皆类此也，实属欺弄朝廷。"

赵顼不乐："若屋坏，岂可不修？"

王安石反问："主者善计，则自有忖度，岂至为工师所欺？"

官家颔首道："郭逵在秦州，若王韶果然虚费官钱，必不肯为此事。"

文彦博又道："陛下，纵如此，然西蕃脆弱，不足收，此所谓事倍功半！岂值得耗费甚多而图之，况招纳蕃部，必构怨夏国，以为我谋断其臂也。"

---

① 推直官，御史台所属差遣，为御史台狱审讯官，纠按谳狱之任，全称为御史台推直。

② 回易，宋代专指官府营利性的经营活动。沿边地区的官府、武将，以朝廷专拨的钱物或军资库钱物、公使钱等作本，经营商业、借贷业或倒卖钞券等，以其赢利弥补地方财政收入之不足。但官吏、武将往往借回易之名，对商人或其他人户强买强卖，又违禁贩运盐、酒、茶货，或强令缴纳高额息钱，营私舞弊，以中饱私囊。

王安石道："康藏星罗结等作过，秦州乃不能捕，况有豪杰能作文法，连结党羽者哉[1]！亦岂得言其脆弱耶？"

文彦博笑道："西人特戎狄之下等种姓，不能立文法，未足深忧。"

王安石道："不然，唃厮啰者乃能立文法，此已然之效也。非徒如此，若为夏人所收，则为患大矣！"

文彦博道："西蕃不愿归夏国。"

王安石道："裕勒藏哈木[2]现归夏国。若不愿归，则向宝之往，宜即倒戈，今乃不肯内附，何也？"

文彦博道："纵能使之内附，亦何所补？"

王安石道："以哈木归夏国，故哈木地便为生地，向宝不能深入，以扰夏人。然则西蕃属我，与属夏人，不得言无利害也。"

文彦博道："既收为内属，彼有警急，恐须中国救援。发兵少则不济事，多则耗费无算，财用难以供馈，如之奈何？此所谓鸡肋是也。"

王安石道："彼西蕃今不能合为一，尚能自守，不为西人所并。今既连结，则自可相救援，不必待官兵矣。若能为我屏捍，则虽以官兵援之，亦所不计，况又无此理。"

赵官家见文彦博、王安石二人寸步不让地辩论，二府中其他宰执一时都不敢置喙，便开口道："班超不用中国兵，而自发蛮夷相救。今王韶所谋正如此，似极有可成之理。"

文彦博急道："如向时西事，初不谓劳费如此，后乃旋生。盖兵者，凶器也，圣人不得已而用之。如何可保其必耗费无多，必能得胜也？若败辱随之，则害国家威灵，且党项贪婪，不免索求；便能胜之，臣不知利所何在？以中国之大，物产丰盈，富有四海，而与夷狄争不毛之地，致兵民流血涂炭，此如豪右子弟与乞丐争残羹于沟渠，岂止得之无益，恐有蹶跌伤股之患，又何必焉！"

赵顼听到文彦博提起前不久的横山攻略失败一事，心中更是不乐。

"西事本不令如此，后违原本之方略，事出乖张，所以烦费。"

王安石察天子颜色，道："如起兵事，则诚难保其无后患。若但和附戎狄，岂有劳费在后之理？招纳青唐诸羌，不过用回易钱、市易利钱而已，若止十万贯钱便能断

---

[1] 此指蕃僧结吴叱腊及康藏星罗结两人者，潜迎董裕，诣武胜军，立文法，谋姻夏国，有并吞诸羌意，事在熙宁三年七月已见。

[2] 又作裕勒藏喀木，即禹藏花麻，仁宗嘉祐八年时，秦州钤辖向宝攻略禹藏花麻，花麻不能敌，遂以西使城、兰州一带土地投降西夏。

西贼一臂，何惮而不为也！"

冯京、吴充二人皆道："此事未经延州相度。"

官家道："西事固常付之鄜延，然延州必不乐如此，不须行下。今但当问该如何措置？"

王安石立刻道："恐须另设一路，如麟府军马司。"

文彦博心里一惊，原来今天说了许多，就是为了这一句话！王安石所要争论的不是古渭寨置市易司便与不便，也不是招抚青唐、开拓河湟的战略。王介甫要的是帮助王韶摆脱郭逵和秦州经略司的束缚，另起炉灶，设置新的路级建制，并交由王韶全权负责。这一旦成了，那就是蛟龙入海，风云际会了，想要再阻拦王安石的西事战略就很难了……

官家道："这个意思好，须如此令得专达，可责其成功。"

王安石道："仍当捐十万缗钱委之市易，令兵马事则取经略司节制，抚纳蕃部及市易司则一面施行。"

文彦博在心里不由得骂道，好个獠郎宰相！明面上说得慎之又慎，什么兵马事听经略司节制，真要突然用兵，以王韶的胆量才不会理睬秦州经略司的掣肘与否，有了招纳蕃部和市易司的全权，便等于有了军权和财权，且蕃部的兵马在河湟一带熟悉地利水文，可是甚有战力的！

枢密使文彦博正要开口反对，官家已开口道："善。此事当差王韶及高遵裕。"

听到"高遵裕"三个字，文彦博陡然把要说出口的话给咽了下去。事已至此，再极力反对，若在太后看来是拦着高家人立功，那可就得不偿失……

枢密副使吴充问："二人孰为长？"

王安石道："王韶文官。"

官家颔首道："当以文官为长。"

王安石又道："臣愚以为，宜与王韶职名，韶材亦宜称。今招纳到生羌虽未为用，然亦不为无利。西人不能交通生羌，又如康蒙等皆不烦官兵捕获，结吴叱腊亦已报可擒之计，此皆招纳之效。若此三叛不获，秦州岂得无虞？如其连结不已，其为患大小，又未可知。但如目前固已有利，况尽如韶本谋哉！"

官家道："便先支与十万缗钱。职名宜无妨。"

王安石道："此钱必无陷失。就令收息不多，亦必可足生羌禀给、犒赏之费。"

官家应答道："且当极力主张，待其成效。异时朝廷做事未见成效，一有人言，辄为之沮废。尧之用鲧亦须九年，绩用不成，然后加罪。若未见成效，辄以浮言沮废，则人何由自竭？朕意用王韶为之，再无疑虑！"

王安石一揖道："诚如圣谕。臣领旨！"

众臣皆作揖领旨。

王安石道："更有一事，臣以为青唐诸羌皆笃信佛教，臣识一僧人曰智缘，精通竺学，辩才无碍，可遣往王韶处，助其招抚蕃部……"

赵官家笑道："此极小事，可须与一僧职？"

王安石道："今事未效，遽蒙恩泽，恐致人言，待有功与僧官可也。"

官家再次点了点头："如此亦好。"

熙宁四年八月初九（辛酉日），朝廷下诏：

著作佐郎、同提举秦州西路蕃部及市易王韶为太子中允、秘阁校理、兼管勾秦凤路缘边安抚司、兼营田市易；西京左藏库副使、兼阁门通事舍人高遵裕权秦凤路钤辖、同管勾安抚司、兼营田市易。

京师里舆论哗然。王韶一个多月前刚刚被复官，现如今本官由著作佐郎升了一级为太子中允，又得了秘阁校理的职名，这都是恩宠有加的明证。可最关键的是，朝廷专门为王韶新设了一个"秦凤路缘边安抚司"，只是由于他资历甚浅，才没有被除授为经略安抚使，而是得了"管勾"之名，但实际上他仍是安抚司的第一长官。王韶终于有了在关中独当一面的机会！同时，高遵裕作为"同管勾"的安抚司佐贰，又让他"权秦凤路钤辖"，这等于是将秦凤路的一部分兵权也交到了王韶手中，郭逵要想完全掣肘、阻拦他们二人，显然不是容易的事。

这一切都说明，横山攻略的失败并没有让朝廷放弃对西夏的主动战略，只是由横山转向了河湟地区而已！

开封府的百姓们多谈论着上个月黄河决堤，洪水入御河，北行未止的灾情，而官吏们则更关心朝廷里的官吏任免。围绕王韶的话题持续了数日之久，到了八月十七（己巳日），御史台的话题又热闹起来。

原来，作为御史台次长官的知杂御史邓绾举荐蔡确、唐坰填监察御史之阙。蔡确此前在开封府任勾当右厢公事，不肯对天府尹刘庠行庭参①之礼；唐坰是此前倡言"斩大臣异议如韩琦者数人，则新法可行"的小臣。如今二人都升为太子中允，除权监察御史里行的差遣，得了御史之美官，手握风宪臧否的笔杆，得以时时鼓腾利口，定人忠奸正邪，这可远非地方上的知县、通判所能比。有人眼红，有人忌惮，更有人诋毁不已……

---

① 庭参，指下级官员趋步至官厅，按礼谒见长官，自宣官衔差遣名号等，长官坐受。

御史的话题说了十日，新的话题又来了，这一回主角乃是前宰相晏殊的儿子晏成裕和现宰相府邸里的东阁①王雱。

八月二十六（戊寅日）这天，忽有旨，司封员外郎晏成裕勒停②，经恩未得叙用。御史知杂邓绾弹劾他的罪状乃是微服游娼妓家，因此在罢官重罚外，居然还规定遇恩赦也不得起复。但晏殊早已过世十六年，与今日朝局何干？京师官吏们皆知晓，根源不在晏殊那，而是在刚刚因阻挠青苗法获罪的富弼那里。原来，富弼是晏殊的女婿，晏成裕是富弼的妻弟，大家便私下议论，说这一巴掌看着是打在晏成裕脸上，实则还是在敲打、羞辱富弼。想来那邓绾定是得了王丞相授意！

众人的议论都还没过去，次日，又一道旨意降付中外：前旌德县尉王雱除为太子中允、崇政殿说书。

王雱今年不过二十七岁，治平四年举进士授了旌德县尉，却不去赴任，大约是嫌弃官小，平日里性情剽悍，无所顾忌。不过王雱之才名，也确实播于遐迩，未及弱冠时已著书数十万言，甚至有《老子训传》《佛书义释》这样甚为深奥的文字数万言。曾有不少朝官趁转对上殿时，夹带王雱书稿的刊行本，称许不已，举荐于御前。于是前一阵宰相王安石奉祠太庙，赵官家忽然在延和殿召见王雱，与之语，亦以为奇才，乃有是命。官吏们以为王安石必辞，没想到王相公为儿子写了一份奏状便出而受救命，又于明堂前谢恩。这下，讥讽之言四起，无不在暗处笑他王介甫终是要为自家子弟打算，有不少人认为，安排儿子的仕宦，主要是为了让王雱得以常在经筵中向官家施加影响，确保他王安石圣宠不衰，始终得专朝政。京师里有人称呼王雱为"小圣人"的，便有民谚曰："大圣人、小圣人，二圣辅佐天家闹太平；东变法、西变法，法法变卖祖宗苦百姓！"

曾布、邓绾等人都不忘提醒王安石，这种民谚暗流涌动背后，必有人推波助澜，意在动摇相公和新法而已！王安石不以为意，未放在心上。

八月末，那位导致吴逵下狱、庆州军变，进而整个横山战略失败的蕃人降将王文谅，终于被判以特贷死，杖脊，刺配沙门岛。韩绛主持的西事至此彻底画上了句号。

九月上旬，京师里朝廷宫府内外都忙于一系列祭祀大典。初七（戊子日）至初十（辛卯日），先后于文德殿、景灵宫、太庙、明堂举行典礼；初十这天皇帝还亲御宣德门，下诏大赦天下。看着禁军整齐划一的仪仗队和章服有序的文武百官，赵顼一时间思绪万千，想来若泉下有知，英宗皇考见到励精图治的这一切，也会欣慰吧！

---

① 宋代称宰相之子为东阁。

② 勒停，指革职罢官。

天章阁待制、权发遣三司使薛向在九月十六（丁酉日）除为权三司使，算是基本坐稳了计相的位子，这也算赵官家对薛向数年来坐镇东南，推行均输颇见成效的奖励。其明日，因为缴还圣旨词头，不肯草诏除李定御史，导致已归班待选一年多没职务的李大临、苏颂二人，终于是各得了知州差遣，一个知汝州，一个知婺州，一齐被赶出了京城。

九月二十六（丁未日），朝廷在宫城附近新营建的东府、西府执政官邸修造完毕。东府命宰臣、参知政事居之；西府命枢密使、副使居之。这一天，赵官家亲自驾临，视察东西府官邸，他似乎终于从横山攻略失败的阴影中走了出来，重新恢复了意气风发的模样。

十月初一（壬子日），设立选人及任子试出官法①、颁行"募役法"这连续两道诏旨引人瞩目，不过人们更多的注意力还是被差役新法占据了。

募役法也就是此前的"助役法""免役法"，最早由制置三司条例司在熙宁二年十二月提出，并公布初步的条例细则，向朝野广泛征求意见；三年十二月下旬，经曾布、邓绾审议，由府界提点赵子几在京师所属县施行免役法，一直到本年十月才宣布正式推向全国。可以说，募役法的制定经过了较长时间的准备，朝廷颇是慎重。

按照最新的募役法规定，由各级官府出钱招募自愿充服差役之人②。原本应服差役的乡村上三等户，按土地多少出"免役钱"；原本享有免役特权的官户、僧道户及不服差役的女户、单丁户、未成丁户、城镇坊郭户中的上五等户，按田产或资产、户等，减半出钱，谓之"助役钱"；乡户自四等、坊郭户自六等以下，不输纳钱；另于各户所应缴纳役钱之外，统一各加增十分之二，谓之"免役宽剩钱"，以备灾荒赈济之用。

在百官们看来，因横山攻略失败、韩绛罢相而引起的保甲、助役风波，都没能真正动摇到王安石的权力，此番募役法的正式颁行就是最好的证明。

十月初五（丙辰日），宰相王安石妹婿朱明之迁枢密院检详诸房文字，这职务是枢密院里极重要的位子，职掌检阅、审核枢密院诸房条例与行遣文字，并负责起草机要文书。人们都说这是王安石在文彦博眼皮子底下安插亲信，以便时时窥知枢府机密。另外，到月末那位出卖了从祖父吕公弼的"家贼"吕嘉问，也得了权发遣户部判官的差遣。

十月初六（丁巳日），官家赵顼赐宴于新建的东府官邸。次日，王安石等宰执迁居入住。

---

① 不再以作诗为考察手段，改以选人除授差遣后涉及的断案、律令等方式进行考察，来断才干高下。

② 实际上施行募役法后，总体上仍是差雇并用。

就在熙宁四年十月似乎是新党扭转乾坤的时候，宰相王安石的胞弟王安国来到了京师。

王安国前任武昌军节度推官已满，乃来京师待铨选，官家想到他是安石胞弟，于是特赐召见。

这日宰相王安石用完餐饭在政事堂里办公，他不甚关心弟弟王安国被陛下召对之事。如今募役法正式颁行全国，各地的奏疏都由进奏院发到禁中，有诸多事情等待这位中书门下的独相来决断。

不过毕竟是弟弟来京，王安石已经吩咐身边一个元随，让他提早去订一桌酒席晚间送到府上。夫人吴氏早就关照过，安国喜欢吃些好酒好菜的，不能只让府上厨子对付，加之王安石还想邀请曾布、邓绾、章惇一起参加，便须略正式些。

到了未正时牌，王安石见手头的事情左右也忙不完，便放衙回府，想是弟弟安国早已到了。

如今自己一家居住在东府内，这乃是有一百五十六间屋舍的巨大官邸，王安石家里才这么些人，压根住不满。官家知道他生性节俭，不好排场，便赐了一批婢女到府上伺候起居，做些持帚洒扫、端茶送水的差事；本亦要赐以一班歌伎，以便相府酒宴助兴之用，但王安石辞谢了官家的好意，以为养之无用。

这会儿王安石出了皇宫大内，骑上马后不多时便到了东府官邸外，相府院子赶忙迎上来，伺候相爷下马。王安石大步流星地走进大门，穿过玉石雕砌，刻着栩栩如生的仙鹤戏水图的影壁，终于在庭院里望见采光极佳的会客厅堂，只见里面坐着三个人，那便是胞弟安国与他的两个儿子王雱和王旁。

王安石高高兴兴地从石阶上迈步踏进大堂里，笑道："平甫（王安国字），一路可尚好？"

王安国道："拜见三哥，三哥且先换了官服再叙话。"

王安石点点头，走到边上的厢房里，早有婢女在旁伺候，不过他亦只习惯寒翠儿为自己更衣。

换好了家居舒适的道服，却听寒翠儿道："方才四爷与二位郎君说话，听着怪怪的……"

王安石瞪了她一眼："恁地没些个规矩！"

寒翠儿半分也不怕："相公好不讲道理，好心说与你听，却不领情！"

这位大宋的宰相无奈地摇头苦笑，厢房里另外两个婢女都低着头不敢发一语。

王安石回到厅堂时，见曾布、邓绾都到了，只有章惇还没到。章惇前些时日自郴州回来后①，仍旧是在检正中书户房忙前忙后，他为人精明强干，在中书检正官里极为出挑。

见到相公，曾布、邓绾都站起来行礼。

"不必多礼。"王安石笑着在主座上坐下，"平甫，这二位想已与你互相见礼过了，曾子宣、邓文约，皆朝中俊杰，新法须臾难离他们。过一会儿章子厚也该到了，他们三人极是某之助力。待吉甫丁忧期满，便是济济多士盈于朝堂，新政成就之日可期矣！"

曾布、邓绾又是忙不迭起身一揖道："俱是丞相擘画之劳，吾辈岂当如此谬赞。"

"坐下坐下，不兴虚礼。"王安石显得心情颇佳。

座中王安国却哼了一声道："三哥数年来便与这些俊杰共事，谋划所谓新法？"

王安石也察觉出胞弟神色不豫，道："是何言哉，子宣、文约等宣力甚多。午前召对，平甫与官家所言为何？"

王安国正色道："陛下自是圣明非常，然而恐怕为人所惑久矣！"

王安石摆摆手道："平甫，此处虽非朝堂，这般言语须轻易说不得。"

王雱急得跺脚道："爹爹，儿子方才问过四叔，四叔在官家面前说什么王猛睚眦必报，专教苻坚②严刑峻法，以杀人为事！这，这莫不是在暗指……"

王安石呵斥道："如何对你四叔无礼？"

王安国道："三哥亦不须责怪元泽。陛下问我以汉文帝为何如主，吾对曰：'三代以后，贤主未有如文帝者。'孰料官家言：'但惜其才不能立法更制尔。'又言：'王猛佐苻坚，以蕞尔国而令必行。今朕以天下之大，而不能使人，何也？'考诸史册，文帝待群臣有节，专务以德化民，海内兴于礼义，几致刑措，使一时风俗耻言人过，而陛下不以为当效仿，反称许暴君苻坚、奸雄王猛，是何理哉！吾对官家说，此必小臣刻薄有以误陛下者！"

听到这番话，曾布、邓绾都是脸色骤变，王安国话里说的刻薄小臣，显然指的就是他们！

可王安国还在滔滔不绝地往下说：

"陛下问：'安石秉政，外论谓何？'吾不能为兄弟之私而忘臣子之义，乃对曰：'但恨家兄施政，聚敛太急，知人不明耳。'"

"谁道丞相识人不明！"

---

① 七月二十七（辛亥日），诏检正中书户房公事章惇往邠州制勘知州张靖，本州观察推官、权管勾经略司机宜文字王揽等。又诏惇体量所过陕西州县推行雇役新法及民间利害以闻。

② 魏晋南北朝时期，前秦苻坚在王猛的辅佐下统一北方，成为一时的霸主枭雄。王猛死后，苻坚伐晋，欲统一中国，在淝水之战中被击败，后死于部下羌人姚苌之手，前秦帝国亦四分五裂。

曾布、邓绾望向声音来处，正是章惇。

二人赶紧站起来相迎，想稍化解一些尴尬。

王安国冷笑道："这人高马大的，想必是章七了！三哥，似此等无行之人，他日必害你令名！"

章惇知道眼前人当是王安石四弟安国，却寸步不让："君为西京国子监教授，溺于声色，走马章台，洛阳闻名，而今于相公处，作他'旧党君子'的说客么！"

王安国气得满面通红，从座位上跳起来怒骂道："尔章七敢恁地辱我也?！"

王安石道："今日是家宴，平甫与子厚如此这般，却是全无必要！都坐下吧！"

章惇见王安石发话，当下也闭了嘴，深深一揖道："某轻浮失言，丞相勿怪。"

王雱却不嫌事大，在一旁道："子厚兄一向稳重，今日亦未见得轻浮。"

王安国拂袖冷哼，竟是离开了厅堂，往后面廊庑而去了。

王安石亦无奈，乃招呼曾布、邓绾、章惇俱坐下，又不愿两个儿子再掺和在朝局论辩的场合里，便吩咐王雱、王旁去准备些茶点。

四人聊了片刻，寒翠儿却来到王安石身边，附耳低语。

"四爷不知何事，在影堂①哭哩。"

王安石皱了皱眉头，起身道："诸君稍坐，某失陪须臾。"

于是随着寒翠儿一路穿过廊庑，到了后面的一间屋子外，这便是相府上供奉和祭祀族中先人牌位的地方。

门开着，王安国果真跪在垫子上哭泣。

王安石上前扶起弟弟，道："平甫你这是做甚？"

王安国道："天下汹汹不乐新法，皆归咎于三哥你，恐为家祸耳！兄长如何不为家里人着想！"

王安石默然。

"吾家将灭门矣！"王安国哭嚷道。

好在寒翠儿叫来了夫人吴氏，王安国还算听嫂嫂的劝说，去厢房歇息了一会儿后，依然是出席了家宴。

但经过前头那一闹，这家宴的气氛也就颇诡谲了。王安国只与嫂嫂吴氏和侄儿王旁说几句话，并不搭理兄长王安石和另一个侄儿王雱，更莫说曾布、邓绾、章惇了。

酒过三巡，菜过五味，王安国一个人喝了许多闷酒，颇有些醉意，乃忽然举起筷子，指着桌上的曾布道：

---

① 影堂，古时家中奉祀祖先遗像的地方。

"尔如今是都检正，吾闻眼下属你专误惑丞相更变法令，你可承认？！"

曾布被这一问，也是不乐了。

"足下，人之子弟，朝廷变法，何预足下事？"

听到曾布冷冷地顶了回来，王安国勃然怒道："丞相乃我三哥！丞相由汝之故，杀身破家，僇及先人，发掘丘垄，岂得不预我事邪？"

王安石只得摇头："平甫喝醉了，雱儿、旁儿，扶四叔去歇息！"

曾布、邓绾与章惇见状，起身道："天色已晚，我等不便叨扰，今日先告退，相公勿怪。"

王安石朝他们点了点头。一场家宴，就这样闹得不欢而散。

十一月，秦凤路古渭寨。

如今的王韶意气风发，已经不再是区区的机宜文字，蕃汉之人见到他，无不须尊称其为"大帅"的。他已经成了一路帅臣，负责秦凤路缘边安抚司，有了方面之任，自然是大帅了。

这会王韶与高遵裕二人仍是在渭水边信马由缰，身后远远地跟着几十个亲卫骑兵。

"京师近来有何消息？"

高遵裕道："募役法颁行全国，此不消多说，邸报上子纯想已见得。丞相仍是圣宠无比，妹婿朱明之擢为枢府检详，东府建成官家又临幸赐宴。只是丞相的胞弟王安国蒙召对，却只得了个崇文院校书，虽也算馆职，但不入经筵，有说是安国政见上与丞相不合，向着旧党。另有个叫沈括的馆阁校勘，被擢拔检正中书刑房。"

王韶道："丞相信重不衰，我们在这里就容易许多了！这个月丞相生辰已过，你我所备礼物应至京师了吧？虽然丞相不讲究，但那是丞相的事，你我总须尽我们的道理。"

高遵裕笑道："贤弟如何还不放心哥哥办事！俱是备妥了，早差人送去相府矣。说到相公生辰庆贺，官家御赐礼物，自是国朝故事，倒有一桩趣事，说与子纯知晓。光禄卿巩申，可曾听闻？"

王韶摇摇头："他如何了？"

高遵裕竟是忍不住又发笑："今番丞相生辰，朝中文官多献诗颂，僧道则献功德疏祝寿，京中小民有买鸟雀数笼的，在家院子里放生，也说是给相公祈福。这巩申竟作不得诗，又不会诵经，竟学小民的做派，只是财大气粗，买了一百二十笼鸟雀，放生为丞相祝寿，又说什么'愿相公一百二十岁'。人皆传为笑谈！"

王韶却面色冷峻："我却只愿丞相不要被这些小人蛊惑了才好！"

高遵裕道："那哪能呐？相公是什么人物，断不会的。"

"那便好，"王韶望着滚滚流淌的渭水道，"公绰兄，正式招抚俞龙珂部，让他们举族纳土归顺之时机业已到了！"

高遵裕道："是也！今子纯主持安抚司一切小大事务，再不须看秦州脸色，有了正式招抚俞龙珂这老鬼之大功，你我的缘边安抚司就站稳脚跟了，招抚青唐也就完成了一大半！往后，便可面对木征、董毡他们！"

王韶幽幽地说道："河湟之地，势在必得。"

十二月下旬的京师，岁暮阴阳，寒冬飘雪，一封由秦州发来的急递奏报送到了进奏院。

垂拱殿前殿视朝，二府合班奏对，乃共同进呈秦凤路缘边安抚司发回的奏疏。

宰相王安石与枢密使文彦博站在两边，展开文书各手执一端，由宰相展读，此即是御前进呈时的"对展"。

"王韶奏俞龙珂及旺奇巴等举种内属，乞依已得朝旨，除俞龙珂殿直、蕃巡检，又分其本族大首领四人为族下巡检，既分为四头项，自此可令不复合为一，免点集作过。又乞除旺奇巴殿侍、秣邦一带巡检……"

赵顼虽然此前便知晓了俞龙珂已答应归附的事情，但眼下正式举族内属，仍是内心喜悦万分。御前会议的最后，他口出天宪，准了王韶之乞请。

这一日放衙，王安石回到府中，院子便禀报，说是有四弟王安礼的书信。

换上一身绵裘便服，坐进早已生了暖炉炭火的书斋里，王安石打开信笺，只见胞弟安礼家常问候之余，结尾附了《咏雪》诗一首。

想到这一年来虽面临种种艰难险阻，自己仍勉力支撑，最终在推行新法上做出了一些成绩，王安石心头也是百感交集，他提起笔，挥毫写下一首次韵诗来。

> 奔走风云四面来，坐看山垒玉崔嵬。
> 平治险秽非无德，润泽焦枯是有才。
> 势合便疑包地尽，功成终欲放春回。
> 寒乡不念丰年瑞，只忆青天万里开。①

熙宁四年走到了尽头。这一年，宗室子弟赐名、授官者凡六十六人，刑狱判决大辟斩首的凡三千六百九十九人。然而这些名字不过是被风雪声吞没，消隐在年关的寒意里。在这两份名单里，任你天潢贵胄还是布衣黔首，也只是生、死罢了，与帝国的宏大叙事离得很遥远。

---

① 王安石所作七言律诗《次韵和甫咏雪》。

第 五 巻

独 相

第 十 七 章

御水曲随花影转

在久不见太阳的天气里，熙宁五年（1072年）来了。

正月初一，官家赵顼按惯例在御大庆殿接受百官朝拜。然而山呼万岁的群臣，却见皇帝清瘦更甚以往，脸上浮着一层病态似的苍白。今上登极以来，兴"大有为"之政，雷厉风行地创设新法，要革赵宋天下百年积弊……这副担子委实是太重了。

横山战略失败后，陕西诸路都要和西夏划定边界，来来回回争论许久。更烦心的是，河东府州奏报，辽国的西南都招讨府移牒，说宋国有兵骑越境，且施弓矢射伤辽人。看起来，契丹是想找个借口也来谈一谈边界划定等问题，图谋些好处。

在这些阴霾笼罩下，今年的正月节庆更多只属于寻常小民和官宦人家以及富户们，皇宫里官家竟是连上元节也体会不到乐处，他看到堆积的奏疏和朝政公务，只觉得宫城外的喧嚣尽是惹人心烦。

正月十七（丁酉日），官员们结束了上元节的休沐，开始赴朝视事。

前殿视朝后，枢密班子下殿，文彦博与吴充回到了枢密院内。可文彦博刚到自己的视事阁坐下没多久，亲事官便来报，说是内侍省押班李若愚求见。

须臾，这位已经做到押班高位，距副都知仅一步之遥的貂珰内侍走了进来。可他竟哭丧着脸、佝偻着背地走到文彦博桌案前，哽咽说道：

"潞公须得为咱家做主呐……"

文彦博起身，扶着貂珰坐了下来，乃道："老夫知道押班今日来是为何事。可此事，我也做不得主。"

李若愚从衣袖里摸索出锦帕，擦了擦眼泪，龇牙咧嘴地说道："咱家也知道，这事是谁在从中作梗，要给咱家难堪。入娘的邓绾算什么狗东西，凭他那点胆子，竟敢搬弄是非！"

见到一向好以温文尔雅示人的李若愚，竟这般如市井之徒似的骂起来，文彦博道："邓绾不过是个阿附当权的小人，亦何足道。定是其背后之人，要让押班难堪。"

李若愚道："前省奏补，不过是常有之事，咱家苦劳多年，给在宫外的儿子求个官职，却算得什么大事，邓绾要说咱家违背祖宗旧制，更要说内臣非分贪求，是为乱法……直娘贼，邓绾和司农寺违背祖制的地方可还少?!"

文彦博道："这事情上，押班确实委屈。然而邓绾奏疏一上，官家便准了，恐怕也是看在那座靠山的面子上。"

李若愚更是愤恨，双手捏着拳头，咬牙切齿道："潞公，咱家到底还是有些糊涂，他王相公乃云里的神仙人物，竟与咱家这样的刑余苦命人为难，却为何事?"

文彦博好整以暇地将亲自沏的茶推到李若愚面前，道："押班岂不知这内臣里，张若水、蓝元震都和他走得很近?"

李若愚一拍大腿："是了，必是怕我升了副都知，碍了他们的好处!这才要百般寻些由头，来对付咱家!可这王相公的手，未免也伸得太长了!宫里头的事情，他也要管，怕是本朝出了丁谓和雷允恭①了!"

文彦博喝了口茶，道："押班慎言呐。此事说起来，或是老夫连累了押班。平日你我有些臣僚间的君子之交，他便觉着押班是与老夫坐一条船的，自然要寻机会下绊子，顺便也卖个好给张若水、蓝元震，无非这样罢了。"

李若愚听到这位元老宰臣竟称呼自己为有"君子之交"情谊的同僚，顿时大为感动，站起身深深一揖。

"潞公，咱家虽是内臣，但亦有忠君之心，谁真对官家和天下好，咱家心里也有一本账!能与潞公结交，若愚自然是仰慕已极，何来埋怨的意思!前番咱家上奏疏，蒙潞公在密院准了犬子转官，已是恩情难谢，虽后来被中书卡了，却并不干潞公的事。想来，为了王韶在秦州之事，咱家已经大大得罪了他王介甫!既然如此，咱家这押班不要也罢，让官家看看，到底是谁欺人太甚!"

文彦博道："这又何必，王安石圣宠正盛，便是舍了押班的官职，也落不得好。"

李若愚拿起面前的建盏，一饮而尽，道："潞公，咱家心意已决，就给他来个以退为进，鱼死网破。他王相公高高在上，权倾中外不假，可咱家就是要让官家知道，中书的独相甚至连皇宫内之事亦要插手了!他王安石早晚有圣宠不再之时!"

午后，官家赵顼正在延和殿里看着通进司呈送的各处监司长贰的重要奏疏，阁门忽来通传，云是枢密使文彦博求见。

无多时，身材高大的文彦博上殿站定，行礼如仪。

官家赶紧令内侍搬来机凳赐座，然后方道："卿所来何事?"

---

① 丁谓是真宗皇帝暮年及太后刘娥临朝称制时期的宰相，在天禧政争中击败寇准，实际上违背了真宗皇帝对身后大事的安排。刘太后垂帘听政后，丁谓与貂珰内侍雷允恭内外勾结，一度权倾朝野。二人后被太后刘氏诛罚，令丁谓远窜岭外，雷允恭赐死。

文彦博道："陛下，内侍押班李若愚来枢密院，乞解押班一职。"

赵顼一想便明白了："是为被邓绾弹劾一事吧。此事当时中书未允，且叫王安石上殿吧。"

文彦博仿佛是凝心入定，也不说话。

无多时，王安石自政事堂来到了延和殿，一揖后官家赐座。

官家道："召卿来却是为李若愚之事。其已言于枢密院，乞解押班。"

文彦博道："李若愚恐有欲倾夺其位者，故求罢。"

王安石见文彦博把话头往这上面引，当即道："前密院与若愚子转官，臣不见条贯，不许，故进呈札与密院关报以问之。密院若已删去此条，即合札与中书云：'本院已删去此条。'而今密院却云：'特依皇城司条贯，所有不许回授^①恩泽条贯令今后遵守施行。'此即要依皇城司条贯许李若愚回授其子，而与转官，臣实惑之。"

官家道："何也？"

王安石道："李若愚既非勾当皇城司，如何用皇城司条贯？既是已删条贯，如何却令今后遵守施行？缘事有违法，非但臣所不敢遵行，虽中书检正官亦皆以为不允。臣苟不言，是违法，阿近习，义所不能为，非于若愚有利害与夺，不知若愚辞差遣何意？"

官家一听，此事极分明，便道："李若愚奏疏中说，前省奏补，有此故事，今以其一人而废，无面目对同列，故乞罢。"

王安石道："前省不奏人，干若愚何事？莫非其一人已能代表南班^②耶？要在陛下陟罚臧否，无分亲疏远近而已，前省虽或有故事，而于条贯相违，合当废此侥幸之弊。又方才闻密院说恐有倾夺其位者，不知是谁人？"

见宰相王安石有些咄咄逼人，文彦博只是沉默，赵官家心中竟微不可察地一叹，道：

"李若愚为与程昉^③不相得。"

王安石也注意到文彦博今日话很少。他听陛下把话题引向了程昉那里，于是道：

"此非臣所知也。"

官家看向文彦博道："卿以为此事当如何？"

---

① 回授，指文武官员、内侍、妃嫔等可以将自己的迁转之恩，转授给弟侄、子孙，使其入仕或迁官，也可以回赠亲属，如已故的父母等长辈。

② 内侍省，号为南班，主要负责侍奉官殿、洒扫殿庭及各种杂役。

③ 程昉亦内侍，时以都水监丞在外开修漳河，王安石颇维护之，程昉又为韩琦所恶。

文彦博起身一揖道："臣叨位枢莞，李若愚乞罢押班，臣职分所在①，理所当禀。然若愚又为陛下宫中之内臣，故一切处分，臣岂敢置喙，惟进呈御前，取进止，听陛下圣裁而已。"

官家努了努嘴，似有所想，然后道："即是条贯所无，其子转官一事当依中书所断，邓绾之奏，朕已许之，可从原来指挥。至于李若愚乞罢押班，且容朕想想，二卿可下殿矣。"

出了延和殿，王安石觉着李若愚这件事，以及方才殿里沉默寡言的文彦博，都不同寻常。之前李师中说王韶妄指闲田时，这位貂珰与开封府判官王克臣一同前去秦州体量虚实，发回的文字说只有一顷六十亩地，甚至还是有主的，并非荒闲无主之地……想来在当时，李若愚已经选好了队伍。但今日文彦博几乎是不声不响的，也不像往常那样咄咄逼人，这又是为何呢？

王安石也不愿多想这些，他回到政事堂，便又投入到繁忙的政务中去了。

次日，一切似乎如常，中书奏对时，官家赵顼还对王安石说"经术，今人人乖异，何以一道德？卿有所著可以颁行，令学者定于一"，这便是说要以王安石的学问作为官学，来让天下学子奉为圭臬。

王安石当然明白，儒家的经术学问，自汉以来流派众多，也经历了由经学的章句训诂向如今的义理道术的转变，不同的人对圣贤之说的理解很可能大相径庭，但自推行各项新法以来，朝野总有人借用各式各样的经术理论，来反对甚至抨击、歪曲朝廷的良法美意，这便造成一种异论纷纷、人言汹汹的态势……官家想必是烦透了这一切，想要从理论的源头上统一思想，减少阻力，为今后新政更顺利、更深入地实施打下基础。实际上，在去年十一月末，王安石已对京师的太学做了一番整顿，将粱师孟、颜复、卢侗等非议新法的学官罢职，改用自己的学生陆佃、龚原等人为国子监直讲。太学这样培育新生代官员的摇篮，又怎么能不彻底掌握在新党手中呢？

就快到放衙的时辰，王安石在政事堂里收到了秦州方面的文书。

关防印信是秦州缘边安抚司，拆开一看，果然是王韶的文字。

才看了片刻，王安石不由得叹了一口气，坏了。

申时将过之际，曾布到了相府中。

王安石将王韶的信笺拿给他看，曾布才读了几行，也已明白了事态的严重性。

---

① 按照宋代的枢密院职官制度，除授内侍省官亦归枢密院所管，且内侍立功大者，所得官多即武职，故枢密院管辖，亦有一定合理性。

"恩相，此事若不妥善处理，恐子纯与高遵裕在古渭寨，亦办不得后续之诸多事，恩相的对夏战略，更会全盘受阻！"

王安石道："是也。我与智缘相识已近十年之久。时仁宗皇帝不豫，除医官外，亦延请僧道，智缘便在其中。而司马十二颇反感智缘，上奏乞夺智缘紫衣，放归本州。去年派其去助王韶前，便是王禹玉亦颇疑之。然我念往日旧情，且知蕃部崇拜高僧，便让他去了。可未曾料到，这智缘到了秦州，便被郭逵捏在手里，如今专与王韶作对！是我识人不明，竟不如君实能知人！"

曾布道："恩相何可自责？郭逵判秦州，人人须尊他一声太尉，又是个胆大妄为之武人，智缘虽有口辩之才，恐在郭逵处亦无用。往日郭逵静难军节度留后任满，文彦博谓可授其节钺，由于恩相之反对，他望节度使而不得，只是移镇雄武军节度留后……或由此郭逵记恨于心。眼下须想对策弄走郭逵！何况子纯向来能人所不能，有急智，若他来书信说与恩相，定是事已甚难，须得恩相在御前助子纯方可。"

王安石望着东府高墙外的落日霞光，沉吟了片刻，道："韩缜去，郭逵至，须得拿掉郭逵，王韶才好展布拳脚！"

曾布道："恩相，何不明日垂拱殿奏对毕，请留身，向官家论说郭逵、智缘沮坏拓边河湟之大计，乞以子纯帅秦凤，使缘边安抚司与秦凤经略司事权归一，再无掣肘！"

王安石看向自己在京中最得力的助手，想到这未尝不是一个釜底抽薪的好办法，若王韶担任的不仅仅是缘边安抚司的帅臣，而是整个秦凤路的帅臣，那么招抚青唐、开拓河湟的战略就上了康庄大道。可问题是，王韶复官不过半年，除为管勾缘边安抚司不过四个月，骤然要节制秦凤一路，以其庶官的身份，官家那里能通过吗？

"昨日李若愚乞解押班之事，文彦博在御前颇是反常。若愚奏其子转官，中书不允，官家本以为无可无不可，然李若愚又摆出一副可怜模样，官家之后到底如何想，我亦不得知。且近来，我越发觉得天心难测。若乞请以子纯兼任秦凤经略，我看官家未必会同意。"

曾布似乎胸有成竹，笑道："恩相何必多虑。此不过是上上之策，可若是官家不允，不妨请移郭逵，改判他处。官家如今年岁渐长，帝王之术自然日益成熟。可只要官家还想除旧布新，就离不得恩相在中书当国秉政。如此，官家或许会否其一，但不会再否其二。恩相大可回忆，自入二府以后，官家可有接连不从之时？"

王安石道："言之有理，拿掉郭逵才最要紧。"

五更天，王安石在待漏院里看着奏疏，忽对旁边的参知政事王珪道："禹玉，你有先见之明。"

王珪一听，赶紧从椅子上站了起来，略揖而答："不知相公所说何事？"

王安石道："去年在政事堂议论用智缘入秦州一事，你疑心其不可用，我不能听，今果然。"

王珪笑道："相公哪里话，不过是某愚者千虑，或有一得，侥幸而已，如何能掩相公燮理阴阳、总统万机的明哲睿智。比不得，比不得，相公对自己求全苛责，令珪汗颜。"

另一名参知政事冯京看着王珪那奴事王安石的媚态，心里感到恶心，偏那王介甫还专喜欢这种人在身边！

卯正一刻，宫城宣德门开，百官们鱼贯而入，大多数京官赴文德殿立班，二府、三司、南衙等要紧职事的文武大臣则入垂拱殿起居，问皇帝圣安。

内殿起居后，便是中书奏事。议论完事众臣正当下殿，王安石乃请留身独对。

"陛下，自王韶管勾秦凤路缘边安抚司后，郭逵在秦州一意沮坏，今又激智缘使攻王韶，且陕西都漕①谢景温亦害韶事。今秉常方弱，正合经营，夷狄之功，虽不足贪，然陛下欲大有为，则方夷狄可以兼制之时，不可失，不宜为人所坏。"

赵官家道："夷狄功非所贪，然须图难易、审先后，方能消祸患于边疆之外，此所以保境安民。秦州即如此，当何以措置？"

王安石道："王韶有非凡之才干，且忠勇过人，尝轻身入俞龙珂帐中，于种种危难险阻之际，奠定招抚大功，此陛下所知也。而郭逵位高权重，其判秦州，人所不敢拂逆，本冀僧人智缘有以助王韶，今也不然，反为郭逵所使，意欲阻挠。即郭逵在秦州，而责王韶成功，臣恐终不可得。不如即用韶帅秦，徙逵他处！"

官家沉默了片刻，道："王韶官卑职低，如何为经略司帅臣？以其帅缘边安抚司，尚只能除管勾。"

王安石道："超擢待制或不须，升为直阁②，则帅秦亦无不可矣③。为其资浅，以权发遣入衔可也，亦只是名义而已。要其能了办河湟事。"

官家道："王韶轻易，如兰山族才来请料钱，便言举属内附。若骤然将秦凤事权，悉以付之，恐其贪功急躁，反为不美。"

王安石还想争一争，便道："韶但急于为陛下所知，故或不为高远，稍有所获，便欲朝廷见其功勋，此亦人之常情。若如兰山族等蕃部肯就招纳，即言内属，亦不为

---

① 都漕，谢景温时任陕西都转运使，都转运使即都漕。

② 自直秘阁至直龙图阁之贴职，统称直阁。直秘阁为正八品，直龙图阁为正七品。

③ 如李复圭便曾以工部郎中、直龙图阁的官职为庆帅（环庆经略使、知庆州）；赵卨也曾以直龙图阁先后权发遣延州和庆州。

过。考王韶前后计事，可谓算无遗策。其于众人窥伺倾侧之中能立事，不可谓无气略，比赵卨尤胜。若事权得专，岂不能责成以大事乎？"

官家若有所思地点了点头，道："且更待其有功。"

王安石发现自己说了如此多，可官家仍然不为所动，未听取他的建言献策，这在过去是很罕见的。

"陛下，若必不能令王韶当即帅秦，则郭逵须移，否则王韶如何成事？"

官家忽道："以吕公弼代郭逵，则何如？"

王安石听后一愣，官家又接着往下说："公弼易驱策，委以韶事必尽心。"

吕公弼？

他在京师任枢密使时，可是和文彦博紧密配合，也是一力反对新法的。在韩绛以昭文相、宣抚使主持横山攻略的时候，吕公弼在太原府没少使绊子，只是韩绛终究是棋差一招，庆州兵变、啰兀抚宁之失反而成就了吕公弼洞察边事的美名，看来这位吕公著的兄长，已经重新赢得了官家的信任。

脑海中闪过如许念头，王安石乃道："如公弼似较郭逵可用。"

赵官家道："与何官？"

王安石道："向来罢枢密使，亦无显状，吕公弼又经受先帝遗诏，当与节度使或宣徽使乃可。"

节度使是轻易不除人的，若不曾拜相，则节钺极为难得。从官家对此的选择中，或能见出他对吕公弼是否尚有保留。

"与宣徽使。"

王安石又道："陛下尝欲移王广渊，今如何？"

赵官家沉默了片刻。

"冯宗道①体问得庆卒尚危疑，未可易帅也。"

庆州兵变之事过去了快一年时间，此前官家在御前会议中对王广渊意见不小，甚至说他"每遇事辄言宣抚司过失"，有徙王广渊于他处，解其环庆帅职务的意思。可这会儿他又说庆州军心不稳，仍须王广渊镇抚。

等于说，官家否了王韶帅秦的提议，但同意了移郭逵、留王广渊，又准备将新的秦凤经略司帅位交给旧党的吕公弼，这是帝王的平衡术啊！

王安石深深一揖道："臣领旨。"

---

① 冯宗道，内侍，时任入内内侍省供奉官，从八品，次于押班。

午后，皇城外的司天监衙署内。

说起司天监，实则在禁中还有翰林天文院。两个衙署都掌察天文祥异，且互相关防。不仅如此，司天监和翰林天文院里所设的漏刻、观天台、铜浑仪等设备，基本完全一样。至于为何要如此叠床架屋，便是为了防止司天监这样的机构在占察天象等事务上偷奸耍滑、弄虚作假。按照皇宋制度，每一晚都要将司天监、翰林天文院两司占天奏状相互对勘，以避免作伪。

然而官吏们混日子的苟且心思竟总能使他们动出许多脑筋来。原来，翰林天文院与司天监两个衙署彼此合计，发现此事完全可以互相串通，天上的日月星宿如何运行，只需要根据小历所计算的结果加以誊抄，便可使两司的占天奏状每次都完全一致，既不会有人犯错遭罚，也不需在夜色里苦苦等着占候。如此一来，在翰林天文院和司天监为官，虽无什么油水，却是一等一的清闲，全无半点费力的职事差遣需做。

但清闲不能当饭吃，眼下有位司天监灵台郎①名唤亢瑛的，便正坐在自己的桌案前愁眉不展。像他这样一个八九品间的小小技术官，在遍地朱紫的京城里，可谓毫不起眼。多少年来，这个清水衙门里的官吏都是闲散惯了，他平日和衙署里的同僚一样，也是早早放衙，一刻都不会多待。

在司天监里，亢瑛因职务所在，也教着几个学生，其中有个颇聪敏的，见到老师神情沉郁，便上来小声问道："师父便怎地？"

亢瑛竟没听到，学生又问了一声，他才回过神。

"哦，无事，昨夜未睡好，有些乏了。"

亢瑛将学生打发走，便也提早离开了司天监，他不愿被同僚觉察出异样，骑着头瘦骡子，一路在街衢上晃悠。司天监里像他这般不舍得买马的也大有人在，多是骑匹驴、骡子之类的以代步，但为官若是连马都买不起，自然是要被人鄙夷的。

亢瑛家住城北左厢，甚是偏远，便是如此，亦不过租赁的民居而已，东京城的房子，他一个灵台郎自然是囊中羞涩，没有实力置办的。

一路经过豪奢的白矾楼，外头宝马香车停得密密麻麻，里面的丝竹管弦之声播于行人之耳，可这一等一的奢遮去处，像亢瑛这样的低级官吏，竟是一次也没去过。骡子驮着他又走过了等觉寺，所谓等觉，即诸佛觉悟，平等一如。可亢瑛听到念经的声音，只觉一阵阵心烦，在他切身体会中，这俗世间哪有什么平等！官吏和皇亲国戚们可以鱼肉百姓，大官欺压小官，胥吏横行闾阎，莫说这偌大的天下没有平等可言，便是这汴梁开封、天子脚下，又何来平等？风波恶，浪涛急，这大浪卷起，管你是大鱼

---

① 司天监灵台郎，技术官，正八品下，位次司天监丞、主簿，职掌候察天象、教习学生等事。

小虾，局内局外，只剩下身不由己！

这样越想越烦躁，眼前已经是东西流向的五丈河，在正月的寒意中泛着阴冷的光。亢瑛的骡子蓦地停在了原地，一群总角之年、梳着两个发髻的顽童们当街横冲直撞，一边追逐打闹、欢笑不已，一边还唱着童谣：

"大圣人、小圣人，二圣辅佐天家闹太平；东变法、西变法，法法变卖祖宗苦百姓！"

亢瑛一惊，又好像是醍醐灌顶。看着孩童们逐渐远去的嬉闹背影，他若有所思……

正月二十一（辛丑日），东京城和前几天一样，依旧是灰蒙蒙的阴天，抬眼望不见太阳。

皇宫大内的掖庭深处，离天章阁不远的地方有一个叫尚书内省①的特别衙署。这里静谧肃穆，全无半点莺莺燕燕的嘈杂，里头在一张张桌子前伏案读写的都是被尊称为"内夫人"或者"内尚书"的高级女官们，她们代皇帝御批，虽比不得唐时上官昭容②的风光，可也是预闻军国事的紧要职事。

此时有一位直笔内夫人正黛眉微蹙，但见她头戴白角冠，蝶首蛾眉之上青丝美甚，左右各插着数把白角梳子，上下相合，这种式样在宫里头极流行；朱唇皓齿、杏腮桃颊之下，则是颀肩如削，罩着一身华贵的紫霞帔。她两只玉手不由得将奏本捧起来，仿佛要再三确认上头的文字。

这是她无法处理的文书了，涉及的事情，实属骇人听闻，必须即刻进呈官家御览、圣裁。

禁中政事堂里，宰相王安石和两位副相冯京、王珪都在各自的桌案前看着公文，时不时讨论某事如何处理。这是放衙前最后一次集议，今日除了陕西转运副使调整之外，亦无甚大事。

眼看就要未正时牌了，一个内侍抱着一沓奏本走进政事堂，这不过寻常事，官家将臣僚的奏疏降付中书，由宰臣们看详后商量具体意见。以政事堂的规矩来说，军国

---

① 宋制，宫中有官官，即宫人女官。一般来说，臣僚的章疏自通进银台司送入禁中后，由内侍宦官转交予尚书内省，由尚书内省的女官"内夫人"们编排点检，进行分门别类地整理。代皇帝御批的内夫人，称为"直笔"。从制度上说，章奏属要事则须伺候进呈，由皇帝御览亲阅，一般章奏则代皇帝御批后，即降付二府、三司，由宰执、三司使审复。

② 上官昭容，即上官婉儿，唐武则天时期颇得宠信，掌机密文书、制诰诏令等要务，有巾帼宰相之称。

要事自然须宰执上殿进呈取旨；而日常政务只需拟草"熟状"。内夫人与宦官有时会代官家御批，因而对常程小事的措置官家有可能完全不过目；遇到政府所处分之事甚急，来不及禀报的，可以先付外施行，然后才拟书奏知官家，此则谓"进草"，须宰执于黄纸状子背面押字。

那内侍对着三位宰臣一揖道："告相公们，官家请立即看详第一封奏本。"

这却有些奇怪了。按惯例，中书还未放衙，若官家有急速机要事，何不召宰臣们上殿？可倘若不是重要的事情，何必让内侍嘱咐宰执立刻审读、集议特定的一封章疏？

王安石作为此时的独相，乃首先从桌案上拿起奏本，封面的黄纸上已列出了简要的事目：劾同中书门下平章事王安石。

翻开奏本，文字写道：

臣伏蒙圣恩，寘诸灵台。职在占候，上以察天象之休咎，下以鉴人臣之正邪。今五纬失度，建月久阴，日轮湮于天河，不待铜仪而可知，百姓惊于云霿，正须玉音以告慰。此诸凶厄，其占甚明，为政失民心，为强臣专国，臣恐行有大变。京师之中，有童谣曰：'大圣人、小圣人，二圣辅佐天家闹太平；东变法、西变法，法法变卖祖宗苦百姓！'大圣人者，谓宰臣王安石；小圣人者，谓其子王雱也。夫圣人之谓，古则尼父，今称人主与嫡母、正妻，所谓两宫者也。王安石父子荷国恩深重，反僭称乃尔，若止谓是圣贤，亦大有不恭……方此天久阴，星失度之际，诚不可轻改祖宗之法，宜罢免王安石，于西北召拜宰相。仍乞宣问西、南京留台张方平、司马光等忠纯大臣，并付都知、押班、御药看详，所奏及禀太皇太后。臣冒斧钺之诛，惟以一心芹献，万死而不避。使臣言不验，虽腰斩以谢众，乃甘之如饴……

署名是：司天监灵台郎亢瑛！

冯京见王安石怒形于色，问道："是何奏疏耶？"

王珪走上前，接过了亢瑛的奏本，看完后亦是脸色大变。

"冯参政，此是奸邪小人以天变、童谣攻击相公！"

王安石努力使自己平静下来。亢瑛不过是个司天监灵台郎，人微言轻，又非御史、谏官，照道理既没有职权可以弹劾宰臣，也不可能有这样的胆量。想来是蚍蜉撼树罢了，可这背后有没有不可告人的秘密呢？

冯京也看完了奏疏，道："相公，须此时请对，进呈才是。"

王安石道："国朝制度，宰臣为人所劾，须府中待罪，某岂敢例外，今便告假归第，明日不复来矣。"

王珪道："相公，这又何必？他亢瑛非言官，本就是越职言事……"

王安石已是起身离开了座位："岂不闻董荣请苻生诛其司空王堕，以应日蚀乎？ ^①"

看着大宋的平章事、监修国史走出了政事堂，王珪对身旁的冯京道："这却如何是好？"

冯京望着王安石远去的背影，道："官家既然让我等立刻看详，须得今日便请对上殿，进呈取旨才是！"

王珪道："亢瑛一灵台郎微贱不足道，而深诋宰辅，冯参政以为当如何处置？"

冯京摸了摸胡须，道："便让他去岭南吧！"

当日，参知政事冯京与王珪在放衙前请对，于便殿进呈，乞司天监灵台郎亢瑛夺官勒停，送英州编管。既而，官家御批，令追毁出身以来文字，黥面，刺配英州牢城！

由于果断重重处置了亢瑛，王安石第二天便赴朝视事。可在京百司的官僚们看来，王安石已经成了一个肆意残害朝廷命官的权相，官员们对他的恐惧更深了。英州在广南东路，属于五岭以南的恶山恶水之地，文武百官，但凡听到贬谪岭外，无不闻风丧胆，两广之地瘴疫肆虐、蛇虫横行，气候闷热潮湿，去了那里很容易水土不服，渐渐病亡。因此，亢瑛被革职编管于岭南，已是极重的黜罚，可他甚至还要被脸上刺字，发配到牢城里去做个"配军"。亢瑛不自量力，这一局又是王安石胜利，且胜利得不费吹灰之力。可在一些真正洞察到官府内外风吹草动的人心中，这独相真的赢了吗？

政事堂里，未时二刻刚过，内侍送来御批。

王安石上前代表中书恭领内降文字，打开便看到上批：

近中书画旨^②施行事，止用申状^③，或检正官取索到文字，此事体不便，可检会熙宁三年条约遵守。

从宰相手中接过御批看了之后，冯京和王珪也是各有心思。

---

① 董荣，即董龙，前秦皇帝苻生宠臣，而司空王堕与其不睦。后因日蚀，董荣向苻生言："今天谴甚重，宜以贵臣应之。"于是杀司空王堕。

② 画旨，一者是指枢密院文书，元丰五年二月后，枢密院奏进文字，经皇帝批奏得画者为画旨；二者泛指中书、枢密院二府宰执进呈文书后，得到皇帝画可，已初步形成合法的圣旨，随后当再作"敕"或"宣"行下，发付有司（中书颁降者称敕，枢密院则称宣）。若常事指挥则不然，二府可用札子行下，不需奏裁。

③ 申状，指下级对上级之文书。

参知政事王珪便道："相公，这是何意？用申状施行，正是熙宁三年之诏也①，如何官家今以此事责问中书？"

王安石亦对此感到诧异，但他隐隐能明白背后的意味。

官家御批的意思是说，近来中书存在以申状或检正官所得文字进呈画可后，直接原封不动，将申状或检正官处文字作朝旨行下，指挥有司的情况。如此一来，似乎有失体统，也令朝廷威严不免有损。

申状事，王安石心知肚明；至于检正官取索到文字，则进呈后形成指挥，颁降中外，恐无大事，大事乃中书宰执于御前奏对时当面进呈。那么究竟是谁将后续情形反馈给官家的？检正官处文字，大多只是民政，不需与枢密院关白，即枢密院不当知，莫非是检正官中有人拿这件事做文章？如今的中书五房检正官，分别是：户房的章惇和邓润甫；吏房的李定和卢秉；刑房的李承之、沈括；礼房的张商英；孔目房的蒲宗孟。

王安石从章惇想到蒲宗孟，把每个人在脑中过了一遍，都觉得不太可能。难道是去年年底，自礼房检正公事而除直舍人院的许将？许将在嘉祐八年大魁天下，进士第一，乃是状元出身，更被欧阳修赞为文辞如王沂公②，是个有资格眼高于顶的俊杰人物。之前许将为太常丞，按磨勘当迁本官，王安石拟转太常博士，而赵官家特旨超改右正言，至于直舍人院，也是出于官家特命的擢拔！莫非他初入两制之门槛，就开始针对中书，想要扳倒宰臣？

当然，这只是自己一时的猜测，并做不得准。

脑中闪过这些念头后，王安石对冯京、王珪两位参政道："既然官家垂问诚饬，以此事责中书，某须上殿请对。"

言讫，便跨出了政事堂。

冯京和王珪都注意到，拗相公用的是"请对"二字，而非这种情况下惯有的"请罪"。

延和殿里，勾当御药院李舜举引领宰相上殿，随即退到殿庑廊下伺候。实际来说，大臣入对而内侍不得在场的规矩，赵宋以来一向执行得并不严格。一是祖宗家法里早已"事为之防、曲为之制"，宦官想要在大宋专权可谓难之又难；二是皇帝一般都会有自己宠信的貂珰内臣，常侍奉在左右。

这会儿并非垂拱殿早朝时规制庄重谨严的二府奏对，只是便殿入见，而李舜举却

① 熙宁三年有诏，急速公事用申状施行。

② 王沂公，即王曾，曾在刘后临朝称制及仁宗皇帝亲政后两度拜相。

退到外面，这必是皇帝事先吩咐了。

王安石自然也注意到了，他在御案前一揖，行礼如仪。

"臣方才在中书恭奉御批，见陛下责问，故上殿请对。"

官家的脸在斜照进来的早春阳光里，半明半暗，似不可捉摸。他语调亦听不出什么情感，只是道："相公且坐。如许小事，何必再上殿。"

王安石却并未坐下，反而抬起头直视着官家。

"陛下责问中书，如何以申状径作指挥行下。臣今谨代表中书，奏禀陛下。近缘河上事①急速，所以只用申状行。且用申状施行，亦必得旨乃如此，即于事体未有所伤，不为专断。但要事务求早集而已，非有过错也。臣窃观陛下所以未能调一天下，兼制夷狄，只为不明于帝王大略！非谓如此小事有所不察也。"

按照王安石的意思，修河事颇紧急，符合熙宁三年诏书规定的急速事许以申状施行，因此直接将皇帝画可的张茂则、程昉之申状作为朝旨颁降付外，也没有什么不妥，并非中书自行其是，不请示圣意。而让官家感到难以置信的是，王安石不代表中书认罪也就罢了，居然话锋一转，反过来指责他这个皇帝对于治国理政的大方向、大策略等烛理不明！甚至拿出指点学生的口吻，来告诫他，如此小事不必垂意，否则恐怕往后又要冒出伤于丛脞②之类的话了！

这些感受让赵官家颇是难堪，但他的不快并未形之于脸色："天下事不过赏罚与功罪相当。若赏罚或以亲近之故而与疏远所施不同，则人不服。"

官家的这番话，仿佛与王安石刚刚说的风马牛不相及，可仔细一想，这话别有深意。一是回应了所谓不明帝王大略，告诉王安石，他可以明察秋毫，以刑赏诛罚驾驭群臣，统御万邦！二是表明了对于中书有失体统之事，他必赏罚分明。实则也是在质问，难道你王安石贵为备受信重的独相，所受赏罚就当与疏远小臣不同吗？那天下必将异论纷纷，他官家可不想负这个责任！

王安石是何等人？皇帝的每一层深意，他都洞若观火。

"臣自备位以来，每自省念，未知有何过错，乞陛下宣谕，令臣得以思愆！"

见官家未开口，王安石继续道：

"不知陛下所见闻何事？乃是臣以亲近、疏远，而所施不同？"

面对王安石仿佛不依不饶的逼问，赵官家又沉默了片刻，然后道："朝廷固无阿私，但在外亦未免有用意不均平事，如根勘河决事，程昉竟不问。独放过程昉不加审

---

① 河上事，此指张茂则、程昉修漳河等事。

② 丛脞，指细碎、杂乱。

察，人情岂能不汹汹？"

王安石道："陛下，黄河决堤，近年来固不在少数，然水旱之灾，此尧舜所不能免，可谓是天行有常，未可怪哉。况程昉不问者，缘昉开漳河，后又在京师提举淤田，皆赖其宣力，当以此故不勘。兼程昉要作黄河第五埽堤坝，外监丞不肯，所以致黄河决堤，昉策不能用，恐不当勘。"

官家道："如此，不过传闻程昉有先见之明。"

王安石道："若已不当勘，又何须理会传闻真假？纵无此传闻，亦有何利害？未得为阿私程昉而伤朝廷政体。"

官家道："相公便如此知程昉为何如人耶？！程昉性行轻易，昨上殿说：'中书每有河事必问臣，臣说了方会得。'一内侍而已，竟于御前沾沾自喜，又谓宰臣于治河无他这般见识，此相公以为如何？闻张茂则亦被他迫胁，云已得中书意旨，令他二人如此作文字，其申状便是如此而来！张茂则乃副都知！程昉尚敢乃尔。其余外官被他迫胁便可想见。然其才干却可使，但要驾驭尔！"

王安石道："中书所以用程昉者，为河事无人谙晓，又无人肯担当故也。塞河是朝廷事，非臣私利。陛下试思中书所以委任程昉，不知有何情故，庇护程昉何等罪恶？不知陛下闻得程昉复有何负犯？"

"闻昉所举买草官，悉是内臣招揽作文字人。"

王安石道："陛下所闻，臣恐亦未必实。岂有许多人悉是揽作内臣文字人？就令如此，中书亦无由知。内侍领在外差遣，招揽人代笔写奏本，亦不足为奇。今文臣在州府，衙署中亦多令僚属代笔，如韩琦用强至①，文字作得虽不中义理，然辞藻实甚好。士大夫率皆如此，见内侍亦为之，则不乐也。况只论买草事，转运司买草不得，须至委程昉，委昉即须许之举官。况程昉固轻于进取，然亦不择险阻。如陛下所言，若善驾驭之，必不害国，反能成事。若是妨功害能，虽善便辟，伺候人主眉睫间，最能败坏国事。恐如此人陛下乃当加以觉察。今陛下于此辈人，在臣看来，乃似未能点检。今在位之臣有事韩琦、富弼如仆妾者，然陛下不能使之革面。契丹非有政事也，然夏国事之极为恭顺，未尝得称国主。今秉常又幼，国人饥馑困弱已甚，然陛下不能使之归顺，陛下不可不思其所以。此非不察于小事也，乃不明于帝王之大略故也。陛下以今日所为，不知终能调一天下，兼制夷狄否，臣愚窃恐终不能也！"

难道王安石始终力推任用程昉治河，并无结交内侍之意，更无阿私朋党之心？赵顼又陷入一阵不易排遣的烦闷抑郁中，而王安石仍在滔滔不绝地说着。

---

① 强至，治平四年入韩琦幕府，为其幕僚，常为韩琦写公文。

"陛下若谓方今人才不足，臣又以为不然。臣蒙陛下所知，拔擢在群臣之右，臣但敢言不欺陛下。若言臣为陛下已竭尽全力，即实未敢。缘臣每事度可而后言，实在不可者，臣亦不言。向时，臣与吕惠卿、曾布说，每一事若能尽十分力气，天下何愁不大治？然臣每欲兴一事，革一弊，即须花七分力气与异论相搏，只余得三分力气创法推行，加之州县官吏种种沮法、坏法，则新法之效，十分但有一二分，亦不足怪也。况臣若竭尽全力，陛下岂能事事皆察臣用意、本心，此臣所以不敢自竭。臣尚不敢自竭，即知余人未见自竭者。忠良既不敢竭尽全力，而小人乃敢为欺诈傲慢。自古未有如此而能调一天下，兼制夷狄者。如臣者又疾病，屡与冯京、王珪言，虽荷圣恩，然疾病衰惫，耗心力于簿书期会①之故，已觉不逮，但目前未敢告劳。然恐终不能上副陛下责任之意。"

赵顼默然良久，自李若愚声称程昉谋夺其位而乞解押班，到司天监灵台郎越职弹劾，桩桩件件，都让他们君臣二人烦心，更不用说过去几年人情汹汹、异论炽盛了。

官家总算想到了点什么，开口道："前几日说与相公，有所著作可颁行，以一天下道德。朕欲相公录文字，且早录进。"

王安石一揖道："臣所著述多未成就，止有训诂文字，容臣缀缉进御。"

王安石下殿后，在走回政事堂的路上想了很多。今日在延和殿，君臣之间第一次出现了真正的嫌隙与隔阂。三天前官家虽否决了王韶为秦凤帅臣的提议，又提出把秦帅交给吕公弼，但那只是帝王心术而已，尚谈不上君臣猜疑。可方才入对，官家与自己的谈话却大为不同。官家抓住一件小事，向中书问责，又或明或暗地质问他王安石有无阿私结党，这着实是头一遭！官家即位已经五年，再不是那个年甫弱冠的少年天子了，也不可能永远以师臣待己，更不可能永远是他王安石的"学生"！官家就是官家，是君，是人主，是皇宋的至尊！

这样想着，王安石踏进了政事堂，径直去了自己的视事阁。他叫来中书的吏员，令其召都检正曾布即刻过来。

片刻后，曾布便走进来，一揖道："相公有何事吩咐？"

王安石把方才的事情都说与了曾布知晓，然后道："李若愚、亢瑛、程昉，这三人之事数日来连续发生，你如何看？"

曾布斟酌了一会儿，压低声音道："相公，若三件事果非偶然，那便是连环计，

---

① 簿书期会，指文书案牍繁忙劳累，又须在规定期限内加以处理，实施政令，指挥百司及地方。

且是甚毒之奸计！李若愚不得奏其子转官，废前省奏人故事，又乞解押班，此是让官家误会相公跋扈，仍在忌恨李若愚弹劾王韶一事，谓相公挟私报复；那小小灵台郎亢瑛狂悖乖谬，引天变与童谣深诋丞相，则是把相公置于火炉之上，要让百官畏惧、官家猜忌；有人说与官家申状与检正官处文字作朝旨行下事，是引出程昉，让官家以为相公深交内侍。其心不可问！说起来，那童谣恁地长，莫不是有心人在京中传播？否则如何这般巧合！"

"子宣，你的意思是，此三件事乃环环相扣，早有预谋？"王安石抬眼看向曾布。

"相公也定有所察觉，"曾布道，"必是西边。此事张茂则牵涉甚深，他哪是一般中贵人，乃是庆寿宫最亲近信赖之人，若要说张茂则能怕了程昉，某绝对不信。那他这被程昉胁迫之事，恐怕多半是张茂则自己所说。相公，若是张茂则扯谎，那恐怕庆寿宫和宝慈宫极可能已与西面达成密约，即全力扳倒相公、废除新法！"

曾布所说，也正是王安石忧虑的事。但现在想这些，还无法解决实际的问题。

"相公，西边几乎不留余地，且李评常在官家左右，近来屡屡进谗诋毁相公和新法，可谓事已急矣！"

"子宣，你即刻调出程昉去年六月至今年的一切文字，须先保住程昉，才好一点点破局。"王安石道，"莫要慌乱。"

曾布一揖，转身正要离开，却又被叫住了。

"切不可泄露你我对张茂则之推断，只作程昉果然胁迫张茂则，或略过此事即可。"

曾布道："学生明白。"

他当然明白，张茂则在这件事情上必须是无责的。张茂则的背后有庆寿宫圣人给他撑腰，庆寿宫若发话，宝慈宫只会附和。这两宫圣人的压力，便是官家也承受不住！

正月二十三（壬寅日），前殿视朝中书奏对毕，宰相王安石再请留身独对。

待参知政事冯京、王珪下殿后，王安石道："陛下昨日责问中书事，臣检会得去年七月八日，程昉自淤田所离京赴河上，第四、第五埽乃正七月八日决堤，兼昉自从提举修漳河，即不曾管勾第四、第五埽，即实与其无关，所以不曾取勘程昉，非臣敢有所私也。"

赵顼看着王安石脸上的皱纹和灰白的两鬓，自治平四年到现在，不过五年工夫，他已然变老了，明明才五十有二，却与入京为翰林学士时意气风发的模样相差不少。五年来，他一直是自己最信任、最倚重的大臣，他为国家擘画了革除积弊、富国强兵的一整套新政计划，君臣二人一路走来，可谓排除万难，克服重重阻力……

想到这些，加之昨日王安石最后那番话的确也触动到他，赵官家不免有些心软，便道："如此，程昉不取勘事，即合该这般理会。"

王安石道："臣又检会程昉所举买草官五人者姓名等事，陛下昨谓揽作内官文字者，必高晦也。晦尝以所为诗来见臣，与语亦惺惺，干得粗事。今既许程昉举官，只要能买草耳，高节上士岂肯就昉求举？但能买草，即昉非谬举。若所举人曾揽作内臣文字，恐未合罪昉。或作过败事，然后罪昉可也。中书所以用昉，止为河事。不然，交结昉将欲何为？"

赵顼忽然想到，大概两年前文彦博某次独对时，说赵抃和他讲过，王安石阴结内侍副都知张若水、押班蓝元震二人。可若说王安石要刻意交结内臣，如今以其宰相身份，又何必找上程昉呢！

"诚如是，程昉尚不如李若愚，何用交结！"

王安石见官家已被自己说动，乃继续道："今议河事，如李立之辈计料八百万工，朝廷必不能应副。即李立之辈自不肯任后患，而张茂则与程昉独肯任此，比之怀奸自营之人，宜见念察。如李若愚言，恐程昉谗害，乞罢押班。臣与王珪并曾问昉，皆言与若愚无隙。若其有隙，不知是何时有隙，如何今日乃始乞罢押班以避昉？"

"若愚不为程昉乞罢押班。彼是以奏其子转官不成，废前省奏人耳。"官家道。

王安石道："臣但见枢密院如此说。"

官家解释道："密院只是料李若愚与程昉有隙，兼程昉亦不曾有此言。"

"然陛下此前何以知与李若愚有隙之人为程昉？"

王安石发现官家似乎忘记了，当日虽是文彦博先说李若愚恐有人要谋夺其押班之位，但说李若愚与程昉不相能的人，恰恰是官家自己！这便说明，若非为人所进谗，亦必是官家平日留心了大臣和内侍间的交往，甚至会盘算一二，颇有猜疑。

赵顼没想到王安石直接问起这一点，便道："二人为淤田司事不能无异同，有文字。"

王安石心念一转，忽然改变了与曾布商议时的主意，继续说道："陛下，况臣不知是何人说与陛下，谓张茂则为程昉胁迫，故有申状乞如何如何。此或张茂则有文字进奏，或有奸邪哄骗陛下，臣亦不能确知。然而圣明莫过陛下，程昉有何权势，尚不及李若愚，如何能驱使得张茂则？得无蹊跷之处？"

官家道："或是以中书倚程昉治河，茂则所忌惮者，乃此事耶？"

王安石道："陛下可知嘉祐元年（1056 年）时张茂则事？"

"嘉祐元年？"赵顼想了想，"当时朕方八岁，又不在禁中，若是宫闱之内事，而不见诸史官所记者，朕实不知也。"

王安石当即欲大礼叩拜，皇帝赶紧阻拦，扶起了宰相。

"这是何必？"

王安石道："臣不愿有丝毫欺瞒陛下，但臣接下来所言讳，恐涉及大不敬之罪，故先请陛下恕罪，方能说与陛下。"

官家双手反剪在背后，道："朕恕卿一切言语无罪。"

王安石乃深深一揖，然后道：

"嘉祐元年春正月，二府宰执诣内东门小殿问起居，仁宗皇帝自禁中大呼而出，曰：'皇后与张茂则谋大逆。'语极纷错，茂则闻上语即上吊自缢，左右救解，不死。宰相文彦博乃召张茂则责之曰：'天子有疾，谵语尔，汝何遽如是！汝若死，使中宫何所自容耶？'戒令常侍上左右，无得辄离。故自嘉祐元年此事起，张茂则深德文彦博，以为有大恩也。"

赵顼听了这番话，可谓是万分震惊。他固然知道张茂则最得庆寿宫曹太皇太后宠信，甚至自己的娘娘宝慈宫高太后也很尊敬张茂则，可没想到祖父仁宗竟说过曹皇后和张茂则谋大逆这样的话……实际上，赵顼也曾很偶然地听到宫里的一些老人谈起仁宗朝种种传闻，说当年的曹皇后不受仁宗宠爱，因此始终未诞下子嗣，反倒是张茂则与曹皇后情谊甚笃……而文彦博对张茂则说的话也很值得琢磨，到底纯粹是在劝告茂则不可一死了之，而置皇后的名誉于难辩之境地呢，还是当时众人皆知皇后与张茂则或确有其事，因此更不能糊里糊涂"以死证清白"？

倘若这一切的真相都如王安石此刻的推断，那么张茂则卷入如今朝堂政争，难道确有庆寿宫、宝慈宫在背后操控？可话又说回来，自李若愚到现在诸多事，环环相扣，并非仅凭大娘娘等之力就能事先设计和安排妥帖的。

"朕知道了，相公且下殿。"

王安石道："更有一事，前几日陛下说与臣，欲以吕公弼代郭逵判秦州，今尚不见陛下旨意。"

赵顼掩饰着自己声音里的倦意，道："更待朕思之。"

王安石离开垂拱殿，从石阶上一级级走下去。他没想到拿走郭逵的计划又横生阻力，官家不知何故，迟迟不从内中降出文字。至于今日自己屡屡提到枢密院，甚至直截了当地点出枢密使文彦博的名字，是因为王安石明白，新法与文彦博之间难以两立！

但他亦深知，文彦博这样的参天大树，甚至可以说是巍巍昆仑，那是绝不可能靠这样的事情来扳倒的。而自己战胜文彦博的关键就是王韶，是招抚青唐、开拓河湟的大战略能够成功。反过来说，文彦博也绝对会懂得这一点，若是这河湟拓边、断西夏右臂的大计划最终失败了，那么毫无疑问，他王安石一定会步韩绛后尘，以战败而罢相！

对这位大宋独相来说，他和文彦博之间的真正战斗，才刚要开始。

这一日晚上，东府王安石相府里，曾布、邓绾、章惇又来了。谈到近来暗潮汹涌的诡谲朝局，诸人也是颇有忧色，便是在座的王雱，也不似往日那般出言如汪洋恣肆。

正说话间，院子又来报，说是曾官人来了。

片刻后，曾孝宽在厅堂里与王安石等人叙礼，然后坐了下来。

王安石道："令绰此来，是为何事？"

曾孝宽满脸的焦急，道："相公，两天前亢瑛胡诌天象久阴之事，原来还没完！"

王雱道："亢瑛不是已经被御批除名，刺配广东牢城了吗？如何说这事还没完？"

王安石喝了口茶道："让令绰说下去，少安毋躁！"

曾孝宽道："众所周知，朝廷近日详查禁军各个指挥缺额情况，省并指挥，移并营房，减少军费开支。如今京师内外有不少军士以为不便，且大为不满，便深诋朝廷，甚至云'今太阳不出，白昼连阴如此，正是造反时'！或手持文书，似欲邀车驾陈诉者。"

邓绾闻之变色："军士可是受亢瑛弹劾相公之启发，将天阴和裁并指挥相关联起来？然此事本和底下的丘八们无关，裁并了指挥，其仍可领军俸，受影响的乃是往日吃空饷的将校头目等人！莫不是他们暗中串联，怂恿赤老起来闹事？"

曾孝宽叹了口气："且非只军士如此，某听闻府界尚有百姓因不满保甲，同士卒一起，且作蜚语、匿名书等，竟，竟言……"

王安石道："无妨，令绰直说即可。"

曾孝宽道："匿名书曰：'今民不聊生，当速求自全之计，期诉于朝'；至于蜚语……蜚语谓：'农事方兴，而驱我阅武，非斩王相公辈不能休息。'"

王雱暴跳而起，怒斥道："愚民敢尔！爹爹，须查清此事，俱捕拿拷问才是！"

"坐下！"王安石瞪了过去，"如今尔乃经筵讲官，一言一行皆须小心谨慎，竟敢如此妄语！且听子宣等如何说！"

曾布道："恩相，保甲法于府界推行已多日，被编为保丁之百姓又岂在少数，眼下竟有保丁胆敢呼应禁军兵卒闹事，甚至能写就文字，此事非同寻常。自李若愚乞罢押班，到如今军士、百姓诋毁朝廷和宰臣，这全然是冲着新法和恩相而来！"

章惇道："子宣所言是。自王韶管勾缘边安抚司、助役法推行，及俞龙珂部正式归附后，朝野可谓逆流涌动，愈演愈烈！似有人患相公之对夏大计日益成矣！"

四日后，垂拱殿内前殿视朝，二府合班。

王安石道："陛下，近来有军士深诋朝廷，尤以移并营房为不便，言'今连阴如此，正是造反时'，或手持文书，似欲打鼓截驾，喧哗闹事之类。"

文彦博道："近日朝廷多更张，人情汹汹非一。"

王安石道："朝廷事合更张，岂可因循？如并营事，亦合如此。此辈乃敢纷纷公肆诋毁，诚无忌惮。至言欲造反，恐须深察，又恐摇动士众为患。"

枢密副使吴充道："并营事已久，人习熟，何缘有此？近惟保甲事，人情不安。昨张琥[①]亦言军士一日两教，未尝得赏赐，而保丁才射，即得银楪，又免搬粮草夫力，军人不如也。"

王安石道："保甲民有为匿名书则是又一事。然如吴充所言，'保丁才射，即得银楪，又免搬粮草夫力'，则保丁有何不乐？若言军士不乐，则禁兵皆厚得衣粮，未尝在行阵，此前陛下与十分支粮，非不加恤也。今朝廷教诱保丁，于军士有何所负而辄敢怨望者？以军士怨望，遂一不敢有所为，乃是众卒为政，非所以制众卒也。"

赵顼也觉着近来诸多事，何况王安石所言不差，熙宁三年八月时，朝廷已立仓法，京师禁军所请月粮一概每石实支十斗，不得克扣，否则即严惩不贷。境遇比之过往，应该说已颇有改善，如何还闹出这等事？若朝廷法度，听任军士闹事而改易，等于是政出于武人，那还得了？

官家道："如此，即与唐庄宗[②]无异矣。"

吴充道："然军士怨怼事，亦不可不慎。如庆州事，战则令蕃兵在前，募兵在后，当矢石者蕃兵也，于募兵无所苦，而兵变叛乱，何也？"

王安石道："募兵与熟户蕃部同出战，自以为其劳费等。至遇贼取功赏，则惟蕃兵专之，募兵皆不预，至令贫窘无以自活，则其为乱，固其所也。岂与教诱保丁事类？"

赵顼道："向者宣抚司所以致军人怨怼，非一事，与今者大不同。如夺骑士马，使蕃兵乘之；又一降羌除供奉官，即差禁军十人当直，与之控马。军人以此尤不平。"

王安石道："如此事，恐未为失。盖朝廷既令为供奉官，即应得禁军控马，如何辄敢不平？如汉高祖得陈平，令为护军，诸将不服，复令尽护诸将，诸将乃不敢言。

---

①　张琥，即后来的张璪，时任同修起居注、同知谏院。

②　唐庄宗，指后唐庄宗李存勖，其为李克用之子，用兵勇锐，人难匹敌。后死于麾下兵卒叛变，史称兴教门之变。

小人亦要以气胜之，使其悖慢之气销。但当深察其情，不令有失理分而已。”

赵顼点了点头，道："便论今日事，保丁有个别为人所煽惑者，亦毋须深罪，察何人煽惑即可；然禁军兵士造作蜚语，深诋朝廷，即不可容。须彻查此等军士领头人之姓名。"

文彦博道："陛下，如此则当责殿前、马、步三帅①，彻查禁军兵士深诋朝廷者，务必搜捕得首谋，以儆效尤，使知典宪。"

王安石道："禁军士兵闹事，为避嫌故，不如委皇城司。"

冯京、王珪与吴充都望向了官家，王安石几乎是明着在说，这禁军造作蜚语背后，绝不简单，恐涉及禁军将领。

"此事又涉及府界保丁，既如此，不如付之开封府。"赵官家想了想，"可召元绛至相府谕以朕意。"

冯京在偷看着文彦博的脸色，这元绛可是主动阿附王安石的两制以上大臣，让元绛来调查，万一真挖出可以被王安石利用的罪证呢？但让他意外的是，文彦博竟一言不发。而另一边，王安石已是作揖行礼，口称领旨。

次日，正月二十八（戊申日），诏以度支副使、兵部郎中楚建中为天章阁待制、陕西都转运使，以代谢景温。人皆知这是谢景温曾论列薛向不应为侍从，又弹劾王韶在西边所奏多诬罔不实，大忤宰相之心。于是宰相拿掉了他陕西都漕的差遣，不让他在陕西给王韶找麻烦。

又明日，正月二十九（己酉日），王安石胞弟王安礼除为著作佐郎、崇文院校书。此前王安礼为河东经略司机宜，当时吕公弼在太原府，是河东经略使，乃于奏疏中向朝廷盛赞王安礼才堪大用。消息传到宫府内外，人云这是吕公弼丢了枢密使的执政座位，在拐着弯向权势正盛的王安石卖好。

就在这个月，皇城司下属的兵卒，几乎悉散于京师市井之中，巡察有谤议时政者则收罪之，这显然是针对正月以来诡谲之事频发的举措。

到了二月初三（癸丑日），更引人注目的一道除官诏令颁行，即工部郎中、侍御史知杂事邓绾除为龙图阁待制、权御史中丞！

御史台长官一职自杨绘罢免之后，已经空了半年之久，许多人都盯着这个手握风宪大权的中执法台长之位，可最终它还是落到了王安石亲信邓绾的囊中。邓绾不仅一

---

① 殿前、马、步三帅，此指殿前司都指挥使（从二品）、侍卫亲军马军司都指挥使（正五品）、侍卫亲军步军司都指挥使（正五品），此三职常称为殿帅、马军帅、步帅。

跃成为待制侍从，正式跨入高级文臣的行列，更是得到了"四入头"之一如此紧要显赫之差遣，真应了当年他自己说的那句"好官须我为之"。邓绾自小小的宁州通判做到龙图阁待制、权御史中丞，只花了一年零三个月的时间。有多少人在背后骂他，便有多少人羡慕他得了王相公的青眼，一路直上云天！

这些天，京中百官们一直在关注着李若愚乞罢押班等一连串风波背后，新旧两党明里暗里的较量。从这几日的除拜来看，似乎王相公依然圣宠不衰，旁人难于匹敌。但反对新法，或者说反对王安石的声音也并未偃旗息鼓。

在邓绾除中丞的次日，中书奏对时，副相冯京便声称保甲法恐激起民变，甚至引东汉末年黄巾贼张角事做比拟，谓如今保甲法既编排保丁，若有豪杰乘之，则后果难料。王安石在御前巧妙地以"张角能为变，乃以桓、灵[1]无政，大臣非其人，故州郡不职"来应对，冯京果然语塞。他总不见得说，如今的赵官家似桓、灵二帝一般吧？

可数日后，针对王韶的攻击又来了。

政事堂里，王安石正在西厅的视事阁里，都检正曾布突然急急忙忙跑进宰相的办公本厅，连作揖都来不及，径直道："相公，听说有内批的旨意，是手诏付枢密院，让西府专办此事，令秦凤路缘边安抚司驱磨[2]市易钱，另支钱与招纳蕃部用，这不是明摆着冲着王韶去的吗？"

王安石眉头微皱："可知是何人使官家降此指挥？"

曾布道："近几日官家后殿再坐时，召见的人不少，一时难以确知。"

"罢了，你先忙中书五房的事去，我这就面圣！"

经阁门通传后，王安石走进延和殿。

王安石道："陛下，臣闻有旨，令秦凤缘边安抚司驱磨市易钱，将来比较赏罚，今且另支钱招纳蕃部，此何故也？"

赵顼忽然想到，近来去宝慈宫问安，太后常说，官家已经是可以乾纲独断的英明君主了，不可事事让宰臣们当学生般质问和使唤，可眼下他对王安石的态度倒也不以为意。只是从横山攻略的失败里，皇帝确实感觉到，给了韩绛宣抚陕西和河东两路的职事，以及极大的便宜处置权，竟也不能免于失败，那不如对前线的大小文武之臣加强监督。

赵官家道："人言市易司并无利息，但虚立蕃部姓名支破[3]，恐久远如萧注事连蛮

---

① 桓、灵，指东汉末年汉桓帝、汉灵帝，二人昏庸无道，宠信宦官，最终导致黄巾之乱，东汉在诸侯割据中名存实亡，形成了魏蜀吴三国鼎立的局面。

② 驱磨，指逐一勘查。

③ 支破，指支付，拨给。

夷^①，不可根究，不如明以数万缗给之。"

王安石道："中才商贾得二十万缗本钱，便能盈利生息，王韶岂不能运筹干办如此细事？不知谁为陛下言此，此必无理。市易有高遵裕同领，陛下又欲差张守约，其管勾使臣非一人，财物非王韶独专，韶何缘作得奸欺？若作得奸欺事，亦何难根究？如萧注事，自是当时施行不尽正理，今若王韶实有奸欺，则事虽连蕃部，自可根究。如支钱一百缗与结吴叱腊，附从者上下为奸欺，结吴叱腊固可问。然王韶粗有行止，何遽至此？"

官家被王安石的长篇大论说得难以辩解，乃道："朝廷初不疑王韶，欲事见分晓，免人谤议耳。"

王安石道："人谤议何可免，陛下苟知其无他，即谤议何伤？今疑问如此，即何由责王韶在秦州竭尽全力为朝廷办事？臣愚以谓任人当有大略，今陛下另赐韶钱三五万缗，若陛下有术以检御群臣，即韶自不能为奸；如其无术，韶更取此另赐之钱，巧立虚名支破，却撞充市易司息钱，谓市易有成，以邀功于朝廷，则陛下亦何由辨察？如臣愚见，以为假令王韶妄用市易钱，苟能济一方大事，亦在所容忍；况又无此，不须预有猜疑。臣见王韶诚非盗窃财物之人，然其名高节廉则似不足。陛下遇之未为尽，韶内则为大臣所沮，外则为将帅所坏，虽无罪，尚懔懔^②不自保，何况有罪？此陛下所当深察也。"

官家沉默了片刻，道："正为事连蕃部，王韶职在招抚，若待蕃部失当，恐如庆州事，故令驱磨市易钱等。"

王安石见官家的应答已前后矛盾，也不点破。

"智缘今与王韶亦有龃龉，盖智缘为郭逵所厚故也。不如优赐智缘，且与一僧职，使知朝廷恩典。况蛮夷见陛下天子威灵所加，乃能仰慕佩服，智缘为蛮夷所向服，则招抚易办，蛮夷亦易于归附也。"

皇帝颔首道："如智缘优赐及授僧职事，即可施行，此细事也。秦凤缘边安抚司市易钱事，且容朕再作打算。"

王安石一揖道："臣领旨。"

官家虽然立刻准了对智缘的安抚，可在市易钱上仍未完全松口。近来这样的迹象已是越来越多，虽然几件事情都被王安石一一化解，可化解的背后，官家心里便再无

---

① 萧注，武臣知州，曾在邕州、宁州、桂州等广南西路下辖州任知州。所言"恐久远如萧注事连蛮夷"，指萧注于仁宗朝至和、嘉祐年间任邕州知州，招抚峒人不利，而务与其贸易，颇兴聚敛。

② 懔懔，指危惧貌或戒慎貌。

一丝一毫的芥蒂了吗？官家是独居宸极的九州至尊，哪一个掌握实权的皇帝，会永远允许一个师臣在身边耳提面命？

王安石心事重重地下了殿，回到了中书门下政事堂。

次日，二月十四（甲子日），前殿视朝。由于郭逵所奏系机要边事，官家令二府合班奏对。

文彦博与吴充代表枢密院进呈郭逵奏疏，展读道："木征遣人来告：'王韶原与我咒誓，约不取渭源城一带地及青唐盐井，今乃潜以官职诱我人，谋夺我地，我力不能校，即往投董毡，结连蕃部来巡边。'若木征果来巡边，拒之则违王韶咒誓，纵之则前所招纳蕃部必为木征夺去。臣智议昏愚，无能裁处，乞朝廷详酌指挥。"

王安石道："陛下，此奏疏实惑矣。木征为河州刺史，郭逵为宣徽使、秦凤路经略安抚使，统押弹制木征乃逵职事。木征有一语来，郭逵便称昏愚无能裁处，若知无能，何不早辞？"

郭逵的这番话让皇帝也是哭笑不得，莫不是他的幕府里竟找不到一个能写好文字的幕僚来？

文彦博开口道："陛下，非郭逵推诿，今秦州有经略安抚司，有缘边安抚司，事权不一，郭逵虽为秦凤帅，而不能用王韶，即难以措置木征等强力西蕃之事。若朝廷专任郭逵，使王韶知上下节制，方可以责此。"

王珪站在中书班子里，心里不禁叹道，这争辩又开始了。而王安石的声音再次在垂拱殿里响了起来：

"朝廷何尝不专任郭逵？其作经略安抚使，王韶则招纳蕃部，于逵职事有何妨害？"

官家道："又不知木征果有此言否，亦安知非郭逵诱导，木征方如此说？"

王安石道："此事诚不可知，就非诱导使言，只观郭逵前后论奏反复，事状甚明。郭逵前谓西蕃皆脆弱不足收，招纳枉费钱，至木征一言，便称昏愚无能裁处，若如此则木征乃是强梁可畏，可畏则前不当言脆弱，脆弱则今何故便以为不可裁处？岂非自相矛盾！"

对王安石过目不忘的本领，文彦博早已领教过多次，但他心里仍不免痛骂郭逵昏庸糊涂，到底是一介武夫，前后奏疏文字漏洞如此之大，不被王安石拿来当箭靶子才怪！

"言西蕃脆弱不足收，招纳枉费钱，乃就西蕃与夏国相比而言，此是郭逵恐耗费国家帑藏；木征一言，而称难以裁处，乃是事任不专，朝廷实难责办于郭逵。其如此说，正见老臣镇抚边疆之忠诚也。"

文彦博说得郭逵苦心孤诣、忠贞不二，可这话听在赵顼耳朵里总是不那么舒服。

"秦凤一路兵马大权朝廷付之郭逵，则制御木征，正是郭逵事任，如何不可责办？"

枢密副使吴充见官家如此说，乃站出来解围道："郭逵与王韶矛盾，只此可知王韶必独当秦州事未得，郭逵又必不肯协同。事任若不能专，恐王韶、郭逵皆不得成功也。"

中书班子里依旧是王安石一个人发言："朝廷兴事，若为郭逵不肯协同，便自沮坏，恐无理。"

文彦博道："今亦不须争此，只当论，若木征果来'巡边'，秦州须与力争，力争则须兴兵。兵事一起，臣恐军民涂炭，供馈无算，而或为西贼与北虏所乘。"

王珪看着似置身事外，实则一直在全神贯注地听着文彦博与王安石的对话，这两人的交锋中，有太多他想学的东西。像这会儿，文彦博就抓住了官家害怕用兵失败，更害怕辽国人来插一脚的心理，实在是高！

王安石道："以天下之大，若果合兴兵，亦有所不得已。况伐一木征耳，西贼未必如何，北虏更不可能！畏首畏尾，便能做得何事？"

赵官家也明白，文彦博是想从根本上否定整个对夏战略，当即道："如唐开元之时，号为盛世，谓太平无事也，然年年用兵。有天下国家，即用兵亦其常事，但久不用兵，故闻用兵即怪骇。如前日用兵，乃坐韩绛措置乖方，非兵不可用也。"

王安石道："诚如此。岂可谓韩绛一举事不当，便终身不复言兵？自尧、舜、文、武[1]时，何尝以兵为讳，但顾方略何如耳。"

文彦博道："兵出无名，事乃不成。古人用兵须有名。今则不然，木征谓与王韶有咒誓约定，而王韶背约，则曲在我，如何可谓兵出有名？"

王安石道："今所以难于用兵，自为纪纲未立，基本未安，非为兵出无名。如木征是河州刺史，朝廷自招纳生羌，又不侵彼疆境，却称'我告董毡去'，'我结连蕃部去'，此岂河州刺史所当言？"

吴充道："木征端为侵彼疆境故云尔。"

近来，官家对重臣的朋党倾向也颇是在意。他观察到中书常是王安石一个人在说，而枢密班子文彦博和吴充则是一唱一和，如当年吕公弼在时一样。

"王韶所招纳并非木征疆界！"

---

① 文、武，指周文王、周武王。

吴充见到官家如此说，又硬着头皮道："然王韶终究是要谋取河湟，此势在木征、董毡等处，亦不难觉察。况如今王韶所招纳者，近在木征疆界，故木征正恐渐次侵及之。"

　　文彦博道："臣以为吴枢密所言甚是。再者，自古用兵非得已，今若能服契丹、夏国乃善，至于木征，不足计较。胜之或得不偿失，苟有不利，则见辱于西蕃，又为党项、契丹所取笑，徒害陛下与我大宋之威灵。"

　　王安石道："今所以招纳生羌者，正欲临夏国，使首尾顾惮，然后折服耳。断西贼之臂，诚陛下圣睿之决断，在韩绛失之操切，在秦州若王韶审慎图之，必能有成功。"

　　官家道："招抚青唐、拓边河湟，而后西贼之臂断，灵夏可渐收之。此所谓图大于细，为难于易。"

　　王安石对着御座一揖，朗声道："我朝仁宗皇帝，仁恩在群臣可谓深厚，而西贼凌侮仁宗最甚，群臣欲报仁宗，当以夏国为事，使其畏惧屈服，乃所以刷仁宗之耻也。"

　　王安石既然抬出了仁宗，君臣自然都会想到当年李元昊是如何飞扬跋扈，在三川口、好水川、定川寨，一而再、再而三折辱皇帝和大宋的，这便是文彦博也不好再辩驳了。

　　官家点了点头，道："此所谓是可忍，孰不可忍。郭逵判秦州后，颇颟顸不能任事，要当诘问，令其自分析。"

　　文彦博看到官家的观点又倒向了王安石，正待分说，王安石已再次开口。

　　"郭逵本小人，其志在争胜负取一资半级耳，官虽尊，其本趣操①岂改？且招纳生羌，自是朝廷本分事，若逵肯以此为己任，则朝廷何必倚王韶？"

　　官家道："便是此理。他郭逵不能任事，如何不得令王韶理会？以木征为不能裁处，更是无理。若边帅皆如此，国家当如何？"

　　吴充道："陛下，今日太白昼见，主兵凶也，惟当慎之又慎……"

　　文彦博见官家似乎越听越气，乃微不可察地使了个眼色给他，吴充竟未看到，还准备往下说，却被御座上的声音给打断了。

　　"岂以此畏一木征也？此事不须再议！木征不来则已，来则令秦州讨伐之！"

　　文彦博道："陛下圣明，仰陛下之天威，想木征不能陆梁②放肆，顾行吠主。然

①　趣操，指志趣情操。
②　陆梁，指嚣张猖獗。

更有一事当进呈，僧人智缘及结吴叱腊乞置戒院及领蕃部茶彩①事，蒙陛下降付二府看详，臣愚以为御批甚当，陛下天心睿照，臣等莫能及之，乞如陛下圣意，许之可也。"

王珪不由得暗叹，原来文彦博还准备了后手，这位潞国公已预判到郭逵可能是保不住了，于是再以智缘及其招附的结吴叱腊来掣肘王韶……

赵顼看向宰臣王安石，道："朕所以批可，即因智缘极有方略，但被制御，不得自由。其一入秦州，便能招抚得结吴叱腊，诚为可用。卿以为如何，即许之当无妨。"

王安石一揖，然后道："秦凤走马刘希奭言王韶忌智缘，此事必无，智缘乃王韶荐引，今招得结吴叱腊，自是韶功，何缘反忌？至于智缘所以有此议论者，由智缘招到结吴叱腊，便自以为大功，过作张皇，王韶须主裁以理分。疾韶者因激怒智缘，以为韶所以忌者，乃因招结吴叱腊非韶之功、实智缘力也。于是智缘疑王韶不乐，将以忌恨而沮害他耳。"

赵顼道："朕闻结吴叱腊极有力量，过俞龙珂远甚，此事如何？"

王安石道："俞龙珂在青唐鼎鼎大名，董毡、木征，乃至西贼争欲招之，西蕃之人，其谁不知？即秦州行贩商贾，亦知晓大酋俞龙珂也。结吴叱腊若非前与康藏星罗结，欲潜迎董裕，立文法而联姻夏国，谁知此人？！况前此未尝有一人言结吴叱腊力量过俞龙珂者，今一旦遽有此言，此欲推崇结吴叱腊过分，以成智缘之气，削弱王韶招抚俞龙珂大功，以使智缘与王韶龃龉而已。此是有人欲破坏陛下开拓河湟之大战略！"

官家道："蕃部事亦诚难知，左右皆边臣文字。待遣一人往视古渭事如何？人或谓王韶所言皆诞妄耳。"

王安石道："不知谁人向陛下说王韶诞妄？臣敢问其诞妄谓何？"

官家道："闻王韶只是招蕃部，彼生羌皆戎狄，性贪而寡信，得物便去，初不为我用。故人或谓王韶所言之招抚，皆虚而无当，缓急不得其用，恐空费缗钱。"

王安石道："蕃部才归附，即当给与料钱，亦安得遽为我用？此事要属之王韶，令专任其责，事权得一，使渐致成熟，乃可以点集蕃部兵马，驱之为我所用。"

官家道："郭逵却欲领此事，以为使其管勾，虽木征可扫除。"

王珪心想，赵官家方才已然被吴充激怒，也松口想要拿掉郭逵的秦凤帅位，可这会儿又有意令王韶只管招抚，而让郭逵来统领蕃部日后用兵的一应事务。也许陛下是

---

① 茶彩，指茶和绢帛，北宋时常以茶叶和绢帛这类蕃部所无之物，加以赏赐招抚，或羁縻示恩之用。

在担心王韶终究是文官，恐不能弹压、节制桀黠蕃人，统御其出战，而郭逵位高权重，或能办此。可官家的这种左摇右摆，在枢密院和京师百司，甚至地方监司、州府长贰们的眼中，就是阻挠王安石和新法的机会。

王珪不免叹了口气，这介甫相公委实不易啊！

王安石道："郭逵既知木征可扫除，何故奏状乃如此张大木征，以为无能裁处？招纳今已见功绪，人皆可了当，岂但郭逵乃能办此！陛下，郭逵自以为前为执政，今判秦州，小大事权，悉应专之。而朝廷别立一缘边安抚司，付王韶理会蕃部事，郭逵欲得王韶所招纳之蕃部兵马权力，以成己功，即于王韶百般阻挠，此不难见也。"

官家道："郭逵以王韶措置事多不当，与其意见不同。"

王安石道："王韶措置未见有失，但朝廷应接不失事机，不为奸人沮坏从中牵制，则事无不成之理。去年以前，未有一人言合如此招纳者，今逵欲领此事，亦无一人复言不合如此招纳者，即事有功绪，昭然可见。如木征者，扫除与否，在陛下而已，何必逵乃能办此！然须陛下明见事机，不为奸罔所惑，则无事不成；若不然，则虽此小事，亦未易办。"

赵顼想了一会儿道："然郭逵言无能裁处事，但为王韶曾许木征以不要其地及青唐盐井耳。既有约在先，我皇宋自无与蛮夷食言之理。郭逵所虑，应即此也。料一木征，郭逵尚不应张皇不能理会。"

王安石急道："不要地及盐井，固非欺木征，今来招纳，何尝要彼盐井及地？又陛下许智缘领蕃部茶彩事及置戒院，须委在缘边安抚司相度，如智缘得专取予，即事乱难以调一。"

赵官家略一沉吟，道："也好，便如卿所言。不如只给智缘料钱，不降领茶彩指挥，戒院合置与否，仍命智缘与王韶处商量，令缘边安抚司具奏。"

官家对郭逵的态度如此摇摆不定，文彦博也未曾料到。郭逵要阻挠王韶，是因为事权不专，他不愿让王韶得了大功；若是郭逵仍主持此事，又是另说。而对于自己准备的后手，没想到官家轻易就从了王安石的建议，若智缘与结吴叱腊事事都要受王韶节制，那何谈掣肘王韶呢？

正思量间，王安石又开口了：

"陛下，郭逵有智计，若煽动、沮坏王韶，即其事必难推究，恐非但韶事不成，缘此更开边隙。陛下若欲委郭逵，则不如罢王韶，专任郭逵；如以王韶未可废，即须王韶势力足以自济，不为中外牵制沮坏乃可！今二人如此，陛下尤不能决，臣恐招抚、拓边、制夏之策，皆空中楼阁，终不可成！"

赵顼一听到对夏策略难成，于是道："须专委王韶。然亦须差人往体量蕃部有无力量也。"

文彦博道："陛下圣明，不论郭逵、王韶二人如何措置，朝廷当差人体量蕃部虚实。若实有力量，即制夏为可期，如不然，则是缘木求鱼。"

王安石道："蕃户有无力量，即虽王韶久在彼，尚不得——知晓，若暂往之人，何由知其实？今生羌久与中国隔绝，其有力量与无力量，皆非中国所知，但来附属，即须与职名、料钱。若彼未来附属之人自争强弱，非安抚司所得知。若附我者虽弱，不可不助；未附者虽强，不可不摧。如此，然后恩威立。欲立恩威，则古渭兵力不可不增。"

官家道："古渭建军，则须增兵。增兵非细事，陕西漕臣必有说。"

王安石道："王韶乃陛下自于选人中拔擢，非有左右之力。今所为渐有功绪，此陛下知人善任使之效。掘井九仞不及泉，犹为废井。愿陛下终成此事，毋为众人沮坏于垂成。"

赵顼道："久任专责固善，只是闻王韶于一年后将求罢。"

王安石道："此必谗间之言。向者欲除王韶作检正官，韶愿自效于边，当时事未有端倪，韶顾肯自效。今事有绪，何故一年后遽求罢？"

赵顼道："闻高遵裕亦欲如此。"

王安石道："就令一年后求罢，一年内亦须尽力。"

文彦博道："若王韶、高遵裕二人但粗疏草率，不务功实，即难以持久，故或有苟且岁月求罢。"

王安石道："言一年便罢，不知待事成否。若事已成，何须求罢？若不待事成，则于高遵裕有何所利？遵裕非是懵然不晓利害，必无此语也。"

文彦博道："陛下，前不久秦凤经略司磨勘市易钱，此不过常程事，而王韶乃公然不从经略司之令，为王韶干事者，韶辄敢留之不遣，使经略司无从勘察核对王韶所管市易钱。且王韶又倡言人情扰动，乞改就三司磨勘。于是陛下乃有旨，令驱磨市易钱，要见虚实。王韶是否向人言一年后求罢，臣所不能知。然高遵裕如王安石所言，为人谨慎，颇晓利害，必市易钱有侵欺亏欠等事，故其不愿事发之后，与王韶同受责罚，乃曰一年后求罢。"

文彦博话里没明说的是，三司使薛向正是王安石的亲信，若是令三司磨勘王韶市易钱，那王韶便是贪污了个天大的窟窿，三司使也能给说圆囵咯！

王安石道："王韶非贪墨之人，臣敢保任。假令王韶欲为侵欺，如高遵裕之徒，皆窥其职任者也，苟有过，岂肯庇覆？以此不须疑。兼王韶所关借钱才二千余缗，便都侵欺了，于委任边臣之体，亦不足校！"

赵项想了想，也确实是这个道理，祖宗时边帅公使钱甚厚，回易的账目朝廷一向不甚详察，若王韶果真能完成招抚青唐、拓边河湟的大任，便是侵欺十万贯又如何。于是道："既然王韶与郭逵矛盾一至于斯，经略司取索文历，俱不得，必又有词，今更勿委经略司驱磨，候三年取旨别官磨勘。"

文彦博见到官家居然要追回此前令缘边安抚司驱磨市易钱的指挥，搁置王韶妄用市易钱的争议，说待三年后再取旨，另外差官磨勘，这等于是全然放过王韶了！

王安石从袖中拿出一份奏本，道："招纳一事，方赖中外协力之时，在廷既莫肯助陛下成就此功，郭逵又百端倾坏。逵既权势盛大，其材又足为奸，若扇动倾摇于晻昧①之中，恐陛下终不能推见情状。伏惟陛下早赐详酌，徙逵所任，稍假王韶岁月，宽其衔辔，使谗诬者无所用其心，则臣敢以为事无不成之理。所有论述，已具札子，进呈御览。"

原来王安石早做了准备，要在二府奏对时上札子逼官家下旨！文彦博猛然惊醒，两日前同样是二府合班奏对，当时所进呈的泾原帅蔡挺奏疏中说，"西事定，宜罢泾原路三将所训练的一万五千军马"。王安石立刻表示赞同，说西贼人穷力困，已必无奔冲，而陕西粮草可惜，罢戍为便。那日官家本想等和西夏正式议和，重订合约之后，再徐罢泾原部分兵马，可王安石力陈西夏已必无力犯边，理由是彼急切欲和，何况和议也不计戍兵多少。最后，官家便听了王安石的，允蔡挺所奏，令罢两将兵马，留河中一将。如今想来，再议论古渭建军、增兵等事，王安石便可以说陕西都转运司应能以泾原路省下来的一万人之粮饷，供馈古渭……莫非，蔡挺也暗中依附了王安石？

辰正时牌已上，阁门祗候在板障东头正准备提醒，官家点了点头道："善，今日便先如此。待朕细读卿之奏札，然后批旨。"

二府宰执们于是纷纷下殿，官家也准备回到福宁殿换便服帽衫并用膳。这一场不见血光却针锋相对的御前论战，便暂告一段落。走出垂拱殿的文彦博隐隐觉得，这一回，王安石还是棋高一招，而且那个在渭州的蔡挺，恐怕是要回来了！

两天后，二月十六（丙寅日），朝廷连续发布两道重要诏令。

一是泾原经略安抚使、知渭州、龙图阁直学士、右谏议大夫蔡挺除为枢密副使；二是观文殿学士、吏部侍郎、知郑州吕公弼除为宣徽南院使、秦凤路经略安抚使、判秦州，郭逵改判渭州。

---

① 晻昧，指不光明正大，暗中。

在秦州尚未接到朝旨的郭逵，还想着排挤走王韶。他写了一封奏疏，发回东京城，声称王韶招抚俞龙珂时甚为屈辱，大失朝廷体面云云。此时郭逵并不知晓，他已成了对夏战略里的弃子。

三月里，富弼复授司空、使相，进封韩国公致仕，算是彻底退出了朝廷，人有云，这或许是为了他女婿冯京在朝廷中能省却些麻烦。

三月二十六（丙午日），朝廷下诏："天下商旅物货至京，多为兼并之家所困，往往折阅失业。至于行铺、稗贩，亦为取利，致多穷窘。宜出内藏库钱帛，选官于京师置市易务，其条约委三司本司详定以闻。"

这标志着市易法正式颁行。

三月二十七（戊申日），诏以赞善大夫、户部判官吕嘉问提举在京市易务，仍赐内藏库钱一百万缗为市易本钱，其余合用交钞及折博物，令三司应副。

市易法的具体实施方法①，是先在京中设市易务，由朝廷酌情参与滞销或紧俏商品的交易活动，如遇商人行贩时货物难以兜售，则可至市易务卖给公家，由牙人与商贩议定价钱，也可折价交换市易务中的物资商品等；京师商人若有资产抵押者可于市易务进行赊购，五人以上结为互保，半年或一年后纳还本金及一分或二分利息。按照王安石和曾布、吕嘉问等人的设想，待京师中市易务行之有效后，会陆续在其他大州府设置市易务，在全国层面推行市易法，从而实现"不至伤商、不至害民、取余息以给公上，商旅以通，黎民以遂，国用以足"的创法目的。

可以想见的是，市易法首先将大大打击在京豪商巨贾，破坏他们依靠囤积居奇、操纵物价所得来的巨大利益，而豪商巨贾往往和朝臣士大夫们打断骨头连着筋，那么市易法势必又要遭到沸反盈天的批评和反对。

四月天，秦州古渭寨里。

内侍王中正②终于到了秦凤缘边安抚司衙署所在的古渭地界，西北的风吹得他这位细皮嫩肉的内廷之臣一路上怨声连连。

古渭寨外，王韶、高遵裕早已领着缘边安抚司的一众僚属在门口等候着，又排开了两个指挥的蕃汉兵马，做足了排场，来迎接东京来的中贵人。

① 市易法的创设，除上述实施办法之外，还有招行人（各行商贩）承揽买扑（即今语"承包"之义，又作"结揽""扑买"），承担原本官府购买时的职能和需求。坊郭户中的工商业者，如农村乡户亦须服"行役"，所谓"行役"，即城市工商业中各行各业须服之役：一是按要求供应官府购买的物资；二是评估市场物价（谓之"时估"）；三是鉴定官府买卖物资的质量价值。

② 朝廷于三月初三（癸未日），遣内藏库副使王中正往秦凤路缘边安抚司任勾当公事。

王中正望见旌旗飘扬，于是率一行人纵马疾驰，到得寨前，更是一勒缰绳，驾驭得颇是熟练。他翻身下马后，王韶、高遵裕等自是喜笑颜开，上前行礼。

众人将王中正一行迎进古渭寨里，王韶、高遵裕便请他赴安抚司衙门内叙话。到了厅堂里，三人各自落座，王中正乃从怀里掏出一封信来，对着王韶道："王安抚，这是都检正曾布让咱家带给你的，乃相公书信。高钤辖不是外人，便不避忌了，都是为了官家和朝廷的公事。"

王韶一面打开看，一面笑着说："方才已交换了表字，希烈（王中正字）兄叫我子纯即可。"

王中正此番被派到秦州担任缘边安抚司的勾当公事，从职务差遣上来说自然算是安抚司的僚属，乃是受王韶节制的部辖，按规矩王韶不须如此客气，直呼他名字都可以，倒是王中正应当自称下官。然而他毕竟是官家身边的人，若是对中贵人失了礼数，实属不智。

这貂珰见王韶给足了自己面子，当下也是高兴，笑着答道："私下里，咱家便托大，叫一声子纯了，在外间，还是要叫安抚大帅的。"

王韶看完信笺，又立刻交到高遵裕手上，道："相公在书信里只是嘱咐某与希烈兄和衷共济，又说了些与吕宣徽相处须注意的地方。不知京中可还有其他事，须劳烦希烈兄指教？"

王中正道："咱家此番来，除了在子纯兄幕府里蝇附骥尾，另一事便是官家说，要相度古渭寨可否建军一事。"

王韶与高遵裕对视了一眼，皆明白，眼下古渭建军，很大程度上要系于眼前这个内侍的一张嘴了。

高遵裕道："希烈兄，古渭建军的好处，想必你是极清楚的，这步若成了，整盘棋就成了。河湟两千里地，此边功，真宗皇帝以来未曾有啊！"

王中正知道高遵裕与太后间的关系，自是笑眯眯地回应他，但王中正仍怀疑高遵裕乃故作大言。只是，河湟的重要性，王中正自然明白，毕竟他已来过陕西好几回了。另外，王中正本对变法与否没什么主张，但他与司马光曾有过节[1]，于是再看与司马光反目的王安石也觉得顺眼了，便开始倾向王安石一方。

"公绰兄，既然序年齿，如何管咱家称兄？便只叫表字即可。"王中正一口白牙笑得都露了出来，仿佛是袒露心迹、赤诚无比的样子，"古渭建军乃大有利于朝廷之事，便包在咱家身上，管让这事通过！子纯，咱家出国门前，那郭太尉仍是不依不饶，不

---

[1] 治平四年，司马光曾弹劾王中正在陕西弄权，不可令勾当御药院。

断上奏要参你，他这是自不量力，好在相公已给弄走了。不过走了个郭太尉，又来了个吕宣徽。说起来吕宣徽原本可是枢密使，比郭太尉还要位高权重，我们都得小心应付才是。"

王韶和高遵裕纷纷附和。

王中正又道："依咱家看，这古渭建军，还有市易司等事，官家应是倾向于相公和子纯的意见了。三月下旬，朝廷已颁诏，在京中设市易务，推行市易法。就是面上，官家也须让很多反对的声音闭嘴，咱家出发前，听说会派一个枢密院的人来秦州，推勘调查子纯你的公事。"

高遵裕道："需要小心提防吗？"

王中正道："也不须过分担忧。一个枢密院的小官吏，难道还能吃了我们三个？笑话！倒是如今蔡挺为枢副，他久在陕西，又秣马厉兵甚是得法，可谓精通戎机，他的意见，恐怕官家会十分重视。"

王韶道："希烈兄，那这蔡枢副，是向着西边呢，还是向着东边？"

王中正一笑，这王韶还喜欢说点黑话，忒地谨慎，不就是想问蔡挺是向着王安石多一些呢，还是向着文彦博多一些，眼下谁不知道朝廷里就是这两位神仙在领着新旧两党斗来斗去。

王中正道："要说他蔡子政（蔡挺字）怎么从泾原帅位上拜为执政的，明面上说是有中使到渭州，蔡子政便让倡优唱了他自己填词的曲儿，词中有'玉关人老'①之叹。中使回去说给了官家听，官家心软，便有些怜悯他久在边塞。况且泾原军在陕西本是最弱的，可蔡子政待了五年，一下子就让泾原军成了精锐，庆卒叛乱那回，泾原军平叛更是立了大功，官家自然就都记在了心里。"

高遵裕道："如此说来，蔡子政拜枢副，是出于官家特旨，天恩所致，不干相公或文潞公？"

王中正道："这倒也未必。说不准这里面也有王丞相的帮衬，蔡子政才能做枢密副使呢。"

高遵裕喜道："若如此，便最好！"

王中正道："这蔡子政，不知子纯与公绰兄可曾听闻他以前的名声？仁宗朝的大臣无不说他诡谲而多智，外人莫能窥其城府。当初他在富弼、范仲淹麾下，时不时将

① 即蔡挺所作《喜迁莺》："霜天秋晓，正紫塞故垒，黄云衰草。汉马嘶风，边鸿叫月，陇上铁衣寒早。剑歌骑曲悲壮，尽道君恩须报。塞垣乐，尽橐鞬锦领，山西年少。 谈笑。刁斗静，烽火一把，时送平安耗。圣主忧边，威怀退远，骄房尚宽天讨。岁华向晚愁思，谁念玉关人老？太平也，且欢娱，莫惜金樽频倒。"

机密泄露给吕夷简相公，以为进身之阶。此人若是真得了王丞相的帮助才入了二府，能指望他一直跟着王相公么？"

王韶饱经风霜的脸上，此刻冷峻无比，手指颇有节奏地敲击着桌案，道："他眼下还不敢反对相公便好。只要未来一年里不来掣肘，便是极大的助力了。"

王中正又是一脸笑意地看向王韶，这个王子纯果然不简单，凡事都有着如此冷静的性子，不愧是王相公看重的人。

王韶仍在说着："真叫人担心的，是近来河北与契丹的摩擦。正月里北朝已牒朝廷，说我皇宋骑兵越境，射伤其百姓；最近听闻，北人又在界河①渔猎、夺船，射伤我兵级②。若是和辽国真闹出事来，对我等颇为不利！"

话音刚落，高遵裕和王中正也是面面相觑，不免忧心。

---

① 界河，即宋辽边境的拒马河，也叫白沟河。

② 兵级，宋代对兵丁和节级的合称。节级，指低级军佐。

第 十 八 章

江有蛟龙山虎豹

五月初一（庚辰日），官家赵顼御文德殿视朝。

他终于下定了决心，开始连续发布意义重大的诏令。首先是在五月朔日这天，下诏召广南西路安抚使、钦州知州石鉴赴阙，这是官家准备经制南北江的一个标志。

五月初二（辛巳日），垂拱殿前殿视朝，二府合班奏对。

中书与枢密院同进呈保甲养马事，这是王安石设计的又一项新法"保甲养马法"，简称保马法。宋朝由于丢失了几块主要的良马产地，军中用马极其缺乏，禁军中骑兵一指挥配备战马的数量更是少得可怜，倒是缘边的蕃兵用马情况要好一些。过去朝廷的马政是归群牧司管；地方上则是牧马监负责养马，占地五六万顷。但黄河南北十二个牧马监，从熙宁二年到如今，每年只能出马一千六百四十四匹，供骑兵使用的只有二百六十四匹，其余只能供邮传驿站使用。每年朝廷都在为养马养着不少牧马监官吏和卒子，亏损大量钱贯，却根本不能满足骑兵的战马需要。因此宰相王安石认为，完全可以根据已经编排好的保甲制度，先于开封府界试行，让民间愿意养官马的百姓，为朝廷养马。若确实比牧马监原来的马政效果要好，便逐步在适合养马的地区推广施行。实际上在参与保马法设计的新党官员们看来，原先的马政完全是一堆老旧破烂，新的保甲保马法效果再怎么样，也不可能比牧马监养马差。

奏疏展读完毕后，枢密院班子里文彦博率先开口了："陛下，此事须经群牧司相度。"

王珪在中书班子里站着，差点笑出声来。这文彦博以枢密使兼任着群牧制置使[1]，群牧司的事，不也是他说了算么？

官家道："此何与群牧司事？韩维又新到[2]，只朝廷相度。群牧司官识见必不能及远。"

---

[1]　群牧制置使，群牧司最高长官，总领国家马政，以枢密使或知枢密院事、同知枢密院事等枢密院执政大臣兼领。

[2]　韩维以翰林学士兼任群牧使。

王安石当然不能看着文彦博每件事都站出来插一脚，于是他与文彦博、吴充又开始了一番辩论纷争。

几个回合的唇枪舌剑下来，官家终于道："此事且待朕再思量。更有一事，王中正、刘宗杰与王韶、高遵裕议论，以为古渭诚可建军，诸卿以为如何？"

吴充看了眼文彦博，原来今日二府合班，官家和王安石真正想实现的是古渭建军！保甲养马在明，而古渭建军在暗，枢密院已反对保马法，若此时再反对官家心心念念的拓边河湟大计划，殊为不智！

垂拱殿里，王安石已经开始说起古渭建军的种种好处……

当日，朝廷终于下诏：以古渭寨为通远军，王韶兼任知军。

从王韶于熙宁二年初赴秦州任经略司机宜文字，到现在成为缘边安抚司的长官，这古渭建军的计划，花了整整三年又五个月时间！

午后的中书门下，王安石从西厅自己的视事阁走进政事堂的大厅里，副相冯京和王珪都已坐在各自的座位上了，这是当日放衙前最后一次集议。

王珪走到王安石的桌案前道："相公，官家的御笔文字，方才刚刚送到。"

王安石一看，只见写着：

近据雄州缴奏，北界涿州[1]来牒理会白沟增修馆舍及添驻兵甲事，未知因依虚实，可令缘边安抚司勾当公事李舜举[2]、提点刑狱孔嗣宗密切仔细体量，诣实事状，速具闻奏，仍各实封札与。

王安石道："此细事也，又何须劳烦官家圣虑，更毋用别遣官体量。"

冯京道："辽国之事，恐须审慎也。若北面抓着我增修馆舍及添驻兵甲等事，便要胡搅蛮缠，却亦烦扰。"

王珪道："相公，四月时，知雄州张利一奏，谓北界有七八千骑过边界拒马河，已至两属地[3]，是则契丹有以谋我乎？"

王安石笑道："禹玉，他北虏岂敢！"

五日后，五月初七（丙戌日），朝廷下诏：开封府界诸县保甲愿养马者听，仍令

----

[1] 涿州，辽国南京道州，与宋河北路雄州毗邻。

[2] 此年四月一日，李舜举奉命赴河北代李宪。

[3] 两属地，又称两输地，是宋辽两国的缓冲地带，其居住人户向宋辽两方纳税。按照约定，宋辽俱不可派兵进驻，故曰两属地。

提点司于陕西所买马,除良马外,选骁骑以上马给之,岁毋过三千匹——这标志着保甲保马法也开始施行了。

五月十二(辛卯日),禁中枢密院。

前殿视朝已经结束,枢密使文彦博和两位枢密副使吴充、蔡挺都在厅堂里批阅公文。

吴充忽道:"潞公,近闻李评事否?其所作所为,实属中外侧目,今人多议论纷纷,长此以往,于我枢府体面,似大有损伤。"

李评是外戚出身,两年前靠着沈惟恭案获得了赵官家的宠信,很快就以东上阁门使兼任枢密都承旨。这是枢密院属官之首,乃是极紧要的差遣,不仅承接、传宣机要密命,官家御便殿时还可在旁侍立,另外掌握有枢密院内主事以下的人事任免权。此后,李评便在宫府内外经营眼线、广布耳目,作威作福之态令阁门司、枢密院甚至京中百司不少官吏都又恨又怕,却敢怒不敢言。

上个月同天节,按例在紫宸殿举行宴会庆贺皇帝圣寿。按以往,紫宸殿寿宴时亲王、皇亲都可落座,只有集英殿大宴才有亲王、驸马等不坐的规矩。可李评却弄出了个新的仪制,人皆不熟知。于是阁门官吏依旧请亲王、皇亲、驸马在紫宸殿落座,李评乃大怒,令不少阁门官吏因此遭到免官的黜罚。李评的凶焰可谓有目共睹。

文彦博道:"子政,你如何看?"

蔡挺道:"仆今年两月才入枢府,对本院都承旨李评实在无多大了解。不过圣节紫宸宴集之事,确实颇有不平之声。须潞公决之。"

文彦博想了片刻,捋须道:"李评乃官家宠信的近臣,若骤然叫到此处训诫,便是我等枢府执政一同斥责他,性质严厉,一是怕官家面上不好看,二是让李评忌恨上冲卿、子政,殊为不美。不若差人叫他来老夫的本厅,且由我敲打他,庶几能顾及方方面面?"

吴充道:"那李评岂不是要忌恨潞公一人?不妥,这让我和子政心里如何过意得去?"

文彦博摆摆手道:"谅他也不能恁地大胆。"

言讫,便起身叫来吏员,令他去吩咐李评,即刻至枢密使视事阁参见枢府长官。看着文彦博走出议事大厅的背影,蔡挺却是不动声色地暗自冷笑。

文彦博回到自己在枢府的办公本厅,好整以暇地在桌案上进行着一套点茶的工序,考究地炙茶、碾茶、熁盏①。早在庆历年间,他便是点茶分茶的行家里手,一套

---

① 炙茶,以微火烘烤陈茶;碾茶,用茶碾将茶块碾碎;熁盏,加热茶盏。

变幻无穷的茶百戏曾让富弼等人不由得击节赞叹。

正候汤①，枢密都承旨李评已到了。

他脸上堆着笑，谄媚的神色溢于言表，而举止动作却有些大大咧咧，这就显出一种滑稽来，让人弄不清他到底是要在枢密使面前卑躬屈膝还是傲慢摆谱。

"见过潞公。"李评虽是作揖行礼，可态度却颇为散漫。

"持正（李评字），在老夫这何须多礼。快坐快坐。"

李评坐下来，道："不知潞公这会儿叫我来，有何吩咐？"

文彦博道："不急，安心候汤。"

李评知道，文彦博的意思是让二人谁也不要说话，静下来听煮水的声响。这候汤是茶艺里极重要的一环，有所谓"最难"之说，若水未熟则沫浮，过熟则茶沉，而候汤的技巧往往通过耳朵听来判断。

这般过了一会儿，李评似按捺不住急躁，文彦博终于示意煮好了。

只见这位枢密使在极名贵的建盏里放上茶叶，一边倒水，一边用竹筅在茶盏里快速旋转，这便是点茶里的击拂。文彦博不发话，李评也不敢出声。

须臾，文彦博将茶盏推到了李评面前，道："持正且吃茶。"

李评一面喝，一面看着文彦博给他自己的茶盏里注水击拂。

"持正，今日的茶如何？"

李评笑道："潞公乃茶道大宗师，某有幸品尝，真乃一大快事。"

文彦博喝了一口，却道："似乎候汤时，火候不对，你说究竟是煮得未熟，还是太熟了？"

李评刚把一口茶喝进嘴里，顿时给呛得咳嗽连连，文彦博这老狐狸是话里有话啊！

"还请潞公明示？"

文彦博眉目低垂，看着自己的茶盏，道："持正觉得，当年郭逵为何只做得六个月的执政？"

李评知道，文彦博提起郭逵在治平三年四月除为同签书枢密院事，到了十月又被罢执政出外，去做陕西宣抚使之事，这是为了点他李评。近来有传言，说李评或许不日将除为签书枢密院事，成为皇宋的执政。这事传到李评耳朵里，他可谓洋洋自得，他知道官家多少有这心思，因为曾含蓄地给他透露过。然而文彦博却拿郭逵坐不稳执政一事来问他，莫非……

---

① 候汤，等待煮茶的水开。

想到这些李评急了，问道："潞公以为某这盏茶，终究是还没熟？"

文彦博自顾自喝茶，从容回答："还没吃到的恐怕是没熟，已经吃下去的，却是熟过头了。"

李评头脑也是转得很快的人，当即明白文彦博说的是他超擢为执政之事，还未到火候，而自己已经说的话、做的事却失了分寸，属于过火！

"潞公说的莫非是紫宸上寿事？"

文彦博道："阁门沟通中外，是官府之咽喉、桥梁，那应是持正的一亩三分地，握在手心，谁人插得进去？你可倒好，把阁门官吏都得罪了。"

李评道："那是有人平日见不得我受官家信重，在背后嚼舌根，我又不光是阁门使，还兼着枢密院都承旨呢，自然须在阁门司立威……"

"你糊涂！"文彦博陡然放下茶盏，看向李评，"阁门官吏，是个重臣就会动脑筋结交！持正莫以为被你罢免官的贾佑、马仲良背后就没个靠山了，官场上'立威'已是下下之策，同僚间须得尽力广结善缘，无端树敌是取死之道！持正或许以为你乃外戚，就可走天子孤臣的路数，用不着与人为善，但你反过来想，官家何尝不是利用你平衡外朝的重臣？你眼下的威风，可是官家借给你的！"

文彦博的眼神吓得李评一愣，他又羞又恼，却不敢表现出来，只得坐在圈椅上听枢密使把话说完。

"更何况，你屡屡在官家面前说王安石擅权，非议其新法，王介甫正愁没借口收拾你，这下不就授人以柄了吗？"

李评转了转眼珠，不知是何人竟把自己说与官家的话传了出去，还被文彦博，甚至王安石知道了。他赶忙道："王安石收拾我？怪不得前几日他奏劾我所定新仪制错乱不明，说我妄加人以非罪，可官家已经下诏，我与阁门官吏，一概放罪不问啊。"

文彦博又抬眼缓缓看向李评，道："王介甫是何人？他是一根筋的拗相公，从富弼、唐介、赵抃、吕公弼、吕公著、吕诲、杨绘……，近的还有郭逵，他赶走了多少宰臣和中执法？更莫说侍从大臣。若是区区一个外戚、武臣出身的阁门使、都承旨，便折了他王安石的面子，你说，王介甫会善罢甘休，不再对付你了吗？"

听文彦博这样说，李评真的害怕了，他猛地从座椅上站起来，深深一揖道："潞公救我！我实在想做一回执政，若是得为签书，必定更加惟潞公马首是瞻，绝无二话！"

文彦博心里头极是鄙夷李评的小人模样，他如何不明白，若是李评真做了签书枢密院事，恐怕连自己都不会被他放在眼里。但文潞公面上却是不露声色，反而大义凛然地说道："持正此何言哉！当是为官家和朝廷做事，为社稷和百姓争。"

李评点头如蒜："潞公教训得是，然则若是王安石果然还要冲着我来，死活不放，却该如何？"

文彦博道："持正啊，王安石既然已经让你受委屈了，你便把这委屈掏给官家看，把王安石怎么擅权、排除异己的，好好分析给官家知道。"

李评道："这样便可？若是王安石以辞相要挟官家呢？他逼着官家在我和他之间做个选择，却该如何是好？"

文彦博笑道："持正，方才御前奏对，王安石进呈王韶拓地招附之功，说是已经拓地一千二百里，招附三十余万口。昨日也是议论赏赐俞龙珂事。你可明白，王安石如今一心想着拓边河湟！此事不成，他连宰相都做不下去，你说他现在哪有心思真盯着你呢？只要你向官家恳切哭诉，得了官家为你说情，最多几个来回，王安石也不能不给官家面子，何况官家会给王安石找几个台阶，让他下的。"

李评终于露出一丝笑容道："听潞公这么一分析，某心里也总算踏实些。一会儿待官家在便殿，我寻着机会就向官家说。"

文彦博道："持正毕竟是官家的宠臣，无须过虑。王安石的目标也不是你，是老夫。"

看着李评走出枢密使的本厅，文彦博的眼神里满是蔑视。这个自以为聪明的外戚佞幸，居然还妄图登上西府执政的宝座！你不过是官家的一枚棋子，用来对付外朝大臣们而已，如今却想做下棋的人，滑天下之大稽！

另一边，中书门下的西厅，宰相的视事阁里，也在进行着一场密谈。除了同平章事王安石外，还坐着都检正曾布和中书户房检正官章惇。没叫来邓绾，乃是因为他是御史中丞，不似曾布、章惇是宰相僚属，白天叫台长来政事堂私会，实属动静太大，贻人口实。

曾布坐在圈椅上道："恩相，已基本查明，自李若愚乞罢押班以来，桩桩件件事情背后，都有都承旨李评的影子。官家平日与李评待的时间颇多，大部分诋毁恩相之言，皆是他在御前猖猖狂吠！"

王安石似乎在思考着什么，沉默了片刻后才说："今日官家让下了朝旨，说是辽人不循旧规，近颇生事，虑别蓄奸谋，可指挥河北、河东厚以钱帛募人深入，刺候动静以闻。此事你们可知？"

曾布道："学生知道。是雄州又来奏报的缘故，说在白沟边界点交岁币① 第一批

---

① 指真宗皇帝景德元年（1004年）十二月达成的澶渊之盟。按规定，宋此后每年向辽国交割银十万两、绢二十万匹，作为岁币。

的两千匹绢，自来都是契丹只点个数目便完成交割，这次却无端解开绢束，逐匹看觑，甚至还托量丈尺……官家就因此疑心北虏要生事，所以让河北、河东经略司派人去刺探动静。恩相，在我看来此事颇蹊跷！"

章惇也道："北界之事，乃从正月开始，在王韶主持缘边安抚司、俞龙珂正式归附后。若契丹果生事，官家便会叫停河湟开边。"

曾布急道："正如子厚所说，北界之事，显然是冲着王韶在陕西拓边河湟的计划去的！雄州知州张利一是武臣，归西边管辖，而自正月以来雄州接连发回奏报，莫非是在制造点烟雾，好吓住官家？"

王安石忽道："官家圣明，子宣慎言！"

章惇开口道："当务之急，是要拿掉李评。他是枢密都承旨，若拿掉了他，不光是去除一个佞臣，也是驱走了枢府安插在御前，加以影响官家的一条毒蛇！若放任此人在官家左右，长久下去，绝无好事。"

王安石道："子厚所言在理。目前多余之事不须过虑。阴谋者，不留痕迹；阳谋者，以势迫之……莫去想这些了吧！"

章惇道："相公，不过依某看来，要拿掉李评，非容易之事。官家前番下诏放罪便是明证。况且李评本就是精明刻薄之人，又工于心计，几年来久得官家宠信。但要紧的是，他是官家的棋子。相公，不怕说些犯忌讳的话，我朝历来有近习便嬖除为西府执政的，太宗时候有杨守一[1]；真宗时候有王继英、张耆、曹利用[2]……从帝王之术来说，李评这种毫无根基的外戚小臣，正是官家用得着的人。"

曾布一惊，道："子厚的意思是说？"

章惇道："说到底，拿掉李评，便是和官家较劲，即使现在真赢了，但将来保不准就输了……"

曾布愕然："恩相，会不会这正是西边希望我们去做的？"

王安石道："方才已说过，不须想这些。某已决定，非让这李评出国门！"

章惇道："想必相公已经有了取代李评做都承旨的人选？"

---

① 杨守一，初名杨守素，太宗潜邸旧臣。赵光义登极后补右班殿直，后擢东上阁门使兼枢密都承旨。端拱元年（988年），授宣徽北院使、签署枢密院事。

② 王继英、张耆、曹利用，皆真宗皇帝时西府执政。王继英，本依附宰相赵普为文书小吏，后入真宗潜邸，于真宗即位后平步青云。张耆，本名张旻，亦真宗潜邸从龙人，刘娥遭到太宗下令赶出王府时期，寓居张耆宅邸，张耆奉之甚恭，后刘娥为皇后，张耆亦鸡犬升天，官至枢密使。曹利用，澶渊时本小臣，因入辽人大营谈判而简在帝心，成为枢密使，在天禧政争中与丁谓、钱惟演结党，击败了宰相寇准。

王安石点点头，道："曾孝宽。"

曾布和章惇顿时明白了。这既是给曾公亮面子，让他的儿子曾孝宽担任这一前途大好的重要差遣；也是为了利用曾公亮多年宰臣积蓄下的朝野力量；更是要在枢密院至关重要的位置上放一个新党的人。这是一石三鸟之计！

"然则都承旨一贯以武臣为之，不以文臣兼领，这曾孝宽是文臣啊……"曾布道。

王安石道："不打紧。虽无故事，然自孝宽始，便是故事！"

商议结束，二人正待告辞，吏员来报，说是冯参政、王参政请相公去政事堂集议，有官家降付的文书，需要宰臣们看详。

王安石回到中书宰臣们集体办公的大厅里，前脚刚一跨进门槛，副相王珪便道："相公，李评与阁门官吏放罪那事，官家批付中书，令我等集议之后，明日再进呈。"

王安石一哂，必是李评已在御前巧言诡辩。莫说自己已下了决心，就算还在犹豫，这李评也不肯罢休呢！

次日，五月十三（壬辰日），前殿视朝，二府合班奏事。

议论完几件事情之后，王安石开始代表中书进呈李评之事。

赵官家道："朕仔细看来，非新仪制不明，李评所定仪制于旧仪制，亦未尝增损，实是旧仪制错乱而已。阁门吏如贾佑、马仲良既见相传坐图与仪制坐图不同，自合申请，乃自作主张，用相传坐图定之，李评劾阁门官吏不为不当。朕已诏阁门吏特放罪，不须再问李评过错。"

王安石道："如此，即是新仪制亦错乱不明，李评焉能无罪？"

官家又一次为之辩解："若新仪制果不明，亦非独李评之罪。"

王安石道："中书但言新仪制不明，固未尝专罪李评。所定仪制既如此不明，则不当于紫宸宴集时施行，乃妄劾阁门官吏，此则李评之罪也！"

见宰相咄咄逼人，官家乃道："李评固有罪，然亦未可姑罪评也。既已诏李评与阁门并放罪，此事便如此了办。"

王安石还要再说，官家继续道："且议论河东经略司置常平仓事，再有木征弟董裕以下诸酋首各转官、赐茶彩事亦且论之。"

事情果然如章惇所料，官家不愿问罪李评。

这样过了两天，五月十五（甲午日），王安石在前殿视朝结束即将下殿时，乞请留身独对。

王安石对着官家深深一揖道："臣乞东南一郡，因入参机务以来，久劳乏，近又疾病，恐职事有隳败，累陛下知人之明。"

赵顼心里很不高兴，道："卿岂所怀有不尽，当为朕尽言之，朕何尝违卿，或是为李评否？"

王安石道："臣非为此也。自二月以来，即欲自言，若得一二年在外休息，届时陛下不以臣为无用，臣亦不敢再言劳。"

赵官家道："卿有何病，必有所谓，但为朕尽言。天下事方有绪，卿若去，如何了？卿所以为朕用者，非为爵禄，但以怀道术可以膏泽斯民，不当自埋没，使人不被其泽而已。"

王安石正仔细体会陛下这番话中是否有责怪的意思，官家又继续往下说。

"朕所以用卿，亦岂有他？天生聪明，所以乂民①，相与尽其道以乂民而已，非以为功名也。自古君臣如卿与朕相知极少，岂与近世君臣相类？如冯京、文彦博，自习近世大臣事体，或以均劳逸为言，时有请辞之说，卿岂宜如此？"

官家似乎在动之以情，晓之以理，略带含蓄责备地挽留他的宰相，然而王安石已经打定主意，不为所动，只是沉默着。

"朕顽鄙，初未有知，自卿在翰林，始得闻道德之说，心稍开悟。卿，朕师臣也，断不许卿出外。且休著文字，徒使四方闻之，或生观望，疑朕与卿君臣间有隙，朕于卿岂他人能间！卿有不尽，但为朕言。"

王安石明白，官家的这番话实实在在地表明了他对李评平日离间君臣二人的态度，他开口说："臣荷陛下知遇，固当竭死节，然诚以疾病衰耗，恐不能称副陛下任使之意，极不敢造次及此言，但久自计度，须至上烦圣听。臣亦见冯京、文彦博近皆乞去不得，臣极恐陛下未听臣去，本亦不欲为此纷纷，然熟计须至如此，乞陛下详察，许臣出外，或典东南一郡。"

言讫，王安石再次一揖，准备转身下殿。

"相公且留步，"赵顼道，"切记勿入文字请辞，使中外疑惑，启小人之心，决不可也！"

王安石作揖道："臣领圣旨，未敢入文字，候一二日再乞对。"

官家沉默了片刻，随即叹了口气："勿如此，朕终不许卿去。何况卿辞相，则外人顾望，岂不虑害新政耶？切勿如此！"

王安石只是又一揖，乃兀自下殿。

过了午时，王安石听了官家的，并未文字请辞。便殿里，官家身边这会儿只跟着一个枢密都承旨李评。

---

① 乂民，指治理百姓，使安居乐业。

赵顼站在延和殿门前，向外望着前方崇政殿屋檐上一个又一个的瓦当和两边的鸱吻，宫墙边的高柳蝉鸣仿佛忽远忽近、忽真忽幻。再往回廊两侧看去，只见池荷贴水，荡漾着初夏的风韵。这美景里，却有着一丝恼人的倦意，在午后的暖风里熏面而来。

李评见官家不说话，自然也不敢多嘴。这般过了一会儿，官家终于开口了。

他头也不回，道："丞相要请辞，你怎么看？"

李评道："回陛下，臣以为相公非真有意辞相。"

"继续说。"

李评道："在臣看来，相公这辞相的姿态也不是一次两次了，皆为了逼迫陛下让步，好毫无保留地信重他。陛下乃亘古鲜有之圣君，宽宏容人，又与相公君臣相知，本也没什么大碍，但几次三番的，事情传到了宫外，别人就以为相公有要君之嫌了……"

官家的声音听不出什么语调，他依旧背对着李评，道："朕让丞相不可上奏请辞，依你看，过几日会如何？"

李评小心翼翼地揣摩着官家的口吻、心思，乃道："以臣之见，若相公过几日有所乞请而陛下从之，如王韶之事陛下一概听许，那么一段时间内，相公或许不会再提辞相之事。"

"辞相是个姿态，是吗？"官家喃喃自语，忽然转过身，直直地看着李评，"那你呢，怕不怕丢官？"

李评听到玉音如此，当即大礼叩拜下去。

"陛下！臣岂敢求陛下保全？想臣微贱之身，荣华权势，皆陛下所赐，生杀予夺，在陛下一言而已。臣只是蒙陛下垂问，不敢有丝毫隐瞒，这才直言不讳。相公当然是社稷之臣，但军国事终究是要陛下说了算，君臣的礼法不可轻忽。更何况，朝廷若不重视君臣之根本，那还如何垂范天下？"

赵顼想到两年前沈惟恭的案子，那时的李评也是孤忠直言，便微不可察地叹了口气，竟道："起来吧，朕自然是要保你的，不须怕，还和往日一样，为朕效力便是。"

李评大喜，又在延和殿的地板上"咚咚咚"磕了几个响头。

李评对官家说的话似乎成了现实，王安石考虑到新政与边事，没有再提请辞的事。在数日后的一次二府合班奏对中，中书进呈秦凤经略使、判秦州吕公弼不肯割四寨属通远军的奏疏，枢密使文彦博表示对吕公弼意见的支持，但王安石认为"欲弹压羌夷使其率服，当令通远气势增盛"，赵官家听从了王安石的建议。于是在五月二十三（壬寅日），朝廷下诏，同意秦凤缘边安抚司的乞请，割秦州宁远等四寨属通远军，仍于青唐、武胜军以及新招降蕃部马禄族三处，各建一堡寨。

又三日后，诏秦州制勘院劾查王韶市易司公事，涉案的朝廷文官、武将使臣候案成后，除了确系所犯贪赃之罪外，其余人等一并恢复旧任。原本高遵裕也被枢密院勒令，诣阙奏事，要他赴京分析王韶市易司有无贪赃等不法事，但王韶上奏说，他自己被秦州制勘院传唤，从通远军赴秦州接受调查问话，缘边安抚司没有长官处理公务，殊为不便，故乞请留高遵裕在通远军处置大小事务。王安石还向皇帝表示，说王韶只能以二三分心力经营边事，却要以七八分精神照管防备人沮坏，就连其麾下文武官吏也如此，只能用三四分力勾当事务而已，长此下去，开拓河湟终是难成。于是官家令秦州速让王韶归通远军，如果制勘院确有问讯，则王韶以实封文字应答即可；又令催枢密院派往秦州的杜纯①尽快判决结案，不须迁延日久，以免缘边安抚司人情疑惧，不敢宣力。

朝廷的这些动作都表明，王韶市易司之事，多半是不打算根勘追究了，而吕公弼奏报的董毡与夏国联姻结亲事②，似乎是起了反效果，只是让皇帝更加坚定要实现在河湟的战略目标。

五月二十七（丙午日），太白昼见，京师中开始出现有关北界契丹在边境白沟河用兵的传言。

五月二十八（丁未日），下诏以枢密副使蔡挺帅泾原路时的练兵方法作为准则，颁行诸路，这便是所谓的将兵法。

蔡挺在渭州时，建勤武堂，诸将须每五日轮流上番，接受经略使蔡挺教阅步骑阵列的击刺骑射；又将泾原路禁军分隶七将，由固定将官训练，从而令兵将相知。这些无疑是泾原军成为陕西精兵的重要因素。宋立国以来，为了防范唐季、五代武将作乱之害，一向是让兵不知将、将不知兵，平时负责训练兵马的与临战统兵出征者往往不一，如此制度固然极大地扼杀了武臣谋逆的可能，但也自然影响到军队的战斗力。行军用兵，最忌讳将帅不能如臂指使，可连底下的兵卒都不了解，又如何做到令行禁止呢？将兵法的宣布实施，被京中官员认为是枢密副使蔡挺依附了宰相王安石的最好证明，毕竟这是给王安石的新政添砖加瓦，且显然迎合了官家和宰相对夏用兵这一战略方向。

六月南风多，暑气下的东京城颇为燠热。连日干旱，烈日当头，禁苑中的芙蕖也

---

① 杜纯时任光禄司丞、枢密院宣敕库检用条例官，受命往秦州制勘王韶公事。

② 熙宁四年末、五年初，在西夏国相梁乙埋计划下，以西夏国主秉常之妹下嫁董毡之子蔺逋叱。

似失了娇媚婀娜。初三（辛亥日），赵官家驾幸集禧观大相国寺祈雨，书曰"僭恒旸若"，汉儒谓人君如果言行超越自己的本分，上天便会降下旱灾示警。作为皇帝，赵顼一点也不想在史册上留下这样的恶名。

六月初四（壬子日），谢景温之兄司封郎中谢景初竟然因为此前在成都府路监司为官时，踰滥①无廉耻故，遭到了追两官②的严重处罚。说起来这在当时本不是什么十分要紧的大事，但好事之人便顺藤摸瓜，找到了问题的根源。原来，谢景初在成都府路闹出的踰滥事，是在和范纯仁等同僚宴会中发生的。要知道这范纯仁可是旧党的死硬分子，谢景初那好兄弟谢景温也为王相公所忌恨。官员们茶余饭后聊了半天，便觉着这哪里是生活作风问题，完全是新旧党争的站队问题！

六月初八（丙辰日），朝廷考虑到免役法可能引起的种种问题和现在已经出现的种种异论，再次下诏决不许强迫百姓交免役钱、助役钱；而官员有敢强制、摊派役钱给民户者，以违背圣旨论罪，遇大礼恩赦等也不宽宥起复。

看起来，朝中一切正常。通远军规模大幅扩大，王韶的市易钱公事基本已被宰相王安石化解，新法仍在实施和调整，反对王安石的人也仍然在受到重黜……而自上次王相公弹劾枢密都承旨李评之后，风平浪静了快一个月，连李评都放松了警惕，以为事情已经过去了。

初八这日，刚到未时，王安石忽然请对，经阁门通传后，内侍领着王安石入延和殿面圣。

赵顼问道："相公此来是为何事？"

王安石道："陛下，臣听闻李评擅改枢密副使蔡挺文字，而陛下竟批付枢密院免评罪。此事岂非李评弄权欺诈耶？"

官家没想到上次的事情过去了这么些日子，王安石一上殿便再次突然论列李评。

"恐相公未知首尾也。朕本告诫李评，而其谓吏员未尝明言已经枢密副使更定，李评不能知，故辄用己意改易数十字，实有卤莽之罪。朕思李评本心实无他，但于职事不敢苟且，理宜宽恤，遂批付免罪。"

王安石道："臣不意陛下竟如此为小人蒙蔽！奏章有枢密院使副押字，李评岂得言不知？此事播于中外，人尽以为小吏畏评，不敢证评，乃作是说。"

这番话也让赵顼有些不高兴了。

---

① 踰滥，在宋代一般指官员狎妓事。

② 追两官，追官是一种比降官要重的处罚。降官是按照本官品级，依次降黜；追官，则是要在该官员历任的本官中进行降黜，如追两官，则是要降黜到两次升迁前的本官，而不论处罚前后本官品级相差几何。

"李评改了数十字，又有何妨？若因此造成政务上之差错，李评方是有罪。"

"名分有上下，如臣当时为参知政事，众以为过当。然宰相曾公亮所定之事，臣但有不愿押字者，即与公亮反复论可否，岂敢改公亮文字？臣若改公亮文字，即左右攻臣者必众，陛下必极以为臣不可。臣职任于公亮乃是等夷，俱是宰臣；如李评乃是密院属官，若为事关李评便可改抹，即贴房①小吏亦可改枢密使文字，如此即岂有上下？"王安石竟然摇起了头，叹道，"陛下若为李评可倚仗，不如便以李评为枢密使！且评所改文字，非特蔡挺文字，从前所改至多，评乃以为不知，此其为欺君甚矣！陛下要推问，是非不难见，如李评者实非忠良，恐陛下为其所深误！"

王安石的话已然很不客气，赵顼道："岂以李评为忠良？但人难求全责备。如评肯尽力者亦少。"

相比之下，官家的辩解显得很是无力，王安石乘胜追击，寸步不让。

"李评为人既非忠良，慢上而暴下，又阴与近习相为朋比，欺陛下耳目，岂可略不检察？"

赵顼道："今京师暑热，又已未正，相公且早些放衙回府休憩，此事朕知道了。"

王安石当然明白这是官家在敷衍，但陛下如此说，也不宜过于急切，乃起身一揖，随即下殿。

三日后，六月十一（己未日），王安石在中书奏对时进呈，乞指挥阁门司，今后紫宸殿上寿，亲王、宗室、驸马都尉并依故事赴坐，这等于是彻底推翻了李评所定的新仪制。

京中百司官吏们的嗅觉比较敏锐，能嗅出非比寻常的意味来。王相公请辞，过往是为了青苗法，和韩琦相争，可这回只是一个区区枢密都承旨、东上阁门使，大丞相何以几次三番地以辞相要挟君上呢？事情如此蹊跷，定是与新旧党争脱不了干系。

六月十四（壬戌日），垂拱殿视朝，二府合班奏对。

中书与枢密院共同进呈北界事奏报，是对前不久在白沟河交割岁币中，辽国官吏竟奇怪地要求每一匹绢都要打开检查一事的查核，发现果真存在数百匹破了洞的绢帛来，而雄州方面之前却隐瞒不报。

赵官家道："既云辽人动静可忧，如何粗疏若此！"

王安石道："此细事，可责河北都转运司查问雄州官吏以闻。"

文彦博道："臣附议。"于是二府宰执都表示意见一致。

---

① 贴房，枢密院吏人职务名称，在枢密院各房（兵、吏、户、礼、刑）负责抄写文字的工作，正名贴房（即正式贴房）二十八人，守阙贴房（候补贴房）二百人。

赵官家点点头道："诸卿所见皆同，便如此理会。今秦凤经略司奏报亦至，云王韶已遣麾下都监王存等破荡不归顺蕃部奄东一族，当议赏赐。"

王安石道："正欲经营青唐，赏赐宜加厚也。王存等五人本即效命于边塞，可各减磨勘二三年。"

文彦博道："青唐羌夷本脆弱如散沙，如奄东部又不值一提，此类攻打族帐之细事与两军大战，赏格自不能同，恐难用军赏。"

赵官家道："惟赏无常，轻重视功。"

枢密副使蔡挺道："如只减磨勘之赏，则比地方捉贼赏未为厚。然以此比捉贼，则其劳绩岂不过于捉贼乎？"

文彦博听着蔡挺这位新晋执政的话，心里极是不乐。因为蔡挺显然在支持王安石的意见，可他是枢密院的人，如何敢依附中书！

官家道："诚如是。蔡卿所言甚中道理。又王中正奏，谓洮河以西未有朝廷明降指挥许招纳，卿以为如何？"

蔡挺道："乘今机会，破竹之势，正可厚以金帛、官职招纳，然王韶以驱磨勘问市易钱事，新经摧沮，不敢开阔擘画，须朝廷谕意。"

赵顼点了点头，觉得蔡挺久在陕西，确实深知那边的情况，所分析的又都切中肯綮："中书与密院当谕意秦凤经略司、缘边安抚司，令宣力，不可敷衍。"

二府宰执们俱表示领旨。

王安石道："陛下，朝廷三度疑王韶贪赃，彼若尚气节，自辞官而去久矣，安肯复黾勉到今？功名如梦幻，气节之士岂肯摧气节以就功名？朝廷遇人如此，即未有以致豪杰之士。"

官家道："王韶既被人诬罔，须与辨明。"

王安石道："被人诬罔须与辨，诚是，然陛下前出手诏专委枢密院指挥，令市易司息钱另加封存，作蕃户料钱以省开支。陛下以为人言市易司全无息钱，言此事者必有其人，陛下后来既知言此者非实，然未见陛下行法处置妄言之人。若为陛下建立事功之人被众人沮害忌疾，等到他被人诬罔即推究其罪，此人有罪陛下固不容，但此人无罪时，对于诬罔之人陛下却未尝诘问。建功尽力者寡，为邪者众，寡已不胜众，而陛下又不恶其为邪，则人何为不苟且营私、结党自固，乃欲出死力犯众人所忌恶，为陛下立事？"

垂拱殿里二府的每一位宰执大臣，都感到王安石话语里指向枢密院的怒气，他所说的诬罔王韶而官家从未问罪的人，难道是秦凤经略司里的小人物或是朝廷里的台谏言官么？

官家辩解道："郭逵便行遣。"

王安石朗声道："郭逵今所以不免行遣，乃是其自作孽至于不可复容故也。臣以谓人主用威福，所以操制奸罔，不必待其自猖獗不可复容，然后行法也。陛下所以优容此辈，不过欲广耳目。若其言尽实，即可广耳目；若敢为欺罔，乃是陛下自蔽塞聪明，何利之有？人主必欲开广耳目，但忠信则赏之，欺罔则刑之，不患蔽塞也。"

听到"开广耳目"，赵顼以为王安石接下来就要提到李评，但这位中书的独相最终并没有如此指名道姓。赵顼明白，王安石毕竟是成熟的宰辅大臣，知道有些事情不能放在明面上说，也无法明面上处理。

官家道："卿说的是，朕谨记之。"

次日，朝廷果下诏，权通远军都监王存等五人各减磨勘三年。虽然不是直接封赏王韶，但朝廷褒奖了其安抚司的僚属，自然也是对王韶招抚和讨伐蕃部功绩的肯定，属于另一种形式的抚慰。

北界的事始终牵挂在官家的心头，对大宋来说，契丹人是远比党项人可怕的对手。在官家心里，辽国是北方蛰伏着的凶恶巨兽，近七十年来的温顺模样只是一种猛兽吃人前的伪装，一旦它饥饿已极，露出了硕大的爪牙，那么整个河北、河东便会遍地烽烟起。若真有那么一天，还会有第二次的澶渊之盟和数十年的和平吗？作为亿兆生民的君父，赵顼此时却无法回答这一极其尖锐的问题。

两天后，皇帝召宰相王安石独对于便殿。

看到宰臣从容上殿，赵顼心里也稍稍觉得有了一些倚仗，赐座后他开口道：

"雄州张利一又奏，谓辽人修城隍，点阅甲兵，必有奸谋，宜先事为备。相公以为北朝欲何为？或为自防之计？"

王安石观察着官家的神色，道："此必诚如陛下圣心烛照，契丹衰朽，何能为也，而敢轻渝盟誓，自绝和好，谋我中国？"

赵顼思忖了片刻，又皱着眉道："张利一亦宿将之子①，彼屡奏北界事，若契丹果贪婪昏聩，一至于此，则为之奈何？"

王安石道："陛下诚不须过虑。臣保契丹不能有此。若我风声鹤唳，大修战备，此所谓无事而使人疑之，殆也，何况彼尚未动，我已劳费不能堪，若彼本无心，见我似欲大动干戈，以为将谋北伐，则竟弄假成真，竟成边隙，不可谓智也。"

赵顼又沉思了一会儿，然后才道："然则究当如何也？"

王安石道："惟静以待之，彼将自定也。"

---

① 张利一是仁宗天圣年间刘太后垂帘听政时期枢密使张耆之子。

赵顼喃喃道："且待雄州有奏报，再做定夺。"

王安石起身一揖道："陛下，今日既蒙召对，臣更有一事欲奏。"

赵顼道："相公且坐，此非朝会，何须多礼。"

王安石乃道："臣在中书，令取李评所定新仪制看详，见其中错谬甚多，如元旦朝会殿前三帅起居等皆非是……"

按照制度，皇帝在便殿召见大臣，是可以让枢密都承旨在旁侍立的。但赵官家这会儿召见的是王安石，想到近来宰相和李评的矛盾龃龉，为了避免二人闹出些殿前失仪的事情来，便让李评在殿庑祗候，待有事传召再上殿。

李评显然知道官家正召见王安石，此时他虽在殿庑下，却离便殿侧旁的小门极近，几乎是把耳朵贴在门上，公然偷听官家和宰相的谈话。几个阁门官吏见到都畏惧不敢言，只是低头装作没看见。

这个近几年来深得官家宠信的外戚佞臣听见王安石的指责，心里有一团羞恼和恐惧的火焰在升腾，烧得他恨不能抓耳挠腮。他本觉得签书枢密院的执政宝座已是近在咫尺，怎料到王安石这拗相公如此不依不饶，连官家面子也不给。

王安石的声音继续在殿内滔滔不绝，传到李评耳朵里，仿佛是字字如雷霆。

"评诞谩大抵类此。前改蔡挺文字，猥云吏人不言，臣闻评擅改枢密使副文字多矣。国朝何曾有密院属官如此胆大包天？陛下以为不可，即归咎吏人不言。"

接下来官家的声音有些轻，但李评总算也能听清楚。

"评所改，皆非枢密使副签署者。昨改蔡挺文字，则吏人状谓评果不知。"

李评心里一阵高兴，官家到底还是向着自己，处处护着自己。

王安石的声音又炸响在殿内，传进李评耳中。

"吏人状安可为据？大臣尚畏评中伤，不敢与校，何况吏人，岂敢证评不直?！臣此前已论，陛下天纵之圣，臣实不意陛下能为小人如此欺弄！"

李评听得直是牙痒痒，拳头捏得青筋暴起，咯咯作响。

好在官家还在为李评辩解："人中伤评者却多，如御史言评与吴充结亲，又无此事。"

"御史言事诚疏略，又非特此一事。然汉元帝以刘向、京房疏略，遂信石显为忠①。今评欺罔状明甚，陛下但推鞫审问，加以严查，即评虽巧说，亦必不能自蔽。"王安石的声音立刻又响起。

官家的声音道："只恐李评不服，有所说法。"

---

① 石显乃元帝时当权的宦官，结党专权，迫害萧望之等大臣。

在殿庑偷听的李评已经是愤恨之至，王安石竟把他比作了汉朝的权阉！是可忍，孰不可忍！

王安石又道："陛下若偏听则评必有说，若推鞫则明见欺罔之状。"

李评心急如焚地在等待着官家的回答。

片刻后，殿里响起玉音："元旦朝会等事，已多时，似不须计较。"

李评正在心底暗暗叫好，王安石又开口道："事固多时，中书久未进呈者，正为无因耳。而评乃因杜纮事反诬中书久留仪制，故不得不以闻。评欺罔如此，又安可纵！"

李评一听，坏了，王安石说的杜纮之事，乃是前不久有两人先后除授判刑部的差遣，一个是沈衡，另一个是杜纮。沈衡得了判刑部的差遣后，李评在阁门司安排他上殿告谢①；可等到杜纮判刑部，李评看这人和自己不对付，就故意不安排他上殿辞谢，杜纮不忿，上殿面圣是可以让官家记住自己的宝贵机会，凭什么被剥夺？于是杜纮申状到中书，中书差人来问李评，李评就找了个理由搪塞，说百官辞谢等仪制俱在中书，一时间没办法检索查用，方欲申禀。

这样的事情，官家听后会不会认定自己是擅权弄奸？此刻李评非常恐惧，豆大的汗珠一滴滴地淌下来。

须臾，殿内玉音再起："此诚有罪，可令送宣徽院取勘。"

李评顿时跌坐在地上。

数日后，未初时牌，王安石与冯京、王珪正在政事堂大厅里办公，内侍送来了官家批旨的一沓奏本。

王安石打开中书进呈的李评阁门司事之奏疏，只见到御笔写着：

阁门失检点三事，寻召问评等，更无他辞，并各引罪，纵加推鞫，不过如此。偶失点检，罪可矜恕，皆由评故，致此滋蔓，烦费推求，何日穷已？可令评更不管勾阁门事，余悉放罪。

此刻，王安石的眼中只剩下了四个字：余悉放罪。

表面上看着官家从善如流，罢免了李评管勾阁门司的差遣；实则是告诫中书，李

---

① 告谢，即辞谢。这是宋代官员除授任命过程的最后一个步骤。凡新除拜，文武官员不论品位高低，赴任前须入殿向皇帝告谢，感谢皇帝恩泽。选人在殿外辞谢，不入正殿；京朝官须赴正殿辞谢。

评的其他罪过须一概不问，不要再穷追猛打，失了分寸与体面！

数年来，这是官家极少见地全然不听自己的意见，甚至还和自己玩文字游戏！王安石拿着奏疏的双手，因怒火和失望不由得微微颤抖起来。

见到宰相脸色骤变，王珪也拿起奏本，看后当即也是大惊，没想到官家袒护李评的心思居然如此坚决！

"相公，然则中书当如何耶？"

王安石缓缓站了起来，道："须劳烦禹玉及冯参政了。仆只能请辞相位，岂有他哉！"

六月二十一（己巳日），宰臣王安石谒告[①]，上札子请解机务，乞罢免同平章事之职，意欲辞相。

皇帝当然是不可能同意的，立即封还表札，又令内侍冯宗道赴相府，催促王安石入见。

六月二十三（辛未日），由于官家手诏有旨，王安石总算是入禁中面圣。

延和殿里，官家已经令阁门隔下今日所有请对的小大之臣，准备把时间都留给自己和王安石做一番长谈。他内心很焦躁，强迫自己坐在御座上，而非站着等待。准确来说，官家还感受到一种莫名的不快，他自问已对王安石推心置腹，仅保留着最后几分君臣的形式和礼仪，完全是把王安石当作师臣，甚至是朋友……但君臣礼法，也需要自己去维护和体现，作为天下的至尊，官家要面对的不是王安石一个臣子，而是成千上万的大小官吏，岂能疏忽了君臣制度！为何王安石与自己君臣相知数年，竟还是不分轻重缓急、不分事情、不分场合地寸步不让？

这样想着的时候，王安石已经上殿了。他在御座下立定，作揖行礼道："臣伏奉手诏，今日上殿入见。"

赵顼终于回过神来，一开口便忍不住责怪王安石执拗："今新政尚须相公在朝主持，如何苦苦求去？"

王安石道："疲疾不任劳剧，兼任事久，积中外怨恶多。又人情容有壅塞，暂令臣辞位，既少纾中外怨恶，又上下或有壅塞，陛下可以察知。若察知臣不为邪，异时复驱策，臣所不敢辞也。"

官家铁青着一张脸道："卿从来岂畏人怨恶者？人情有何壅塞？卿心别有所怀，何不向朕说？"

王安石道："臣心中所怀，皆在札子中，实老病不能堪也。"

---

①　谒告，指请假。

"何必向朕作如此语！此岂卿所怀耶？"官家的心烦越来越难以抑制，"得非为李评事？今李评在阁门既有失检点事，固合根勘。而未结案，卿又何必急于一时？"

王安石仍旧是面无表情地应答："臣所怀具如奏状所陈，非有他也。"

赵顼感到一阵夹杂着怒气的悲怆，这种心痛的感觉竟是如此真切而强烈："卿无乃谓朕有疑心？朕自卿为知制诰时，便极知卿，以先生呼之，属以天下事，如吕诲比卿为少正卯、卢杞，朕固知卿，不为诲所惑，岂更有人能惑朕者？朕于卿断无疑心，即不须如此。"

王安石道："臣平生操行本不为人所疑，在仁宗朝知制诰，只一次上殿，与大臣又无党。及蒙陛下拔擢，曾未及一两月，初未曾有施为，吕诲乃便以臣比卢杞，就令臣所存邪心如卢杞，亦须有所施为，其罪状明白，乃可比杞，今既未有一事，便以比杞，此不待陛下聪明然后可知其妄。似如今任事久，疑似之迹多，而谗诬之人，材或过于吕诲，即臣未敢保陛下无疑也。"

赵顼立刻又道："吕公著与卿交游至相善，然言韩琦必以兵讨君侧恶人，朕亦不为公著所惑。如此竟尚不能明朕知卿无二乎？"

王安石道："公著此言，亦非特陛下聪明然后可辨；明明在上，岂有如此之理！"

赵顼叹了口气方道："卿知性命①之理，非有心于功名爵禄。然君臣之义，卿必不废。朕于卿未有失，卿又实无病，何缘便有去就？"

王安石道："臣非敢言去就，但乞均劳逸、养病躯而已。"

赵顼终于从御座上站起来，他已然受不了王安石一遍遍敷衍自己，几乎嘶吼道："卿心中所怀，虽朋友未必知。如吕公著、司马光、韩维等，其知卿乎？！至于众人见朕于卿相知如此，亦皆不知其所以。朕与卿相知，近世以来所未有，所以为君臣者形而已，形固不足累卿；然君臣之义，固重于朋友，若朋友与卿要约，勤勤如此，卿亦宜为之少屈。朕既与卿为君臣，安得不为朕少屈？"

官家最后是在质问他的宰相，为何就不能念着君臣相知的情谊，向自己的君主退让一步呢？

可王安石仿佛不为所动，只是郑重其事地深深一揖道："臣荷陛下知遇，固当以死报陛下，诚以疾病。又古今异宜，大臣久擅事未有无衅者，及其有衅然后求去，则害陛下知人之明，又伤臣私义，此臣所以不免违忤陛下。"

赵官家愣在原地，也任王安石保持着作揖行礼的姿势好一会儿，方道："周公为

---

① 性命，此指中国古典哲学的概念，即研究事物的本性以及其与天道关系的一种哲学。

成王所疑①，故逃居东，及成王不疑则归周。纵朕于卿有疑，今既相见无疑，卿亦可止。"

见王安石不答，赵顼又叹道："卿言上下壅塞，如亢瑛至微贱，尚敢言卿，上下何由壅塞？卿不须虑此。且勉为朕留之可也！"

王安石注意到官家说的这句话——"纵朕于卿有疑"，果然自己的推测没有错，在李评日复一日的进谗下，官家已多多少少对自己有了猜疑。并且，今日殿内君臣说了这么多，官家只字不提逐李评出京，可见对自己这位宰相，是有怨气的！

于是王安石仍旧坚决乞退，而赵官家挽留之再三，又要王安石翌日即赴朝视事，不许再乞罢相。

王安石情知官家的情绪已是比较激动，也不便逼之太过，乃道："日旰不敢久劳圣体，容别具奏疏至中书。"

看着自己最信重的宰相下殿，作为孤家寡人的皇帝也感到一阵深深的疲惫。

可没想到的是，王安石当日就再入奏疏乞请允许辞相。赵官家乃命内侍冯宗道带着手诏把奏札还给王安石，并下旨阁门等处，一概不许收接王安石乞退文字。在相府的书斋中，王安石一遍又一遍地看着手诏上赵顼的御笔：

卿已许朕，何故又入？以卿素守，岂可食言也？

王安石慢慢放下手诏，仍是提笔再写了道乞解机务的札子。但官家仍未允。

到了六月二十六（甲戌日），再入见，王安石终于改口，说可以勉强在中书再待半年。又说派往秦州勘问王韶公事的枢密院属官杜纯，久知密院恶韶，乃观望利害，辄加诬奏，乞请皇帝另遣人往秦州推鞫。官家自然一百个答应。

二日后，河北边境的奏报又传回了京师，官家在垂拱殿视朝时令二府合班，议论此事。

官家道："雄州张利一等奏：'北界差兵过拒马河巡，欲候其来即遣官引兵驱逐，示之以强，彼乃帖服。'雄州乞准许以兵马驱之，卿等如何看？"

王安石在中书班子中率先道："恐不宜如此。"

赵顼道："彼兵直过河，距雄州城下数里，不驱逐非便。"

王安石道："雄州亦自创添弓手过北界巡，即彼兵来未为大过。今戎主②非有倔强，但疆吏生事，正须静以待之，若争小故，恐害大计。就令彼巡兵到雄州城下，必

---

① 周公姬旦，武王之弟，后辅佐兄长之子，即周成王。因成王年幼，周公摄政。

② 戎主，本义是敌人的首领，此指辽国现今的皇帝耶律洪基（辽道宗）。

未敢攻围雄州。若我都不计较，而彼辄有掳掠侵犯，即曲在彼，我有何所害？"

文彦博道："昔日李牧在边，乃与将士约'匈奴即入盗，急入收保，有敢捕虏者斩'，今日宜须谨慎，安石之言是也。"

赵顼难得见到文彦博赞同王安石，又想到两日前王安石至少暂时松口了，当下心情大好，笑道："二府皆如此见耶？此等事惟李牧乃可。如雄州官，才出城便举家哭，又安可比李牧也！"

参知政事冯京、王珪以及枢密副使吴充、蔡挺见状，都作揖道："臣附议。"

赵官家便道："既如此，可指挥张利一等，与辽人说谕道理，约拦其骑兵出界，并移文诘问，未宜轻出人马以开边隙。"

待两府大臣即将下殿，宰相王安石忽请留身独对，赵顼颔首，示意阁门官吏隔下后面的班次。

可没想到的是，王安石居然再次请辞去相位。

赵顼的心情陡然跌入谷底，他在御座上冷着一张脸，沉默了许久，忽然从汉末说起，讲到了刘备托孤给诸葛亮的事情。

"卿之才志过于诸葛，何不思刘玄德、孔明君臣相知之事！朕于卿君臣之分，岂有纤毫疑贰乎？"

王安石道："臣今日得望陛下清光，岂敢忘陛下至恩圣德？本言尚或可黾勉半载，然近日实倍感病体衰颓，望陛下照察哀怜，使臣得休养疲昏，亦不累陛下知人之明也。"

赵顼见王安石这样的大儒宗师竟出尔反尔、自食其言，顿感无比震惊，同时又羞愤难当。殊不知，这是昨夜王安石与曾布、章惇、邓绾秘密相商后得出的计策，必须逼官家给出驱逐李评的承诺，既然已经冒险与陛下角力，就不能前功尽弃，须得一鼓作气！

王安石犹自保持着作揖的姿态，皇帝握紧了拳头，终于开口："若是为李评，待结案，朕即令逐之，如此相公以为可也？"

忽然殿外响起鸡唱之声，原来已是辰正时牌。王安石抬起头道："陛下当回福宁殿用膳矣，臣告退。"

大宋的同平章事转过身，仍和往常一样，将笏板插在了御仙花金带上，大步流星地走下殿，鱼袋在腰间前后晃动个不停，宫中乃一片鸡唱与击鼓报时的声音。

京师七月，久旱不雨的状况并没有得到实质的缓解，而王安石开始了一系列针对河北与陕西的人事调整。初二（己卯日），此前虐杀麾下小武臣傅勍的韩缜被除为天章阁待制、河北都转运使。派遣韩缜坐镇河北，自然是为了盯着雄州，避免张利一肆无忌惮地制造边境冲突，扩大宋辽争端，当然这些话都不能在明处说。七月十一（戊子日），又派遣御史蔡确往陕西秦州，勘劾秦凤路经略司、缘边安抚司互诉的事。谁都知道，王安石因不满杜纯对王韶市易钱等公事的勘劾推鞫结果，本就打算拿掉他，恰逢其丁父忧，便让蔡确去接手。而蔡确也是中下层官吏里汲汲以求仕宦升迁的人，之前因邓绾举荐得了御史的美官，算是挤进了王安石的新党队伍里。

同一天，朝廷又下诏令雄州归信、容城县不得无故派遣乡巡弓手，以免骚扰两属地百姓。官员们从邸报上看到这则消息，知道朝廷是为了避免与辽人起冲突，才下旨约束雄州的过激行为。就在数日前，宰相王安石在御前中书奏对中提出，不如尽罢雄州的乡巡弓手；但参知政事冯京反对，认为如此恐辽国来占两属地人户。官家欲采纳王安石意见，但文彦博也附和冯京，表示反对。直到经略使孙永的奏报送抵京师，认为辽人是恐于雄州的乡巡弓手才增加巡边骑士，如果罢乡巡则北人巡马自当止息。孙永是官家的潜邸随龙人和旧党人士，他既然都这么说，朝廷中持反对意见的大臣们便不再发言。于是在十一日这天下诏令雄州加以约束。

两日后，王韶本官和职名升迁为右正言、直集贤院；高遵裕擢为引进副使，落权字，除为秦凤路钤辖；又推恩于王韶胞弟王夏，除为江宁府法曹参军。这些信号在京师与地方官员们看来，都是官家在极力讨好宰相王安石的证明，而处在风暴中心的枢密都承旨李评也越来越惶惶不可终日。

京中又过去数日，七月二十（丁酉日）夜，相府庭院中。

王安石与几位亲信曾布、邓绾、章惇，还有儿子王雱坐在树荫下，院子们则早已得了吩咐，都站得远远的。

寒翠儿如今在相府里管着许多官家赐来的婢女。寻常都是她伺候王安石茶点，可若来了这些个相公们的门生，她却不爱去了，而是叫其他侍女端茶送水。婢女们去送上了茶饮和瓜果，才回到寒翠儿这里禀报，便听寒翠儿问道："他们与相公说些什么来着？"

几个婢女吓得顿时都跪下来，道："如何敢偷听相君与几位大官人说话，奴婢们实在不知。"

寒翠儿噘着嘴："恁地胆小！"她也不理几个婢女，自己走到厅堂侧下的回廊里，不费力地听着庭院里几人议事的声音。

一个声音似乎在说什么保甲法，好像是要派遣官员分行滑州、郑州、许州、曹州、陈州、亳州等地，又说什么依府界条例排定保甲。这些新法旧法的事情寒翠儿全然不感兴趣。

又一个声音开始说起另一件事，似乎引起了众人更热烈的讨论："张利一在雄州的动作极不正常，如何要在馆驿修建箭窗、女墙、敌楼等，岂非令北虏有以论说吗？今果然北界移牒，诘问此事……"

王安石的声音响起："诚不知雄州于馆驿如此兴建作何事，官家的意思是想让张利一按前面的指挥，拆毁这些东西。可文彦博说，固不该修建这些，以贻北人口实，但现在再拆毁，则恐北界来占两属地。"

听到府上相君的声音，寒翠儿更竖起耳朵，打起精神听了起来，可这时又是其他人开始说话了。

"如赵用者，一区区雄州巡检，若无张利一指使，岂敢擅自引兵北渡白沟河，杀人放火，破荡北人族帐？"

"辽人不过是在界河渔猎，并非大事，而赵用过界烧杀，此皆是雄州有意作过，令北虏有以怨我及用兵生事也。"

"这还是在使阴谋诡计阻挠恩相拓边河湟之略！官家若畏惧北虏南下，必不能再支持王韶矣！"

寒翠儿听着这些弯弯绕绕几乎要打哈欠了，这时王安石的声音又响起了。

"在殿上时候，官家亦谓雄州生事，不可纵，须行遣。然文彦博与吴充皆阴主张利一，为之辩解说项，至谓赵用自擅过河，利一初不知之类。边臣若不能节制麾下一巡检，要之何用！况赵用必秉承利一唆使！"

寒翠儿知道，吴充是相公的亲家，为何听起来相公不喜欢他似的？

王雱的声音道："爹爹，若是文彦博不仅指示张利一，且暗中与北界沟通呢？"

王安石的声音陡然呵斥道："莫作是说！如此控诉，若无实证，便是诬枉宰执！今后相府中，再不得作如此说！若传出去，官家怎生想？里通外国之事，文彦博若为之，岂能留下丝毫证据，必是本无文字！何况此等事，官家还无力解决！吾一向说，不须揣测，只就事论事，思量如何理会便是。"

一个声音道："相公说的是。依某看，相公明日尚须解决李评，令其出外！"

又一个声音附和道："正是！闻说李评公事在宣徽院结案，只罚铜六斤，李评亦不过是摆出乞辞阁门供职之姿态，是何罚罪也！何况官家又不许其辞免，庇护甚紧！"

"恩相，明日须在御前施压，务必要让李评出国门。否则张利一在雄州鬼鬼祟祟地生事，李评又在京师明里暗里地阻挠进谗，只恐王韶在秦州终不能成事，且将有更大的诬枉攻击等着他……"

寒翠儿越听越觉得奇怪，近来相公与几位门生的讨论里，时常出现一个叫李评的名字，那又是谁，还有相公不能从容对付的人吗？

庭院里众人议事的边上，青塘迤逦，一片蛙鸣，又见得金荷潋滟如洗，月华仿佛有重量似的压在一片片芭蕉叶上，而天河云尽，只有三四颗星，伴着玉蟾点缀夜的寥廓空寂。

初秋的夜消逝得还算早，五更时天已渐渐亮了。到了卯正一刻，百官自宣德门入大内宫城，二府宰臣及近上的官员们都赴垂拱殿立班，向御座上的皇帝行两拜之礼，作为问圣安之常起居。随即阁门询问官家是否二府合班，赵顼示意今日中书、枢密院分两班，于是无关的大臣们纷纷下殿。

王安石道："陛下，臣以为宣徽院取勘李评一案，极为不当。李评欺君弄权如此，而臣董正①百官，见左右近习有罪，岂得不案？陛下方尊宠倚信李评，臣当避位。"

见王安石提辞相，冯京和王珪都只能保持沉默，这是王安石和官家之间的事。

官家尽量克制着自己，道："朕未尝尊宠倚信李评也，但阁门、枢密院须评检点簿书而已。"

赵官家的辩解显得苍白无力，又不攻自破。赵顼宠信李评乃是中外皆知，而阁门司和枢密院又如何非用李评不可，难道少了李评西府和阁门就没法运转了吗？

王安石道："臣备位大臣，案治小臣诞谩罪状明白，小臣任事如故，臣反受诘责，诚难以安职，惟罢臣则李评自可不免阁门勾当。"

赵顼眉头微皱，道："诘责哪有是？更是从何说起？"

王安石道："陛下前诏云'烦费推求，何日穷已'，臣岂不上体圣意？如臣议上寿事但据理评议，亦屡蒙陛下督过。"

赵顼只能推说道："紫宸上寿事或恐理有未尽处。"

王安石道："此极细事，然陛下乃不及待，且令中书改正。以臣所奏，实不见李评有理，评敢为诬罔蔽欺又不只此事，此岂可复在人主左右？臣闻枢密院，李评所作奸宄尤多，顾臣不详知本末，不敢论奏。中外之人，其孰以陛下亲信李评为可者？且陛下始许臣以逐评，臣乃留，今如同放评罪而不问也，此又是为何？！臣愿复去，乞解机务！"

冯京和王珪猛然惊愕，甚至不约而同地偷瞄赵官家的脸色和反应。王安石的这番话，含蓄地在暗示，枢密院或许与李评有不少勾结，至于其中内幕，他也就不谈了，陛下能明白便好！况且，王安石最后还质问皇帝为何食言，并用辞相逼迫皇帝！

---

① 董正，指监督纠正。

赵顼看着沉默不语的两位副相，又看着步步紧逼着自己的宰臣王安石。垂拱殿里的空气仿佛因这窒息的沉寂而凝结住了，似乎过了很久，官家终于开口："李评固非忠良，又无远识，今当与换何等差遣？"

官家终于在他的宰相面前退让妥协了！

这不是便殿里的独对，而是前殿视朝正式的御前会议，这是官家当着中书所有宰臣面的让步。

王安石抬起头，朗声道："陛下虽知李评非忠良，无远识；臣虽知陛下圣质高明，然四方之人岂复知此？但见陛下亲厚李评如此，罪状明白，犹待之不衰，则天下奸邪安肯革面退听？"

王珪忽然近前一步，开口道："陛下，不如出李评于冀州。"

"李评父年迈，与宫观如何？"皇帝的话虚弱得像在请求，可他立刻又微微摇头，苦笑道，"如此则又不离阁门。"

官家原本念在李评父亲年老的分上，想说能不能授予他一个祠禄官的闲差，罢了他其余所有差遣，让他好留在京中奉养老父。但转念一想，留李评在京，就如他在阁门一般，王安石要的是驱逐李评出国门，到京城以外，岂能容他还留在天子脚下！

王珪又道："罢都承旨，按例亦应迁官。"

官家良久才说："李评以罪去官，岂当复迁？且与保州吧。"

于是是日（戊戌），朝廷下诏，东上阁门使、枢密都承旨李评知保州，仍领荣州刺史。

官家最终还是给了李评罢都承旨的恩例，让他官拜刺史。独相王介甫赢在了最后，如愿赶走了眼中钉，甚至又一次令皇帝屈服。可在王安石心中，他却明白，赢了官家绝不是什么好事。只是眼下正是经略河湟的关键时刻，决不能容许北边出大乱子，拿掉李评，就能够安插曾孝宽进枢密院，取代其担任枢密都承旨这一关键职务，这对于为王韶保驾护航和推进各项新法都是极其有利的。王安石更明白，旧党们也不会就此放弃。

果不其然，在李评被罢都承旨的次日，司农寺奏报，近来有人于开封府界封丘县北门，张贴匿名榜文，煽动摇惑保丁，诋毁朝廷保甲法……这使得赵官家为之犹豫，准备暂缓编排郑、滑等州保甲。王安石又在御前力争，以为"所以有贴匿名文字者，必是自来居藏盗贼之人，不便新法尔"。这位拗相公甚至又老调重弹，说皇帝"一为奸人荧惑，辄为之动"，并辩解说"以十七县十数万家而被煽惑惊疑者才二十许人，不可谓多"。王安石甚至举了汤武革命的例子，谓成汤伐桀，虽曰顺天应人，但也不须待人人情愿后才发动革命，其至要说"孥戮"①来宣示威严。这些话漏到外面，自然又让人说这是拗相公心尚商、韩法家之术的铁证！

另外，今日又颁布了一项诏令，调遣镇戎军定川寨、三川寨、德顺军中安堡、通边寨诸将及第一等弓箭手三千五百人、马二千六百匹有奇，准备策应秦凤路通远军，又差景思立等领军策应。这是古渭寨成为通远军之后增加兵马的实际举动，说明朝廷在陕西的河湟战略正处在准备实施的阶段。

三日后，七月二十五（壬寅日），果真是曾孝宽接任了枢密院要职，这位前宰相，如今的太傅曾公亮之子，升迁为起居舍人、史官修撰，除为枢密都承旨。任谁都看得出，王安石成功在枢密院极重要的位置上安插了自己信任的人。

整个七月的下旬，朝廷都在密集地进行人事调动。七月二十八（乙巳日），王安石嘉祐四友中最后一位老友，翰林学士韩维出知襄州，乃从其本人所请，离开了京师。次日，王韶职名再升集贤殿修撰，距离待制侍从的高级文臣门槛已是很近了。这是王安石要加重王韶威仪权柄的一步，也是为了方便王韶在秦州开展经略河湟的具体工作。

在七月的尾声，王安石也不忘在官家面前批评自己有所怀疑的直舍人院许将，同时举荐即将除丧的吕惠卿回京任修起居注差遣。在王安石看来，吕惠卿这样的得意门生一旦重新回来，便和曾布组成自己的左膀右臂，推行新法将更加可期！

但王安石烈火烹油式的权势，也似有着不难察觉的阴翳。这个月里，有一个叫郭逢原的小臣上疏赞颂宰臣王安石，用语极其谄媚阿谀，有云："臣窃观自周文、武以还，盛德有为之主固无如陛下，而怀道之士由孔、孟而后如王安石者，亦未之有也。然臣尚有疑者，殆恐顾遇师臣之礼，未有隆焉。"他以为官家待王安石师臣之礼尚远远不够；又声称应当废除枢密院，将军政大权都交付王安石一人……官家的反应是：甚不悦！

官家找了个机会与王安石谈及此事，批评郭逢原想要罢废枢密院和募兵制，而他的宰臣居然回答："人才难得，如逢原亦且晓事，可试用也。"

官家看着王安石，几乎是第一次陷入了一种难以抑制的猜疑中。

---

① 孥戮，指诛及子孙。

第 十 九 章

良将西征捍隗嚣

闰七月，京师仍连日干旱。河北等处又是蝗灾严重。

雄州的奏报送抵进奏院，谓虽罢弓手巡边，辽国巡马又过拒马河南，雄州已差遣官吏率人马编拦①袭逐北界巡马出界。张利一这份奏报的言下之意，是契丹人不领情，反而依旧过界挑衅，但好在他勇于任事，把北虏又赶跑了。

关于北界边境冲突的传闻在汴梁大城里被说得有鼻子有眼，越来越多的人怀疑，北朝契丹是想和大宋打仗。

帝国的宰相王安石当然不会被这种市井流言所动摇，他坚定不移地一步步实施着自己治理天下的计划。经过一段时间的讨论、商议，王安石终于做了决策，要一劳永逸地彻底解决荆湖地区南、北江和梅山等被群蛮占据，朝廷无法建立正常的地方统治，无从进行税赋和募兵等问题。

南北江都属于荆湖北路，其南面沅水上游即南江地区，北面沅水支流西溪流域即北江。而西与南江相邻的资水中上游，则是被称为梅山的地方，属于荆湖南路。南北江、梅山等地多是懿州蛮、怡州蛮、梅山蛮等不服汉化的"蛮猺"聚居，时或劫杀周边汉人，如行贩四方的商贾和其他平民。这些区域自唐末五代以来便失去了基本的府州郡县制度，被群蛮占据。宋初太宗皇帝一度兴兵讨伐，试图平定两江及梅山，以实现收土纳民的目标，结果并未实现，于是这个问题就一直迁延至今，近乎百年。

这显然不是一个容易解决的问题，思虑再三，王安石决定派遣沉骛多谋的章惇去办理这件颇为困难的差事。于是在闰七月初二（己酉日），先任命潘夙为潭州知州，孙构为荆湖北路转运使，调整了荆湖地区的帅臣、漕臣；初三（庚戌日），则正式以朝旨派遣检正中书户房公事章惇察访荆湖北路农田、水利、常平等事，实则是要章惇以察访的名义，密图两江及梅山地区群蛮。

王韶在通远军倒是传来好消息，说已破荡生事作过的蕃族蒙罗角及瑞巴等族，但

---

① 编拦，即编栏，又作编阑，即赶着、拦着的意思。

北界的边境冲突仍毫无平息的势头。

初九（丙辰日），前殿视朝，官家令二府合班奏对，讨论的也正是北界之事。

文彦博进呈着张利一的奏报。按张利一的说法，雄州本已与北界商议平息争端，即以大宋减少乡巡弓手为条件，换取辽国罢巡马过界之事。可刚谈得有些眉目，朝廷指挥却到，令按照经略使孙永所乞请，暂且权罢乡巡弓手，这导致辽人以为我方怯弱，转而轻视。自权罢乡巡后，契丹巡马过河反而愈演愈烈，达到前所未有的规模，恐怕再这样下去就要往南面迁移口铺①来占据两属地。

官家赵顼道："既罢却弓手，北虏又过来，若过移口铺，来占两属人户、土地等，则为之奈何？"

王安石道："臣朔日已论，与北虏者，但须问陛下圣心之如何。圣心思所以终胜则终胜矣。陛下夙夜忧邻敌，然所以待邻敌者，不过如争巡马过来之类，规模止于如此，即诚终无以胜敌。大抵能放得广大即操得广大，陛下每事未敢放，安能有所操？累世以来，夷狄人众地大未有如今契丹，陛下若不务广规模，则包制契丹不得也！又只说今日事，从初自应直接罢乡巡弓手，利一乃令权罢，权罢与直罢有何所校？但直罢即分划明，所以待敌国②当如此。"

赵顼思忖了片刻，道："前权罢，探报言北虏亦权住巡马过河为相应，未几，又复过河，此事疑张利一阴有以致之。"

文彦博见官家轻易被王安石说动，竟然真的怀疑张利一阳奉阴违、借机生事，才导致如此，于是道："陛下，臣见安石在御前论天下势，欲陛下兼制夷狄，则每曰'四夷皆衰弱，数百年来未有如今日'；今论包制契丹不得，则曰'夷狄人众地大未有如今日契丹'。两对所论，同一契丹，取快而言，乍强乍弱，此何哉？岂大臣所宜在御前如此耶？况利一世受国恩，在雄州以来无甚差错，陛下何能多疑如此？又利一若果目无王法，妄为一至于此，不知又有何利于彼，其非癫狂，何苦为之？"

王安石道："臣谓契丹固广大而人众，非以往夷狄之比，然其戎主昏聩无能，岂若陛下天纵神武，过于尧舜？故曰契丹虽大，而我皇宋若能善修内政，富国强兵，终有以胜之，不为难事也。又今日北界事，我但罢乡巡弓手，任彼巡马过河，有何所损哉？我既遇之以静，彼自纷扰，久亦当止。"

赵顼琢磨了一会儿又觉得文彦博说得在理，便道："若遂移口铺来占地，则如之何？"

---

① 口铺，指辽国在宋辽边境所立的地标，亦是哨所、岗哨一类的简易军事据点。

② 敌国，这里指外交关系上对等、平等的国家。

王安石道："臣已论之矣，陛下当讲论帝王之大略，不当争区区巡马过河及二三十里地之细事。若必欲与其争，则我罢乡巡弓手，所以待之已尽，彼有强横非理，即我有辞矣，自可与之必争。"

官家道："争之不从奈何？"

王安石心里也很无奈，只得道："彼若未肯渝盟，即我有辞，彼无不服之理。彼若有意渝盟，不知用乡巡弓手能止其渝盟否？"

中书班子里副相冯京忽道："臣以为我当且示以争占，即息北虏窥觎之心，缘契丹自来窥觎两属人户，要占为己田地。"

文彦博道："两属地已为不得已，若我又不争，则汉民皆披发左衽矣。今不争两属地，他日亦不争关南地耶？契丹兵锋若到大名，亦不争耶？陛下，一寸土地一寸血，此皆祖宗之江山社稷，正宜据理力争，不惜用兵，岂宜猥自顺屈，而快夷狄！"

冯京亦道："两属地从来如此互相争占，今若不争，恐契丹易轻我也，不若示之以必争！"

王安石对冯京和文彦博如此配合早已见怪不怪，道："不知契丹所以纷纷如此者为何事？果欲渝盟，大动干戈乎？"

赵官家也觉得难以置信，道："当是为赵用入界，烧杀辽人故。"

枢密副使吴充道："已枷勘赵用，然契丹犹不止。"

王安石道："已枷勘赵用，故契丹只以巡马过河，应对我添乡巡弓手。若不然，即契丹何惮而不以兵马过河，报赵用放火杀人也？"

官家想着要平息与辽国的争端，便道："张利一与孙永已相矛盾，难共事。"

王安石道："利一本生事，致契丹纷纷如此。今朝廷既毁拆利一所修馆驿，又罢乡巡弓手，利一与孙永所争皆不用，即利一必不肯了边事，留之雄州不便。"

文彦博道："如何谓张利一不肯了边事？"

官家亦道："利一如此有何利？"

王安石道："自今边事不了，即利一归咎于朝廷用孙永之言。利一从来争议，乃不见其不当，遂得以免罪。若自今边事了，则是利一所争议皆不当，而孙永所奏皆当，此即利一之利害相关。利一言议罢巡兵事方有涯，不知陛下见得奏报事果有涯否？"

文彦博反问："陛下在上，英明睿哲，烛照万里，他张利一岂敢如此？"

王安石从容道："人臣敢如此者甚众，缘陛下威灵未能使奸邪有畏惮，即人人皆敢纵其忿欲之私，非但利一敢如此也。"

官家见两位宰臣如此，乃说："利一生事，又不能弹压巡检赵用，皆有罪。谁可以代张利一知雄州？"

宰执大臣们一时各有举荐，有说外戚刘永年的，有说武臣王光祖的。

官家道："用王道恭如何？"

王安石道："臣但识道恭，道恭至寻常。前日见文彦博说冯行己，臣不识，不知行己如何？"

王珪听得一惊，他偷瞄着文彦博的神色，在王珪看来，虽然王安石从来没有在政事堂里对文彦博有过半句非议，至多只论枢密院如何，但王相公如此急于调走张利一，显然是怀疑张利一得了枢密院暗中的指使，才在雄州不断制造边界冲突。如今王安石看似反常地举荐一个文彦博称许的人，其实是在将文彦博的军！如果冯行己到了雄州，依旧如张利一整日弄些莫名其妙的事情出来，导致宋辽之间的摩擦不断升级，那文彦博的嫌疑可就被推到明处了。这种时候，文彦博反对派遣冯行己也不是，因为已经称许过他了，如何又自相矛盾呢？莫非真有些问题在里头？想到这些，王珪不由得在心里感慨，王安石恐怕是文彦博任宰辅以来遇到的最厉害的对手！

官家道："恐冯行己更不如王道恭。"

王安石道："如此即俟与枢密院另作商量后取旨。"

王珪注意到，文彦博沉默了，既然他不发话，吴充和冯京便都在观望。王相公这句回答玄妙非常。王安石知道，文彦博不是李评，更不是亢瑛，他不是棋子，而是下棋的那个人！至于文彦博是执黑还是执白，就说不清了，到了这种位置，哪还有什么黑白，哪还分得清黑白?！王安石是在提醒文彦博，军国事是公事，公事之争可以明着来，也不会在官家甚至京师百官那儿折了脸面，可若是你不接受这"善意"，不肯妥协，仍是不依不饶，那就别怪他把这一层纸在官家和重臣面前捅破……你文彦博有莫大的能耐，门生故旧遍天下不假，比这些根基王安石差得远，可王安石毕竟是皇帝推行新法的绝对倚仗，眼下须臾离不得；而通过进用曾孝宽，那致仕的老狐狸曾公亮已经把筹码都压在了王安石这边，要知道人家曾太傅光在宰相位子上就连续做了十年，算上之前担任副相和枢副，那就是整整十四年[1]，这位城府极深的圆滑相公，一样有着从京师到地方的许多人脉、势力，为了儿子曾孝宽在王安石庇护提携下尝一尝那青凉伞的滋味，坐一坐执政的宝座，若说曾公亮便怕了文彦博，那也是没有见识的话！

王珪在一瞬间转过了许多念头，可面上依旧温顺而不露声色。自成为副相以来，

---

[1]　曾公亮于仁宗嘉祐元年（1056年）十二月，自翰林学士、权知开封府除给事中、参知政事，成为执政；嘉祐六年（1061年）闰八月，自枢密副使、检校太傅兼群牧制置使、行吏部侍郎加同平章事、集贤殿大学士，拜集贤相，正式成为中书门下的宰相，自此连续在相位长达十年，是北宋政坛上当时的著名不倒翁。

他从王安石和文彦博身上学到了很多东西。

王安石仍在说着："既不能强，又不能弱，非所以保天下。文王事昆夷者①，能弱也。今以金帛遗契丹，固有事昆夷之形。既度时事未欲用兵，即当能弱以息边警；既不能弱，又惮用兵，诚非计也。陛下以为移口铺即须争，如臣过计，虽移口铺亦不足争，要当使我终有以胜彼，即移口铺何足与校？"

面对宰相批评朝廷既不愿稍微让步，又不敢真的与契丹硬碰硬，官家道："所以畏彼者，以我内虚故也。内实即何畏彼哉？虽移口铺不足校也。内虚者但是兵制不修。"

王安石朗声道："所以不可校者，非特为兵制不修而已。齐景公曰：'君不君，臣不臣，虽有粟，吾得而食诸？'若君不君，臣不臣，即虽精兵，孰能收其用？君道在知人，知人乃能驾御豪杰使为我用；臣道在事君以忠，事君以忠然后政令行。"

好一句"君不君，臣不臣"！这些话听在文彦博耳中，也许会有不一样的深意。王珪仍是偷偷从中书班子里窥视着潞国公文彦博这位枢密使的神情，自逐走李评，王安石在御前对枢密院的态度显然越来越强硬。

垂拱殿里，只剩下了大宋独相王安石的声音："兵无不可用之时，在人主知人情伪，驾御如何而已。太祖时兵非多于今，然所以能东征西讨无不服者，知人情伪，善驾御而已。"

二府宰执下殿时，王安石又请留身独对，为的是前几日官家批付给中书的京师市易务有所不当之事。

王安石道："御批谓市易务买卖极苛细，市人籍籍怨谤，以为官司浸淫尽收天下之货自作经营。陛下所闻必有事实，乞宣示。"

市易法自今年三月在东京城施行以来，至今不过数月，然而浮议又起。在王安石看来，无非是豪商巨贾害怕，今后不能囤积居奇、掌控物价之权而致利益受损，故多方诋毁。

官家道："闻市易务榷货卖冰，致民卖雪都不售。"

王安石道："卖冰乃四园苑②，非市易务。"

"又闻买梳子即梳子贵，买芝麻即芝麻贵。"官家质疑市易务的买卖行为导致物价涌贵，都下百姓不乐。

王安石解释说："今年西京及南京等处水芝麻不熟，自当贵，岂可责市易司？若

---

① 典出《孟子》梁惠王章句下："惟仁者为能以大事小，是故汤事葛，文王事昆夷。"昆夷又作混夷，周朝初年西戎之国名。

② 四园苑，北宋东京开封四大御花园总称，即玉津园、瑞圣苑、宜春苑、琼林苑。

买即致物贵，即诸物当尽贵，何故芝麻独贵？卖梳子者，为兼并所抑，久留京师，乃至经待漏院乞指挥，臣谕令自经市易务，此事非中所管。寻问吕嘉问，市易务才买梳子，豪商巨贾兼并之家即欲依新法占买垄断，吕嘉问乃悉俵与近下梳铺，此所以通利商贾，抑兼并，榷估市井。原立法意正为此，不知更有何事？"

赵顼微皱着眉道："或云吕嘉问少年不练事，市易务所置勾当人尽奸猾，嘉问不能检察。"

王安石道："在京师百司官吏，若平日不忘职事，又能晓达事情如吕嘉问，即朝廷可以无事，所置勾当人如沈可道、孙用勤，若不收置市易务中，即必首为兼并而害法，今置之务中，所谓御得其道，狙诈咸作使 ① 也。今兼并把持条贯，伺市易之隙者甚众，若违法抑勒百姓，岂肯已？"

赵顼知道，王安石的意思是如今有了市易务，总算也有一些豪商巨贾眼红的官职差遣，从而来投靠朝廷，为朝廷做事。这些人不能苛求其品德如何，若不在市易务勾当公事，也是做些兼并垄断的生意罢了。

"又闻立赏钱捉人不来市易司买卖。"

王安石道："此事尤可知其妄。吕嘉问连日或数日辄一至臣处为事商议。初，臣要见市易法施行次第，若有榜如此，臣无容不知，若不出榜，如何威胁得商贾？果有此事，则是臣欲以聚敛误陛下，相与为蔽欺。陛下当知臣素行不至此污下，若臣不如此，即无缘有此事。"

赵顼道："卿固不如此，但恐卿所使令之人，未体朝廷意，更须审察。"

王安石道："此事皆有迹，容臣根究勘会，别具闻奏。吕嘉问现今买卖，亦辄取问客旅、牙行人，自来买卖与今来市易务买卖利害何如，各令供状，即见行新法利害。既有文状，即事皆可覆案。陛下未能昭然，即不妨覆案。今为天下立法，固有不便之者。官吏、豪右自来尽占利益，而今朝廷欲稍夺之以利国家与贫下百姓，故异论不能止息也。今修市易法，即兼并之家，以至自来开店停客之人并牙人，又皆失其利益。兼并之家，如茶一行，京中自来有十余户把持垄断，若客商行贩茶叶到京，即不得不先馈献设筵，乞此十余户豪右茶商为定价，此十余户所买茶更不敢取利，但得为定高价，即于下户倍取利以偿其费。今立市易法，即此十余户与下户百姓买卖均一，此十余户所以不便新法，造谤议也。臣昨但见取得茶行人状如此，余行户盖皆如此。然问茶税，两月以来倍增，即商旅获利可知。不知为天下立法，要均天下之利，立朝

---

① 典出《扬子法言》问道卷第四："御得其道，则天下狙诈咸作使。御失其道，则天下狙诈咸作敌。"此谓若人主能以道驾御，则天下虽狡诈奸邪之人亦无不俯首听命，为君主所用，各司其职，不敢为奸；若无道以驾御，则狡诈奸邪之辈自然肆意枉法，处处与人君惠民之政相为敌。

廷政事；要使兼并游惰奸人、侵牟食力之人以自利如故？若均天下之利，立朝廷政事，即凡因新法失利益者皆不足恤也！"

赵顼道："然则市易法果能摧抑兼并否？"

王安石道："陛下今不当问市易法能否摧抑兼并。今于京师试行，不过三月，尧舜以大禹治水，乃用一十三年，如何有法能以数月而摧兼并者？岂非儿戏？臣谓天赐陛下聪明旷绝，如拔王韶于选人以治边，韶材果可以治边；拔程昉于近习以治河，昉果可以治河，乃天赐陛下聪明旷绝也。然韶屡见疑沮，几为谗诬所废；昉尽力公事，而陛下乃用谗说，谓其所举人有私。此则陛下虽有旷绝之聪明，而每为小人所蔽，不能称天所以赐陛下之资。如市易、保甲等近来异论纷纷之事，陛下假以时日，必见利害，然后利者力行不已，害者果以去之，有何不可？"

赵顼闻言也是一笑，不由得想起儿时，皇考说自己性子急，无甚耐心。

王安石道："陛下好恶不明，容长小人大过，若欺诬有状终不治，此人所以敢为欺诬，无所畏惮也。"

宰相的话语似有所指，官家乃道："固欲其忠信也。"

王安石最后道："今忠信者极少，欺诬者极多，此事不可责人，陛下正当自反。欺诬既众，而陛下不忍有所惩；忠信既少，而陛下每惑于欺诬而深求其失，则人臣自非本性笃于仁义，孰肯不相朋比为欺诬而欲独为忠信？凡今欺诬众而忠信少，乃是陛下致其如此，不可以责人臣也。"

这番话也让官家陷入沉思之中，近来河北雄州边界的事，委实非比寻常，张利一在阳奉阴违，恐怕已是不争的事实，只是他背后有没有人，又究竟是谁胆大妄为，连官家也不敢细想下去。

四天后，闰七月十三（庚申日），中书颁布朝旨，以皇城使、端州团练使、枢密副都承旨李绶为西上阁门使、知代州；客省使、文州防御使冯行己知雄州，代替张利一。又下诏缘界河巡检赵用追一官勒停，其余相关大小官吏也各有处罚，张利一即被罚铜二十斤。李绶在十六年前王安石为府界提点时，做过一阵提点司的同僚，二人算是颇有交情。那么王相公派李绶去代州，是不是也要让他盯着雄州？

两日后，二府合班奏对，同进呈河东保甲事。冯京、文彦博等多出言反对在河北推行保甲法，王安石则据理力争，官家最终仍是采纳了王安石的建议，进一步推行保甲。

七月十七（甲子日），二府仍就北界事争论，枢密使文彦博等依旧主张添乡巡弓手以回应辽人巡马过河。甚至河东路太原府知府刘庠也上奏，说探报北界欲用兵力移置口铺于拒马河南十五里处，在王安石看来，东明县百姓闹事时，正是这个刘庠任权知开封府，眼下他的奏报也颇为可疑。

王安石一面与在北界问题上生事的人较着劲，一面毫不犹豫地加快推行新法。次日，为推行河东保甲，经王安石建议，朝廷派遣曾孝宽、赵子几前往河东路察访义勇利害，体量官吏措置常平新法等有无不法事。

又三日后，秦凤路缘边安抚司奏报送抵京师，原来是王韶请朝廷准许他讨伐南市、经略木征。然而朝廷尚不知晓的是，两场与拓边河湟成败攸关的战事已经打完了。

约二十日前，洮水以东，抹邦山木征大营。

木征的老巢自然在河州，此番他率军渡过洮河，乃是为了声援蒙罗角及抹耳水巴族。俞龙珂正式归附宋朝，及古渭建军后，王韶一手招抚、一手破荡的软硬策略已经让河州的木征大为警醒。他亲自前往青唐王城，与董毡亲近结盟，也是对缘边安抚司急速膨胀的西进势头之提防。可木征没有料到的是，王韶突然自通远军率蕃汉人马、禁军，沿渭水快速行军，七月时已进筑渭源堡，又遣麾下将领击破蒙罗角，进筑乞神平堡①。可谓步步为营，似要鲸吞蚕食洮水蕃部。

这会儿抹耳水巴族的大酋正跪在木征跟前，讲起了王韶统率宋军与之交战的经过。

"族军本在高处险要所在扎营垒，想着坚守不出，我等料宋军虽至，不过是阵于平地，仰攻又能如何？不承想，王韶那厮率军至抹邦山踰竹牛岭，压我军列阵，我以为此是王韶乃宋人文官，不懂兵法，才犯着大忌，便命族军乘高下战，宋军确实稍稍退却。可这时候，王韶竟亲上阵中，又令其亲兵逆击，宋人士气大振，我族军不能敌，战败溃走，伤亡甚多。闻大头领率军至抹邦山，我等才敢复来，万望大头领为我等做主！"

木征恨不得一脚踢翻这个蠢货。他已考虑到王韶在得到俞龙珂助力之后的野心，也完全明白洮水两岸对于抵御宋人西进，固守住自己老巢河州的重要战略意义，更计算到蒙罗角、抹耳水巴等部族独自难以长期抗衡王韶的问题，因此才亲率兵马，渡洮河而东，前来支援。可谁能想到，蒙罗角、抹耳水巴族败得那么快！他们不仅让王韶成功进筑了两座堡寨，甚至如今王韶的大军在哪里，下一步准备如何，都完全弄不清楚！眼下，已然是洮西大震，木征若不能挽回一点局面，洮水两岸的蕃部用不了多久就会被王韶招抚或剿灭！到那时，河州也就门户大开，随时都面临着被其攻击的巨大危险。

"滚下去！"木征怒喝一声，"先去收拢残部，算算还有多少人马！"

大酋抹耳赶紧磕了几个头退了下去。

---

① 即庆平堡，此年九月十二日改名。

瞎药在旁道："大头领，我们要早作打算啊。"

瞎药是俞龙珂之兄，更是木征最重要的谋士，他的话木征从来都十分重视。

"早作打算？你的意思是？"

瞎药道："王韶此番来打蒙罗角和抹耳水巴，今二族受宋人重创，必求我助之。我若袖手旁观，则大失洮水两岸蕃部之心；可若贸然用兵，在哪里和王韶打，打到什么程度，都是不好决定的麻烦事。"

木征自十几年前，宋朝还是仁宗嘉祐年间时，就经历了不少血雨腥风，在宋、夏的夹缝中谋生存、发展壮大的他，如何愿意轻易因他人损兵折将？此番亲统兵马，大张旗鼓地渡洮河而东，原本计划让王韶知难而退，得了点便宜就退回通远军，而他木征也可借机连哄带骗把洮水两岸的蕃部进一步收编麾下，稳住洮河防线。可人算不如天算，蒙罗角、抹耳水巴惨败于瞬息之间，这样的局面对于木征来说显然是非常尴尬的。

木征道："若王韶来攻，一切皆可与宋人口头争执。但如你所言，若是我们主动去打宋人，赢了输了，宋人的报复都很难预计。"

瞎药道："大头领所虑极是。但这还不是最糟，要是王韶此番的目标不光是蒙罗角和抹耳水巴呢？"

瞎药这么一说，木征赶紧看向帐中张挂着的地图，自抹邦山沿着洮水往北约三十里，赫然在目的是重镇——武胜城！武胜城亦在洮水东畔，整条南北流向的洮河两侧都是崇山峻岭。武胜城往北可至如今夏人占据的兰州及西市城；往西可以通向香子城、河州；往南沿着洮水，可至洮、岷二州；往东沿渭水自然就是通远军、秦州，那是宋人的地盘。这武胜城四山环抱，一水北流、山河表里、形势险要，秦汉时称之为狄道，自古以来便是兵家必争之地。这座丝绸之路上的陇右重镇，一旦为王韶所得，那必定是宋军进取河湟的前沿大本营！

"不好！"木征猛然醒悟，"你说得对，王韶这么大的动静，他恐怕不是蒙罗角和抹耳水巴就能喂饱的，这狡猾的宋人是要剑指武胜！"

瞎药道："如今是大头领的弟弟董裕在武胜城里，若是宋军破城，俘虏了董裕，再以其名义招抚蕃部，和我们为敌，这可就是汉人说的奇货可居！"

木征道："不错，事不宜迟，你速领骑兵五千，驰援武胜城，我则在抹邦山令王韶不能知。若其果然攻袭武胜，则我截其归路，可望全歼王韶的蕃汉兵马！记住，万一有不测，绝不可让董裕落在宋人手中！"

就在木征还在狐疑猜测着王韶大军究竟在何处之时，这支由蕃汉土兵和禁军精锐以及俞龙珂部蕃骑组成的大军已经悄然返回竹牛岭，并秘密安营扎寨，稍作休整。

帅帐内，王韶一个人看着地图，回想着方才从几个俘虏口中得到的信息，他已然有了全盘的作战计划，终于下令让诸将至帐中进行军议。

王韶治军极严，无多时，诸军将校纷纷到齐，俱站在帅帐之内，亦无人敢交头接耳，无不是屏息听命。

"诸位，探报已知木征亲率兵马，到了抹邦山，抹耳水巴余党稍复集于彼。"王韶指着地图道，"今木征至，必是万人队伍，若官军仰攻，胜负不能测。反之武胜城在抹邦山北，若官军间道奇袭武胜，则抹邦山可一举而定。"

主帅暂时停了下来，留时间给诸将思考。这确实是一个极其大胆的计划，若是成功了，等于截断木征大军的归路，即便河州方向还有赶来支援的人马，也无济于事。那样的话洮水两岸的蕃部只剩下投降大宋一条路，而木征也只能率军仓皇往南撤退，多半是要绕路从洮州返回他的老巢。

王韶道："若有异议或觉此策不妥，诸位可以知无不言！"

诸将皆道不敢，唯独都监景思立皱着眉似犹豫不决。

王韶乃道："说之无妨。"

景思立一揖："禀安抚，此策固好，可我大军拔营急行，也易被木征的斥候发现，若是其故作不知，而以兵马蹑于我后，待官军顿兵武胜坚城之下，木征蕃骑忽然掩杀，则我腹背受敌，恐有失利……"

王韶笑道："说得好，不过本帅已考虑过此事。景思立、王存听令！命你二人率领泾原第六将兵及第一等弓箭手五千骑，由竹牛岭南路多插旗帜、张其军声，示其不疑，让木征以为官军仍是准备攻击抹邦山！必要时，分兵一击抹耳、一击木征，彼必中计！其余诸将，随我亲统大军，由东谷路径趋武胜！董裕等在城中，必只防备南面鸟鼠山和东面东谷路而来的人马，我军走东谷，自山间小路绕过野人关，从北面出其不意攻武胜城，必能克之！"

山间小路的信息来自抹耳水巴族和蒙罗角部族的几个俘虏，交叉比对之后，王韶认为这条蕃人打猎走的山间小路决计是存在的。而没有在此刻军议上宣布的是，王韶已经令亲卫火速返回抹邦山以东、渭源堡以北的乞神平堡，让高遵裕火速全军出击，奔袭野人关。如此一来，武胜城守军的全部注意力都会在东面，一旦王韶的大军由北面绕路到了武胜城下，敌军必然是疏于防备，便能轻易破城！

与此同时，乞神平堡内的高遵裕也已见到王韶的亲笔信。王韶在击败蒙罗角及抹耳水巴族后，让高遵裕留守修筑乞神平堡，他便暗藏着不悦的情绪，疑心是王韶要独自揽功，加以排挤自己。这会儿得知王韶的计划，高遵裕终于释怀了些，总算是有了立大功的机会了。说起来，若是自己急行军，猛攻野人关，也许比王韶快也说不定，毕竟王韶的大军要翻山越岭地绕道走远路，又是山间小路，自然要很久。

高遵裕当即下令生火造饭，待全军用餐毕，即集合出兵，自乞神平堡倍道兼程，往野人关方向急行军！

瞎药率领着五千蕃骑自抹邦山沿着洮水一路向北疾驰，片刻都不敢停歇。身后是鸟飞千白点，前头是落日熔金、暮云合璧，这残阳如血的景象好像预示着一场大战。边地已然刮起黄昏的洌洌西风，洮河闪烁着点点金色、奔腾呼号，仿佛要把蕃骑马蹄如雷的声响传送到天边。在瞎药原本的算计里，他可以依托着木征，设法慢慢蚕食兄弟俞龙珂的势力，有朝一日取而代之，可谁承想，那个宋人文官，非但拉拢了弟弟俞龙珂，如今甚至要毁掉自己苦心经营的一切！

天完全黑下来前，瞎药终于率军抵达武胜城下。然而，此时董裕和武胜城的大首领曲撒四王阿珂却不肯开城门。这自然也算不得奇怪，木征与董裕虽为兄弟，但木征在瞎毡诸子中实力最强，又是长子，便一直有要诸兄弟服从他的念头，董裕、结吴延征、瞎吴叱、巴毡角、巴毡抹，木征的这些各有地盘、人马的弟弟，无不是对他存着防备之心。

瞎药气得在心里骂娘，此刻他是真的急了："大首领，大首领！我是瞎药！王韶就要打过来了，宋军就要来了！唇亡齿寒的道理，我家首领是知道的！"

董裕在城楼上躲在亲兵的大盾牌后面，高声道："怎知你不是诓骗于我？"

瞎药道："宋人谋我青唐羌，大首领如何不知，否则我家首领为何要去董毡那里低头？这会儿我带着五千骑驰援，说不准什么时候宋军就到野人关了，你让我们进去，不放心的话，我们可以卸甲，随身的兵器都扔在城墙下，大首领命数千兵丁在里头监督，若我等有歹心，岂不是顷刻就可戮？"

董裕和曲撒四王阿珂对视了一眼，终于决定放瞎药的人马进来，毕竟这段时间王韶在洮河东边闹出的动静甚大，他们也听说了蒙罗角等部族遭到宋军痛剿，不少小部族纷纷投降归附王韶。

小半个时辰后，木征派来的五千骑总算是陆陆续续都进到了武胜城里，董裕和曲撒四王阿珂也都从城楼上走了下来，二人见到瞎药自是还要问话："瞎药，你实话说与我知道。"董裕凝视着瞎药的双眸道："真是王韶要来？！"

瞎药朝地上吐了口唾沫："大首领，这事还能有假？现在宋人野心大着呢，正该是几位大首领兄弟齐心的时候，信得过我家首领和我瞎药的，就让弟兄们把甲胄穿戴起来，立刻去布置城防。我瞎药就跟在你和曲撒四王阿珂身边，你们让亲兵看着我好了，若有不对，当下就能砍了我。宋军真要来了，绝不是诓骗你们！"

"好，我信你和木征一次！"董裕当即开始发号施令，整座武胜城一时间开始了战备状态，火把一根根点燃，蕃人士卒们在城楼上跑上跑下，搬运城防物资，瞎药带来的五千骑则在骂骂咧咧地穿戴盔甲，在武器堆里找寻自己的那柄兵器。

瞎药道："大首领，今夜可令士卒枕戈待旦，留一千人守夜足矣，宋军也不是神仙，还不至于插上翅膀飞过来。"

董裕总算从一丝慌乱里冷静下来，他见瞎药所说在理，便稍稍放下了警惕和防备，不过他仍然让木征的五千蕃兵和城内兵马分开来，又另派千人看管。

一夜无事。拂晓鸡鸣，北地的晨风带着凛冽的寒意从西平山方向吹来，武胜城城楼上仍然挂着董裕的旗帜，女墙①上戍守了一夜的蕃兵们多在打哈欠，在陆陆续续地换人值守。可就在这时，有蕃兵见到远处一骑狂奔而来，看甲胄服饰，分明是自己一方的弟兄！

那骑士疾驰到城门下，上气不接下气地嘶吼道："宋军晨至野人关，攻势极猛，请发援兵！"

董裕已经在女仆的服侍下起居洗漱，正与曲撒四王阿珂、瞎药二人一同用着吃食，亲卫跌跌撞撞跑进来，禀报了这一消息。

"宋军有多少人？"瞎药立刻向亲兵后面那个报信的野人关蕃兵问道。

"那时候天色还没完全亮，只看到宋军旗帜很多，怕是万人以上的主力大军……"

董裕和瞎药面面相觑，他们更不知道的是，就在这报信的小卒赶来的时候，高遵裕因立功心切，已带着身边最精锐的一指挥亲兵，冒矢石、打头阵，士气百倍地将野人关一举攻破，眼下宋军正从野人关往武胜城奔袭而来。

而就在几个时辰前，王韶也率军在野人关前五里左右，跟随俘虏的向导，由山间小径领大军踏上了翻越青重山的奇袭之路，这会儿已经到了武胜城十里开外的山麓林子里。

王韶正骑在马背上，军中指使王舜臣领着几名斥候游骑回来了。

"禀安抚，武胜城北面大道上，距我们这里不过四五里开外，发现一支西贼兵马！"

王韶问道："你可看清楚了？果是西贼人马？有多少人？"

王舜臣道："绝不会看错，当是步骑参半，万人左右的队伍！"

---

① 女墙，城墙顶部的挡墙，即所谓"堞"，一种城墙上齿形的矮墙。其在守城中主要作用是增加城墙高度，使攻城一方攀登难度加大，且可庇护守军，并能从女墙的间隔中射杀敌军。

王韶身旁诸将无不露出慌张的神色，这就是说，眼下由差不多五千铁鹞子和步跋子组成的西夏大军正在往武胜城袭来，原本出其不意的奇袭武胜之策，居然和贪狼西贼的计策撞一块儿了！西贼垂涎河湟之地久矣，想必他们也是探得宋军出兵洮河以东，便想浑水摸鱼，来个渔翁得利，抢先一步夺下武胜城！

"梁乙埋打得好算盘！"王韶在心里暗骂一声，然而作为主帅，他必须立刻决定对策，若是连番征战，机关算尽，阴谋阳谋到了最后，却给党项人做了嫁衣，那还真不如死在这西北算了！

此番出战，王韶点集了俞龙珂部两万蕃人勇士，加之宋军禁军、蕃汉土兵、其余归附的蕃部人马，总共超过三万五千人。现如今景思立、王存率领八千人在竹牛岭往抹邦山方向作疑兵，以牵制木征大军；高遵裕处应是以万人左右奔袭野人关，至多各留下一千人在乞神平堡、渭源堡戍守；而王韶手中跟在他身旁的尚有一万五千大军。这一万五千人中，精锐蕃骑占了三分之一，若是骤然突袭西贼，未必不能一举击溃党项人！

王韶有了决断："传我命令，就在此地伏击西贼兵马！"王韶对着身边的几位将官道，"队伍迅速铺开，骑兵留四个指挥在中军，听我直接号令，其余的部署在左右翼，弩手、弓箭手、陌刀队、枪手依原次序列阵！待贼军过半，即听我军令，先以骑兵掩杀，将其截为数段，使彼此不能应援，其败无疑！"

于是诸将皆去各自队伍中部署兵马。山麓树林里顿时惊起无数飞鸟，它们怪叫着从树梢上冲到晨曦微露的半空中，消失在渐渐亮起的天际。

却说西夏的兵马正是由国相梁乙埋所派遣。这武胜城虽然属于青唐诸羌，算是吐蕃的城池地盘，可这狄道乃是西夏入洮河的要路，而河湟更是得之则能隔绝西域与中原，同时能步步蚕食宋朝的秦凤路州军。无数的土地、人丁、牲畜、财货都在等着党项人，而夺取武胜便是得到这一切的基石！夏国的学士景询给梁太后姐弟俩出的正是这么个主意。景询本是汉人，后叛逃到西夏，因而对宋朝的利害情形，十分清楚。这次他探报得知王韶用兵洮河，恐怕要剑指武胜，于是力劝梁乙埋先发制人，抢在宋朝前面夺取武胜城；同时建议把董裕活捉，当作一面招抚羌人、制衡董毡的旗帜，毕竟董裕是瞎毡之子，吐蕃人最重血统。

这支万人大军主要由铁鹞子和步跋子组成，且从西寿保泰、卓啰和南两处监军司调集了不少精锐，军队乃取道禹藏花麻献给西夏的兰州，一路直取南面的武胜城。

在统兵将领的脑中，如今正是宋人在洮河大动干戈的时候，吐蕃蛮子们想必正全力防备东面和南面，哪能想到北面还有大夏国的铁骑来袭呢？这西夏将军哈哈大笑起来，两边的山林里一时间也猿啼连连，仿佛是在应和他。如此又走了几里路，天色渐亮的时候，林子里忽然竟一丝声音都没了，只听见铁鹞子们的马蹄声和步跋子脚踩在地上，触碰到碎石和泥沙的声响，如此的阒寂显得十分反常，空气里仿佛透着股肃杀的意味！

不好！

西夏将军心头一激灵，只听得声声号角，数之不尽的敌骑已从山林里冲了出来，那是宋人的蕃汉军队！与此同时，又听得弓弩声响，万箭齐发，无数箭矢破空射来！顷刻间，西夏军中就有无数人中箭，被神臂弓射中的更是直接毙命。而宋军骑兵也已自三个方向横冲直撞地进入西夏大军的行军队伍里，这些精锐蕃骑干了一辈子马上的勾当，在黎明时分灰蒙蒙的天色里竟也视如白昼，仅一个照面，手起刀落，西夏人马便又折了上百人。

长长的行军队伍陡然被埋伏的宋人铁骑冲得七零八落，散成了一块块互相不能呼应，又找不到军官指挥的混乱"人群"。铁鹞子想要集结反包抄，却被蕃骑缠斗住，而步跋子们的单薄阵型也快要被中央突破的蕃骑凿穿，西夏军人仰马翻，仓促间已是将不知兵所在，兵不知将何令，都只能各自为战。随着宋军陌刀队上阵砍杀夏军前后的铁鹞子，弓弩手又不断地收割着党项人马，瓦解其心理防线，伏击战很快成了一面倒的杀戮①。

王韶在马背上终于露出了笑容，他下令让预备队的三个指挥骑兵也投入到战场中，党项人已经开始出现了溃逃！官军赢了！

西夏军队折了上千人，斩首千级，这可是大捷，若再算上逃跑的伤兵，这支党项兵马自然没有力量再和宋军争夺武胜城了。

晌午时分的城楼上，瞎药和董裕、曲撒四王阿珂都没能料到宋军会到得这么快，野人关虽然比不得宋人那些险要难攻之雄关，但如何竟如纸糊似的，没能阻挡宋军的步伐？

这会儿高遵裕已经率军进抵武胜城下，见到王韶大军尚未到，他不由得大喜，乃令人向董裕等喊话，命其投降，如若不然，玉石俱焚。

---

① 《长编》卷二百三十七云："韶潜师由东谷路径趋武胜，未至十里，遇贼破之，"不云贼军系西蕃否。《西夏书事》熙宁五年闰七月条："攻西蕃武胜城，与秦凤官军战，大败。武胜属吐蕃，为夏国入洮河要路，梁氏用学士景询策，谋取其地。会中国建昌军司理参军王韶上《平戎策》……神宗累擢韶秦凤缘边安抚使，议取武胜城。遣都监景思立、王存以泾原兵出竹牛岭，张声势而已，潜师由东谷趋武胜。梁乙埋方遣兵攻城，吐蕃将瞎药城守将溃，韶挥军进薄，夏兵出不意，仓猝迎战，大败。"则所遇贼军，乃所谓西贼也，即西夏兵马。

董裕和瞎药当然不会屈服，自是一口拒绝，甚至向喊话的宋军骑士射来一箭作为回应。于是高遵裕下令先安营休整，让将士们稍作休息，毕竟一路急行军，一鼓而破野人关后又是奔袭至此，须得休憩一番。按说此时若是董裕、瞎药率蕃骑出来冲一冲，虽未必劫营成功，但多少能折一折宋军的锐气，可董裕、瞎药自然是各怀鬼胎，见到宋军阵地上摆放着的一架架床子弩，谁也不愿自己冲上去损兵折将。

这般到了申正时分，营中用完饭，高遵裕便下令攻城。自从董裕被结吴叱腊、康藏星罗结迎立为洮河一带大首领后，两年多时间，武胜城颇得经营，但莫要说和秦州比，便是与木征的河州城也远不能媲美，因此高遵裕有信心凭麾下的万人兵马强攻而破之。

高遵裕在阵前喝道："弟兄们，杀蕃贼、立大功、得赏赐，就在眼前！先登者，老子赏他一千贯！"这位外戚武臣如攻克野人关时一般，自率亲卫上阵。见到主帅如此，宋军当下也是勇猛无畏，加之听了那封赏的话，个个都是叫嚷不已，冲杀向武胜城下。

宋军阵中的弓弩手则一波波地施放箭矢，进行压制，射得城墙上的蕃兵倒下一片，剩下的无不躲在盾牌后面。重武器床子弩更是梆梆作声，巨大的箭矢洞穿盾牌，将蕃人直接钉在身后的城楼上，瞎药和董裕见了骤然是脸色大变，而曲撒四王阿珂早就吓得不敢待在城墙上当靶子了。

武胜城北门外不到三里处，王韶的大军也早已到了，只是在作休整，同时等待高遵裕攻城。那样的话，武胜城内的防御力量都会被集中到东面，北城就等于不设防，几乎可以不费吹灰之力地攻入，那就大功告成了。

这会儿探马来报，说是高安抚的兵马已经开始强攻，王韶朝诸将笑道："是时候了，进军，向武胜城进军！"

不过两刻之后，王韶的大军便进抵武胜城北门下，守御的蕃兵们望之面如土色，只一波箭雨，城墙上就见不到人了。王韶的人马没费什么功夫就翻过羊马墙[①]，打开第一道城门，又爬上了大城的女墙，迅速打开大城城门，于是宋军蕃汉骑兵蜂拥而入……这武胜城就要属于大宋了！

当下，便有蕃兵快马奔到了东城城楼上，向董裕和瞎药禀报宋军偷袭北城得手的噩耗。董裕几乎难以置信，一脚就踹翻了报信的蕃兵，又要用佩剑砍了他。

"你怎敢乱我军心?！"

———————

① 羊马墙，又名羊马城、羊马垣，筑造于城墙和护城河之间，是一种矮墙，大约高五六尺、宽三到六尺，起初供城外居民撤入城内时蓄养羊马，故曰羊马墙，但在城防中，亦用于阻击敌军。

幸亏瞎药拦住了董裕，道："大首领，恐怕真是宋人狡诈，此事不难知，派一队亲兵去北城探察下，便能知晓，若真是如此，你我得立刻从西门跑去河州！"

董裕道："好，那曲撒四王阿珂呢？"

瞎药急得跺脚道："都这种时候了，还管那厮作甚，说不定他也知道消息了，准备投了宋人也未可知，别去管他，免得为他所害！"

二人下了城楼，无多时亲兵果然来回报，说北城被宋军万骑占领了，正要杀过来，须得立刻撤退。至于曲撒四王阿珂，有说是已经被俘了，也有说投了宋人去了。

董裕和瞎药此时恨不得抱头一哭，各自在亲卫服侍下上了马，也顾不得招呼兵丁了，只带着数百亲兵，一路在夜色掩护下，往西城奔去，他们如今只能渡过洮水，逃亡河州。武胜城居然就这样转眼丢了！

王韶的大军入城后纷纷高喊着："宋军十万已至！投降免死！"

而曲撒四王阿珂见势不妙，果然投降了宋人，这会儿他在队伍最前头喊着："儿郎们速速归降，不失富贵！"番兵们发现董裕和瞎药不见了，更听到一声声劝降，都明白了怎么回事，乃纷纷丢盔卸甲，有的跑路，有的跪地请降，几乎没有人再殊死抵抗。

武胜城就此易主。但这一切，远在京师开封府的赵官家和二府宰执大臣们都还不知晓。

八月初一（丁丑日），冯行己尚未抵达雄州，张利一又奏请牒北界理会巡马过河事，口口声声说应当质问辽国为何屡屡派巡马过河。为此，王安石与文彦博在御前又有一番论辩，但官家这一回听了文彦博、吴充等枢密院执政的意见，命改定牒本，对契丹以温婉的外交辞令进行交涉。

两天后，本令判太常寺而召之回京的吕公著自以病辞，于是诏改提举崇福宫，仍在外不领实际职事。

八月初六（壬午日），垂拱殿前殿视朝，由于须进呈夏国进表及北界事，仍令二府合班奏对。御前会议依旧是火星四溅，西夏进表不知出于什么原因，未依旧式，只谢恩典而不设誓言。宰相王安石认为无妨，即誓言与否不足倚仗；而文彦博却认为盟誓自古所有，是以天地神祇来慑服夷狄。光这一进表问题，宰臣们便辩论许久。

讨论完西夏进表，接着又是北界事，才说了几句，二府宰执们又吵了起来。宰相王安石在最后把话说得极重，以为不可纵容边臣如张利一者无事生非，酿成与契丹交战的恶果。赵顼也知道，王安石所言并非为了张利一这个小小武臣知州，而是在剑指朝中的重臣。

两天后，二府同进呈雄州乞理会送纳字，枢密院支持听从张利一之见，于是王安石又与密院执政辩驳往返。

王安石道："今乃称契丹母为叔祖母，称契丹为叔父，更岁与数十万钱帛，此乃臣之所耻。然陛下所以屈己如此者，量时故也。今许其大如此，乃欲与彼疆场之吏争其细，臣恐契丹豪杰未免窃笑中国。且我欲往，当先计其如何报我。今我未有以难北虏，倘更为其挫屈，又引得彼言辞不逊，不知朝廷如何处置？"

文彦博一哂道："君忧臣劳，君辱臣死。有死而已，何为惧哉？又臣不知安石谓我皇宋必不能折服契丹，必为其所侮，必无能御之于边，是何用心？臣即不见国朝不敌北虏之理，而须致陛下四海兆民之主，屈受此辱！"

副使蔡挺道："北界亦不肯息事宁人，臣料此必是契丹朝廷意指，涿州何敢如此？"

蔡挺的话较为折中客观，他亦不评价王安石和文彦博、吴充双方谁对谁错，只点出北界的反应绝非涿州疆臣的个人行为，定是辽国朝廷也有所企图，想要借机生事。

赵官家担心的正是这一点，如果契丹果然惦记上了大宋，那就如庆历年间一般了！于是道："契丹朝廷如此，欲何为？"

王安石道："此皆张利一生事，激其愤怒故耳。陛下但观涿州牒内所坐利一牒语，及涿州所引雄州侵陵北人事，即其曲不在彼。陛下欲治强敌，当先自治臣属，使直在我，然后责敌国之曲！"

赵顼明白，王安石是在点破张利一背后有人的这个秘密，也正因此，张利一才如此反常，一再挑衅，给契丹以口实，方便他们也"投桃报李"，不断升级冲突，扩大事端。

赵顼问道："孙永奏张利一事何如？"

王珪道："陛下，先前孙永奏张利一不当牒北界，妄要占两属地为南朝地，致其回牒不逊。又利一已有指挥差替，乞暂令人权领州事，仍催冯行己到任。"

按照经略使孙永的调查奏报，张利一甚至曾在牒涿州的外交文书里声称，两属地是独属于大宋的，这导致辽国愤怒，回牒质问。因此孙永认为既然张利一已经不再担任雄州知州，就应当催促冯行己尽快到任，在这之前，则另差人暂时权代知州职事，让张利一完全靠边站，不要再掺和北界冲突事，以免越来越乱。

王安石见机道："诚如是。孙永所奏皆是两属地，契丹原不曾占据，雄州却妄牒北界称是南朝地，所以致其占据称是北朝地。"

文彦博道："孙永不知本末，从来公牒争辩如此，非但今日，如斫柳桩细事北界亦曾来争辩，此岂是张利一？"

王安石道："斫柳桩乃李中吉引惹，固不可罪张利一。然创馆驿不依常式，添团弓手，决百姓，为不合与北界巡兵饮食，又行公牒要占两属地界，此即是张利一引惹！今既差替，却令在任候冯行己到，故孙永以为不便，诚是。"

文彦博道："张利一人臣，岂不欲事了？事不了，利一自当任责。"

虽然已经让张利一不再担任雄州知州，但如今冯行己未到，张利一依旧在主持雄州方方面面的事务，这个时间差让王安石难以忍受。赵顼也看得懂里面的弯弯绕绕，可是想到契丹自太宗、真宗皇帝时候那巨大的阴影，皇帝心里终是不安。最后道："姑令雄州作牒本进呈，朝廷再定夺如何理会。"

这一场，王安石竟没能赢下枢密院。接下来议论的是以各路免役宽剩钱用作青苗钱本金，以常平新法进行放贷，获得州县吏禄，这也是王安石"吏士合一、兵农合一"王政思想的一个实践，官家对此基本表示了认可，但王安石却因为张利一北界事而高兴不起来。

这日午时，内侍郑重其事地将两道奏疏降付中书。

王安石目光扫了过来，立刻被第一道奏本吸引住了，上面是秦凤路缘边安抚司的关防印信，写着"系机密"的字样，乃是实封状，他急忙打开，一目十行地看了起来。冯京则过来拿起了第二道奏本。

须臾，这位宰相拍案大喜，站起来极是激动地笑道："王韶已收复武胜军！此古雍州陇西之地，自李唐宝应①初陷于吐蕃，号武胜军，尔来三百年矣！今终于复为我大宋所有！王韶真是善于用兵，在抹邦山故布疑阵，出东谷遇西贼兵马，奋勇杀敌，又遣高遵裕破野人关，扣武胜东城而攻，最后自北城不费吹灰之力破之，虽未能生擒董裕、瞎药，但也降伏了大酋曲撒四王阿珂。得武胜军，则洮河两岸一州之地，尽为大宋所有矣！这下，木征等人都要惶惶无措了！"

王珪亦笑道："此皆是相公运筹帷幄，想是官家极为高兴。"

王安石将奏本递给王珪，然后道："如此则洮西必为内地，武胜更移市易，即必为都会，洮河据夏国上游，足以制其死命。"

"制夏国死命与否未可知，"冯京缓缓放下手中那第二道奏本道，"颍州奏报，欧阳永叔公②逝世了。"

王安石脸上的喜色陡然消失不见。虽然自新法实施以来欧阳修与自己政见有所不和，但他仍不失为一位颇为可敬的前辈。

"欧阳永叔器质之深厚，智识之高远，浩如江河之停蓄，烂如日星之光辉；凄如

---

① 宝应，唐代宗年号，公元762年四月至公元763年六月。

② 是日，颍州言观文殿学士、太子少师致仕欧阳修。

飘风急雨之骤至，快如轻车骏马之奔驰。世之学者，无问乎识与不识，而读其文，则其人可知。呜呼哀哉！"

王韶在武胜军的成功仿佛预示着他走上了一条青云大道；而欧阳修作为上个时代的宰执大臣和一代文宗，却永远离开了人世。

八月十六（壬辰日），朝廷下诏，赐武胜军征役在军者袍二万领，改武胜军为镇洮军，以引进副使、带御器械高遵裕兼知镇洮军，依旧为秦凤路钤辖、同管勾缘边安抚司，所有本军合置官，听自奏举。

在这个节骨眼上，枢密副使吴充竟建议，官军暴露于西北，粮饷难继，又劳民伤财，不如令王韶招降木征，把武胜城还给他，让其领部族为外臣。

赵官家自然不会同意，这是真宗皇帝以来所未有的开疆拓土之武功，如何能这么算了？况且有传闻称，洮西蕃人甚至浮渡洮河，乞求内附大宋。官家非但没有采纳吴充妄图让王韶的努力付诸东流的建议，更于次日下诏令镇洮军置市易司，又赐钱帛五十万，市易司管勾官许缘边安抚司保举。

王韶的成功让皇帝赵顼在北界事上更倾向于宰相王安石的意见，因而在同一天又下诏命内臣李舜举往雄州体量张利一事，这在百官们看来，无疑是对枢密院的不信任和敲打。

但数日后，雄州奏报，契丹巡马又过界河。二府合班奏对时，枢密院再次提出警告，认为辽国必然会在白沟河以南添置口铺，而王安石又认为不须过虑，待契丹果添置口铺，再理会不迟。枢密副使蔡挺提醒赵官家，或许北虏所谋甚深，须得戒备。王安石乃反驳枢密院执政的意见，指出一口铺地，无所利害，契丹有谋，则不应争此区区，所以边境不宁，尽是因为张利一生事。在这种情况下，赵官家也开始担忧契丹添置口铺，王安石只得援引王韶所奏。谓若能经略夏国，即不需与契丹争口铺尺寸之地；反之若不能经略西贼，虽与契丹力争口铺，也恐怕未能免其凌侮轻慢。王安石点明经略西夏与北界纷争的关系，在诸臣看来，似乎这位独相的忍耐已接近极限，而王韶夺取武胜军也给了他更多底气。次日奏对时，王安石果然又请委任王韶，让他以财物设法结交、招纳已经投靠西夏的禹藏花麻，因为若得其为内应，他日兰州亦可轻易得之。

这些日子以来，西事、北事可谓喜忧参半，剪不断、理还乱。

四天后，八月二十六（壬寅日），垂拱殿内起居毕，两府以外的臣僚们正要下殿，此时，谏官唐坰在垂拱殿外忽扣殿陛请对。

"陛下，臣有本乞奏！"

唐坰的大嗓门吼得极响，即便在垂拱殿内，君臣亦听得分明。

殿中之人皆惊愕。这是极不寻常的事情，任何在京官员，想要上殿奏对，都需要事先牒阁门申请，然后由阁门官吏请旨，安排班次，除宰辅以及御史中丞、三司使、知开封府等紧要重臣外，一般未必能当天面圣。何况如唐坰这般，贸然在殿陛前请对，这是绝不合朝章国故的荒唐做法。

御座上的赵官家也十分愕然，这种情形自他登极之后尚属第一次。唐坰原是北京大名府一小臣，因上书言事为王安石所赏识而得到举荐，升为馆职；后来王安石之亲信邓绾举荐他为监察御史里行……今日唐坰如此不寻常，难道是有要紧之事？

想到这里，官家乃吩咐阁门官吏："与他说，且诣后殿，安排今日入对。"

阁门使一揖，赶紧出去了。须臾，阁门使再回到殿内，道："陛下，唐坰说：'臣所言者，请与大臣面辨。'"

官家有些错愕，但又不能破坏朝章，乃令阁门使说谕，安排后殿面圣。然而阁门使禀报，说唐坰于殿陛前伏地不起，坚请立刻入对。

"好，朕倒要看看他究竟想说什么，"赵顼向着阁门使道，"让他上殿！"

不多时，唐坰走进了垂拱殿，来到御座前，徐徐从袖中掏出一大轴，显然是万言书。他正要进读奏本，却被皇帝拦了下来：

"疏留此，卿姑退。"

唐坰道："臣所言皆大臣不法，请对陛下一一陈之！"

不等官家的允诺，唐坰已将笏板插进腰带里，展开大轴，双眼看向了中书班子站立的方位："王安石！近御座前听札子！"

垂拱殿内顿时炸响了平地惊雷，王安石诧异莫名地看着唐坰，愣在了原地。

他何曾受到这样的侮辱？作为政事堂里的宰相，从大宋的礼法制度上来说，乃是礼绝百僚，位亲王之上，群臣避道……宰臣被台谏言官所弹劾，本是平常事，可在内殿御前，被当面指名道姓地呼喝，实乃首次。更何况，唐坰是他王安石所提拔，今又置在谏院、同判铨司①，待之不可谓不厚。今不知出于何故，他竟公然背叛，且在皇帝及二府宰执面前折辱自己！蓦地，王安石想到了两年前司马光写给他信中的那句"必有卖介甫以自售者矣"！王安石一声叹息。

眼下唐坰如此言语，大宋的宰相亦是不得已，只能近前数步。

唐坰乃大声宣读起来："臣谨按宰臣王安石者，专作祸福，倾震中外，引用亲党，

---

① 唐坰时以太子中允为同知谏院、权同判吏部流内铨。铨司，即吏部流内铨，主管选人常调及奏举、考核。

以阿谀无行小人，布在要地，为己耳目，天下但知惮安石威权，不知有陛下。新法烦苛，刻剥万端，天下困苦，即将危亡。今大臣外则韩琦，内则文彦博、冯京等，明知如此，惮安石不敢言。陛下深居九重，无由得知。王珪备位政府，曲事安石，无异厮仆。臣察见安石用曾布为腹心，张琥、李定为爪牙，刘孝孙、张商英为鹰犬，元绛、陈绎为厮役。逆意者久不召还，附同者虽不肖为贤。又作奸令章惇变李定狱事。又擅议宗庙事，有轻神祖之心。保甲以农为兵，凶年必至怨叛。免役损下补上，人人怨咨，而令监司压塞州县，事不上闻。又保甲事，曾布蔽塞人情，欺诬人主，以为情愿。又置市易司，都人有致饿死者。"

唐坰一边读，一边指着王安石道："请陛下宣谕安石，臣所言虚耶，实耶？"

官家屡屡欲制止，但唐坰仍旧我行我素，自顾自地往下读："安石之奸，过于唐李林甫、卢杞，自文彦博以下皆畏安石。如王珪，奴事安石，犹惧不可……"

唐坰一副慷慨自若、正气凛然的模样，终于读完了万言书，接着他竟冲着御座道："陛下即不听臣言，恐不得久居此座！"

言讫，深深一揖，转身下殿。垂拱殿内，众皆失色！

官家自然也非常意外，他原本以为这是王安石指示唐坰要攻讦其他宰辅，可没想到唐坰针对的居然就是王安石，这怎么可能呢？怀着重重疑窦，赵官家问道："唐坰何故如此？"

王安石乃插笏、免冠、作揖，道："臣待罪执政岁久，无所补助，数致人言，近已尝乞避位罢相，未蒙许可，若臣不获辞，紊烦圣听，未有穷已。且请陛下恩准臣告病归江宁。"

官家道："是言不然。此皆朕不能调一天下，辨察小人，故致此，卿何足以此介意！朕以卿为君子无欲，专以惠利生民为意，故委任卿，期以大事。坰小人，何故如此，此必有说。"

王安石仍旧保持着作揖的姿势，回答说："国朝大臣更出互入，浮沉亦是寻常事。不如是，即无以压人言。"

官家道："朕用卿岂与祖宗朝宰相同？卿不须尔！卿曾言唐坰别无用处，或缘此言泄露否？"

参知政事冯京忽道："臣素曾奏唐坰轻脱，不可用，今果如此。"

王安石道："仁义何常之有？实践仁义即为君子，违背仁义则为小人。方其正论之时，岂当逆疑其为奸邪而废也！陛下，臣今为言官所劾，理当退居府邸待罪，臣请告退！"

"卿何必？"赵官家挽留道，可王安石依旧下殿而去。

副相王珪见状，立刻大礼参拜，伏地请罪道："臣等不能调一内外，故致小人诋宰相。"一众臣僚也随之俯身跪拜。

"确是如此！"官家的话脱口而出，心里似有一团邪火，他扫过低眉请罪的每一位辅臣，感到一阵气血上涌，头晕目眩。

次日，皇帝便御批，重贬唐坰为潮州别驾。这不仅是让他远窜岭南，还要让他以罪臣身份自处，连薪俸都只能支取一半，权力更是半点也无！王安石见官家处置果断，便如常回到中书。

八月二十八（甲辰日），宰执进呈唐坰贬黜事，王安石言唐坰素狂，不足深责，乃改授监广州军资库，虽仍是过岭，但还算给了个监当官的差遣。唐坰几年来的升迁异数，仿佛是一枕黄粱，又做回了在外的监当小官。人们纷纷猜测，唐坰是不是只是个木偶，而背后实有高人在提着线头。

同日，秦凤路缘边安抚司奏捷再至。

原来，王韶克武胜后，木征恐惧被宋军合围，急率军拔营而走，撤退到近洮州边界，距武胜城西南二百五十里的巩令城。木征的几个兄弟里，瞎吴叱在通远军南面的岷州，巴毡角则在洮州，瞎毡诸子势力极盛时，控扼了西域诸国与大宋贸易往来的咽喉要道，但眼下武胜大败，岷州又与秦凤路接壤，形势岌岌可危。木征本打算暂时退守巩令城，以洮州胞弟巴毡角部为后援，经洮州进入河州，可相对安全。没想到王韶并不愿让木征轻易全师而归，他率军自武胜火速南下，又命景思立前来会合。木征军因武胜城被破，士气极为低落，对宋军充满恐慌情绪，加之宋军犹如神兵天降，故多仓皇逃跑，王韶、景思立遂于巩令城大破木征。

王韶在奏报中还说，木征胞弟结吴延征举其族二千余人并大首领李楞占、讷芝等出降，已量补职名抚遣之，乞请朝廷授结吴延征一官，使统部族收归大宋所用。

官家的狂喜溢于言表，他当即御批，再推行一项议论已久的新法！

于是朝廷下诏，命司农寺将《方田均税条约并式》颁行天下，这标志着"方田均税法"开始实施。

所谓方田均税法，即以东西南北各一千步为"一方"①，在其四个角上起土种树为标志，在每年九月份，由县衙官吏主持丈量土地，根据所丈量出的土地肥沃、贫瘠之结果，定为五等，以此作为确定田赋高低的根据和标准。这一工作在每年九月到次年三月完成，之后须张榜示民一季度，若百姓无异议者，即重新发付田契，使按各自土地等级缴纳田赋。该法先于京东路试行。

---

① 一方，在宋制下合四十一顷六十六亩一百六十步。

九月初一（丙午日），朝廷下诏，以木征弟结吴延征为礼宾副使、镇洮河西一带蕃部铃辖。权三司使薛向又建言，请依旧例，在通远军与新占领的镇洮军设置折博务①，以蓄储积，而可待警急。

初二（丁未日），二府合班奏对，枢密院又因北界事请牒辽国涿州，令其拆毁口铺。王安石据理力争，认为既然已罢张利一，而改差冯行己为雄州知州，此正是北人观我举措之时。官家也疑心不必要的强硬态度易引惹生事，导致冲突升级、两国交兵。枢密院与王安石几番交锋后，官家仍未允此事。

初三（戊申日），王安石再乞请令秦凤路缘边安抚司晓谕木征，限其一个月内投降，如不从，即多方擒讨，官家也依言下诏。同日，程昉以修漳河之劳迁为西作坊使。

初四（己酉日），张茂则升为宣庆使、入内内侍省都知；程昉再迁皇城使、端州刺史，以塞大名府永济县决河之功。程昉作为内臣在修河事情上的纷争似乎告一段落了，他令人艳羡的连续升迁，似乎也说明，在王安石的支持下，程昉已全面战胜了此前李若愚等人的排挤。

九月十一（丙辰日），又诏江、淮等发运司支银十万两、绢十五万匹，付陕西转运司计置镇洮军、通远军粮草。

十五日（庚申日），此前李舜举体量张利一事文字已到，桩桩件件都指向了张利一蓄意生事②。于是朝廷下诏，降张利一为皇城使、达州刺史、卫州铃辖。北界事纷争至此，终以王安石的全面胜利而告终。

九月二十二（丁卯日），原本命章惇办理的经制梅山之事，官家忽然想专委荆湖南路转运副使蔡烨去办。中书奏对时，支持此做法的副相冯京与王安石来回辩驳，甚至说出了"安石必已授惇经制次第"这样讽刺宰臣结党的话。但最终，赵官家依从了王安石的意见，乃下诏蔡烨与知潭州潘凤、章惇协力合作，经制梅山蛮事。

整个九月，百官们无不认为，王韶在武胜军的成功，导致官家越发对宰相王安石言听计从。

倏忽之间，已是初冬十月。京师汴梁的天气寒意渐深，行人都穿起了厚重的绵裘

---

① 折博务，商人以粟米刍粮及钱帛换取解盐的官署，北宋于陕西沿边诸州置，按值给以茶盐。折博者，谓以金银折换实物，或物与物相折换。

② 按照李舜举的奏报：一是契丹无移口铺之意；二是张利一妄指每年百姓牵牛入城为避贼，并借此强迫两属地百姓指说辽国巡兵盗猪，两属人户恐被北界巡兵报复，又惧张利一，遂移居，而张利一因此论说契丹巡兵惊动百姓；三是雄州治下容城县县令、县尉因两属人户不立即申诉辽国巡马过河，竟一举问罪二十人，如此事，实不在少数。

毛衫。按照习俗，都下百姓们无论贫富贵贱，总要买上一些酒肉，在十月朔日这天，与家人好友们欢聚一堂，围坐喝酒、吃烤肉，此即所谓的"暖炉"。皇帝也要在此日赐衣给百官们，仅料钱就要两三百贯，又赏赐绫、绢三五十匹，绵二十两至百两。自这日起，每遇大寒阴雪天，待漏院亦赐宰臣酒食。

三司的衙署里，长官薛向正看着手中的帖子若有所思。

放衙后，薛向先回到了宅邸中，在数名女婢服侍下更衣，褪去紫色官袍，解下金鱼袋，换上了一身寻常文人打扮的道袍，再在外头披上了一件华美的貂裘，这才又坐上车，自偏门出了宅邸。

薛向住在曹门街以南的嘉善坊，出门后一路往南走着，不算起眼的牛车辚辚而动，穿过了中山正店和观音院当中的几条街衢。薛向坐在车厢中，听着外间的热闹鼎沸，心里头却窝着一团火焰。

走了片刻，他听到外头声响喧哗异常，一面是大相国寺的暮鼓之声，一面是不知何处传来的"市井"味道，堂堂天章阁待制、权三司使薛向只感到烦躁："外间何得如此聒噪？"

见东翁问，车夫遂道："主翁，这有段日子了，是市易务在御街东廊开了几十间铺子，在叫卖瓜果等物事呢。"

"成何体统！"薛向在心里骂道，这吕嘉问不过一无耻小人，近来得了相公青眼，竟主持起市易法来。可在薛向眼中，当年他在东南排除万难为相公和朝廷推行均输，那才叫替国家理财！

薛向乃是荫补出身，并非登科进士，因而旧党甚至新党里有许多人拿这一点来说事，谓"无出身人岂可遽为侍从？"现在薛向已经爬上了三司使的高位，即俗称的"四入头"之一，但他时时刻刻都在眼热着理应近在咫尺，又好似远在天涯的执政宝座……

不多时，马车已过了龙津桥，再向西走了一会儿，便到了奢华的清风楼外。

薛向从车厢里下来，酒楼里知客的相迎而至，随其上了二楼，便来到一间匾额上题着"东岳阁"的包间里，走进去，才发现做东的人已经到了。

满室灯烛，如同白昼，那安坐泰然的人，居然是中书门下的副相，参知政事冯京！

"不意冯相先至，某告罪则个。"薛向深深一揖道。

冯京起身，笑道："师正，你我又岂须多礼？快入座，酒已给你温着了。"

薛向心事重重地落座。他私下与冯京已是见了多次，每每担心这样的会面被宰相王安石所察知，但又不舍得放弃接近冯京乃至文彦博等旧党宰执的机会。这么多年来，薛向不避非议、险阻地为朝廷办财政之事，从西北到东南，现在终于回到东京做上了计相……可他想要的何止是三司使这一"计相"之座？然而长期以来，薛向似乎已不在王安石新法的核心圈层中，如此一来，想要登上执政甚至更高的宝座，只能另辟蹊径。

待薛向坐下后，冯京便道："师正，君之才情可谓有目共睹，仆为君如今的冷遇不值。"

薛向自斟自饮，强作欢颜道："冯相言重了，冷遇者，何来之有？"

冯京道："若在往日，师正所担任之三司使亦实属要紧差遣。可眼下关乎财政方方面面之事，多归司农寺措置，政事堂下面又有个中书五房，三司还有多少权力？"

薛向道："在哪个差遣上，都是为官家和朝廷办事，向觉得没什么打紧。"

"师正这话似言不由衷，不把仆当作友人。"冯京也倒了杯酒，挑着眉毛道，"若师正没有为社稷、百姓更上层楼、展布底蕴的雄心，又何必来见老夫？"

薛向颇觉尴尬，他本就算不得伶牙俐齿之人，而是更擅长做事，这会儿竟是低头不语。

冯京道："师正不妨思虑，君在王介甫处，位列第几？这两年来，曾布宣力最多，最受王安石信任，他眼下是都检正兼知制诰，一手掌握着中书门下上传下达的各种要紧文字，一手握着词臣的笔，等到翰林学士任上再历练下，恐怕执政之位早已是其囊中之物；邓绾如今是御史中丞，手握进退大臣的风宪雄权，他就是王安石一条让咬谁就咬谁的看门犬，王安石用到现在的也就邓绾最听话，那邓文约是否有机会也做上执政？"

不用说薛向也知道，现在他是比不过曾布和邓绾的，而冯京还在继续说着。

"便是章惇，虽然眼下官职不高，但经制梅山、南北江，这是开疆拓土的事功，若办得好了，超擢起来那自不在话下。仆敢断言，章惇将来的仕途，恐怕是快得很！不过，还有一个人排在他们前面……"

薛向被冯京步步为营的一番话弄得如坐针毡，终于开口问道："莫非是吕惠卿？"

冯京为之拍案："正是！吕惠卿丁忧服丧已满，必然要回到开封府。王安石真正最宠信的，恐怕还是他吕吉甫！师正，君在东南，为王介甫扛下许多骂名，把均输事办得如此妥帖，可当均输上了正轨，给朝廷增加那么多岁入，王安石便将君一脚踢开，把事情留给了罗拯和皮公弼①，只给了师正权三司使这么个位子，看着是升官，但心中不是滋味吧？"

薛向又喝了一杯酒下肚，他已经不在乎给冯京看穿心思了。

———————

① 薛向调任京师后，以罗拯为江、淮等路发运使，皮公弼为权发遣发运使。

冯京道："况且，朝中的局势，论相权，王安石已是空前罕有。对官家来说，数年里，能允许王安石夹袋里放几个人到两府执政位子上？说到这儿，还真是把在西北的王韶漏了。拓边河湟若真给他搞成了，那枢密院里可有一把玫瑰椅等他去坐？这样想来，能坐上执政位子的，除了王韶，剩下的有吕惠卿、曾布、邓绾，甚至章惇……那几时才轮到君？还是师正始终就没有机会？"

薛向忽然道："冯相之前说的，王相公有让我出外的打算，可是真的？"

冯京捋着漂亮的胡须道："岂能有假？师正细思量，去年四月，君出于公心，为官家言两浙路科率百姓役钱至七十万贯，人不能堪，此事致官家以手诏问王安石，且引起杨绘、刘挚等台谏见机论列助役法，安石以此与君有嫌隙者，一也。去年编修《三司令式》，虽曰宰相提举，可实际乃由三司负责，恰逢朝廷明堂大礼，京师恐令式修成，以蠲减明堂赏赐之故，文武官员不乐、禁军兵卒亦不乐，师正时为避免人心骚乱、怨怼朝廷，又是出于公心，乃在编修完成之前向官家进呈明堂赏给，以使赏赐数额一切照旧。可这事，王安石在御前如何与官家说？他只作君不肯为其任事任责，专为姑息取巧，媚俗悦众。安石以此与君有嫌隙者，二也。"

这两件事都说在薛向的死穴上。冯京说得委婉动听，什么"出于公心"，薛向扪心自问，知道那都是鬼话。他确实想要多在官家面前露脸，给陛下留下忠于君上和朝廷的好印象；也曾担心触犯众怒，而急于逃避责任……仔细想来，这两件事后，王安石确乎与自己渐渐疏远！

冯京观察着薛向的脸色，继续说道："三者，要说起如今主持市易务的吕嘉问……他不过是一纨绔少年，眼下在京中仗着施行市易法，可还把三司放在眼里？算起来，吕嘉问是户部判官，乃是君三司之属官，连下属都敢欺侮师正，他人更要有样学样了。仆为之不忍呐！"

吕嘉问！听到这个名字，薛向心里头的那股邪火越烧越旺，若说吕惠卿、曾布压着自己，尚可理解，人家好歹在王相公跟前先后主持新法，可他吕嘉问算什么东西？寡廉鲜耻，干那"家贼"的勾当，明明应该事事服从长官三司使，竟也爬到自己头上？！

薛向仿佛下了很大的决心似的，道："冯相，潞公那里，可有个什么准话？"

冯京微不可察地皱了皱眉，但面上反而笑道："却干潞公什么事？此是为天下、社稷，是为解民倒悬，膏泽斯民，正乃我辈责任也！"

薛向沉默了片刻，叹道："然则均输？"

这句话一问，冯京知道，他薛向先前是动心，现在已然是完全入彀了。薛向问均输，这是在问，如果有朝一日推翻了王安石，旧党执政，那么他过去所主持的均输法还会不会继续实施，如果均输法被全面推翻，那么薛向如今的功绩不仅在史册上成为污点，还会成为被台谏弹劾清算的证据，他便是坐上了宰执宝座，也多半会极快地跌落下来。

冯京笑道："一把弩机，在官军手上是保家卫国，可在乱民手里，就是谋逆不轨……师正，如今百官们好说新党旧党，其实这新与旧不过是局外人看热闹。师正与我则不同，我们是局内人，是皇宋决策层的士大夫，不须说这些。若是利于国家的，仍是要施行，至多换个名字罢了，底下愚民知道何事？何况，均输法一事，从根本上来说，是对折变、籴买等制度的继承发展，仍是在祖宗之法的范围里，算不得更张乱法。只是这操柄之权，不可在人，须得在我。若在人手，好的也是坏的，若在我等君子手中，坏的也能变成好的，如是而已。"

一番话说下来，薛向终于有一种醍醐灌顶的感觉，他长于财政、吏事，却稍短于这权力的游戏，缺乏政治上的洞察，而今冯京为其层层剖析，一一点破，竟是大梦方觉。

"冯相，只是如今官家倚仗王安石处甚多，京城动作，大不易。"

冯京看向薛向，捋须笑道："吕惠卿要回来，君自然不高兴，可比君更不高兴的，还大有人在。"

薛向醒悟道："曾布？"

冯京道："正是。吕吉甫丁忧，两年多来曾布乃王安石最倚重的得力干将，他眼看着要一飞冲天，偏生那福建子①将要回来。吕惠卿岂是易与之辈？他回来自是要抓权的。可两年有余，京师早已是桃花流水杳然去，别有天地非人间。吕惠卿要抓权，第一个拦路虎定不是反对变法的大臣们，而是同为新党的干将曾布！那王安石想让曾布、吕惠卿相安无事地做他变法的左膀右臂，于情于理，可能吗？用不着我们多做多说，他们自会先内斗起来。我们的机会，便在这里！"

薛向也是双眼一亮，没错，真正忌惮吕惠卿的是曾布！朝堂的浮沉进退，还真是风波急恶。

二人终于开始推杯换盏。冯京看着薛向，又想起自己此前蛊惑唐坰②，骗得他扣殿

---

① 吕惠卿是泉州人，故当时被蔑称为福建子。

② 《长编》卷二百三十九："（熙宁五年十月丁亥）安石又白上：'凡有奏中书者，乞一一宣谕考校，若架造事端，动摇人情使怨怒，即臣所无奈何。如唐坰乃为人诳，以臣已商量送审官，与合入差遣，此坰所以妄发。如唐坰固不足惜，如薛向即朝廷方收其用，屡为人诳，以臣商量差向出外，向既不能无利心，即不能无忿怒，或因忿怒妄发，即朝廷复失一薛向，于国计乃为可惜。'上曰：'何故如此？'安石曰：'陛下御人臣之道，未有以禁其如此。'上曰：'但要利害明耳。'安石所云诳坰及向者，指冯京也。"

陛而越班请对，在御前让王安石颜面扫地。他忽觉得，如薛向，亦不过是官职更显赫的另一个"唐坰"罢了，好操控得很。人只要有了得陇望蜀的利心，那就处处皆是弱点！

便如冯京所料，十月初三（戊寅日），朝廷果然下诏召回吕惠卿，授其为天章阁侍讲、同修起居注、管勾国子监。侍讲是经筵讲官，修起居注是左右史官，都可常常亲近官家，这是以清要差遣而示其尊贤；管勾国子监是让吕惠卿培养人才，甚至默许他可以提拔一些人，收归己用。皇帝本想待吕惠卿赴阙陛见之后再除授差遣，可王安石固请先除，于是才有了这一朝旨。

初九（甲申日），朝廷又因收复武胜军之功，封赏高遵裕与内侍李宪等。乃以高遵裕为西上阁门使、荣州刺史，以李宪为礼宾副使，其余缘边安抚司使臣、选人、蕃官、效用①等也各有改官升迁或减磨勘年数，并赐银绢若干不等。

然而枢密院也依旧在指摘新法。

十月十一（丙戌日），枢密院称，今免役法施行，导致四方多贼盗，朝廷近多不知，且中书令进奏院约束，凡贼盗不及十人已上、无强恶者，不许申提刑司录奏朝廷。

十月十二（丁亥日），枢密使文彦博将华州知州吕大防奏报的少华山崩事件与市易务买卖瓜果联系起来，认为是朝政失当，与小民争细碎之利，致天怒示警。

宰相王安石不得不就这些事情在御前进行解释。但另一方面，西北又传来好消息，王韶奏报，说由于武胜军、巩令城大捷，木征狼狈逃回河州，如今洮州的巴毡角和岷州的瞎吴叱都遣人送来密信，表达了暗中归附大宋的意愿。显然，木征的这两个兄弟乃奸猾骑墙，企图首鼠两端，见木征、董裕大败即先向宋廷示好，实则并不纳土归降，但赵顼仍是十分高兴，因为这表明木征已逐渐众叛亲离、势单力孤，收复河州看来只是时间的问题了。

于是在封赏过王中正②之后的两天，十月二十三（戊戌日），诏改镇洮军为熙州，分熙、河、洮、岷州、通远军为一路，建为熙河路，置马步军都总管、经略安抚使，以知通远军、右正言、集贤殿修撰王韶为龙图阁待制、熙河路马步军都总管、经略安抚使兼知熙州！又以高遵裕知通远军兼权熙河路总管。超擢王韶为待制，乃是考虑到他克复武胜、大败西夏兵马，只是此事在诏书里不能明言，因为朝廷正与西夏讲和。

虽然暂时只有熙州、通远军实际处于宋朝的控制范围，可以建立起统治，但将河州、洮州、岷州统统囊括在内，建为熙河路，是为了和除授王韶为待制相符合，更重

---

① 效用，即勇敢效用，一种低于使臣，高于普通军兵的上等军士。

② 十月丙申，因收复镇洮军（即武胜军）及招洮西降羌之功，以内藏库副使王中正为礼宾使、文州刺史、带御器械。

要的是为了向西蕃木征、巴毡角、瞎吴叱宣布皇帝威灵，让他们明白，大宋要彻底收复三州的决心是不可动摇、不可阻止的！若识时务，当尽早归降，切勿观望反复！

王韶也在数年内从一个低微的庶官、经略安抚司机宜文字，成功转变成为侍从待制、高级文官。龙图阁待制乃是从四品，这标志着王韶已经可以预闻大政，参与决策讨论，真正成了一名卿大夫。眼下他也不再以"管勾"之名，摄安抚使之权，而是作为一路经略安抚使、马步军都总管，总掌一路上下军政大权！

整个十月，京师日日放晴，干旱无雨，这种情况到了十一月初，似乎也没有好转的迹象。但令官家赵顼喜出望外的是，木征麾下第一谋主瞎药主动向王韶投降了。任何在熙河路的汉蕃之人都知道这意味着什么，如果说连瞎药都背叛木征，那木征确乎是要走向穷途末路了。朝廷立刻下诏以瞎药为内殿崇班、本州蕃部都监，如其兄弟俞龙珂[①]一样，赐姓名、自今以后，称为包约。

市易法的事情则在十一月继续发酵。

官家因京中市易务卖果实太繁细，乃召王安石独对，欲罢市易务卖瓜果之举。王安石为市易务及吕嘉问力加辩解，指出：一者，市易务之做法符合三代先王之法，见诸《周礼》，不为无据；二者，为政当论其有害与否，不当论其大小，市易务以商贾贩卖果实，属于职司恰如其分之事，而官家以一国之君，朝夕检查市易务细事，此所谓元首丛脞，非帝王大体；三者，市易务卖果实，事虽小，但亦是摧兼并、收其赢余，目的是兴功利、救艰厄，此是先王政事，非好利也。好在经制梅山及南北江事也有了眉目，章惇的奏报在中旬送抵京师，云梅山事颇顺利，南北江事亦各有序。

三天后，此前王韶在古渭寨市易钱之纷争也终于全部尘埃落定。朝廷下诏，宣徽南院使、雄武军留后、判渭州郭逵落宣徽南院使，知潞州；通判秦州、太常少卿冯洁己，管勾机宜文字、殿中丞萧敦善，河南府巩县主簿张缋，司理参军张续，勘管光禄寺丞杜纯并冲替[②]。另外，前知通远军王韶因违规任用商人元瓘[③]，被象征性地罚铜八斤。蔡确圆满地完成了重审王韶公事案的任务，而堂堂龙图阁待制王韶在秦凤路的最后一桩小小纠纷也烟消云散，如今他已是熙河路大帅，蕃人见之，无不敬畏，跪称龙图！

次日，午正已过，禁中枢密院内的西府执政们都在各自的视事阁里处理公务，忽传报有官家降付的奏疏令宰臣看详，于是枢密使文彦博、副使吴充、蔡挺都来到集议

---

① 俞龙珂在熙宁五年五月庚寅，除为西头供奉官，赐姓名包顺。

② 冲替，指贬降官职。

③ 商人元瓘与韶以利交，后投韶效用。时有中书札子，令元瓘不得于市易司勾当。去年正月，韶托以瓘谙习商贩，乞瓘依旧勾当。未报，而韶赴阙，改瓘名仲通，令在本司变转茶彩及雇女奴，与川交子五千缗并度牒置公用。

的密院议事厅。

内侍道："告相公们，这道奏本官家已经让誊抄并送中书与密院，事系紧要，官家令即刻看详。"

文彦博拿起奏本翻开，与两位副使一同在桌案上看起来，只见写道：

博州官吏失入赃不满军贼二人死罪，枢密院检详官刘奉世党庇亲戚，令法官引用赃满五贯绞刑断例，称博州官吏不见断例，失奏裁，止从杖罪取勘。又院吏任远恣横私徇凡十二事，而枢密院党庇不案治，外人莫不闻知……

署名是：权监察御史里行张商英。

这是一封弹劾枢密院执政大臣党庇擅权的白简弹章，是公然挑战枢府的檄文！

张商英的意思是，博州有个官吏，错将两人轻罪重判，断以死刑。东窗事发之后，由于此官吏乃枢密院检详官刘奉世的亲戚，于是刘奉世挟西府之威，令法官援引赃满五贯即可判绞刑的断案准则，诡称博州官吏没有相应的断案标准，有失奏裁，只按杖罪处置。又有密院官吏任远①肆意妄为、徇私枉法，已知之事便有十二件之多，但枢密院庇护任远，不做查问处理，外人皆知，舆情可忧……

蔡挺道："此是何意？谓我枢府上下沆瀣一气乎？"

吴充思忖了一会儿，问道："这张商英，某没记错的话，传闻是章惇推荐给王安石的？"

文彦博哼了一声道："王韶成功于西北，他便想着要把我辈都赶走，如张商英这等小人窥知安石心意，乃作弹章，侮辱执政大臣，无非要排挤我等罢了！"

吴充道："潞公，不过这究竟是安石授意，还是张商英自作聪明？介甫是我亲家，他执拗如此，如今关系闹到这步田地，某也不知说什么才好。"

文彦博见蔡挺一语不发，只是皱着眉头，乃对吴充道："今也不须论是谁了，执政为台官如此弹劾，更有何说？我辈且即刻归第闭门，向官家请辞枢筦便是！"

吴充又是叹气又是摇头，蔡挺则不知在想些什么，只是道："按故事，当如此。"

于是枢密使文彦博，枢密副使吴充、蔡挺当日便提前离开禁中，各自回到西府的执政官府邸中，闭门不出，又令密院吏员将枢密院大印、枢密使副等印信一并送中书门下。

消息传出，在京百司几乎都炸开了锅，枢密院执政们居然集体请辞！私下里谁都说张商英是王相公的人，又听闻这张御史和台长邓绾走得很近，那邓中丞不就是王相公的心腹么！难道说这是王相公趁着拓边河湟的初战大捷，在逼迫枢府执政们下台？

---

① 任远，当是枢密院令史。令史者，枢密院吏职之名，从八品。

当夜，业已回到京师的吕惠卿和曾布、邓绾、吕嘉问都到了东府王安石相府之中，商议此事。

第二天前殿视朝，中书奏对之时，三位宰臣王安石、冯京、王珪都主张应该遣使催促文彦博等枢密使副入院视事，不可令军国事荒怠，且致中外观望惊疑。

然而文彦博等果然不肯赴朝视事，且言："台官张商英言臣等党庇吏人，与之相知，漏泄上语，乞以其章付有司明辨黑白，然后正臣等违命之罪。"面对枢密院执政们的姿态，御史张商英也不依不饶，奏道："乞以臣所言博州失入刑名下有司定夺，并以任远事送开封府根治。若臣言不当，甘伏斧钺。"

十一月二十一（丙寅日），枢密使副文彦博等三人依旧闭门家居，并不赴朝视事，更不入枢密院办公。午后，官家在便殿召宰臣王安石独对。

对于官家来说，此刻他首先要弄清楚的是，张商英弹劾枢密院上下结党，意图倾一众执政，令文彦博等被迫请辞，这究竟是不是出于宰相王安石秘密的指示？昨日与冯京、王珪一同主张催促文彦博等入院视事，这并不能代表王安石真实的态度，眼下的御前独对，或许才能见出真相。

赵顼仍令赐座，然后道："张商英所言博州事，相公以为如何？"

王安石正襟危坐，道："博州事，官吏本无罪，密院尚不该令问其应奏不奏之罪。"

他这第一句话竟说刘奉世在博州为官的亲戚无罪？如此一来，枢密检详官刘奉世亦谈不上有什么大罪了，这是宰相在自避嫌疑还是欲擒故纵？

赵官家闪过这些念头，又道："博州事分晓，任远之事如何？"

王安石道："臣看详张商英所奏，又令查问任远有无贪污受贿等事，若言任远过往取受甚多，则令有司如何推究？又恐新法① 已前，于法不得受理。"

他这第二句是说任远纵有受赇受贿，亦在仓法推行之前，其若今日受贿可问，创法之前则不可问。既然如此，枢密院不查问任远，便也算不得什么问题了。看来王安石确属一片公心，并无刻意使人排挤密院执政？

赵顼道："是，此在新法前。"

王安石道："如此，则无可推究者。"

官家沉默了片刻，玉音垂问道："张商英当如何行遣？"

---

① 此外指仓法，仓法自熙宁三年八月开始施行，王安石之意，即"法不溯及既往"。过去胥吏无俸禄，要令此类人全不受贿赂，即殊无道理，因此，王安石认为仓法施行之前的受贿等经济问题，一般不应再追究。

王安石道："密院方治御史失出①李则事②，商英乃随攻博州事以报之。李则事，御史所治诚不当，不自咎，更挟忿攻人，岂所谓怀忠良以事君者？"

皇城司近来报上的流言蜚语可谓五花八门，赵顼听闻过安石指使说、王雱指使说、御史中丞邓绾指使说，甚至连吕惠卿指使的情形亦描绘得有声有色……如今看来也许全是假的。

"既是商英挟私，当出外否？"

王安石不假思索道："须出国门，黜为监当官可也。见朝廷如此行遣，文彦博等执政大臣，应能赴朝视事，则虽纷纷，亦渐可平息。"

赵官家点点头："相公说的是，便如此。"

望着走出延和殿的王安石，官家仍在沉思。自己的这位独相今日无一字一语可指摘，尽是大公无私的建言，甚至是过于偏袒枢密院了。说来，究竟是王安石真的为枢密院辩白，还是不得已要避一避嫌疑？甚至有无可能这些全是他的算计？深谙皇宋高层权力运作的同平章事王安石，当然不可能天真地认为张商英这一份弹章便能扳倒枢密院，可这何尝不是对枢府的一次羞辱？这真的只是张商英个人的行为吗，真的与王安石全无干系？

多疑的皇帝坐在御座上，久久没有起身。

十一月二十二（丁卯日），朝廷下诏，贬太子中允、权监察御史里行张商英为光禄寺丞、监荆南税。从御史之美官跌落到在外的监当官，这算是极重的一跤了。次日，御史中丞邓绾便极力为张商英说情，乞还张商英台官言职，认为台谏乃朝廷耳目，若小有过差，也应稍加优容，在御前面圣时，邓绾甚至为此怆然涕下。外间纷纷猜疑，这背后究竟有何秘辛，乃至于如此。邓绾这一哭，竟然没奏效，官家岂会轻易追回成命？而文彦博等三人见到所下朝旨，便很快回到枢密院，照常办公。

却说回到京师的吕惠卿似乎是踌躇满志，他在国子监中颇乐意跑到锡庆院里，亲自给上舍学生上课、讲说经史，不少学子都折服于辩才一流的吕惠卿。而他这一不汲

---

① 失出，指重罪轻判或应判刑而未判刑。

② 《长编》卷二百四十："先是，台勘劫盗李则死罪失出，奉世驳之，诏纠察刑狱司劾治，商英遂上章历诋执政，言：'此出大臣私忿，愿陛下收还主柄，自持威福，使台谏为陛下耳目，无使为近臣胁迁。'上为停诏狱。商英坐是与安石忤，及言博州事，彦博又疑商英阴附中书，故不能平。商英既坐出，上谓安石曰：'御史言事不实，亦常事。彦博等别有意，乃以为御史欲并枢密院归中书，不知御史初无此议论也。'安石曰：'中书欲并密院，果何利？若谓臣与彦博等多异论，故并密院，臣顾与彦博合议政事。姑以利害言之，臣何苦欲并密院。'"

汲营营的姿态，倒也在京中赢得了不少赞叹之声。

十二月初的一晚，应王安石之邀，吕惠卿来到了东府内宰相的府邸。

王安石请他到书房坐下，又将一份写好的奏札递给吕惠卿。后者恭恭敬敬双手接过去，仔细看了起来：

陛下即位五年，更张改造者数千百事，而为书具，为法立，而为利者何其多也。就其多而求其法最大、其效最晚、其议论最多者，五事也：一曰和戎，二曰青苗，三曰免役，四曰保甲，五曰市易。今青唐、洮、河，幅员三千余里，举戎羌之众二十万献其地，因为熟户，则和戎之策已效矣。昔之贫者举息之于豪民，今之贫者举息之于官，官薄其息而民救其乏，则青苗之令已行矣。惟免役也、保甲也、市易也，此三者有大利害焉。得其人而行之，则为大利，非其人而行之，则为大害；缓而图之，则为大利，急而成之，则为大害。《传》曰：'事不师古，以克永世，匪说攸闻。'[1] 若三法者，可谓师古矣。然而知古之道，然后能行古之法，此臣所谓大利害者也。盖免役之法，出于《周官》所谓府史胥徒，《王制》所谓'庶人在官'[2] 者也。然而九州之民，贫富不均，风俗不齐，版籍之高下不足据。今一旦变之，则使之家至户到，均平如一，举天下之役，人人用募，释天下之农，归于畎亩，苟不得其人而行，则五等必不平，而募役必不均矣。保甲之法，起于三代丘甲，管仲用之齐，子产用之郑，商君用之秦，仲长统[3] 言之汉，而非今日之立异也。然而天下之人，兔居雁聚，散而之四方而无禁也者，数千百年矣。今一旦变之使行，什伍相维，邻里相属，察奸而显诸仁，宿兵而藏诸用，苟不得其人而行之，则搔之以追呼，骇之以调发，而民心摇矣。市易之法，起于周之司市，汉之平准。今以百万缗之钱，权物价之轻重，以通商而赏之，令民以岁入数万缗息。然甚知天下之货贿未甚行，窃恐希功幸赏之人，速求成效于年岁之间，则吾法隳矣。臣故曰：三法者，得其人，缓而谋之则为大利；非其人，急而成之则为大害。故免役之法成，则农时不夺，而民力均矣；保甲之法成，则寇乱息，而威势强矣；市易之法成，则货贿通流，而国用饶矣。

吕惠卿看后为之震惊，这是对五年来变法之历程、成就乃至问题的一个高度总结，非王安石岂能有此如椽巨笔？

---

① 典出《尚书》商书说命下第十四，指君主治国，若不能学习、效法古时先王圣贤之道，想要谋求国祚长久，这种事情，我未曾听闻过。

② 庶人在官，指在官府中担任吏役胥徒的平民。

③ 仲长统，东汉末年人，曾事曹操。

"师相！"吕惠卿恭恭敬敬地放下奏札，深深一揖，道："便如恩相所言，五年中师相擘画万新，造福兆民，新政已有无数皇皇成果，此有目共睹。然而若官家将此奏札降付中外，或为奸邪小人所乘，以为今日师相所用之人，或即是奏札中所说的'苟不得其人而行之'，反而给旧党留下攻讦的口实。此或是为张商英事而发？学生窃以为不必上奏，万望师相三思。"

王安石道："吉甫，我知你是爱惜新法与我的名声。然而朝廷一个决策，关系到无数百姓日夕劳作之生活，不得不慎。今我虽在中枢，但岂有百年之宰相？纵有吉甫，亦当有后来你我皆乞骸骨之时。官家还年轻，我这封奏札，是百年大计，还是要让官家牢记在心。"

吕惠卿道："师相是当世圣人，如今《字说》①也已问世，以师相今日成就论，非孔子岂能过之？虽然，群邪不时窥伺于朝野，每欲沮坏新法，使师相功业不成，百姓无由安乐。正因如此，岂宜谓新法有缓、急、利、害之别乎？学生恐人借此大肆生事，苟摇惑得官家，则师相几无回旋余地矣！"

王安石站起身，走到吕惠卿边上，笑着拍拍他的肩膀道："吉甫过虑也。某若于独对时上此札子，请官家留中，秘而不宣，外间无由知。惟官家知为政次第耳。某居钧轴，不可不为社稷、百姓忧思在先啊！"

吕惠卿急忙也站了起来，又是深深一揖道："师相胸怀，学生谨受教！"

十二月初八（壬午日），前集贤相陈升之服丧期满，除为检校太傅、同平章事、枢密使，杂压文彦博之下，这是以枢相之职召回陈升之，实际上是让他在枢密院与文彦博一同担任枢密使。朝臣们都在猜测陈升之回归二府，又会给朝局带来哪些变化。

十二月十三（丁亥日），以判秦州、宣徽南院使、检校太尉吕公弼判河阳，调权秦凤等路转运使张诜知秦州，改以蔡延庆为都转运使。王韶已然在西北大有成功，自然不应在秦州放着曾为枢密使的吕公弼来影响他，故而以资序不如王韶的张诜帅秦，等于是将西北之事，一以委之于王韶了。

十二月十八（壬辰日），朝廷下诏，以吕惠卿为同检正中书五房公事。官家本欲因此罢却曾布都检正一职，然而宰相王安石认为若吕惠卿、曾布同为都检正，则裨益朝政处甚多。三天后，又以曾布为翰林学士。吕惠卿与曾布终于各自占据了王安石变法队伍中最显赫的位置。同日，曾孝宽除为龙图阁待制，兼同群牧使，这是要加大曾孝宽之事权，以委其体量河东保甲养马之事。

---

① 王安石所撰写的文字学书籍。

熙宁五年最后一个月，大雪频繁降临东京城，臣民都置办了过年的各种吃食与衣物。辽国的贺正旦使在二十五日到了汴梁开封，但与契丹接壤的边界，双方冲突、争论的阴霾气息也并未因契丹使者的到来而烟消云散。望向大宋的西北面，战败的木征兄弟们正蛰伏在暗处或佯作归顺，董毡更是已与西夏通婚，高据青唐王城。

都下百姓反倒喜笑颜开，毕竟腊月里迎接新年，愁眉苦脸可不吉利。所有人都在展望着新的一年，等待着旧的行将结束，期盼着在新的日子里，多一些顺遂，多一些平安。

第 六 卷

河 湟

第 二 十 章

白雾青烟入马蹄

熙宁六年（1073年），正月十四（戊午日）。这一日百官休沐，一年中京师最热闹的上元节，就快要到了，连续数日的庆典活动已在汴梁开封的各个角落布置妥帖。

年节刚过，迎新的欢喜气氛正是越来越浓之时，家家户户的儿童都学着夜幕下瓦子里傩戏的模样，三五成群的，其中若有孩子戴着傩戏的面具，如那小鬼、钟馗、判官之类，便有更多左邻右舍、街衢上的小童围上来一起玩闹，欢声笑语不断。

深闺中犹未出阁的女子们正忙着挑选服饰，对镜梳妆。今夜上元灯会，须是二八妙龄的佳丽们纤手同携，绽放秀色明眸，遍观天上星汉与这人间千里灯毬交相辉映的奇景。若得与哪位俊俏的郎君在不经意间邂逅，眉目传情，暗暗相许，想来便是节庆里最浪漫的事。

东府的相府中，吕惠卿、曾布、邓绾、曾孝宽、章惇、吕嘉问、李定、赵子幾、蔡确等新党臣僚来了不少，齐聚一堂，纷纷向宰相王安石恭贺佳节。

众人坐在圆桌上用着家宴，王安石忽道："诸君毕至，不胜欣慰，勠力同心，已是数载。惜乎子纯犹在西北苦寒之地，未能与此友朋之会，某提议，当为子纯浮一大白！"

王韶拓边河湟，凯歌连连，已让朝野极为瞩目，此刻王安石提到这位得意门生尚在大宋西北的极边为国奋战，座中诸人当即各自举杯，满饮一觞。

大家正待坐下，吕惠卿又斟满一杯道："师相自熙宁二年入参大政以来，诚可谓致君尧舜、膏泽兆民！行均输于东南，则省费节流，赋入大增；行常平新法，则便民惠贫，朝野两利；行农田水利，则沃土良田比比皆是；行募役新法，则破家荡产无处可见；编排保甲，于是盗贼屏迹，寰宇大清；市易甫立，于是商贾辐辏，京师欢腾；又如保马、将兵、方田均税，无不切中积弊！更遑论，师相擢拔子纯于微贱之中，授以经制次第，今果然成就非凡功业，拓地千里，河湟攻略成之将半矣！此皆师相经天纬地之力，方能如此！正所谓，尊形独受众山朝，我亦鹫峰同听法，某提议，诸君共敬恩相一杯！"

这些新党的得力干将无不点头，都斟满了羊羔佳酿，曾布亦是若无其事与旁人无二地倒满杯中酒。可他心里却是对吕惠卿嗤之以鼻，说什么"尊形独受众山朝，我亦鹫峰同听法"，这不是把相公比作佛陀，把他吕吉甫比作灵鹫山①上佛前的座下菩萨、罗汉吗？吕惠卿自回京后，担任了同都检正，又兼了知制诰，曾布对自己的处境有着很强的危机感，他能够感受到官家和相公对这福建子的喜爱。

王安石平日不饮酒，但今日固非往常，乃又满饮了一杯，道："吉甫过誉，仆如何克当！五六年来，某驽马不才，勉为其难，总算得诸君倾力相助，方有今日朝野庶政之成绩。近来子厚在外，望之在京，皆辛苦万分。子厚开梅山，平定群蛮，设置郡县；望之掌市易，摧抑兼并，节流开源。皆乃功在社稷。"

听到大丞相亲口点他们的名字，章惇与吕嘉问俱是避席行礼，深深一揖，直道不敢。

王安石道："只是可惜，今日师正不曾来……仆对诸君有个最大心愿，便是望尔等精诚团结，为富国强兵这一变法目的，为百姓、社稷、官家，好好效力，彼此勿猜勿疑。至于爵禄富贵，不过是随之而来，自然附带而已，我辈读书人，以圣贤之道为毕生追求，岂能本末倒置？杜子美诗云'圣人筐篚恩，实欲邦国活'②，我皇宋祖宗以来厚养元元，然亦不能说，无鞭挞追剥之事。故而，仆与诸君，都应牢记，所谓尔俸尔禄，民脂民膏，一直要遵循得其位，便为国家、万民鞠躬尽瘁之道理，切不可仕宦只为稻粱谋啊！"

"恩相说的是！""谨遵相公教诲！""师相之言，没齿不忘！"

众人的眼神里都透着无比的真诚，可筵席中的王雱却不这么看，他不相信这些人都能和自己的父亲一样，具有圣贤般的道德自律，几年来他已逐渐建立起了自己的情报网，有着一批为己所用的眼线。就如父亲所提到的薛向，他固然仗着和下属吕嘉问公然不合的借口而未登门，可薛师正跟冯当世私下过从甚密，正印证了王雱对父亲身边人忠诚的怀疑。实际上，薛向为冯京所蛊惑一事，也是王雱告知王安石的，只是令王雱没想到的是，对于此，父亲居然没有责怪薛向的意思，反倒是连说可惜。身居相位、独掌权柄，却对身边人有着这般妇人之仁，王雱每于黄夜沉思之际，都不免为自己的父亲担忧。

午后，王安石与诸人移步厅堂用茶，聊起了正月里的几件事来，如将来要使天下吏人都有俸禄可得，在杭州、楚州准备设置市易务等。又吩咐曾孝宽、赵子幾往河

---

① 灵鹫山，即耆阇崛山，释迦牟尼世尊曾在此山讲说佛法，如《般若经》《法华经》《金光明经》《无量寿经》等。

② 出自杜甫《自京赴奉先县咏怀五百字》。

北察访须注意的方方面面之事，二人此行自然是为了在河北已经推行和即将推行的新法。

申时后，诸人一齐告辞，王安石则在酉正二刻穿戴好朝服、金鱼袋，乘车马离开了相府。今日宫城宣德门外要举行上元灯会，身为宰相，须赶赴禁中，登上宣德门城楼，从驾观灯。

自朱门广厦的东府出来，王安石所乘坐的马车被多达七十人的元随队伍①簇拥着，马车上方张设青罗伞盖以彰显宰执威严，元随们则手执精致考究的棍棒兵器和一面面旌旗旗帜，整个仪仗队伍奢遮难言，都下百姓见之，无不赞叹。

王安石掀开所坐的车厢帘幕，向皇城方向望去，只见银蟾光满，桂华流瓦，一轮明月照得御楼烟暖，烟霭中又见五彩缤纷、光怪陆离。

到得宣德门外百米处，元随便停了下来，按例只有宰臣车马可入内。于是宰相的马车继续前行，要从西偏门入，而元随们则折返回不远处的看棚中，等待宰相。

王安石的马车到了西偏门口，守门的禁军亲事官王宣见了却举起了金骨朵，似是要将其拦在门外！

为王安石驾车的元随过去乃是御前班直，对宫禁规矩熟悉得很，况又服侍王安石数年，便只道是那禁军亲事官夜色里未看清，这才要拦下车马。

"速速回避，此乃相公车马！"他一边厉声喝道，一边策马向前。眼见着亲事官举着金骨朵亦不能挡，倏地，宣德门左扉阴影之中走出一个人来，原来是入内内侍省都知，大阉张茂则！

"谁敢擅闯宫阙！"这貂珰横身矗立在马蹄前，王安石的元随认得这身衣袍非是寻常小黄门，而是品阶极高的内侍，于是性子慎重的他极为娴熟地拉住了缰绳，将马车稳稳地停了下来，不至于惊到车内的相公。

张茂则对手执金骨朵的王宣使了个眼色，示意他动手。后者当即以手中兵器猝不及防地挝击驾车元随，将其打翻下马，这一动作来得如电光石火，出其不意！

王安石的元随跌落在地，被欺侮得起了嗔恚之心，乃嚷道："相公车马，入门内有何不可！"

张茂则冷冷地看着那元随，道："相公亦人臣，岂可如此？得无为王莽者乎！"

随着张茂则的指示，更多的守门禁军围上来，往那名元随和两匹拉车的骏马身上殴打，又打断宰相之旌旗。两匹马本是驯良的千里驹，可这会儿受了惊吓，又吃了痛，便横冲直撞，当下更是给了卫士们拦阻、殴打的借口。

---

① 北宋制度，凡宰相、文臣任枢相（枢密使兼同平章事）、枢密使，则元随可七十人。

张茂则方才那番话说得极响，咬字清晰，语速也不快，就是要让车厢里的王安石听见，让此刻宣德门内外的禁军听见。王安石当然不能再沉默，可两匹马又不断地在被守门禁军殴击，马车随着受惊的马儿左摇右晃，眼看就要翻倒在宣德门左扉之内。若是真翻了车，而宰相又狼狈不堪地从车厢里爬出来，恐怕从此以后王安石就要沦为百官口中的笑话了！

就在这千钧一发之际，王雱带领着近七十名元随冲到了宣德门前，看到眼前一幕，他顿时怒发冲冠，骂道："尔等怎敢围殴相公车马，莫不是要谋反？！把那四个殴打相公马匹的禁军给我拿下！"

却说王雱方才领着元随护送父亲至宣德门外，便与他们一起返回看棚里，观赏百戏以消磨时间。可为父亲驾车的刘七迟迟没驭车回来与他们会合，机警的王雱察觉到不对劲，便赶紧带着元随们来到宣德门。

这会儿，十来个元随立刻上前与禁军拉扯成一团，更多的元随则是拉住马匹，稳住马车，围在周遭，不令守门卫士靠近。

张茂则站在门边，朝着王雱笑道："东阁小圣人好威风，这是领着部曲家丁，夜闯宣德门，殴打御前班直，不知是要置相公于何地？"

"张茂则！你……"王雱正要开口回击，王安石终于拉开帘幕，从车厢里走出来，伸手示意王雱不要再说了。

这位大宋的独相立于马车上，俯视着宣德门内这一出闹剧，他明白这件事情绝不简单，虽已出离愤怒，却保持着极大的克制，面色如常地看着张茂则。

"张都知，不知是何条贯，令宰臣宣德门外下马？"

张茂则见到此时四名守门的禁军亲事官都已经被王雱带来的元随给摁在了地上，便露出一抹意味深长的微笑来。

"皇城司自须有条贯。只是茂则愚昧，却要问相公，是何条贯，可令元随在此处擒拿守门卫士？"

王安石仍是站在高处，俯瞰着那貂珰大阉，道："拽击宰臣从人、鞍马，无故阻拦宰相入内，皆是大罪！此干系朝廷体面，乃是国家尊严，罪不容赦！王雱，将这四人即刻带去南衙，好生问罪！"

宣德门内外其余的禁军班直都面面相觑，他们见王安石站出来发话，显示宰相之威，也无人敢拦着。

张茂则仍是面带微笑："元内翰坐镇开封府，自是惟相公之命是从，茂则且向相公求个情，莫闹出人命来才好。"

王雱眼神阴毒地瞪着张茂则，恨不能一刀结果了这个阉贼。这内侍都知放出这番话，显然是在讽刺开封府知府元绛也要任由王安石摆布，王相公可真是一手遮天！

"还等什么？把人带走！"王安石斥道，他下了马车，对着张茂则说："此间事，我自去请官家理会，张都知好自为之！"

上得城楼，王安石向两宫曹太皇太后、高太后以及皇帝和皇后①行礼。庆寿宫、宝慈宫两位圣人乃是在帘幕后面，虽然宣德门皇宫城楼上灯烛辉煌，但仍是看不真切二圣的表情，王安石也不便凝视瞩目。

赵官家心情显得不错，笑问道："相公何来之迟也？"

王安石道："陛下，臣坐车至宣德门，内侍都知张茂则令守门禁军殴伤臣车夫、马匹，若非臣子雱及傔从赶到，恐怕臣亦跌坠，不免折股伤肱，今日不复能见陛下矣。"

王安石一边说，一边不露声色地留心着帘幕后曹太皇太后的举止动作，余光中见得这位五十五岁的太皇太后果然双手紧握住御座的扶手，身子甚至微微前倾。

"如此大胆？！"赵顼听后大吃一惊，这是完全超乎他想象的事情，国朝以来似乎还没有宰相被这样羞辱。但他转念一想，这张茂则乃太皇太后的人，此时须避之不谈，于是道："须验问从人及马匹伤状，相公可曾受伤？"

"陛下，臣已令犬子雱送四位殴车马及从人之卫士赴南衙问罪，臣备位宰辅，乃国家执政，一举一动，天下瞩目，实系朝廷之体面，是以臣再请查勘今日宣德门当值勾当御药院内侍为谁人，须罢黜之！"

赵顼忙不迭地点头，对身旁侍立的李舜举道："且去查勘何人当值，都依相公说的办。"

王安石道："臣再请召问内侍都知张茂则，何故于宣德门内令亲事官殴击宰臣车马，有无与人串联！"

"这，"赵顼为难起来，他原本以为王安石只是要惩处几个守门卫士，罢免一个勾当御药院的内臣而已，没承想他仍又提及张茂则。可张茂则最得大娘娘宠爱，如何使得？

正在这当口，帘幕后面陡然传出猛击扶手的声响，与之一同而来的是厉声呵斥：

"王安石！尔一个外朝的宰相，还要插手官家内廷的事吗？！"此乃是今上登极以后，从来不在公开场合对朝政发话的曹太皇太后的天音！

御座周围顿时鸦雀无声，毕竟妃嫔、宗室，及其他宰执大臣都听得一清二楚，庆寿宫圣人是在直接怒斥宰相王安石！

---

① 向皇后，真宗朝宰相向敏中曾孙女，于熙宁二年（1069 年）四月二十六日册立为皇后。

王安石竟不退让，反迎着帘幕后曹太皇太后那仿佛能烧却山川的、满是怒火的眼神道："臣以为此非内廷事，乃关系国朝安危的社稷之事！况且本朝祖宗制度，内臣一体隶枢府管辖，未审枢密使文彦博是何意见？"

赵官家立刻听出了宰相的言外之意，难道说这是文彦博和张茂则谋划的一出戏？甚至应当说，是文彦博一个人的主意，张茂则也只是受其唆使？

文彦博从座位上站起来，转过身侧对御座方向，先是一揖，然后方道："内臣除诸司使副与大小使臣，乃至为遥郡、横行等贵品，即用武臣阶官，故令密院权管勾其黜陟迁转。然若究其实，则内臣诚陛下内廷之事，非外臣所当过分置喙，何况事涉内侍都知，唯陛下圣裁。"

帘幕后曹太皇太后道："官家，这才是忠贞老臣之言。今上元灯会，本喜庆事，怎得闹腾得这么晦气！"

两府中，冯京、王珪、吴充、蔡挺四位执政都在注视着这场风暴，赵官家尴尬地朝庆寿宫圣人笑了笑，然后看向了王安石。

"相公且观百戏，待勘问，自分明。"

官家的话显然只是在和稀泥，也是叫王安石不要再顶撞太皇太后，这是任谁都再明白不过的事。

然而帘幕后的声音又传出来："不知官家欲勘问谁？如张茂则，即不须问。"

赵顼只得朝着庆寿宫曹太皇太后点头道："大娘娘吩咐，臣知道了。"

太皇太后朗声道："官家圣明，已说不须勘问内侍都知，此细事，勘问班直即可。"

一场上元灯会不欢而散，王安石在回东府的路上不断思考着，文彦博是疯了吗？难道是王韶在西北不断建功，令文彦博感到了满盘皆输的可能？他竟连如此下作的招数都使出来了，只是想逼自己恼羞辞相吗？不，他还成功地将庆寿宫明确地推到了自己的对立面，这是要内外一起发力，向陛下施压！

赵顼在灯会结束后没有立刻回到福宁殿，亦不愿去妃嫔处就寝，只是叫了李舜举一人跟着，陪他在禁苑中散步。

赵顼走在前面，望着天上一轮孤月，问道："今日宣德门处，是御药院谁当值？"

李舜举道："应是黎永德。臣方才问过他，说是张都知令他今日不必往宣德门去。"

赵顼又道："张都知和朕的话，你听谁的？"

李舜举闻言赶紧跪下道："臣自然只听陛下的。"

"起来，又不是责问你，何须如此，"赵顼转过身扶起了李舜举，"可若是大娘娘命令你呢？又或者朕不在你边上时，张都知命令你，又当如何？"

这些问题都极难回答，李舜举又想大礼再拜，却被官家拦住了。

"陛下，臣不过是办着一颗忠君的心罢了，余事不去多想。"

赵顼叹道："你可以不多想，但朕不能不多想啊！人言官家即天子，代天牧民，可在朕看来，这官家的权力不是无限的，甚至是有限得很。便是在这禁中，也能有人拽着朕的胳膊、腿脚，更有不少人仗着朕赏赐的官爵，窃朕权柄，妄作奸邪事！"

这些话李舜举一个字都不敢回应，只是低头站着。

赵顼还想说些什么，忽有内侍快步走来通禀，云是都知张茂则等人求见。

"见吧，朕如何能不见呢。"

无多时，张茂则领着好几个内臣从禁苑一头向里走来，到官家跟前，尽皆伏地大拜。

官家道："都知此是何意？且快请起，朕如何受得。"

张茂则自然听出了皇帝话语里的讥讽，他把心一横，磕头道："陛下，臣今日固冲撞宰相，然臣见文彦博、吴充、蔡挺、冯京、王珪先至，二府宰臣除王安石外，并于宣德门外下马，乃谓体例从来如此，遂不敢以宰相而坏宫禁规矩，不得已，命亲事官阻拦、晓谕。臣之罪，不敢有所逃。然相公之子王雱，竟率相府元随数十人径闯宣德门左扉之内，躔突叫嚣，语多不恭，更殴击守门班直，擒拿四人，不待陛下措置，已送南衙。王雱受陛下厚恩，擢在经筵，日夕得仰望清光，而狠戾跋扈，一至于斯，若非王安石纵之，岂能如此？"

官家怒极反笑，道："张茂则，你倒先攻讦起朕的宰臣来了！"

听到这话，一众内臣皆随都知张茂则叩头流涕，道："陛下！今祖宗之法扫地无遗，安石所行，害民虐物。臣等知言出必取祸，不敢不言，愿陛下出安石，臣等亦乞远流海外，以示非敢害宰相而为身谋。"

好啊，张茂则口口声声说是为了祖宗之法，为了社稷天下，竟要胁迫自己罢免王安石的相位，还说得大公无私，乞请把他们这些建言的内臣也流窜海外……好个张茂则！

官家几乎就想抬脚踢向眼前跪着的貂珰大阉，可想到庆寿宫里的太皇太后，他最终只是一脚踢翻了禁苑里的大盆栽。

但他仍是怒不可遏，整张脸涨得通红，交脚幞头因过于激动竟掉落下来，李舜举赶紧捡起来，赵顼却也不管，两指仿佛捏着个剑诀，指着张茂则不住颤抖着，良久才开口：

"你是宫中的老人了，侍奉过仁宗、先帝，朕看你是老糊涂了！"

张茂则缓缓抬起头，道："臣可以糊涂，但陛下不能糊涂！"

赵顼简直无法相信自己听到了什么，他从李舜举手中接过幞头，猛地砸向了张茂则，随即拂袖而去，留下有些惊恐的张都知和跪了一地的内臣们。李舜举赶忙捡起官家的交脚幞头，跟了上去。

这是数年来，李舜举第一次看到官家如此暴跳如雷。

正月十五开始，宰相车马在宣德门与卫士冲突，双方扭打成一团，王相公几乎人仰马翻、狼狈不堪的说法在京城里传开了。皇城司逻卒发现，不少瓦子里的说书人将这事情编成了故事，并把宰臣王安石塑造成了一个跋扈而可笑的权臣小丑，在他们绘声绘色的演绎下，百姓们无不捧腹大笑，拍手喝彩。

王安石自然也知道了这一切。

吕惠卿、曾布等人都为汴梁大城里的流言纷纷感到不安，数次来相府商量对策；便是薛向也来探望王安石，嘘寒问暖地说恩相受惊之类的话；而王雱则屡屡提醒父亲，应该尽快对文彦博展开反击。事情到了这一步，不少前来相府计议的新党干将都认为，张茂则乃受文彦博指使之事昭然若揭，甚至对方早已无所谓躲在幕后与否。但王安石不为所动，他早在正月十四那晚，便写好了一封实封信，第二天即以朝廷的急递发往西北熙河经略司。信笺自然是给王韶的，王安石的要求只有一个，尽快设法击破木征，攻克河州！不管是谁在宣德门事件背后玩弄阴谋诡计，对方显然已经是图穷匕见、孤注一掷了。若河湟事成，再想要撼动新法和其宰相之位，那就可谓痴人说梦！

上元休沐结束后第一次前殿视朝，二府合班。

宰相王安石进呈札子，论及宣德门之事："臣今月十四日从驾至宣德门，依逐年例，自西偏门入。有守门亲事官闭拒不令臣入，挝击坐车及旌旂，又挝伤马及臣之傔从。臣疑亲从官习见从来事体，于执政未必敢如此，今敢如此，当有人阴使令之。都缘臣居常遇事，多抗争曲直，臣所以如此者，乃为义故，岂敢以私事肆为骄骞不逊？恐奸人欲以此激怒臣，冀臣不胜忿，因中伤臣以为不逊。臣初所以不敢辨者，疑有条制，从来承例违越，及退检会，乃无条制；问皇城司吏，亦称无条制；及问体例，却据勾当皇城司缴到皇城巡检指挥使毕潜等状称，从来合于宣德门外下马。臣初执政，即未尝于宣德门外下马，且宣德门内下马，非自臣始，臣随曾公亮从驾，亦如此。"

官家道："朕为亲王时，位在宰相下，亦于门内下马，不知上元时何故乃如此。"

王安石道："此所以不能无疑，欲具札子乞勘会，依条例施行。"

官家颔首："可。"

王安石又道："又据行首司①王冕等状称，自来从驾观灯，两府臣僚并于宣德门西偏门内下马，却于左升龙门出。兼检到嘉祐八年、熙宁四年本司日记，体例分明。而皇城司吏手状称，宣德门即无两府臣僚上下马条贯。不知何以内巡检指挥使毕潜状称从来上元从驾，辅臣于宣德门外下马。"

官家看向中书班子里的副相冯京，问道："张茂则言除安石外，其余宰臣皆门外下马，往年亦如是乎？冯卿往年何处下马？"

冯京一揖："臣昏聩，实已忘之，似亦有在门外下马时。"

赵官家又看向枢密班子，道："文卿则如何？"

文彦博道："臣从来只于宣德门外下马，未敢废人臣之礼。"

官家沉默了片刻，道："且待勘会。"

于是二府又进呈广南两路②排定保甲之事……

合班奏对结束，宰执大臣们纷纷下殿。出了垂拱殿，见冯京离得远了，王珪乃压低声音道："相公，昨日放衙前，中书驱使官③温齐古来见下官，云数日前曾见堂吏看棚者谓：'守门人自相与言，击宰相马，马惊致伤损，罪岂小？'一宣德门上元灯会当值卫士曰：'我岂不解此，但上面逼得紧，将奈何！'此见正月十四那日，绝非偶然，实属有人策划，意在相公耳！"

王安石停下脚步，道："禹玉，你的情谊，我受下了。自子华罢相，二府里能帮到我的人太少了。禹玉之情，某铭记在心！"

王珪连道不敢，心下却是窃喜，能从拗相公处听到这番话，那是极为难得。

在政事堂处理完一些政务后，王安石回到自己宰相的视事阁，令人叫来驱使官温齐古。然而温齐古虽承认对副相王珪说过这些，却明言畏惧涉身如此大案中会受法寺根勘质问，又说不记得那名堂吏之姓名。王安石明白，温齐古这样的中书小吏，自然是惧怕事后受到打击报复，向王珪告密是一回事，可让他对簿公堂又完全是另一回事了。于是王安石也不愿强人所难，置其于危殆境地之中，便让温齐古走了。至于温齐古说的话，王安石也不准备再和官家说了，并无必要。到如今，许多事情究竟是怎么回事，官家也好，二府的宰臣们也罢，都已经是心照不宣了。

但让王安石和朝野感到意外的是，御史蔡确忽然上疏弹劾宰臣王安石。

---

① 行首司，负责接引传达的通引官吏领班。

② 广南两路，指广南西路、广南东路。

③ 驱使官，吏名，宋前期光禄寺差使官，递送文书、催办有关寺事等。中书驱使官应是相似职能，递送文书、办理中书事务等。

蔡确言："宿卫之士，拱卫人主而已，宰相下马非其处，卫士所应呵也。而开封府观望宰相，反用不应为之法，杖卫士者十人，自是以后，卫士孰敢守其职哉？"

蔡确作为新进的新党骨干之一，此前被派往秦州，亦妥善地解决了王韶被劫市易钱之事。正当众人都以为他通过邓绾的关系当上了监察御史，挤进王安石变法的核心队伍里时，他却在熙宁六年的正月里来了个突如其来的转向。京师中的舆论竟在向着不利于王安石的方向急速升温，更有声音谓蔡确乃直臣，非是安石朋党。

薛向的貌合神离、渐行渐远，蔡确的突然弹劾以及街头巷尾的流言……都让王雱极为愤慨，王安石却并不理会，依旧常与吕惠卿、曾布、邓绾、吕嘉问等人在府中商议新法，研究进一步推行市易法等事。

正月二十三（丁卯日），朝廷令讨论在杭州、楚州置市易务利害。次日，王安石上札子再论宣德门事。正月二十五（己巳日），二府同进呈北界涿州牒，又一次为河北雄州方面与契丹的冲突在御前争辩起来。正月二十六（庚午日），王安石独对，向官家申言"欲兴治道，须先变风俗；欲变风俗，须明示好恶，加以赏罚；欲知人情，在于穷理"。赵顼自然明白这番话的言外之意。另外，今年又是朝廷举行抡材大典的一年，为了礼部会试，王安石又安排了曾布担任知贡举，而以吕惠卿、邓绾、邓润甫为同知贡举。

西北，熙河路治所，熙州经略司衙门内。

王韶正坐在自己的办公本厅里思忖着东京来的信笺。他如今已是龙图阁待制的侍从高官，担任着熙河路马步军都总管、经略安抚使之职，是名副其实的一路帅臣，军政俱归其一人而定，可谓是位高权重，当年李师中在秦凤的权柄也未必能比得上今日的他。

可这封信的内容并不简单，王韶正费心思量。信乃是当朝宰相王安石所写，事实上，官家早已允许王安石以实封信发急递到经略司的形式，来指挥王韶，只是此前有李师中、窦舜卿等人在秦州，形势尚不明朗，王安石显得非常谨慎。

信里除了寻常寒暄的话之外，说得简洁而明了，即是要王韶尽快发兵，寻找机会击破木征，攻克河州。令王韶疑惑的是，前线具体作战等事，相公一般并不遥制，基本都交给王韶自行决定进退之机，为何现在骤然如此指示呢？王韶在桌案后面沉思良久，他只能认为，这是相公在决策层里遇到了危机，然而为了避免动摇王韶的信心和意志，没有在信中提及。看来，从自己克熙州，形式上令洮、岷二州表示归顺以后，朝中的旧党重臣们已经狗急跳墙，无所不用其极，想迫使赵官家罢免王相公……

"入娘的！"王韶久在军中，虽为文臣，却已是沾染了武将脾性，他握紧拳头猛敲了一下桌案。招抚青唐、拓边河湟的大战略眼看就要完成一半了，朝中那些神仙老爷却迫不及待地伸出手脚、胳膊，每个人都想要掣肘王安石，巴不得王相公下台，新法尽废，西北也恢复如旧⋯⋯

眼下的王韶，已是看到了一条通天的青云大道。只要击溃木征，将他生擒或杀死，彻底将河州、洮州、岷州都收入大宋版图，形成对湟州董毡泰山压顶之势，那么自己进入二府的路也就给打通了！再说到了侍从待制的级别，谁不想感受一下拥有青凉伞的滋味？可若是王相公倒了，非但自己晋升执政无望，便是立下的无数边功恐怕也要成了累累罪行了⋯⋯

"快马去通远军！让高遵裕即刻赶来，就说有紧急军情！"王韶朝门外的亲兵喊道。

第二日晚间，高遵裕带着一队亲卫昼夜兼程，终于抵达了熙州。

他一到，王韶把内臣李宪也叫到了自己的本厅里，眼下便是这三个人来决定出征河州的大计。

如今王韶在熙州，高遵裕在二百里外的通远军，平时见面已远少于往昔了。两人彼此寒暄一阵，便进入正题。

王韶道："我意趁木征等西蕃士气低落，发兵突袭河州，必能一举而克，二位以为如何？"

王韶是待制身份的一路帅臣，又得宰相全力支持，按说完全可以独自决定战机。但高遵裕与他共事已久，身份又是太后的叔伯，非寻常人可比；至于李宪，他是内臣，属于官家在外的耳目，因王中正受命修筑城寨，而于去年七月被调任过来，到王韶的经略安抚司里充勾当公事——这二人，都是王韶要采取军事行动前，必须与之沟通的对象。

高遵裕略皱眉道："子纯，古渭举事先建堡寨，以渐进取，故一举拔武胜。今兵未足，粮未充，一旦越数舍①图人之地，使贼能阻要害，我军进无所获，退不得旋，殆矣！"

李宪笑道："木征新败，瞎药归附，正是乘胜追击之时，若使木征缓了这口气，渐与兄弟巴毡角、瞎吴叱等经营势力、彼此连结、修缮城防、积聚甲兵，则再制恐难矣。咱家以为龙图之言甚是，当尽快用兵！"

王韶闻言亦笑道："公绰兄何以突然与我等意见相左？不过公绰持重，说得亦有道理。我此举即是要追亡逐北，渡洮河，入河州后先破其香子城，再以香子城为据

---

① 舍，指三十里。

点，攻河州城。但这一计划，熙州必须有大将坐镇，否则一旦粮饷断绝，后果即不堪设想。北面兰州方向，西贼未必敢真用兵，倒是南面洮州、岷州的巴毡角、瞎吴叱都是和木征唇亡齿寒，他们或许会铤而走险，骚扰熙州。"

高遵裕似乎听出了王韶的言外之意，他这是要让自己守熙州，那么一旦攻取河州，这第一等的功劳就落不到他高公绰的头上了！

他脸色慢慢冷了下来，道："龙图是要末将来守熙州城？"

王韶道："公绰兄，非不令你领军入河州，实在是这样的重任，经略司里找不出第二个人。若只是供馈辎重粮饷，余人或亦可办得，但倘若南山诸羌来袭，便是景思立也不够资历独当一面。熙州大大小小事务，蕃汉将校，我领军在外时，都只有公绰兄可以节制、弹压，余人绝办不得如此重任。"

高遵裕脸色虽然稍霁，但他立刻又想到，何不让李宪留下？虽然李宪不过是个勾当公事，但他是东京来的使者，是官家身边的中贵人，缓急之际，但有号令，留下来的那些将校谁敢不从？说来说去，还不是王韶要卖个好给这宫里来的阉竖！只是这些念头，都无法摊开来说，高遵裕有再多的不忿，也只能忍着。

一场会见，匆匆结束。看着高遵裕和李宪走出自己的办公本厅，王韶心里当然明白这位太后的叔伯可能会有的情绪和不快；也深知眼下李宪与王中正的矛盾——两个人谁都想捞着攻克河州、击破木征的军功，如果自己尽快用兵，那就是便宜了李宪，大大得罪了王中正！但王韶别无选择，他已经料定，相公王安石如此焦急，必是京师里的权力斗争就快到你死我活的节骨眼儿了。边功，只有边功才能帮到丞相！这种时候，高遵裕也好，中贵人也罢，还有那个王中正，他王韶都顾不得了。到了王韶如今的权势地位，想要八面玲珑，讨好每一方、每一个人已是断无可能，必须选边站好了才能继续往上爬，更何况他早就是王安石的人，这是烙印进骨子里的，任谁都是这么看，连官家都不会例外！

数年来与高遵裕真真假假的情谊，或许也就到头了！从此以后，只有利益、派系、你我之别了吧！

次日一早，高遵裕便率亲兵离开了熙州城，竟是一句话都不曾和王韶说。

二月初三（丁丑日），由于此前御史蔡确弹奏开封府官吏曲意迎奉宰相王安石，望特加重贬，于是赵官家批付中书，令降指挥，诏开封府判官梁彦明、推官陈忱各罚铜十斤。

旨意降付政事堂，王安石当即告病回府，并上乞请罢相的札子。

赵顼为此颇是头疼，乃令中使慰问。然而王安石这告假养病，在府中一待就是十天，且连上数道乞解机务、不愿再任中书宰相的札子。

不得已，官家只能再降手诏，命宰相王安石入对。

大宋的独相以病谒告弥旬后，终于在二月中旬入宫，于便殿面圣独对。

延和殿里，一把玫瑰椅早就摆在了御座下，王安石欲作揖行礼，官家忙道："不须虚礼，相公请入座。几道乞退的札子，朕一概不允，今日当面封还，相公切不可再言去。"

王安石道："陛下，实是臣老病不堪相位之责，中书庶务繁重，今难以负荷，望陛下许臣归江宁。"

赵顼道："此即不许。卿每求罢，朕寝食不安。朕必有待遇卿不至处，且恕朕，岂宣德门事否？"

官家甚至用上了"且恕朕"三个字，这一点王安石怎么会注意不到呢？或许官家在宣德门之事上也有着许多的不得已，若说庆寿宫那里给到了官家难以抗拒的压力，也是可以想见的。因为此番，与王安石形成了直接对立冲突的人是张茂则，而张茂则恰恰是庆寿宫圣人绝不容许有丝毫委屈的人！这一步棋，太狠了！王安石本身性格傲岸，不容如此冒犯；中书宰相的尊严和权威，也不容如此凌侮；张茂则是曹太皇太后的逆鳞；而太皇太后又是皇帝最不敢违抗之人……这是完全算在了各方的七寸要害上！

这既是阴谋又是阳谋，王安石一步都不能退，必须摆出强硬的辞相姿态："臣所以力辨宣德门事，正恐小人更以臣为骄僭，事既明白，又复何言？"

官家眼神不免躲闪，微微低着头道："宣德门事，今已令仔细推究，实无人指使。"

好一个"实无人指使"！果然算准了官家不敢有违孝道、忤逆祖母。

王安石道："臣初岂能无疑，既已推究，复何所疑？所以必欲去，非为宣德门也。"

赵顼道："卿如此，必是以朕终不能有成功，久留无补，所以决去。"

王安石道："陛下圣德日跻，非臣所能仰望。后来贤俊自有足用者，臣久妨贤路，又病，所以求罢，非有他。"

听到自己最信重的宰臣说的这一番言不由衷的话，赵顼又一次产生了极大的、难以抑制的愤恨和烦躁，他从御座上站起来，眉头紧锁，一时也弄不明白自己内心的这团火应该冲着谁发。

"朕置卿为相，事事赖卿以济！后来可使者何人？孰可以为相者？其余大臣，卿所见也，皆纷纷为异论，只为身计与子孙谋，岂能与成社稷百年之事乎！"

王安石道："岂可谓无其人，但陛下未试用尔。"

赵顼露出一抹苦笑道："卿频求出，于四方观听不美。何况古时明君贤臣，皆能相终始，而卿遇事，便曰求罢，此岂伊尹、吕尚事君之道也？宜为朕稍屈，且留之可也。"

王安石道："臣前所以求罢，皆以陛下因事有疑心，义不敢不求罢。今求罢真以病故，非有他。且古今事异，久任事，积怨怒众，一旦有负败，亦累陛下知人之明。且又病，若冒昧贪位，必致旷败坏事。"

赵官家无可奈何，只能再三晓譬开导，反复以新法以及河湟开边等事挽留，如此又说了小半个时辰，王安石终于稍稍松口，云是乞请回府再休养调理一段时日，视身体状况再定去留。

数日后，官家又召见王雱，令其再三问劳安石，且命冯京、王珪去探望安石，喻以旨意，于是王安石终于再度赴朝视事。

宣德门之事，最终以未勘问、黜罚内侍都知张茂则，薄责开封府判官，褒奖御史蔡确而告终，王安石的告病请辞，在大家看来也不过是一种毫无意义的反抗。只是通过此次事件，京师百官们察觉到，王相公并非丝毫不可动摇，他受张茂则之凌侮与遭蔡确之背叛，皆说明大丞相的权势似乎由一个峰顶开始往下走了，官家对他的宠信和偏袒并不是无限的、不讲原则的。

西北。

经过数日点集蕃汉兵马、调拨军需物资和转运民夫的准备后，王韶开始了征讨河州的战役。此番他在通远军与熙州城各留下万人兵马，以防备南面木征的两个弟弟巴毡角和瞎吴叱以及北面兰州方向的西夏，自己则将精锐步骑三万人，渡过洮河，大张旗鼓，为的就是令河州西蕃陷入恐慌之中，早日放弃随木征与大宋抵抗到底。出动三万人规模的军事行动，想要做到保密是绝无可能的，因此王韶一路撒出斥候，稳稳当当地行军，十分注意保护粮饷辎重的运输线。

大军出征第三日，进入河州地界，一鼓即克珂诺城[①]，略作休整后，又两日，攻克木征在河州的重要据点香子城。一时间河州蕃部望风归附，投降的羌人可谓是数以万计。

王韶在攻克香子城后却停了下来，他下令召开军议，布置具体任务。

帅案下诸将按职级高下落座，个个面带喜色，如今河州城只在五十里外，急行军

----

① 珂诺城，今甘肃广河。

一日可至，稳妥些走两天便也到了。而自从香子城被攻下后，每日都有羌人带着牛马牲畜来投诚，眼见得木征这厮鸟乃是大势已去，只有束手就擒了！一旦克复河州，这便是泼天似的大功，熙河开边的事功，实是真宗皇帝以来所无！大伙便都要跟着龙图水涨船高，鸡犬升天了，想到这些怎么能不高兴呢？

王韶道："诸位，官军渡洮以来，连战连捷、摧城拔寨，皆是将士们勤力王室，效死命、奋勇无前所致！不过，我军饷道由熙州城至珂诺城，珂诺城再运抵香子城，凡一百三十里，转运需三到五日。香子城至河州城又五十里，若不能数鼓破之，而顿兵坚城之下，则自香子运辎重，一日恐不能到也，又需两日。两日亦固无妨，要在香子城不可失，今先稍修缮香子城防，然后大军袭河州，则事易成。"

座中景思立、苗授、王存等将都是跃跃欲试，恨不能立刻发兵，颇以为王韶过于谨慎，但嘴上都是不敢说，只是一副摩拳擦掌的样子。

王韶笑着看向坐得离自己最近的李宪，问道："李监军可还有要嘱咐的？"

李宪道："某哪里是监军，乃是官家派来在龙图这听命的而已。诸位，这开拓河湟的事情，众所周知，乃是官家与相公亲自定下的大战略，拿下河州，就事成了一半，论功行赏起来，官家和相公都不会吝啬，我们就听着龙图指挥，尽管去封妻荫子、干他娘的蕃贼！"

诸将皆是叫好，香子城内军心士气亦极为高涨。

在香子城停留了五天，对城池进行一定的修葺后，王韶亲率大军出发，他在珂诺城留下三千人、香子城留下五千人来守御宋军的饷道，以一千人随行护送转运的民夫，自己则将步骑两万余人直奔河州城。

河州城内。

坏消息一个接一个传来。唃厮啰血脉，瞎毡长子，河州的统治者木征此刻正坐在那张他曾经号令一方的座位上，熊皮上面还铺了一张上好的虎皮，即便在西北的早春里，坐在上头也不会觉得寒冷了。可城外传回的消息却是一个个冰冷的噩耗。

"大首领，董裕及其家眷、亲兵等，多已不见踪影。只恐怕……"

亲信下属的禀报不用说也知道意味着什么，董裕大抵是窥见形势如此，找机会溜出了城，也学瞎药往投宋人去了，也罢也罢，终不失富贵！

木征摆了摆手，示意亲信且下去，他的脸半在阴影之中，看不出什么喜怒来，似是想到了什么，他又忽然叫住了亲卫：

"把我的妻儿叫过来。"

这个名唤葛鲁的亲卫跟了木征已有十年，他听闻主君如此吩咐，心下也是大悲，快步走到木征妻子的寝阁。夫人瞎三牟和少主续本洛都在，二人正愁眉苦脸，瞎三牟夫人看着似乎刚刚哭过。

于是葛鲁带着夫人与少主回到木征往日议事的大堂，随即退出门外。他分明见到，过去总是不可一世的主君将妻儿搂在怀里，一时间只听到夫人的哭声，似乎还有少主续本洛的抽噎。河州不曾被董毡吞并，却最终还是要给宋人侵占了吗？

葛鲁关上门的瞬间，心里沉重得难以言说，也许这几日来，无数河州的羌人俱是如此吧？

自香子城出发的官军，先锋六千人乃是由景思立统率，其中精锐蕃骑就多达两千。骑在骅骝骐骥上的景思立颇有一种跃马扬鞭、顾盼自雄的感觉，克复熙州之战中，王韶已委以方面之寄，使其为疑兵，从便击败木征及抹耳水巴，算是立了大功。且他景思立本就是知军的资序，如今是诸司使副级别的如京副使，还兼着阁门通事舍人 ① 的阁职，想来此番攻克河州，便能官升横行，同时捞一个遥郡刺史的美职吧！

几日来河州蕃部种种作鸟兽散的举动，都表明木征的势力已是行将崩溃，景思立不免要畅想一番，若是自己统率先锋，一鼓而破河州，这功劳该如何？虽然天大的功劳都是龙图阁待制、经略使王韶领头一份，可若是自己先登，那就能捞到更大的功勋。

景思立虽为武将，却长得儒雅英俊，这会儿一身银甲，骑着高头大马，忽有斥候来报，云是前方有一队数十人护卫的车马，已被官军的逻骑控制住，正押送过来。

"是哪个小部族的蕃酋？"

马鞍上的斥候道："禀都监，对方说是董裕，前来归顺官军。"

景思立大喜过望，本以为只是小小的羌人酋长罢了，没想到居然是木征的兄弟董裕来投！连董裕都感到走投无路了，可见河州是何情形。真是天亡木征！

"去中军报告大帅，便说董裕来投，乞请令我先锋急行军，先取河州献大帅。"

亲卫诺了一声，拨马便往后方疾驰而去。

过了约莫一刻钟，董裕一行先到了，这位一度在通远军和熙州呼风唤雨的大首领，这会儿只能从马车上下来，见到景思立大军精锐非凡，望之心生恐惧，竟跪伏在地，口中恳请归顺。即便是往日叱咤风云的人物，一旦没有了权力、兵马、地盘，便一样是任人宰割，只能求饶！

景思立一脸冷笑地蔑视着泥地上的董裕，乃令亲卫将其扶起。

---

① 如京副使与阁门通事舍人俱为从七品。

"既然有心服从朝廷，官家不会亏待你的！"

董裕从地上起身，他知道，自己的野心恐已随着这一跪，再无实现的可能了。

又片刻后，景思立的亲卫回来禀报，说大帅军令，即刻将董裕护送往中军，大帅要亲自问话，命前军不得急行军，仍广撒斥候，保持目前的行军速度。

景思立不由得扼腕而叹，在他心里，自己也不比王韶差到哪里，只是十几年前没有门路拜到王相公门下，此时才做不得主！

见到王韶的时候，董裕亦准备下马跪拜，却被王韶阻拦，反倒以礼相待，与他并辔徐行。但董裕心里真不啻是天翻地覆，想眼前这王韶刚到秦州的时候是何身份，才几年时间，现在已然高高在上，而他自己却是一落千丈，固而王韶越是对其礼数周全，董裕心里反越是沉郁。

"河州城内如今情况怎么样？"

见王韶相问，董裕不敢怠慢，乃道："禀龙图，自香子城失陷后，木征便常将自己一个人关在房间里，几乎是谁也不见。寻常对我和家眷看得甚紧，恐我走脱，投了董毡或党项。但香子城一丢，木征知道形势危急了，竟无心再管我如何，且河州城每日都有不少人出逃，想是去往各处的都有。"

王韶沉思了片刻，又道："河州城里木征现在还有多少兵马？"

董裕道："木征麾下能战之士，总须两三万人，河州城常年应有近两万兵马。不过自宋军入河州，城内时时有逃兵，恐怕眼下河州城里只有万人而已。"

王韶道："如果木征出逃，最可能去哪？"

董裕道："河州城西六十里，踏白城，那是木征最可能去的地方。踏白城易守难攻，且靠近湟州，实在不济，木征也可由踏白城北走湟州，投靠董毡。"

王韶略一思维，对左右亲卫道："安排护送董首领一行去往熙州城，另外把王君万和王舜臣给我叫来。"

无多时，王君万与王舜臣都从各自军中到了王韶马前。

两位铠甲在身的将军在马背上皆行以军礼。

王韶道："我大军此去河州，木征战败后，极有可能逃往其西六十里之踏白城。王舜臣，你领一都游骑斥候，先往踏白城方向侦查；王君万，你领三千人随其后，先往河州至踏白城道路上埋伏，若木征败军至，即掩杀围剿，务必擒拿木征！"

王君万和王舜臣二人俱是领命，风驰电掣地行动去了。

王舜臣有神箭之术，让他令游骑斥候刺探，最是合适不过。而王君万则勇武有谋，两年多前韩缜帅秦，限秦凤路小大文武臣僚、兵级等一月内捕杀谋立董裕的康藏星罗结，正是王君万乔装打扮，诈为边地猎人，追逐禽兽而至星罗结所在，并骗取其信任，居数日，与之同猎，乘间挝星罗结而致其坠马，遂斩首驰归以献，于是得晋为阁门祗候。如王君万这样勇锐而能用脑的武将，在边塞是不可多得的人才，派他承担堵截、捕拿木征的任务，想亦可妥帖。

　　王韶统率中军与后军抵达河州城下是在二月二十二（丙申日），早了几个时辰到达的景思立先锋军已拼装攻城器械，并向城内喊话劝降，不闻答复，于是王韶下令攻城。

　　这位贵为龙图阁待制的大帅亲自在阵前擂鼓，宋军将士们受此鼓舞，加之克复河州的大功近在眼前，当下真是杀声震天。王韶三面围城，只放了西面，宋军阵地上床子弩、虎蹲砲①、七梢砲②等重武器一字排开，这些须数十人，甚至二百余人才能使用的攻城利器一时齐发，城头上的蕃兵倒了一片又一片，几乎抬不起头来。那巨大的七梢砲投掷过来的上百斤石头砸在城墙上便是血肉横飞，泥土四溅，蕃人恐慌得无处可躲，不少人想逃下城墙，但木征的一批亲兵作为督战队正在上面砍杀企图逃跑的羌人士卒。城墙上竟成了人间地狱似的模样，断肢残躯很快就堆叠在蕃兵们的前后左右，到处都是。大风呼号下，连空气里都是令人作呕的血腥气。

　　宋军便在远程武器的压制下，推动着壕桥车③填平壕沟，架起壕桥，又将云梯车④、搭天车⑤等推到羊马墙下。那矮矮的羊马墙距离大城不过十步，十几架搭天车的梯子轻易就越过羊马墙。直接搭在了大城的女墙上，宋军随即开始蚁附而上，自搭天车的梯子往女墙攀爬。

　　城墙上的羌兵有的向城楼下射箭，更多的则以长枪刺向梯子上蚁附而来的宋军蕃汉战士，但爬在最前头的士兵们顶着一块块巨型的盾牌，长枪根本刺不到他们。督战的木征亲兵们大为窘迫，乃命羌兵勉力以石块砸向攀登梯子的宋人，一时间亦有宋军

---

　　① 虎蹲砲，是一种攻城守城所用的投石车。按《武经总要》前集卷十二："凡一炮，七十人挽，一人定放，放五十步外，石重十二斤。"

　　② 七梢砲，按《武经总要》前集卷十二："凡一炮，二百五十人挽，二人定放，放五十步外，石重九十、一百斤。"

　　③ 壕桥车，按《武经总要》前集卷十："壕桥，长短以壕为准。下施两巨轮，首贯两小轮。推进入壕，轮陷则桥平可渡。若壕阔，则用折叠桥，其制以两壕桥相接，中施转轴，用法亦如之。"

　　④ 云梯车，按《武经总要》前集卷十："以大木为床，下施大轮，上立二梯，各长二丈余，中施转轴。车四面以生牛皮为屏蔽，内以人推进及城，则起飞梯于云梯之上，以窥城中，故曰云梯。飞梯长二三丈首贯双轮。欲蚁附，则以轮著城推进。"

　　⑤ 搭天车，折叠式攻城车，以四轮板车为底座，立木为叉状，前梁斜搭竹梯，梯首钩子向前弯曲，以便搭靠城墙墙沿。一般这类攻城武器的梯子很重，常以绞索等简单机械装置驱动。

从半空中跌落下来，活活摔死在羊马墙与大城之间的泥地上。

　　这南面打头阵的正是景思立的先锋军，他骑在马上，见一队士卒似颇踟蹰不前，不敢冲到城墙下，当即拍马而至，亲手砍杀了两个，厉声呵斥道："王师破城在即，尔辈何敢不用命?! 先登者大帅重赏，我这里也赏他百贯! 再有不用命者，一队皆斩!"

　　景思立麾下士卒随即蜂拥而上，很快就从城墙上打开了突破口，占据了一片墙头。在中军督战的王韶得知后立刻派出精兵千人助之，又令最精锐的三千蕃骑准备好自城门入内。

　　景思立势若疯虎，指挥着将校士卒源源不断地攻城而上。很快，越来越多的宋军冲上了城墙，城头的木征人马节节败退，充当督战队的亲兵已经来不及砍杀逃跑的羌兵了，他们不少已被蕃人捅死了，有的则是丢下武器向宋军投降……不多时，先锋军便攻破了羊马墙城门。

　　随着一队宋军冲下城楼，打开城门，城外的宋军一拥而入。远处是铁蹄如雷，王韶手里的王牌蕃骑也将冲杀进城内，河州已经是宋军的囊中之物了!

　　左右诸将都在恭喜王韶，他也感到一种夙愿得偿的快感，拿下了河州，洮州、岷州也将轻易克复，那拓边河湟亦可认为完成了大半。如此功业，加之有相公在朝堂上一言九鼎的支持，还愁二府里没有一把青凉伞给自己?

　　殊死搏斗的巷战当然没有发生，小半个时辰后，宋军已经全部入城，而河州城里的蕃人羌兵早就停止了抵抗。

　　王韶被亲卫小心翼翼地簇拥在中间，他骑在西域贡来的骏马上，沿途制高点上都已站着宋军兵卒，蕃人无论男女老幼皆跪而迎之，他们明白河州已是换了主人。

　　正行进间，景思立自前方策马而至，匆匆抱拳行礼，道："大帅，木征不见了! 但是他的妻儿给我们俘虏了!"

　　王韶身边的将校都是仰天大笑，这木征老枭今也落得如此田地，竟这般狼狈，连妻子、儿子都顾不得，只管自己溜之大吉!

　　"清点过敌军首级了吗，斩首数多少?" 王韶认为木征没逮住，这河州就不算完全攻略下来。

　　景思立被问住了，往日可没有那么急着清点斩首的，是因为打下了河州，王韶要犒赏立功将士吗?

　　"大帅这……"

　　见景思立支支吾吾，王韶道："俘虏的将官带个级别最高的来，我要问话。"

　　"是!" 景思立今日率军先登，半句称赞都没得到，心下顿时不乐，但又不敢对王韶这样位高权重的统帅发作，只得悻悻而去，心里寻思着今夜叫亲兵找两个漂亮的蕃人女子来宣泄下怒火。

王韶进了河州城里木征视事和起居的所在，景思立的亲卫总算带着个蕃将到了他面前。

"你可听得懂汉地语言？"

那蕃将见王韶问话，也不回答，只是摇头。

好在王韶身边站着能说羌人语言的包顺族人巴尔，他又以蕃语问了一遍，蕃将果然云不懂汉语。

"且问他叫什么名字，在木征处任何职。"王韶道。

巴尔和那蕃将一番对话，然后回复说："禀龙图，此人名唤德古啰，是木征任命的守城将军。"

"问他城中有多少兵马。"王韶双眸盯着那德古啰。

巴尔遂与德古啰又说了一堆羌人土话，然后才道："龙图，他说木征就给了他四千人，城里到底还有没有兵马，他也不知道。"

"四千？！"王韶猛然站起来，"问他最后见木征是什么时候！"

二人叽里咕噜说了片刻，巴尔道："说是昨天太阳落山前。"

一个不祥的预感正在王韶脑中快速形成，他大喝道："景思立呢？让他把木征的妻儿带来！立刻！"

焦急地等了一会儿，景思立总算领着瞎三牟和续本洛到了。

王韶看到二人都被绑缚着，乃斥责道："谁让绑着大首领夫人与郎君的，快松绑！"

续本洛显得畏畏缩缩，木征的妻子瞎三牟也是哭哭啼啼，王韶乃请二人坐下，又让巴尔问话，一样是要问他们，最后见木征是何时。

瞎三牟抽噎着说了句羌语，巴尔道："龙图，木征夫人说昨日午后便再未见过。"

木征这些极不寻常的举动令王韶陡然怀疑起来，哪有割据一方的枭雄在城池被围时已消失一整日的，他究竟是什么时候逃出河州城的？

王韶看向景思立，询问道："可清点清楚了？斩首多少级？"

景思立道："禀大帅，我军斩首千余级。"

王韶对着身边侍立的文书小吏道："即刻写奏报，便说官军三战三捷，先破珂诺、香子二城，今日已克复河州，斩首千余级，木征遁走，生擒其妻子。写完当即快马回熙州，以急递发回东京，要快！"

有了攻克河州的捷报，想来相公的危机便能顺利渡过了！若是相公对其再加以利用，未必不能反将一军，好好对付那几个事事掣肘的旧党大臣！

至于木征……

"先请大首领家眷休憩，妥善安排膳食和住宿，不得有误，"王韶转身又对亲卫道，"去看看王舜臣和王君万有没有派人回来禀报消息。"

对王韶来说，现在情况还没有完全超出自己的预计，若是木征出于谨慎和恐慌，瞒着妻儿与那守城将官德古啰，自己领着嫡系精锐，提前逃亡踏白城，准备联络董毡，这也不是没有可能。或是木征不喜那瞎三牟与续本洛母子之软弱，遂抛弃他们，这在蕃人蛮夷处也不足为奇……

如今，便看王舜臣、王君万处的消息了。

王韶对景思立道："你去点清楚，城里总共剩下多少木征的兵马。"

景思立得令而去，如此又过了两刻时间，亲兵领着一人来到王韶跟前，原来乃是王君万派回来报信的。

来人行完军礼，道："大帅，自河州城往踏白城方向始终不见任何兵马，凡是经过的商队，我们都扣留查验了，没有木征混在里头。王舜臣指使的探报说，便是踏白城也没有大队兵马入驻的迹象，一切如常。"

王韶愣住了。

刹那间，他无异于坠入冰窟，只恐这是木征的金蝉脱壳之计。城内多半是只剩下这作为幌子的四千兵马，甚至连妻儿都留着掩人耳目，木征早已带着万余精锐主动放弃了河州城，这只老枭不逃往踏白城，那么他这一万多人又是去向何方呢？难道他直接往北，准备渡过黄河，径去湟州投奔董毡，寄人篱下去了？竟丝毫不在踏白城再挣扎下，或等到董毡援军后再作打算？

虽然不愿意承认，但王韶认为，还剩下一种更可怕的可能。

那就是木征没有仓皇逃窜，他放弃河州城是一个阴谋、一个计策。或许此刻的木征已然率领主力精锐，在猛攻香子城，只要夺回了香子城，王韶大军与熙州的联系就被切断了；而一旦切断了宋军的补给线，两万多宋军在这蕃人不事耕种的河州，稍加拖延，情形就非常危险！若是断了粮，再精锐的部队也会被肆意屠戮！后果将不堪设想，整个拓边河湟的计划都会因此破产！

王韶再也坐不住了，他叫来亲卫，开始发布军令。

"派田琼部弓箭手急行军至香子城，快马召回王君万部，令诸将升堂军议！"

是夜，香子城。

铃辖奚起刚刚睡下没多久，似有若无的喧哗声便将他吵醒了。

"入娘的怎么回事？"他正恼怒着，麾下已进了寝卧来禀报。

"铃辖，不知何处来的敌军，已到香子城外……"

奚起大惊，要知道龙图将香子城交给他，那就是把保护大军的生命线——饷道的重任交给了他，若是香子有失，纵是拿下了河州也很危险！

"速速服侍我穿戴甲胄！"

到了城墙上，见到的景象令奚起几乎要当场昏厥，香子城竟然已被四面合围，敌军点起了无数根火把，光焰在夜色里如魔神吐信，散布着摧毁人意志的恐惧感。

奚起转过身，故作镇定地对身边的将校道："都不要慌乱，想是前几日投降的羌人作乱而已，许是缺乏粮食，我自与他们说谕。"

于是他又回到女墙后面，对着下面高喊道："尔等降羌，何以深夜闹事?！还不速速散去，待太阳升起，再来理会！"

这时，正对着香子城西面城门的方向，竟升起了一面大纛，奚起是久在秦州的边将，当然认得，那赫然是木征的名号！

"大胆！"奚起怒骂道："尔等怎敢举木征之号，是要谋反么！"

香子城楼上，奚起身后的将校们都在凝神注视着，这究竟是不是降羌作乱，好借着木征名号大张声势？

就在这个时候，只听一阵低沉的号角在夜色里响起，一人一马自军中走出来，马背上的不是别人，正是河州大首领木征！

木征披挂着铠甲，戴着头盔，朝着香子城楼哈哈大笑起来。

"守城的宋将听着！尔帅臣王韶已被我击败，现香子城被围，若有抵抗，即屠城，若此时开门投降，即有重赏！"

城墙上的将校士卒闻言，都是为之觳觫，谁也弄不清木征说的是不是真的。可如果是假的，那王韶的大军在哪？木征又怎么会不在河州，而出现在这里？难道官军真的遭遇了惨败，甚至全军覆没，这才连逃兵都没见着，却先见到了木征的人马？

奚起当即从守城兵丁手里夺过一把弓箭，对着木征射去，然后骂道："胡说！我皇宋天子神威，龙图王经略用兵如神，怎么会败！这是羌人的诡计，下面那人绝不是木征！大家不要上当！"

这一箭破空而来，但可惜并没有射中木征。

马背上的这位河州枭雄丝毫未躲，反倒是唱起歌来：

"远方的豺狼，

你窥探宝藏，

但我是山川，

我是高塔，

我是怒目的金刚！

降魔杵砸下，

唯有化成齑粉的下场！"

木征的笑声和歌声仿佛被夜幕下的寒风放大了许多倍，围城的羌人们无不受到感染，也纷纷跟着他们的大首领高唱起来。

"我是山川，我是高塔，我是怒目的金刚！……"

"我是山川，我是高塔，我是怒目的金刚！……"

"我是山川，我是高塔，我是怒目的金刚！……"

歌毕，木征下令，攻城。

二月二十三（丁酉日），熙州城，经略司衙署内。

熙河路副都总管高遵裕正坐在桌案后面看着王韶的捷报，河州城果然已经被王韶得手了，只是木征仍然没有被擒拿住，那这也就意味着河州尚未毕其功于一役，自己还有机会？

高遵裕的头脑飞快地运转起来，昨天张守约禀报到经略司，说秦凤路都转运使蔡延庆令他出兵支援王韶。这可就奇怪了，蔡延庆只是漕臣，非秦帅张诜，如何指挥起张守约这个武将了？况且张守约是熙河路钤辖，职责是统秦凤羌兵驻扎在通远军，你蔡延庆是秦凤路的漕臣，怎么指挥起我熙河路的武将了？照道理，王韶不在时，熙河事都应听我高遵裕处分啊！

转念一想，高遵裕似乎明白了。蔡延庆是谁，那是王安石的人！他记得，两年多前，朝廷里有过一个李定除御史之风波，当时正是直舍人院蔡延庆草拟李定迁官、除御史里行的制词，说起来，这蔡延庆任直舍人院的词臣美差，还是王安石的擢拔呢！联系到王韶骤然要对河州用兵，这一切就说得通了。以高遵裕对王韶的了解，此人虽然果决有谋，胆子极大，但仍有着谨慎持重的一面，可他此番为何不顾自己苦心的劝说，在尚无绝对把握的情况下发起出征河州的战事？想来多半是京师里的王相公以私人信笺直接命令王韶和蔡延庆，要他们拿下河州。这肯定是京城里出事了，还是大事，大到王安石要如此动作！

恰巧今日又有奏报，说兰州方向的西夏兵马有动静，正在点集；更有甚者，通远军来报，说东南靠近岷州方向的积庆寺①一带发现大量蕃部集结，不知意欲何为。高

_____

① 积庆寺，在巩昌府府城东南。巩昌府，今日陇西，北宋时即古渭寨，后更名通远军。

遵裕想了一想，他决心写一封奏报，和王韶的捷报一起发回东京。便说西贼大点集，不知其数，已过黄河云云，不妨煞有其事，说西贼兵马已到天都山、芦子川一带，离熙州不过三驿路程，有个五七千兵马出没，这样朝廷多半就相信西贼想要打熙州的主意；再论及熙河蕃部不稳，似欲作过……

高遵裕当即亲自动笔。写完后，他又写了一封书信，请王韶分兵数千回援熙州，这样做的目的，无非是让王韶克复整个河州，乃至吞并洮州、岷州的脚步慢一点，好让他高遵裕有时间参与其中，分润到更多的大功。

高遵裕叫来亲卫，吩咐完一应事务后，他对自己的洞察力和决断都颇为自得。可他并不知晓，就在昨夜，王韶派往救援香子城的田琼所部七百余骑弓箭手，在牛精谷遇木征兵马阻击，死伤大半，田琼及其子田永吉阵亡，以身殉国。

数个时辰以前。

二月二十三（丁酉日）子时方过，王韶在河州城里还没有入睡。

他在等待着田琼的人回来禀报消息。王韶令田琼探明香子城方向动静后，立刻派人快马回河州，第一时间向他本人汇报，至于田琼所部，则可相机行事。

如此到了丑正，终于等来了田琼的人。

报信的骑士单膝跪地，道："禀经略，在牛精谷发现蕃人军队阻击，夜色中数量不能确知，但张望香子城方向，似有大量敌军围城，火光可谓冲天！田侍禁请经略速发援兵！"

王韶虽然在小卒面前保持了最大的克制，但他仍是情不自禁地握紧了双拳。最糟糕的预计成了现实！木征来了个置之死地而后生，来了个哀兵必胜！居然真的丢弃河州，而直取香子，为的是截断宋军饷道和退兵路线，真是不可小觑！

现在城内的蕃汉兵马除了当值守夜的，其余大部分已经在大战之后昏昏入睡，如果这时候把疲惫的士卒们叫起来，在夜色里急行军，就算赶到了香子城一带，在未明敌情的状态下也是很危险的。可这形势，王韶必须尽快做出决断，多等一个时辰，香子城就多一分失陷的危险。

他唤来亲兵，道："去叫今夜值守的苗授过来！"

无多时，苗授便赶到了王韶跟前，亦是行军礼道："参见经略！"

王韶道："香子城被围，蕃贼在牛精谷有埋伏阻击，你速领所部兵马，即刻起发，而夜巡任务，我另外指派人去。我再调拨五百精锐蕃骑给你，此去至牛精谷、香子城，卯时当已抵达。田琼部若已战败，牛精谷蕃贼必谓我军此夜不当再来，多半松懈沉睡。你率蕃骑于清晨时分突袭，当可破贼！然后须往香子城，救援奚起。"

苗授听到香子城被围，便知道了事情的严重性，当即道："末将遵命！"

王韶叹了口气："我自统大军卯时出发，急行军赶赴香子城。至少在三个时辰里，你须孤军奋战，万不可令香子有失！"

"诺！"苗授大声应道。

这位熙河都监只花了不到两刻的工夫，就集结了原本被安排为当值守夜的本部三千人马，又接收了王韶分拨给他的五百骑身经百战的精锐蕃骑，做好了出发的准备。苗授将盔甲都绑扎得更紧，他知道凌晨的战斗乃至香子城下的战斗都恐怕是凶险万分，不是恶战二字所能形容的。

丑正二刻，苗授统率三千五百兵马，急行军奔赴香子城方向，河州战役的第二阶段已然到来。

而宋军在河州的最高统帅王韶则击鼓聚将，他将要布置大军在寅正造饭，卯初自河州城出发，支援香子，击破木征兵马的作战计划。

香子城外牛精谷。

苗授的三千五百兵马已然抵达，他甚至收拢到田琼部的近两百余逃散的溃兵。只是从个别军校口中的信息来看，田琼应当是牺牲了，其所率七百余骑阵亡过半，如此想来，牛精谷中当是木征布置的一支精锐部队！

好在如经略所料，这些蕃贼打败了田琼的兵马，自是气焰嚣张、志满意得，眼下又是睡得香的时候，全然没有发现危险已向他们靠近。

苗授令钳马衔枚，全军悄无声息地靠近木征军在牛精谷扎下的营垒，待斥候上前解决了营寨门口守夜的卫兵，又搬开鹿砦和拒马，打开营寨大门之后，苗授当即下令全军劫营，突袭蕃贼！

五百精锐蕃骑如潮水般涌入，巡夜的羌兵还来不及抵抗就被一个个刺翻在地，蕃骑们拿火折子点燃了火把，肆意扔向一座座营帐，顷刻间这支羌人兵马的营寨已成了一片火海。这时候反应过来的蕃贼已是一盘散沙，各自逃命，大火中他们不知道敌军有多少，也不知道能指挥的头目在何处，浓烟滚滚，甚至连方向都辨别不清。这场清晨的袭击战，如王韶所料，成了一面倒的屠杀。

此刻的香子城下，木征疯狂地攻城已持续了一整夜。羊马墙内尸山血海，正面堆积的尸首几乎要填平矮矮的羊马墙，奚起亦是声嘶力竭地在女墙后面狂吼了一整晚。可木征并没有要鸣金收兵的样子，他精选出来的羌人精锐甚至一度攻上了城墙，只是被奚起及其亲兵又杀退了下去。打到天亮，香子城内的宋军将校几乎没有不负伤的，可谓极其惨烈。

但木征也得知了牛精谷遭袭的消息。逃出来的蕃酋向木征禀报，可又说不清宋军旗号、人数，自己一方的伤亡情况亦是一问三不知，气得木征一脚把他踢翻在地。

昨夜牛精谷来报说有小股宋军的时候，木征尚心存侥幸。但此刻他不得不承认，王韶果然是一个极为可怕的对手，这位宋人文臣在瞬息万变的战场上，反应得太快了！既然先前的宋军人马伤亡惨重，那么这清晨时分劫营的便不会是"小股兵马"了，恐怕有个数千人才对，或许都是精锐的骑兵，这才几个时辰就赶到了牛精谷！

木征也面临着抉择，如果香子城久攻不下，而王韶大军奄至，城内的宋将届时更出城呼应，那么被前后夹击的木征人马是极为被动的。从兵力上来说，虽然眼下木征从河州城带走了一万五千人，又纠集了此前佯作投降的蕃部羌人约万余人，但王韶此刻在河州境内能调动的兵马也不会比这少多少；况且，木征本在牛精谷部署了两千精锐以及三千羌人杂兵，经清晨一战，恐怕伤亡颇重，这会儿木征手上还能与王韶真正对决的王牌人马，实则也只有一万多人了。如果能赶在王韶大军抵达前拿下香子城，得以据城而战，拖到其军粮断绝，便胜算多矣……

木征决定再赌一赌。

他下令继续攻城，同时布置五千人的河州城精锐来阻击牛精谷方向来的宋军。木征决心看一看，这气运、时间究竟站在谁的那边！

接近辰正时分，苗授率军抵达香子城外，与木征的军队开始了遭遇战。

打头的五百蕃骑将在牛精谷杀死的羌人首级挂在马首，苗授又令他们用蕃语高喊"王师三万已至，牛精诸谷全军覆没"，木征布置在西面的蕃兵见之闻之不免大为恐慌，阵脚遂乱。苗授见机率本部人马投入战斗，尚在抵抗的木征兵马见宋人步军的腰带上也挂着己方兵丁之首级，顿时亦无斗志。原来牛精谷劫营，苗授斩首近四千级，便想了这么一出摧毁敌军意志的计谋，而木征西面阵地用以阻击宋军援兵的这五千人防线，顷刻间就被突破。

木征正在指挥攻城，手下来急报，说是宋军已经歼灭牛精诸谷所有羌人部族，以至于人人带着首级，恐怕宋军的援兵此刻已不下数万人！

"放屁！你乱我军心！"木征一刀便捅死了跪在自己面前的羌兵。王韶又不是神仙，几万人的大军不可能到得那么快！更何况王韶也不过就那么几万人，从熙州边境一路到河州城在一百七十里之上，沿途都需建立兵站保护饷道，珂诺、香子、河州城王韶必留兵马，他眼下真能来解香子之围的，算来也不过一万多人罢了！哪来什么数万人！

这位枭雄跨上马背，带着亲兵往西面阵地而去，必须稳住防线，让围城的攻势不要受到影响，才可能赶在王韶到达前夺回香子城！

"随老子杀宋人南蛮子去！"木征在马鞍上高声喝道。

王韶只在河州城留下了三千人，其余万余人马他都带在身边，急行军往南狂奔，要解香子城之围。他和木征一样都在跟时间赛跑，谁也弄不清时间站在谁那一边，也不知道究竟是哪一方先倒下，导致胜负的天平向另一方倾斜。

午正一刻，王韶的兵马抵达了香子城附近，然而撒出去的斥候回来报告说城下的战斗似乎结束了，而香子城上飘荡的仍然是大宋的旗帜。

龙图阁待制、熙河经略安抚使的一颗心终于又咽回了肚子里。

香子城没有丢！

但从苗授的三千五百人进入战场后的这两三个时辰里，究竟发生了什么呢？木征人在何处，他的兵马还有多少？这些都是王韶急于弄清楚的。

于是他下令亲自带人前去知会香子城守将奚起等人，而大军则驻扎在城外，以为策应。

王韶带着一队亲卫到了香子城下时，奚起、苗授等将官都已经在城门外迎候。

香子城到战场还没有来得及打扫，到处都躺着血迹未干的尸体。王韶从这些战死沙场的人所穿戴的甲胄、衣服来看，败的是木征一方；但他也注意到，大部分死亡的都是没有多少盔甲蔽体的杂牌军，想是此前降而复叛的那些蕃部羌人，甚至或许这本就是木征的计谋，他们是按照木征的命令假意投降。

此时的城门下，王韶见到奚起已是需要亲兵搀扶着，他立刻下了马，走到奚起面前。众人正欲行军礼，王韶已是扶住奚起的肩膀，看着浑身浴血、不知受了多少伤的奚起，他极为动情地哽咽道："诸将皆免礼！奚钤辖，你受苦了！"

王韶又看向苗授，见他也是身被数创，不由再度动容："苗都监亦是忠勇，不负朝廷！且去里面叙话！"

到得城内议事大堂坐定，王韶才了解了昨夜至今的整个过程。木征果然如王韶所料，率领大军围城。田琼所部在牛精谷遇伏惨败，其父子皆战死。而苗授于清晨破牛精谷蕃贼后，挥师南下，突击木征围城兵马，钤辖奚起见状率亲兵及敢死士开城门应之，木征既无法于短时间内破城，又腹背受敌，忽率其大半嫡系精锐，从战场脱离，未及撤退的复叛降羌，则多为宋军剿杀。虽然战斗打到胜负渐分时，不少来不及逃走的降羌再次丢下武器跪地求饶，但愤怒的宋军仍是杀了其中绝大部分。

王韶阴郁的眼神扫过在场每一位将官，道："此事近于杀降，谁都不许泄露出去半个字，否则我保他去岭外待一辈子！奚起，斩首数算了吗？"

奚起在座位上颇有些虚弱地应答："已是差人在办，想是快了。"

正说话间，奚起下属果来禀报，云是初步清点，木征嫡系人马斩首千余级，降羌斩首近四千人。但香子城内宋军经过六个时辰的大战，伤亡也超过了两千人；苗授所部伤亡好些，只折了不超过三百人，其余又有数百人负伤。

王韶道："派人去探木征等兵马逃往何处了吗？"

苗授道："禀经略，末将已令军中斥候往四面八方侦查，以香子城附近地形而论，蕃贼或屯牛精诸谷，此为最大可能。"

王韶忽然想到了什么似的，道："待探明情况后再做打算。奚钤辖，你先好生休息，留个亲兵与我使唤便好。"

待诸将皆退下后，王韶令奚起的亲卫拿来纸笔，命其磨墨后，亲自落笔。

王韶这是要写一封信给熙州城里的高遵裕。一方面，香子城的战事也需要禀报朝廷，因为想完全瞒天过海那是绝无可能，但具体如何说，那只看王韶怎么写，熙河路的将校谁不想跟着他升官发财。于是王韶将木征兵围香子城一事，轻描淡写地说成了蕃贼数千犯城，又提及田琼父子捐躯、苗授破敌，以及景思立、王君万扫荡不归顺的蕃部等事。如此，便算不得欺君了！另一方面，他想到河州出现降羌复叛的情形，终究是忧心忡忡，必欲再三提醒高遵裕，注意熙州和通远军各归附蕃部的情况，若是木征暗中派人勾结了他们，巧言蛊惑，未必没有利令智昏的蕃酋作过，袭击宋军城寨。

未时将过之际，苗授来报，云数路斥候已探明敌情，蕃贼败退后，果然多屯于牛精诸谷，只是营垒混乱，旗帜不明，总也有万人左右。

于是王韶带着亲卫出城，亲自率领城外已稍作休整的大军乘胜追击，进讨牛精诸谷。

是日申时至酉时，惊魂未定的牛精诸谷复叛的降羌们被宋军一一击溃，王韶所部人马焚荡族帐，更夺回了无数被羌人抢走的辎重粮草，轻易又斩首千余级，羌人溃不成军，四散逃命。

当夜，王韶率军返回香子城，大军驻扎城外，王韶则与奚起等将官研究修筑、加固香子城城防的事宜。然而苗授派出去的斥候都已回来，全禀报不见木征人马的身影。

王韶不禁疑惑，牛精诸谷内率皆乌合之众，非是木征的河州精兵，那木征能躲到哪里呢？

就在这日夜晚，高遵裕命快马发往香子城的信使到了。王韶打开蜡丸密信，知道最不愿意看到的情况可能要在后方发生了。高遵裕提到了西贼五七千人出没于黄河南北，似乎意在窥探熙州；而通远军那边东南面靠近岷州的积庆寺也屯聚了数千羌人，尚不知目的何在。

这是王韶的信还没送到，高遵裕的信笺倒是先来了。和西夏方议和不久，西贼未必真的敢来；但王韶所担心的蕃部作乱之事，看来要成真了，说这背后没有木征捣鬼，才叫人难以置信！更重要的是，如今积庆寺诸羌究竟是原本秦凤路缘边的古渭寨一带蕃部作乱，还是有南面岷州的瞎吴叱和本令征①派来的人马指挥和参与？既然岷州方向不太平了，那熙州西南面洮州的巴毡角和郭厮敦以及叠州城的钦令征呢？这些人会不会也和木征互相勾结，来掺和一脚，趁机浑水摸鱼？这些暂时都不得而知。更往远了说，如岷州那边，自瞎吴叱向朝廷申言归附后，宋军已在其境内如临江寨驻扎数百兵马，以作经略岷州南面阶州之准备，当然也是对瞎吴叱等人的一种试探和监视。那么这些城寨的宋军，有没有危险？

上一次在武胜军时，木征败走南面巩令城，企图背靠兄弟巴毡角而负隅顽抗，这一次，他会不会故技重施，自香子城，退走至西南的讲朱城？这是最稳妥的办法，一旦不利，木征往南即可进入洮州地界。

王韶唤来亲兵，他要派王舜臣带斥候侦查讲朱城方向。只要有可能，王韶就想着把木征在此番战役中给擒拿下来，这才是真正克复河州！

次日，二月二十四（戊戌日），王韶派遣景思立、王君万率军扫荡香子、珂诺城附近曾降而复叛，助木征作乱的西蕃部族，这些从牛精诸谷逃窜出去侥幸得生的羌人，在宋军铁骑的逐杀下哭天喊地，然而无论他们此番跪下投降的神情举止多么诚恳，宋军几乎是一律斩首，这是经略使王韶下达的密令，见则杀无赦，王韶要的就是立威，令蕃族再不敢叛乱！青唐、河湟这些汉唐旧疆，沦陷在西戎吐蕃手中已然太久，在王韶看来，这是征服者在战争中必要的铁与血，根本不是京城里没见过边塞战事的台谏清流所能真正懂得的残酷。他们胆敢降而复叛，正说明了此前的招抚过于优待宽容，这是王韶此次河州战役打到现在痛定思痛的觉悟。

景思立、王君万回到香子城汇报战果，云斩首叛乱蕃部三千余级，所得牛羊、粮草等不可胜计……

于是王韶再次令幕府中的文书吏为其代笔，写就捷报，奏禀朝廷！

香子城内外的宋军将官们在夜色下都是喜笑颜开，各用着牛羊肉食，以庆贺香子城之围已解，且连日大捷，斩获颇丰。

只有王韶一个人在帅帐中等待着王舜臣派人送回消息，一天没有找到木征，王韶心里就不能踏实。他麾下的将官们能当作河州已经得手了，能庆贺欢愉，但他不可以，他是熙河路的最高统帅，是河州战场上宋军的总指挥。实际上莫说是河州，便是

---

① 本令征，岷州蕃部首领，迎立瞎吴叱为岷州大首领。

熙州、通远军，这些地方的蕃部都还没有真正完全归心，若是不能擒拿住木征，他暗中蛰伏，必有卷土重来的时候，那大宋的西北就不得安宁，还谈什么再收董毡，尽得河湟？更不要妄想断西夏右臂，渐制其死命了！

这位待制级别的文臣统帅正躺着假寐，不知过了多久，亲卫通传，说是王舜臣派的人已回来了。

王韶翻身而起，道："快让他进来！"

掀开帅帐门帘，走进来的是一个中等身材的骑士，他一路上定是风尘仆仆，脸上甚至看得见沙粒。见到大帅，他乃单膝跪地道："启禀经略，王指使令小人报告，讲朱城方向恐不见木征人马。"

王韶愣了一愣，但是他非常信任王舜臣的侦查能力，几年来都不曾令他失望过，踏白城时如此，今次亦当不会有错。

如果木征没有撤去最安全的讲朱城休整，那他的近万名精锐，究竟去了哪里呢？

见经略大帅站在那里也不说话，王舜臣手下的斥候只得依旧跪着，好一会儿王韶才反应过来："你且下去休息。"

王韶坐在交椅上，耳边仿佛出现了幻觉。他知道今日景思立、王君万领兵扫荡叛乱蕃部族帐，胆大包天的二人得了自己的密令，那可就不光是多所杀戮了，绝对是掳掠了蕃部女子，且扣下了一部分财物……这些事情王韶当然不会不知道，对于招抚的部族，他明令禁止抢劫财货牲畜和掳人妻女的行为，胆敢犯者，依军法立斩不饶。可对于这次降而复叛、几乎要败坏整场战役的河州羌人们，王韶则对麾下将官们的战争暴行及小小贪墨都视而不见，采取了默许的态度。他既要适当奖励军人的血性，让他们释放一部分凶野之气，以保障士气的高昂和对打胜仗的渴望；又要让那些河州观望中的蕃部闻风丧胆，知道协助木征、对大宋动武的下场……有了这些理由，在王韶这样杀伐决断的高官统帅脑中，那些蕃妇、羌女则不过与牲口无二，都是可以赏赐给立功将士的，这就是所谓慈不掌兵！

但这会儿，王韶突然头晕目眩起来，他从未这样质疑过自己，他甚至不知道是在质疑自己对战局走向的判断，还是在质疑自己对将官的纵容。他从交椅上站起来，跌跌撞撞，耳畔仿佛充斥着景思立、王君万等麾下将校奸淫和殴打蕃妇的声音，这些声音又好像汇成了一条大河，是洮水，也是黄河……

浊浪滔天的黄河一直流到京师汴梁，直通两府那几把让人魂牵梦萦的玫瑰椅，也流经董毡的湟州，流经曾属于木征的河州。

河州？河州？

王韶陡然一个趔趄，桌案上的灯烛、地图都被他一股脑儿打落到了地上。听到帅帐内的声响，已经从军随侍着的儿子王厚和两名亲兵立即冲了进来，将他们的主帅扶了起来。

"爹爹，你这是怎么了？快些躺下，"王厚急对亲兵道："去唤军医来！"

王韶昏昏沉沉地躺了下去，只感到头疼得厉害。无多时军医已是到了，稍一诊脉，便云经略乃是行军操劳过度所致，当无大碍，又开了服安神休养的方子，亲兵自是去煮药了。

喝了药，王韶便觉着眼皮极重，终是睡着了。

再醒来时，已不知过去了多久，王韶感觉头疼好了许多，但他不晓得是睡了几个时辰还是小歇了片刻，只是惊诧地看着帅帐里站满了人，自景思立、王君万、王存、苗授以下，都监、钤辖等俱在。

不好！这是入娘的出大事了！

"怎么回事？"王韶坐了起来。

众人皆是面色凝重，景思立不得已，硬着头皮道：

"大帅，河州城丢了！"

王韶极其罕见，甚至可以说绝无仅有地在众将面前失态了。

从没有人见过经略发这样大的火。更何况他是堂堂龙图阁待制，拥有侍从的高级文官身份，是武将们只能仰望的存在。然而这样一位儒帅，竟当着他们武夫的面，不仅脚踹桌椅，更几乎把眼前能看到的每一样东西都砸了个稀烂。便是景思立、王君万这样天不怕、地不怕的性格，也都恐惧着经略下一秒要拔刀砍他们……每一个人都吓得沉默不语，连呼吸都不敢大声。

良久，王韶才似乎"冷静"了下来。

眼下的结果实际上并非不可接受，木征的主力部队在此番河州战役中先后也折损了超过五千人，其余听命于他的羌人杂牌军更是伤亡过万，珂诺城和香子城两座河州的门户也已被宋军攻占。经此一役，木征的势力在河州进一步大大萎缩，要征服他实则只是时间问题。

但王韶不甘心！

河州城已然吃了下来，虽然这里面有木征金蝉脱壳、回马一枪的阴谋成分，但不管怎么说，王韶离攻占整个河州已经很近了！可谁想到，这木征居然迎难而上，不选择去讲朱城，反而北上，再回河州！想必是他早有此安排，作为备用计划，何况河州城他经营多年，对其了如指掌，城内必有其内应，以区区三千刚刚占领没多久的宋军，想要抵挡住木征里应外合的攻势，那是绝无可能。或许木征在夜色中让内应开了城门，不费吹灰之力呢？

王韶终于又坐了下去，开始问起具体的情况。

原来，木征果然是靠着内应在夜色里让数十名亲卫潜入了河州城，他们迅速杀死了当值守夜的一队宋军，控制了城门，在大军抵达后又迅速打开羊马墙和大城的两道城门，放下了吊桥。木征的人马入城后轻易就控制了全城各处要道，留守的宋军不少甚至死在睡梦中。

这些消息，自然是少数逃出生天者带回来的，只是他们抵达香子城外宋军大营的时候，王韶还在沉睡中。

"要说这么多官军全杀了，我看木征还没有这个胆子！"王韶拍案而起，"他多半是俘虏了大部分人，等着问我要钱要东西换呢！至于我们手里木征的妻儿，那是不能还的，已经写到了捷报里，恐怕木征更想要钱粮吧！"

"经略，"景思立道，"我们是不是再把河州城夺回来，活捉木征那厮？"

王君万立刻附和："经略，俺愿为先锋，定把木征那鸟人绑了献给大帅。"

王韶也在思考，究竟是该再围河州，抑或……

见到他在沉思，众将都不敢再多言。王韶在军中早已有了极高的威望，何况他如今身份贵崇，又有王相公为之撑腰！

"木征再入河州，城内士气不一样了，河州城也不是上次只有四千人的河州，眼下我们兵力没有绝对的优势，久攻不克的话，"王韶站了起来，看向南面，"巴毡角、瞎吴叱这些人都会来捣乱，若是湟州的董毡也插手，我们眼下能攻打河州城的不过万余人，是应付不过来三方的敌军。更有些事，你们还不知道，实际上瞎吴叱和本令征很可能已经在动手了，熙州给我发来军报，说通远军积庆寺一带发现了数千蕃部在聚集。通远军有市易司，若钱物被掠走，朝廷怪罪下来……通远军目前仍是我熙河路之根本所在，断不容有失！准备班师吧，须在积庆寺痛剿作乱的蕃贼，让他们再不敢如此！"

众将面面相觑，但终于还是异口同声："谨遵经略军令！"

王韶也不回避众将的目光，道："兵者，诡道，此番河州战役，木征可谓棋高一招，但我皇宋在陕西的力量，何止十倍于他一个小小的木征！他仍然是吃了大亏，依附于他的蕃族，被我们剿灭了不少，震慑了不少，他的嫡系精锐也伤亡数千，官军连战皆捷，更是让多少河州羌人认为木征完了！威望这东西，丢了想要再树立起来，是很难的。木征重回河州城固然算是个人物，但我向大家承诺，今年内定会彻底克复河州，连带着南面的洮州、岷州都一齐彻底收复！定洗刷此辱！"

王君万带头叫道："誓死追随经略！"

众将皆道："誓死追随经略！"

王韶笑道："其实说来，此次也算不得屈辱，还是立了大功的，朝廷一定会重赏，大家等着升官吧！好了，现在且去做准备，我们要回熙州了。"

随着众将走出帅帐，王韶听着鸡鸣之声，一股挫败感又袭上心头。实际上他知道自己说得没错，此番仍可算是取得了不错的战果，但和原本预期的还是差了太远。木征两度用计，居然完成了置之死地而后生的把戏，又挑动四方的羌人作乱，眼下王韶大军首尾不相及，最稳妥的办法，便只能是暂时放弃攻打河州，回师击积庆寺，解通远军之险。

这木征，倒是有几分祖父唃厮啰的血性，端的是个枭雄！不由得，王韶握紧了拳头，这个耻辱他要牢牢记在心里，不出数月，就让木征连本带利全还回来！

三月的京师。

初四（丁未日），元绛被迫离开了开封府知府的位子。此前御史刘孝孙弹劾元绛决狱多徇私情，谓宣德门事件后多达十名宫禁卫士遭到开封府杖刑，这是元绛党附宰臣的铁证，加之宣德门事件闹得如此大，元绛便也畏惧请罢，于是改除提举在京诸司库务。这空出来的位子，便给了旧党的孙永。失去了开封府知府这一重要的位子，对于新党在京推行市易等新法显然是不利的，近来朝中围绕宣德门事件的暗潮涌动，又显然让百官们看到了庆寿宫给到官家的巨大压力。

然而此刻皇宫大内之中，官家赵顼的心情却是极好的，连日来的阴霾几乎一扫而空。他看着御案上通进司送来的熙河路急速奏报，狂喜之下连声赞叹。

原来，上月王韶攻入河州城后，发回熙州让高遵裕急递发朝廷的捷报终于抵达了汴梁。皇帝读到奏报，知道了河州业已克复，木征虽然未能擒拿住，但俘虏了他的妻儿，当下感到憋在心里的气终于又舒缓顺畅了。

"召二府入对！"兴奋的官家对着侍立在便殿内的李舜举如此说道。

在等待宰执们到来的时候，赵官家又接着看起高遵裕急递来的另一封奏报，只见写着：

臣初欲同领兵收复河州，以谍知夏国点集甚盛，遂议留臣为熙州声援。甲午，大军行后三日告捷，会谍报西兵至，不知其数，见已过黄河，在天都山、芦子川，去本州裁三驿，又马衔山后康古见有人马五七千出没巡绰。臣已报王韶等请分率已胜兵马数千回赴本州，以威示夏人，使知已复河州，以折其内侵之谋，为熙州根本之固。

赵顼看得皱起了眉头，西贼难道真的敢发兵渡过黄河，进入熙州地界吗？高遵裕一句"臣初欲同领兵收复河州"，怎么看起来有点心怀怨怼的味道……

这样想着，二府大臣们已经进入延和殿里。

王安石与文彦博各领着中书、枢密院班子立定，官家将熙州送来的捷报拿给宰执们看，同时又极是高兴地复述着整件事，仿佛这是皇帝的御驾亲征，他曾目睹、亲身经历似的。

王安石率先一揖，贺道："陛下天纵神武，鞭笞四夷，必有八表归心、万邦来朝之日！"

宰辅大臣见状皆贺天子英明、将士用命，皇宋开疆拓土云云。

赵官家从御座上走下来，到了王安石跟前，道："非卿主谋于内，无以成此。"

王安石乃深深一揖道："臣不敢贪天之功，此事在朝廷则陛下运筹帷幄，在边疆则王师贾勇塞外。臣不敢言有尺寸之劳。"

赵顼道："闻外间纷纭，以为王韶全军覆没，此必高遵裕唱之。又奏言西贼兵马已过河。此则恐遵裕以不得预河州之行，故张大夏国声势，希功生事，可严诫约，但令谨备，毋得小有侵犯。"

高遵裕是武臣，照理应该归枢密院管，然而文彦博却愣在那里，不言领旨，吴充则是一个劲儿给他使眼色。

终于，文彦博缓过神来，道："臣领旨。"于是吴充、蔡挺皆曰领旨。

文彦博是带过兵、上过战场的，可不比从没见过刀兵的赵官家。他从王韶的捷报里一下子就发现了古怪。河州城王韶肯定是打下来了，弥天之谎那是王韶没胆子扯的，但香子城在河州之东南，怎么会发生河州城都克复了，香子城反而被围的事情呢？真的只是数千降羌复叛吗？如果只是数千不成气候的小部族闹事，何至于田琼父子在牛精谷战死？河州的战局绝不是如此简单，也绝没有结束才是！

官家随即开始与二府大臣议论田琼的赠官乃至家眷的封赏、抚恤，然后又议论起高遵裕、蔡延庆、张守约之功过，这一场二府的召对，议论了许多事情。

待宰执们准备下殿，官家忽然叫住了文彦博，留他独对。

文彦博侍立在御座前，低眉顺目，却又巍巍如山。

赵顼道："王韶已在河州成功，卿以为如何？"

文彦博在心里一哂，他被赵官家叫住的那一刻，便猜到了原因，左右不过是官家欣喜若狂，虽还谈不上兴师问罪，但想拿话让自己难堪。陛下的意思是问他，你一直反对王韶的一举一动，全然否定招抚青唐、拓边河湟的大战略，眼下除了董毡之外，其余大酋即将束手就擒，还有何话说？

"如安石言，此是陛下算无遗策，况祖宗威灵，羌人岂能旅拒？"文彦博一揖下去。

赵顼情不自禁地浮上一抹冷笑："卿往日非如此言语，乃谓朕穷兵黩武，且必致军民涂炭，何今日一反常态？"

面对官家的讥讽，文彦博抬起头来，他直视着赵顼那似乎不愿过多掩饰的眼神，开口说：

"非也。臣今日仍要说拓边河湟乃是鸡肋，非但鸡肋，异日必为累赘！"

赵顼几乎是怒极反笑："卿得无颠倒黑白耶?！王韶在河州已大破木征，河州城既已克，想木征虽仓皇逃窜，终必为王韶所擒。河湟十余州，自唐衰弱后，不复为中国所有，一旦为我所得，当制西贼死命，如何曰鸡肋、累赘？"

文彦博道："陛下看陕西舆图否？"

赵顼道："朕日夜观之，恨不能与将士一同杀贼！"

文彦博道："方才陛下龙颜大悦，又二府宰臣皆在殿上，臣不忍言之。然陛下既令臣留身，臣不得不言。"

赵顼对这套故弄玄虚极是反感，乃道："卿有何言，但说无妨！"

文彦博道："陛下，臣看详王韶所奏，云二月丙申克复河州，木征遁走，然不知何故，此日香子城又为所谓数千蕃贼围攻。香子城在河州东南盖五十里处，岂有木征已溃，而香子复围之理？王韶说此是降羌复叛，臣请陛下思之，区区河州诸弱小蕃人，力量能有几何，田琼部官军七百人驰援，竟于牛精谷中伏，几死伤殆尽，田琼父子更不能生还！彼若果然只是降羌复叛，数千人而已，竟能分兵，一围香子，一伏牛精，岂有是理哉？臣虽昏聩，料事必不如此。恐是河州虽克，木征未溃！围香子与伏牛精者，必木征与复叛之降羌合兵一处也！其不过欲断我官军饷道，截我班师之路，使不得归。若香子已陷，而河州复失，则进退失据，臣谓王韶无能裁处，必丧师辱国，将士为犬羊矣！"

赵顼一时间出离愤怒，在他自己还没意识到的时候，已拍案而起。御案震响，如平地惊雷，殿庑里侍立的李舜举吓得脸色都白了。

然而文彦博没有大礼跪伏，亦无请罪之姿。

官家很想质问甚至责骂文彦博，但他终于没有说出口，因为他不得不承认，文彦博的分析非常清楚，甚至很具有说服力。难道外间传言王韶已全军覆没，也许不是空穴来风？难道河州之战，不过是先胜后败，会像庆历时与西贼的三场战役一样，覆军杀将、徒招屈辱？

文彦博仍在继续说："陛下必疑惑焉，何以方才殿内王安石不言？此事岂王安石不谙兵事,不能见者?安石之才,固百年难遇,诚非不能见也,然王韶乃安石党羽,为其腹心股肱,故终不为陛下言之。此臣所以谓安石结党,误惑陛下也。王韶以如此文字奏报,非欺君而何?若臣言有差,请陛下治臣之罪;若不幸如臣之忧,则请治王韶之罪!"

赵顼终究不愿相信王韶能在河州落得个全军覆没的下场,他淡淡地开口道:"卿且下殿,待奏报至,再理会。"

三月初六(己酉日),集英殿殿试举行,新的一届进士将要随之产生;次日,则试特奏名进士,同时命知制诰吕惠卿兼修撰国子监经义,并以太子中允、崇政殿说书王雱兼同修撰。经义局的设立,意味着皇帝已决心统一天下学问之标准,使尽宗王安石之新学,以便培养为新法服务的广大学子。但这样的做法,显然是许多旧党士大夫不能认同的,所谓"一道德以变风俗",在他们看来,无异于缘木求鱼。

三月十三(丙辰日),宣徽南院使、检校太尉、西太一宫使吕公弼病逝。同一天,司天监报,四月朔日当有日食;由于司天监言有日食九分之象,皇帝下诏:"自十四日,易服,避正殿,减常膳。仍内出德音,降天下死罪囚,流以下释之。"

三日后,河州功勋暂时只是封赏了苗授、王存、王君万、韩存宝、魏奇、刘普、赵简等十四名将官,虽说是熙河经略司请先赏此十四人,但王韶、高遵裕、景思立等都还不在此列,这仍让京中流言纷纷。河州的战事,究竟是胜是败,东京城里的官吏百姓,都在等候着新的消息。

第 二 十 一 章

当此不知谁主客

数日前，秦凤提刑张穆之忽然来到熙州。

高遵裕被张穆之征尘满面的模样给惊讶得目瞪口呆，秦州能有什么事，竟把一个堂堂的提点刑狱急成这样？看张穆之的样子，显然入城后便径往经略司衙门而来，莫说休憩，恐是连水都顾不上喝一口。

于是他赶紧请张穆之入座，又唤亲卫拿来茶水、饮子和吃食。

这位一路臬使身份的监司大员将一封朝旨诏令从怀中掏出来，放到了高遵裕的桌案上。

高遵裕打开看了看，原来是命秦凤等路提点刑狱公事张穆之与熙州经略司商议在熙州制置市易司的利害，看看可行与否，如何措置，等等。可这事，也不须他一位宪臣如此风尘仆仆、快马加鞭地折腾自己吧？

张穆之道："公绰兄，实则我不是为了这事来的。这封朝旨，不过是个让我公然来到熙州的由头罢了！"

去年八月，张穆之在河北提刑任上被调任到陕西，负责督视镇洮、通远军修筑城堡之事，与张诜协力应副。因此，张穆之也算与王韶、高遵裕等熙河经略司官员们有了交情，在这种私下的场合，便多以表字相称。

高遵裕道："然则所为何事也？"

"这是计相薛公的密信。"张穆之边说边从怀里掏出一封信笺，推到了高遵裕面前。

熙河路的副都总管才看了几行字，心中已是掀起了惊涛骇浪。他知道，张穆之很早就是薛向的人。治平四年种谔想要招纳嵬名山时，张穆之虽在陆诜幕府，却已被薛向唆使，使其盛言招纳之利，诡称必可成，二人因此结下情谊。后来薛向自贬谪中东山再起，被王安石付以均输重任，成了江、淮等路发运使，可自辟僚属，于是他就把张穆之调到了自己的发运司里。当薛向升迁为三司使，回到东京后，他又举荐张穆之任权发遣度支判官，这是三司下属度支司第三长官的紧要差遣。现在薛向写密信给张穆之，是让他设法与高遵裕一同搜集王韶欺君罔上的罪证，尽快回信给自己！

"这……"高遵裕固然不乐王韶让他留在熙州，也眼红王韶官拜待制的那份奢遮，因而在奏报里做点文章、来点小动作，也没什么心理负担。可眼下面对薛向的要求，高遵裕却有所犹豫，他岂能看不出，这是朝廷决策层里的权力斗争，而一旦自己卷进去，便是有着太后叔伯这一外戚身份在，也未必能保全无虞！

张穆之急道："公绰兄！王韶如今什么身份，可你与他一般功劳，却还只是遥郡刺史！此番入河州，宁可带着李宪那阉人，也不带上你我，这口气公绰兄难道咽得下？"

高遵裕道："实在是兹事体大，这等于是公然和王子纯，不，是公然和王相公为敌了！"

张穆之道："宣德门事，公绰可有听说？闹得如此大，最后板子却打到了开封府头上，张茂则竟全然脱身！这说明王相公也不是天下无敌的，可谓强中自有强中手。我在秦州听说王韶在河州实则吃了败仗，河州城得而复失了！公绰兄在熙州主持经略司，只会比我知道得更确切仔细。现如今王韶还在通远军和积庆寺一带的蕃贼缠斗，正是我们可以利用的时机！只要把王韶在河州战役里如何欺君罔上的事情全部给捅出去，那王韶落马了，熙河经略司还不得交给公绰兄吗？"

高遵裕道："可王韶必是准备平定积庆寺作过蕃部之后，再上奏朝廷，言明河州战事，那时节，在官家眼中，你我岂不成了嫉贤妒能、进谗陷害之人了吗？如此则是弄巧成拙……此事恐怕使不得！"

张穆之急不可待，乃道："公绰兄！且仔细想想，王韶胜败、欺君与否，皆在你我如何阐述。若是计相在御前先摆出了我们的证据，所谓先入为主，官家必会受此影响。再说，连计相薛公都不再跟随王安石了，或许说明，王相公的权势也快到头了！"

高遵裕明白，这番话是有道理的，也很有诱惑力，可他仍然在犹豫，毕竟这一步迈出去，自己和王韶之间就完全成了死敌，宰臣也会忌恨上自己，那是何等的不堪设想！

张穆之道："公绰兄，计相在书信里保你落阶官，升为正任刺史，你还掂量不出这里头的分量吗？这事情，岂是计相一个人所能决定？"

高遵裕看向张穆之，似乎终于明白了整件事。

三月下旬，收到高遵裕和张穆之密信的薛向立刻请对，两位陕西高级官员的联名指证，应当是具备相当说服力了。

延和殿里，赵顼看着薛向呈上来的信笺，感受到一种羞恼无边的愤恨。坐在官家的位子上已有六年多，他自认为不会轻易被臣下所愚弄，可河州战役目前却收到了两种不同的说法：王韶早先的奏报尽挑好的地方说，只讲了一半情况；而高遵裕、张穆之的密信里，则尽挑坏的地方说，颇是危言耸听。要说木征还能就此翻了天，赵顼并不相信，但河州城得而复失看来绝对是事实，量高遵裕、张穆之胆子再大，也不敢如此胡说。真正可恨的是这一切的情形几乎尽如文彦博所料，只不过王韶毕竟有能力，没有把兵马折在河州，而是全军而还，往讨积庆寺蕃贼去了。自宣德门事件到今日的河州之战，赵顼越来越感受到一种虎视眈眈、步步紧逼的巨大压力，这是一种对君权肆无忌惮的挑战，朝廷里颇有一批人没把自己这个二十六岁的官家真正放在眼里！

官家把眼神从信笺上挪开，看向了站立着的三司使薛向。此前王安石和自己说，是冯京在诓骗、教唆薛向与唐坰，这会儿想来决计错不了。但一个冯京如何有这能耐，竟能让已经爬到计相位子的薛向下决心背叛宰相王安石？看来有的人已在不遗余力地搅乱朝政了！

"高遵裕是熙河路副都总管，与卿不相统属，何以写如此密信与卿，而告发其上司王韶？"

薛向没想到一上来就在御前碰了个钉子，乃一揖道："陛下，此是张穆之闻说王韶欺君，恰逢朝廷令其往熙州制置市易条约，遂向高遵裕求证，今果如是，乃不敢欺瞒。然高遵裕知王韶在朝有大臣庇护，而张穆之与臣有旧，二人合计，乃寄书予臣，以为或可上达天听，不至为大臣隔绝中外。"

御座上的声音又问："大臣谓谁？"

薛向完全未估计到官家的反应竟会如此这般，他战战兢兢，一时不知如何回答，乃只是低头作揖。

官家道："卿不畏大臣弄权，将此密信说与朕知道，如何反不敢言大臣姓名？"

薛向支支吾吾："臣，臣……"

"不妨让朕替你猜猜，是中书的冯京还是枢密院的文彦博？！"皇帝忽然呵斥道。

薛向听到了冯京和文彦博这两个名字，加之皇帝那厉声质问，顿时大礼跪拜下去，叩首在地。

"臣，臣所言非此二人。"

官家又笑道："然则亦不当是吴充，蔡挺也不像，王珪全无个主张。莫非卿说的大臣是宰相王安石？"

这时候薛向已经没有退路了，只得咬牙道："陛下圣明！"

"怪哉……"，官家动了动龙体，斜靠在御座上，"朕记得熙宁二年，是王安石谓卿干才过人，付卿东南九路财政之权，将均输新法一以委之，可谓信重之至。以外间浮议论，卿是安石门下大将，如何今日反背？"

薛向再叩首："臣知事君而已，不知事安石。"

官家冷冷道："卿真忠臣也，起来吧。且先下殿，此事朕当理会。"

薛向站起身来又是一揖，往后退了好几步，才转身下殿。他一面擦着额头上的汗水，一面为今日面圣的整个过程感到胆战心惊，他对自己的投机究竟产生了怎样的效果，一时间还很难判断。

三月二十七（庚午日），朝廷又下大制，授交趾①李乾德为静海军节度使、安南都护、交趾郡王。吕惠卿之弟吕升卿由于宰臣王安石极力称许，乃从常州团练推官的卑微职务上，升迁为馆阁校勘、提举详定修撰经义所检讨。

三月末，朝廷下诏详定文武百官职田，然而最终结果仍和庆历时差不多，于是人皆失望，以为这变法鼓捣来鼓捣去，也没给官员们多发点实惠的补贴，反倒是便宜了那些贪得无厌的奸猾胥吏，给他们发放起俸禄来，这可尤其叫那些进士出身的文臣们不平，认为是斯文扫地。

倏忽之间，已是四月初夏。

朔日这天，原本预示凶兆的日食竟因为云层遮挡而未见。更让赵官家心情大好的是，后宫里宋才人为他诞下了一个儿子，这是第三个皇子。熙宁二年，长子生下仅十余日便早殇夭折；四年五月，皇二子又是生下三日后没有了呼吸。这之后便足足等了二十二个月，才有了皇三子的降生，赵顼如何能不高兴？

王韶的运气实在是太好，他平定积庆寺作乱诸羌后，乃将河州战事总的过程，又写了一封详细的奏报，由熙河经略司发回了京师，正好赶上了皇三子降诞而官家心情颇佳的时期。赵官家看着王韶文字里那些惊心动魄的描述，知道王韶乃从千难万险中一路走来，在无数诽谤、非议、掣肘中逆流而上，可谓是以一身而当内外之险阻，一力推行朝廷招抚与拓边的大战略……王韶连战连捷，河州打到如今这样，其实木征早晚是无路可走的，其狡黠诡诈，也怪不得王韶，因为他毕竟手下的兵马有限，防备不得诸多地方。这样一想，赵顼觉得，王韶先前的奏疏也算不得欺君。打下珂诺、香子、河州三城是真，那些对木征兵马和河州蕃贼的斩首也是真，总的来看官军还是打了胜仗的；只不过王韶知道朝中反对的人太多，势力太大，这才需要有些曲笔，何况与他为国效力的决心、才干以及取得的功勋相比，那些又算得了什么！甚至可以

---

① 交趾，又作交阯，位于今越南北部红河流域。

说，自真宗皇帝以来，国朝还没有这么能征善战的文官统帅！可如今他还要如此费力保全他自己，这份委屈，令此刻的官家感到惭愧，是他这位官家没给王韶做好保驾护航的工作，要不是王安石力排众议，恐怕王韶的那些计划早在李师中帅秦的时候便破产了！赵顼越想越觉得高遵裕、张穆之面目可憎，尤其是薛向、冯京还有他们背后的人……

次日，宰相王安石率领二府辅臣们向官家道贺："陛下祗畏修省，夙宵靡宁，方日食时，阴晦不见，此陛下圣德所感。"随后宰臣又率百官诣阁门上表，贺皇子诞生，乞官家御正殿，恢复常膳。

这一天，对河州战事的封赏终于轮到了王韶等人，朝廷下诏：右正言、龙图阁待制、熙河路经略安抚使兼知熙州王韶为礼部郎中、枢密直学士[①]；入内东头供奉官李宪为东染院使[②]、遥郡刺史、勾当御药院；走马承受、入内东头供奉官李元凯为礼宾副使；知德顺军、如京副使、兼阁门通事舍人景思立为东上阁门使、河州刺史；铃辖、文思使奚起迁皇城使，候三年除遥郡刺史……又更赐王韶绢三千匹。

短短五六年时间，王韶从一个小小的从八品选人身份的节度推官，居然一跃成了正三品职名的枢密直学士！三年前，莫说李师中，便是窦舜卿、向宝都能让王韶困难重重，可现在的王韶，已经是李师中都望尘莫及的存在，他已是离执政只差最后一点资序和功绩的朝廷大员了！

朝旨一下，百官们都注意到熙河路排名第二的高遵裕居然什么封赏都没捞着，按道理他在熙州主持后勤大局，向前线供馈粮饷，不可能完全没有功劳，这种极不寻常的事情背后，一定有着无法明言的原因，于是各个衙署里都开始窃窃私语，讨论起最新的风向来。

禁中，中书门下政事堂。

参知政事王珪拿来了枢密副使蔡挺所作的应制诗，既然日食不见、皇子降诞，那么二府大臣作诗颂圣，自是惯例。

宰相王安石见蔡挺写道：

昨夜薰风入舜韶，君王未御正衙朝。阳晖已得前星助，阴沴潜随夜雨消。

王珪笑道："相公，蔡枢副之诗何如？"

---

① 枢密直学士，宋初签署枢密院事，于宣徽院置厅办公，并备顾问，后多为侍从官外任地方守臣所带，正三品，北宋诸阁直学士之首。

② 东染院使，武阶官名，属于诸司正使阶列，正七品，位次于西京作坊使。

别人或许未必看得出，但王安石知道，这是蔡挺在和他打机锋，在用暗语向他低头。奥妙就在后两句"阳辉已得前星助，阴沴潜随夜雨消"里头。

王安石道："禹玉是诗文圣手，以为如何？"

王珪道："陛下圣明，宰执同心，终是好的。"

王安石提起笔，也写了一首应制诗，然后拿给了王珪看。

副相王珪见到王安石遒劲的笔力在最右边先是写了题目《和蔡枢密孟夏旦日西府书事》，然后是一首七律诗：

宫阙初晴气象饶，宝车攒毂会东朝。重轮庆自离明后，内壤阴随解泽消。赐筐外廷纷锦绣，燕庖中禁续薪樵。联翩入贺知君意，咫尺威颜不隔霄。

王珪看到"内壤阴随解泽消""联翩入贺知君意"，他就明白，这是王安石在回应蔡挺，意即过去的账一笔勾销，往后还愿同寅协恭，和衷共济。王珪知道，此前蔡挺儿子蔡朦①跟着张穆之一起阴谋沮毁王韶，乃作书给父亲蔡挺，言王韶修城非必要，又残杀羌人甚多，于事无补，更论王韶其他细事。如今官家如此封赏王韶，意味着对河州战事的功过已经是盖棺定论，王安石和王韶都赢了。因此蔡挺恐惧蔡朦受到影响，乃在应制诗里玩些文字游戏，向独相王安石求饶。

但王珪面上只作不知，赞叹说："相公如椽巨笔，才是做得锦绣诗篇，真直追唐人也。"

冯京一直沉默着。而与此同时，在枢密院里，枢密使文彦博则写下了"皇明烛远群羌服，火德乘时众慝消"这样的诗句，如果仔细看便不难发现，"慝"字写得入木三分，仿佛要穿透纸背。

这一日午后，官家又召王安石便殿独对。

赵官家道："今已封赏王韶等有功之臣，当议如何处置沮毁其事者。"

薛向等人的事情，皇帝早已告知了他的宰臣。王安石坐在圈椅上，略一沉吟，乃道："高遵裕及张穆之皆以不得与河州之行，怨王韶，书抵薛向，极非毁韶，然考验皆无实，二人者，恐难使与韶共事，请复用穆之为三司判官。穆之，薛向所喜，使佐薛向宜也。"

赵顼道："张穆之反复小人，若归朝，必更造作语言煽惑人。不如与周良孺两易其任，如何？"

王安石道："如此亦无妨。只是高遵裕是太后家人，或须陛下特旨行遣。"

---

① 蔡朦时以正八品赞善大夫任权发遣秦凤等路转运判官。

赵顼在御座上思忖了良久，才道："河湟开边尚未得全功，此时不可令高遵裕在左右沮坏。须令王韶自择一协心者，罢高遵裕。相公可以书问韶，令其举荐，朝廷无有不从。"

"臣领旨。"

赵顼又道："蔡朦亦可恨。其为运判，在秦凤不过为小漕①，且非正除，竟敢沮毁一路帅臣，何况王韶是待制，蔡朦极无上下尊卑之礼，乃倚仗其父也。相公以为当如何？"

王安石道："蔡朦年少，恐为人蛊惑，亦不足深罪，何况蔡挺乃陛下擢拔，置在枢府，若重黜蔡朦，于其父可谓羞辱，必辞执政，非朝廷之美事也。不如遣朦归秦凤路，勿勾当熙河事。熙河军需转运，只留蔡延庆即可。"

赵顼道："既是相公如此说，权且饶他一次。然则薛向，当如何？"

这个问题，近几日来王安石也屡屡在思考。薛向自从和冯京靠近以后，便与自己嫌隙愈深，这次终于是闹到了如此程度。

"陛下，薛向在东南推行均输，实有大功，且为待制，"王安石沉默了半会才道，"待制者，陛下之侍从，乃天子近臣，亦当有含容恩遇。今一旦为人所惑，且稍待时日，或亦能自省。"

赵顼叹了口气："相公真古之君子，然恐薛向反复小人，不能知卿回护至于如此。"

王安石道："但问心无愧便可，仰不愧于天，俯不怍于人，如是而已。"

次日，朝廷有旨：秦凤路提点刑狱、职方员外郎张穆之徙永兴军路，永兴军路提点刑狱、殿中丞周良孺徙秦凤路；又诏熙河路只留蔡延庆应副军须外，余转运使副、判官并归本路。前一道朝旨是让张穆之和周良孺两易其职，差遣对调，后一道则显然是针对蔡朦而发，也是为了让王韶能够减少掣肘，只留下蔡延庆这样能协力的人操办便可。

四月初五（戊寅日），广南西路经略安抚使兼知桂州沈起上奏，乞"自今本路有边事，依陕西四路只申经略司专委处置及具以闻"，这是要如陕西有战事时一般，加强经略安抚司的事权，王安石请依沈起所乞，于是命中书出札子，指挥广西监司。沈起的这番举动自然令京中旧党官员们生疑，但这种疑惑确实不是空穴来风。王安石在私下告诉吕惠卿和曾布，言官家令沈起秘密经制交趾事，二府诸公除安石外皆不与闻，凡所

---

① 小漕，转运司判官别名。

奏请皆报听。显然,王韶在熙河的成功给到了年轻的官家极大的鼓舞和信心。

初七(庚辰日),朝廷又下诏,令提举在京市易务及开封府司录司同详定诸行利害。这是市易法框架下,进一步为了推行市场商业活动的改革,准备研究实施"免行法"的前奏。在东京城里,百货皆有行会,诸行每年在打点官吏上须花费甚多。原来,按照此时大宋的制度,城市中的坊郭户只要是从商者,便须承担"行役"。所谓"行役",其主要内容之一是按要求供应官府采购的物资;二是评估市场物价;三是鉴定官府买卖物资的质量价值。此年初,京师肉行之行首徐中正便乞请参照免役法,出"免行役钱,更不以肉供诸处"的规定。当时官府向行户派购物品谓之"下行",即根据各行之利入厚薄和"行人等第"——应役行户的户等高下,进行摊派,由于官吏上下取索,行户商贩多承受巨大经济压力。为了改变这种不利于工商业发展,且朝廷无甚好处的积弊,王安石与吕惠卿、曾布、吕嘉问等便开始商议设计免行法。

四月十九(壬辰日),以新赐进士及第余中、朱服、邵刚、叶唐懿、叶杕、练亨甫并充国子监修撰经义所检讨。这是向天下士子明示,"一道德以变风俗"的决心朝廷已然付诸实践,科举登第之路,也必须以王氏新学作为标准!

四月二十一(甲午日),又命八名官员分往齐、徐、濠、泗等十四州排定保甲,新法仍是在继续推行。

但四月中旬以来,真正让百官瞩目的是,枢密使文彦博告假,不再赴朝视事。人们不免都要猜测,这是否是因为潞国公见到皇帝对王安石、王韶的态度终究是如此庇护纵容,故摆出了请辞的姿态,想要来个以退为进?毕竟照道理,文彦博不似那韩琦在英宗朝深深得罪过曹太皇太后①……文潞公他多年来深结张茂则等大阉,与庆寿宫、宝慈宫的关系大抵都是不错的,真要罢免他的枢府执政位子,恐怕两宫那里也要给到官家莫大的压力。

另一方面,以枢相召回的陈升之也终于回到了京师,由于文彦博不赴朝视事,枢密院的日常事务便由陈升之和吴充、蔡挺来处置。官家派内侍往西府文彦博的官邸看望了几次,以示抚慰,请其入对,但文彦博亦告病不起。

数日来,东府的相府中,吕惠卿、曾布、邓绾、吕嘉问等人几乎夜夜到访,这些新党干将都主张趁机奏请官家罢免文彦博枢密使,使反对变法的旧党们失去朝中最大的领袖和赤帜。然而王安石并不同意,因为文彦博非比寻常宰执,何况哪有宰相干预执政除拜罢黜的,岂非权臣凌迫官家?见王相公终不肯,众人亦只得作罢。

---

① 韩琦在英宗即位、曹太后垂帘的时期,于英宗、太后的激烈矛盾中坚定地站在英宗立场,甚至对曹太后出言颇不逊,语带恐吓,又迫使太后撤帘。

四月二十五（戊戌日），午后的禁中，熙河路经略司发回了新的奏报。

臣既还熙州，复遣将渡洮，略定南山地，斩首七百级，筑康乐城及刘家川、结河二堡，以通饷道，遂自领兵破踏白城，斩首三千级，因城之。又城香子时，羌人谋伏兵南山，伺官军渡洮，断我归路，不则保摩宗城。摩宗天险难近，号"铁城子"。臣谍知之，引兵径渡洮，遣别将败其覆，遂拔之……

赵官家看着这些文字，脑中已经浮现出王韶英勇有谋的情状来，他激动地对侍立在旁的李舜举道："去拿陕西舆图来！"

片刻后，一幅巨大的地图被两个小黄门抬进了崇政殿，赵顼一边看着舆图，一边又将王韶的奏报看了一遍。当他发现踏白城的位置后，明白了一个事实，如今珂诺、香子、踏白城皆已被宋军攻占，并加以修筑，这意味着木征虽然复入河州城，可他的那座河州城已经是个孤城，被宋军团团包围住了！王韶这可真是出其不意！而王韶往攻河州城西面的踏白城，木征竟不能出兵阻击，可见此前番河州战事，木征受到的损失不小，抑或者，他在奢望着董毡的援兵？

如此一来，到今年底，河州必将全被宋军吃下来！王韶做得好！

兴奋的官家对李舜举道："且召二府入对，另外，你拿着这份奏报的抄写件，带上朕的手诏，叫文彦博立刻进宫！"

西府枢密使府邸内。

勾当御药院李舜举已经下马，在文及甫[①]带领下绕过影壁，又穿过层层回廊，终于来到了文彦博的寝阁外。

文及甫敲了敲门道："爹爹，中贵人李御药来了。"

"快有请。"

听到里间传出的声音，文及甫朝李舜举笑笑，推开门，弯腰伸手做了个请进的手势，请李舜举进去。

这位大珰走进文彦博的寝阁，却未见到告病的枢密使卧床，他环视四周，只见文彦博正穿着身道袍，在伏案写字。

李舜举站定后朝文彦博一揖，然后道："潞公，咱家奉官家旨意，特来探望，这里还有一份官家的手诏，请潞公即刻进宫。"

文彦博又写了几个字，这才转过身，笑道："却是怠慢御药了。"

---

① 文及甫，文彦博第六子。

李舜举连道不敢，又将王韶的奏报抄写件递到了文彦博手中。

"官家令咱家带来，付与潞公看详。"

文彦博只看了眼奏报封面上所贴的黄纸上头的事目，便将其放回了桌子上。

"御药可以回禀官家，仆更衣后，自当进宫。"

踏白城在哪里，文彦博作为枢府的长官，他非常清楚。这意味着木征的大本营河州城实际上已经被宋军从西面和东南两个方向渐渐包围住了，甚至可以说在这种三面合围的态势下，木征的势力、河州城的影响都将被不断压缩，未来的几个月里河州的归属就会彻底见分晓。

文彦博翻开了奏报，看到王韶修筑康乐城、刘家川、结河二堡，这样一来，自熙州到珂诺、香子的饷道便能被更好地保护起来；破南山诸羌，是为了震慑洮、岷二州巴毡角与瞎吴叱以及首鼠两端的那些蕃部，王韶也许是准备在彻底征服河州的同时，将洮、岷全都吃下！

枢密使的仪仗队伍出了西府，往宫城方向而去，这是文彦博告病以后第一次出府。

得知文彦博入宫的消息后，官家下令御崇政殿见之。

赵顼自延和殿一路坐肩舆回到了崇政殿内，他登上御座，稍稍整理了一番自己的衣袍，又将幞头扶了扶正，更问向侍立在旁的李舜举：

"如何？"

李舜举道："官家问的是？"

赵顼没来由地一阵心烦，便摆摆手让李舜举退到殿庑里。

不多时，一阵脚步声越来越近，一个高大的身影背着阳光从殿外进来，有那么一瞬间，官家甚至分不清那是天上的光照还是人身上的光芒，着紫袍、戴金鱼袋、执笏板的枢密使文彦博终于到了。

"臣文彦博参见陛下！"

枢密使一揖下去，行礼如仪。

"卿免礼，"官家的声音仿佛刻意带着些冷漠和倨傲，"想卿已看详熙河路捷报？"

文彦博道："臣已看详。"

赵顼道："卿尝谓若所言有差，则请治罪，今河州战役，王师全军而还，斩获颇丰，连克四城，所战皆捷，似与卿之预见，相去甚远。治罪固戏言，卿乃元老宰臣，未知告病以来，可安康否？"

官家的话，几乎每一句都在讽刺自己，文彦博当然能听得出来，他将长长的身躯立得笔直，道："臣如此逆料，为臣叨位枢筦，所计者乃皇宋天下之大局；而前方将士求边功心切，可不复顾国家利害，此二者所以如此殊异也。彼求富贵，所计唯一身之利害；臣为执政，当思全九州之兴衰。然若论语言文字之间，则臣所料不能如实，陛下治臣罪，固其宜也，臣不敢逃。"

赵顼道："卿何罪之有，而作如此说？朕方才已申明，治罪者诚戏言也。"

治罪诚戏言？这种说法，岂不是意味着文彦博在御前讲的话都可以当作戏言，把国朝执政当作俳优弄臣吗！

这是官家在羞辱文彦博！

官家今日以手诏催促文潞公上殿，正是因为河州形势的又一次明朗化，便借着踏白城大捷的奏报，向这位久在中枢的枢密使宣战！这积蓄了数年的怒火和不甘，终于得以爆发地宣泄和胜利地呐喊。

文彦博将袖子里厚厚的一沓札子掏出来，呈到御案上，然后又退回原位，道："臣前后多道札子乞罢，且请陛下恩准，许臣补外。"

赵顼颇是意外文彦博的这番作态，但他当即又明白了，这是私底下不可一世的文潞公在认输了，想要留个体面。

于是官家打开了第一道乞罢枢密使的札子，这读起来实在令人回味无穷：

臣闻慈父不能爱无益之子，仁君不能畜无用之臣。如臣不才，可谓无用。臣自叨枢筦，首尾八年，讫无猷为，上赞述作。官忝空徒，任居论道，而无一论可裨圣政；职兼常伯，责在纳言，而无一言可回天听。加之衰朽，寖以耗昏，尸禄若斯，腼颜至甚。是敢力倾恳悃，荐拜封章，祈解枢机之近司，并还将相之剧任，得以散秩，假守便州，庶逭人言，免妨贤路。伏望陛下怜其旧物，贷以宽恩，未责旷官，亟从所欲。臣无任。

赵顼最喜欢的便是这句"官忝空徒，任居论道，而无一论可裨圣政；职兼常伯，责在纳言，而无一言可回天听"。看着在自劾，也像在怨怼，看到文彦博如此，赵顼有了一种皇权至高无上、真正大权在握的感觉。

后面的札子赵顼也不再看了，他的脸上终于浮现出一种胜利者的神采，似乎将要留给文彦博的体面确是九天之上君恩独怜。

"卿三朝元老，本欲置诸左右，常指点朕之不德，今既衰病，连章累牍，朕心亦不忍。便许卿以使相判京畿之近邦，有大事亦方便朕咨询请教，卿以为如何？"

文彦博一揖，道："臣谢陛下恩典。"

赵顼的眼神越过文彦博那高大的身影和他戴着的展脚幞头官帽，望向了崇政殿外御前班直左右守卫着的广场。在这一刻，他感觉到文彦博已经成了祖宗家法的一种化身，背后似乎还有庆寿、宝慈两宫娘娘若有若无的身影，面对这些巨大的压力、祖宗的阴影，赵顼觉得自己已然战胜了他们。

于是他心情舒畅，完全出于礼貌地问道："卿当离京，今日可尚有指点朕的地方？"

文彦博又站直了腰板，道："虽陛下不问，臣当为陛下言之。"

赵顼道："卿但说无妨，朕洗耳恭听。"

文彦博道："臣今日请辞，已蒙天恩准许，所为陛下言者，皆肺腑忠贞之语，无关个人进退荣辱，只干系社稷百年之大事！今陛下以西事而龙颜大悦，臣请先以西事论之。王韶之开熙河，宰臣王安石矜主谋之功，反复张大，自谓有天地以来无此功矣；自参机务以来，安石又与陛下左右大小之臣，日夜私会于府邸之中，不知避忌，居东府，亦复如是，而陛下以为安石乃一心为新法耳！至于韩绛败事，则曰：'陛下于一切小事劳心，于一大事独误。'又曰：'若陛下详虑熟计，则必无可悔之事。'夫安石与韩绛相为表里，自作可悔之事，而恣为诬诞归过之言，陛下爱民之志，孚于天下，此等诬辞可累天德，但臣子之心不能平耳！是可见安石主政开边，胜则掠美于己，败则敛怨于君，此岂忠臣事上之道耶？"

赵顼刚听到开头时，对文彦博又抨击王安石感到极不耐烦，可文彦博讲到韩绛宣抚陕西、河东时的事情，确实让他想起王安石当时说的许多有关自己行事不当的话。

"卿与安石不相能，朕知之甚早，无须再论。"赵顼道。

文彦博怫然作色，朗声道："陛下以为臣与安石乃意气之争、权力之争？此是道术之争！王安石外儒内法，以管商、韩非、申不害、桑弘羊之术误陛下至深。今陛下谓安石辅政，内增国帑，外服戎狄，以为得吕望不过如此。臣谓其大不然！所能为陛下安定闾里小民者，正豪右兼并也，而安石使彼与陛下离心；所能为皇宋屏藩西贼党项者，正青唐诸羌也，而安石使彼与圣朝结怨。安石使陛下只见眼前一二十年之利，不见数十年后之大害，诚社稷之罪人！豪右兼并与陛下离心，则地方久必糜烂，殆不可治；青唐诸羌与圣朝结怨，则西北久必多事，不问可知。监司州县皆以聚敛掊克为邀功媚上，则小民益贫、兼并亦衰，陛下无得用以应缓急之变；边臣武夫皆以兴兵杀戮为进身之阶，则四方不宁、肘腋未安，圣朝或难享以超汉唐之祚！祖宗何以说当用老成之人为大臣？盖老成虽或寡谋，但不至大错，臣不敢言经济之才过于安石，然臣请陛下思之，今安石虽吕惠卿、曾布不能两平；虽薛向、吕嘉问难以无事，陛下以之治数人尤未能安，乃置诸上宰，欲令天下安，其可得乎！臣今日之言，固句句拂陛下之心，其罪当族诛，然陛下可拭目以待，不用臣之言，祸在数十年后，不难知也。"

赵顼感到既无比震愕，又无比愤怒。他震愕于文彦博竟并未在自己这个皇帝面前服输，虽然请辞却并不等同于文彦博认输了！他愤怒于文彦博在否定熙宁以来的新政，且这种否定不同于以往，是对大宋的未来做了恶毒的预言，可其话语里的逻辑显得严丝合缝，并不是用危言耸听四个字便能反驳的。因此，官家陷入了无边的疑惑和恐慌里，这种疑惑和恐慌固然是暂时的，但一时间就好像被扔到了一艘小船上，这小船正经历着惊涛骇浪、狂风暴雨……

官家原本以为此番可以像解决韩琦、富弼的问题一样，将数年来许多问题的症结一次性连根拔除，可他忘了，韩琦、富弼都是不愿蹚新法浑水而自愿出外的，但文彦博却是在与皇帝、宰相的角力中，被迫"主动请辞"。往更深一层去想，韩琦、富弼之门生故吏遍布天下州县，他们虽不在中枢，但其问题就真的解决了吗？可能到头来，韩琦、富弼也好，文彦博也罢，谁都没有解决！

难道新法真的有那么大的问题吗？难道王安石为相，设计的这些新政都是错谬百出？

赵顼绝不相信！

可当"绝不相信"这四个字在脑海中一闪而过的时候，赵顼感到了自己的心虚。对于执掌大宋这艘巨舰，绝大多数时候，他已习惯于相信王安石的判断和方法。但今日文彦博最后的这番御前"异论"，似乎动摇了这位年轻的皇帝对于盛世到来的绝对信心。以文彦博为首的旧党们所要遵循的路线是"太平安稳"，而以王安石为首的新党们所要实现的目标则是"富国强兵"，两者之间显然是激烈矛盾的。按照文彦博方才的意思，旧党大臣们固然拿不出灵丹妙药，可四平八稳地让大宋维持下去，绝无问题；反之王安石拿出的或许是虎狼烈药，一个不留神，过了剂量，那可就是致人死命的毒药！孰重孰轻，哪个稳当，哪个冒险，那就由官家你自己定夺了。

良久，赵顼终于道："潞公的话，朕谨记在心。必不会如此。"

当夜，官家令学士院锁院，又御内东门小殿，命当值翰林学士草白麻大诏。

次日，四月二十六（己亥日），垂拱殿前殿视朝，二府合班奏对，进呈熙河路捷报等事。奏对毕，乃传旨隔下后面班次，令百官赴文德殿听麻。

文武官员们都在议论着。没过多久，宰执大臣们都到了文德殿，于是王安石作为独相代表政府接旨，随即交给通事舍人。后者在文德殿宣制位站定，展开大诏读了起来：

"门下：秉国大均，绝席庙堂之上；经时常武，运筹樽俎之间。惟吾老成，多所更践。恳辞机务，往殿近藩。敷告在廷，进畴厥位。剑南西川节度使、守司空兼侍中、上柱国、潞国公文彦博……"

原来，这是文彦博罢免枢密使，出判河阳府的大诏制词！

文彦博罢枢密使，仿佛一场京师的大地震。其波及面之广，影响之大，都令人咋舌。无数旧党的大小官吏如丧考妣，闻说有昼夜哭泣不止者，有上大相国寺烧香乞求官家收回成命者，有求见不得而于西府门外垂泪号啕者……

而薛向便是其中格外失魂落魄的一个。文彦博罢枢密使完全在薛向的意料之外，他更没想到自己背叛王安石，投靠冯京、文彦博这些旧党的宰执大臣，最后却什么都没能捞着！自己虽然仍在三司使的位子上，但今后恐怕更要被吕嘉问这样的少年新进给凌侮蔑视了！

从京师到地方，不知有多少人在嗟叹和恐慌。而新党中则有许多人在弹冠相庆，在他们看来，这是比王韶的熙河开边还要有决定意义的成功。赶走了文彦博，朝堂上新党的势力将完全压过旧党，接下来全面加快推行新法，从而获取功绩，各据要津，这不都是势之必然，理所应当么！

倒是文彦博存着体面，还按照惯例，出外后写书信给宰臣，王安石自是也回了封信，写了几句诸如"伏审显奉制书，荣迁官秩，暂解枢衡之密，出分藩辅之忧。伏惟某官器范旷夷，才猷肤敏，著三朝之茂烈，为一代之宗工"的场面话，在一些人看来，王安石和文彦博的争斗似乎也随此告一段落。

京师转眼间到了五月。

初二（甲辰日），以枢密使陈升之兼任群牧制置使，补了文彦博出外后群牧使之阙，又诏文彦博乃先朝顾命大臣，依曾公亮例，与子孙推恩。

初四（丙午日），以东上阁门使、河州刺史、知德顺军景思立知河州兼洮西安抚使，因河州城尚未收复，故令景思立于香子城治事；又以西京左藏库使苗授知德顺军，专管辖泾原正兵、弓箭手，策应熙河、泾原路。改熙河路珂诺城为定羌城，香子城为宁河寨，康乐城为康乐寨，刘家川堡为当川堡，并隶河州。

这些举动，明面上一是为了赏景思立、苗授河州战役之功，二是为了进一步全面收复河州做准备，但从实际情况来看，整个河湟攻略原本全由王韶这位熙河经略安抚使总负责，如今却又设立了一个洮西安抚，交由景思立任之。虽然王韶是正三品的枢密直学士，远在景思立之上，可只从安抚使的差遣上来看，景思立有了很大的独立事权，可不受王韶节制，且王韶也并非是执政身份的宣抚使。如果王韶要采取大规模的军事行动，须调遣景思立相配合时，从程序上而言，他还须向朝廷请旨。外界纷纷猜测着官家扶持景思立的意图，难道因为文彦博出外，王安石以独相之尊，权势太大，故需对王韶加以平衡吗？

东京城的天气同样是官家心中难安的一件事。自正月以来开封长期干旱，令他很是烦恼，初六日，甚至命宰辅大臣们往寺庙道观祈雨。而西南的川蜀地区也不太平，泸州淯井监①蛮夷作乱②，乃于五月十一（癸丑日）命检正中书户房公事熊本为察访梓州路常平等事并体量措置泸州淯井监夷事，实际是将平定泸州蛮夷作乱的任务交给了熊本。

熊本此人曾在熙宁元年上书，说"陛下师用贤杰，改修法度，得稷、卨、皋、夔之佐"，颂扬皇帝重用王安石变法，于是熊本以此因缘，得除为提举淮南常平，往勾当淮南青苗法，后又累迁检正中书礼房公事、户房公事。

熊本往措置泸州淯井监夷，京中便有人言，说是王相公用章惇、熊本两位中书检正官牛刀杀鸡，去对付荆湖和川蜀的蛮人；又云相公秉国以来，边事不止，几无一日太平。

两天后，自去年到现在闹得纷纷扰扰的雄州边界冲突，让都下官民又有了新的话题。原来，有个名唤王千的百姓，在雄州官府负责两地供输和北界探事，竟蓄意放火，烧毁白沟驿庙，诬称契丹所为，以求赏赐。事发后，乃收捕勘问。五月十三日，官家御笔，斩！其家属则送潭州编管。后来有两种说法在京师里流传：一是说纵火的王千恐怕不是一时贪念，而是有人教唆，为引惹辽国而在边界生事；二是认为这是朝廷连年开边，地方百姓生活不太平，便也见机行奸猾不法事……

到了五月下旬，王安石门下的李定兼直舍人院，跨进了两制的门槛；又令措置梅山有功官吏各升迁一官。但就在九月二十三（乙丑日），梓、遂州走马承受张宗望奏报抵京，景思立的兄长、西京左藏库副使、遂州都监景思忠等攻烧夷囤，与夷贼战，因通路狭隘，景思忠等四名将官并军士二百九十四人皆殉国。区区泸州蛮夷，竟致官军如此伤亡，官家的不满可想而知。当日，皇帝谓郑亶徒能虚言取官爵，而全不能为朝廷成事，遂罢免其修两浙水利的差遣，甚至追其司农寺丞官职，加以降黜，这对于正在实施的农田水利法，是一个不利的信号。

五月尾声，又以知制诰兼侍讲吕惠卿兼权知谏院。这位吕吉甫可成了京中兼任官职最多的人之一，他不仅与曾布一同担任中书五房都检正的要职，且又以知制诰为两制大臣，以侍讲为经筵官，以知谏院为皇帝言官，这无疑令吕惠卿再度成了新党在京师中炙手可热的人物。不少人隐隐觉得，吕惠卿压过了曾布，回到了王安石身边最亲信的位子上。

---

① 泸州淯井监，北宋改淯井镇置，为盐监，在今四川省长宁县双河镇附近。

② 熙宁六年淯井监夷乱，起因或即泸州知州李曼等地方官吏，卖盐井和强令用粮食折纳茅草。

另一个颇为得意的人物乃是吕嘉问，在市易法框架下的免行钱正在研究制定中，他自己则升迁为从七品国子博士，仍提举在京市易务。眼下的吕嘉问正是官卑而权责颇大的典型之一，极是让不少人艳羡。

文彦博罢枢密使出外后的这第一个月便匆匆过去了，进入六月的京师，时光仍是飞逝，许多事情都在紧锣密鼓地展开。倒是汴梁持续的旱情令汴河水位下降，中段绝流，最低处不过一二尺，不少大船受到影响。

禁中则是各种琐事。六月初五（丁丑日），诏徙秦州茶场于熙州，以便新附诸羌市易。六月十六（戊子日），命检正中书刑房公事、集贤校理沈括相度两浙路农田水利、差役等事兼察访，实际上有要他完成郏亶所未能做成之事的意思。次日，中书以劝课农桑之法进呈御前。农桑乃衣食之本，但过去百姓为了避免州县官吏将所植桑柘视为财产，从而升其户等，使其承担一些负担极重的差役，因而不敢种植。之后司农寺请立法并先行于开封，视可行，则颁布天下，令民种桑柘勿得增赋。六月二十（壬辰日），司农寺奏，开封府酸枣、阳武、封丘三县千余百姓赴司农寺诉请免保甲教阅，盖因畿县县令等或非时追集保丁百姓，令其教阅习武。赵官家为此御批，方务农时节，不得非时令追集教阅，仍令府界提点司劾违法官吏，且毋得禁百姓越诉。但次日，由于京东察访司乞请自今推行差役新法，有敢传造言语文字煽动、摇惑百姓者，依扇摇保甲法的情况惩处，官家也批了可。围绕新法的这一松一紧，又让人看到了官家的摇摆不定。令人捧腹的是，就在这一天，三年前曾受王相公庇护的前庆帅李复圭因到官谢表被罚铜十斤。原来，李复圭得到差遣知曹州，竟在上殿辞谢时有怨怼语，向官家道"二十年前已知曹州，今日羞见吏民"，使得龙颜大怒；到了曹州后谢表里还有牢骚话，遂遭御史盛陶弹劾。虽有王相公说项，仍是遭了罚。

六月尾，雄州奏报，北界契丹仍有巡马五百余骑入两属地。官家认为辽人渐似生事，而宰相王安石则认为只要稍整饬边备，对河北民兵加以训练，选择合适将帅，便不须深忧。此事后一日，又诏置军器监，总内外军器之政，以吕惠卿、曾孝宽为判军器监，属官令二人奏举。军器事务，过去属于三司胄案，而今独立置司，人谓三司之权益轻。三司使薛向更知道，请更制军器之政，乃是王雱所上疏！

秋七月之后，京中仍干旱，于是初八（己酉日），官家再命宰执大臣们分赴庙观等处祈雨。

京师自正月以来连续的旱情，让宫城里的官家颇是心烦意乱。罢免文彦博之后，一切仿佛并未像他想象的一般事事顺畅。河北边界两属地的事情，仍然没有结束，荆湖南北江经制蛮事亦未毕，而西南又添了泸州淯井监夷作乱之事。听闻禁军龙猛军有兵卒欲于章惇麾下效力，乞往懿、洽州效用后，官家乃召二府入对，讨论此事。

近来脸色不甚好的官家道："禁军不由军帅，擅经章惇投状，此事非细，当治何罪，庶几可杀此风？"

王安石感到自文彦博出外后，官家疑心的毛病更加频繁和严重起来，便道："军士乞效命，虽不由军帅，恐无条贯禁止。不知如此后有何害？"

官家道："经章惇乞效用，犹可，恐将校士卒别有妄作。"

王安石道："别有妄作，即自有科禁，若经有所征讨官司乞效用，正是募兵所欲，不知如何加罪？"

这时候枢府班子里枢密副使吴充道："军当听于一。今如此，即不一，不如不差往。"

王安石驳道："今乞效用，不知何害？军听于一，若令彼经殿前司投状，即殿前司必不许，不许，则壮士何所求奋？"

枢密副使蔡挺道："若乞效用之将校士卒别有结连，奈何？"

王安石心想，若说吴充的话是杞人忧天，那么蔡挺就是完全在顺着官家的疑心张大其辞了。

"结连，即自有重法齐备，加以购赏谋逆者首级。今经朝廷所差官乞效用，不知如何因此却致得别有连结？何况圣朝已太平过于百年，陛下则天纵神武，何致便得如此？"

枢相陈升之忽然道："臣见韩绛宣抚时，兵级亦经绛求效用。"

"卿说的亦是，便议定之后二府再同进呈？"赵官家刚说出口，又对陈升之站在王安石的立场上说话感到警惕。莫非是他服丧回京后，想坐稳宰执位子便决心依附安石？

陈升之正准备口称领旨，官家果然变卦了。

"不可，朕恐怕此风若长，则终害事。"

王安石道："士卒固欲其愿战，请效死反以为罪，何以奋其志气？且未尝有条贯禁其如此，如何加罪？"

官家道："禁军令如此不便，若如临淄王事[1]，其渐岂可长？"

王安石见竟从如此一件小事上，联想到李唐玄宗为临淄王时的唐隆政变，顿感啼笑皆非，乃道："经朝廷所差官司，与临淄王事岂类？且欲防变，即专固人情，使听于三帅，不得自伸于余处，亦不可无虑。今经修注官[2]投募，与专固人情，一听于武

---

[1] 临淄王事，指唐时为临淄王的李隆基发动唐隆政变，诛杀专权的韦后一党，最终成功拥立其父相王李旦为皇帝，而后自己又经禅让，成为天子，即唐玄宗。李隆基能成功政变，主要原因之一即依靠当时京师官禁卫队之支持。

[2] 章惇时任检正中书礼房公事、秘书丞、集贤校理、同修起居注，故云修注官。

帅，孰便？"

王安石的意思是说，宋朝的祖宗法度就是要防范品级较高的武臣，三衙的殿帅、马帅、步帅自然在此之列，而像章惇这样的左右史修注之官乃是天子近臣，较武将来说，当可信任，不须防范如此。

官家却道："三帅防禁严密。"

吴充见机，道："不如今后立法，禁止禁军将校士卒于他官处投状，乞效用。"

王安石道："若为朝廷讨贼，乞效死，即无可罪。若不为朝廷讨贼，自相结连，即法已齐备，不须别立约束，若非谋反，终不能加谋反之律。"

官家道："如保甲保丁若别司募去，司农寺亦必有言。"

王安石道："保丁固有经章惇投状乞效用者。"

官家道："司农奏，非经章惇。"

王安石道："亦有经章惇者。"

陈升之道："过去有经韩绛乞效用者。"

赵官家道："朕闻经韩绛投状效用者，盖是应往本路之军士，故无妨。"

陈升之道："以臣之记忆，似非本路军士。"

中书班子里，两位副相王珪与冯京这会儿都没有说话。王珪更注意到今日官家不知何故，竟为了禁军投状乞效用这样的小事，就是不肯听从宰相王安石的意见，甚至连枢密使陈升之帮腔，亦未见效果。

如此君臣之间又来来回回辩论了一刻钟，赵官家却始终欲治投状军士之罪，而宰相王安石坚持认为无罪。不得已，官家令军士皆放罪赦免，但须戒厉禁军将士，今后不可如此。

须臾，官家又道："章惇经制懿、洽州蛮事若如淯井一般，则如何？"

王安石亦不明白今日官家何以要如此针对章惇，此前经制梅山已见成功，为何偏要怀疑接下去的懿、洽二州？于是他不得不费甚大的力气，来为章惇解释……

这一日下殿后，王安石较往日走得慢很多，他一边思考着五月以来的每一件事，一边去回忆更久之前的相关之事。官家多疑而好自用的举动，令王安石非常担忧。

他甚至觉得，此前朝中虽有旧党领袖文彦博，官家却常常听从自己这个宰相的建议；如今文彦博出外，陛下反而不似过去那样信任自己了。景思立除洮西安抚的事、章惇用龙猛军将士之事……难道君臣相遇，终逃不过异论相搅、帝王之术这些腐朽窠臼吗？

第 二 十 二 章

将军归佩印累累

七月末，熙河路。

王韶终于收到了朝廷的回复，他乞请用兵河州、洮州、岷州的作战计划已经得到了批准①。另外，他与高遵裕之间的矛盾暂时也缓和了一些。四月时候，官家让宰臣王安石以书信问王韶，言高遵裕之去留，王韶可一言而决之，令何人替代，亦听奏举，王韶答以不须罢高遵裕，于是这位太后的叔伯辈武臣，虽然未在河州之战后得到封赏，但总算差遣职务依旧如故。

当日深夜，王韶与高遵裕、李宪在经略司衙门的帅臣治事阁内，对着秦凤地图密谈了许久，到这会儿已超过了一个时辰。

高遵裕和李宪又一次被王韶这个大胆的作战计划震惊到了。自熙河经略司发回朝廷的奏报并没有谈及太多细节，只说乞请朝廷调遣景思立以泾原兵马从香子城出发，而他王韶则率万人为援，以接应景思立云云。可现在王韶对高遵裕、李宪和盘托出的策略，却是通过景思立吸引河州城木征的注意，然后由王韶与高遵裕亲率一万精锐，翻越险峻陡峭、峰顶积雪终年不化的露骨山②，出其不意地奇袭洮州城，彻底征服巴毡角。这一策略的好处在于，如果木征对巴毡角部不管不顾，那么王韶、高遵裕在攻下洮州后，便可经洮水顺流而下，直入岷州，以破瞎吴叱。如此一来，木征在南面就再无援手，除了望眼欲穿等待董毡怜悯式的、不能确知的援兵，木征将彻底成为孤家寡人，其势力范围最终也将被蚕食到只剩下一座河州城，那他就真是束手就擒了！何况景思立自香子城发兵，蕃汉人马战力亦不可小觑，王韶大军若挟胜再入河州，河州

① 《熙宁六年七月，熙河经略使王韶言："奉旨令臣躬将士卒，往视河州修城。臣欲令景思立管勾泾原兵马，而委臣就本路择禁卒、蕃兵、弓箭手五千，及秦凤路先差下策应强壮三千，尽以付臣，为思立后继。若有警急，即专留思立修城，臣不妨退军应接。"上善韶策，遂如所奏行之。王安石曰："韶策诚善，若声言应接河州，遂自洮西，由洮、岷不虞之道攻其所不戒，乃用兵之至计。"

② 露骨山，在河州、熙州、洮州的交界，是西秦岭最高的山峰。

城必克!

"子纯,"高遵裕道,"此计虽善,但露骨山林深草密,斗折蛇行,这辎重馈饷极是困难,你我率万人兵马,步骑参半,这所需粮草……"

李宪明白,按照王韶这个计划,留守熙州大本营的将是他这位官家派来的中贵人,因此前河州战役王韶已带上了他,后来奔袭踏白城,李宪也在景思立军中,算起来功劳都是得到了。何况若这回还不带高遵裕,那王韶不如早请朝廷罢免他了。因此李宪倒也不恼,毕竟他在熙州调度粮饷,也是有功的,而率军风餐露宿、冒险翻越露骨山,那可不是闹着玩的,弄不好命都会丢了。

"枢直①,"李宪道,"高总管所忧不得不虑啊。何况形势如此,诸将皆欲直取河州,而枢直令景思立攻之,人情必不乐。以心怀怨怼之将士,穿崇山峻岭之中,小有挫折,便可能是全军溃散的导火索!"

王韶道:"二位说的是。但设使我大军直抵河州城下,四山蕃部必复聚集,挠于我师之后,谋断官军饷道,便如上次一般。假若董毡竟发兵援助,我顿兵城外,进未能克,退亦无路,饷道既绝,将士无噍类矣。董毡或许亦不来,然木征见河州既不可守,北走湟州,往投青唐王城去,此时如何?湟州为是当入与否?河州既克,尚须城守,否则粮道不通,入湟州绝无胜算。"

李宪突然道:"是要引蛇出洞,打洮州,让木征来救巴毡角?"

王韶笑道:"正是如此。木征亦是枭雄,当知洮州、岷州被官军彻底征服意味着什么,他定会率精锐急行军,自讲朱城方向翻越露骨山,准备伺机偷袭我师。只要在洮州击溃木征主力,河州城轻而易举,更要紧的是,若是在洮州生擒了木征,那才是大功告成!"

高遵裕、李宪二人的脸上终于浮现出巨大的期待来,木征这个老狐狸狡兔三窟,若是能抓住他,方是绝了青唐大小蕃部抵抗皇宋的心思。而一旦擒住木征,官家的封赏无疑是极其丰厚的!

"御药,待我与公绰兄率军离开熙州,后方的一切都托付给你了!"王韶握住李宪的双手,极是郑重地说道。

次日深夜,王韶与高遵裕便率领一万精锐悄然离开了熙州城。这一万步骑锐卒,几乎皆是数年来跟随王韶打过大小不下数十战的老兵,其中最有战斗力的当属三千蕃骑,所拣选的步兵大多也是秦凤等陕西路当地能吃苦耐劳、悍勇无畏的土兵,禁军亦

---

① 王韶时为枢密直学士,故可简称枢直。

挑了熙州最能打硬仗的十来个指挥。之所以决定只带万人左右的军队，乃是因为翻越露骨山不可能携带许多粮草，而指望辎重转运翻越露骨山又显然不现实。在得到了秦凤路兵马的补充后，熙河经略司眼下的兵力仍是比较雄厚的，虽然之前分兵给了景思立的洮西安抚司，且各处城寨都需驻军，但若倾巢出动，熙州城两万人的队伍还是能拉出来的——只是，要翻越露骨山，就带不了更多的人，王韶要的是精兵强将，万人足矣！他甚至带了两千头驴来驮运粮草，等翻过了露骨山进入洮州境内，必要时，驴子也能作为官军的粮食充饥。

马背上，枢密直学士、熙河经略安抚使王韶正与他的副手高遵裕说着话。

"子纯，你不计前嫌，没让官家把我赶走，我已是感激不尽，"高遵裕看着空中的一轮血月，"今次又毫无芥蒂，令李宪守城，而带着某出征洮州。说来，实在是我愧对子纯贤弟！"

王韶道："亦何妨？某也存着私心，此番翻越露骨山，在羌人的记忆里恐怕未曾有过这样的事情，因为实在凶险万分……若有意外，官军便须公绰兄节制，余人无此威信。"

高遵裕听了一愣，忽然想起三年前王韶在渭水旁告诉他，准备冒险夜闯俞龙珂族帐，设法招抚他为其所用，当时王韶说的话正是"大丈夫生不五鼎食，死即五鼎烹耳"！这还是那个自己熟悉的王子纯！好，翻越露骨山途中，便也把这条命权且卖给了王韶吧！

高遵裕顿时笑了起来，但随即又皱了皱眉，道："景思立近来风头劲得很，官家似有意抬举他，子纯你命他出击河州，他……"

王韶道："景思立眼下已经是遥郡团练了[①]，他性子傲，野心也比诸将大。刺史没做多久便又升了团练，若他心里没想做防御使、观察使，那才叫咄咄怪事。我让他打河州城，乃正中其下怀，想必景思立已大张旗鼓，准备在我等之前凭己力攻下木征老巢，再生擒那唃厮啰血脉……他越弄得声势浩荡，木征就越猜不出我等之计，等他明白过来时，巴毡角当已然被我军击破。总而言之，若是木征龟缩在河州城内，不过是坐以待毙，若出来救洮、岷二州，那他这盘棋或有几分活路。"

西北的天气已是秋意渐凉，夜色里寒风阵阵，树影婆娑作响，好像也和马蹄声、兵卒的脚步声混杂在一起，透着一股肃穆的昂扬。

高遵裕情不自禁地叹道："使子纯在太祖时，得节钺当如反掌乎？"

①　景思立于此年七月十四（乙卯日），已由东上阁门使、河州刺史升迁为正六品四方馆使、河州团练使。因其阶官为横行，故曰遥郡，若再落阶官，即是正任团练使。

王韶倜傥一笑："今时今日，便做不得旄钺大员了吗？且看你我取之！"

宁河寨，洮西安抚司衙门内。

景思立这位河州团练使此刻正坐在桌案后面，看着手中的指挥札子和王韶的书信。近来在新成立的洮西经略衙署里，人人都看得出他是炙手可热的新贵，待拿下整个河州，他说不定就直接是正任团练了！

几年来，景思立朝思暮想能够独当一面，让人叫上一声经略、大帅，现在梦想终于实现。他夜来独自沉思时，也不免对官家的恩遇感到受宠若惊，也庆幸自己曾经攀附枢密副使蔡挺的决定算是赌对了。景思立是一个相信富贵险中求的人，他深知顶头上司王韶是那位拗相公的心腹，自己想要插进去，让王相公提拔他，那是万无一失的，但若说去投靠文彦博，景思立虽是武夫，却也知道轻重，害怕被卷入党争里死无葬身之地，因此他选择了相对中立的蔡挺。蔡子政这个人，既有赞成新法的地方，如将兵法就是其在泾原路为帅臣时所创，但也不依附王安石，这样的人，官家自然器重。景思立也懂得，到了他这个级别的武臣，想要继续往上爬，不找个朝中的大臣投靠，那纵是把脑袋绑在腰带上，也只能徒叹奈何。而想到自己所立的功劳，景思立又觉得官家的封赏都是他应得的，以自己之才，早该节制一方，专征讨之大权！

王韶的谋划景思立不想去管，他虽说什么"为思立后继"，但多半只是想把最难打的硬仗先扔给自己，等木征和洮西军消耗得差不多了，他王韶的熙河军再来摘桃子……景思立盘算着宁河寨、定羌城等处的兵马，可谓完全有信心在王韶大军抵达前，独立攻破河州城，那样的话，大功就都在自己身上了！

只花了三天准备，景思立便率领一万兵马从宁河寨出发。这座过去叫香子城的堡寨在他的经营下，如今也是蔚为壮观，城楼上迎风飘扬的大宋旗帜似乎正在目送官军出城，踏上攻袭河州的征程。

景思立骑在一匹雪白的千里马上，他踌躇满志，被锦帽精甲的亲卫簇拥环卫着，写着洮西经略安抚使、河州团练使长长官衔的景字大纛则在半空中威武地卷动着，仿佛是巨龙的触须。

这支由泾原禁军、土兵、强壮[①]所组成的蕃汉人马亦是装备精良，不少人都具备着丰富的战斗经验。对于夺取河州城这一战略目标，从将官到士卒，每个人都是无比兴奋，胜利、斩首、封赏……这些都在等待着大家伸手去取，还有什么比攻城拔寨，擒拿住羌人大首领，立下泼天也似的大功更诱人的呢！

---

① 强壮，宋代乡兵名。

景思立仅仅在宁河寨和定羌城里各留下了不到一千人来驻守，蕃将瞎药（包约）、都监王存、钤辖韩存宝等人他都带在身边，随军出征。对于此番攻取河州，景思立是势在必得的。

　　宁河寨距河州城不过五十里，大军行军两日便可抵达，但景思立却命全军先行扫荡河州城外围诸蕃部，凡不愿立刻献出全部牛羊牲畜者，密令王存、韩存宝、魏奇等悉杀之，拣选成年男丁首级充作斩首数。景思立的做法，一方面是激励将士多斩首赚取功劳，以激发军队的凶性和战斗力；另一方面也是吸取了上一次河州战役时候的教训，准备以犁庭扫穴之势，彻底铲除依附木征的城外小蕃部，避免这些羌人部落故技重施，再来个降而复叛，断官军饷道！但蕃将瞎药也私下向景思立提了不同的意见，认为如此之举会导致河州城里同仇敌忾，誓与城池共存亡，纵然本有人愿意投降，恐怕也绝了这心思了，如此则对攻城极为不利。然而景思立不能听。

　　宋军在河州城外围扫荡羌人族帐的几天里，木征只是派出几支小股骑兵部队进行过骚扰和试探性攻击，景思立更谓木征是胆怯不敢出战。可他哪里能想到，木征早已又一次领军离开了城池，并在夜幕掩护下再令三千羌兵出城，化整为零，专门伺机攻击宋军饷道。

　　此时的木征率领着九千精锐，经过两天的急行军抵达了河州、洮州边界的讲朱城。他令全军稍作休整，自己则在城楼上眺望着南面的群山。

　　却说此前，木征在熙州当然安排了细作，这些羌人多的是愿意为木征效命的，何况还有赏赐拿。他安插的细作们在城外不分日夜地轮流监视着熙州城的动静，王韶的大军一出城，细作便快马奔赴河州报信，木征因而做足了守城的准备。可是王韶的大军却迟迟不到，反而得到香子城方向景思立的兵马向河州城袭来的消息。木征立刻明白了，这是王韶的声东击西之计，景思立打河州是阳谋，可王韶要打他的弟弟巴毡角也是真的！于是木征果断做了部署，城内只留下两千余人守城，更以三千人出城骚扰宋军辎重转运，他亲自率领九千精锐去追击王韶，若能尾而袭之，杀了王韶，那整盘棋就翻过来了！在木征想来，虽然他在河州城只留下两千多羌兵守御，可算上城内的蕃部男女，一同撄城死守，加之外头有三千骑兵断绝宋人饷道，未必不能支撑几日。就算河州再度失守，只要能击溃王韶，一切就都转败为胜了！

　　次日一早，木征将讲朱城内的一千名羌兵一同带上了路。若是不能击败王韶，这讲朱城有没有人守御又有何区别呢？

　　景思立率军抵达河州城下之后，命人将沿途扫荡蕃部族帐所砍下的首级堆成了一座京观，既炫耀武功，亦恫吓木征，并令亲卫喊话，要整个河州城立刻投降，否则便是玉石俱焚。

回答宋人的是一阵弓箭齐射，于是盛怒的景思立下令攻城。

然而河州城经过半年的修筑，已经远较上一次坚固，木征预先安排在城外的羌骑见机杀入宋军攻城武器的阵地里，对景思立本就不多的攻城器械大加破坏，随即又扬长而去，并不恋战。城内羌兵与百姓见到族人被杀，尸身又受此侮辱，各个愤恨已极，誓死守御抵抗着。宋军攻打到快天黑，竟是未能如景思立期待的那样数鼓而下，便只得鸣金收兵。

中军帅帐里，景思立召集了麾下诸将军议，瞎药、王存、魏奇、韩存宝、王宁等皆坐在帐中。

景思立道："王经略一向兵贵神速，如今我洮西军在河州城外扫荡蕃部都杀了好些天了，今日攻城又是一天，却至今不来，又无信使，此事极不寻常！"

众将皆面面相觑，王韶现在已是枢密直学士，景思立却仍然张口闭口"王经略"，这会儿又听他这样说，寻常人更是谁敢接话？

"瞎药，你怎么看？"景思立颐指气使的，也不叫瞎药那御赐的名字"包约"。

瞎药曾经也算是木征的第一谋主，此刻在景思立帐下却只能伏低做小。但他毕竟远较其他汉将要熟悉这河湟的地理水文，略一思索，乃道："团练，我以为枢直是领兵打南面的洮、岷二州去了。"

景思立道："熙州离宁河寨才不过一百三十里，三天就该到洮西了，何以毫无音讯？若说果真是往南用兵，何以不先知会我经略司？"

众人又是不敢接话，半晌唯有瞎药道："团练，眼下木征有游骑在城外，须得提防饷道被劫。"将官们对此俱是赞同。

景思立看着地图，猛将随身割肉用的匕首插进了帅案里，只留了个刀柄还露在上面。

"这是拿我等当诱饵！"他咆哮着，"诸位，我洮西经略司偏要独自打下河州，让朝廷知道，能打仗的可不是只有他一个人！"

王存道："团练，现在最要紧的是要弄清楚木征在城外布置了多少兵马，如果他还像上次围香子城那样去打宁河寨，我军被断了饷道的话，就比较尴尬了。"

瞎药道："大帅，考虑到上次，老奸巨猾的木征如今究竟是在城中还是城外，都未可知啊！"

景思立看向王宁和魏奇，命令道："明日你二人各领一千骑兵，去寻木征游骑所在，务必发现其踪迹，不可让他们破坏辎重转运！"

王宁与魏奇站起身，抱拳行礼："遵大帅军令！"

洮州，临洮城。

一眼望去，临洮城外的草木皆已染上了一片秋色，远方的山峰顶上纯白的积雪映射着此刻落日的余晖。羌人中少部分住在城内的猎户这时已经陆续回来，但见疾风冲塞、沙砾飘扬，想来胡地迢迢的西北边城，城内外的蕃部百姓要讨生活也实在是大不易。

这座洮州城当地人也呼为临洮，洮水便在城池的南面不足三十里处，此刻大河滔滔，日暮时分黄云紫塞矗立在洮水北岸，城墙上啼乌四起，仿佛是要把万山唱寒。羌人常言"夜来霜重，西风狠急"，这太阳下山后的洮州，在秋意渐浓的八月，较之白昼更要冷上许多。

木征的弟弟巴毡角自从被迎立为洮州蕃部大首领之后，一直以一种"小富即安"的心态得过且过着，他既没有木征那样大的野心，也没对洮州郭厮敦、叠州钦令征等首领心存太多芥蒂。在上一次的河州战役中，巴毡角虽然明里暗里也支援了木征，但与瞎吴叱等在岷州方向的动作相比显得小了些。

用完晚膳的巴毡角在两个侍妾的服侍下躺到了床上，他闭着双眼，享受着娇滴滴的小妾给他捶腿捏脚。在他想来，宋人的目标只会是木征，谁叫长兄树大招风呢？既然木征还在河州城，河州也尚未被宋军完全征服，那么洮州就还是绝对安全的，何况熙州、洮州之间隔着座高耸入云的露骨山，而要从岷州沿着洮水向西进入洮州，又必须先击溃瞎吴叱、本令征等人，如此一来，巴毡角觉得自己完全有理由高枕无忧了。

寝卧里照例点着熏香和暖炉，无多时，巴毡角竟是困意骤袭，只感到两个滑腻诱人的躯体钻进了被窝，靠到了自己身边，他却仍沉沉睡去。

这一晚，这位吐蕃大首领做了一个很长的梦。梦里面朔风新月，龙庭苦战，忽然间兵败如山倒，木征在狼狈逃窜，火云满山，血流成河，天地都仿佛要被两抹红色所吞没。又见得一个瘦马关山的孤影，低小陇月的银光照在那人的脸庞上，巴毡角赫然发现，那竟是策马独行的自己！刹那之间，大雪纷飞，身后则是马蹄如雷，有着无数凶神恶煞的追兵，于是巴毡角策马狂奔，然而才跑了没几里路，便马失前蹄，他也重重跌落下来……

巴毡角陡然惊醒，一摸身边，仍是两个粉雕玉琢在熟睡着的侍妾，他便也放下心来，只是这会儿给噩梦搅得没了睡意，干脆披衣而起，又套了件貂裘。才出寝卧，他便见到亲信慌慌张张地向自己跑来。

"大首领，宋军不知从哪里来的，已经攻进城了，将士们大多还在睡觉，这可如何是好？"

巴毡角顿时惊愕，宋军还能长出翅膀，从天而降吗？他们绝不可能从岷州来，要是宋军大举进攻岷州，瞎吴叱不会没消息。可除此以外，便是翻越露骨山，但这可能吗？

"有多少宋军？"

亲信将校乃道："委实不知，但听马蹄阵阵，恐怕不下数千人！"

"现在是什么时辰了？"

"已过了寅正。"

巴毡角紧锁着眉头思考着，既然宋军在这种众人酣睡的时候骤然偷城，那就一定是有备而来的，难道是岷州的瞎吴叱已经向王韶偷偷投降了，宋军是从东面来的？若是有瞎吴叱派人为向导，加上洮州城夜里的巡防也确实松懈，就极可能造成如今的局面！这可就完了，一定是瞎吴叱投了宋人，绝不会错！

没想多久，巴毡角就下了决心了，为今之计要守住洮州城那是痴人说梦，洮州的兵马是什么战斗力，他很清楚，和木征是比不过的，眼下不少羌人都在熟睡，仓促之间，根本别想组织起有效的城防，又怎么能把宋军赶出城呢？再者说不定此番入城的军队中还有瞎吴叱的人，兵力方面绝对远在自己之上……只能往北走了，去投靠木征去，再不济便去湟州的青唐王城里，向董毡俯首称臣，叫他赞普吧！也是没奈何了！

"现在有多少人能上马？"

亲信道："亲兵们都已经穿戴了甲胄，就等大首领下令了，内城应该也有上千人拿起武器了吧。"

巴毡角道："把金银装箱，准备好我的马，叫亲兵们立刻跟我走，其他人，能走多少就走多少，要快！还有，把城里的粮仓烧了！"

"那大首领的家眷？"

"还问什么，安排马车！"

巴毡角回到寝阁里，猛将圆桌推翻，见侍妾竟还在睡着，乃凶横地掀开被衾，骂道："还不起来？！"

两个女子终于惊醒，又喏喏着不敢吱声，四只雪白的玉足踏在绒毯上，便开始倦而娇媚地穿起衣服来。巴毡角也不管二人尚半裸着，大声嚷嚷着让守在门口的两个亲卫进来，服侍他穿戴盔甲。

小半个时辰后，外头的动静已然是越来越大，巴毡角的腿都在打战，实不知打进来多少王韶和瞎吴叱的人马。不过他终于带着一千多人的队伍从西城门出了临洮城，此一去就又要寄人篱下，可洮、岷极边，宋人也未必能永久占着，只要逃了出去，或许还有回来的时候！

这样想着，巴毡角心里也略微好受了些，他策马疾驰，唯恐宋军从城里杀出来把他擒住，但这种恐惧很快便消散了，天地苍茫，他已经逃出罗网了！

只是这种劫后余生的感觉未能持续多久，黎明前的夜幕里，一阵霹雳弦惊，弓弩齐发，破空而来，巴毡角的人马顿时就折了几十个。

这下巴毡角才是真的怕了，亲卫们将他簇拥在当中，他左顾右盼，见到无数宋人骑兵从两侧杀过来，铁蹄如奔雷，高举的兵器泛着冷冷的寒光，王韶这是带来了多少人！

实际上王韶在蕃人向导的带领下，一路艰难地翻越露骨山，但他料到巴毡角也不能相信有人会疯狂到率军翻过一座终年大雪覆盖峰顶、遍是岩石峭壁而路途难行的大山，更何况露骨山有千仞之高，这实在是绝无可能！因此王韶推断，巴毡角定会以为宋军是自岷州方向经洮河溯流而上，这只有一种原因，便是瞎吴叱降了宋人——带着这种想法，巴毡角当然只能逃到洮州城之西，往投木征而去！于是王韶乃命三千蕃骑埋伏在西城门外，等的就是此刻！

这些大首领，可都要活捉了才是最好的结果！

巴毡角的人马兵力本就处于劣势，加之恐慌无比，宋军的声势又在夜色里被无限放大，顷刻间他这一千多人便是溃不成军，到处是哀号和倒毙的声音，只有巴毡角周围的亲兵们拼死保护着他。黑暗中洮州的大首领和一名亲兵互换了头盔、坐骑，这才终于逃出了包围圈，一路向北方驰去。

王君万在马背上看着那一小队人马在黑暗中远去，终于消失不见，乃往地上吐了口唾沫，一时间竟有点羡慕起带着五十骑尾随而去的王舜臣了。随着地位渐高，这种任务早已不可能由王君万亲自去做，可刀口舔血的那种杀戮的快感，仍是让他念念难忘。

原来，王韶早已吩咐王君万，故意放走巴毡角便可。比起木征，巴毡角并不是决定性的因素，不如让他逃到木征那，将恐惧也送给木征的人马。王韶判断，既然洮州城里粮仓被焚，从巴毡角处得知这一情报的木征，以其贪狼凶性和赌徒心理，肯定会认为宋军因粮于敌已经不可能，只要围城，宋军断粮后便不攻自溃，这样一来，木征定然不会中道返回，而是会加速行军，直扑洮州城。

王君万摇头苦笑，真他娘的不知道大帅脑子里怎么能有那么多弯弯绕绕，要不怎么说人家是奢遮的枢密直学士呢！

天亮后，官军打扫战场，洮州城内巴毡角帐下羌兵被斩首者一千余人，剩下的都投降做了俘虏。昨夜，当时的宋军小股斥候在王舜臣带领下轻易就来到城墙下，他们身手敏捷地翻过羊马墙，又靠着带爪钩的绳索轻易爬上了女墙，放倒了几个巡夜的羌兵后，迅速下去占领了城门。本该守卫门钥的蕃部兵丁还在睡梦中，就被王舜臣带的几个人统统割喉，哼都没能哼一声，斥候们随即打开城门，宋军乃长驱直入，这才有了后头的巴毡角逃跑的事情。计算官军伤亡，除了在翻越露骨山时跌落悬崖或病倒而死的几十个人外，此番攻克洮州城，竟只牺牲了不到十个人，负伤的也不足一百人，实在是一场奇迹般的胜利！

另一方面，城内粮仓经过扑救，尚保留下来五分之一的积蓄。为此，不少将官向王韶提议，不如强征城内羌人百姓的牲畜、粮食，以充军需，不从者即杀之，这样还可以减少粮食压力。这些建议都被王韶否决了，他反而下令，将官军带来的驴，还剩下的分一半给城中羌人，甚至连粮仓也平分给城内的蕃部。

面对军议中众将的疑惑，王韶做了解释。木征非是巴毡角，巴毡角在恐慌之中失去理智，以为官军自岷州溯洮河而来，但木征却能从官军的行军天数里判断出真相，只可能是翻越了露骨山，走岷州绕一大圈岂能如此神速？因此木征会认为宋军疲惫，又缺少辎重粮饷的补给，对宋军来说，最稳妥的就是先在洮州城里休养。可王韶要的就是木征如此想当然，这老枭绝想不到官军还会主动离开城池，寻求与木征野战决胜负的机会！

王韶道："诸君！此番我军来到洮州的才万人而已，既要分兵守城，又要主动寻找木征主力决战，若是屠戮、劫掠羌人，必然生乱！何况对官家、相公、朝廷来说，要的是我们为皇宋永远夺回这西北的汉唐旧疆，如此一来，羌人亦是我宋人，岂可凌侮如此？而木征也急得很，他担心我们从熙州还有援军来，又或者洮州丢了，瞎吴叱会主动投降，那么粮草便能从岷州源源不断送来，是以他会快速奔来洮州！到时我们出其不意，待王舜臣探明木征所在后，王师于夜色中劫营，必大破之！然后再往河州，则河州皆平！"

虽然不少将领在心里嘀咕，也许回到河州的时候，景思立早就打下了河州城，但大帅王韶所言，也确实是深谙兵家正奇之道，若能生擒了木征，那最大的功劳仍然在大伙这儿，于是诸将当下也终于说起奉承王韶的话来。

在狂奔了快一天，人几乎要累虚脱，马都倒毙了两匹后，巴毡角一行数十人，终于是迎头撞上了木征的斥候，警惕的游骑差点冲杀过来要擒拿他们。费了好一番工夫，巴毡角终于稍微取得其信任，到了木征军前，见到了自己的长兄。

他滚下马来到木征身边，一把鼻涕一把泪地控诉起宋人和瞎吴叱，由于身体的极度疲惫和精神上的高度紧张慌乱，一段话讲得颠三倒四，听得木征直皱眉头。

好在木征是个极聪明的人物，终究是弄明白了事情的前因后果、来龙去脉，乃叹道："弟弟你好生糊涂！王韶又不是金身罗汉，宋军也不是八部天龙，还能日行千里，从岷州那么快到了你的临洮城？他们是从露骨山来的！"

"这，可这如何可能？！"巴毡角目瞪口呆，他仍是无法想象有人能翻过那座形如骷髅的恐怖雪山。

木征狞笑："王韶是个人物，确实是个人物！可我偏不信这个邪！你出城前记得放火烧粮，这做得好！我料宋人不可能带着大量辎重翻越露骨山，他们很快就要和全临洮城一起挨饿了！到那个时候……"

但木征不知道的是，王舜臣率领的斥候已经发现了他们的踪迹，并派人火速去向洮州城里报信，一切都在朝着王韶的谋划发展。

午正一刻后，木征下令全军开始安营扎寨，他的万人兵马，也需要几个时辰才能修筑好营垒，支起一顶顶帐篷，布置好入夜后的巡营安排，需要忙完许多事才能生火造饭。木征知道自己离临洮城已然不远，他整个心思都围绕着如何攻入城中，如何击溃王韶，反败为胜的机会近在眼前了！

只是此时，王舜臣手下的游骑斥候已经到了王韶身前，而决胜负的时刻将比木征想象中来得更早。

占领临洮城后，王韶自然得到了城内所剩下的，巴毡角来不及带走的两千多匹马，于是他立即下令将这些马分配给官军的战士，并且当机立断，派出七千骑兵，倍道兼程，定要在天亮前抵达木征营垒，将之连根拔起！

申时刚过，秋色满天里角声阵阵，王韶亲率七千骑宋军出了洮州城，高遵裕则留在城内弹压数千羌兵俘虏及城中蕃人百姓。

落日下，枢密直学士、熙河经略安抚使王韶扬鞭西指，一时间黄沙飞扬、泥土四溅，骑兵便地动山摇地疾驰而去，长长的队伍里银枪万点，反射着黄昏的霞光，大宋的旗帜猎猎作响，宛如巨人之息。

大军连续行军了四个时辰，乃遇上了王舜臣派来接应的斥候。木征的营垒只在不足十里外，王韶随即命军中斥候前去与王舜臣合兵一处，寻找敌方夜间的逻骑，加以消灭，务必保证木征对官军即将劫营毫无察觉。

在等待的时间里，王韶下令全军原地歇息，用些随身携带的简易干粮。半个时辰后，官军再次出发。丑时方过，大军已与王舜臣等会合，抵达了木征营垒外。

王舜臣道："启禀枢直大帅，木征贼军夜里的六个逻骑都已斩首！"

王韶极是满意地朝他点点头，乃对诸将下达军令，无多时，蕃汉骑士们都开始准备用火折子点燃弓箭，发起第一波进攻。

却说此刻木征的营寨里，他的人马因为连日急行军，亦是困倦不堪，除了营盘里巡夜的，其余无不是在酣睡，便是木征亦睡得极沉。倒是那巴毡角因为此前受了惊吓，睡得颇浅，辗转反侧，乃起夜走出了帐篷。便是这一刹那，他看到了毕生难忘的景象。

数千支燃着火焰的箭矢与弓弩声一齐袭来，在夜空里仿佛撕开了阴阳两界的无数道口子，那弓弩霹雳的梆梆声在夜风里被成倍地放大，好似是地府里怪物莫可名状的嘶吼，顷刻间，大营里至少已经有数十顶帐篷烧了起来！

"是敌袭！宋人来了！"巴毡角哭丧地呐喊着。

打头阵的依旧是三千蕃骑，他们高举着火把，如一头喷吐火焰的恶龙撞进了营盘里。随着抛掷火把，更多的帐篷燃烧起来，被大火烧着衣物和皮肤的羌兵在滚滚浓烟里无头苍蝇似的乱跑，到处是撕心裂肺的惨叫声。

看着大营已是一片火海，王韶下令只留下千人的预备队，其余则分三个方向杀进敌营，而他自己则率领最后的一千骑兵等着木征和他的亲兵突围，好来个守株待兔。

这时候的木征自是醒了，帐篷外杀声震天，仿佛是三军大呼阴山动的声势，又好像是天兵天将在屠戮蕃人，火光、浓烟……木征知道，今夜是败了，败得彻彻底底，他如何能料到王韶居然放弃了最稳妥的守城待援的策略，可仔细一想，几年中王韶一路走来，哪次不是用兵奇险，神出鬼没！

木征直骂自己糊涂，但此时再多的懊恼都已无济于事，左右亲兵也冲了进来，他们服侍这位穷途末路的枭雄穿戴上甲胄，又走出帐篷，骑上早已牵来的千里良驹，为今之计只有逃了！今夜想要组织抵抗，那是妄想！

但木征仍不服输，他跨上马背，唃厮啰的子孙不会就这样认输！

天上一轮银月俯瞰大地，只见到烈火熊熊，偌大的营垒竟成了人间地狱，羌兵四处逃窜，被烧死的、被浓烟熏死的、被宋军斩首的……流血涂野草，人命如草芥，这便是自古关塞不变的旋律……

宋军的骑兵四处追击羌兵，搜捕木征等头目无果，但战斗实质上已经结束了。

八天后，河州城外，洮西军大营。

洮西经略、河州团练使景思立已是急火攻心得嘴里长满了舌疮和溃疡，大半个月来，木征的游骑不断骚扰、破坏官军的饷道，抢走、烧毁了大批粮草，景思立的洮西军虽然谈不上完全断粮，但也差不多了，全军上下一天才能吃一顿稀粥，严格地控制着每日的粮食配给，逃兵已是越来越多，难以禁绝。洮西军也曾几次攻上女墙，甚至掘土挖地道，几乎就要破城，如今却功亏一篑……

在粮草严重不足的情况下，后续要破城已是不可能。对景思立来说，他才独当一面，就陷入了进退失据的困窘里。他一度想过退兵，可若是在缺乏粮食的情况下退兵，指不定逃散多少人，加之木征游骑时不时来袭，只怕回到宁河寨能不能剩一半人都未可知了！

他当然也发过书信到熙州，请留守的李宪发援兵，没承想这阉人竟声称要防备兰州的西贼和南面岷州的瞎吴叱等人作过！入娘的王八羔子！景思立看到回信后大骂了不知多久。眼下洮西军军心也是不可用了，攻城不行，退兵又不行，王韶又不知道在何处，景思立想到出了大岔子后官家的雷霆之怒，他便愁得烦躁不安、整夜难免。

景思立刚喝下一碗清热解火的饮子，亲兵便走了进来。如今他几乎差不动斥候，只能命自己的亲兵担任逻骑，在营外巡逻，因此每日都有亲兵来汇报河州城外各方面的情况。

"大帅，有一支打着木征旗号的军队正往河州城而去，估摸着快到了。我们是不是应该出兵阻击？"

"阻个鸟！"景思立骂道。这会儿还没闹出兵变已经是万幸了，哪里还敢拉出去打仗？

景思立越想越对王韶愤恨起来，这股嫉恨之意烧灼着他的内心，久久不能平。他感到洮西军落入如今的处境，主要的责任不在木征，而在王韶拿他们当诱饵！可恨就可恨在王韶是文臣，官职也比他大得多，更有那权倾朝野的王相公撑腰……

"直娘贼！"帅帐里只剩下了景思立垢詈的声音。

河州城城楼上，木征留下来守城的大将结彪也收到了报告，说是大首领木征的人马回来了。结彪大喜，景思立的洮西军已是在坐以待毙，如今大首领主力回师河州，那么河州的局面就完全逆转过来了。

他当即下令打开城门，往迎木征。

黄昏的暮色里，天渐渐暗了下来，结彪见到远处的骑兵浩浩荡荡，心想真不愧是大首领调教出来的威武雄师，此番自己守城有功，想必木征会重重赏赐。结彪这会儿看着视野里骑兵队伍越来越近，马蹄越来越响，心头更是按捺不住的欢畅。

但奇怪的是，结彪看到这少说也有数千人的先锋部队怎么忽然加快了脚步，骑兵似乎在提速，战马跑得越来越快，这却是为何？

"不好，这不是大首领的人马，这是宋军来了！"

结彪终于反应过来，他大声呼叫着让士卒们去关闭城门，但为时已晚。

打头的是王韶军中的王牌，弓马俱是拿手好戏的三千蕃骑。原来王韶在打败木征后马不停蹄地以所部七千骑兵直驱河州，他让一批兵卒穿上缴获来的木征人马的铠甲衣装，又扛起在大营中得到的木征旗帜，正是为了骗过河州城内的羌人，让他们误以为木征凯旋。

这时候三千蕃骑弓弩齐射，城内木征留下的将校顿时倒了一片，羌兵们四处逃散，竟无人再管城门。

结彪知道大势已去，乃跪地俯首，其余人见状自是想着活命要紧，也都有样学样，跪在地上请降。

王君万带领着蕃骑们冲进了河州城，结彪等木征的将校自有后头的人来处置，此刻的王君万直感到豪情万丈，这河州城再一次被攻破了！

没多久，城头就换上了大宋的旗号，王韶也进入了河州城，并派人到洮西军大营知会景思立。

得知这一切的河州团练使、洮西经略安抚使景思立怒不可遏，破城的功劳也给王韶摘走了，是可忍孰不可忍，实在是欺人太甚！

景思立遂下达军令，全军敞开吃，然后开进河州城！他已经有了一个计划。

两个时辰后，景思立带着一千多人先行抵达了河州城，入夜后本不当开城门，但王韶考虑到景思立的情绪，便还是吩咐让他们进来。

王韶率领诸将，到城门口迎接景思立，他堆着一张笑脸，极是热情地开口道："克洮州、败木征、收河州，都是因为团练在此的牵制之劳，依我看，当是首功！"

王韶身后的众将也是哼哼两下，景思立看在眼里，心中却是无比恼怒，他甚至傲慢得不肯下马，冷着张脸道："王经略哪里话，某何来寸功？不过还请枢直恕罪，某甲胄在身，不便见礼。再者说，木征尚未就擒，此时论功，为时过早了吧？"

众将见景思立竟如此倨傲无礼，如王君万等几乎当场就要发作，然而王韶仍是笑脸相迎："团练与弟兄们且先进城里歇息，明日再叙话。"

景思立也不理睬，只是冷哼了下，策马进了河州城。

王君万眼神凶恶地看着景思立的背影，对王韶道："大帅是枢直，眼看是要做相公的人，景思立算个鸟，竟敢这般对大帅，要不要我去教训他？"

王韶笑骂道："胡闹，你这厮切不可生事！他是官家提拔的人，你能羞辱他吗？"

王君万见王韶也不恼，反而言语中透着亲近，心下便极高兴。

"可大帅是堂堂枢密直学士，就由得那撮鸟蹬鼻子上脸吗？"

王韶道："有的人不须你去羞辱，他自会自取其辱……"

然而熙河军中谁都不曾想到的是，次日四更天，河州城里竟发生了杀降的事情。景思立麾下洮西军杀了两千余已投降的羌兵和城中蕃部参与守城的百姓，王韶得知后立即派兵阻止，但躺在地上身首异处的羌人尸体已经堆成了一座座小丘，周遭遍地的鲜血，羌人首级上的眼神里尽是仇恨。

站在尸山血海前的枢密直学士王韶，恨不得立刻斩了景思立！若是景思立只是自己麾下的遥郡团练，斩了便也斩了，可景思立是官家锐意提拔的人，王韶知道自己动不得他！

终于，面如冰霜的王韶只得拂袖而去，留下了这惨绝人寰的现场。

九月初二（壬寅日），东京汴梁，大内。

八月末时王韶的捷报陆续由熙州发回开封，宰相王安石遂率百官向官家称贺。熙河开边至今，熙州、河州、洮州都已克复，此开疆拓土之功，确实是近八十年来所未有。熙河路走马承受李元凯奏报说，王韶大军从露骨山过，一日间甚至要五七次下马步行，念及跋涉艰辛、连战连捷，官家对远在西北的王韶也是嗟叹不已。

另一方面，八月二十七（戊戌日），养马法正式扩大实施，不光在原本的开封府界试行，更于河北东、西路，河东，秦凤路、永兴军路五路实施；保甲法则恢复三代以来的比闾族党之法①，以河北、陕西、河东路保甲教阅习武，以备民兵之用。

这一内一外的几件事情，似乎都彰显着新党执政所取得的成就和推行新政的决心。然而九月初二，王韶的又一封奏报令官家的心里不免蒙上些许荫翳。

奏报涉及官军在河州杀降这样敏感的事情，于是赵官家在午后于便殿召宰臣王安石独对。

赵顼道："王韶言河州平，有随军百姓三十余人杀降人，掠财物，已斩之。相公知否？"

王安石道："臣等昨日亦得王韶等来书，料必奏报朝廷，臣正欲与陛下讲论此事。"

"更有谁？"赵顼对王韶还会写信给其他宰臣，以及尚有他人书抵执政颇感不解。

王安石道："王韶但写书信予臣。然河州通判李山甫遍与执政信笺，言河州杀降事。臣问陈升之，云枢府亦收到书信。"

官家实则对王韶奏报里的文字充满了疑惑，如果只是三十余名随军转运的百姓杀了几十个已投降的羌人，又已被王韶处斩，何必再大张旗鼓地写书信给宰臣？无非在奏报里提一句便是了，毕竟事情已经得到处置。虽曰杀降不祥，但随军百姓贪图斩首的赏赐或者投降者的财货，然后铤而走险，这种事情过去也不是没有过……除非王韶这是一种"春秋笔法"，真正杀降的可不止随军百姓，而主要是官军！问题是，若是王韶麾下杀降，以他的胆量，瞒了也就瞒了，又能如何？更不可思议的是，李山甫是河州通判，乃河州知州景思立的佐贰，为何竟主动掺和到这事情里呢？

---

① 比闾族党之法，五家为比，使之相保，五比为闾。

"李山甫书中如何说？"赵顼问道。

王安石道："与王韶大不同。云杀戮甚多，然又言事发于黄夜，不知何人为之。"

赵顼想到这里，乃道："相公以为当如何措置？"

王安石道："王韶、景思立部辖使臣、将校宜按劾，不如是，无以明纪律，后难复用。"

赵顼沉默了片刻，道："官军克复河州、洮州，功诚大，今骤然问罪重罚，或伤军心？且亦不知牵连到多少立功将士。此事诚难也。"

王安石道："陛下，此不然。若武将、士卒不能令行禁止，每克一城，即须劫掠烧杀，此是无复纪律之贼寇也。以贼寇为国家之师旅，缓急乃不可指望，武夫将有以拥兵自重、胁迫朝廷，兵士则动辄哗变叛乱、荼毒四方。以此观之，岂可不勘劾问罪耶？"

宰臣的话非常有道理，官家不禁为之悚然。

只是赵顼心里头仍在不停地琢磨着王韶的"春秋笔法"，所谓春秋笔法，自然是讲究"为尊者讳耻，为贤者讳过，为亲者讳疾"①。赵顼反复想到的四个字，正是"为尊者讳"，王韶究竟忌惮和为其掩饰的是何人？在整个西北还有比王韶地位高，需要他王韶如此的人吗？恐怕那个他不得不"为尊者讳"的对象，正是大宋的皇帝，是赵官家自己！

赵顼知道，他提拔景思立，让他脱离王韶的熙河经略司，另立了一个洮西安抚司后，聪明如王韶者自然明白其中的奥妙和关节，可赵顼仍然在此刻感受到一种被臣子勘破帝王心术的耻辱和恼怒。李山甫这个河州通判，如果背后没人指使，怎会胆敢把杀降甚多的真相捅到所有执政面前，将事情弄得难以下台。

他开口道："王韶所言或指泾原人？"

官家是在问，王韶所说的杀降一事，是不是泾原军所为，换言之是否为景思立指派。这些含义王安石当然听得懂，但他如何能在这种敏感的问题上明说呢？景思立是官家看重和提拔起来的人，要是在此时轻易抨击景思立杀降，等于是把王韶摆到了和官家对立的局面上，只会徒增尴尬与事端。

王安石遂道："王韶奏状中并熙河、秦凤亦有。"

赵顼终于松了一口气，王韶的文字说明他给了官家一个"法不责众"的台阶下，杜撰了所谓熙河、秦凤也有参与到杀降事件的说法，而王安石的态度则表明这件事情

---

① 《春秋谷梁传》成公九年："七月丙子，齐侯无野卒。晋人执郑伯。晋栾书帅师伐郑。不言战，以郑伯也。为尊者讳耻，为贤者讳过，为亲者讳疾。"

可以点到为止，不再扩大化。

赵顼乃道："河州不当遽受其降，向时杀伤泾原人众矣，王韶遽受降，故士卒发愤。"

"若不受降，即城未必遽下，"王安石立刻出言道，"何况杀降恐只是为了斩首之赏赐，非是发愤。"

赵顼道："奏状云官军掘城，城欲透将破也。"

王安石道："城中尚有二千羌兵，必不肯坐死。即杀伤，又非特二千人而已。今受降极善，岂可复以为非耶？"

官家又是沉默了一会儿，然后道："王韶受降既无过，则杀降事当如何？"

这是官家第二次问同一个问题，王安石心知肚明，乃道："臣以为，可诏王韶密推究杀降兵级及降人被掠杀伤数，并详度部押①使臣人员合与不合勘劾；仍命内臣一员密体量以闻。如此当可妥帖。"

官家点了点头，又道："前亦与相公议论，谓将帅多不能容偏裨，佐贰之人稍立功，便忌之。王韶虽克河州、洮州，然木征未擒，异日能扫荡湟州董毡否？"

见到官家仍是有些不依不饶地敲打一个并不在场，且新立大功的王韶，王安石亦毫不退让，乃道："臣向时已说与陛下，王韶顷为高遵裕所害，然能容遵裕，似与寻常将帅不类，不至不能容偏裨佐贰。又昨日陛下以为可以洮西安抚司为河州沿边安抚司，令招抚蕃部。臣以为西北蕃部之事，宜专委王韶，如何更委景思立？陛下前用王韶为管勾秦凤路缘边安抚司，以羌事成败专责王韶。当是时，若陛下即用王韶为经略使，则洮、河事已早成二三年矣。唯其用王韶为沿边安抚，另置秦凤帅，颇多掣肘之事，此韩缜所以出违异之言，郭逵所以起矫诬之狱也。今河州沿边安抚司非专任洮、河成败者，与王韶事不类。以臣之见，即西北每事当令听王韶而决。不如此，军政不一，上下更生衅隙，害国家边事。此臣昨日已赘述，今更烦渎圣听，不胜惶恐。如董毡者，虽能粗立文法，而不能服瞎毡诸子，已可知其格局。若西北事陛下专委王韶，一以贯之，使人不能沮坏、掣肘，臣料王韶定能破董毡，克复湟州，使河湟攻略毕竟成就，使断西贼右臂之策毕竟成功。"

见到王安石提昨日赐河州沿边安抚司锦绣的事，官家还记得自己当时辩解说"武臣自来安敢与帅臣抗"？他仍不认为自己擢拔景思立、稍平衡一下王韶有何不可，这是祖宗以来的赵宋家法！

"相公说的是，"官家道，"既如此，杀降事，便依相公的意见办，由中书颁札子

---

① 部押，督率。

付王韶理会即可。"

王安石忧心忡忡地下了殿，近来官家每自以为成熟于帝王心术，可在军国大事上如此玩弄平衡，这是要出事的！过去有文彦博在，官家总有着巨大的压力，从而需要全力支持他王安石，可如今文彦博出外了，陛下感到压力骤减，相应地，想要的是事无巨细，总大权于己！

当日，中书发布诏令，命枢密直学士、熙河经略安抚使王韶推究杀降及掠杀等事，详度文武官吏合与不合勘劾，又命内臣梁从政秘密体量。

在这段日子里，王安石的儿子王雱病了，遍寻京师名医诊治，而竟无效，王安石一面忙碌着各项新法和天下庶政，关心着熙河战事，一面也在为儿子的病情揪心。终于在九月上旬找到了一个泰州的名医徐新，经其医治，王雱足疡下漏①的毛病乃稍稍好转。

不久，西北亦再度传回了好消息。

九月下旬，王韶奏报，克河州城后，又独将兵至马练川，岷州大首领瞎吴叱遂纳城投降；王师自岷州南下攻宕州城，又克之，岷州大首领本令征亦以城降；分兵于绰罗川破青龙族蕃部，叠州钦令征、洮州郭斯敦皆震恐无措，相继赴王师军中，以城听命，归降官军；洮州大首领巴毡角随即亦率其族众归附投降！自七月末用兵以来，王韶所率官军行军五十有四日，跋涉近一千八百里，克复河州、洮州、岷州、叠州、宕州五个自李唐来久已不为中原王朝所得的州郡，这是将汉唐旧土，再收金瓯之中的盛举！

这意味着虽然木征仍在逃，但河湟战略确确实实已经完成了一大半！这样的喜讯下，即便是两浙、江淮的灾情和府界的大旱也没能影响官家溢于言表的兴奋。

十月初一（庚午日），朝廷下诏，令王韶记录杀伤河州降人者姓名并上奏，但知情人都明白，这只是走个过场。

十月上旬，赵官家的心情都好得很。广西经略沈起奏报"招抚融州溪峒蛮颇顺利，乞籍为皇宋之民，开通道路，建置州县城寨"。荆湖南路察访章惇亦奏报，"官军三路进兵讨懿、洽州蛮，已皆克捷，悉平定之。"又泸州淯井蛮事，王安石以熊本书信进呈，认为可招抚泸州当地蛮夷豪酋斧望个恕、晏子②二人，通过以官爵羁縻的方式抚定诸蛮，官家认为甚好，即经制淯井监蛮夷之事也已有了具体方略和眉目。

新政上，则又改"提举在京市易务"为"都提举市易司"，使其统摄诸州市易务，

---

① 足疡下漏，即"足穿通性溃疡"。

② 泸州蛮夷中两个强大部族的首领，在当地有极大影响力，诸小部族多向其臣服纳贡。

进一步大力推行市易法。

十月十一（庚辰日），熙河路走马承受李元凯至京师奏捷，王韶所立功勋再无疑问。东京宫城内外一片欢腾。

十月十二（辛巳日），宰相王安石率领中书、枢密院二府宰执大臣及百官一同上表称贺，谓"今修复熙州、河州、洮、岷、叠、宕等州，幅员二千余里，斩获不顺蕃部万九千余人，招抚小大蕃族三十余万帐，各已降附，此真宗以来所无之武功，诚陛下天威神算"云云。

紫宸殿内，赵官家亦是满脸喜色，他从御座上站起，竟解下了随身所束的玉带，命内侍李舜举过来捧在手中，赐予王安石。

官家极是高兴，朗声道："洮河之举，小大并疑，惟卿启迪，迄有成功。今解朕所御带赐卿，以旌卿功！"

王安石再拜固辞曰："陛下拔王韶于疏远之中，恢复一方，臣与二三执政奉承圣旨而已，不敢独当此赐。"

官家乃再令李舜举宣谕旨意，向王安石道："群疑方作，朕亦欲中止，非卿助朕，此功不成。赐卿带以传遗子孙，表朕与卿君臣一时相遇之美也。"

于是王安石方拜谢受赐，他恭恭敬敬地接过玉带，稍端详了片刻，便认出了这条玉带的来历。原来，这是真宗时期赵德明①所贡之物，名"玉抱肚"②。

当日，朝廷下诏以王韶为端明殿学士兼龙图阁学士、左谏议大夫；熙河路总管、西上阁门使、荣州刺史高遵裕落阶官，为正任岷州刺史、知岷州；勾当御药院李宪为遥郡团练使寄资，给全俸……

两日后，又以内藏库使、提举熙河路蕃部王君万为皇城使、英州刺史，赐绢五百匹；走马承受、六宅使李元凯为礼宾使寄资；余皆推恩赏收河州等功劳。景思立或因杀降事不予封赏，加之不从王韶会师叠、岷、宕等州之约，只令苗授率军敷衍，乃更不赏赐，但竟亦无黜责，仍为河州团练使，差遣如故。

十月二十二（辛卯日），王韶再奏报，云木征一子③乞与补一官，于是诏补三班奉职，赐姓钱，名怀义。三日后，又赐秦凤路经略使张诜、泾原经略使王广渊各银绢五百，以收复河、岷应副军须有劳。

---

① 赵德明，即西夏首领李德明，夏太祖李继迁长子，夏景宗李元昊之父。元昊称帝后，追尊其为光圣皇帝，庙号太宗。

② 陆游《老学庵笔记》卷七："王荆公所赐玉带，阔十四挎，号玉抱肚，真庙朝赵德明所贡。"

③ 此子名"兀丁［囗兀］乞"。

十月二十九（戊戌日），西域于阗来使进贡方物，赵官家终于有些"天可汗"的感觉了。熙河开边的功赏完成，自是该轮到论罪了，自古赏功罚罪乃是天子之权柄，雷霆雨露，俱是君恩。这一天，朝廷下诏，以河州通判李山甫送审官东院，贬黜为监当官，其公开的缘由乃是坐犯"遍与执政书信，饰言边事蔽覆[1]，河州官兵违节制杀降"，所谓以小臣而沮坏边事之故。

杀降的人数多达两千余人，其中包括投降的木征麾下蕃人，河州城参与守城的百姓。这么大的事，最后板子竟打在了一个区区从七品官衔的太常博士、河州通判身上！李山甫将事情闹这么大，加之其还有着景思立佐贰的微妙身份，整个事情本就蹊跷非常，可对于李山甫背后有没有人，官家已经不想追究，既然景思立不罚，那么所有的罪责就由李山甫来承担吧！京师里嗅觉灵敏的大臣明白，这事情怕是官家和王相公彼此心照不宣罢了。对官家来说，熙河开边已成，往后就是湟州攻略，降服董毡了，其余已过去的事，都可以既往不咎。

转眼京师便到了十一月。东京汴梁大雪纷飞，天寒地冻。东府相府内却是温暖如春。

茶室里，宰相王安石正与一位友人品茗畅谈。这位友人虽为布衣，但与王安石相识已有十年之久，两人算得上是莫逆之交了。仁宗嘉祐八年（1063年），王安石回江宁丁母忧，居丧时期便与之结识。此人名唤李士宁，乃是一游方道士，如今名满天下，公卿士大夫延请者不计其数。十月间他到东京看望已做了宰相的老友，这一来便在相府里住下了。

李士宁点茶、分茶的技艺炉火纯青。他看着眉间愁云难掩的王安石，将杯盏推到其面前，然后道："相公门下王端明成功于西北，可谓功勋累累，相公如何今日反不乐耶？"

王安石喝了口茶，道："'见小曰明，守柔曰强'，'反者道之动'，'故强梁者不得其死'[2]，岂可不畏？"

李士宁笑道："'物壮则老，是谓不道，不道早已。'[3]固然是这道理。但每件事都要看天、地、人三者。相公做的乃经天纬地事业，要造福万民，开百年太平，此不

---

① 蔽覆，指隐瞒。

② 皆典出《老子》。分别指能察事物于细微而未萌时乃明睿，能乐于处柔弱则为强大；因为世间万事万物皆会向自己的对立面发展、转化，此为道主宰世界的根本规律；强横者即必盛极而衰，走向灭亡。

③ 典出《老子》。指世间事物必经历成住坏空这一过程，事物极盛则将衰，此不合守雌之道，故以强壮而早趋毁灭。

可曰贪执，乃是菩萨心肠、金刚手段。若说畏惧二字，相公圆照万物之心，又岂会有之？"

王安石想到近来的许多事情，便道："仆不贪慕财货和名声。钱是阿堵物，与身外虚空无异；史册如何写某，亦全不在意。只是得人主恩遇，平生所读圣贤书，当有所用处。倘若居庙堂之高，不思如何膏泽斯民，而只是守禄自肥，利益一家一姓，尽做些稻粱之谋，又和率兽食人有何区别？须知寻常士大夫宅邸里吃的鸡鸭牛羊，何尝不是夺自升斗小民田里颗颗麦子、碗中粒粒米粟？"

李士宁道："世人贪着，不足为奇。嘴上是孔曰成仁、孟曰取义的圣贤道理，心里却尽是升官发财的买卖利益。相公则不然，荷担社稷、兆民，乃以一人敌天下，焉能不茕茕孑立，孤独而行？"

王安石喝完杯中龙团茶，道："人谓我师心自用，将致天下板荡不宁，其果如此也？"

李士宁一笑："相公苦心孤诣，却是当局者迷。众生各有因果，何况这三界如火宅，相公纵然以霹雳手段，拔济①得一时，又如何拔济得一世？个人生死个人了，因果还须自己受。在道门曰无量天尊，在竺学曰阿弥陀佛；老君说婴儿心，佛祖说如来藏；南华教人撄宁，法华称许方便。大道三千，其实皆一，自古圣贤不过以无为法而有差别。相公但尽人事，便是了却一桩大事因果。"

王安石闻言，亦不禁为之颔首而沉思。

李士宁正要再分茶，安石东阁王旁在外头敲门。平常这种事自是王雱来，但他仍未完全病愈，常卧床，故不得已乃是王旁来知会父亲。

"爹爹，吕舍人和曾内翰、邓中丞来了。"

王安石从蒲团上起身，向李士宁一揖，乃推开门，随儿子去往会客的厅堂。

须臾，三人见到相公到来，纷纷起来见礼。

"不须如此，都坐都坐，"王安石亦坐了下来，"今日叫诸君来，却是为两件事。一者是舍弟安国迁京官、授馆职②，此是官家特旨，王禹玉向某道，云是冯当世举荐，其亦附和。只恐此事不简单，舍弟性刚直，不能识人心险恶，某深为其忧。"

听到王安国这个名字，曾布的印象可谓极其深刻。两年前相府中的家宴，正是这个王安国借酒撒泼，责问自己蛊惑丞相变法，还说什么"丞相由汝之故，杀身破家，僇及先人，发掘丘垄，岂得不预我事"这样的疯话。冯京能安什么好心？这怕不是在

---

① 拔济，指拯救。

② 此年十一月十九（戊午日），权武昌军节度推官、崇文院校书王安国为著作佐郎、秘阁校理。著作佐郎为京官，从八品；秘阁校理为馆职。

哄骗王安国，让他以为自己备受旧党君子们器重，以便今后拿他当枪使，往王相公身上捅去呢！

吕惠卿开口道："我为师相深忧！王珪也恁地糊涂，此分明是冯京奸计，令平甫堕奸党网罟之中！他日必对师相不利，我们不可不防！"

曾布近来看吕惠卿越发不顺眼，往昔这些话他也一般说得，可如今听到吕惠卿说，便觉得浑身不自在，直谓其阿谀时宰，全无廉耻。

邓绾也道："平甫兄是恩相家人，今不能体恩相革新庶政、造福万代之美意，反为奸人利用，此事非细。若使平甫击恩相，此则是兄弟不能恺悌，人必有言，谓恩相尚不能修身齐家，何能平天下？无非欲逼相公请辞耳！此诚毒计之甚矣！"

王安石叹道："吾忧平甫为人利用，终则过河拆桥，使之尽负其责，而不免为齑粉也！吾实不忍至于此。"

吕惠卿道："师相莫过虑，且待某寻机会开解平甫。"

曾布听到这话心里嗤之以鼻，你吕六①是个什么东西，王安国能听你的鬼话？偏相公还当你是个宝！

"亦只能走一步看一步了。"在家人的问题上，王安石一时间也想不到什么办法，仍是叹气而已，"更有一事，关乎官家。"

于是吕惠卿、曾布、邓绾的表情都更加严肃起来，无不是一副洗耳恭听的模样。

王安石道："前者河州杀降事，官家竟令王韶将勘劾所得杀降将士皆送与景思立处置。此事实则极分明，景思立自是罪人，如何更将罪人送与他理会？果然大半都给放却不问了，如此则西北人人皆知皇帝主景思立，缓急则王韶当如何节制？岂有帅臣立大功如是，而竟受辱一至于斯？非但如此，亦恐将校士卒乃敢胡作非为，动辄作乱也！某前后与官家论及此事多矣，而官家以为王韶忌景思立。长此以往，恐湟州董毡未易了办，遑论西贼！此吾所以深忧也！"

这确实是一件极为棘手的事情，官家自以为帝王的平衡术在西北拿捏得如臻化境，可在边事上如此举动，只会遗祸无穷。但看来皇帝年岁既长，便是独秉国政的王相公也没能多说，此无他，因为官家始终是天子，君王的权柄，岂容外人置喙？

曾布道："若让子纯从高遵裕那边想办法，或许尚有转机。"

让王韶在高遵裕身上找突破口？吕惠卿一听就明白了，这是要设法让高遵裕走宝慈宫的门路。虽曰后宫不干政，可皇帝当以孝道治天下，若是母改子政，又如何？何况以文驭武是祖宗家法，把景思立的气焰打下去，西北事完全专委王韶，也是占着道

---

① 吕六，指吕惠卿。

理的，谁能说不是？然而高家人岂是好差动的？要宝慈宫圣人口吐天宪、干预边事，这绝不是一点点利益便能做到的！岂非异想天开！

可曾布是这样幼稚而冒失的人吗？吕惠卿感到不可能，曾布一定是想好了拿什么东西来交换……

王安石道："高遵裕虽是太后叔伯辈，但这种事……"

邓绾也道："只怕高家人不好打发！"

曾布道："或可动市易司？"

市易？王安石不由得皱起眉头。

眼下吕嘉问主持的都提举市易司，确实让京师、地方上的外戚和勋贵们受到了相当大的利益损失。原本这些飞扬跋扈的戚里勋臣们或勾结扶持豪商巨贾，或巧立代理之人，大肆操纵百货之物价，获取暴利；又插手朝廷百司衙署的公务采购，吸食诸行商人之血，中饱国家帑藏而入私囊……

那曾布的意思，竟是要在市易问题上，向曹家人、高家人，乃至向家人为首的外戚们让步？可这一步让下去，后面只怕是再收不住口子了！

曾布还在说着："一可安抚薛向，使其再为相公所用；二可令景思立知上下节制，不敢造次；三则与两宫相缓和；四则使王子纯能了办湟州董毡，所谓一举数得，莫过于此！"

吕惠卿讥道："薛向反背小人，几坏相公大事，何安抚之用！而戚里之家，一向是贪得无厌、得寸进尺，何况市易法乃师相新政极重要之创法，岂可遽废？"

曾布急道："薛向干局绝人，诚能为相公办大事，其所不平者，盖吕嘉问耳，何惜一家贼，而令薛向离心？况如薛向者，官家亦终必用之。至于市易法，亦非要罢废，我何尝说过要罢废？但说可商量略作让步而已！"

吕惠卿道："荒谬！相公仁心，不忍处置薛向，某以为已过矣。今若更罪吕嘉问而右薛向，人将谓相公何？恐将以为相公可欺侮而不足惧，反背之人，尚蒙擢拔，若只造作浮议，当无关痛痒！再者，数年来群邪窥伺，新政所以能施行至今，惠及亿兆生民，正因师相守圣贤之道，寸步不让！若今日与人妥协，明日新法便皆可动摇，不出数月，必功亏一篑耳！"

邓绾见到曾布、吕惠卿二人气氛闹得剑拔弩张，一时也不敢开口。

王安石见状道："景思立之事，亦可再做计较，不须如此。"

曾布见王安石虽然出言缓和，可实则却是径直否定了他的献策，完全偏向着吕惠卿，乃怀着一股悲愤道："相公，事急矣！如今王韶虽拜端明、龙图双学士，然在边之人只见景思立一区区武夫，竟能凌侮王韶，恐虽归顺蕃部亦将怀贰心。近来传言契丹欲争蔚、应、朔三州地界，而官家屡屡问计于相公，相公每说以契丹无足深忧，然官家每曰'奈何'，迹虽以相公所说为然，心不以为然，此谁不知也？契丹贪狼，果遣泛使者亦无足怪，若争地界，则人必言此是相公措置北界事不当，而向时枢密院之见方是正论，人将谓相公以柔佞事北房，故契丹益轻我，终致蛮夷猾夏[①]！官家既深惧辽人，则将以相公为非。此情势，在二三年前，绝无可能。说明官家对相公之信重，已不如前，惟当未雨绸缪，岂能等闲视之，但曰'再做计较'？恐误之甚矣，悔之无及！又相公学生郑侠[②]，数日前致书痛陈市易免行钱之弊，此等事若为人利用，便如文约所言，人将谓相公兄弟不能恺悌，师生亦相矛盾，修身齐家之不暇，何能治天下！此所以某以为事急矣！切不可只说'再做计较'！相公当断不断，必反受其乱！"

吕惠卿陡然站起来，斥道："如何在相公面前无礼？"

王安石摆摆手说："无妨，子宣是为我考量，字字句句皆肺腑，某是知道的。"

曾布被吕惠卿气得侧过了脸，竟不愿看他。

吕惠卿道："师相，某有折中之策。以学生之见，应从师相门下选几个官家平日不喜之人，让官家同意进用提拔，如此则无人敢认为师相圣宠已衰。"

王安石不由得点头，吕惠卿说得有道理。

吕惠卿继续道："如章惇者，上素所不喜，然经制南北江为有拓土之功，待其事毕赴阙，何不向官家举荐？若擢为陕西帅臣，与王韶共事，何愁不能制景思立？则破湟州，降董毡必矣！"

王安石道："吉甫这个提议好……"

熙宁六年十二月初，吕嘉问官升一任，御史吕陶攻讦免行钱不均等亦留中不报。是月十一（庚寅日），中书五房设置"习学公事"的差遣，当日以修撰经义所检讨、洪州进士徐禧为镇南军节度推官、中书户房习学公事，次日则又以叶适、张元方、王震并为中书习学公事。京师百官皆以为这是王安石在吸纳低级官吏，以充实其新党队伍。十二月十六（乙未日），中书又请增开封府等处胥吏俸禄，以落实仓法严惩贪赃受贿之重法。十二月二十五（癸巳日），则令相度成都府置市易务利害。

边境上，广西经略使沈起则在筹建五七座新堡寨，使大者屯兵六七百人，小者屯三五百人。自桂州到京师，人皆言将谋取交趾。

---

① 蛮夷猾夏，指蛮夷侵扰华夏。

② 时郑侠在京监安上门。

王韶则在熙州西罗城置办了蕃学，并晓谕蕃官子弟入学。这显然是为了用夏变夷，逐渐汉化归顺的羌人，使其向慕中原风土人情和礼乐文化，利于为朝廷所用。

十二月二十七（乙未日），官家在延和殿召见了已经降服的瞎吴叱、巴毡角、董裕这三个瞎毡的儿子。之后，诏以岷州都首领瞎吴叱、洮州都首领巴毡角并为崇仪副使，董裕为礼宾副使；皆除蕃部钤辖，瞎吴叱岷州、巴毡角洮州、董裕河州，显示了官家极大的胸怀和信任。三个蕃官无不诚惶诚恐，大礼叩拜。赵官家看得十分高兴，这是太宗以来便再没有过的武功了！

辽国来贺正旦的使节也到了东京城，整个东京汴梁已在迫不及待地迎接新年了。

这一年，宗室子赐名授官者五十九人，断大辟之罪犯凡二千九百五十一人。

第 七 卷

人 间

第 二 十 三 章

气力回天到此休

熙宁七年（1074年）正月，过了上元休沐，端明殿学士、龙图阁学士、熙河路经略安抚使兼知熙州王韶赴阙觐见，官家特命其与辅臣在资政殿共议日后经略夏国事。

这样做自然是为了彰显对王韶熙河功勋的特殊恩宠，寻常大臣是没有什么资格和二府宰执一起上殿奏对的。

御座上的官家端详着王韶饱经风霜的脸庞，才四十多的人已两鬓泛白，一张脸更是因久曝野外而成了黝黑之色，也不知他紫色的官袍下面，可是伤痕累累？

官家不免有些触动，道："卿数年来为国宣力，百战功成，实劳苦难言，朕极知卿也。"

王韶遂欲大礼叩拜，官家自是令免礼，又一番抚慰不提。于是君臣开始讨论此后如何渐制西贼党项之事。

谈到最后，王韶乞请官家再派遣一位内臣在军中往来奏事，其理由乃是熙河去朝廷两千五百里，若欲常奉皇帝指挥，鞭笞四夷，即须如此，方易了办。

王韶下殿后，辅臣中副相王珪却表示，中贵人监军谈不上是好事，也不是遇大臣之礼数，如果官家对王韶无疑，则不须如此。

受到触动的官家采纳了王珪的意见，但数日后王韶又请以王安礼、蔡天申为熙河经略司勾当公事，这一请求则被王安石否决了。连官家都看出，王韶这样做的理由不过是想要朝中执政大臣能与其协力，少些掣肘，因为王安礼乃是宰相王安石之弟，蔡天申则是执政蔡挺之子。如此一来，赵官家也感受到似乎以景思立平衡王韶的安排，对其逼迫太过。

于是，当王韶再乞请修筑赞纳克城以制夏国时，官家便准备下诏让其先制置陕西四路粮草。所谓制置粮草是一种很模糊和灵活的措置，一方面不去刺激党项人的神经，另一方面提高了王韶的事权。而在西夏必争的咽喉之地赞纳克城筑城，其工程浩大，计算下来须兵三万，加之党项人马骚扰，宋夏冲突很可能演变为大规模战争。如果届时王韶已为陕西宣抚使，军中再拜为执政，便能省却许多麻烦。从另一个角度来说，王韶得兼陕西四路，则景思立自然气沮，多半不敢再如此嚣张。然而，王安石却反对如此做，他向官家提出，若使王韶兼领四路，则恐虚名以示形于敌而失我实利，不如只兼两路，壤界相接，恐亦无伤。王安石的建议是从更高的宋夏两国角度考虑的，已经跳出了西北的将帅权力分配和制衡等问题，官家最终听从了其意见。

二月初一（己巳日），朝廷下诏：知熙州、端明殿学士、兼龙图阁学士王韶为资政殿学士[1]、兼制置泾原、秦凤路军马粮，赐京师崇仁坊第一区府邸、银绢二千；另授王韶兄长王振为奉礼郎，弟大理寺丞王夏为三司勾当公事，令侍母于开封府。同日，又以吕惠卿兼任判司农寺。

辞谢之后，王韶就将启程返回熙河。百司官吏中消息灵通的好事者们不免揣度，如今王相公否了让王资政兼制置陕西四路的事情，往后依旧是将相和呢，还是范雎、白起相龃龉？

事实上，自熙宁七年正月以来，大宋的朝野似乎笼罩在辽国将要派遣泛使前来的阴影里。

京师遂流传起一些说法，说宰相王安石对契丹人在边界屡屡生事的应对过于软弱退让，处置了忠君爱国的雄州守臣张利一才导致了北虏得寸进尺，说起来还是原本枢密院文相公的意见正确；又有说契丹之所以生事，是因为王相公门下的王韶在西北构怨羌夷，杀得人头滚滚，引惹辽人警惕和不满。

到了二月，契丹将遣泛使来开封的消息也得到了确认，阴云顿时便来到了京师宫府上空。

二月初四（壬申日），官家赵顼乃在延和殿召对宰臣，商议对策。

官家道："已诏韩缜以瀛州事付刘瑾[2]，令其为馆伴。只是契丹若坚要两属地，奈何？"

王安石道："若如此，即不可许。"

冯京在一旁腹诽不已，你王介甫先前可是说两属地不足惜，甚至说什么"即契丹占却雄州，亦未须争"，这会儿倒斩钉截铁地说不可答应他们的无理要求了？

官家道："契丹不已奈何？"

王安石道："若其不肯放弃贪求，亦未须力争，但遣使徐以道理与之辩而已。"

官家沉默了片刻，又问道："若遽交兵奈何？"

---

[1] 资政殿学士，常用以优待参知政事等执政离任者，正三品，未执政而除资政殿学士自王韶始，以示边功之特恩。

[2] 时令知瀛州、天章阁待制韩缜同提举在京诸司库务，仍诏韩缜以瀛州事付河北东路都转运使刘瑾，亟乘驿赴阙，命其馆伴辽国泛使萧禧。

王珪发现官家对辽国有着一种莫名的恐惧心理，与他在河湟开边以及对夏国开战问题上的信心，简直判若云泥，全不可同日而语。陛下冒出的这个问题才叫人感到意外，如何会想到契丹会骤然发兵，与我皇宋交战呢？

王安石道："必不至如此。"

官家道："倘若契丹竟发兵，则奈何？"

王安石则对官家在辽国之事上的过虑已见惯不怪，乃道："陛下，臣朔日已为陛下言之，岂有幅员万里而畏人者哉？况以人情计之，不应便至如此，契丹亦人尔。"

冯京道："陛下，契丹与我为敌国，彼此平等，号为北朝、南朝。敌国之交，讲究道理，以道理而论，我理未尝不直。若契丹索求土地，则曲在彼。"

官家忽然不假思索地反驳道："江南李氏①何尝理曲，而为太祖所灭！"

听到官家这句话，枢密副使吴充和蔡挺对视了一眼，彼此都露出了难以置信的表情。陛下究竟是何道理，要畏惧契丹到这种程度？

王安石的话也是很不客气，竟说："今我大宋地非不广，人非不众，财谷非少，若与柴世宗、太宗同道，即何至为李氏？若独与李氏同忧，即必是计议国事犹有未尽尔，不然即以今日土地、人民、财力，无畏惧契丹之理！"

官家在御案后沉默了许久，方道："且待萧禧至，再理会。"

四天后，谍报奏至，云辽国欲索求关南地！焦急的官家当即开天章阁，召见二府宰执大臣。

官家伫立着，望向他的御前辅臣们，径道："今契丹将索关南地，当如何？"

王安石道："此事恐无，纵有之亦不足深致圣虑。敌情固难知。然契丹果如此，非得计，恐不至此。此不过以我用兵于他夷，恐渐为我所轻侮，故生事遣使，示存旧态而已。既示存旧态而已，则必不敢大段非理干求，亦虑激成我怒，别致衅隙也。"

官家道："谍报云将如此。而今河北边防都无准备，奈何？"

王安石道："此又何难？北虏使节来，若果出此下策，则我徐遣使以理应之；若又不已，亦勿深拒，但再遣使议，如许往返要须一年以上，足可为备。"

王珪遂道："若一年，河北当能御契丹矣。"

官家道："然则须择河北帅，用郭逵往定州如何？"

---

① 江南李氏，此指南唐。南唐曾颇强盛，于五代时期亦能吞并别国，经周世宗屡屡南征，方取消帝号，称国主，割地臣服后周。赵匡胤代周建宋后，南唐谦卑恭敬，继续以国主身份臣服，赵匡胤消灭南汉后，南唐后主李煜恐惧，乃改称"江南国主"，去唐国称号，此后又贬损职官制度，以示一心恭顺不二。但南唐（江南）最终仍被宋太祖赵匡胤吞并，李后主投降，成为宋军俘虏。

看来官家还是信任久为武臣的郭逵，若派其为河北帅臣，缓急必除宣抚使，以北事付之。

王安石道："岂可用郭逵？陛下当国家闲豫时不修政刑，使郭逵有所忌惮，缓急乃欲用逵，臣恐非宜。且向时郭逵言'木征恐来秦州作过，臣才能短浅，无以措置，伏乞朝廷相度处分'。木征至无足惮，然逵尚敢挟之以侮胁朝廷，若握重兵外挟契丹，陛下如何可以节制？"

官家道："郭逵必不敢抗旨。"

王安石道："是不然也。两年前郭逵在秦州，乃以木征侮胁朝廷，竟云'若木征果来巡边，臣智议昏愚，无能裁处'，岂非欺君，形同旅拒抗旨也？"

官家道："当时郭逵只是与王韶争耳。"

王安石立刻道："王韶是陛下所委，总制外藩；郭逵竟起大狱，使人至江、淮、两浙散捕无罪之人，造成其无根之罪，外则兴狱，内则侮胁朝廷，如有畏上之心，何敢如此？"

副相冯京与枢副吴充、蔡挺这会儿都沉默不语，看着天章阁召对辅臣这样的场合居然又成了皇帝和宰相之间的角力。

赵官家道："若契丹真渝盟兴兵，来寇河北，则关社稷耳。使郭逵往，一年中修缮堡寨、城防，训练兵马，当能无虞。"

王安石道："陛下图契丹，此第一事，乃已失计如此，臣何敢任安危之责。更乞陛下审计，容臣与密院退更审计，明日取旨。"

官家竟是斩钉截铁："只此是。当用郭逵。"

王珪见到王安石立即又与官家滔滔不绝地辩论起来，固执不可，寸步不让，而官家也仍不改变圣意。这是王安石入参大政之后极为罕见的，而近来却愈加常见。

枢密副使吴充道："今契丹将遣泛使无礼索求，则恐自此多事，臣乞且减省骚扰河北事。"

这自然是在针对新法！

王安石当即道："河北修役法，人皆免役数年，特不科配银绢，至于其余百色，无一毫科配，如何反有骚扰？"

官家听到吴充的话语，略一思索，乃道："当是河北向来差派夫役多，百姓颇苦之。"

王安石驳道："差派夫役事，候排定保甲乃可见事实，大抵七八丁乃着一夫，有何骚扰？初，自河决遽调夫，不知河至今不塞，河北如何骚扰？调数万夫塞却河，致恩、冀数州皆免流亡，得良田耕垦，何名骚扰？塞滹沱河又出田几万顷，灌田四千余顷，纵未经打量，不知万顷实否，然亦须五六千顷，并淤到卤地亦自万顷。又开漳河，出三县之田皆耕种，百姓至群聚来京师，谢朝廷为之除害，如何谓之骚扰？"

吴充道："民可与乐成，难与虑始。①"

王安石道："民既难与虑始，此所以烦朝廷驱使，况亦不闻百姓以此为怨，但朝廷士大夫自纷纷尔！"

面对这位亲家独相如此咄咄逼人，身为执政的吴充也不免有了火气："百姓不以为怨？恐王相专以程昉所为事皆善之善者也！"

冯京见机便道："安石所言修漳河事，百姓群至京师，经待漏院出头，谢朝廷差到程昉开河，或闻实则是原武等县民因淤田浸坏庐舍、坟墓，又妨秋种，乃不得已，相率诣阙诉。有司吏员闻之，急责其令追呼，恐吓百姓，谓将杖之，民即大惧，伪云：'我等诣阙谢朝廷恩典耳。'"

赵顼见到天章阁里的御前会议又成了如此支蔓攻讦的争论，心下乃升起越来越强烈的恼怒。谍报已经说契丹人要来索要关南之地，可宰臣们还在打嘴仗！

"且去商量河北帅臣事，今日便如此！"

到了这日两府大臣快放衙的时辰，官家忽然又召宰相赴便殿独对。

王安石上得殿来，见到官家满面愁容，显然他还在为契丹可能的土地索求感到揪心和不安，因此才无比紧张地召其独对。

"卿既力陈郭逵不可用，则孰可？卿可有人选？"

面对官家急不可耐的询问，王安石一揖道："臣请用薛向。"

"薛向？"

这个答案让赵顼很是震惊，薛向一次又一次对王安石的背叛已是不言而喻，他表现出投靠旧党的倾向和态度，想要用骑墙观望来进行投机，王安石为什么还要给他机会呢？难道是为了趁这个机会把薛向赶出京城？可若真是北房入寇，守御河北有功，薛向是有资格拜为执政的。想到薛向这种首鼠两端的心思，赵顼颇是不乐。

"薛向为人不忠信，不如赵禼。"

王安石道："赵禼与薛向之为人，亦相去不远。陛下既知其不忠信，若以道御之，则狙诈咸足使，如其不然，则中才以下孰不为诞谩者？"

官家叹道："人才少，须养育。"

王安石道："陛下不分别君子小人，即人才何由长育？"

---

① 语出《商君书》："愚者暗于成事，知者见于未萌。民不可与虑始，而可与乐成。"商鞅的意思是说，百姓愚昧，在一件事谋划、草创的开端阶段，是不能和老百姓商量或者让他们过多参与的，他们只能享受事情的成果而已。

官家又道："河北事，若契丹果来，诚非细事，恐当用郭逵为上。"

王安石道："今但令修理城郭器械，教训士卒，如薛向足矣。何况臣料北使非是求关南地，或是争河东疆界耳。若有边事，须陛下另用人总制亦无妨。"

官家道："今且用薛向，郭逵候缓急别商量。"

二月初九（丁丑日），下诏以三司使、龙图阁学士、右谏议大夫薛向为给事中、枢密直学士、出知定州；翰林学士、起居舍人曾布为权三司使。联系到朔日吕惠卿兼判司农寺，曾布虽然升迁为计相，可是却丢了判司农寺这一关键职位。明眼人谁看不出，这是王安石将新法的诸多大事独交给吕惠卿主持，在新政的框架下，司农寺才是两府之外最紧要的衙署，谁管着司农寺，谁就在新法的核心决策层。官吏之间传递小道消息，更是说得有鼻子有眼，谓王相公在御前说，"惠卿居常岂有后曾布？其大才岂不可为学士？"

果不其然，六天后，朝廷诏以知制诰吕惠卿为翰林学士。吕惠卿自丁忧服丧期满，回到京师之后，其重回新党核心的速度之快，令人咋舌，都下前一阵尚谓吕惠卿与曾布为王安石之左膀右臂，眼下便已说他复为相公的继承人了，不少人也在猜测曾布的心思。京师里一面是辽国泛使将至的阴云密布，一面则是新党大臣们的貌合神离、各有算计。

就在这节骨眼上，西北出事了。

河州城安抚司衙门里，经略景思立将手中的书信猛然撕得粉碎。

他怒不可遏，须发皆张，握紧了双拳，咬牙切齿的模样仿佛是个要噬人的凶兽。信笺是以景思立治下的河州赵、常、杓三家族蕃部名义写的，语词极不逊，声称宋军采木军士侵犯当地蕃部，存在欺男霸女、掠夺牛羊等牲畜的行为，故三族义愤填膺，乃袭杀宋军不法将校、士卒，今已集兵西山，若景思立不愿赔偿蕃部损失，则将于踏白城中"自取之"，又云"木征有众数千在踏白城，将来降，请迎于河上"。来降自然是假，威胁是真，这是在告诉景思立，赵、常、杓三家族蕃部已经和木征合兵一处，将在踏白城一带兴风作浪。

小小的几个蕃部，加起来不过几千人，居然敢威胁堂堂的河州团练使！什么叫"自取之"？什么叫"请迎于河上"？这是扬言要打进踏白城里烧杀抢掠！是可忍，孰不可忍！

景思立马上命令召集经略司一众文武僚属，进行紧急军议。

待诸将至，景思立便宣布将出兵讨伐作过蕃部，随即开始布置作战任务，下达军令，部分师旅。

蕃将瞎药斟酌了片刻，终于还是开口劝阻道："团练，赵、常、朹三家如何有这般胆量，非但杀害官军，更威胁经略司？事颇蹊跷，今木征未擒，又明言有木征在其背后，我官军骤然赴踏白城下，未必是上策。"

景思立道："木征早已是强弩之末，他如今不过再能纠集数千人而已，何足惧！若是连这条丧家之犬都收拾不了，复何面目坐镇洮西！他若真在踏白城，而非赵、常、朹三家张大其势，那便正好将木征生擒！"

河州通判鲜于师中亦道："团练，恐怕不可！蕃贼以桀骜不驯之辞相激，必有诡诈，轻往或不利！"

铃辖韩存宝是个粗人，只懂得就事论事，竟道："大帅，瞎药和通判说得有理。且眼下熙州王龙图还未归，是否等他回到熙州，与其商量后，再做定夺，最是万全？"

景思立大怒："王韶不在，蕃人袭杀官军将士、侮辱朝廷，就不须理会了吗？今赵、常、朹三家蕞尔小丑若不能制之，河州其他蕃部都会有样学样，还如何弹压？勿得再言！"

次日丑时，景思立亲自统率蕃汉劲卒六千人出河州城，留下了通判鲜于师中守城。他乃自将中军，而以韩存宝、魏奇为先锋，王宁为策应；又以王存、贾翊为左右肋，李棨为殿后，赵亶为策应。按照景思立的布置，经略司六千精兵又三分其军，可以迅速在战场上相互支援，同时围堵赵、常、朹三家蕃部兵马和可能出现的木征人马，他要的是全歼其作过羌人，来个杀鸡儆猴，好叫河州其他蕃部再不敢朝秦暮楚、降而复叛！

韩存宝与魏奇作为先锋军自然走在最前头，他们一面派出斥候侦查，一面又令人往踏白城传达景思立的经略司军令，命其做好守城准备，如无军令，不许出城。这说明景思立固然对赵、常、朹三家目无王法的挑衅言行极其愤怒，但他终究是久经沙场的一方名将，也考虑到这背后可能真有木征在捣鬼。万一踏白城宋军出城接应自己，最后给木征偷了城呢？这种事情以前又不是没有过！何况以自己的六千人马，要对付赵、常、朹三家，那是绰绰有余，简直是杀鸡用牛刀，即便再加上已点集不起多少人马的木征兵马，那也是稳操胜券的。

在景思立想来，如果真是木征诱胁赵、常、朹三家作过，那木征定以为自己会点集大兵，绝想不到是如今这般以数千人轻兵倍道兼程，来了个兵贵神速！这样的话，无论赵、常、朹三家背后有没有木征势力，宋军都将是动如雷霆，将其扫荡殆尽！

走了两个时辰，斥候回来禀报，说是西山下确有三个蕃部营寨，但颇无章法，应即是赵、常、杓三家人马，当不过三四千人而已，尚不见木征旗号。

于是韩存宝、魏奇令人向中军景思立汇报，然后按照先前的吩咐，加速行军，直扑作过蕃部的营垒。

卯初二刻，洮西军先锋抵达赵、常、杓三家寨子外围，而蕃人尚多在拂晓的熟睡中，似毫无察觉。于是韩存宝、魏奇率军发起进攻，羌人乃营盘大乱，遭到宋军摧枯拉朽般的剿杀。到了卯正一刻，景思立和走马承受李元凯的三千人中军也抵达了战场，见遭到进攻的蕃人寨子已混乱不堪，而另外两个营垒正组织人马出营支援，于是景思立也令中军投入战场，歼灭作过羌人。

又打了两刻时间，洮西军王存、贾翊部也到了，战场形势完全一边倒。景思立在马背上露出了阴狠且得意的笑，谁道只有王韶会打仗？谁道只有王韶懂得兵贵神速、攻敌不备？

营寨里的洮西军正在肆意杀戮和劫掠，景思立早有明令，赵、常、杓三家蕃部男丁一概杀之，一切财货听将士"自取"，待剿灭后尚要往三家族帐所在，将其女眷尽掠为奴！

渐渐亮起来的天色里，羌人在奔走逃命，到处是尸首和鲜血，却始终不见木征人马的身影，看来这只能认为是赵、常、杓三家蕃部狐假虎威而已。宋军的刀枪劈砍挥刺，带走了一个又一个羌人的生命，尸体倒毙的沉闷声响都被厮杀声、哭号声给淹没了。刺鼻的血腥味在三处营寨中弥漫，却反而激发起景思立麾下洮西军的凶性，他们兴奋地杀戮着，在朝廷监管不到的这种角落，将一族蕃人屠杀光，那他们的女眷、财货可就都是弟兄们的了！洮西军将士颇爱戴着他们的经略大帅景思立，因为这位团练使总是纵容官军劫掠，洮西军作战越勇猛，打下来的属于自己的收获就越多！

然而就在赵、常、杓三家已经兵败如山倒的时候，只听到一阵阵号角自山麓下营盘上方的树林中传出，骤然间"榔榔榔榔"，箭如雨下，成千上万支箭矢射向了三处营寨。顷刻间，宋军和蕃人中箭者数不胜数！难道是木征的伏兵吗？！

景思立望向山中的埋伏，万箭齐发后竟有铁骑奔袭向营寨，那哪里是如今木征的力量所能有的声势？一面面旗帜竖立起来，在辰初时的阳光中迎风飘扬，那是董毡的旗号，是其大将青宜结鬼章的旗帜！

鬼章的骑兵风驰电掣般杀入营寨，猝不及防的洮西军顿时乱了阵脚，何况在营中宋军是散开了的，并未成阵列野战。

景思立见到董毡一部分铁骑在向自己冲杀过来，一时间竟愣在原地。他此刻身边尚有三千多人，步骑参半，若是他拨马便走，自然是能走脱的，可这就意味着把战场上剩下的近三千宋军都丢给了鬼章，这样的阵亡，官家必然龙颜大怒，想必是要追毁出身以来文字，甚至问斩的！入娘的！

"莫慌，传我将令！此刻蕃人营寨外官军结阵前行，先破贼骑，再支援营寨内弟兄！"

随着景思立的号令下达，三千余宋军迅速结阵，片刻间，就形成了一个长枪兵、陌刀卒在前，弓弩手在后，骑兵在两翼为拐子马的战斗阵型。

鬼章的一部骑兵眼看杀到，宋军弓弩齐射，也令其折了数十骑不止。但远远地能望见，鬼章兵马从山下沿着浅浅的沟壑正源源不断地投入到战场中，看这架势，董毡此番让鬼章带了不下两万人！

在营寨内外的宋军都陷入苦战中，从辰时到未时，四个时辰里双方血战了十个回合。营寨内的宋军渐渐溃逃，向景思立直接指挥的兵马靠拢过来，但洮西军的中军也逐渐被鬼章包围。此时策应先锋军的王宁已战死，韩存宝部及王存部则在营寨外被围。

喊杀声震天，中军的阵线早已被人数倍之的鬼章军队骑兵洞穿，景思立眼睁睁看着走马承受李元凯死在自己身边。事到如今，只能努力突围了，再恋战下去，无济于事，敌军人数太多，恐怕是官军的三倍以上！这如何能敌？

景思立在亲卫拼死的掩护下总算是杀出了重围，与殿后的李竂部会合，这时他已身中三箭。韩存宝、魏奇亦率部赶到，但也各自负重伤，无不是身披十数创、浑身浴血。

形势已然很危险了，此时天色向晚，兵士自丑时出城行军到现在，已过了八个时辰，厮杀超过四个时辰，可谓疲惫已极。众将皆建议移阵东坡为寨，派出信使等候援军。

景思立见魏奇伤最重，乃道："魏奇部先移军岭上，兵非重伤者无得先动！我自将骑兵与鬼章人马周旋，景思谊你负责弹压殿后兵马，让各部依序上岭！"

言讫，不待众人反对，景思立已经是再度上马，此刻的他倒是有着一股勇武非凡的气概，领着百余骑亲卫冲杀入鬼章人马中，来回穿梭、反复血战，竟牵制住了上千敌军。

可就在此时，鬼章一部人马逼近了洮西军殿后的李竂部，士卒恐慌，阵列惊动，景思立的弟弟景思谊拼命号呼嘶吼，想要弹压住溃兵，然而无济于事。殿后军的溃逃导致了前阵正在战斗的洮西军也出现了大面积溃走，已经上岭的魏奇部则进退无措……

景思立与百余骑且战且退，终于到东面山岭上与赵禀等将会合，此时官军尚有五千人。然而鬼章的兵马也已在岭下形成了合围。

景思立的战袍已成了一片血红，他朝山坡下望去，甚至能看到大纛下敌军的主将，那想必就是此番统兵前来的青宜结鬼章了！

却说鬼章这会儿在马背上也望着山上的宋军。在木征的不断游说下，董毡终于同意，趁着王韶不在西北的机会，发兵突袭河州。而赵、常、杓三家蕃部不过是受鬼章诱胁，为的就是引景思立入彀，来到踏白城一带，进入到其预先设定好的埋伏圈里。

鬼章对左右道："向宋将喊话，要他们投降。"

无多时，山下劝降的声音便传到了宋军耳中。

景思立羞愤难当，顾诸将道："我适才以百骑走蕃贼千余人，尔等无能助我者！眼下被围此绝地，军将败矣，我且自刭以谢朝廷！"

话刚说完，便拔剑要抹脖子，众将赶紧拦了下来。

韩存宝等道："大帅何苦如此？今虽被围，我们尚有官军五千人，未必不能溃围而出，当留此有用之身，报效官家与朝廷！"

景思立手中的佩剑慢慢放了下来，他重重叹了几口气，又高举起剑来，以激励士卒：

"弟兄们，援军马上就到，踏白城离我们近在咫尺，只要到了城池里，就是大功一件！"

景思立开始了最后的部署，准备率军突围。

而这个时候，木征在哪里呢？

他正率领着数千人的军队，南下岷州，准备奇袭高遵裕驻守的岷州城。在木征的联络下，这一次连夏国都派出了军队，熙州北面的兰州方向，西夏国相梁乙埋派出了一支七千人的精锐部队，准备从马衔山一带进入熙州，接应鬼章和木征。这是山雨欲来风满楼的时分，木征在近乎就要失去一切的绝境里来了个放手一搏，他终于说动了青唐王城里的赞普董毡和党项兴庆府的国相梁乙埋。木征选择三方出兵的时机也拿捏得极准，挑了这个王韶赴阙，熙河一带无人主持大局的关键时刻。宋军克复熙河以来，几乎最大的危机到来了。

二月十八（丙戌日）的东京城，皇宫大内里，官家正为各地越来越严重的旱灾揪心不已。河北、京东、陕西路俱是久旱不雨，乃诏转运司各遣地方长吏祈雨；三日后，二十一（己丑日），又分命辅臣祈雨。如今为了苍生，也须问问鬼神了！

二月二十三（辛卯日），禁中政事堂。

王安石在西厅的视事阁里看着赵官家刚刚批付的御笔文字，其中写着"已差李宪往熙河勾当公事……"早晨前殿视朝讨论在成都置市易务时，冯京危言耸听，谈及昔年蜀中的王小波之乱①，颇令官家有所犹疑，果然眼下再遣中人内侍往熙河监军。王安石决定立刻请对。

王安石上殿后从李宪、王中正、景思立的问题谈到了河北与契丹之事，最终讲到了经略夏国的问题。

"今陛下欲讨灭夏国，夏国诚为衰弱，可以荡除，然如前日资政殿内计议，即恐平夏国未得。昨熙河羌人皆无文法律令与统属部分，诚乌合之众，易以斩获取功赏，又利于掳掠，故士卒乐奋。此但比旧日沮怯之兵粗为有士气，若遇坚敌，节制既素不为人所信，而士卒不见掳掠斩获取功赏之利，即必涣然离溃，尚安能如取熙、河、洮、岷之易耶？"

官家实则早已觉得数年内当可以令董毡臣服，随后便可用兵西夏，让秉常小儿和他的母族俯首投降，只是数月来各地的干旱让自己分了心。因此当他听见宰相竟说西夏不易平定，不可与木征等无文法之羌夷相提并论时，心里顿时不悦起来。

赵顼道："若不试之于坚，即兵何时可用？"

王安石道："须于脆弱之敌试兵，因示之上下节制，使将士知所忌惮，能令行禁止，然后兵乃可用于坚强之敌。安有试之脆敌曾不能立上下节制，乃用于坚敌而胜者？若王韶能正景思立违节制之罪斩之，则士众自是肃然知法，臣敢保王韶五分可以平夏；若河州城下复能尽斩所获杀降之卒，臣敢保王韶七分可以平夏。景思立违节制不能治，故士卒无忌惮，而有河州杀降之事。河州杀降之事又不能行法，乃送与思立，思立遂太半放却，思立自是罪人，如何更将罪人送与？为将如此，臣实忧其士卒不知节制而为乱，安敢保其平夏！"

赵顼颇是意外，原本王安石提出河湟攻略、断西夏右臂时，似乎对平定夏国充满了信心，今日却如此说，让他内心既疑虑又烦躁不安，更是隐隐不快。

王安石仍在继续说："若令士卒皆无畏惧节制之心，而但有利赏赐之意，即恐赏赐未能尽得人之死力。何况，今夏国虽衰弱，然缓急岂无宿将可搜罗、擢拔，劲兵数万亦岂难得？臣恐素无节制之骄兵，猝然遇之，必误国事！陛下必欲经营夏国，直须令王韶以计内间其腹心，非深得其情报要领，未可轻动。假设能破夏国之半，彼以其半国求合契丹，契丹以唇齿之故，岂肯遽已？如此则契丹将援夏国，以契丹之众加夏

---

① 王小波之乱，即王小波、李顺起义。宋朝征服后蜀以后，政策不当，如随意加收杂税，视蜀人为"二等之民"，导致蜀中百姓失去土地和破产者极多。太宗淳化四年（993年），青城县茶商王小波因蜀茶政策变化而破产失业，遂聚集百姓起事。至此年底，王小波战死后，其妻弟李顺被推为首领，于翌年攻占成都，称大蜀王，并建元应运。太宗赵光义遂命内臣王继恩入蜀平乱，最终镇压了李顺及其余部的起义。

国之半，臣不知王韶能办此否？"

宰相之雄辩全然无法被驳倒，官家点了点头，表现出一副极以为然的样子，可心思却已神游物外。他想象着臣服董毡后，王韶、景思立分领大军由熙河路、兰州方向攻入夏国，而秦凤、环庆、泾原、鄜延、永兴军路乃至河东都可以发起全面进攻，届时夏国就将四面楚歌！一旦平定夏国，有了大量战马，日后燕云十六州也未必拿不回来！

次日，官家便御批，以四方馆使、河州团练使景思立为引进使①、忠州防御使，苗授、韩存宝、王宁等亦各有升迁。

官家的这番举动，固然有明面上的正当理由，即以诸将击破郎家族蕃部之功而除拜迁转，但在王安石想来，自己昨天所说的有关王韶、景思立上下节制，关系到军队指挥和纪律、战斗力的关键问题，官家压根没听进去！陛下依旧在不遗余力地擢拔、重用景思立。

王安石竟没有请对。

朝旨一出，在京百官亦皆为景思立升迁之异数而感慨不已。

三天后，熙河路经略司的急速军报发回了汴梁开封，进奏院一刻都不敢耽搁，立刻将其由阁门司送到御前。

官家赵顼正在福宁殿里用膳。往常稍作休息后，他便会再御崇政殿进行后殿视事的日常听政。此时内侍将阁门使送来的奏报呈到了官家手中。

赵顼见有急速军情，乃拿起锦帕擦了擦嘴，他平日吃得亦不多，这会儿便也不吃了。拆开实封状，才看了几行字，赵顼便感到一阵天旋地转，他的脑子和胸膛都好像被千钧巨锤重重砸了数下，他只记得那一行字：

景思立、李元凯、王宁等战殁，董毡将青宜结鬼章率军两万于踏白城附近大败官军，伤亡近五千人。木征点集数千人入寇岷州。

这一惊天噩耗，让三日前对景思立的封赏，让官家不断擢拔景思立以平衡王韶的帝王之术，皆成了天大的笑话！

赵顼盛怒之下猛然将一桌子的早膳都打翻在地，碗碟杯盏顿时哐啷啷摔得粉碎，内侍和福宁殿内的宫女无不立刻大礼跪伏，头都不敢抬一下。

这是自熙河开边以来从未有过的惨败，五千官军阵亡，差点就全军覆没！一军主帅，已贵为团练的经略安抚使被蕃贼阵斩，简直是奇耻大辱！更要命的是，熙河路奏

---

① 引进使，横行武阶，从五品。

云，已探得夏国数千人马在马衔山附近出没。熙河路这是要处处烽烟了！怎么竟会变成这样？！

赵顼一时呆若木鸡，跌坐回椅子上。不知过了多久，鸦雀无声的福宁殿里终于又响起了官家的玉音：

"召二府大臣急速入对，开天章阁。"

官家的声音里透着一丝无力和慌乱，内侍如蒙大赦，赶紧起身前去知会宰辅们。

约莫过了一刻钟多些，宰执大臣们走进了天章阁，御座上官家掩面，辅臣们遂皆跪拜，齐声道：

"臣等无能，不能为陛下分忧！"

见官家没有回应，枢密副使蔡挺抬起头道："今西贼、羌人肆虐，臣请宣抚陕西，为陛下扫荡妖氛！"

良久，官家垂下了衣袖，露出了苍白瘦削的脸庞。

"此不足烦卿，河朔若有警，卿则当行。"

宰执们见赵官家总算恢复了一些镇定，也都松了口气。

官家道："诸卿皆免礼。熙河如此不能安靖，当诏王韶务为持重，先坚守熙州为上，不令有失，则西贼与鬼章、木征未必能遽为呼应。"

王安石起身道："陛下，今王韶已返回熙河，既知虚实，当一以委韶了办。王韶在边颇能算无遗策，必可知进退之机，臣请陛下稍假王韶时日，不须遥制。臣料王韶不得坚守，必择要害地据而扼之，候贼兵马师老人饥，然后讨击，乃为得计。"

冯京道："鬼章众二万余人，木征、西贼又数千，加之景思立败殁，熙河一路皆震恐，必有归顺蕃部反复，投奔木征等而去，如此则贼寇当及四五万众。臣恐王韶缓急之间，难以点集许多精兵锐卒，不能与贼争锋也，宜如陛下指挥，持重守御为上，不可轻出，以免重蹈思立覆辙。"

吴充亦道："熙河情势不善，若守御得住熙州、通远军，则事尚可为，倘若此二处有失，则秦州亦可忧也！诚不可不慎！"

枢密使陈升之道："陕西不宁，陛下可指挥湖南、广南等处早务了结，令章惇、沈起理会，速追还兵马，使朝廷得并力一方，以逐西贼、羌人作过者。"

王珪见诸位宰臣都旗帜鲜明地支持皇帝的意见，当下也不敢发声赞同王安石，便只是沉默。

官家叹道："便如此措置吧，速作文字取旨。"

王安石罕见地未在御前争论，而是与诸位辅臣一同领旨，随后离开了天章阁。

三月初三（庚子日），官家依旧分命辅臣祈雨。自去年冬天以来，大旱遍及京师开封府界、河北、河东、陕西、京东、淮南等路，多达三十余处，纵观百年，无有如此严重的灾情。对赵顼来说，眼下真是到了内忧外患的时日了，大规模旱灾加上边疆不宁，这位二十六岁的天子已经失眠多日。

　　朝中出现了放弃岷州等地的声音，奏报更云木征、鬼章之大兵已转入岷州地界，又有蕃部反背，与其合兵一处。

　　忧心忡忡的官家下诏避正殿，减常膳，以此期望能感动上苍，使降下甘霖，缓解旱情，也指望着熙河的边事能否极泰来。

　　三月初八（乙巳日），京城中无论皇宫大内还是街衢酒楼里，官吏和百姓都见到了天空中白色长虹穿过太阳的奇景。士大夫们自然知道，这是白虹贯日的异象！

　　司天监、翰林天文院的伎术官正在为此叫苦不迭。出现了这种星象经纬的异数，按照制度规定，他们是一定要将占察的结果形成文字，上奏朝廷的，然而现在灾情严重，到处都是久旱不雨的情形，西面、北面又都不太平，听说官家近来常常大发雷霆，于是占候天象的伎术官们都犯了难。到底应该怎么写占天的奏状，才能避免皇帝迁怒于他们呢？

　　就在司天监、翰林天文院还在苦思冥想、集思广益的时候，京中竟已经出现了各种流言。有说"白虹贯日，天下悉极，文法大扰，百姓残贼，酷法横杀，下多相告，刑用及族，世多深刻，狱多怨宿，吏皆惨毒"。又有说"人主聪明蔽塞，政在臣下，君不觉悟，则虹蜺贯日。"这些骇人听闻的象纬解读在都下不胫而走，人们越是对天上的异象感到恐惧和好奇，便越是要传播这些惊悚的说法。

　　很快，司天监、翰林天文院的占天奏状还在几易其稿、未能出炉时，皇城司的密报已经到了御前，官家已是知道了市井街头流传的这些汹汹"谣言"。赵顼想到了方才与宰臣议论的河北修守备之事，也想到了广西经略司最近屡奏交趾聚兵，似有入寇作过之意，加之西北鬼章、木征、党项的三方联手，内地四处的旱灾……这一切都让他陷入深深的疲惫中。

　　五天后，朝廷又遣官分祷于京城、畿内诸祠庙，而五岳、四渎①亦委派地方长吏祭祀，又令诸路监司检察巡按所部有无久而未决、牵连枝蔓之刑狱案件，审刑院、大理寺未断公事亦从速结案。自古以来，修政事以感应上天似乎都是君王人主畏惧灾异的必由之径，京师到地方上的人都在等待着大雨降下，旱情缓解……

---

　　① 五岳指东岳泰山（现今山东）、西岳华山（现今陕西）、南岳衡山（现今湖南）、北岳恒山（现今山西）和中岳嵩山（现今河南）；四渎指长江、黄河、淮河、济水。

禁中政事堂里，宰相王安石见官家批问市易扰民，按捺不住，当即请求上殿。

延和殿里，王安石向官家一揖，然后便道："陛下批问中书，云百姓为贷市易抵当所钱，多没产及枷锢者。臣尝问吕嘉问，自置市易以来，有六户卖抵当纳欠钱，然四人以欠三司钱或以他事折欠故卖产。有纳户教唆，令众人并不须纳钱，且申请放宽还贷期限，故送三司枷锢纳钱。若请官钱而不立供抵保，即理不可行，若供抵当，即本备违约欠纳时出卖抵挡以偿官；若不许出卖偿欠，即亦理不可行①。两年之间，而卖产偿欠及枷锢催欠，只于如此数人，乃无足怪。今天下三年一郊，所放欠至一百余万贯，即其与卖产偿欠及枷锢催理相比多少可知，然议者何以不言，陛下何以不怪而问之？"

赵顼这段时间听到的市易法之问题可谓铺天盖地，乃道："人言卖产、枷锢者极多，乃至无人可监守。"

王安石道："人言必知卖产者姓名及被枷锢百姓所在，陛下何不宣示言者姓名，付所司推问？若实有之，市易司蔽匿不言，即罪固不可轻断，若实无此而妄言，不知陛下含容如此谗慝之人于政事何补？"

官家没有回答宰相的这一反问，只是道："言市易扰人不便者众，不知何故致令如此？"

数年来的君臣相处，王安石已非常了解官家，他知道陛下此刻有所心虚，但又已为异论所动，乃不免悲愤，朗声道："文彦博之徒，言朝廷不当言利，此乃为臣而发！其余左右近习诬罔市易，即以吕嘉问首公奉法，与内藏库、内东门司、都知、押班、御药争曲直，其事皆经论奏。又嘉问每事欲尽理，与三司、开封府屡争职事，虽未尝不直，然众怨由此起。向时有言市易事，及根究，乃是三司赊粜糯米，如此追逮，直至河北、京西。若市易但有如此一事，必无不上闻之理。今三司如此，陛下亦闻之乎？不知陛下何故乃不闻此，而但闻市易扰人？此无他由，凭附近习与不凭附近习故也。今人臣皆凭附近习，然后免责，一与近习忤，即吹毛求疵，无所措手足，臣恐治世无此事！"

官家道："如吕嘉问者，必每事尽职，奉公无私乎？人皆言其无行。"

王安石道："此则陛下数与臣论之。吕嘉问少年，然能主持市易，今又措置免行，

---

① 此处王安石的意思是说，自从置市易务以来的两年里，仅有六户商贩变卖抵押的资产来缴纳所欠款项，甚至六人中四人欠的是三司的钱或因其他事情欠官钱而变卖抵押资产。至于被关押的人，乃是受人教唆，不愿按期还钱，反而要求延期。王安石认为，向官府借贷而没有抵押担保，是行不通的；反之，既然有抵押担保，就对违背约定、无法按时还钱的情况做了准备，即官府可以变卖借钱者抵押的资产来弥补损失，如果不许变卖抵押，也是行不通的。

可谓干才过人。人君之进用臣子，岂宜求全责备？又如陛下听闻镇、定州百姓有拆卖屋木以纳免役钱事，亟令监司体量，后来奏报，云是诸县去年秋以来旱灾，以故贫下户有拆屋卖钱，以给己家粮及官中诸费者，非专为纳免役钱也。此可见陛下左右之人，多造作浮议谣言，以动摇新法，必欲百般沮坏而后快。陛下岂可不察？"

听到王安石又提起这事，官家摆了摆手道："亦要尽人言，所谓兼听则明。市易事，相公可多询问吕嘉问，责其检验虚实。"

大宋的独相带着失望下殿而去，他深知各地的旱情、契丹泛使、熙河边事、数日前京师白虹贯日的天象……都似乎要压垮官家的神经和意志，也消耗着君臣间的信赖，它们甚至像一张张逐渐密不透风的大网，在朝着自己和新法扑来。针对免役和市易的浮议已然是首当其冲、不可避免，接下来还会有哪些明枪暗箭呢？

两日后。东京城，太庙街。

郑侠刚刚从安上门回到家中，才换了衣服，毗邻而居的内殿承制[1]杨永芳便带着酒肉吃食过来敲门了。二人因为住宅毗邻，加之都在朝中为官，天然地就亲近起来，如今已是彼此十分熟稔，常常晚上一起吃饭，闲聊些京师朝野的事情。

今天杨永芳依旧是买了些刘胖子食店切的羊腿肉——郑侠平日里特别爱吃的，又带上了一壶好酒，来找自己的邻里好友。

郑侠今年三十有四，和杨永芳年龄差不多，二人因此也极是投缘。郑侠将杨永芳迎到屋里后，他们便各分宾主坐了下来。

杨永芳给郑侠倒上酒，然后自己一饮而尽，方道："介夫（郑侠字），我心里闷得很，近来多事之秋，朝廷内外都不太平。"

郑侠眼下是个小小的从九品选人官阶的光州司法参军，在京师干着监安上门的差遣，要论宫禁里朝廷大事和机要秘闻的消息之灵通，那自然是比不上在大内当差的杨永芳的。

"如今久旱不雨，又天有异象，宫里头还没有一丝一毫改弦更张的意思吗？"

杨永芳道："前面熙河的事情已经和介夫说过了，官家和相公们不想让京师百姓知道，这景思立都死了，五千多官军也牺牲了，还要捂着！哎，加之各地旱情、北虏泛使……这样下去，国将不国啊！"

郑侠也一口闷了杯中之酒，道："可相公不听劝，我虽是他学生，又能奈何！"

杨永芳道："不然。数日来似乎官家对市易法已经有所动摇了。吕嘉问这种

---

[1] 内殿承制，武臣官阶名，大使臣阶列，位在内殿崇班之上、供备库副使之下，正八品。

'家贼'小人，在都下专做与民争利的聚敛搜刮之事，长此以往，百姓会如何看待朝廷？"

郑侠顿时来了精神："此话当真？"

杨永芳道："千真万确，官家御笔批问王相公，问了京师百姓深受市易法之害的事。官家终究是圣君啊，这次恐怕有机会拨乱反正！"

郑侠脸上露出了兴奋狂喜的神采，笑道："如此，方是解民倒悬，都下百姓得以休养生息矣！"

"不过，"杨永芳又露出为难的样子，"我听闻明日相公们还要进呈成都置市易务之事。若是王相公又说服了官家，那可就……"

郑侠叹道："是矣，恩师辩才无碍，天下罕有人能匹敌，如果官家又给说动了，也不足为奇。这可真是，哎！"

杨永芳道："实际上百姓们受不了的又何止是市易？更有青苗、免役、保甲……每一项新法在底下都变了样，偏王相公身边都是些阿谀的小人，只挑好听的话说与相公知道。对于民间的疾苦，只怕是介夫你的恩师，他一概不知！"

郑侠道："这样下去，不只是百姓，社稷、朝廷、恩师在青史上的令名，都要完了！我和相公的胞弟平甫近来屡屡为这事情揪心。"

杨永芳知道郑侠说的乃是王安石的弟弟王安国，他又给彼此斟满了酒，然后道："介夫，如今不光是有人蒙蔽了王相公，更也蒙蔽了官家。官家虽然有尧舜之资，可是居于深宫之中，便是眼下这京师的流民之惨状，官家都不能知晓，何况其他地方流离失所的饥民呢？我听说勾当皇城司的几个貂珰，也早就和王相公身边的小人相勾结，探事的察子报上去的如流民倒毙沟渠之中的种种事情，皇城司一概不送御前。"

郑侠的差遣是监安上门，平日自然能见到旱灾下饥荒的百姓从各地涌入开封府界，想要吃上一口粮食而勉力活下去的惨烈，听到杨永芳对把持皇城司那几个阉竖的控诉，他义愤填膺地捏紧了拳头。

杨永芳又满饮一杯，然后道："这些人想要让官家和相公都变成瞎子，好做他们的傀儡。现在久旱不雨，天怒人怨，外头又是北虏和西贼、羌人来找麻烦，整个大宋的天下看着烈火烹油，实际上已到了悬崖边，稍有不慎，便是万劫不复，奈何这些事情官家不知道，相公也不知道！"

郑侠出神地在想着什么，良久才把目光投向了杨永芳，道："若是我们想办法让官家知道呢？"

杨永芳道："介夫，这可就是卷进最上面的争斗了，我们这样的小人物，只会是相公们保持体面之下，丢出去的代价啊……你可得善自保重自己才好！"

"不然！"郑侠猛拍了桌子，"正如恩师教诲，虽千万人吾往矣，只要所行之路正确，践行的乃是圣贤言教，为的是社稷、百姓，还有什么可左思右想的！"

杨永芳道："介夫，你当真想好了？"

郑侠看着他，并不说话，只是郑重其事而又坚定万分地点了点头。

杨永芳道："好，既然介夫有此决心，我们便须吸取过往教训，做足详尽准备，我也会把宫里头方方面面的消息都打探清楚。我们找准时机，么么不做，要做就来个翻天覆地，匡正社稷！"

郑侠闻言，与杨永芳击掌起誓，既然自己是为了拯救大宋、拯救恩师，其余的小节都顾不得了。

次日，垂拱殿前殿视朝，中书奏对。

令王安石意外的是，官家一开口便道："成都且休置市易务，如何？"

官家昨日尚令今日进呈成都置市易务一事，可这会儿居然不问宰臣意见，直接便说要罢此事，难道对市易法一事，陛下已然不愿继续了吗？

带着这种疑问和警觉，王安石立刻道："成都置市易务利害，已遣李杞相度，俟其还，若确实不便，则不置亦无伤。今无故罢之，恐于朝廷事体有所损益。"

官家道："若终不置市易务于成都，而今相度便与不便，即蜀人必致惊扰。不若直接罢之为宜。"

王安石立刻反驳："不知置市易有何惊扰？况但相度，因何惊扰？朝廷欲有所创设，为审慎故，乃令先相度，此常程事也，有何惊扰？"

另外两位宰臣冯京和王珪仍一言不发。对王珪来说，今日的垂拱殿，竟成了官家和王安石之间的擂台，也是很难预料到的。

官家低垂着眼帘，淡淡道："天旱民饥，欲且省事。"

王安石不肯退让："若因天旱人饥，便废修政事，恐无此理。臣初固言成都市易必致异论。今京师市易近在阙门之内，然谗诉日出，若于万里之外置务，即异论必更多。当此时，陛下便令不相度即已，今既遣使相度，乃忧蜀人惊扰为变而罢，此岂不为四方有识所笑，以为朝廷临事忧怯如此。"

见到官家不答，王安石又道："陛下，水旱灾异，尧舜所不能免，何必忧惧过甚，亦勤修人事而已。正为去岁夏秋以来，各地多旱情，流民转徙于州府，乃应勤于庶政，岂可一切则已，而待上苍感应乎？"

官家终于开口："且再商量。先不罢李杞相度事。"

冯京也和王珪一样，在全神贯注地观察着君臣二人之间的交锋。虽然官家又一次做了让步，但近来陛下的让步已经越来越有限，越来越模糊。恐怕一年前文彦博没有等到的机会，如今终于要来了！

中书班子乃俱称领旨。

赵官家忽然又道："京师百行商贩纳免行钱事如何？或云提汤饼①人亦令出钱，有之乎？"

虽然暂且搁置了成都罢置市易务的事情，可官家似乎仍不肯放过市易法问题，又问起免行钱的事。这意思是说吕嘉问主持市易，鼓捣出了揩克百姓的种种苛细手段，竟让卖汤饼的小商小贩也要交纳免行钱，市易之扰民，已到了这种程度。

王安石应答道："若有之，必经中书指挥，中书实无此文字。"

冯京见机乃一揖道："闻后来如此细碎事都罢矣。"

王珪心中大惊，冯当世话里的意思是在佐证官家，谓过去市易收免行钱，确实也让小商小贩做点小本生意的缴纳，只是如今取消了而已。今日的冯京是在直接向王安石进攻了！往常官家总和他的独相站在一边，因此除了过去的唐介、赵抃外，中书奏对时很少有宰臣会直接鲜明地站在王安石的对立面。可如今君臣意见不一致，冯京的胆量来了。

连日来的种种迹象，王安石岂能容忍？就在王珪如此揣测的当口，大宋的独相王安石果然震怒了。

他踏前一步，先看向御座上的官家，然后目视冯京，朗声道：

"冯京同签书中书文字，皆所亲见，如何却言闻？不知先来如何细碎收钱？后来如何都罢？若据臣所见，即从初措置如此，非后来方不收细碎事，不知冯京何所凭据有此奏对？"

冯京语塞。

官家看向王珪，王珪亦低头不语。

王安石继续说道："其言'提汤饼亦令出钱'必有人，陛下何故不宣示，付所司考实？陛下观《诗》《书》所载，岂有函容小人诞妄都不考实而能治者？不唯《诗》《书》如此，《律》：'上书诈不实，徒二年'，臣子日奏亦是。所以如此，人主当爱日故也。寸阴可惜，乃以听小人诞妄之故弃日，臣诚为陛下惜！陛下治身比尧、舜，实无所愧，臣诚无复可以论谏，至于难壬人，疾谗说，即与尧、舜实异。"

纵然冯京平日自诩鸿儒，自以为修养功夫到家，能唾面自干，可这会儿被王安石不点名地指为巧言谄媚的奸邪"壬人"，他仍是涨红了脸，几乎就要在御前发作。但

---

① 汤饼，即面条。

他终究冷静下来，因为冯京轻易看透了一点，即王安石何止是在指责他，更是在质问官家为何听信无根之谣言，又容忍佞臣沮坏。其字字句句都是在诛心，这确乎是师臣的口吻，在把官家当学生呢！王安石，你的好日子就快到头了，尚不自知！

王珪想要让场面缓和一些，可又畏惧卷入这君臣冲突的旋涡里，何况王安石此时已经是和冯京撕破了脸面，若现在说话，稍不留神，就会被认为是安石的党羽，一旦安石失势，恐怕不利！王珪依旧选择了沉默。

王安石还不愿意停下："如市易司非吕嘉问，孰敢守法不避左右近习！非臣，孰敢为嘉问辨明以忤近习！且市易事亦颇为劳费精神，正以不欲背负所学，为天下立法故也。若每每忤圣意，而又召致近习谗毁，乃作扰害百姓之事，不知臣欲以此何为？以为名则不善，以为利则无获。陛下试察臣所以区区为此者何意？"

往常王安石如果这样说，官家无不曲从，这在冯京看来，是数年来王安石屡试不爽的绝招。因为这番正气凛然的话，展现了他王安石不为名利，大公无私，一切都只为万民、社稷，为了陛下的利益……冯京在心中冷笑不已，王安石的自大狂妄，已经到了让官家厌倦的程度了！

御座上传下声音："然则市易事，何故士大夫言不便者甚众？"

王珪心里顿时惊涛骇浪，王相公说破了嘴，却只换来了官家的反唇相讥！这太不寻常了。

王安石看向官家，愤然道："士大夫或不快朝廷政事，或与近习相为表里。今大小之臣，与近习相表里者极有，陛下不察尔。若使异时在廷之臣皆莫敢忤近习，表里架合，更相庇覆以欺陛下，臣恐致乱不难也！"

冯京偷瞄着官家的神色，心想王安石这番话就差说官家是宠信便嬖近习的昏君，朝政如今已是充斥奸邪了……可你王安石秉政五年，难道不应该先向自己问责吗？竟胆敢反问责于人君，这要么是权臣凌主，要么你王安石就是个傻子！还说什么"恐致乱不难也"，当今官家做梦都想要开创盛世，你却说什么天下恐乱？

果然，官家并不对王安石的话语作任何评价，只是冷冷道："今日且如此，尚有事须与枢密院商量。"

于是王安石亦不复诤言，乃与冯京、王珪二人一起作揖行礼，随即下殿。

离开后殿，官家赵顼便回到福宁殿用午膳，他一面想着许多事情，一面食不知味地吃着。左右的内侍小黄门和宫女都十分紧张，生怕一个不小心或者哪里做得不当，便让官家龙颜大怒了。近来皇帝的心情可谓是变幻莫测，且阴郁的时候极多，让人全摸不着头脑。

草草吃完午膳，赵顼站起身，接过内侍递来的山泉水漱了漱口，吐在了宫女端着的盥洗盆子里，另一个小黄门则低头呈上了一盒香片，赵顼自是也拿了一饼，含在口中嚼了。

正待喝盏龙团茶，宝慈宫的内侍来禀报，云是今日庆寿宫圣人请官家早些去，可先到宝慈宫，与太后一并前往。

官家不敢令两宫娘娘久候，乃立刻动身，走到福宁殿外，坐上了肩舆，由内侍们抬着，不多时便到了生母高太后所在的宝慈宫。

赵顼下了肩舆，走进去，见到弟弟岐王赵颢也已在里头伺候着太后。今年正月时候，皇三子赵俊被赵官家敕封为彰信军节度使、永国公，上个月岐王赵颢和嘉王赵頵则上表欲居外第，说是要避让皇子，不敢再居于东宫。然而，五年前章辟光建言岐王外迁的那场风波，官家怎么会忘记，又如何敢再同意？他自然是连下诏书表示不允，表演了一番兄友弟恭的戏码。于是乎，岐王、嘉王这两个当今官家的弟弟，仍旧住在大内，算起来，即便是嘉王赵頵也已在宫中住满十九年，更不用说比官家小不了多少的岐王赵颢了。

赵官家对嘉王尚可，也知道他绝无任何觊觎的贪念，可对另一个年长的弟弟岐王，却从来不曾放心过。赵颢是母亲高太后最宠爱的儿子，打小聪明伶俐，和不少文臣关系也不错，官家深知，他赵颢是有点痴心妄想的！那根源便在太后的宠爱上！自古哪有成年的皇帝兄弟还住在宫禁中的呢？可太后偏要如此，云天家亦须血肉亲情，更说太皇太后年迈，喜欢见到孙辈们承欢膝前。而说起来，太后的这种任性又何尝不是太皇太后宠出来的呢？自己的母亲本就是太皇太后的外甥女，幼时便由太皇太后养在宫里，大娘娘无子嗣，故视若己出、亲爱非常，这才由得母亲如此"胡来"！

所有这些念头都不过是在脑海中一闪而过，做了七年皇帝的赵顼早已学会了在两宫娘娘和弟弟面前，表演自己无可挑剔的孝悌本分来。

他先是向母亲高太后行礼，岐王也赶紧让到一旁，随即兄弟二人又寒暄见礼，高太后看到他们如此和睦，当下也是高兴得很，道："大哥、二哥这般，我便最是喜欢。且去太皇太后处，不可让她老人家久等。"

于是赵顼与太后、岐王一行又从宝慈宫出发，一路往庆寿宫而去，两宫本来就挨得近，肩舆抬着走了片刻，便是到了。

内侍前去通传后，高太后领着两个儿子走进了庆寿宫里的花园，原来太皇太后正在那里散步和赏花。

三人正要给太皇太后行礼，那边早笑呵呵地说道："滔滔免礼，官家和颢儿也免礼。頵儿今日不能来，不知可大好了吗？"

高太后先是谢过恩典，然后道："回娘娘的话，嘉王有些风寒，已让御医诊脉，开了方子，想再一二日便也痊愈了，不敢让娘娘挂怀。"

曹太皇太后指着花苑里几株极明贵的牡丹，笑道："一家人尚这般说话作甚？滔滔你看，这花开得多好。"

高太后望过去，只见那千叶黄花开得绚烂靓丽，富贵而不失典雅，她知道这是如今牡丹中的花王"姚黄"，本出于民间百姓姚氏之家，一岁中不过能开数朵，后为孝敬太皇太后故，方移植了其中一株到禁苑里，差遣专人典管照看，加以细心栽培，这才有了如今的盛开之景。

"自是好看，这样的皇家之气，合该在娘娘的庆寿宫里，给百姓家用了，却有些浪费。"

"滔滔说得哪里话，恁地嘴甜。"太皇太后摆摆手，"亦要许民家有之，如何能天家独享？不是这般道理。官家觉得呢？老身的这几株姚黄如何？"

见曹太皇太后问，赵顼赶紧上前一步应答道："回大娘娘的话，若是当年的太平宰相晏殊在，当能为此赋诗一首，臣却只能说些'春来谁作韶华主'的寻常句子，兼又暮春时节矣，人间芳菲，最当珍贵。"

太皇太后道："可不是吗？要不然怎么说'须是牡丹花盛发，满城方始乐无涯'。①不知官家以为，今日都下百姓，可说是满城乐无涯么？"

赵顼为之陡然一惊，难怪今日叫自己早些来，原来太皇太后是准备了这些话头！这句诗他依稀记得，乃是邵雍所作，而邵雍和司马光等人关系好得很，走得甚近，究竟是太皇太后借题发挥，还是旧党又一次把手伸到了后宫里？！

"暮春牡丹花开，想是府界百姓咸乐。"赵顼应道。

太皇太后道："恐怕不然，人间四月芳菲尽，细看不及，便是百花凋零，何乐之有？且须及时照看，官家以为呢？"

赵顼道："臣闻民谚有云'谷雨看牡丹，立夏看芍药'。虽说眼下暮春，然四月立夏后，又更有芍药新花可观赏，百姓亦得其乐哉。"

新花谐音新法，这话头的机锋，赵顼相信见惯了数十年朝廷政争风云的太皇太后是能够听明白的。

太皇太后的脸色竟冷了下来，她看向官家，道："芍药即少要，新花还是少要为妙！能乐天下百姓的，年年都只有开谢如常的牡丹！"

---

① 出自邵雍之诗《洛阳春吟》："洛阳人惯见奇葩，桃李花开未当花。须是牡丹花盛发，满城方始乐无涯。"

便是高太后对这剑拔弩张的气氛也颇为意外，她不住地给儿子使眼色，要他曲意顺从，可赵顼竟只做没看见。

"臣驽钝，尚请太皇太后明示，如何是少要，如何方是使天下百姓熙熙而乐?！"

太皇太后几乎愣在了原地，她怎么都没有想到，自己准备了一番委婉含蓄的话来规劝官家，居然得到了这样无礼的顶撞！有那么一瞬间，庆寿宫的圣人看着眼前的皇帝，竟把他和脑海中的英宗重叠了起来……

当年也正是如今官家的父亲先皇英宗，在后宫里三番五次地顶撞自己这位当时的嫡母太后，言语之间非但令她在宫人面前情难以堪，更当着宰执大臣的面胡诌什么"太后待我无恩"……可谁曾想，如今这官家和英宗还真是亲生父子，端得一模一样，非要气死自己！

太皇太后不由得垂泪，又看向官家，道："吾闻民间甚苦青苗、助役钱，官家何不罢之？"

赵顼道："此以利民，非苦之也！"

见到养育自己长大的娘娘竟被自己儿子气得老泪纵横，高太后顿时也为之泣下，她正要焦急地劝阻儿子，太皇太后已是劈头盖脸地接过了话头：

"官家！前不久天有异象，白虹贯日。京中谣言四起，说文法大扰，百姓残贼，酷法横杀，下多相告，又说人主聪明蔽塞，政在臣下。这一桩桩是不是印证着朝中的事？然后便是去年秋以来，到现在久旱不雨，这都是上苍在给你示警！你怎可视而不见?！大臣中王安石诚有才学，但怨恨他的人甚多！官家你想保全王安石，不如暂且让他出外，待一年半载后再召回。如此处置，方是道理！"

庆寿宫的圣人竟引天变与久旱为辞，直接开口要官家罢相！要把王安石赶出国门！

赵顼当即大礼跪拜下去，铁青着脸，倔强地说道："群臣中，惟安石能横身为国家当事耳。余人则不见其可。舍安石，臣不知能用谁为相。"

太皇太后给气得几乎站立不稳，左右宫女赶紧上前扶住了她。

一直不敢插嘴的岐王赵颢见状，乃亦跪了下来，对官家道："太皇太后之言，至言也。陛下不可不思。"

"你说什么？"赵顼猛站起来，怒视着岐王，"是我败坏天下耶？汝自为之！"言讫，皇帝竟拂袖而去，全然不管两宫圣人。

在场的所有人都瞠目结舌，官家这是在对岐王殿下咆哮，说不如你来坐龙椅！

赵颢顿时哭泣起来，露出极度委屈的表情："何至是也？"

太皇太后也感到一阵剧烈的头痛，便道："你们且回吧，老身须歇息则个。"

高太后自是为今日的冲突忧虑不已，但又不知能说些什么，只是泪如雨下，乃和岐王一同向曹太皇太后行礼，离开了庆寿宫。

皇家天伦之乐的场合，竟闹成了这样。

次日，司农寺上奏云："本寺主行常平、农田水利、差役、保甲之法，而官吏推行多违法意，及原法措置未尽，欲榜谕官吏、诸色人陈述。其官司违法事，并从本寺按察。"官家批可，于是作为朝旨颁发施行。

不少人都觉着，这是在浮议四起、内忧外患的情形下，王相公指使吕惠卿做出的妥协和让步，表明新党愿意纠察新法在执行过程中的种种不当甚至违法行为。可真正能看懂朝局的人发现，这似乎是吕惠卿借着由头，在设法罗织过去曾布判司农寺时候的不是，可谓一举两得、一箭双雕。

两天后，三月十九（丙辰日），辽国的使节林牙①兴复军节度使萧禧终于抵达东京，二府宰执和侍从近臣们多以为萧禧此来，必如庆历时一般，复索求关南之地，官家也完全和众人一样紧张，乃在崇政殿接见了萧禧。待拆视国书，竟只是争河东疆界，一如宰相王安石所料。

大喜过望的官家问萧禧，云此是细事，不必遣使，可复有何事？萧禧答以南朝雄州扩建城池堡寨，有违两国澶渊之盟时乃至庆历时的誓书。官家便告诉萧禧，说誓书只约定双方不得在河北边界创筑新城池，未曾禁止扩建，但如此细事，若北朝坚持希望宋一方拆掉扩建部分，亦可商量理会。萧禧乃传达了辽国皇帝的希望，谓"北朝只欲南朝久远不违誓书"。心中巨石终于落地的赵官家亦答以好言，谓"若北朝能长保盟好，极为美事"。再问北朝更有何事否，萧禧答以"无他事也"。

北界纷争的情形完全印证了王安石的推测，或可松一口气，但赵顼作为皇帝，仍有着太多太多的事情需要操心和忧虑。木征、鬼章和西贼在熙河的战事不知道如何了，王韶能挽救这局面吗？而针对新法、针对王安石的攻讦铺天盖地，所有的压力最终都要汇聚到这个不到三十岁的年轻官家这里。

三月二十一（戊午日），垂拱殿前殿视朝，中书第一班奏对，进呈免行钱之事。

王安石一揖，率先道："前者陛下批问：'取免行钱太重，人情咨怨，至出不逊之言'，臣已有查问结果。"

官家看着他的宰相，叹了口气道："卿想是已问过吕嘉问了？朕近来极闻说免行钱扰民甚苛细，人不堪其苦，谓之盘剥聚敛者比比皆是。"

---

① 辽国称翰林为"林牙"。

王安石道："前御史盛陶亦言，此臣曾奏请令盛陶计会市易司，召免行人户问其情。愿，即令出钱；若不愿，即令依旧供行。如此则不须更听浮说。"

官家道："如此恐问不得实情。见说匹帛行旧有手下抱缊角人[1]，今亦尽收入行，因勒令其纳免行钱。似此等贫下之人，如何亦一体纳钱，岂有是理？故异论纷纷也。"

王安石道："此事臣所未曾勘会，恐未必有也。法固有不及处，须因事修改，乃全无害。若果有害，惟当立法限定钱数，不许更增足矣。"

官家道："市易一事，如米麦之类能平价便民，市价贱则增价而籴，贵则减价而粜，民颇便之，固好；其他细微恐害细民，缘市易务既零卖，即民间零卖不得。人云此是官府与民争利，市易零卖某物，即民间不敢再卖，或卖不得多少，难以糊口也。"

王安石道："此事亦不然，细民必资于豪右大姓，大姓取利厚，故细民收利薄；今市易务官收利薄，大姓固有损，而细民自得利，岂有害细民之理？"

官家沉默了一会儿，终于还是开口说："近臣以至后族无不言不便，何也？两宫乃至泣下，忧京师乱起，以为天旱更失人心如此。卿诚以为市易无须改易、勘会吗？"

官家简短的两三句话里包含着很多信息，王安石知道，连庆寿宫、宝慈宫两位圣人都以声泪俱下的形式来反对新法，那么只有放手一搏了。

他先是一揖，然后朗声道："近臣不知谁为陛下与国家尽全力？朝廷有所闻，当考覆事实，今也不然，近臣者本应开陛下之聪明，然但道听途说于不得志之人，或居心叵测，使闻于上，而为身谋。陛下但明示如此之人姓名付中书，令对定虚实，即人自莫敢妄言，陛下所闻便皆是实事。如其不然，即昃坐朝，但为崇长欺谩，令政事日坏，有何补！陛下又言后族如何，陛下可知，向经[2]长期以来影占行人[3]，如今因为催行免行新法，朝廷衙门'详定行户条贯所'遂一一查明，且依条收入，又以公文令向经缴纳免行钱，至今不见听从。向经可谓有恃无恐，视陛下与朝廷之政令为无物！又曹佾[4]赊买人木材不还钱。太后殿内勾当修曹佾宅，内臣却伪作曹佾宅仆役之

---

① 抱缊角人，可能是当时匹帛行中的打杂人，或从布帛行批发零售的小布贩，亦可能是卖旧布的底层小商贩。缊，有旧棉絮之意。

② 向经，向皇后的父亲，当今国丈，此时可能已是正四品定国军节度观察留后，以提举景灵宫之差遣，在京师生活。

③ 影占行人，影占指官户等享有免除赋役特权的豪右之家，虚占人口或田产，使其逃避赋役。此指向皇后之父向经长期令人以类似"诡名寄产"的手段，将商铺等商业资产寄在自己名下，从而逃避行役。作为回报，官户也会向这样的商贩收取钱财或实物等利益。

④ 曹佾时为景灵宫使、昭德节度使、兼侍中，即以侍中级别使相衔领景灵宫使闲职，亦在京师生活。

状云，所定木材被市易强买去。及勾到卖木材商贩勘问，乃云但有曹侍中已赊买过木材而不还钱，即无曹侍中已定木材，却卖与市易司。事既分明，吕嘉问乃以此牒送开封府，勾曹俏宅里仆役勘问，乃云状非其所写。根究得此状，乃是太皇太后庆寿宫中内臣伪作姓名写就诉状，然后诬告市易司官员。此等颠倒黑白、无中生有之事，开封府但牒市易司照会而已，不曾行遣此内臣等罪过。陛下试观此两事，即后族何缘不结造语言？"

向经是国丈，曹俏是太皇太后的亲弟弟，这都是最奢遮不让的皇亲国戚，平常日子里，即便是宰相王安石也不会在御前直接点出二人姓名，今日却如此孤注一掷，这让赵官家非常为难，他想到许多事来，最终只能沉默不语。

这番话听在冯京和王珪耳中，亦是各有心思。王安石既然在垂拱殿内直接论列向经、曹俏，便等于公然和后族外戚们站在了对立面，这位拗相公是八匹马都拉不回来了！

而王安石还没有要停下的意思，他继续说着：

"吕嘉问典领市易司，与开封、三司据法争职事，三司、开封皆所不悦。又以职事犯忤都知、押班、御药非一事，陛下试思吕嘉问如此何意？若为身计即大不便，但顾礼义廉耻，不欲因利弊而为奸邪。果其用心如此，不知何故却欺罔朝廷，专以害人为事？且嘉问既与内外众人乖违如此，不知如何却作得欺罔？凡作欺罔，即先须交结陛下左右，外缔朋党，然后能遏塞人论议，不知如吕嘉问所为，能遏塞人论议否？"

王安石的话，最终绕回到吕嘉问身上，显然是要辩明如今众多针对市易司的非议，都是别有用心的污蔑和栽赃，既然吕嘉问不可能损人不利己，那么市易所谓的种种不法行径究竟是怎么一回事，便也不问自明了。

冯京当然能听出这一层逻辑，他开口道："京师商贾行人初闻人说不投状有罪，便争投状，后来见投状出钱细碎，乃知免行钱委是烦琐，于是人情不乐。"

王安石道："冯京所言非人情，京师行人尽狡猾者，如何并不计较长久利害，但闻人说遂争投状乎？"

冯京道："人皆如此言。"

王安石看向官家，然后竟道："市易事究为如何，臣已累言至此，而冯京犹作如是语！今士大夫凡不得志者，皆归冯京，以其为赤帜，故冯京独闻此言，臣未尝闻此言也。"

此刻的冯京未尝没有些许紧张，王安石已是再度将矛头直接对准了自己，但事已至此，想要再退让或是畏缩都无济于事，只会自取其辱。于是冯京仿佛没听到这些话似的，也不分辩，只是保持着宰臣的气度，恭恭敬敬地站在御前中书班子里。他所要留心的只有官家的态度罢了！

赵官家道："闻说中书亦尝案问市易事？"

听到陛下这句简单的话，王珪内心何啻地动山摇。方才相公王安石说了那么多，甚至直接指斥冯京结党，沮坏朝政，可官家竟似没听到一般，转而问了一个毫无意义的问题。近来讨论市易事已不知多少次，中书向吕嘉问提举的市易司询问，不是明摆着的事么，何须明知故问？这便说明，官家在刻意回避王安石方才说的一切！

王安石道："中书案问市易已非一次，然终不见市易有违法害民事，所以臣奏对敢保任其无他。"

官家道："原定出免行钱极少者可免除。"

王安石道："如此，可令市易司逐一查明免行钱缴纳情况，然后陛下特旨蠲除下户免行钱，岂非人所甚愿者？"

官家点头称是："善，便如此。"

次日，中书进呈市易修改免行文字。

垂拱殿里，王安石代表中书进呈，乃道："已令吕嘉问等具析如圣旨所谕事，仍乞陛下择可信内臣，令躬亲体问行户。如与市易司文字有不同，即乞降付中书推见核实。"

官家道："如此甚好。"

王安石一揖，道："陛下昨宣谕两宫忧致乱，臣亦忧致乱。然所忧致乱之由，乃与两宫所忧适异。《诗》曰：'乱之初生，僭始既涵。'[1]臣之所忧乃在于此，陛下试思《诗》《书》之言不知可信否？如不可信，即历代不当尊而宝之，开设学校以教人，孔子亦不当庙食。如其可信，即乱之生乃实在此。齐威王三年不治国事，一旦烹阿大夫[2]，即举国莫敢不以情实应上，国遂治，兵遂强。谮之生乱弱，信之生治强，如此，愿陛下熟计。"

官家道："且减省行人所纳免行钱，如何？"

王安石道："下户已自减省不少，若更减省，不知却令何人出钱给吏禄？"

免行钱几乎都用以充当胥吏俸禄，这一点也是和仓法赋天下吏人俸禄而禁绝索贿

---

① 典出《诗经·小雅·巧言》。此指乱之生，谗慝尽为人主所曲庇含容，则典宪纲纪大坏。

② 典出《史记·田敬仲完世家》。此指战国时齐国阿大夫贿赂齐威王左右近臣、便嬖等，使齐威王不能知地方实情，以至于良吏能臣遭毁谤，如阿大夫治绩庸劣反受赞誉不止。后齐威王烹杀阿大夫及左右为其所贿赂者，人不敢再虚妄言事，国遂大治，外则连战连捷，诸侯不敢窥。

弄奸之事相配合的，如今官家却骤然有改易之心，王安石立刻表示反对。

官家道："除吏禄钱外减省。"

王安石不得不同意，但仍然道："如此固善，然谓免行钱非人愿、扰人，即非事实。"

赵官家道："京师人祖宗以来一向优宠，今分外优饶之亦不妨。"

王安石闻言不禁摇头冷笑："如此，即是陛下聪明为左右所蔽，实未知京城百姓疾苦！臣曾雇一洗濯妇人，自言有儿能作饼，缘行例重，无钱赔费，开张不得。未出免行以前，大抵如此，其为官司困扰百端，陛下乃以为优宠，今尽为除去。如此事却赋吏禄，禁以重法，令不得横扰，乃反为不如未立法以前，盖陛下为左右所蔽，故有所不察尔！"

御座上的官家没有回应这一问题，而是沉默了片刻，谈起了其他事。

这一天，章惇、熊本都得到了升迁。章惇除为起居舍人、知制诰，成为两制大臣；熊本除刑部员外郎、集贤殿修撰，离待制也只有一步之遥了。倒是章惇，似乎颇为谦退，坚辞起居舍人五六次之多，乃改以右正言充知制诰。

第二天，三月二十三（庚申日），放衙后的曾布回到宅邸中，院子乃称魏继宗已候之多时。

魏继宗是曾布叫他来的。此人是最早建言市易之策的人，他原本在大名府韩琦幕府中做个小小的巡检，后来不知为何丢了官，乃跑到京师，寻了门路找到了吕嘉问，自称草泽布衣，有利益朝廷、民生之策以献，这即是市易的主意。市易法实施后，魏继宗便在吕嘉问下面当差，担任的是在京市易务的监当官，职务虽不高，却是全程参与市易法制定与施行的几个核心人物之一。

三天前的晚上，宫里的内侍忽然造访曾布府邸，并带来了官家的手札，曾布到现在都能记得上面的每一个字：

"闻市易务日近收买货物，有违朝廷原初立法本意，颇妨细民经营，众语喧哗，不以为便，致有出不逊语者，卿必知之，可详具奏。"

这是一件极不寻常的事情。

曾布固然已经是翰林学士兼三司使，属于位高权重的官家近臣，又是负责财政大权的计相，可官家绕过宰相，绕过中书门下，直接在夜晚发手札给自己，他只能认为是官家想要撇开王安石，对市易法动手。难道是官家承受的压力太大了，不得不在市易法上让步，以平息各方的阻力？而王相公必定不会妥协和同意，因此官家便找上了自己？

当夜的曾布自是辗转反侧，一夜难眠，脑海中天人交战。一边是对自己提携甚力，可谓恩重如山的"恩相"，另一边却是大宋的皇帝，是御座上的官家！这是一个极其艰难的选择，有那么几个瞬间，曾布甚至在心里埋怨，为什么官家要找上他？为什么要把这样天大的难题扔给自己？他当然明白，若是迈出去这一步，就等同于公然背叛了恩相王安石；可拒绝官家的风险，又是他不能也不敢去承受的。慢慢地，曾布想到了吕惠卿，也想到了被赶到河北的薛向。说起来，薛向实际上已很给吕嘉问面子，一般的事情，都不和他计较曲直，如牙侩市井之人有敢和市易争买卖的，无不曲从吕嘉问之意，小则鞭笞，大则编管，可最后薛向又落个什么好处？而自己和吕惠卿之间则更是难以两立，有吕惠卿在，他曾布便别想先一步入二府，何况这厮甚至已经开始在司农寺里找自己判寺主管时候的过失了！谁又能保证自己不会是下一个被过河拆桥、鸟尽弓藏的薛师正呢？

经过这一夜的苦思和盘算，曾布乃决定先从魏继宗入手。今年正月时候，曾布出为河北西路察访使，当时便征辟魏继宗为察访司指使，做自己的僚属，二人因此有了一定的交情和认识。魏继宗常自以首言市易而有大功，故对于自己仅仅在市易司里做个监当官极其不满。曾布自是瞧出了魏继宗对吕嘉问的羡慕和忌恨，人一旦对别人生了这种心思，那丑恶的事情便都有了道理。

因此曾布一问魏继宗关于市易的事，魏继宗便滔滔不绝说起了吕嘉问和市易司的问题来……曾布略作计较，乃命魏继宗两日后来自己宅里相见。

整件事即是如此，在脑海中一闪而过后，曾布对院子道："且请其到书斋。"

东府宰相府邸内，王安石刚刚用完了晚膳，正独立庭中看着暮春的景致。但见得春云粉色，绿荫垂柳，然而芳菲都歇，颇是有些萧索之意。树上杜鹃啼鸣，又好像在叫着"不如归去、不如归去"。

相府里两个儿子，一个病，一个闷，王安石心头的烦恼越来越难以抑制。此刻他出神地望着庭院里落英满地的小径，白昼里早有勤快的相府仆役打扫过不止一次，可黄昏时分吃个饭的工夫，便又是一片狼藉。

这天下事，莫不都是如此？

"爹爹，曾内翰与一客人到了。"

身后传来儿子王旁的声音，王安石转过身点点头，表示知道了，乃不疾不徐地穿过回廊，来到了会客的厅堂里。

见到王安石，曾布与魏继宗都是赶紧作揖行礼。

"恩相，晚间冒昧造访，实是有要事。"

王安石请二人入座。他有过目不忘之能，自是记得这个提出市易法的魏继宗，而今曾布带着此人来，想必是与现在争议最多的市易有关！

"子宣但说无妨。"王安石道。

曾布道："恩相，今官府内外，市易一事，最是纷纷，何不问问魏继宗？"

王安石的眼神看向那小小的市易司监当官，魏继宗吓得又站了起来，低头哈腰。

"且说说如何。"

得了王安石这句话，魏继宗终于鼓起勇气说了起来。

"相公，两年来市易之事到了今日，可说是完全违背初衷。吕提举①一心只求多收息钱，以便相公、朝廷谓其有功。如四方商旅辐辏京师，则多须尽贱卖于市易务，然后商贩未必所需者，亦勒令于市易务强买。如此贵贱相倾，抑勒商贾，虽得息钱不少，都邑之人不胜其怨，百行商户莫不切齿……"

王安石一直没有打断魏继宗，由得他说完了长长的一番话，这过程里曾布始终在仔细关注着王安石的神色。待魏继宗终于具言前后曲折，王安石才开口提问：

"事诚如此，何故未尝以告安石？"

魏继宗叹道："吕提举日在相公左右，小人何敢及此？"

王安石竟也为之默然，并不再发只言片语。

曾布在这尴尬难熬的沉默里等待了片刻，终于还是道："恩相，布翌日当对，欲悉以此白上。"

王安石点了点头，看不出什么喜怒地说："也好，也好。"

曾布与魏继宗遂告退。出了相府，曾布心里仍是一阵忐忑，决计在面圣奏禀市易事之前，先知会下王安石，这也是为了留一线余地，总不要闹得太难看才是，若是相公能明白这无非是公事而已，便不会当成私仇了吧……

曾布看着月上中天，又看了眼这个投机的魏继宗，心想自己又何尝不是在官家手札的压力下，被迫也做了个朝局里的投机者呢？

三月二十四（辛酉日），垂拱殿早朝，中书第一班奏对。

宰相王安石进呈吕嘉问具体分析市易问题及免行利害等事之文字，道："陛下，此皆商户百姓情愿纳免行钱，不如人言致咨怨也。"

官家道："韩维极言此不便，且云，虽取得案牍看详亦无补。"

韩维？

他这意思是吕嘉问的奏报必然是文过饰非，全然不能相信！

原来此前官家已经命翰林学士韩维和知开封府孙永理会详定行户所有关免行钱利

---

① 即吕嘉问。

害一事，如今韩维果然造作异论。

想到这一点，王安石道："韩维既有此言，不如差孙永同维，集合京师众行商户体问虚实。"

赵官家颔首道："便令二人追集行人体问，覆核利害以闻。"

王安石与冯京、王珪齐道："臣等领旨。"

官家忽然又问道："曾布言市易不便，卿知否？"

王安石道："知之。"

官家道："布言如何？"

王安石道："布今上殿，必自言。臣更请留身。"

官家同意后，冯京与王珪下殿，垂拱殿内又只剩下了君臣二人。

王安石今日之所以乞留身独对，乃是考虑到一会儿曾布上殿，以魏继宗所说白上，恐怕会极大地动摇到官家，须得未雨绸缪！

"陛下，市易事，臣每日考察，恐不致如言者，陛下但勿仓猝，容臣一一推究，陛下更加覆验，自见曲直。若陛下为众毁所摇，临事仓猝，即上下协力，承望为欺，恐致忠良受枉。"

官家道："然曾布言此，何故？"

王安石只得硬着头皮道："曾布与吕嘉问不相足，三司与市易司争执，互牒公文事亦可见。"

官家沉吟了一小会儿，乃道："曾布或缘与卿素亲厚，故如此。"

王安石道："臣不敢逆料人情，但依实考验事情，要见曲直而已。臣备位久无补时事，不能令风俗忠厚，幸陛下早改命，臣久如此，必负陛下寄托。"

然而这些言语，都没有换回往常的效果。

王安石下殿后，枢密班子上殿奏对，然后便轮到了三司，今日乃是令三司使曾布上殿独对。

翰林学士兼三司使曾布走进了垂拱殿，来到御座前，恭恭敬敬地行礼如仪，深深一揖。

官家的声音听起来颇是柔和亲近，道："卿免礼，想是已尽得市易虚实？"

曾布道："臣不敢言尽得虚实，然确可谓触目惊心。请陛下许臣展读奏疏。"

官家点了点头，于是曾布开始朗声读了起来，这份奏疏几乎完全是根据魏继宗所说而写就的文字，此刻垂拱殿内只能听到曾布一个人的声音。

"……嘉问等务多收息以干赏，凡商旅所有，必卖于市易，或市肆所无，必买于市易。而本务率皆贱买贵卖，重入轻出，广收赢余，诚如继宗所言，则是挟官府而为兼并之事也。"

终于读完奏疏，曾布明白这是一番豪赌，他小心翼翼地抬起头窥视御座上官家的神情，难以置信的是，赵官家居然是喜形于色！

"王安石知否？"

曾布道："相公知也。"

官家又问："安石以为如何？"

曾布道："相公以为未必如此。事未经覆案，或未见虚实。"

官家摇了摇头，道："朕久已闻之，虽未经覆案，思过半矣。可将札子留下。"

到了这时，曾布终于能够确认官家在市易一事上的态度了，那就是断定市易司多有不当！否则陛下如何会说可以信之大半的话呢？

曾布乃道："臣召问行人，见其往往涕咽，陛下以久旱焦劳，诚垂意于此，而革除市易之弊，臣料足以致雨。"

官家道："市易事必欲考见实状，非卿莫可。"

曾布心下一喜，这是官家在鼓励自己勇于任事，若是将整顿市易一事办好，或许就能借此机会进入二府？

"臣虽庸碌，不敢不尽力！"

官家额首道："如此，则却取札子付中书。"

成了！

这是要立刻责成中书理会市易事，曾布觉得自己赌赢了。消息一出，自己作为三司使秉公直言的形象就树立起来了，在朝野间的旧党中，或许也能赢取一部分的支持。他仿佛看到了一把通向青云之上的梯子，那里整整齐齐、真真切切地摆放着一张张玫瑰椅，甚至每把椅子上头都张设着青凉伞盖，那是宰执的宝座！

当日，赵官家以曾布奏疏送中书门下，政事堂里王珪和冯京见之无不是各有心思，只有王安石，似乎受到了颇重的打击，但又觉得这已是意料之中的事，他坐在位子上许久没有动一下。始终在窥视他的王珪甚至觉得大丞相一下子老了有十岁之多！这是被最信任、最重用的人背叛了啊！

王安石放衙回到相府后，到了晚间，内侍送来官家的御批，只见到上面居然御笔写着："恐嘉问实欺罔，非布私忿移怒。"

寒翠儿来书斋里送茶点时，竟是叫了几次"相公"，都不见王安石有反应，她悄然关上门，从门缝里心疼地看着呆坐着的、极不寻常的王安石。

三月二十五（壬戌日），宰相王安石上奏，具言曾布所说不然。迫于这位独相的压力，官家乃命中书下诏，以吕惠卿、曾布同根究市易务不便事，核查实情上奏。

曾布对市易法的突然攻击令整个京师哗然，许多人并不知晓官家令内侍夜降手札之事，因此在他们看来，这便是曾布骤然插了介甫相公一刀。这一击竟来自王安石变法队伍中最核心的成员之一，人们都在揣测曾布为何要公然背叛对他有大恩的相公王安石。不少人也见出了吕惠卿和曾布之间的剧烈矛盾，眼下吕惠卿同样为翰林学士知制诰，又兼任着都检正、判司农寺这些新法中极紧要的核心职务，同时还主持着官家极重视的军器监，而曾布这边，似乎是逐渐被挤出了新党最核心的位置，这样看来，他能做出如今背叛之事，也合乎情理了。王安石当国五年，新法实施得轰轰烈烈，到了如今新党却出现了这样重大的分裂和危机，一时间从京师到地方，无数人都在等着看这一出大戏的结局。

接收到诏令的曾布正在三司衙门长官的办公阁子里坐着，琢磨着吕惠卿与自己共同根究市易事的种种问题，前来禀报此事的三司小吏此时压低声音道："计相，中书每以市易不便事诘吕嘉问，嘉问未尝不巧为蔽欺，至于案牍往往藏匿改易，如不惩革此弊，虽根究无以见其实。"

小吏所说的，再加上吕惠卿居其中沮挠，曾布心知想要根究出吕嘉问的罪状铁证，可谓难上加难。可事情已经到了官家下诏，颁之于中外的程度，若是自己不能办好此事，那就是进退无门，既背叛了王安石和新党，又令官家大失所望，到时候什么结果，是不问可知的！

曾布近几日也听说吕嘉问已经命市易司胥吏将要紧的文书案牍都送到其私邸之中，好加以藏匿、窜改，乃对那小吏道："所言甚善。"

他已有了计划，决定立刻写一封奏书，乞请官家准许出榜以厚赏揭发市易不法事之人，如此一来，便能破吕嘉问改易文书的手段，好让市易司里还在观望的官吏以及京师行户知道，这吕提举乃是要倒台了！

三月二十六（癸亥日），辽国使节萧禧在崇政殿向官家赵顼辞行。从崇政殿离开后，赵官家立刻将曾布所上的奏疏直接批付回三司，御批亲笔写着："依奏付三司施行。"

得到御批准许之后，曾布当即命三司胥吏前去吕嘉问私邸外张贴榜文，募赏能揭发市易不法之人，京师一时间几乎都在关注这场市易风波。

午后，翰林学士兼判通进银台司韩维突然直牒阁门，请对上殿，言有要事须即刻取旨。

于是赵官家乃在延和殿令韩维入见。

韩维才一上殿，便欲大礼跪拜，这并非大朝会，而是臣子午后的请对而已，原不须如此，赵顼正觉得奇怪，韩维的声音已在殿内响起：

"陛下，臣今在通进银台司，收到监安上门郑侠擅发马递^①之奏，事目干系军国大事及宰执，又随奏状附图画一轴。臣不敢怠慢，乃请上殿面圣，进呈取旨，伏候圣裁！"

官家点点头，身旁侍立的枢密副都承旨张诚一遂上前接过了郑侠的奏疏及画轴。

"郑侠此人，朕似乎在哪里听过？"

韩维道："陛下，郑侠乃王安石之学生。治平时王安石在江宁讲学，郑侠往投其门下焉。"

官家疑惑道："如何不曾见安石举荐进用？"

韩维一咬牙，乃道："郑侠似不直朝廷新法耳。"

官家亦不置可否，只是先打开了奏本，静静地看了起来，只见写着：

去年大蝗，秋冬亢旱，以至今春不雨，麦苗干枯，黍、粟、麻、豆皆不及种，五谷踊贵，民情忧惶，十九惧死，逃移南北，困苦道路。方春斩伐，竭泽而渔，大营官钱，小购升米，草木鱼鳖，亦莫生遂。外敌轻肆，敢侮君国，皆由中外之臣，辅佐陛下不以道，以至于此！

读了这第一段，赵顼便没有办法再把眼神移开。若是在往常，这样的奏本他早就扔到一旁，然后批旨让中书行遣了，可自去年秋天起，全国各地都在严重干旱，闻说出现了不少流民饥馑转徙的现象，作为大宋的皇帝，他和每一个百姓一样在盼望着天降甘霖，盼望着下雨，好缓解眼下这急如星火的灾情。

赵顼接着看下去：

臣窃惟灾患致之有渐，而来如疾风暴雨……臣伏愿陛下开仓廪以赈贫乏，诸有司掊敛不道之政，一切罢去！庶几早召和气，上应天心，调阴阳，降雨露，以延天下苍生垂死之命，而固宗社万万年无疆之祉！

写得真好！

官家此刻只有这样简单、纯粹的感慨，现在的他已经听不得什么"天变不足畏"了，他要的正是感召和气，上应天心！既然朕事事都效法尧舜，如何上苍要这样折磨九州的赤子兆民？

---

① 马递，全称马递铺，宋代邮传通信、传令制度名称。马递规定每一昼夜行五百里，较一昼夜行四百里的急脚递更快。

赵顼乃继续往下看：

臣又见南征北伐，皆以其胜捷之势，山川之形，为图而来，料无一人以天下忧苦，质妻卖女，父子不保，迁移逃走，困顿蓝缕，拆屋伐桑，争货于市，输官籴米，遑遑不给之状，为图而献。臣不敢具以闻。谨以安上门逐日所见，绘为一图，百不一及，但经圣明眼目，不必多见，已可咨嗟涕泣，使人伤心，而况于千万里之外哉？谨随状呈奏。如陛下观臣之图，行臣之言，自今已往至于十日不雨，乞斩臣于宣德门外，以正欺君慢天之罪！如少有所济，亦乞正臣越分言事之刑！

官家终于明白郑侠随奏状附上的画轴是怎么回事了，那是他按照日日监安上门时所见所闻的景象，绘制而成。

官家急不可耐地一把拉开了画轴，目不转睛地看起这幅图卷。

只见画面里风沙漫天，无数瘦骨嶙峋的灾民挤在城门口，仿佛用尽最后的气力来哀号呐喊；在城门不远处，有的在掘土充饥，有的倚靠在枯树下奄奄一息……种种惨状，不一而足！

再看看郑侠最后所写的"如陛下观臣之图，行臣之言，自今已往至于十日不雨，乞斩臣于宣德门外"，若非一心社稷的忠臣，岂能如此赌咒发誓？

张诚一侍立在旁，能清楚地见到官家的双手在颤抖，御座下的韩维也听到了陛下再三长吁短叹的声响。

"朕知道了，卿且下殿。"

三月二十七（甲子日），官家自禁中内降文字，御批："闻都下米麦踊贵，可令司农寺发京仓常平麦，不计原籴价，比在市现卖之值量减钱出粜。"如今京师的米价已到了一斗须一百五十钱的高位，官家的内批即是要不计亏损地发开封常平仓里的米麦，以低于市价的价格，减价出售，平抑粮价，缓解饥荒。此前朝廷已下诏，令司农寺以常平米三十二万斛、三司米一百九十万斛，平抑粮价至一斗百钱，现在更是要增设官方粜米的场所，以救灾情。政事堂里宰臣们签押用印后，很快以朝旨形式颁行。

这日过了未正时牌，王安石乃放衙回到相府，刚见完吕惠卿的弟弟吕温卿没多久，吕嘉问火急火燎地也来了。

"恩相！"一进王安石的书斋，吕嘉问便声泪俱下，"某被劾倒事小，可冯京等借着市易和嘉问排挤恩相出外事大啊！眼下连曾布都成了反背之人，甚至把募赏的榜文贴到了某家门口。更何况曾布以内降御批施行，不经恩相的中书覆奏取旨，这既不符合规矩，内里关节，也令人不寒而栗！"

王安石起身安慰道："望之，不须如此。方才吉甫让吕温卿来过，已对我说张榜之事，且曰：'行人辞如一，不可不急治魏继宗，若继宗对语小差，则事必可变。'温卿云吉甫正理会此事。望之勿忧之过甚。"

吕嘉问听到吕惠卿在想办法对付魏继宗，当下大喜，他知道吕惠卿向来有手段，乃终于露出一丝笑脸："诚如是，诚如是。魏继宗此贼是关键，若是他与京师行户供词不同，则官家便知此中有诈，乃曾布等捣鬼！"

王安石道："我准备差人今夜去望之居所外收了榜文，如此一来，也能警告到某些人。"

吕嘉问刚想叫好，却急道："恩相，使不得。榜文上有御宝批，人臣岂能擅自收榜？曾布必是料到这一点，故请官家用御宝，其心不可问！"

王安石顿时默然不语。

而与此同时，吕惠卿在京中自己的廨舍内正与魏继宗密谈着。

吕惠卿虽然不曾在汴梁大城里租买房子，而选择住在分配给官员的廨署官舍里，但他依旧略作了些小小的改建，于西面的厢房里又营建了一间小小的会客用密室，避免隔墙有耳。

此刻高高在上的吕内翰也斜看着一脸谄笑的魏继宗。

"你当真是半句也不肯吐露？亦不愿反证曾布？"

原来，吕惠卿今日已去过一次三司衙署里，召唤来魏继宗及一批行人进行问状，结果竟是众口一词。所谓事出反常必有妖，吕惠卿自然疑心是曾布让魏继宗教了一套样板给这些行户，于是他将魏继宗带回自己的廨舍里，诘问其过去被曾布辟为察访司指使的缘由，想要以魏继宗为突破口，诱胁其反过来作证，即是曾布诬陷市易司及吕嘉问。

魏继宗依旧是一副谄媚的笑脸："内翰有所垂问，小人如何敢隐瞒？内翰与曾计相俱是天上人物，某不过是实话实说，岂敢搬弄是非？往日在察访司为僚属，也是平常事，不过有些会计吏事之能，否则以曾公之显贵，何须特意用小人？至于内翰要求的其他事，小人实在不能为欺君之罪。"

吕惠卿冷笑起来："你若是忠君爱国，又怎会在大名府丢了官！"

魏继宗眼神里闪过一丝凶光："那是他韩魏公不识货，可不是小人有什么过错。"

吕惠卿道："你便真以为此次相公定是倒了？"

魏继宗明白，这话不光是在问他，更是要他传给曾布听，于是他又笑道："相公那样的大菩萨、大罗金仙倒不倒小人不知道，也不想知道。小人只桩桩件件办着对君父、朝廷的忠心，一是一、二是二，余事皆不关心，更不知如何扯谎。倒是聪明如内翰者，不应该想一想，曾计相为何会如此？相公还有几日可在中书？"

这话确实问到了点子上，若说没有什么足够的外部因素，曾布怎么可能骤然叛变！这个因素怕是文彦博、冯京都做不到，只会来自九重之上的官家！可你魏继宗又算什么东西，竟敢当面对我如此言语？

吕惠卿怒极反笑："好啊，魏继宗你真是伶牙俐齿，怪不得吕嘉问、曾布都要用你。我今日便告诉你，曾布那厮本就是奸邪小人！不管相公倒与不倒，有我吕惠卿在一日，莫说你一个小小的市易司监当官，便是那曾布，我也能叫他从云上掉回泥坑里！"

魏继宗先是微微摇头，然后深深一揖道："告内翰留几分体面，小人纵然官位低微，也是朝廷命官，更何况曾计相。话头上的东西，不须如此争，没个几分意思。小人今日便告退了，谢过内翰一番教诲！"

吕惠卿一时间也愣住了，他不曾想到，魏继宗居然把自己当成了只会撂狠话的匹夫，更是铁了心和曾布一条道走到黑。行，那便让你们看看，究竟谁才能笑到最后！

离开吕惠卿的廨舍后，魏继宗上马，立即往曾布的私邸疾驰而去，他要把这些情况都向这位计相一一汇报。对曾计相来说，这一切乃是赌上了自己的仕途，可对魏继宗这样的小人物来说，何尝不是一次博得滔天富贵的绝佳机会呢？

在魏继宗走后，吕惠卿仍愤怒已极，甚至是七窍生烟。他在自己的密室里大发雷霆，接连砸烂了好几样平日喜爱的摆件才算罢休，可又无法克制地开始回味魏继宗所说的话。

没错，曾布的举动极不寻常，倘若果真是官家在密令他反对市易、查问吕嘉问，那弄不好，师相的独相也就做到头了！

吕惠卿感到一阵恐惧，他当然担心王安石一旦罢相，自己大好的前途也会突然青冥垂翅，跌落到苦不堪言的凡尘中，可官家真的会甘心从市易法开始，放弃整个新政？就算有两宫圣人的压力，就算朝野元老大臣们异论纷纷，难道血气方刚的官家就会从此偃旗息鼓吗？不可能，今上不是仁宗！

那要是官家想放弃的不是新法，而只是王安石呢？要是连王安石都被当成了弃子，用以暂时平息众怒，可不就说明了官家仍在变法吗？

吕惠卿忽然好像明白了，也不再感到恐惧，他相信自己琢磨透了宫城里那位至尊的心思。若是按照这个逻辑，那王安石一去，舍我惠卿而谁？只要官家还想继续施行新法，就得用新党的大臣们，那我吕惠卿必然是将登二府！师相之去，也必定会举荐学生我为执政！

吕惠卿恍然大悟。可笑的曾布，你居然还以为自己是个翻云覆雨的执棋人，你不过也只是一枚棋子！甚至在这场权力的游戏里，连王安石这样的独相都沦为了棋子，甚至是弃子。

不过，越是如此，自己就越要表现出拼命维护安石的模样，因为这在官家看来，便等同于一心维护新法，官家便知道自己始终是可以托以新政的大臣。眼下一切闹得欢腾的反对新法之人，管你宰执也好、侍从也罢，都不过是跳梁小丑，早晚被官家清算，届时全是秋后的蚂蚱，一个都别想撑到冬天！

吕惠卿福至心灵，他以为此刻的自己便说是醍醐灌顶也不为过。

三月二十八（乙丑日），二府奏对下殿后，吕惠卿以急速公事求独对。此后曾布亦上殿，将魏继宗所告之来龙去脉说与官家知晓，曾布甚至在御前说："惠卿所见与臣不同，不可共事，乞另选官根究市易事。"

王安石亦在做着努力。他作为宰相，以政事堂名义向官家建白，云三司既承内降旨意，当申中书覆奏取旨，如今却擅自出榜，乞按治三司违背朝廷制度之罪。

官家很快令下诏，三司官吏特释罪不问，而原批依三司使曾布所奏的指挥更不施行，榜仍缴纳中书。官家似乎来了个各顾情面的处理，既不问罪三司，也收回了榜文。

但这种反应自然让赌上了一切的曾布感到不安，于是曾布再奏请御批，谓此类事一贯不复奏，且曾申知中书，故三司本无罪。官家乃又下诏，如曾布所请，以三司无罪，收回特释罪指挥。

御批送到政事堂，王珪小心翼翼地看向宰相王安石，后者的脸色已是郁怒难言！

然而这一天的风暴还没有结束。这会儿的延和殿里，翰林学士韩维正在独对。

午后的阳光正旺，京师乃至地方仍是大旱不雨，殿内的官家和韩维已说了约一刻的时间。

只听韩维最后道："望陛下自奋英断行之，过而养人，犹愈于过而杀人也！"

言讫，韩维便大礼跪拜下去。

这番话是尖锐而刺耳的，可赵官家听着却并不动怒。去秋以来大旱至今，田地难以下种耕耘，百姓无钱缴纳青苗所贷之本息，甚至不得不砍掉桑树当成柴火卖来勉强度日……这说到底，或许真是因为天子不德，才令上苍震怒，降下旱魃警示惩罚吧？熙河开边以来，却一战阵亡将士五千余人，王韶行军用兵，如今也不见奏捷，可不就是韩维说的，朝廷把大量的粮饷财货都花在了边鄙蛮荒的地方了吗！

"卿言甚善，然今已渐宽减税赋等，如何仍不能感应上天，犹久旱不雨？"

韩维抬起头，竟已是潸然落泪："陛下固修身如尧舜，然朝政一至于斯，亿兆生民罹受重重苦难，试问若杯水车薪之悔悟，天岂恕之？数日前臣已谓，陛下损膳避殿，恭行故事，不足以应天变。唯陛下痛自责己，下诏广求直言，以开壅蔽；大发恩令，有所蠲放，以和人情。如此，或能感动上天！然后普降甘露，纾解旱情！"

这是要官家下罪己诏！承认即位以来，施政不当，干阴阳之和，犯人情之众……

官家开口道："卿言是，朕知之矣。卿为学士承旨，且当笔如何？"

韩维再拜："臣敢不效死！"

当日百司放衙前，官家下罪己诏：

"朕涉道日浅，晻于致治，政失厥中，以干阴阳之和。乃自冬迄今，旱暵①为虐，四海之内，被灾者广。……应中外文武臣僚，并许实封言朝政阙失，朕将亲览，考求其当，以辅政理。三事大夫，其务悉心交儆，成朕志焉。"

制词乃是由翰林学士承旨韩维当笔，代王言而撰。这份罪己诏一下，京师里就像炸开了锅，所有大小官吏都开始热烈地议论起如今的朝局，新法究竟是不是要被罢废，一人之下、万人之上的王相公还会不会继续独秉国政……官家的罪己诏把这一切都推向了风口浪尖。

三月晦日②，由于之前赵官家在三司收榜放罪后，再赐手札给曾布，让他上殿独对，这一天曾布便再次于御前具陈行人所诉，并依旧论列吕惠卿奸欺事状，乃言："吕惠卿前乞下开封府暂将行人追赴其处供析，显是欲改臣所取勘之状，以文过饰非，反诬臣与魏继宗。中书便欲依惠卿所乞施行，而陛下顷批'可令布、惠卿一处取问，所贵不致互有辞说'。如此便是助成惠卿之奸，即市易事无得分明，陛下圣聪为人蒙蔽，良法美意为吕嘉问所坏，而人怨则归诸陛下！"

官家听着曾布絮絮叨叨，却不置可否，只是说一些再三慰谕曾布的话而已，这种态度，令曾布感到了事情不在掌握，超出自己预料的慌乱来。但他明白，对自己而言，早已没有退路，也没有第二次选择的机会了。

京城的四月初夏，仍然是艳阳高照，一滴雨水都盼不着。几乎每个行走在街上的都下百姓，都时不时嘟囔一句，"何时能够下几滴雨来？"空气里已有些暑热的味道，然而茶楼酒肆的望子都在半空里懒洋洋地张挂着，竟是一丝风也没有。抬头往天上看去，端的是万里无云，只怕是龙王想要布雨也没有舞台。东京汴梁有些谣言自二月以

---

① 暵，指干枯。旱暵，指不雨而干热。

② 晦日，古人把农历每月的最后一天，即大月三十日、小月二十九日称为晦日。

来流传了已久，各种离奇古怪的说法里，似乎都将严重的旱情和朝中的某位宰执大臣以及新法联系在一起，如什么"蝗相飞，天不黑，天不黑来不下雨，蝗相不下空中飞"，蝗与王谐音，蝗相即是王相，那谁还不明白，这说的是宰相王安石呢？

皇城司报上来的关于京中谣言的消息，已经不能引起官家赵顼多少注意了。官家如今每天都会亲自查看司天监和翰林天文院的占天奏状，可这两个占候天象的衙署，没有一个敢夸下海口，说某某日能下雨，无不是引经据典，尽说废话，气得赵顼已经几日茶饭不思。

于是赵顼乃下手诏付中书："应灾伤路分①，编排保甲、方田造簿、淤田及应有现差夫役处并权罢，候农隙丰熟日别奏取旨。"

收到手诏后，王安石即刻乞请上殿面圣。

这位独相在御前几乎是苦口婆心地劝说："陛下，以臣之见，水旱常数，尧、汤所不免。陛下即位以来，累年丰稔，今旱暵虽逢，但当益修人事，以应天灾，不足贻圣虑耳。何必示天下以权罢新法之形，如此必将动摇变法以来成果与新政也！"

官家道："旱灾至于斯，岂细故？朕今所以恐惧如此者，正为人事有所未修也。卿可与冯京、王珪商量，明日进呈。"

"陛下！"

赵顼笑了笑，道："且去商量，明日取旨。"

王安石心情沉重地离开了延和殿。

次日，四月初二（己巳日），垂拱殿前殿视朝，中书条奏，请蠲减赈恤。于是出朝旨："减免在京免行钱、市例钱等；府界及诸路旱灾严重处，拖欠官府财物者，暂停催缴；灾伤州县未决刑狱案件，委监司选官结绝，杖刑以下情轻者听以钱赎罪，贫乏者直接释放；劝诱积蓄之家赈贷钱谷给贫困百姓，虽有利息，丰熟日官为受理；流民所至，检计合兴工役，给与钱粮兴修，如老小疾病，即依乞丐人例；在京诸门则减定税额……"

后殿再坐之时，三司使曾布又一次独对。

与上次曾布上殿时一般，赵官家说了好些宽慰曾布的话：

"……如卿所说，惠卿诚不可更共事。"

曾布大礼跪拜下去，道："臣无能，不能为陛下分忧。陛下命臣根究市易一事，以救京师百姓，而臣又为吕惠卿所欺侮，事亦不成，徒致朝野纷纷。臣乞陛下罢臣职任，重加贬窜。"

---

① 路分，宋时路级行政区域范围名称。

官家道："是何言也！卿忠心如此，岂为有罪？朕极不许卿出外，当令卿为朝廷宣力耳。卿亦当体知朕心，勉力做事。"

曾布叩拜再谢，然后方道："陛下，如市易事，诚吕嘉问肆意妄为之处甚多。向时薛向在三司，因避让、畏惧嘉问，乃竟编管无罪牙人，京师其谁不知？彼牙侩细民，于商贾之间讨生活，亦不易也，今乃无罪编管远方，觖望骤生，妻儿为之号啕，行路见之不忍，岂非有害圣政？都下百姓，祖宗以来皆优幸，人将以陛下爱民之心为何？"

官家恻然悲伤，叹息道："此事朕与有罪，当时失于详究，便令依奏，今已无及，惟当速释之耳。"

曾布道："且陛下思之，薛向尝为三司使，而竟为属官吕嘉问逼迫至于如此，则嘉问挟执政之势，横行无忌亦可见矣。陛下不问罪嘉问，反出薛向于定州，嘉问乃益狂傲放肆耳。至于编管牙人事，情轻者无多时已放逐便，其人皆已放还矣。"

官家点了点头："卿接管三司，此事善后得好。"

曾布道："臣又检会三司向时文字，见枉法曲从市易者极多，又决责商贾不一。"

赵官家道："他日可一一检取进呈。"

曾布再拜领旨。待其下殿，官家想到久旱不雨，乃又拿起笔，写下御批"久旱，可选日差官再祈郊庙、社稷，及分祷宫观、寺院"。

蓦地，赵顼想到了郑侠的流民图和奏疏来。他想到郑侠说十日不雨，则请斩其于宣德门外。郑侠擅发马递上奏是在三月二十六，今日是四月初二，已经第六天了，今日减免京师免行钱、市例钱及倚阁百姓逋欠等事的政令也下发了，十天里真能下雨么？

赵顼不禁暗笑自己的天真和紧张，郑侠一个小臣的激切妄言，还能成真吗？或许郑侠也颇紧张，不然为何又在这几日里再上书，说"天旱由王安石所致，若罢安石，天必雨"？当时初见《流民图》，一度以为郑侠忠贞不二，真古之君子，这会儿赵顼又觉得，或许他也只是一个好虚名的书呆子。

赵官家叫来侍立的内侍，命其把御批送往中书，随即站起身，走向殿外，望着长空里高挂着的那轮烈日，不禁喟叹：这旱情究竟还要到什么时候？

四月初三（庚午日），垂拱殿中书奏事毕，赵官家再次谈及市易利害，又降玉音道："朝廷所以设此者，本欲为平准之法以便民，《周官》①泉府之事是也。今正尔相反，使中平之民如此失业，不可不修完其法也。"

---

① 《周官》，《尚书·周书》的篇名。

两位参知政事冯京和王珪都注意到，宰相王安石已不再为此辩论。

午后，由于韩维、孙永的奏禀，吕嘉问被解除了与二人一同体问免行利害的临时差遣，此事被专门交付韩维、孙永理会，市易一事正迅速倒向反对变法的旧党一边，这在数年来，可谓绝无仅有。而王安石原本想用吕嘉问在其中调和，来减轻市易法冲击的努力也可说是化为乌有了。

当日，官家又命开封府界提点司督责诸县捕杀蝗虫，若得雨即刻上奏。旱灾总与蝗灾相伴，眼下京师和地方不光是旱情严重，蝗虫也整日成群结队地飞过稻麦田地，又遮天蔽日地飞过城镇集市。

未时将过之际，熙河路的奏报送到了宫里。赵顼急不可耐地拆开实封的奏状，却见到王韶只字不提战况如何，只说了景思立战殁的踏白城之战后，部将韩存宝、李浚得脱，以陷主将之罪当斩，但那日近乎全军覆没，蕃贼随即攻踏白城，韩存宝、李浚退至踏白城内固守，城得不破，故乞免二人之罪。

赵顼把这份奏报从头到尾又仔细看了一遍，仍是没见王韶提及如今鬼章、木征及西贼人马如何，可否与官军交战，他气得将奏本重重扔回了御案上。看来便是王韶也学会了偷奸耍滑！群臣尽是如此待朕之人！

脑海中转过了近来许多桩事情，官家的脸慢慢冷了下去。

两天后，四月初五（壬申日），朝廷又下诏："三司勾当公事李杞等罢相度成都府置市易务，只具经画买茶，于秦凤、熙河路博买利害以闻。"这标志着在成都置市易务一事终于确定不再进行，在新党们看来，市易法似乎已岌岌可危。

四月初六（癸酉日），辽国派来祝贺宋国皇帝同天节的使节到了东京城。

要不是辽使到来，赵官家甚至忘了自己的生日已近在眼前。他坐在御座上出神地想着什么，竟没听到阁门官吏前来禀报的声音。

这是郑侠上书的第十天。然而仍是不见下雨，即便做了这些帝王悔过的事情，也还远远不够吗？

正沉思间，勾当御药院李舜举忽然跑进便殿里，大礼跪拜下去，高声道："恭喜陛下，贺喜陛下！"

官家终于回过神来，惊讶地问道："何喜之有？"

李舜举脸上笑开了花："陛下，天上下雨了，京师下雨了！"

话音未落，轰隆隆，殿外竟是一连串电闪雷鸣！

大雨倾盆，骤然而至。

赵顼猛站起身，冲到殿外，任雨水打在身上，内侍们赶紧过来撑伞，官家却推开了他们，尽情感受着这天降的甘霖，百姓们有救了，田地稻麦有救了，社稷安矣！

这时候的官家，难以抑制地想到了郑侠的奏状，难道郑侠说的话才是对的？确实须如此做才能感动上苍？

"官家，龙体要紧，不宜久淋大雨。"这时候也只有李舜举这样得宠的貂珰才敢劝谏了。

"朕高兴，朕愿这雨下得再大些，下得久一些，各地也都下起大雨才好！"

延和殿外，赵顼的脸上已分辨不清是雨水还是泪水。

四月初七（甲戌日）。

垂拱殿中书奏对毕，正欲行礼下殿，官家忽然开口道："且慢，更有一事须说与卿等。"

于是赵官家将御案上的一封奏本和一卷画轴拿在了手上，道："卿等且拿去看。"

宰相王安石乃上前双手接过了奏本与画轴，他将画轴递给王珪，后者则和冯京一起展开了画卷，王安石又打开了奏本。

"识郑侠否？"官家问道。

这自然是在问王安石，因为郑侠是王安石的学生。

王安石已在顷刻间看完了这可说是字字诛心的奏疏，他抬起头，平静的面色下似乎蕴藏着一座火山、一片汪洋，然而最终只是道："郑侠尝从臣学。"

言讫，这位宰相便大礼跪拜，并脱下官帽，放下笏板，请求辞相。

"臣昏昧无补时事，致阴阳不宁，蝗旱肆虐，生民流离，此皆臣辅政以来大罪，乞陛下许臣避位让贤……"

冯京和王珪手里各执着画轴的一端，呆愣在原地，这个时刻终于到来了？

"卿是何言也？朕极不许，勿得再言。今日将此奏疏及画轴示卿等观览，乃是要议此人之罪。"

顿了顿，赵官家继续说道："朕意思，当令开封府劾郑侠擅发马递之罪。"

冯京在心里狂笑，官家这番话简直是在打王安石的脸！只治郑侠擅发马递之罪，却不问他诋毁朝廷新法之大罪，这就等于说郑侠大抵是无罪的，那这会儿在中书辅臣面前，便形同公然质问宰相了，王安石又如何能不免冠谢罪？

王安石只是道："请陛下许臣辞相。"

官家依旧是不许，但他却想到了前几天又一次在庆寿宫中问安时，太皇太后与太后又流涕，盛言新法之不便，甚至说"王安石变乱天下"，连官家自己都为之泣下。当时尚未下雨，他只感到内忧外患下，所有人都在逼迫着自己。

中书宰臣们下殿后，垂拱殿内官家出示郑侠奏疏及流民图、王安石请辞的事情立刻传遍了京师所有的衙署，百官无不知之，甚至连百姓们都知道了此事，且不免对其添油加醋。人们都在猜测和讨论着，属于王安石的时代将要结束了吗？

回到相府内的王安石开始撰写《乞退表》，他亲自磨墨，又压上镇纸，开始动笔。只见这位大宋的宰相写道：

臣受材鄙劣，遭运休明。陈愚或会于圣心，承乏遂尸于宰事。谋谟浅拙，谩不见其有成；操行陵夷，又或几于无耻。久宜辞位，尚苟贪恩。……念其服劳之久，愍其撄瘵①之深，及未干鈇钺之时，令遂解机衡之任。岂特少安于私义，兹惟毕协于师虞②。臣无任。

写到最后"臣无任"这三个字，王安石竟是良久方才掷笔于地，喟然而叹。

臣无任本不过是此类奏疏文字的套语，但此刻的王安石，却感到了深深的疲倦和落寞。当国五年，已到了要谢幕的时候。虽然他知道，官家绝不会由他一请即允，还必须经过三番五次的上表请辞才能完成这一过程，但自己从相位离去，已是不可阻挡的必然。

第二天，四月初八（乙亥日），熙河路终于传来了一份奏捷的军报。王韶云领大兵过洮西，遣王君万等破西蕃贼军于结河川，斩首两千余级。兴奋的官家赵顼立即召两府宰执入对，王安石已谒告，不赴朝视事。辅臣中最有军事经验的枢密副使蔡挺指出，结河川乃扼制马衔山至熙州的道路，这必是木征、鬼章人马欲与西夏兵马会合，王韶率军至此，既可击溃蕃贼军队，又能阻止西夏兵马南下，可谓一举数得，确实符合用兵之道。

赵官家非常高兴，他终于对王韶又恢复了不少信心，而对于宰相王安石的请辞，则依旧是下手诏不允。他命吕惠卿往相府宣谕圣旨，又遣内侍冯宗道随吕惠卿同去，赐手诏于王安石，催促其复位。但王安石只是再写了一道乞求辞相的札子。

于是数日间吕惠卿令新党之人日日投匦上书，请官家务必留下宰相王安石。宫府内外都在关注着整件事的发展，究竟王安石还会不会赴朝视事，不再请辞？

到了四月十二（己卯日），熙河路岷州也传回了好消息。原来，此前鬼章、木征人马曾围城岷州，又有蕃僧温遵及容、李、龙三族蕃部响应而作乱，岷州刺史高遵裕亲登西城门迎战，命蕃将包顺引兵纵击，又选精兵百余骑，由南门鼓噪而出，击败贼军，守住了岷州。赵官家的心情更是舒畅起来，乃批旨令枢密院升高遵裕为岷州团练

---

① 撄瘵，指困于疾病。

② 师虞，指百官。

使，包顺为内藏库使，赐以金带锦袍。

同日，王韶又奏称，经体量得知瞎药在河州时即反对景思立贸然出兵，且瞎药确实于踏白城一战为国捐躯，非如传言降敌，于是诏瞎药依诸司使副阵亡例给赙。

四月十六（癸未日），朝廷遣官谢雨。宰相王安石请辞的奏表与赵官家不允的手诏，则在这几日里往返于相府和宫城之中。就在此时，身在洛阳，以端明殿学士、翰林侍读学士判西京留守司御史台，整日忙着修《资治通鉴》，而几乎快被人们遗忘的司马光，忽然上书言事。

赵官家在御案上翻开厚厚的奏本，只见司马光上来便说，当今官家欲效法尧舜，而宰执王安石每以周公自任，进行变法，那么天下究竟有没有复返三代呢？

司马光后面写着：

然六年之间，百度分扰，四民失业，怨愤之声，所不忍闻，灾异之大，古今罕比，其故何哉？岂非执政之臣，所以辅陛下者，未得其道欤！所谓未得其道者，在于好人同己，而恶人异己也。陛下既全以威福之柄授之，使之制作新法以利天下，是宜与众共之，舍短取长，以求尽善，而独任己意，恶人攻难。群臣有与之同者，则擢用不次；与之异者，则祸辱随之……

这是在说王安石主持的变法全然倒行逆施，上令苍天愤怒，下使细民怨怼，又专威福之权，不能团结大臣，反好排挤异己。

官家接着往下看去：

方今朝政阙失，其大者有六而已：一曰广散青苗钱，使民负债日重，而县官无所得；二曰免上户之役，敛下户之钱，以养浮浪之人；三曰置市易司，与细民争利，而实耗散官物；四曰中国未治而侵扰四夷，得少失多；五曰团结保甲，教习凶器以疲扰农民；六曰信狂狡之人，妄兴水利，劳民费财。若其他琐琐米盐之事，皆不足为陛下道也……

这几乎是全面否定了一切新法！

在数千字的最后，司马光写道：

陛下诚能垂日月之明，奋乾刚之断，放远阿谀，勿使壅蔽，自择忠说，为台谏官，收还威福之柄，悉从己出。……如此则中外欢呼，上下感悦，和气熏蒸，雨必霈洽矣……

官家闭上了眼睛，他竟罕见地认为司马光写得很好，固然有不够好的地方，但总体确实是忠贞之大臣才能写就的肺腑之言，尤其是一句"我闻忠善以损怨，不闻作威以防怨"，让他反反复复地在脑海中念叨。诚君子之言哉！诚大臣之体哉！

司马光奏疏的副本不知为何，很快就被流传到宫外，京师百官不少人都读到了这数千字长文的片段，人人皆谓，委是惊世骇俗。不少人在猜测着，这会是射向王相公最后的一支利箭吗？

四月十七（甲申日），三司使曾布上殿奏对后不久，便听闻了一个让他惊恐万分的消息。宰相王安石举荐了韩绛接替相位，更举荐吕惠卿晋升执政，担任政事堂的副宰相参知政事。次日曾布再与吕惠卿相见时，后者已是面有得意之色，且诟骂行户及胥吏，又语逼曾布，曾布竟全然不敢再与之较量。

最让官家赵顼喜出望外的是，熙河路奏捷又至。这一回，木征投降了！

原来，王韶选精兵二万，亲率师旅与鬼章、木征主力展开决战，阵斩七千余级，烧毁蕃贼族帐两万余，俘获牛羊八万余口，蕃贼兵马溃不成军……木征既指望不上西夏，又失去了鬼章的有力援助，走投无路的枭雄终于只能带领着部族内八十余名豪酋往王韶军中投降。熙河路再次平定！回想朝廷得到景思立全军覆没，兵败将亡的消息以来，京师风霾旱灾相仍，不少大臣都声称不如放弃熙河，官家也为此宵衣旰食，累日彻夜难眠，以至于屡屡遣内臣赴熙河戒令王韶驻守熙州，持重勿出。至是，终于戡乱底定！

看着奏疏里详尽的叙述，赵官家发现，王韶的用兵策略、取胜之道，居然与此前王安石力排众议的推断完全一致，不由得一声长叹。

辅臣们皆诣阁门称贺。消息传遍京师，都下吏民亦是兴高采烈，西北总算是能安定下来了。官家下手诏褒奖王韶："将在军，君命有所不受，宁河之行，卿得之矣。"有些官员猜测，王韶又立如此大功，是否王相公便不再请辞了？或者从另一角度说其相位也就保住了？可那些真正对赵官家有相当了解的重臣们知道，若是西北之事糜烂不堪，或许王安石还能坐在相位上一段日子，可眼下王韶奏捷连连，可算是彻底平定熙河路，那便无须再留王安石主持大局了，他罢相是板上钉钉！

人们都在等待着结局。

四月十九（丙戌日），禁中。

百官赴文德殿听麻，大诏连续宣读颁行：

"礼部侍郎、平章事、监修国史王安石罢为吏部尚书、观文殿大学士、知江宁府，仍诏出入如二府仪，大朝会缀中书门下班；观文殿大学士、吏部侍郎、知大名府韩绛依前官平章事、监修国史；翰林学士、右正言、兼侍讲吕惠卿为右谏议大夫、参知政事。"

一切都和曾布听到的传闻一模一样。

王安石罢相，出知江宁；韩绛再入相；吕惠卿入二府，成为副相。

旧党的官员们闻之则多是如遭霹雳，官家的这一手，便是告诉百官们，王安石虽罢相，但新法不罢！继任的宰相、副相都是新党的核心中坚人物，一个旧党大臣都没得到好处！

王安石已命府中仆役打点整理行装，要做好离开京师的准备，官家则再降数道手诏，云"继得卿奏，以义所难处，欲得便郡休息。朕深体卿意，更不欲再三邀卿之留，已降制命，除卿知江宁，庶安心休息，以适所欲。朕体卿之诚至矣，卿宜有以报之。手札具存，无或食言，从此浩然长往也"。又赐手诏，令会晤韩绛，所谓"卿可为朕详语以方今人情政事之所宜急者"。另外，考虑到王安石罢相不啻一场政坛的大地震，官家忧心王韶在边不能自安，乃又令王安石致书信于王韶，加以安慰晓谕，开释其疑惑忧愁。

很快，京师里流传起了韩绛和吕惠卿的两个新绰号，人们称呼韩绛为"传法沙门"，吕惠卿为"护法善神"，这自然是说二人继承王安石衣钵，仍然主持新法，可沙门、善神，只怕又是一种讥讽而非赞誉了。还有传言，那位家贼吕嘉问在罢相的麻制宣布之后，往王相公府中，痛哭流涕，不能自已。

就在王安石罢相的同一天，朝廷又诏河东节度使、守司徒、兼侍中、判河阳府文彦博改判大名府。或许官家还是在忧心北方的契丹吧！

相府里的王安石听着渐渐热闹起来的初夏蝉鸣，忽然想起了自己曾经写的一首诗，里头有这么一句：

功名盖世知谁是，气力回天到此休。[①]

此去江湖路远，但想着钟山胜景，便也没什么放不下和舍不得了，且一路归去吧。

---

① 摘自王安石所作七言律诗《将次相州》。

第 二 十 四 章
空花根蒂难寻摘

王安石罢相后的第三天，四月二十二（己丑日），官家忽然下诏：

"朕嘉先王之法，泽于当时而传于后世，可谓盛矣。故夙兴夜寐，八年于兹，度时之宜，造为法令，布之四方，皆稽古先王，参考群策而断自朕志。已行之效，固亦可见。而其间当职之吏，有不能奉承，乃私出己见，妄为更益，或以苛刻为名，或以因循为得，使吾元元之民，未尽蒙泽。虽然，朕终不以吏或违法之故，辄为之废法，要当博谋广听，案违法者而深治之。间有未安，考察修完，期底至当。士大夫其务奉承之，以称朕意。无或狃于故常，以庡吾法。敢有弗率，必罚而不赦。"

一句"稽古先王，断自朕志"将新法和王安石的关系撇了开来，官家向朝野表明，整个新法并不会因为王安石离开相位就半途而废，且一切新法政令亦是官家亲自决断，非政由臣下！至于新法在实施过程中出现的问题，则多是因为官吏或冒进贪功，或因循苟且，总而言之乃是下面之人不能上体官家兼爱万民之心，将良法美意歪曲执行！从今往后，新法继续，若有任何人胆敢违逆，严惩不贷！

诏令一下，最惶惶不可终日的人正是三司使曾布。

他完全醒悟过来，自己恐怕只是官家所利用的一枚棋子而已，什么市易法、免行钱，全不过是幌子，官家实则一个新法都不想变！利用他曾布，是为了通过市易、免行来勾出吕嘉问，进而攀扯到王安石身上。官家为了变法的天下大局，竟将他曾经的"师臣"也当作代价丢了出去，这真是好狠的帝王之心！

曾布忍不住便要痛骂自己，世间最靠不住的便是人心，更何况"最是无情帝王家"！连师臣王安石都能牺牲，他曾布一个三司使又算得上什么？如魏继宗者，本就是光脚不怕穿鞋的，可他曾布已经爬进了政治权力的决策层，本离最高层只有半步之遥，却因被官家有心算计而弄巧成拙，变成了相去十万八千里！等待着自己的，必然是贬官出外，被弃如敝屣！

当晚，曾布在私邸中谁也不见，只一个人为自己的天真而羞恼！原以为站出来说市易、免行的不是，旧党之人便能称许自己的大公无私，没承想现在的说法，却是他曾布厚颜无耻，始创新法而骤然非之，可谓昨是而今非；又叛出安石门庭，可谓忘恩而负义……这群毫无仕宦素养，全不懂权力游戏的旧党，怪不得各个惨败！曾布以为，只要有了利益，曾经如何站队就根本不成问题，为何竟这般诋毁他？

曾布知道，官家下这诏书，也不光是官家自己的心思，亦有吕惠卿近来的撺掇。他听闻吕惠卿以书信遍遗诸路监司、郡守，令其陈新法之利，此福建子自从做上了参知政事，气焰便一天比一天嚣张，已到了曾布不堪忍受、不堪一见的地步。

曾布在夜色里枯坐着，他左思右想，不明白为何赵官家和王相公始终最信重、最喜欢那福建子，在吕惠卿丁忧的二十七个月里，宣力最多的分明是他曾子宣！免役法、保甲法、市易法，从筹划修订到颁布实施，哪一样不是他曾布忙前忙后？青苗、农田水利等，又哪一项不是他在都检正的位子上尽心尽力，对地方监司、州县下达指挥，考察功过？何况千头万绪之事，这几年来，自己又为官家、朝廷、王安石做了多少？凭什么吕惠卿一回来便能把这一切功劳都生生夺走？

这一夜，这位三司使彻夜未眠，他暗暗发誓，有朝一日，一定要身登青云之梯，成为当朝宰执，不，即便是执政也不够，得是大权在握的政事堂宰相！

倏忽间，大相国寺的钟声响起，鸡唱三声，天色欲明。东京城里整夜辗转的人恐怕不在少数，王安石的罢相所造成的朝局震荡，轻易还不会那样快地过去。早已在黑灯瞎火里起来准备早饭铺子的店家和小贩们，在京师的各个角落里看着百官从家中披星戴月地出发，朝马动，灯笼晃耀，宫城里又是新的一天。

四月二十三（庚寅日），官家亲自御批："现根究市易司事，可催促结绝。"

同日，又特旨迁王安石之子王雱为右正言、天章阁待制兼侍讲。由于王雱仍在病中，不能上殿谢恩，乃又特诏免朝谢，许从父王安石赴江宁，仍修撰经义。且又诏王安石仍旧提举详定国子监修撰经义，而以副相吕惠卿为同提举。

这数道诏令，让嗅觉灵敏的人发现：根究市易本是假，因而官家急着令结案；将王雱从太子中允、崇政殿说书骤然特旨超擢为从四品待制侍从，显然是为了表示王安石虽不在相位，却仍得官家尊礼非常；加之依旧命安石提举修撰经义，便是仍以王氏新学为天下学子科举之圭臬。这都是为了表明新法不可动摇！

五月初一（戊戌日），官家下诏曲赦[①]熙河路。

---

① 曲赦，指特赦。不普赦天下而独赦一地、两地或数地叫作曲赦。

五月初三（庚子日），王韶以功再升观文殿学士、礼部侍郎，仍兼端明殿、龙图阁学士，一身兼三学士，可谓执政之下，荣宠已极，又赐绢三千匹；授其子王廓正九品京官大理评事，赐进士出身，次子王厚亦授大理评事；秦凤路副都总管燕达迁西上阁门使、英州刺史；李宪寄昭宣使、嘉州防御使……

五月间，王安石带着一家人坐船出京师东水门，沿着汴河一路往淮河方向，复返江宁而去。

夏夜舟中，王安石独立船头，望着江月空明，鹭点烟汀，这位过去五六年间权倾天下的大人物，此刻好似遗世独立的高士，闲云野鹤般自在的隐逸者。当国执政时，他忙碌得全无闲暇，吟诗作赋的雅兴也多是无从谈起，离开了东京城，竟忽然间便对景生情，诗兴大发起来。

略一酝酿，王安石便吟道：

"扁舟畏朝热，望夜倚桅樯。日共火云退，风兼水气凉。
未秋轻病骨，微曙浣愁肠。坚我江湖意，滔滔兴不忘。"①

江河的柔波里摇晃着月光，涟漪里点点的银色也不知碎了谁的梦，河面上一层薄雾，远方的船上若有若无地飘来一阵悠扬的笛声。沿途所见，都不再是朝堂里的刀光剑影，只有开阔的平野和漫天星斗。循着那前头的笛声，水面近岸处圆荷向背，芙蓉深浅，岸上三三两两的人家，渐亮起灯火烛光，东京城已被远远地抛在了身后，前方是淮河，更是王安石第二个故乡江宁。

五月下旬，官家赵顼下诏命章惇、曾孝宽在军器监中置司根究"中书户房比对市易务，及曾布根究市易务违法事"，又重审市易司案。此前吕惠卿令中书户房会计治平、熙宁财赋收支，与曾布上奏市易违法事时所陈述皆不相同，官家当即命曾布分析。八日后曾布上殿解释，官家虽以其言为然，但却令章惇、曾孝宽另置一司，进行重审。这让曾布彻底绝望，且明白这是赵官家在向朝野释放信号，即市易法问题将被重新定性，过去曾布所陈的结果必然要全部推翻！曾布自知与吕惠卿、章惇皆有嫌隙或仇恨，而如今吕惠卿执政，势倾中外，于是他不再请对，深知自己的命运已注定。

六月上旬，开封府知府孙永勘劾僧人本立受宗室昭化军节度使、康国公赵承显贿赂一案，由于僧人本立曾出入王雱左右，此事颇引人瞩目，人言孙永欲借此牵引、枝蔓到王安石身上。官家赵顼乃下令以法结案、不得牵引，似不让自己曾经的师臣受辱。

无独有偶，次日，朝廷又下诏：监安上门、光州司法参军郑侠勒停，编管汀州。

---

① 王安石所作五言律诗《夏夜舟中颇凉因有所感》。

勒停、编管已是极重的处罚，汀州又在福建七闽之地，郑侠竟落得这个下场，官家却只觉得他咎由自取。原来，王安石罢相后，郑侠又上书，谓安石作新法为民害，吕惠卿朋党奸邪，壅蔽圣聪，独冯京立异，敢与安石校，请黜惠卿，用冯京为宰相。官家勃然大怒，痛骂郑侠乃糊涂无知的措大[①]，吕惠卿亦愤恨不已，遂有此重责。京中百官更品出味道来了，看来宰相王安石可罢，但新法却丝毫动不得，因此像郑侠这样的"棋子"，官家用完就扔，这可真是"天意从来高难问"，伴君如伴虎啊！

这一天，王韶麾下大将王君万迁东上阁门使、达州团练使，苗授迁四方馆使、荣州刺史，以赏其渡洮讨杀鬼章、木征及叛乱蕃部之功。曾经和王韶争雄的景思立引以为傲的团练一职，现在被王君万得到了，而景思立却已殁命身死，两相对比，如何让人不唏嘘感叹！

六月十五（戊寅日），王安石已经安顿好家中事务，到了江宁府衙中。一众僚属早已在外恭候，昔日的相公外知州府，下面谁不是战战兢兢，生怕触怒了老相公的虎须？让江宁府大小官吏没想到的是，东京城来的大丞相竟是一点架子都没有，与众人一一问候，和传闻中那个雷厉风行、严刑峻法的拗相公相去甚远。到底哪一个才是真正的王相公呢？

而京师的皇城内，上个月下旬，皇四子出生后，仅一天便夭亡，不过六月下旬，皇五子又降生了，赵官家乃遣参知政事吕惠卿告于太庙，王安石自然也在江宁写了贺表。

王安石书案上除了刚刚写就的贺表，边上还有一首他回到江宁后写的诗，题为《人间》，只见写着：

> 人间投老事纷纷，才薄何能强致君。
> 一马黄尘南陌路，眼中唯见北山云。

书斋外是夏日的蝉鸣，天地间阴阳流传，一刻不停，便是曾执掌帝国长达五年之久的王安石，此刻也在江南的暑气里感到了老迈和力不从心。他今年五十有四，诸葛亮在这个年龄上已经星坠五丈原，想到这一点，王安石竟觉着能够全身而退，已然是不可多得的福报。只是到了江宁，儿子王雱仍然疾病缠身，官家甚至派遣中使传宣抚问，赐以汤药，又派人为之医治。

京师里，官家在六月二十一（甲申日）下旨，赐木征姓赵名思忠，为荣州团练使；母寿安郡君郢成结赐姓李，封遂宁郡太夫人；又赐名其弟董裕曰继忠、结吴延征曰济忠、瞎吴叱曰绍忠、巴毡角曰醇忠、巴毡抹曰存忠……熙河事终于尘埃落定。

---

① 措大，宋代对读书人惯用的蔑称。

说来讽刺的是，王安石罢相已有两个多月，但各地的干旱并没有完全结束。七月间，官家两次令宰辅大臣祈雨，又令地方上转运司访寻名山、灵祠祈雨，对旱情仍是高度焦虑和敏感。

　　这些情形让卧床养病的王雱更为父亲愤愤不平，看着儿子日日为此劳心费神、怒不可遏，王安石亦不多言，他最清楚自己这个儿子争强好胜的个性，乃写了一首诗让王旁送去，叫王雱作诗相和。

　　王雱本经舟车劳顿，病情又有些起伏，但经过官家派来的名医诊治和调理，已见好转，每日午后，他都要起床活动。见弟弟送来父亲的诗作，王雱乃拿在手中读了起来：

"投老归来一幅巾，尚私荣禄备藩臣。
芙蓉堂下疏秋水，且与龟鱼作主人。"①

　　王雱才高八斗，当然一望便知道父亲要说什么。王安石的意思，无非是想告诉儿子，如今再回江宁，亦无甚不好，在这南方的鱼米之乡，且看秋水枯荷里别有生意，便作那自由自在的龟鱼主人，享受安闲，暂忘胜负得失、荣辱悲喜，又有何妨呢？

　　"你如何看爹爹的诗？"王雱问弟。

　　王旁道："总是叫兄长凡事都想开些，既然爹爹都能放下，兄长又何必……"

　　王雱听到弟弟作如此说，颇不耐烦地摆摆手："且待我作诗，你自拿去与爹爹看。"

　　须臾，王雱便挥毫落笔，写就了一首酬唱之作。王旁看到，这最后两句竟是"直须自到池边放，今世仍多郑校人"②。

　　王旁亦不敢问兄长所说的郑校人指的是薛向、曾布还是郑侠，于是便从桌案上拿起纸来，自去送与父亲看了。

　　王安石见到儿子的诗作，却是苦笑不已，这个长子固然聪明绝顶，却总是有着太强的争胜之心。王旁对朝局懵懵懂懂，没有拨云见日的能力，可王雱显然和自己一样，有着极灵敏的政局嗅觉，恐怕儿子是从近来实施的"手实法"③里嗅出了别样的味道，在提醒自己，要小心吕惠卿的野心！

---

　　①　王安石所作七言绝句《答韩持国芙蓉堂二首》。

　　②　郑校人，指对贤者进行欺骗的人。春秋时期，子产被小吏所骗，小吏烹食鱼讫，哄骗子产，云鱼儿刚在池塘里时半死不活，突然摇动着尾巴倏尔远逝，不知去向。子产不知其诈，谓鱼得自由，不失为一件好事。此典故后用以指贤人受骗。

　　③　手实法，简要言之，即令百姓自行申报田地、财产、丁口数量，以定户等，从而决定应纳免役钱之多少，同时许人告发他人隐匿不实的违法行为，一经查实，将违法者查获资产的三分之一充告发人之赏赐。手实，指呈报户口资产的文书。

手实法连百姓的鸡鸭猪羊等家禽牲畜，乃至家中的房屋椽梁都要统计，可谓是"尺椽寸土，根括无遗；鸡豚狗彘，抄札殆遍"，王雱从他留在京中的消息渠道得知了这些后，便认为吕惠卿造作新法，谋得事功的用心已昭然若揭。可王安石并不这么想，他看到的乃是吕惠卿在想方设法，改善免役法的具体实施效果。

他放下了儿子的唱和之诗，只是摇摇头，道：

"大哥多疑，吉甫岂与我贰心哉？我料吉甫终不负我。"

随即便倚在榻上，拿起一卷《庄子》看了起来。

到了八月，各地仍有旱情未解的情况，官家只得下诏，云"久旱，祷雨未应，其令长吏躬祷岳渎"，仍是命地方上州县长贰寻山岳、江河祷告求雨。北面传闻契丹在河东路代州方向陈兵二十万，将遣使请地，因而官家对于如何安排往辽国的外交使节队伍头疼不已。

八月十七（壬午日），市易大案经章惇、曾孝宽根究，终于出了结果。三司使曾布因不觉察吏人教令行户增添饰词，勘问时添油加醋，理不应为奏而奏，罪杖八十；吕嘉问亦因不觉察杂买务多纳月息钱，罪杖六十。当然由于他们有官职在，则可以降黜抵杖，不需真的受杖刑。参知政事吕惠卿又在中书班子中奏称，曾布所奏乃诬陷市易司非但未能盈利，反而令朝廷支出更多，经御史台勘劾，当徒刑二年，只是这自然也以其官职相抵。

于是，朝旨连续下发：翰林学士兼侍读学士元绛权三司使；权户部副使、太常少卿贾昌衡兼都提举市易司；大理评事、编修司农寺条例删定官吴安持为太子中允、兼权发遣同提举市易司。

三司和市易司的长贰都做了调整，曾布和吕嘉问自然是遭到了贬官离京的黜罚——翰林学士、行起居舍人、权三司使曾布落职，以本官知饶州；都提举市易司、国子博士吕嘉问知常州。另魏继宗仍追一官勒停。

百官们终于看到，原来官家并没有放弃市易法，只是通过罢相和问责吕嘉问来稍稍平息物议，一旦达成了目的，曾布和魏继宗立刻被官家给抛弃。这似乎是在警告官员们，切勿打新法的算盘！至于曾布黯然离京，京中议论者们却对他毫无同情。因为市易之创建，曾布完全参与其中，如今见风使舵，投机失败，旧党之人自诩君子，如何能看得上这种朝秦暮楚的行为？

八月下旬，朝廷再诏诸路监司访名山灵祠，委长吏祈雨，又遣辅臣告于中太一宫。沈括则出为河北西路察访使，显然官家对北边契丹仍是十分忧虑。各地的灾荒饥馑未见真正缓解，赈济的朝旨也在不断下发，京师更是遣官于南熏门、安上门置场，给流民每人每日两升米，而光是自河北来到都下的流民便有三万余人，陕西甚至出现了蕃汉边民逃入敌境的情况……

八月末终于又开始下雨，兴奋的官家乃于九月朔日遣官谢雨，令地方帅守之臣谢五岳四渎。但北事堪忧，官家又令都检正李承之除为河东察访使，这样是因为河北、河东两地与契丹接壤，在赵官家看来，只有派近臣检视各地严修守备情况，才能稍稍安心。

九月下旬，三司的一场大火使得元绛还没坐热计相的位子，便被罢免了三司使，而火灾当晚领军器监兵级去救火的章惇，因为被官家在宫城上望见，而大受赞赏，乃被命为权发遣三司使。曾布的失势离去，加之火灾带来的运气，使得章惇一下子就得到了三司使这一重要差遣，他在新党中的地位自然也水涨船高。而沈括也由此得到了机会，原本属于章惇的判军器监一职便授予了他。同日，赵官家将郭逵调任太原府，坐镇河东。对于辽国，官家是一点点都不敢掉以轻心。

到了冬十月，原本因为旱情暂时权罢的保甲和方田之新法，除了秋田灾伤严重之处外，皆重新恢复实施，这让更多人明白了，官家丝毫没有放弃新法的意思，不过是牺牲了王安石、吕嘉问，又利用了曾布和魏继宗而已。

或许怀着对王安石的一丝愧疚，官家赵顼在安石生日到来之前，便遣内侍冯宗道特赴江宁府，依在外使相例赐予王安石生辰贺礼。原本按故事，不带同平章事衔即无生辰赐物之例，太宗朝曾以赵普为老相公，特示异数，方遣使就赐，而王安石此时并非节度使、平章事衔的使相，仍加赐礼，自然是官家的特恩，以示尊崇如旧了。

十月末尾，诏以王安石的学生、直舍人院、同管勾国子监李定兼权判司农寺，又令韩缜权知开封府。旧党方面，范纯仁直龙图阁、权发遣庆州，担任环庆帅臣，以代楚建中；而孙永则从权知开封府的差遣上被罢免，坐罪体问纳免行钱利害不当，这更显示出官家对于市易免行之事真正的态度。

到了十一月，果不其然，当初与孙永同体问市易免行钱事的韩维亦受到了处罚，诏落端明殿学士，朝野皆心知肚明。

但这个月真正让官家头疼的是郑侠在朔日上奏的文字①。

---

① 李焘引《郑侠言行录》：（郑侠）复为书上之："又闻大臣奏对，多以天旱民流、百物失所、四方背畔、兵革不息为有天数。……臣所谓无臣者，非无群臣也，无大臣也。所谓大臣者，非谓大庇高盖、日食万钱以自肥腯者，以道事君，不可则止而已。若高爵重禄则总归于己，清资美职则分授子弟，中使相望于衢路，黄金并聚于私室，而天旱民流、百物失所、四方背侮、兵革不息，则曰天数，此为大臣，则屠沽仆隶，谁不克为？"又言："当今台谏譬如刍灵木偶人耳。"

此时的官家早已不是那个一度被郑侠所感动的官家了，一时的情绪不会永远影响一个御座上的至尊，对于郑侠眼下极论朝政、大臣之非，赵顼非常敏感，深知他这是想要动摇新法！且郑侠一个已经勒停的罪臣，为何尚滞留京师，不赴编管地汀州，更能知晓禁中之事？他背后的人究竟是谁？

官家将郑侠的上书留中不发后，过了四天，忽然又内降御批文字，令郑侠追毁出身以来文字，废为庶民，押出国门，送汀州编管，不得有误！

于是十一月初六中书颁布朝旨，初七即押郑侠离京，这一次再不容他逗留在开封府。

延和殿里，官家正召副相吕惠卿独对。

由于已将郑侠所上文字和御批一起降付中书，赵官家便问："郑侠一小官，如青苗、免役等事，容于道路闻之，至如被甲登殿①、禁中君臣对面言之，何闻之速且详？"

"被甲登殿"是近来的一桩怪事，有一宿州百姓夜间不知靠着什么手段，竟能翻越极高的宫墙，皇城内巡逻的禁军班直居然也毫无察觉。更不可思议的是，此人身披纸衣，上头画铁甲图案，又在禁中大摇大摆，避开了所有御前班直，更不知如何登上了正衙文德殿之顶，可谓是神不知鬼不觉。到了次日近正午时分，才从文德殿上方传下来念诵佛经之声，于是皇宫卫士方登殿瓦将其捉捕……

官家赵顼极恶此等装神弄鬼之事，勒令诸目睹此事的班直一概不许外传，违者重罚，故除了二府宰臣等衙署在禁中的重臣外，其他外官都未必能知晓，郑侠此时已被勒停，若无人通风报信，如何能听闻？至于其他垂拱殿内君臣奏对，郑侠如何也知之甚详？

参知政事吕惠卿一揖，然后道："陛下，郑侠前后所言，皆冯京手录禁中事，使王安国持示，导之使言也。"

冯京？王安国？

赵顼隐隐约约料到了冯京，此前郑侠称应该拜冯京为相，想必这一点并非冯京指使，而是郑侠这措大成事不足败事有余！冯京固然想做宰相，但他是何等聪明人物，岂能干出令郑侠这样一个小臣荐其为相的蠢事，这只会让官家起疑心！原本自己也疑惑不解，如今吕惠卿说平日里都是王安国充当中间人，传递冯京手写的禁中军国机密事给郑侠看，那事情便说得通了！王安国也是个没脑子的措大，早已被人哄骗了去，又在郑侠面前扯不得谎，必告诉了他文字乃从副相冯京处来，郑侠便以为冯京是可托社稷的君子领袖，真是天真之至，荒谬至极！

---

① 被甲登殿，或指宿州狂人孙真事。

更荒谬的是，郑侠是王安石学生，王安国是王安石弟弟，门生非议恩师，胞弟不直兄长……

想着这些事情，官家的脸色陡然冷了下去。

两日后，垂拱殿内早朝，冯京请留身奏事。其他辅臣下殿后，官家遽然问责道："卿，大臣，知朝廷有不便事，何惜自言，乃委令郑侠入文字？缘小官论列朝廷大事，理自不顺，略行贬窜，物论甚不然。"

冯京对这一切全无预料和准备，惶骇对曰："臣与郑侠素不相识。"

官家在心里冷笑不已，好一个素不相识，没见过面便算素不相识了吧，神交已久不算相识，倒也算不得欺君！

不久，侍御史知杂事张琥上章弹劾副相冯京，谓其备位辅弼，乃结交小人，使谤讪朝政云云。冯京乃请追回郑侠对证，于是诏令御史台差官勾回郑侠，令付台推勘。

此时王安石尚不知道弟弟安国已被卷入到郑侠一案中。

十二月初四（丁卯日），诏以观文殿学士、兼端明殿学士、龙图阁学士、礼部侍郎、熙河路经略安抚使兼知熙州王韶为枢密副使。王韶正在赴阙的途中，官家忽然下诏除其为密院执政。这似乎可以看作官家对自己熙河开边武功的一种肯定，因此自须对王韶论功行赏。自熙宁元年呈上《平戎策》到如今，六年间，王韶终于将熙河开边从一个设想变成了事功，这恢复汉唐疆土的奇勋，也令他如愿以偿，位登二府。高遵裕则被留在熙河，接替王韶成为熙河帅臣。

在江宁府的半年，王安石为地方百姓开新河，舟行江宁得以避开栾家矶数十里风水，来往之人无不称便。数年来，王安石难得过起了闲适的日子。

但新的一年正月里，来自东京城的消息打破了江宁府的平静。

熙宁八年（1075年）正月。

宫里的中使忽然乘驿而来，抵达了江宁府衙。

城里的百姓看着数骑快马翩翩驰过，那锦衣貂裘的奢遮模样，直是令人咋舌，又不免猜测，中贵人到江宁有何公干，莫非和那位和善的老相公有关？

王安石与江宁府内一众僚属乃在正堂外的庭院里相迎中使，那内臣下了马，走进府衙，见到王安石伫立等候着，哪里还敢拖沓怠慢，三步并作两步地往里走去，站定在王安石身前，然后道："相公，官家有手诏。"

王安石展开圣旨一看，顿时站立不住，要跌倒下去，左右之人赶紧扶住了他。

原来官家让中使乘驿带来的消息是弟弟王安国被追毁出身以来文字的噩耗！官家在手诏里曲加抚慰，大约是担心若不事先告诉安石，等他从邸报上看到了胞弟被除名的消息，只怕一时间会更难以承受。

王安石竟老泪纵横，为之泣下！

弟弟安国虽然和自己政见不合，可他多少年的寒窗苦读，多少次科考的坎坷，从此就要付之东流！七年前经时任枢密副使的韩绛、邵亢和翰林学士承旨王珪等人举荐，安国才受官家召试，而特赐进士及第，好不容易才有了功名出身。如今竟因卷入郑侠的大案，而遭到了追毁出身以来的文字、除名为庶民、放归田里的重罚，王安石怎么能不为弟弟痛哭流涕呢！

原来，在正月初七这天，朝廷已经颁发诏旨，对郑侠案涉及的大小臣僚，无不进行黜罚。朝旨中，除王安国除名外，冯京被罢免参知政事副相一职，出知亳州；郑侠将逐汀州时，馈赠其白银三十两的户部副使王克臣追一官；屡屡称道郑侠的司封郎中丁讽则落职，贬监无为军酒税；内殿承制杨永芳追一官；汀州编管人郑侠改英州编管，即从福建路去了更远的广南东路，远窜岭外；余人亦各有黜罚。

同一日，由于枢密副使蔡挺屡屡以疾病请辞，乃以资政殿学士出判南京留司御史台。一日之间，两位执政解除机务，这不啻是一场决策层地震。冯京罢副相的背后，许多东京城的官员都看到了吕惠卿上下其手的身影，无不畏惧他的狠辣和权势，人皆云，便是宰相韩绛亦对吕惠卿有所忌惮。

待中使离去，王安石一个人回到府衙后面的廨舍里。他枯坐在阁子中，想着胞弟王安国为冯京等人所利用，最终落得如此际遇，一时间老境颓唐，情难以堪……

不知过了多久，儿子王旁搀着哥哥王雱走了进来。

王雱咳嗽了几声，然后才道："爹爹，四叔的事，你不觉得是吕吉甫一箭双雕么？"

见到王安石沉默，王雱又急道："看着吕吉甫是在对付冯当世，只怕他立威之余，要借四叔之案拦着爹爹！当时官家有复相之诺，算来再三月乃满一年，料吕吉甫是想自己登上宰相之位！"

王安石终于是摆了摆手道："非也。吉甫此举，只是针对冯京。不承想平甫牵涉其中。平甫迁京官、授馆职，便是冯京举荐，我当时便知此事不简单，冯京绝无好心，只可惜平甫不知人心险恶，尽给他们骗了去。"

王雱看到父亲依旧信任吕惠卿，乃气得连声咳嗽，亦不愿多言，让王旁搀扶着，走了出去。

京师，禁中。

自冯京、蔡挺罢执政后，官家却没有再任宰臣的意思，他看着眼下暗潮汹涌的朝局，想着尚未平静的北事，心态已悄然发生了转变。

二月间的一日，二府奏对毕，宰相韩绛请留身独对。

吕惠卿、王珪、陈升之、吴充俱下殿后，韩绛乃向御座再揖行礼。

官家道："卿欲陈何事？"

韩绛道："陛下，自熙宁六年秋旱情大起，至今各地仍有灾伤甚重之处。如前闻河东路灾伤州军至人相食，他路又不一而足。向时奸邪谓此乃陛下用安石为相，变乱祖宗成法所致，今安石罢相已十月，而灾伤如此，谓之天灾，不亦宜乎？岂可曰陛下用人之不当，更遑论谤讪朝廷良法美意，皆不中理！无非不逞之徒阴有奸谋以为身计。"

这些话都说到了赵顼的心坎里，他颔首道："卿所言极是。大臣沮坏朝政者非一，无非为子孙谋，而托以祖宗社稷之名，无廉耻之尤。"

韩绛见官家的心思果然与自己揣摩得一般不二，乃孤注一掷地进言道："陛下，臣斗胆请再相安石！请陛下熟计，数年来谁为朝廷荷担百年积弊，以一身当之，而内外谗毁，曾不能损其一毫之明？谁又为陛下擘画河湟，恢复汉唐旧疆，革新庶政，膏泽万方，舍安石而谁人者？今日既然已知天变与安石无涉，则罢相尤非尊崇大贤之礼，当亟召回，置诸上宰，以彰朝廷进贤退不肖之大义！臣再斗胆进言，若契丹决计求地，贪而无厌，竟至交兵，届时无安石在中书，陛下果能心安否？"

官家想了良久，终于道："若再相安石，以其为昭文首揆，卿果无不乐之心耶？"

韩绛道："臣为陛下与社稷进言，非为身谋，故曰请置安石于上宰之位，冠诸百僚，区区之心，请陛下明察！"

官家再次点头："朕亦有此意，今得卿一席话，更无疑焉。"

韩绛大喜，但下殿后，他面上却浮现出一抹寒意来。吕惠卿自成为副相后，权势滔天，屡屡有凌于自己之上的态势，亦曾数次相忤，这福建子得陇望蜀，想要拜相的心已然写在脸上了！若是让吕惠卿如愿成为宰相，那还有我韩绛说话的分儿么？但若是官家复相王安石，那吕惠卿拜相的路可就给堵住了！

二月初十（壬申日）夜，官家御内东门小殿，命学士院锁院，草白麻大诏，当值的是翰林学士元绛。

二月十一（癸酉日），百官赴文德殿听麻，通事舍人站在宣制位，展开大诏，读了起来：

"门下：乾健坤顺，二气合而万物通；君明臣良，一德同而百度正。眷予元老，时迺真儒。若砺与舟，世莫先于汝作；有衮及绣，人久伫于公归。越升冢席之崇，播告路朝之听。推诚保德崇仁翊戴功臣、观文殿大学士、特进、行吏部尚书、知江宁府、上柱国、太原郡开国公、食邑四千六百户、食实封一千二百户王安石，信厚而简重，敦大而高明……向厌机衡之烦，出宣屏翰之寄。遽周岁历，殊拂师瞻。宜还冠于宰司，以大釐于邦采。兼华上馆，衍食本封。载更功号之隆，用侈台符之峻。于戏！制天下之动，尔惟枢机；通天下之志，尔惟蓍龟。系国重轻于乃身，驱民仁寿于当代。往服朕命，图成厥终。可特授依前行吏部尚书、同中书门下平章事、昭文馆大学士、兼译经润文使、加食邑一千户、食实封四百户、改赐推忠协谋同德佐理功臣。"

虽然昨晚御史台已报百官，当于明日宣制，但当站在中书班子里的吕惠卿看到阁门使放在制案上的大诏时，蓦地为之愕然。

因为白麻上面书写着大大的三个字：王安石。

这位参知政事当然立刻便明白，这是王安石复相的大除拜之诏。而安石再相，官家事先居然丝毫没有询问自己的意见，这里面危险的信号不言而喻，说明在此事上官家对他的信任相当有限！

吕惠卿在脑海中将可能向官家建议再相安石的人都想了一遍，因为这件事不会是陛下乾纲独断，而以王安石为昭文首相，乃在韩绛之上，照理必与韩绛有过沟通，莫非是韩绛进言？

是了，他这是要把自己通往宰相的路堵死！

吕惠卿念及此，不禁咬牙切齿，可王安石复相，如今已成为事实。

次日，赵官家令勾当御药院刘有方带着复相的大诏前往江宁召王安石赴阙。

刘有方自然是乘驿疾驰，数日便到了千里之外的江宁府。然而接到诏书的王安石却不愿即上谢表，而是连上了两道辞免的奏表。于是官家的批答与王安石的奏表在京师与江宁之间来来回回。

对于王安石的辞免奏表，已经决心复相的官家无不是批答不允，且促令赴阙，王安石遂终于上谢表，接受了昭文首揆的相位，乃于三月朔日自江宁启程，依旧是乘船走水路，赶赴东京。

离开江宁没多久，王安石望着扬州方向，竟想起了三十三年前，即仁宗庆历二年自己刚刚入仕时的事。那时节自己曾在韩琦幕府中任淮南签判，不过二十几岁的年龄，如今已是五十有五了，怎能不令人唏嘘呢？

他不禁又吟诗一首：

"落日平村一水边，芜城掩映只苍然。
白头追想当时事，幕府青衫最少年。" [1]

---

[1]　王安石所作七言绝句《入瓜步望扬州》。

宦海仕途只如浮云，唯有少年易老，两鬓严霜，一时间江河两岸响起似乎是呼唤自己留下的猿鸟啼鸣。此去东京，想到纷繁的政务和儿子王雱的病情，王安石只感到心中仿佛笼罩着一层阴霾。许国之心犹在，但王安石觉着，这和七年前自己以翰林学士受召赴阙，已大为不同了。

三月十四（丙午日），王安石在抵达京师不久后，即被官家召对于资政殿，抚慰再三。

官家也早已命人将东府第一位的相府给王安石都打扫准备好，在开封的新党核心成员，如执政吕惠卿、王韶，御史中丞邓绾等都先后登门拜访，韩绛、陈升之、吴充、王珪亦与其会面。

一路舟车劳顿，王安石担心儿子王雱，乃又延请京城的名医，连日里为其诊脉开方，加以调理。百官们则屏息瞩目着复相归来的王安石将有何举措。

三月二十六（戊午日）这天，东京城上方出现了太白昼见的景象。这在象纬之说里，有"四边大动，蛮貊侵也"的说法，正和河东地界议论久不决，北使萧禧复来且逗留在白沟驿数十日，似欲生事对应起来。半个月前，萧禧至京师，赵官家见之于紫宸殿，次日官家便在资政殿召对辅臣，然后命兵部郎中、天章阁待制韩缜以及西上閤门使、枢密副都承旨张诚一乘驿往河东，与辽人商议边界。这之后北使萧禧久留东京不肯回国，不得已，乃又派遣知制诰沈括为回谢辽国使，李评为其副使，往契丹面议。

三月二十七（己未日），官家召首相王安石独对。

延和殿里，赵官家请宰相坐下，然后才道："小人渐定，卿且可以有为。自卿去后，小人极纷纭，独赖吕惠卿主张而已。吕惠卿、吕升卿兄弟，诚有才，颇不可得。"

王安石道："诸兄弟皆不可得。如吕和卿①者，臣初不知其人，昨送臣至陈留，道中与语，极晓时事。臣父子蒙陛下知遇，诚欲助成陛下盛德大业而已。但以小人纷纷，不敢安职。今陛下复召用臣，所以不敢固辞者，诚欲粗有所效，以报陛下知遇。然投老余年，岂能久事左右？欲及时粗有所效，望陛下察臣用心。"

官家赵顼点了点头道："固所望于卿。君臣之间，切勿存形迹芥蒂，此最害事。"

王安石道："陛下圣明如尧舜，涵容天地万物，臣岂敢？"

官家又道："外间地方上今如何？"

王安石道："虽胜往时，然监司未尽称职。监司如此，则州县难以责成也。"

官家叹道："人材只如此。"

---

① 吕和卿，吕惠卿胞弟。

王安石道："诚是人材少，然亦多观望不尽力，缘尽力则犯众怨，犯众怨则中伤以法，而朝廷或不能察，不能察则反得罪，不如因循偷惰之可以自安。外官固未论，如吕嘉问，内则犯近习、贵戚，外则与三司、开封日夕办事，以守职事，行法至于置狱推究，奸罔具得，而嘉问乃以不觉察杂务多收利息，降小处知州。若多收息钱可罪，负责收息之监官应不能免罪，然监官以辞官获免，则嘉问是因监官而致罪，如何更有罪可科？且自来提辖场务①诸省寺之类，何尝有坐辖下场务不觉察，即主管官员杖罪、降差遣者？天下皆见尽力为朝廷守法立事如嘉问者不容，则孰肯尽力，不为因循偷惰之行？"

官家没想到复相后的王安石仍是如此固执，首先便是要替吕嘉问洗清罪名。想来去年的罢相，也是因市易司案而起，以吕嘉问为导火索，牵引到王安石身上，这也就难怪他对吕嘉问的事情耿耿于怀了。

"嘉问已与复差遣。②"

王安石道："如李直躬③之徒作转运，却令嘉问提举便籴，此岂朝廷设官举贤之宜？"

"吕嘉问且与移一路转运。"

官家的意思是，不如就迁吕嘉问为一路转运使，增重其事权。

王安石道："陛下必欲修市易法，则须却令嘉问领市易！"

没有吕嘉问，市易法还施行不好了？

官家这样想着，乃道："恐吴安持忌其来，又复失安持心。"

吴充之子吴安持乃是王安石女婿，如今主持着京师的市易司，因而赵官家如此说。

王安石道："臣以女嫁安持，固当为其审处。今市易事重，须嘉问与协力乃可济，不然他时有一阙失，必更上烦圣虑。且以吕嘉问之才，当召赴阙，可为宰属。"

官家见首相始终要求把吕嘉问调回京城，终于是颔首。

四月入夏，北使萧禧仍然赖在东京城不肯走，皇城里的官家对此极是忧愁，于是初二，于午后再召首相王安石独对。

延和殿里，王安石坐在圈椅上，从容言道："陛下，以臣之见，契丹无足忧者。萧禧来是何细事，而陛下连开天章阁、召问执政，又搜求、征集民间车牛驴骡，广籴

---

① 场务，生产、专卖盐铁的官署称为场，税收官署称为务。

② 时吕嘉问以金部员外郎任"提举河北西路籴便粮草"。

③ 李直躬，去年十二月十二日自提举籴便为淮东转运使。

河北刍粮，扰扰之形见于江、淮之间，即河北、京东可知，契丹何缘不知？臣却恐契丹有以窥我，谓我有恐惧之心，乃更贪求无已，此非社稷之福。"

赵顼道："今中国未有以当契丹，须至如此。"

官家居然心虚地认为中国难以抵挡辽人，这让王安石颇是无奈，乃道："陛下，唯其未有以当契丹，故不宜如此。凡卑而骄之，能而示之不能者，将以致敌也。今未欲致敌，岂宜卑而骄之，示以不能？且契丹四分五裂之国，岂能大举以为我害？方未欲举动，徒见我熙河开边，故且当保和耳。"

赵顼反问："契丹岂可易也？以柴世宗之武，所胜者乃以彼睡王①时故也。"

官家的话不能不令王安石意外，这位昭文上宰开口道："陛下非睡王，契丹主非柴世宗，则陛下何为忧之太过？忧之太过，则沮怯之形见于外，是沮中国而生外敌之气也！"

王安石也意识到自己可能把话说得太重了，官家面子薄，又不作声，于是王安石复道："虏使萧禧不当满其所欲，满其所欲则归而受赏，是开契丹之臣以谋中国求赏之例，非中国之利也。外敌强则事之，弱则兼之，敌则交之。宜交而事之则纳侮，纳侮而不能堪则争，争则启难，故曰示弱太甚，召兵之道也。"

官家自然听明白了宰相的这番话。王安石的意思是，以兵法而言，外国强，则中国不免曲意事之于一时；外国弱，则中国可趁机兼并攻灭；若外国与中国为实力基本对等的"敌国"，两相匹敌，则以平等的外交礼遇即可。今契丹与大宋为敌国，如果曲意顺从其无礼要求，必定招致辽人侮慢凌辱，不免情难以堪而遽然交兵开战。王安石是在提醒官家，面对契丹的贪求，须得强硬一些才好！

"卿言诚是，且待韩琦等奏至，再议论此事。"

原来，此前北使萧禧复来，赵官家自感北事极可深忧，便遣中使赍昱赐韩琦、富弼、文彦博、曾公亮手诏，向地方上这四位元老宰臣问以方略对策的办法。

王安石乃起身一揖，自是下殿去了。

这日放衙前，内侍忽然匆匆来到政事堂，云是有手诏付中书四位宰臣。不承想，官家对北事的忧虑竟到了难以置信的地步，这是以手诏问王安石、韩绛和王珪、吕惠卿有何守御之方，令明日御前进呈议论。

次日，垂拱殿早朝，二府合班奏对。

吕惠卿代表中书班子进呈，乃道："守御未可遽为，待天下事仓卒，政须安详，今敌亦未必至此。藉令起事，以中国之大，急则急应，缓则缓应，不患无兵与财。但

---

① 睡王，即辽穆宗耶律璟。

今幸其未然，当以渐为之耳……"

赵官家眼神扫过二府大臣们，没有人提出异议，看来在此事上中书的意见基本一致。

官家忽然开口道："谍言契丹有渝盟入寇之谋，今萧禧又久滞京师，可见一斑。为免生灵涂炭，若即与以所求，则何如？"

宰执辅臣们不禁面面相觑，听官家的意思，竟不排斥顺从契丹的无理索求。

王安石正想开口，吕惠卿已经反驳道："契丹甚无礼，今须谕以本非我侵，特以通和之久，不欲深辩而已。尚或不满所欲，则上下共怒，迫而后动，不得已而后起，假使北虏径出意外，举兵深入，亦未为长策，中国亦不患不能守。"

赵顼道："景德中，只为不能守。庆历西事，亦如此患。"

官家竟说真宗时候澶渊之盟是因为大宋守不住才如此？又提及仁宗时候元昊以夏国兵马屡屡侵扰……宰臣们都对此深感意外，景德、庆历时事，如何能这般看待？

吕惠卿道："臣观今日国势，虽未可远征契丹，然若比景德、庆历，则必可以守矣。今萧禧以豺狼颜色来动吾国，遂取地去，归必受重赏，则彼国人谁不愿起事以侵侮我！届时辽国既得河东，又欲取我关南，则天下至大，又岂能自立？"

赵顼道："不与，须至用兵，则奈何？"

吕惠卿道："拒绝亦不可，遽与亦不可。今且遣使许以治平时堡铺，彼亦岂能拒绝，不过再遣使，往来须踰年，足以为备矣。陛下必欲其速了，何耶？"

中书班子里的王珪都为吕惠卿捏了把汗，过去王安石常常在御前咄咄逼人，今日吕惠卿亦是如此。然而官家乃天下至尊，面对契丹遣使索求之非紧要大事，竟恐惧之至地想要立刻解决，甚至有不惜割让边界土地的心思，这实在是让人费解。吕惠卿不过是问出了此刻垂拱殿内每一个宰臣都想知道答案的问题。

赵官家道："契丹忽然生事如何，谁能保其无他？"

吕惠卿道："未闻以千里畏人者。契丹之西有夏国，非不欲取，顾不能尔。董毡在夏国之侧，亦不能取。盖取人国，人亦欲取其国，敌人岂不虑利害？澶渊之役，闻定州才有二三万人，澶州有二万人，所以敌敢如此。今有二十万正兵，又有保甲，恐契丹未敢深入也。"

枢密副使吴充亦道："周世宗一旅之众，犹与之抗。陛下何可自轻？"

官家道："五代之国，乃盗贼之大者，所以不惜。今日兴事，须是万全，岂可不畏？"

王安石见状，终于开口道："陛下昨日言周世宗以睡王不恤国事，故能胜之。然睡王如此，周世宗不过取得三关。陛下今日政事，岂可反比睡王，何至遽畏之？立国必有形势，若形势为人所窥，即不可立矣。就令契丹强盖堡铺如治平中，亦不至起兵。但朝廷当修政事而已。"

官家微微颔首，却有些言不由衷地应答说："此事数与吕惠卿论之，如此则不须畏。"

赵顼随即谈起了用兵的阵法及车战等事，可官家的夸夸其谈，在宰臣们心里，多少有些纸上谈兵的味道。

四月初五（丙寅日），辽国信使萧禧终于在紫宸殿向大宋皇帝辞行，官家随后又安排其在垂拱殿用酒宴，答辽国皇帝书则由参知政事吕惠卿当笔。其有云："重念合天地鬼神之听，共立誓言；守祖宗疆土之传，各完生聚。不啬金缯之巨万，肯贪壤地之尺寻？特欲辩论，使无侵越，而行人留馆，必于分水以要求。枢府授辞，期以兴师而移拆，岂其历年之信约，遂以细故而变渝。"文辞风采，一时亦为人所称道。

但仅仅七日后，吕惠卿便遭到了执政以来的当头一棒。

四月十二（癸酉日），诏罢给田募役法。原本免役法乃是支付人钱，令充差役，但吕惠卿执政后，受到李承之和弟弟吕温卿的建议和启发，遂将王安石为相时由曾布修订完成的免役法，改为给田募役的形式。即不再支付募役人钱，而是仿效沿边募弓箭手之例，给予闲田作为报酬，但免役钱、助役钱依旧向民间征收，如此可使免役法所带来的财政增长更为可观。这固然是一种很美好的设想，然而弓箭手以其在边，故有闲田可授，内陆地区却没有那么多闲田可以实施给田募役，只会造成了闲田少，役人多，不能平均分配的问题，故人多怨言。

这些问题王安石在江宁时已料想到，便写了书信给吕惠卿，略论其利害，但由于不在中枢，不欲极论朝政得失，故只是稍稍提及。此番王安石以昭文首相召回后，便在数日前论给田募役有十害，至是乃诏罢之。

但不管怎么说，给田募役法是吕惠卿担任参知政事后的一项重要举措，而今因王安石的反对，遭到罢废，又恢复实施免役法原先的条贯，吕惠卿的心里怎么能没有想法呢？

四月十七（戊寅日），吕嘉问被召赴阙，任为检正中书户房公事，这显然是宰相王安石在御前极力建言，吕嘉问才得以回到京师。同一天，吴充迁工部侍郎，拜枢密使。现在这位王安石的亲家同时也是文彦博的亲家①，因此百官们对这件事颇是津津乐道。

---

① 文彦博之子文及甫娶吴充之女为妻。

又六日，朝旨颁发，以检正中书户房公事吕嘉问兼提举市易司。人们无不感叹，吕嘉问的东山再起意味着权倾朝野的拗相公果真又回来了。至此，曾布掀起的市易司一案已被彻底翻了回来，吕嘉问"前度刘郎今又来"，乃重新主持市易司。王安石女婿吴安持果然不乐，乃请辞市易，只是官家不许。

到了闰四月，王安石继续调整新法要害衙署的主管官员。由于赵官家不欲令司农寺兼兵部，于是王安石建议以曾孝宽兼判兵部，主管义勇、保甲法。官家属意沈括，而王安石却直斥沈括为壬人，不可亲近，谓其察访河北时，暗中沮坏新法，有所希合群邪者甚多，指望其主判兵部，与枢密院争曲直，恐怕决不可得。官家以为沈括有才能，为可惜。王安石不惜举出吕诲、文彦博之例，甚至说"陛下试以害政之事，示欲必行，而与沈括谋之，括必尝试陛下，若谓必欲如此，括必向陛下所欲为奸矣。小人所怀利害与陛下所图利害不同，不可不察。如文彦博，岂是奋不顾身以抗契丹者，而实激怒陛下与契丹争细故，乃欲起事以挠熙河而已，陛下安可与此辈谋事，言国家之利"！想到张利一引惹北界，致使现在契丹屡屡遣使争地，官家终决意不用沈括，且罢判兵部顾临、马玠，而从安石之建言，专以兵部委曾孝宽。

于是闰四月初三，乃命龙图阁待制、枢密都承旨曾孝宽兼判兵部，主管义勇、保甲之事。

但就在这个时候，正月的一桩谋逆大案竟牵连到王安石的友人李士宁。

当时沂州有个百姓名唤朱唐，状告前余姚县主簿李逢谋大逆。由于所状告之罪是最为严重的谋反罪，故立刻上报到了沂州所在的京东路监司，由提刑王庭筠亲自审理。但王臬使勘劾后认为，李逢并无谋逆之实，不过是有所谤讪朝政及对上不恭，加之装神弄鬼，妄言祸福兴衰之类，乃乞令流配远窜；至于朱唐，妄告人谋逆，属于诬告，也乞降罪处置。按照制度，既然有人告发谋逆，监司须得上报朝廷，可奏疏到了御前，官家赵顼却注意到了被告"李逢"这一姓名。

官家立刻令人核查，结果发现这被告谋逆的李逢巧之又巧地正是太宗时候参知政事李昌龄之孙。想当年太宗不豫，将传大位之际，李昌龄作为中书副相，居然勾结殿前都指挥使李继勋、知制诰胡旦、貂珰王继恩，准备矫诏立太宗长子楚王赵元佐为帝，几乎酿成宫变，危及社稷，幸亏宰相吕端"大事不糊涂"，挫败了其阴谋。因此赵顼对李逢这一名字极其敏感，他颇疑心提到王庭筠乃在外之臣，未必知八十年前的宫闱秘辛，故粗枝大叶，没仔细根勘李逢"谋逆"有无实迹等问题，乃令御史台推直官蹇周辅往徐州勘问李逢。

这一查可不得了，在蹇周辅的逼问下，李逢承认，与宗室右羽林军大将军、秀州团练使赵世居有密切交往，这赵世居不是一般的宗室，乃是太祖皇帝四世孙！而且赵世居雅好文学诗词，多与士大夫结交，在文臣口中声誉甚佳。当年太祖皇帝骤然暴毙，在已经有成年子嗣的情况下，却并非父死子继，而是来了个兄终弟及，太宗皇帝以晋王的身份入继大统，这对太宗的子嗣和太祖一脉的宗室而言，都是讳莫如深的心病和芥蒂。

算起来，李逢的妹妹还嫁给了滕甫为妻。一时间，一条谋逆的线索迅速在官家脑中串联起来：以李逢为中间人，一边是两制的重臣，前台长滕甫，一边是太祖的四世孙赵世居……会不会京东提刑王庭筠不是颟顸马虎，而是故作糊涂，实则已经暗中投效了赵世居一党，或者说至少已经彼此勾结起来？于是他下令，命知制诰沈括、同知谏院范百禄赴御史台，专门督办勘劾李逢等谋逆公事！

三月初四时，中书进呈，谓沂州鞫李逢等谋逆，既然结构有端，那么本路监司提刑王庭筠等先奏李逢无大逆谋，反首告之百姓朱唐妄言希赏，显然是不当。官家批示并劾王庭筠等监司官吏失察颟顸之罪，先行冲替，待根勘李逢事更有情节后，再取旨。朝旨颁发，王庭筠即在得旨后自缢而死，宗室赵世居等人被捉拿关押于御史台诏狱中。不久，御史台办案官吏与官家特派的中使在赵世居及其医官刘育宅邸中发现图谶、书简等物证。

随着调查的深入，越来越多与赵世居、李逢有交通往来的人被牵连进来，同知谏院的范百禄如获至宝地查到了李士宁与赵世居曾有密切交游。赵世居供认，差不多十七八年前，便与李士宁相识，且引其拜见家母，李士宁遂写诗一首作为见面礼送给了世居母亲。御史台搜检，的确发现了赵世居装裱起来的一首落款为道人士宁的诗，其中有"耿邓忠勋后，门连坤日荣"之语。范百禄和监察御史里行徐禧见之，都认为诗中"耿、邓"恐怕指的是汉光武帝的云台二十八将耿弇、邓禹[1]，而"坤日之荣"，则似意有所指，细细想来，难不成指的是赵世居的母亲有做太后的命运？那岂非是说赵世居将要做官家?！这还得了?！另又搜得李士宁送给赵世居的一把镀着金龙的宝刀，赵世居对此亦供认不讳，谓李士宁馈赠时言"非公不可当此"。经审讯，赵世居宅邸中仆役及与其交通之人多有称见过士宁之诗与所馈赠之宝刀者，赵世居每对人言："士宁二三百岁人也，此神人遗我，可谓神物，至贵之祥也。"

范百禄认为已是铁证如山，便与徐禧表示，觉得这是人证物证俱在，李士宁参与赵世居谋逆可谓毫无疑问，然而徐禧不从。作为王安石和吕惠卿看重和提携的年轻新党[2]，他深知范百禄这样反对变法的"旧党"之臣，想要将李士宁参与逆案这一点，

---

① 耿弇、邓禹，皆是东汉开国元勋，为汉光武帝刘秀云台二十八将。

② 时人认为徐禧为吕惠卿之亲信。

牵扯到王安石身上的用心。

博闻强记的徐禧苦思冥想，总觉得李士宁所题诗作中"耿邓忠勋后，门连坤日荣"在哪里听过，于是奏请详察三馆秘阁①等禁中所藏图籍。最终竟在《仁宗御集》里发现了这句诗！原来这是仁宗皇帝为自己当时的曹皇后，也就是如今的庆寿宫曹太皇太后之兄长曹傅所写的挽词！太皇太后和曹傅都是开国大将曹彬的孙辈，故而仁宗才说"耿邓忠勋后，门连坤日荣"，耿弇、邓禹指的是曹傅祖父曹彬，而坤日之荣指的则是曹傅的妹妹成为仁宗的皇后。

这下，徐禧便全然不同意范百禄的断案意见了。他坚持认为，不可能有人在十七八年前率意作诗，纵有谋逆之心，但如此加罪，是乱法！何况这又是御制诗，李士宁拿来入诗，馈赠宗室，也算说得过去，至多说文辞上他失于检点，但要定为谋反，恐怕过了。范百禄不从，于是一位御史和一位谏官就此彻底闹翻。徐禧、范百禄相继上奏官家，互讼对方奸宄不法，阴有图谋。

既然徐禧乞请免签书此案文牍，闹到了这种程度，官家赵顼不得不令内侍李舜举、冯宗道推问李士宁，又在便殿召首相王安石独对。

御座上的赵官家神色疲惫，声音略显低沉道："范百禄意亦无他，兼未结案，徐禧遽入文字，似有意倾百禄。人心难知，朕虽见禧晓事，然岂保其心？"

王安石没想到官家一上来便有偏帮范百禄的意思，竟谓徐禧虽通晓时事，却未必是正人君子，全出于公心。可范百禄是范镇的从子②！范镇与自己的恩怨③，朝野尽知，范百禄必是为之切齿，官家又岂会不知？竟说什么范百禄没有别的用意？

念及此，便殿内站着不肯坐下的昭文相公连口吻都有些悲愤起来："如此，则范百禄素行忠信，必能上体圣意；徐禧必为邪，有所党附。"

赵官家听出了宰相话语里的不乐，乃又道："李士宁若有罪，于卿何损？况今所

---

① 三馆秘阁，昭文馆、史馆、集贤院、秘阁之总称。典掌禁中图书，司职编书、校书等，储养名流贤俊，又有备咨询访问之用，且是培养两制大臣和宰相执政等高级官僚的场所。

② 从子，此处指侄子。范百禄乃范镇之兄范锴之子，即范镇为范百禄之叔父。

③ 事在熙宁三年十月己卯，时范镇上疏乞致仕，在奏疏中逐一批评新法及王安石用人等事，甚至说"陛下有纳谏之资，大臣进拒谏之计；陛下有爱民之性，大臣用残民之术"，直指王安石为刚愎自用、蒙蔽圣聪且以新法残害百姓的权奸。因此王安石愤怒以极，本由直舍人院蔡延庆、王益柔起草范镇致仕词，后王安石竟亲自修改，乃曰："镇顷居谏省，以朋比见攻；晚寘翰林，以阿谀受斥。而每托论议之公，欲济倾邪之恶。乃至厚诬先帝，以盖其附下罔上之丑；力引小人，而狃于败常乱俗之奸。稽用典刑，诚宜窜殛；宥之田里，姑示宽容！"一般不在大臣致仕的制词中如此呵责痛斥，且范镇是两制大臣，可算得上对其极大的羞辱，确乎属于生死大仇。

坐，并无他。赵世居及李逢谓士宁未尝参与谋逆云云。"

王安石道："士宁纵谋反，陛下以为臣罪，臣敢不伏辜！然内省实无由知，亦无可悔恨。然初闻士宁坐狱，臣实恐惧。自陛下即位以来，未尝勘得一狱正当，臣言非诬，皆可验覆也。今士宁坐狱，语言之间稍加增损，臣便有难明之罪。既而自以揣心无他，横为憸邪诬陷，此亦有命，用此自安。然陛下以为人心难知，亦不止此，若素行君子必不为小人，素行小人岂有复为君子？"

王安石的话固然有着如前之悲愤，但亦诚可谓咄咄逼人。他竟说官家即位以来，没有一件诏狱大案勘劾得当，往往被群邪左右圣意，更说范百禄是一贯的小人，而徐禧才是一贯的君子，这未免过于武断了吧？

官家听后颇不悦，开口道："如曾布，卿亦岂意其如此？"

王安石一愣，他万没想到官家会旧事重提，拿对他打击最大的曾布攻击市易司来说事。官家是在问王安石，像曾布这样过去你王相公极为信重提携的左右手，你也猜到他会有两面三刀、见风使舵，公然背叛的一天吗？实则是要借此质疑和反问他，你身为中书宰相，看人的眼光真的准确吗？

"陛下，曾布性行，臣所谙知。方臣未荐用时，极非毁时事，臣以其材可使，故收之。及后宣力，臣倾心遇之，冀其遂为君子，非敢保其性行有素也。曾布且如此，陛下岂可不知其故？若陛下以一德遇群臣，曾布知利害所在，必不至此，陛下岂可不思？"

官家听到王安石如此说，也是为之一愣。

按照王相公的意思，曾布之所以首鼠两端、叛变出新法队伍，攻击市易、吕嘉问、吕惠卿，甚至最终旨在攻击王安石，那都是因为陛下你自己摇摆不定，常为浮议异论所惑，不能恒以一德而驾驭群臣，这才致使曾布观望，甚至是望风希旨，以为曲顺至尊之意，自谓得计！

外间呼其为拗相公，果真是十年如一日，便是在御前都寸步不让。

官家不免在心里苦笑，乃道："且待李舜举等勘问，再做理会。"

下了殿后，王安石一面为友人李士宁的生死感到担忧，一面也为官家的态度感到无奈。前几日陈升之以足疾屡请辞执政，因而罢枢相出判扬州①，官家便想用张方平为枢密使。此人固然在仁宗、英宗朝便已是担任三司使、翰林学士承旨、知制诰等近要职务的显赫大臣，今上初登大宝时也一度除为参知政事，但他素来反对新法，王安

---

① 闰四月初四（乙未日），枢密使、礼部尚书、同平章事陈升之罢为镇江军节度使、同平章事，判扬州。即以使相衔出外。

石认为庆历时已可见其奸邪了①。由于王安石的反对，宣徽北院使张方平在此前出判永兴军，但官家如今似乎又想要兼用"新旧"，陛下这异论相搅的心态让王安石感到十分疲惫和无力。

又过了数日，中书进呈滕甫、刘瑾②等大小臣僚与赵世居牵涉公事。

由于前一天官家赵顼认为滕甫在赵世居案中无罪，不该因徐禧有言而移知邓州，王珪、吕惠卿遂进呈滕甫事乃发生于徐禧未言以前，乞御批令移之。

官家看着副相王珪和吕惠卿，想到昨日首相王安石力陈滕甫有罪，谓滕甫不察妻弟李逢于部内谋反云云，此刻两位参知政事便不惜为如此事令官家感到难堪……

"刘瑾与世居往还书简比滕甫更多，有'不容居内'之语。此意如何？"

见官家把话题引向了待制刘瑾，王安石道："不容居内是何意？不知谓陛下不能容，或谓执政不能容，或谓简汰③不容，皆不可知，亦未可深罪刘瑾也。"

官家道："然要不可令其作帅臣。闻说刘瑾甚惧朝廷放弃。"

王安石道："宗室如此事，近世未有，刘瑾自宜恐惧。"

吕惠卿道："王巩④与韩绛亲戚，取下状三日不奏，王珪点检方奏，原状甚疑，韩绛知情后，勘得乃无罪。若使王巩与臣及王安石为亲戚，三日取下状不奏，因王珪点检方奏，即大涉嫌疑也。"

次相韩绛刚想驳斥吕惠卿，御座上却传下声音："巩情不佳。"

官家的话已听得出颇有厌恶之意。韩绛遂不敢发话。

王安石道："巩情亦无甚可恶。"

官家反问道："王巩见徐革言世居似太祖，反劝令焚毁文书。"

王安石道："杜甫赠汉中王瑀诗云'虬须似太宗'，与此何异？令烧毁文书，文书若烧毁，即于法无罪。王巩既与之交游，劝令避法禁，亦有何罪，罪只是不合入宫邸耳。"

官家又问："如何处置世居？"

王安石道："世居当行法，其妻及儿女宜宽贷，除宗室属籍可也。今此一事，既重责监司，厚赏告者，恐开后人诬告请赏，官司避罪，将有横遭祸害而无辜者。愿陛

---

① 张方平于庆历时与范仲淹等人不睦，甚至支持御史中丞王拱辰对进奏院一案的处理意见，主张严惩苏舜钦等人，对作《傲歌》诋毁圣贤的王益柔则应当诛之，以儆效尤。

② 刘瑾时任祠部员外郎、天章阁待制、知瀛洲。

③ 简汰，指挑选、裁减。

④ 王巩，真宗朝宰相王旦之孙。

下自此深加省察。方今风俗，不惮枉杀人命，陷人家族以自营富贵者甚众。"

首相态度鲜明地反对扩大因言获罪和告密求赏这一风气，赵官家于是说："诚如此，事不可偏重。李士宁如何？"

王安石道："士宁别无大罪，臣等以为可免真决①。"

宰相韩绛忽然道："臣以为不可！李士宁出入公卿士大夫宅邸，妄言休咎，今又以御制诗馈赠世居之母，及送钑龙刀②，以其常能为妖言，故世居党羽皆信以为神，渐生大逆之心。况士宁尝与安石往来，若不深治，人将谓朝廷何？又必以宰臣枉法曲庇妖道，致国体受辱。臣请依法严惩士宁！"

王珪对韩绛的反应先有些意外，旋即又明白了其用意。方才王安石为韩绛的亲戚王巩辩护，韩绛却表现得毫不留情，反而乞请严办李士宁，这不是韩绛不通人情，而是他为了彰显自己大公无私，故意在御前如此。官家年岁渐长，对于大权抓得越来越紧，若是在谋逆大案上，中书连次相都和首相意见完全一致，整个政事堂只有一种声音，恐怕才是官家要忌讳的。

官家若有所思："卿言亦是，且容朕思之。"

韩绛的立论是站在朝廷、国体的尊严上，果然，王安石也不便多言。于是中书宰臣们一并下殿。

到了闰四月二十一日，赵世居案最终经官家特断，一下子便有了一批处置结果：

宗室赵世居赐死，其医官刘育凌迟处死，将作监主簿张靖腰斩；司天监学生秦彪③、李士宁杖脊，送荆湖南路编管；王巩追两官勒停，刘瑾落职知明州，滕甫落职；世居子孙免死，除名，落宗室属籍……

赵世居随即被御史台推直官押送至城西普安院缢杀，当年真宗皇帝天禧时候，大珰周怀政也是在宫变失败后，被杀死在普安佛寺里。此番官家还派遣了中使冯宗道视察瘗埋赵世居尸骸。

大幕落下，众人私下里都在小心翼翼地谈论此案。事情虽已了，可与王相公交好的"妖道"李士宁参与谋逆大案的说法，仍在都下疯传起来。有人甚至说李士宁本被韩相公断了死罪真决，乃是要砍脑袋的，却让昭文相公王安石在案卷上亲笔改了个杖刑流配编管的处罚。

次日，关于御前议论都检正一职差除何人的问题，两位宰相再次闹起矛盾。此前王安石便属意张谔，以为可代李承之，韩绛却极言不可，甚至说过"谔既资浅，又无

---

① 真决，指正式判决、处决。

② 钑龙刀，即前文所说镀金龙的宝刀。

③ 秦彪送给赵世居一幅《星辰行度图》。

劳效，陛下尝言用曾布骤，故终反覆"这样的话，又言都检正只是不能如宰执般奏事进呈，余则几乎与执政无异，差除上须得慎之又慎。赵官家一度以吕嘉问相问，但韩绛又以为嘉问资浅，不足以检正中书五房。最终，官家仍然听从了首相王安石的意见，于二十二日任命张谔兼直舍人院、检正中书五房公事。

让王安石意外的是，他和韩绛的矛盾并没有就此结束。

到了五月份，吕嘉问主持的市易司举荐一名叫刘佐的小官官复原职。此前刘佐因违法而降职，接替其市易司中职务的官吏不熟悉工作，公事远不如刘佐。因此吕嘉问重新提举市易司后，便想召回自己用得顺手的一批下属，其中就包括这个刘佐。此本是极小之事，但市易司的文字到了政事堂里居然无法形成统一的意见。吕嘉问是王安石信重的人，他有所举荐，王安石自然是准许的，可没想到只是一个小小官吏的任免，韩绛竟大为反对。原来，王安石罢相后，朝廷整顿市易司，韩绛作为独相，许多事情最后都要他经手和主持。当时清查一部分市易司的问题，是为了实现官家想要借此安抚后族和旧党们的意图，韩绛乃令刘佐等人降官贬黜，并将一些人直接赶出了市易司。如今吕嘉问想要把这些事情都翻过来，那韩绛身为宰相，岂能容忍？

五月十六（丙子日），中书进呈市易司举荐任官事，首先谈的便是刘佐的任免问题。由于王安石坚持让刘佐复官，悲愤羞恼之下的次相韩绛竟提出辞相，只是遭到了官家的拒绝。

次日，朝旨再下，赵世居案子中的核心人物，前余姚县主簿李逢与河中府观察推官徐革凌迟处死，又有武举进士郝士宣腰斩，皆坐罪与赵世居勾结串联，图谋大逆。三个人无不是祸及父母、妻孥，家中男女几乎一并失去人身自由，成为官府管辖的奴婢，有官身者多除名勒停。长长的处罚名单彰显着官家的雷霆之怒，更昭示着皇帝至高无上的权力，一旦涉及皇权，当今官家杀起人来，可不比太宗皇帝心慈手软到哪里！

王安石则在御前再论吕嘉问、程昉为朝廷宣力甚多，而被众奸邪所攻，更论及文彦博、陈升之罢枢密使出外时举荐刘庠、林旦极为不当。刘庠在任权知开封府时，于东明县百姓闯进南衙、相府、御史台一事中颇是可疑；林旦则曾经先后上六道奏疏，反复论列李定不为生母仇氏服表，不可为御史。这两件事都让王安石认定了二人是故意从中作梗的新法反对者。

首相这番话，似乎要问责已经去位之宰执，但在韩绛看来，文彦博、陈升之纵然有千般不是，也已经不在朝中，且又是仁宗时既显贵的元老大臣，应当保有体面。韩绛不禁要想，王安石观文彦博、陈升之如此，又将何以待他呢？

五月十八（戊寅日），次相韩绛再请去位，又称疾不出。朝野一片哗然。昭文相王安石乃请对，向官家建议应当罢免刘佐，勉慰韩绛就位，促其赴朝视事。赵官家竟以为用刘佐之命已下，遽然再改，恐亦不妥。王安石谓，以监当小臣致使宰相去位，方为不妥。于是乃罢刘佐，又遣中使持手札慰谕韩绛，令其就位，韩绛乃复起。

　　东京城，景灵宫东墙附近长庆楼酒店二楼的一间阁子外，一个个头不高的男子穿着考究，头戴软脚幞头，正在整理仪容。但见他长着一张南方人的脸庞，一双炯炯有神的眼睛好似碧汉朗星，倒是让人一见倾心，全然忘了他身材并不高大的缺憾。腰间佩着枚上好的白玉，显出其人非富即贵的不凡身份。然则此刻让他颇是郑重其事的原因，想必是阁子里坐着重要的人。

　　他推开门，只见清瘦更胜往日的东阁"小相公"王雱正在里头坐着！

　　"葆光①，快入座。"

　　原来前来会见王雱的人乃是练亨甫。

　　练亨甫自两年前进士登科，任国子监修撰经义所检讨后，便迅速得到了王安石父子的赏识。他才思敏捷，惯于察言观色，时常哄得王安石眉开眼笑，呼其为"小友"。虽然练亨甫眼下职位尚卑，刚刚成为中书习学公事②，但这仍算是宰相的属官，日常接触的都是朝廷核心政务的种种细节，因前有徐禧自选人官阶、中书户房习学公事超擢升朝官，授馆职、迁为御史的例子③在，故一条康庄大道已展示在练亨甫的面前。

　　"劳待制久候。"练亨甫一揖，然后方落座。

　　王雱近些时日病似乎好了不少，终于可以外出散散心，今日在长庆楼里约见练亨甫，却绝不是友人间见面吃饭那么简单。

　　二人亦不叫歌伎佐兴，连厮波都给王雱用赏钱打发走了，待菜肴上齐后，阁子里便只剩下了他们二人。练亨甫知道，这是有紧要的事情吩咐他。

　　王雱道："葆光，某不便饮酒，且以茶代之。"

　　练亨甫连道不敢，自先将杯中酒一饮而尽。

　　"吕惠卿平日如何看你，你可知道？"

　　见王雱询问，练亨甫道："吕大参不待见鄙人，这一点却是知晓的。"

　　王雱盯着练亨甫又追问说："郑侠一案，某叔父安国削职，你怎么看？"

　　自王安石二次拜相后，练亨甫便时常进出相府，与王安石父子结交，平日与王雱颇是投机，聊过许多问题，但如今日这般直截了当，亦是不多见。练亨甫是极聪慧的

---

　　① 葆光，练亨甫之字。

　　② 五月二十一（辛巳日），睦州司法参军、崇文院校书练亨甫任中书习学公事、兼修条例。

　　③ 熙宁八年正月，诏以镇南节度推官、中书户房习学公事徐禧为太子中允、馆阁校勘、权监察御史里行。

人，他知道王雱方想到吕惠卿，那这会儿问的便不是王安国是否无辜，而是问吕惠卿在其中是否别有用心，用的又是什么心！

练亨甫字斟句酌地回答道："吕参政恐怕是项庄舞剑，意在沛公。"

王雱颇是满意地点了点头："然也，福建子原想拦着家严，不让相公回朝，如今虽已复相，可吕惠卿在中书，怕今后会暗箭伤人。相公宅心仁厚，始终念着和福建子的情谊，既然如此，有些事须得我们替他做了，你说呢？"

练亨甫不免有些心惊肉跳。他平素里和王雱一起指点江山，小心谨慎地恭维着这位宰相东阁、年轻的天章阁待制，攀些交情，是一回事；可直接参与最高层的权力斗争，要搞垮吕惠卿，那完全是另一回事了！吕惠卿是何人物？一个不注意，他练亨甫便是粉骨碎身的下场！不过，眼下王相公几乎又要独揽大权，如果促成此事，往后的显贵自是不需多言。何况，吕惠卿极厌恶他练亨甫，有吕惠卿在，退缩忍让，便能得什么好呢？

有了这番计较，练亨甫道："相公擢拔某之恩情，没齿难忘。既然吕惠卿对相公无义，那拔除此奸雄，便是理所应当的君子之举了！只是吕惠卿一向得官家器重赏识，而不才非台谏言官，当如何做此事，尚请待制示下。"

王雱要的便是练亨甫这个答应的态度，于是道："这是自然，葆光非言官，不会难为你。我已经想到了一个人选，现与你参详，此人便是监察御史蔡承禧！"

妙哉！

练亨甫当然知道这是谁。蔡承禧是嘉祐二年的进士，去年于便殿召对称旨，得了官家赏识，于是擢为朝官，除为监察御史里行。关键是，蔡承禧与王安石一样，乃临川人！有些风言风语就说他乃王安石乡党，故授擢拔，得了御史的美官。如果蔡承禧能够弹劾吕惠卿，则朝中不少观望之人便会认为是王安石指使，那么吕惠卿的亲信们也会各生贰心，到那时吕惠卿就是众叛亲离，树倒猢狲散了！

"待制的谋划甚是无懈可击。"

王雱从衣袖里掏出一沓纸来，将其递给了练亨甫。

"你寻个机会，把这些拿给蔡承禧，此人贪直名，定会上章弹劾。"

练亨甫稍稍翻看了下，问道："这写的却是吕升卿之事？"

吕升卿是吕惠卿之弟，如今担任"提举详定修撰经义所检讨"，王安石父子的《三经新义》[①]等也是吕升卿在负责校订。但练亨甫呼吸之间就明白了，这弹劾吕升卿，就等于弹劾他吕惠卿，一是投石问路，二是指桑骂槐，明眼人都会知道是在剑指副相吕吉甫。

---

① 《三经新义》，主要由王安石父子撰写的《诗经》《尚书》《周礼》义，时人称为王氏新学。

王雱露出了一抹阴森的笑："正须让福建子也尝尝这滋味。"

五月二十七（丁亥日），中书进呈此前官家降付政事堂的御史蔡承禧的弹章。

参知政事吕惠卿一揖，首先开口道："承禧言升卿事连臣，今不敢辩，臣请回避。"

官家赵顼道："同进呈，无害。此事朕有印象。时经义所辟刘谷任检讨，想刘谷必通经义，惠卿言其人有学问、德行。"

官家的话让中书班子里站着的副相吕惠卿尴尬无地，因为蔡承禧在奏疏里说，吕升卿征辟刘谷入修撰经义所为官，使他能领朝廷俸禄，可平日却安排刘谷去教吕氏族中的子侄小儿，为其蒙师，岂非荒唐慢上之至？而官家似乎话里有话，在讥讽吕惠卿为弟弟吕升卿辟举刘谷背书一事。

首相王安石道："臣亦闻刘谷有德行，但不识之。"

见到王安石仍为吕惠卿辩护，赵官家竟道："检讨须有补于修撰经义，不然，虽有德行何补？有行之士自别有用处。"

吕惠卿只得道："臣请下升卿分析。"

次相韩绛当然绝不会为吕惠卿说上半句好话，另一个副相王珪则三缄其口，只是执笏伫立而已。

"朕观今日百官之中，独卿为无私，"官家看向王安石道，"余人皆不免为身谋。思及朝廷处少，能为百姓处更少……"

官家前面那句"虽有德行何补？有行之士自别有用处"已是对吕惠卿兄弟不满的明证，后面竟又独独称许王安石无私，这等于是指着吕惠卿鼻子责怪他胞弟吕升卿以权谋私了。吕惠卿只感到耳边如狂雷骤雨，后面官家的话，竟一句都听不见了。

次日，吕惠卿请对求去，乞请罢免参知政事，官家不许，乃又召昭文相王安石于便殿独对。

赵顼的脸上露出疲惫的神色，但让王安石意外的是，官家首先谈到的并不是吕惠卿的问题。

"卿任事无助，极不易。韩绛须令去，不然，扇动小人。若无休止，则大害政事。"

王安石从杌凳上站起身道："韩绛是宰相，今无大过，岂可轻易罢之？若复更沮坏政事，黜之未晚。"

赵官家道："韩绛非如向时与卿协力也。何况韩绛才极短，昔日在边，措置极不中理，致有庆卒作乱，横山事功亏一篑，皆以韩绛节制蕃汉，大段乖谬。卿既然念其尚可共事，便稍待之。不过，吕惠卿亦不济事，非助卿者也。"

王安石道："不知惠卿有何事令陛下不满如此？"

官家不假思索地表示："忌能、好胜、不公。如沈括、李承之虽皆非佳士，如卿则不废其所长，惠卿即每事必言其非。夫国家执政，见人当观其长处，如何但见人所短？如惠卿，实无容人之量。"

王安石道："惠卿于沈括恐非忌能，如括反复，人人所知，真是壬人，陛下当畏而远之，虽有才能，然不可亲近。惠卿屡为陛下言之，非不忠，陛下宜察此。"

赵顼见王安石仍是极口回护吕惠卿，乃道："大抵吕惠卿兄弟总好胜、忌能，前些时日吕惠卿留身，乃极诋毁练亨甫。亨甫颇机警晓事，况只是一小臣，而惠卿为参政，何失大臣体至于如此！观惠卿兄弟，但他人才能过己便忌嫉不已。"

官家对吕惠卿的观感有了这样大的变化，王安石意外之余不得不说："升卿等亦屡为臣言练亨甫，臣亦屡劝彼，令勿如此逆料人为奸，便欲废之。但见彼作奸明白，则正论自不容。若于未有事时，但疑其将为恶，遽废弃，恐无此理。"

官家颔首道："诚如是。"

王安石道："然则惠卿胞弟吕和卿颇温良晓事。蔡承禧言升卿乃二人相忿恶，在升卿亦无他，但不免轻肆，往往闲论议及承禧，故致其如此。不然，则承禧所弹奏何至如此深切，必生于愤恨厌恶之私也。"

官家不知在想些什么，沉默了许久，终于道："卿果以蔡承禧所言未必有实乎？是则承禧为小人哉？"

王安石一揖道："臣不知，于承禧亦不深识。然臣知惠卿甚深。人才如惠卿，陛下不宜以纤介^①见于辞色，使其不安。"

赵官家仿佛全然不知，竟问："卿谓何事？"

王安石道："如御前奏对，惠卿亦在，而陛下数称臣独无适莫，独无私，则惠卿何敢安位？况惠卿今为执政，国家所赖，恐不宜如此遇之，宜稍宽容，方乃陛下与朝廷优待大臣之体。"

官家道："卿既如此说，不妨亲自敦勉惠卿就位，替朕慰谕，使其赴朝视事。"

王安石道："此在陛下。陛下不加恩礼，臣虽敦勉，何补也？"

官家道："且待吕升卿分析文字到，再做理会。"

五月末至六月初，官家遣中使冯宗道往东府吕惠卿官邸抚问，召赴中书，而吕惠卿不从，仍谒告不起。于是又差王安石亲往慰谕，而吕惠卿上表三次求补外，官家

---

① 纤介，指细微、细小之嫌隙。

——令中使封还。吕惠卿再入札子请辞参知政事，官家遂令王安石同王珪往惠卿邸再谕上意。然而吕惠卿终是不从，乃再求上殿独对。

午后的延和殿里，累日来告假的副相吕惠卿对着官家深深一揖，开口便又是告罪、请辞。

官家赵顼看着吕惠卿那张精明果决的脸庞，语气淡漠地问道："无事而数求去，何也？"

吕惠卿道："陈力就列，不能者止①。臣自度不能，所以求止，无他，愿遂臣请。"

赵官家见吕惠卿言不由衷，乃道："卿为参知政事，天下事责不在卿一人，何必尔！"

吕惠卿道："顷安石之去，一时乏人，所以受命不辞。安石复来，臣理当决去。但蒙陛下宣谕再三，所以盘礴②至今。"

官家又道："卿岂以蔡承禧故邪？承禧言卿弟，无与于卿。"

官家说御史弹劾胞弟吕升卿，事与自己无关，这能让人信服么？

吕惠卿又是一揖："纵使承禧言臣，臣为参知政事，苟自度无过，岂至为之求去？况臣弟分析事又如此乎？"

赵官家道："莫非是因与安石议论用人，有所不合？安石欲用新进，卿不欲之；卿欲用曾旼③，而安石不欲邪？"

曾旼本是选人官阶的小臣，但他是福建漳州人，与副相吕惠卿有着几分乡谊，加之确有才干，乃得了吕惠卿赏识提拔，辟举在胞弟吕升卿负责的修撰经义所里，又兼充司农寺编修条例的差遣。

吕惠卿道："此与臣去就无关，况安石未尝言不用曾旼！"

官家于是再问："岂以安石前日敷陈承禧事灭裂邪？"

陛下是问他，难道是因为王安石在此前议论蔡承禧弹劾吕升卿之事时，未为卿极力辩解？

官家的问题似乎并不那么简单，而是带有某种深意。但吕惠卿已顾不得许多，仍只是说着场面话：

---

① 典出《论语》季氏第十六：孔子曰："求！周任有言曰：'陈力就列，不能者止。'"此指应当衡量计度自己之才干、能力，若能力与职位相当，得展布所能，即就位安职。反之如果不能胜任，不能展布底蕴，则不如辞官、罢任。

② 盘礴，指徘徊、逗留。

③ 曾旼，熙宁七年五月，以吴县县尉充任修撰经义所检讨；七月，兼任司农寺条例编修删定官。

"安石避嫌不得不如此，臣何讶之有？"

官家道："然则安石之来，卿正宜协力，何以求去邪？"

吕惠卿对今日的独对已作过许多推演。他既恐惧于蔡承禧弹劾胞弟吕升卿一事，认为这是王安石要将自己赶出二府，不让他待在朝廷决策层；同时又极不甘心再做一个亦步亦趋、曲意奉承安石的角色，他想要的是宰相之位，如此则只能孤注一掷，再无退路了！

"陛下以为今日之王安石如何？"

官家微微皱眉，反问说："安石如何？"

吕惠卿抬起头，直视着官家的眼神道："安石之来，一切托疾不事事，与昔日异。前此安石为陛下建立庶政，千里复来，乃反如此，不知欲以遗之何人？"

官家心里也是微微一震。吕惠卿的意思是说，王安石复相后，和初次执政、拜相的那几年大相径庭、判若两人，常托疾而消极应付朝政，那么陛下富国强兵、鞭笞四夷，创造太平盛世的宏大事业，又能付之何人呢？

官家道："以卿之见，安石何以至此？"

吕惠卿道："陛下所听既不一，安石争之又不胜，百官异论纷纷，莫可调御。臣顷尝略为陛下陈之至此，亦诚难。故安石与往日异也。"

官家否定了吕惠卿的说法："安石必须见天下有可为之理，乃肯复来。"

这言外之意便是，王安石绝不是贪慕权位之人，他肯奉诏复相，是为了社稷大事而已。然则谁才是贪慕权位者？

官家隐含的这一层意思让吕惠卿不寒而栗，但他已别无选择。

"然必是安石至此有如不所见，故不安其位。盖亦缘臣在此，陛下意与安石协力者多，其听不一，故不安。朝廷事可以无臣，而不可无安石，此臣所以求去也。"

吕惠卿的话听起来完全是公忠体国，不愿与宰相有所龃龉，乃主动请辞，以顾全朝廷体面，又令首相得以展布底蕴，可背后的含义，无非是昭文相公王安石与他吕惠卿有了嫌隙，故凡事多不合，甚至王安石深忌而迫之，以至于吕惠卿只能求去。

官家道："安石必不忌卿。"

吕惠卿道："陛下所言极是，安石于臣何忌！但陛下初用安石，以其势孤，臣乃一切助之，故每事易。今日陛下以谓安石之助多，臣为陛下稍节之，故每事难就，则臣之在朝廷所补者少，而所害者多，不若遂臣之去。陛下一听安石，天下之治可成也。今使大臣有所不得尽，非国家之福。盖为朝廷分别贤不肖、是非，极是难事。敛天下之怨在于一身，以及其子孙，人主若不察，虽宰相即不免苟且灭裂而已。"

这番话极为致命。

吕惠卿在御前表示，他是一个无党无派的天子孤臣。过去倾尽全力辅佐王安石，是因为陛下初行新法，君相皆势单力孤，因此吕惠卿助安石，即是助陛下，如是方有了今日百度修明、圣政缉熙的盛世，这是在提醒官家，须思及他吕惠卿的功劳。而现在王安石党布中外，势力炽盛，以祖宗法度而言，吕惠卿不得已，乃凭借副相身份与安石辨别是非、忠奸，讲论曲直、正邪，所以稍稍节安石权势者，乃是在为陛下制衡安石！话至此，已十分明确地在提醒官家，他才是真正始终只忠于官家一人的大臣！而宰相之权，祖宗以来都应当有所防备、制约！

　　如此一来，"陛下一听安石，天下之治可成也"竟成了忠臣孤愤的呐喊。

　　官家仿佛没听懂吕惠卿的意思似的，只是道："有官守者，不得其守则去。安石必不肯苟且灭裂。"

　　吕惠卿道："唯其欲去，所以苟且灭裂。苟为不然，固未能责其不尽也。陛下但致一以听安石，使尽其学术，则臣虽去，犹在朝也。"

　　官家又问道："安石学术莫了得天下事否？"

　　吕惠卿道："然。"

　　官家道："既然安石能了天下事，卿但参贰，责不尽在卿。"

　　吕惠卿暗暗咬着牙道："此臣所以可去也。臣之所陈皆国家事，而在臣之私，又有往来其间者，不去恐为天下笑。"

　　官家道："终不令卿去，且但至中书。"

　　吕惠卿顿首叩拜："臣不敢奉诏。"

　　下殿后，官家又遣中使谕旨，而吕惠卿辞谢，再入札子请辞，官家依旧封还，且诏银台司毋接吕惠卿文字。

　　中外都在关注着此事。自曾布攻击市易法后，韩绛、吕惠卿的接连请辞，俱可谓是王安石当国以来，新党内部最严重的矛盾。人们揣测着眼下诡谲的朝局，昭文相公王安石还能弥缝与韩绛、吕惠卿两位宰执大臣的裂痕吗？

　　数日后，在官家屡次催促后，吕惠卿终于再入见。

　　官家赵顼道："朕已累遣人趣卿就职，未见禀承。"

　　吕惠卿深深一揖道："臣数违旨，不胜死罪。但臣在朝，有损无补。陛下厚恩虽不许避，臣之自度终恐难胜。"

　　官家道："无他事，何须求去如此之坚！"

　　吕惠卿道："臣去，则陛下一听安石。"

　　官家仍是不许："卿无过虑，且可就职。"

　　吕惠卿忽然道："陛下数宣谕臣以参贰安石，不识何也参知政事，莫是参知陛下之政事否？"

延和殿里，枢密都承旨曾孝宽今日当值，侍立在御座下，没想到吕惠卿居然不顾其在场，说出了这样诛心而露骨的话来。吕惠卿是在问官家，他所担任的参知政事这一副宰相职务，究竟是参知王安石的政事，还是参知陛下的政事，即是说，如今的朝政，究竟是官家之政，还是政由安石出？

曾孝宽此刻在心里对吕惠卿是痛骂不已，今日怎么就在自己当值的时候遇上了这种事？自己不说与王安石知道吧，往后怕与安石之间有了芥蒂，说与安石知道吧，泄露禁中君臣独对事给宰臣，若是官家怪罪，亦可堪忧。

御座上赵官家开口道："安石政事，即朕之政事也。"

曾孝宽在心里大喜，官家没有被吕惠卿激怒，至少表面上看起来如此！

吕惠卿仍不肯放弃，乃道："蔡承禧所以言臣弟升卿者，意乃在臣。"

这话是提醒官家，蔡承禧必为王安石所指使，意在对他吕惠卿不利。

官家只是说："已晓，无过虑。卿且就职可也。"

吕惠卿明白，既然事已至此，就须分出个胜负来，而今胜负未分，他已图穷匕见，便只能走一步看一步了。于是一揖，表示遵旨。

吕惠卿复起，暂时不再请辞，可中书里宰臣之间的矛盾仍然存在着。

六月十八（戊申日），中书进呈河北运米粮事，往年岁须运米百万石往澶州、大名府，道路转运之损耗、花费等颇多，于是王安石建议采用"俵籴"①之法，将河北粮食的多寡、供需等问题交给市易务来办理。王安石之所以乞罢河北运米，改行市易俵籴，是因为他认为农田水利法施行至今，河患有所减轻，加之推广淤田，河北路田地增加不少，每岁当较以往多出数百万石，如此一来，再遵行原本运米河北的办法，不免民食有限，米粟过多则粮价必大跌，以至谷贱伤农。然而参知政事吕惠卿却认为市易俵籴不便，反对王安石的主张。在吕惠卿看来，这是市易司买卖，与运米无关，说到底是吕嘉问重新提举都市易司后，尽将原先市易司整顿之措置说得一无是处，谓无他吕嘉问即办不得。更让御前会议变得剑拔弩张的是，吕惠卿稍一表露反对的态度，王安石便严加驳斥。事情传到百司官吏耳中，都说王相公与吕大参已是形同陌路了。

次日，王安石父子的《三经新义》经过吕升卿等修撰经义所官吏校订，乃由国子监镂板颁行，正式雕版印刷。作为官方规定的新学，《三经新义》乃起到进一步统一

---

① 俵籴，指王安石建议在河北由官府预付钱物给农户，至秋天收获季节，则由市易务往澶州、大名府及缘边州军收取粮食入封桩库。

士林思想的作用。

于是两天后，六月二十一（辛亥日），因《三经新义》修成，王安石加官左仆射、兼门下侍郎，吕惠卿加给事中，王雱加龙图阁直学士，吕升卿直集贤院。王安石三上札子辞免左仆射，又上表请辞加官，但都不获许，至于王安石为儿子王雱辞免龙图阁直学士之推恩，官家亦不允。后王雱屡辞甚坚，吕惠卿谓王雱引疾避宠，朝廷宜听许，乃从其所请。翰林学士元绛甚至作诗一首，恭维宰相王安石："诏书朝下未央宫，上相新兼左相雄。一代元勋金石上，三经高义日星中。陈前舆服加桓傅，拜后金珠有鲁公。东阁故人心倍喜，白头扶病咏丞崧。"

封赏推恩过后，中书再起波澜。御史蔡承禧弹劾吕升卿在泰山御制石碑上勒名刻字，凡御制石碑，往往有祖宗文字，于是官家诏京东西路转运司勘会此事。若是吕升卿所镌刻文字之碑，果是御制石碑，岂非人臣之大不敬者？但谁又不明白，蔡承禧此举非为升卿，而是意在其兄。

六月末，大星坠相州，司徒兼侍中韩琦薨。虽然官家对韩琦之观感极恶[1]，但在宰相王安石的建议下，以其有定策大功，乃特赠尚书令，超过了吕夷简殁后所赠的太师、中书令。

袅袅秋风起，萧萧败叶声，东京城已是七月天。

七月十六（丙子日）这天，官家赵顼不顾首相王安石三番五次的劝说进言，依旧下诏屈从辽国无理的边界划分要求，实际上是基本完全依从了契丹人重新划定蔚、应、朔三州地界的贪婪用心。一时间人云"此乃东西弃地七百里于北虏也"。王安石力争而不得，亦是无可奈何。

另一方面，经朝廷下诏，《三经新义》赐予宗室、太学及诸州府学，七月下旬又付杭州、成都府路转运司令镂板颁行，且禁私印及贩售，违者杖一百。王氏新学作为官学的地位，已然是清晰无比地确立起来。

然而王安石父子与吕惠卿兄弟之间的矛盾，竟因《三经新义》愈演愈烈。

七月末，因此前蔡承禧弹劾吕升卿经学浅薄，升卿亦深知这是冲着他担任副相的兄长而来，乃请辞管勾国子监的差遣，于是诏吕升卿权发遣太常寺，罢免了他主管国子监的职务。

但事情远没有完。恰在这时节前后，王安石发觉，《三经新义》中由其父子撰写、

---

[1] 韩琦曾对人说："先帝，臣所立；陛下，先帝儿子，做得好，臣便面阔，做得不好，臣亦负惭愧。"

审定的《诗经义》遭到了删改，然而眼下早已雕版印刷，颁行于各处，王安石极以经术自任，如何能容忍这样的事情？乃大发雷霆，后来便有人向吕惠卿说及此事。

八月初，一日垂拱殿早朝奏事毕，吕惠卿请留身独对。

赵官家道："卿欲奏何事？"

吕惠卿一揖道："臣如今屡蒙陛下恩召及抚谕，不得已乃复起视事，然而与安石诚相龃龉。臣意安石在江宁时，心有所疑，故速来如此。既至，必是陛下宣谕及尝借臣奏对日录观之，后颇开解。"

官家道："安石固无疑卿也，如升卿事，朕已说与卿，安石尝力为升卿辩之，以为蔡承禧不免与卿有嫌隙，故作如此说。"

吕惠卿道："陛下，实有事臣欲奏明。两日前，余中、叶唐懿①来为臣言，安石怒臣改其《诗义》。余中等昔与臣同进呈，安石以为忘之，当时只进呈《诗序》，今但用旧义尔。臣意以为未审，遣升卿往讯之，果然。升卿曰：'家兄与相公同改定进呈。'安石怒曰：'安石为文岂如此？贤兄亦不至如此，此曾旼所为，训诂亦不识！'臣甚怪之，而未喻其怒之意，此必为人所离间尔。臣之弟兄于安石，陛下所谅。臣所以事臣亲者，移之以事陛下外，必所钦服者，安石一人而已。臣之为官属，安石亦尊礼臣，不与他等，至与之极口争公事，未尝怒也。近议市易俵籴事，陛下果以为问，臣不敢不言。然安石未必怒此，只是为人所离间尔。"

官家忽道："练亨甫邪？"

吕惠卿道："此亦其一，固有为之致力以离间臣与安石者。"

"张谔邪？"

吕惠卿道："非也。嘉问、谔不至如此。"

官家又问："亨甫何以至是？"

吕惠卿道："亨甫数欲陛下召见，臣以其为人好进太速。如彼尝与邓绾书言：'若使亨甫得见，即唐、虞、三代之治不难致。'不知何为遽能致此？故臣为国家执政，亦不敢言之于朝。其后，绾荐之。臣进呈，但言其欲望见清光而已。臣平日荐人于陛下，常浅言之，岂敢溢辞荐人？亨甫闻之，怒臣不褒美过誉也。而臣弟在讲筵，陛下亦尝问及亨甫，臣弟言不知其为人。大抵蔡承禧所言，皆亨甫教令之。臣虽不肖，粗知性命之理，安石虽不察臣，臣终不与之较，文章声名，臣尤不以为意。且经义虽圣人有不能尽，无不可以增损处，昨以安石既去，据理修定，不敢稍改。不意其怒如此。陛下或有四方事，臣愿备使令。乞请解臣机务，恩赐臣出外！"

---

① 此时余中、叶唐懿仍为国子监修撰经义所检讨。

官家安慰道："既是误会，虽关经术官学，安石当亦能知卿，且宽心，不可再言求去。"

然而到了八月十六（乙巳日），吕惠卿赏识的曾旼被赶出了京城。虽然得了管勾福建路常平等事的差遣，然而本官未升，仍是选人官阶的常州团练推官，加之是由于御史蔡承禧所劾，则补官黜外之意已明。

吕升卿罢管勾国子监、曾旼出国门，这两件事都让京中百官觉察到了官家的态度，昭文相公王安石仍然如日中天，他的权力，其他宰臣恐怕都远不能及！

果不其然，五天后，八月二十一（庚戌日），文德殿宣麻，吏部侍郎、平章事、监修国史韩绛罢为礼部尚书、观文殿大学士、知许州。

韩绛最终仍是罢相了。

人们不禁要猜度，既然与王相公分道扬镳的韩绛罢相出外，那已是撕破脸皮的吕惠卿，还能在政事堂里坐得几日呢？

韩绛罢相的当晚，东府相府书斋内，王安石坐在椅子上久久不曾动弹一下。

余中已经离开相府，方才他对王安石说，吕惠卿让他来带个话，即"惠卿读儒书，只知仲尼之可尊；看外典只知佛之可贵；今之世只知介甫之可师。不意为人谗，失平日之欢，且容惠卿善去"。

王雱亦在书斋里同坐着，见到父亲那木然而黯淡的神色，便知晓他定是又心软了。

王安石想到多年来与吕惠卿同心协力，创设新法，排除万难的一桩桩一幕幕的事情，可眼下竟走到了外人看来"势不两立"的境地……曾布已背己而去，如今与吕惠卿也要如此吗？他终于向儿子开口道："奈何？吕六却如此使人不忍。"

形势如斯，王安石终是不忍请上罢黜吕吉甫。

王雱直勾勾地看着父亲的双眸，道："爹爹虽不忍，他吕六却忍得下心！"

王安石默然，竟不能措一语。

九月初一（辛酉日），官家令王安石监修国史，这似乎是不愿再拜史馆相的意思，当然如有必要，也可以拜一位集贤相作为次相。可看官家的心思，似乎是仍要以安石为独相。

更十日，王安石写就札子，乞《诗义》依旧本颁行，第二天便上奏言此事。

吕惠卿知道，《三经新义》这件事，是难以善终了。于是他也写了一份详细辨析的奏札，乞请独对。

吕惠卿站在御座前，朗声读起奏札来："臣伏见王安石札子，奏乞《诗序》用吕升卿所解，《诗义》依旧本颁行……臣自少以来与安石游，凡有议论，更相是正，未尝有嫌。"

官家听着副相长长的奏札文字，知道吕惠卿的意思很明确：第一，修撰经义所对《诗义》旧本之修订，完全是尊奉官家的圣旨，并非自作主张；第二，几乎一切修订，无论王安石在东京或是江宁，都一一送其审定，经其过目。

吕惠卿继续念道："当初进二南①义之时，陛下特开便殿，召延两府，安石与臣对御更读，以至终篇，陛下褒称，圣言可记。安石未耄，何至废忘？而其言如此，谁不骇闻！……臣于安石之学素所谙识，凡读文字，臣以为是，安石是之；臣以为不然，安石所否。安石学虽日益，去春今秋不应顿异，而以为陛下欲以经术造成人才，不得不尔，则前日之所是，今日为未定；今日之所是，他日岂可定哉？安石当国，以经术自任，意欲去取，谁敢争之！然臣反复求其所以然之故，而莫之喻也。"

看到吕惠卿这样喋喋不休赵官家竟只觉得吕惠卿争强好胜，全无执政大臣体。到了二府辅臣的地位，难道争的真是是非对错吗？亏吕惠卿聪明绝顶，居然糊涂一时！

官家言不由衷地随意安慰道："安石无他意。经义只为三二十处训诂未安，今更不动。《序》只用旧义，亦无害。"

吕惠卿道："安石欲并序删定。置局修撰非一日，今既皆不可用，而臣转官受赐，于理何安？臣亦当夺官。"

这话指的是因《三经新义》修成，王安石加左仆射，吕惠卿加给事中之事。

官家呵道："岂有此理！朝廷赏赐推恩，非是儿戏！"

吕惠卿语含大悲愤："然纵朝廷不夺臣官，臣何面目！安石必言垂示万世，恐误学者，《洪范义》凡有数本，《易义》亦然，后有与臣商量改者三、二十篇，今市肆所卖新改本者是也。制置条例司前后奏请均输、农田、常平等敕，无不经臣手者，何至今日遽不可用，反以送练亨甫编修？臣虽不肖，岂至不如亨甫？"

官家只是道："卿不须去位。"

吕惠卿顿首："臣岂可以居此！且容臣去！"

吕惠卿与王安石在《三经新义》一事上的针锋相对，在京师和地方都可谓是人人瞩目。但这也由不得吕惠卿不争，既然王安石下令勿卖已刊印之新本，改以旧本颁行售鬻，则在士林朝野中，堂堂副宰相吕惠卿又复何面目？

晚间，御史中丞邓绾的宅邸里，这位手握风宪雄权的台长刚刚从酒楼里回来。与他约见的人正是王安石之子王雱。

---

① 二南，指《诗经》中的《周南》《召南》。

朝局到了这地步，吕惠卿的失势看起来已在所难免，而邓绾曾在王安石初次罢相后与吕惠卿走得极近，当时他也以为吕惠卿可能很快就会宣麻拜相，因此便曲意阿附。不承想王安石二次拜相，去而复来，邓绾乃一直都恐惧着自己会被老相公迁怒。近来他正愁着没有表现的机会，甚至有些嫉妒起练亨甫与王雱深相交结，又暗自揣摩蔡承禧究竟只是沽取直名，还是已投附了老相公。邓绾对自己如何蹿升中执法，那是再清楚不过，这都受惠于王安石翻云覆雨的手段和一言九鼎的权力。但王安石既然可以提拔他一个区区通判，自然也能提拔如蔡承禧、练亨甫这样的人。

就在邓绾深感危机的时候，王雱来找他了。和上回见练亨甫时一样，王雱又拿出了一沓文字，但这回可不再只是关于吕升卿如何，而尽是直接与参知政事吕惠卿相关！按照王雱提供的材料，吕惠卿曾与其诸弟，令时任华亭知县的张若济指使县吏王利用，强借富户百姓钱共四千余贯，然后在当地购置上好田产，交由王利用日常打理，催收租课。

这本是小事。四千贯在边地，若是公使钱事，帅臣用了便用了，若能大功如王韶者，便是十万贯账目说不清又如何？何况是对于执政大臣而言，几千贯根本不算什么。可若要往冠冕堂皇的圣贤道理上说，这乃是脏污狼藉的私罪，是役使地方官吏鱼肉百姓，如此小人，尚何可为国家辅臣？当然，这种事情若在得官家信任时，便什么也不是，轻则奏疏留中，重则贬黜上弹章的御史，但吕惠卿现在显然已令官家生厌，从韩绛的罢相来看，天心仍在老相公安石处！如今王雱恰好给了机会，不如就顺势而为，再说了，兴许王雱是传达相公的命令呢？御史中丞邓绾想着这些，乃毫不犹豫，当即在宅邸中奋笔疾书，写就了一封弹劾副宰相吕惠卿的白简奏章。

与此同时，吕惠卿也不愿意坐以待毙，他仍要做最后的努力。

九月十六（乙亥日），参知政事吕惠卿再请独对。他将近来与王安石不合的事目一一写清，奏禀于上。

延和殿里，副相吕惠卿又是滔滔不绝地念着奏札，几件小事一读完，很快进入到重点部分。

吕惠卿道："陛下置两府大臣，今枢密使吴充虽与安石小异，特自固之计耳。王珪绝好人，行事专模棱两可，左右逢源；王韶又如此①，臣若不与较，则天下事谁当辨之？中书检正、堂后官作文字，皆不与臣议。人主以天下事付中书，中书以付五房，人主岂能尽看文字？罪无轻重，但凭中书而已，然今行事如此。若臣不以之告陛

---

① 　此年五月，枢密副使王韶曾言军器监事不须比较，与宰相王安石异议。然自此，王韶又少见言论，故吕惠卿以为王韶"又如此"，大概是责王韶为执政，却无建白发明，常一切缄默，不敢与安石异论。

下，则为苟且矣，何况中书惟仰安石鼻息，臣恐涉朋党，故略陈其愚。"

对于吕惠卿的一系列分说、指责，官家仿佛充耳不闻，只道："经义事必无他，卿不须去位。"

吕惠卿再揖而道："臣本无涉世之意，遭遇陛下圣明，欲立功业，诚欲自竭，俟法度齐整。然臣又闻安石常言用兵须严名分，使虽有志者不敢出诸口，则事归一。安石之意不徒为军，为国亦欲如此。其为宰相，乃竟视天下为敌人，所谓'试以一人敌天下'，如此虽能禁近者言，其如天下何？果能敌天下乎？其所亲厚者，选官差遣一出己意，随时高下，此陛下知之甚多。至如选人除常平官者，例皆改官而任提举，惟曾旼独存管勾之名，又不改官，正以臣故尔。"

官家道："闻升卿求安石进用，以谓有复相之功。"

吕惠卿道："臣弟升卿刚介自守，理必无之，可质诸神明。且陛下擢在经筵，尚可进用，纵使好利，岂至如此！"

官家摆摆手道："此乃他人言之，非安石也。"

吕惠卿又是深深一揖，痛心疾首地说道："安石每与陛下说开阖通塞，以为执狐疑之心者，来谗贼之口；持不断之虑者，开群枉之门。安石却会不得此事，致来人语言，自古只有人主堂陛隔绝，人情难通，即听谗纳谮。安石尚听谗纳谮，每日只被吕嘉问、练亨甫几个围合了。练亨甫东面一向守却王雱，吕嘉问才一日去，便守却安石，其余人更下语言不得。"

官家看着御座下自己的副宰相，心想眼下你吕惠卿如此指责王安石听谗纳谮，整日被吕嘉问、练亨甫围着，可往时你不也一样整日围着你的"恩相"王安石么？于你惠卿是君子群策群力，一心社稷，到了他人头上便是奸邪小人了？

官家竟不作评论，乃道："累谒告居邸，卿实有病否？"

一句"卿实有病否"，听在吕惠卿耳中，令他陡然觉着秋寒刺骨。

吕惠卿终于明白，官家决心舍弃他了。没想到自己将要步曾布的后尘！

他郑重其事地又是深深一揖："臣实有病，乞辞机务。"

这位参知政事下殿后，赵官家令将其奏状下中书看详，而吕惠卿随即归府邸中告病称疾，再次谒告不出，不再赴朝视事。

没多久，御史中丞邓绾骤然弹劾吕惠卿兄弟强借富民钱买田等不法事，官家一面令下邓绾弹章付中书及居家的吕惠卿，一面令司农寺差官勘劾审问此案。几道命令一下，京师百官们都明白，吕惠卿恐怕是保不住副相之位了。

深秋的相府里，王安石看着一封友人曾巩从洪州寄来的书信①，只见笺纸上写着：

———————

① 此年八月，曾巩知洪州。

某惶恐顿首再拜：某辱知最旧，故敢有一言之献。窃以宰相之任，今日之计，不退小人、不除敝事，则人望去矣。不在于纷纷，而但在知其要。要者，进正人而已。进者正人，则所得者正论。正人众则小人消，正论行则敝事去，此必然之理也。则宰相之任，夫何为哉……

王安石喟然一叹。

他还记得七年前那个冬天，曾巩曾来京一晤，极力劝说自己不可令官家追求朝政以理财为先，不可兴兵于夷狄，不可轻改祖宗成宪。如今旧事重演，王安石不免怀疑，曾巩是不是又受了谁的欺愚，方以书信作个说客呢？

自王安石当国以来，新党内部逐渐出现了巨大的裂痕。薛向、曾布及吕惠卿先后与自己反目，这种情形恐怕是已出判地方的旧党元老大臣们所喜闻乐见的。眼下，他们希望看到王安石与吕惠卿二人相互倾轧，希望看到王安石将吕惠卿亲手赶出二府，赶出东京城。

王安石也清楚，官家早已厌倦了你争我夺，厌倦了弄得朝野不宁的韩子华和吕吉甫，如是而已。

京师，冬十月。

十月初一（己丑日），龙图阁直学士、枢密都承旨曾孝宽被派往河东分画地界所计议公事，这是由于官家担忧着契丹争地界一事，虽前降御笔，但犹恐韩缜措置未尽善，乃遣曾孝宽往。

同一天，因监察御史蔡承禧再度上章弹劾吕升卿，谓其奸邪无耻，禽兽之不若，竟以父母赌咒，为己开脱，故罢吕升卿崇政殿说书的经筵讲官职务，出为权发遣江南西路转运副使。吕升卿出外，显然是一种猛烈的信号了。

此后，蔡承禧更再上弹章，弹劾参知政事吕惠卿有二十条大罪，谓其"奸邪不法，威福赏刑，天下共愤"。大者谓其欺上罔下，目无君上和朝廷法度、凌侮同列，且结党擅权，有章惇、李定、徐禧、曾旼等人助之；小者谓其以权谋私，为妻弟谋官，上下其手，无所不用其极，或庇护舅父等亲戚；其余不法恣肆事，更不一而足。

十月初二（庚寅日），官家赵顼下手诏：

"给事中、参知政事吕惠卿：

朕不次拔擢，俾预政机，而乃不能以公灭私，为国司直，阿蔽所与，屈挠典刑，言者交攻，深骇朕听。可守本官知陈州。"

这标志着副相吕惠卿垮台了。

他被罢执政，以给事中的本官官阶出知陈州，连资政殿学士这样的职名都没有被授予，黜责之意甚明。官家手诏语气之严厉，在近几年罢免执政中所无，百官们多认为，吕惠卿说不准将终于今上一朝，再无机会回到二府。

同一天，赵官家又以手札问宰相王安石，谓有人传言安石有召曾布赴阙之意，事果如何。王安石乃奏称："陛下无以曾布刀笔小才，而忘其滔天大恶！"于是曾布回到朝中，甚至除为执政的机会也因昭文相公王安石的一句话泡汤了。

三日后，御史中丞邓绾再弹劾吕惠卿贪浊不法，乞根究体量，这显然是痛打落水狗了。

十月十二（庚子日），在蔡承禧弹劾吕惠卿二十项罪状的章疏中牵涉到的章惇，再遭邓绾弹劾。邓绾谓其"与惠卿同恶相济"，又"佻薄险轻，行迹丑秽，趣向奸邪"云云，朝廷乃罢章惇三司使，出知湖州。这下倒便宜了赵官家所赏识的沈括，他得以担任权发遣三司使，成了朝廷的计相。

二日后，曾旼被罢管勾福建路常平，贬为潭州州学教授。

十月二十三（辛亥日），诏罢手实法。吕惠卿执政时期的一大创设，至此化为乌有。

两天后，朝旨罢两浙转运使王庭老、张靓，令于润州听旨。此二人，亦是邓绾口中吕惠卿在地方上的党羽、鹰犬。

然而宰相王安石却并没有丝毫大获全胜的喜悦劲儿，相反，他感受到了屡遭信重之人背叛的孤独感。到了十一月，心结难解之下，王安石竟真的病倒了。

官家对此颇为紧张，不仅屡屡遣中使往相府慰劳安石，一日间至多达十七次往返，又派翰林医官前去诊治。

卧床养病的王安石渐生东归江宁之心思，甚至写了一封信给妹婿沈季长，谓"投老触绪多感，但日有东归之思尔。上聪明日隮，然流俗险肤，未有已时，亦安能久自困苦于此？北山松柏，闻修雅说，已极茂长，一两日令俞逊①往北山，因欲渐治垣屋矣"。

所谓"上聪明日隮"的背后，似乎是为官家不再对其言听计从的一种担忧。

心境思归的老相公更是连连作诗，有云："世故纷纷漫白头，欲寻归路更迟留。锺山北绕无穷水，散发何时一钓舟。"②又云："秋雨漫漫夜复朝，可嗟蔀屋望重霄。

---

① 俞逊，王安石府中使臣。

② 王安石所作七言绝句《世故》。

遥知宴坐无余念，万事都从劫火烧。"①

王安石欲归江宁的乡愁和倦怠政务的心思都已颇难藏匿、压抑，可就在他生日的前一天，广西经略司奏报云，交趾、广源州似在点集乡兵，图谋入寇，南方恐见侵略。

在王安石休养十数日痊愈后，官家又令给假十天将养，后再增三日，令他于东府内休息。但此时无论官家还是宰相，都不知道交趾确实已经入寇广南西路。

到了十二月，宰相王安石终于再赴朝视事。初二（己丑日），胞弟王安礼出知润州，有人言，之前吕惠卿曾在润州丁忧，此或为拗相公让弟弟王安礼去润州搜求吕惠卿居丧期间有无过失。无独有偶，初三（庚寅日），吕升卿落直集贤院贴职，由升朝官降授为正九品的太常寺太祝，成了京官，又罢免江西转运判官，改任监无为军酒税，从差遣上来说成了个卑微不值一提的监当官②。

十二月十五（壬寅日），诏以元绛为参知政事，曾孝宽为枢密直学士、同签书枢密院事。

此二人同日除为执政，百官以为这是王安石的又一大胜利，人皆云元绛久以阿附奉承安石终得计，而曾孝宽则是王安石回报当年曾公亮暗助之恩。如此一来，新除的两位执政，都是王安石之人，看来韩绛、吕惠卿之去，并未动摇安石权势，反见出其进退同列之能。

就在京师百官们还在议论朝局浮沉之时，噩耗接连降临东京官府内外。

十二月十八（乙巳日），久病缠身的皇子景国公偡卒，年仅四岁。八月的时候，官家御批，谓此前听闻开封城南有个张使者庙，近岁以来都下百姓祷告，多得疾愈，于是乃遣使祈祷，且云若能应验，使皇子痊愈，即当封爵。可后来即便特封了这个不知何许人，且必已化为尘土的张使者为嘉应侯，也并没有令皇子转危为安。

仅仅两天后，广西经略司边报抵达京师，原来交趾已确实入寇，且已攻陷钦州！

官家赵顼当即下诏，命自京师至邕州、桂州，皆许置急脚递铺，以使军报、军令得以最快传递。十二月二十二（己酉日），广西经略司第二份奏报送达禁中，原来是廉州也被交趾贼军攻陷了。

经过与首相王安石的商议，官家乃命直昭文馆石鉴知桂州，而原本的广西帅臣刘彝显然负有重大责任，令其往潭州听旨。王安石又举荐鄜延帅赵卨往两广处理交趾入

① 王安石所作七言绝句《寄道先大师》。
② 《长编》卷二百七十一："升卿于上前言练亨甫以秽德为王雱所昵，且曰：'陛下不信，臣有老母，敢以为誓。'于是台官言：'王安国非议其兄，吕惠卿谓之不悌，放归田里。今升卿对陛下亲诅其母，比安国不既重乎！'于是重责之。"

寇事。又二日，朝旨下发：命鄜延路经略安抚使兼知延州、天章阁待制、吏部员外郎赵卨为安南道行营马步军都总管；入内押班李宪副之，龙神卫四厢都指挥使、忠州刺史燕达为副都总管，光禄寺丞温杲管勾机宜文字。一个平定交趾入寇的前线班子就这样设置起来。

交趾贼军在所攻破的城邑内，无不露布张榜于通衢大道，声称其出兵原因：一是迫不得已，乃追捕叛亡之人；二是宋朝桂州长官刘彝点阅峒丁，明言欲伐交趾；三是中国作青苗、助役之法，穷困生民，而交趾欲相拯济宋国百姓。王安石自然怒不可遏。所谓是可忍，孰不可忍？大宋鼎新百度，创改万法，何时轮得到蕞尔交趾小丑妄言曲直？

十二月二十六（癸丑日），首相王安石亲笔撰写"讨安南诏"①。

这标志着大宋正式向交趾宣战，即非但要将交趾贼军赶出去，更要大张挞伐，反攻交趾！

官家则又下诏："交趾为寇，朝廷已议水陆攻讨，占城、占腊，于贼素有血仇。委许彦先、刘初同募海商三五人，作经略司委曲说谕彼君长，豫为计置，候王师前进，协力攻讨，平定之日，厚加爵赏。"

熙宁八年便在宰臣韩绛、吕惠卿的接连出外和交趾来势汹汹的大举入寇中结束了。

① 诏曰："眷惟安南，世受王爵，抚纳之后，实自先朝，函容厥愆，以至今日。而乃攻犯城邑，杀伤吏民，干国之纪，刑兹无赦，致天之讨，师则有名。已差赵卨充安南道行营马步军都总管、经略招讨使、兼广南西路安抚使，李宪充副使，燕达充马步军副都总管，须兴师水陆兼进。天示助顺，既兆布新之祥；人知悔亡，咸怀敌忾之气。然王师所至，弗迓克奔，咨尔庶士，久沦涂炭。如能谕王内附，率众自归，执俘献功，拔身效顺，爵禄赏赐，当倍常科，旧恶宿负，一皆原涤。乾德幼稚，政非己出，造廷之日，待遇如初。朕言不渝，众听毋惑。比闻编户，极困诛求，已戒使人，具宣恩旨。暴征横赋，到即蠲除。冀我一方，永为乐土。"其中乾德，即李乾德，交趾李朝第四任国君，时仅十岁，故云乾德幼稚。

第 二 十 五 章

帝青云幕卷寥寥

熙宁九年（1076年）正月在交趾入寇的阴影中如期而临。交趾与北面的辽国相比自是蕞尔蛮夷，不值一提，但如今竟穷凶极恶地入寇广南西路，已攻陷钦州、廉州，这对大宋而言，颇是件头疼的麻烦事。

正月里，新除执政曾孝宽为父亲曾公亮举行了一场颇是盛大的寿宴。曾公亮今年已是七十有八，此前他尚为中书宰相时，便有李复圭这样胆大妄为的人作诗讥讽，云"老凤池边蹲不去，饥乌台上噪无声"。老凤是宋人对宰相的别称，这句自然是讽刺曾公亮年过古稀还赖在政事堂不肯走，而御史言官们也不弹劾他。后来三朝元老曾公亮因病乞罢相，出为使相，乃在熙宁五年六月以太傅兼侍中衔致仕。如今最有出息的儿子曾孝宽成了执政，他便又住进了曾孝宽在西府的官邸内荣养晚年。

此刻西府的执政府邸里灯烛晃耀，高朋满座，侍女们群芳竞艳。画堂里搭了戏台，台下的宾客们玉簪琼佩，台上的杂剧艺人们则在卖力表演，又有红粉着春衫，在戏台两旁咿咿呀呀，唱着些《千秋岁》《感皇恩》的应景曲子词，以作贺寿与喜庆之意。

曾公亮的许多门生故旧只要是人在京中的，乃都来了，在地方上任职不便离开的，也都差人带来了贵重而丰厚的寿礼。曾孝宽曾任职过的京中衙署之同僚们也多在受邀之列，今日纷纷前来向曾鲁公祝寿。

众人正热闹着，忽闻院子来报："元台^①昭文相公到！"

大家视线不约而同地汇聚过去，只见曾孝宽已亲自引进王安石及王雱、王旁一行，想必他一见到首相的仪仗，便大开中门，出府等候了。

于是所有人都起身向宰相王安石行礼，王安石亦是一揖道："今日鲁公千岁，某不可喧宾夺主，大家都快请坐。"

曾孝宽领着王雱、王旁在预留的二府宰执席位坐下，又带着王安石穿过寿宴的厅

---

① 元台，首相别称。

堂，来到了后面曾公亮正歇息着的寝阁里。

这位老太傅正坐着喝茶，他亲自烹茶，也不要人伺候，看上去精神矍铄，康健得很。

见王安石到来，曾公亮亦站了起来，笑道："介甫，且陪老夫喝几杯？"

曾孝宽退了出去，又将门关上，把房间留给了二人。

王安石一揖，说了番祝寿的话，继而从袖子里掏出已经装裱好的一轴书卷，原来此乃是他亲笔所写的贺寿诗。

"鲁公若不弃，请收下安石区区心意。"

曾公亮双手接过，展开来一看，只见文字清劲峭拔，飘飘不凡，不愧是王安石的手笔，写着：

> 翊戴三朝冕有蝉，归荣今作地行仙。
> 且开京阙萧何第，未放江湖范蠡船。
> 老景已邻周吕尚，庆门方似汉韦贤[1]。
> 一觞岂足为公寿，愿赋长虹吸百川。[2]

"介甫写得令老夫汗颜呐！"得王安石如此贺寿诗，曾公亮高兴得呵呵大笑。

二人都落座，曾公亮又亲自为王安石点茶，然后注汤击拂，须臾便见得白乳浮于盏面，有若疏星淡月，这可真算得上是分茶的高手了！

"介甫以为如何？"

王安石一笑："如此茶道，某实会不得，不似鲁公神仙境界。"

曾公亮道："甚神仙不神仙，亦只是都下一老匹夫罢了。某平日常在府中和宾客小辈置酒弈棋为乐，或令诸孙辈诵读文章，观小儿所学如何。时或起念，乃坐篮舆[3]，惟兴所适，走到哪便算哪。说清闲倒是真的。"

王安石道："韩绛与吕惠卿去，眼下交贼又在南边生事，北面还在和契丹争地界，至今未宁[4]。鲁公以为往后当如何？"

---

① 韦贤，西汉宣帝时宰相，其子韦玄成又为元帝时丞相。故王安石用韦贤之典褒美曾公亮父子宰执。

② 王安石所作七言律诗《谒曾鲁公》。

③ 篮舆，宋人乘坐的交通工具，形制不一，一般以人力抬着行走，类似后世的轿子。北宋时大臣多骑马或坐车，唯年老者或坐肩舆等轿。

④ 宋辽此番边界划分争议，一直到熙宁十年十二月才结束。事见《长编》卷二百八十六："（熙宁十年十二月癸巳）韩缜等上与辽人往复公移及相见语录并地图，诏缜同吕大忠以耶律荣等赍来文字、馆伴所语录、及刘忱等案视疆场与北人论议、及朝廷前后指挥，分门编录以闻。"

曾公亮似乎在专心致志地品茶，过了一会儿才道："'林花谢了春红，太匆匆。无奈朝来寒雨晚来风'，'自是人生长恨水长东'。"

王安石当然知道这是李后主的词，其为国君如何，固不足论，但所写诗词却诚然是好的。可曾公亮这会儿提到这首《相见欢》的小词，自不会是为了和他讨论李后主或是诗词之如何，想来是为了告诉他，天下事，终是大不易，所谓不如人意者十之八九，而能向人道者无二三。

"鲁公也有悲观之意？"

曾公亮笑道："如何是悲观？芸芸众生，如何兼顾之？便是周公、孔子，尚不能如此。凡事有争有退，向前争三分，常不免头破血流，往后退三分，或多能清闲独善。介甫你有经天纬地之才，但老夫知道当初若与你说这番话，你却不能听得，今日你可听得了？"

空空的茶盏拿在手中，王安石闻之竟愕然沉默。

曾公亮又给他斟上茶，道："真宗时候王旦、寇准，介甫怎生看？莱公①确是救时的宰相，但要说真宰相，还得是王旦。"

当年虽然王旦在天书闹剧的事情上，因真宗皇帝酒壶珍珠之"贿赂"，最终没有揭穿真宗和执政王钦若的把戏，但他始终勉力维稳朝局，又有容人之量。即便寇准对其无礼，他也终以寇准为社稷干城。这就见出王旦非凡之处，仿佛太宗时候的吕端，平日里睁一只眼闭一只眼，却实属小事"糊涂"，大事不糊涂。

脑中闪过这些，王安石明白，曾公亮显然是在用王旦与寇准的例子向他委婉劝说。若论性格与权柄，他王安石与寇准相比，可谓有过之而无不及。莱公终是遽然蹉跌，不敌丁谓、曹利用等奸邪，那么自己呢，又会如何？

王安石喝了口茶，乃道："今上非天禧时候的真宗。何况官家春秋正盛。"

曾公亮道："正以官家非暮年的真宗皇帝，介甫才要凡事三思，居安思退。今后官家不会只需一个师臣，这道理你自然明白。契丹、交趾皆不值得深忧，然多年来被你赶将出去、打压着的'旧党'大臣，及利益受损的外戚勋贵、豪门巨商们，乃正待时机，欲推翻你所有建树。你在这朝堂之上，面对着官家和百官，究竟能赢到几时？不如尽早功成身退。至于是非功过，可留待后人评说。介甫，听老夫一句吧，别管了。照看得过来吗？没人能照看过来！"

曾公亮是第一次对王安石如此说。想来是因为儿子曾孝宽成为执政，他自觉须投桃报李，才这般以一个老友而非盟友的身份，向王安石道以肺腑之言。

---

① 莱公，指寇准。

王安石久久不能发话。

曾公亮道:"茶喝完了,且再喝一盏。老夫不知还有几个今日可与介甫如此对谈略……"

王安石终于是若有所思地喃喃应答道:"官家只从得五分时也得也。且吃茶吧。"

正月十四(辛未日),首相王安石随御驾幸集禧观、中太一宫、大相国寺,最后又登上宣德门观上元灯会。御前二府宰执与近臣们相继赋诗,王安石亦作一首《次韵陪驾观灯》①,但其中却有"愿留巾箧归田日"这么一句,在场之人不少以为只是诗歌中常有的士大夫林泉之志,可王安石内心,未尝没有受到曾公亮寿宴那番话的影响,思退、思归的情绪,确实渐渐笼罩上了他的心头。

到了二月初,由于讨伐交趾主帅赵卨与内臣押班李宪不合,且赵卨又举荐老上司郭逵,朝廷改命宣徽南院使、雄武军节度留后郭逵任安南道行营马步军都总管、招讨使,兼荆湖南路宣抚使,而赵卨为其副使,罢免李宪。

南面边事换帅的次日,二月初三(己丑日),熙河路经略司奏报,称董毡麾下鬼章率军自河州山后入寇,转入五牟谷,焚杀、掠夺顺汉蕃部族帐,蕃官蔺毡纳支等率众阻击,斩首蕃贼四百七十余级,夺马三百余匹。西北边曾被王韶击溃的鬼章似乎仍没有放弃对熙河路的骚扰。边事的阴云正弥漫在大宋的四方。

次日,因蔡承禧弹劾,乃颁朝旨,诏刑部郎中、天章阁待制、集贤殿修撰沈起责授检校水部员外郎、郢州团练副使,本州安置,不得签书公事;祠部郎中、直史馆刘彝责授检校水部员外郎、均州团练使,随州安置。这便是说,朝廷将交趾入寇的责任算在了曾先后为广西经略、知桂州的沈起和刘彝头上。

沈起是宰相王安石的科场同年,加之往日王韶在边陷入万顷地虚实之风波时,乃是遣沈起前往秦州再作体量,因而此人一向被朝臣们视作安石的亲信之一。沈起为广西帅时,颇有经略交趾之意,人皆谓安石主之,以遂官家鞭笞四夷的雄主之梦。如今交趾大举入寇,接连攻陷州军,京师里又出现了不少非议,谓王安石当国以来生隙戎狄、屡屡开边不已。

王安石终于是再生退意,乃谒告请辞。

他在书斋里亲笔写下乞请罢相的札子,几句话之后,他写道:

伏念臣孤远疚贱,众之所弃,陛下收召拔擢,排天下异议而付之以事,八年于此

---

① 《次韵陪驾观灯》:"绣毂含风下玉除,宫商挟奏斐然殊。福祥周室流为火,恩泽尧樽散在衢。伏枕但能知广乐,挥毫何以报明珠。愿留巾箧归田日,追咏公欢每自娱。"

矣。方陛下兴事造功之初，群臣未喻圣志。臣当是时，志存将顺，而不知高明强御之为可畏也。然圣虑远大，非愚所及。任事以来，乖失多矣，区区夙夜之劳，曾未足以酬万一之至恩。今乃以久擅宠利，群疑并兴，众怨总至，罪恶之衅，将无以免。而天又被之疾疢，使其意气昏惰，而体力衰疲。虽欲强勉以从事须史，势所不能，然后敢干天威，乞解机务……

官家批答不允，又诏管勾东府使臣密切注意，不需令宰相家属行礼等出府。

王安石不顾儿子王雱的反对，再上乞请辞位的表札，写下了"闵其积疢，收还上宰之印章；赐以余年，归展先臣之丘垄"这样的语句。官家自然是仍不允许。不得已之下，王安石数日后复起视事。

二月中旬，广西经略奏报送抵京师，邕州城在被围四十二日后陷落，知州苏缄于城破后与全家三十六人自尽殉国，吏卒、土丁、百姓遇害者过于五万。赵官家嗟叹哀悼不已，为之罢膳，诏赠苏缄节钺，谥忠勇，又欲开天章阁召两府宰执集议。在王安石的建议下，为了避免引起朝野过分恐慌，官家御中书，只在政事堂内召集宰臣。广南西路因交趾入寇而造成的形势糜烂，短时间内确实有些超出君臣们的心理预期。

五日后，官家在延和殿召见从太原府赴阙的宣徽南院使郭逵，问以平安南交贼之策。赵顼把希望都放在了郭逵、赵禼的身上。

二月末，熙河经略司又奏，称董毡遣人以旗号、蕃字至洮州、叠州诱胁顺汉部族听命为寇，洮东安抚司已与宗哥城蕃部交兵，发生了小规模的战斗。

对西北与南面俱感到愤怒的官家下诏，待王师平定交州日，依内地列置州县。在赵官家的打算中，不光是要将交贼赶出两广，更要反攻过去，灭亡这一蕞尔小丑！如此方解心头之恨。

三月间京师的大事便是科考的殿试。初六，官家赵顼御集英殿策试进士，次日则策试特奏名进士及武举进士。距离上一次朝廷的抡材大典已过去了三年，可许多事情在都下的百姓们看来似只在眨眼之间。

新科进士们鲜衣怒马，自东华门外而出。整个东京城都为之疯狂，无数人争相围观，人们呼喊着，怪叫着，连未出阁的女子们也探出窗外，只愿一睹这些一朝释褐为官的"人上人"。北面的契丹毕竟只是在谈判着，南面的交趾更远在万里外，但眼前的人间富贵却是真真切切、实实在在的。状元郎们个个身穿绿袍官服，头戴幞头、脚穿靴，这些人进入了世间最显贵的权力场，成了此刻围观人群眼中耀眼的一颗颗明星。旧人去，新人来，每一届科举都给大宋补充了新鲜的血液，他们将从这里开始自己的仕途，走向大宋的州府军监、边塞名藩。绝大多数人会止步于县级，少数幸运儿能成为州府长贰、路级监司，极少数人能成为待制侍从，被人称一声"天子近臣"，只有最得上天恩宠的那么几个人，才有机会进入二府，成为宰执大臣。

三月里除了新科进士们的话题，王安石府上的事情又被都下官吏和百姓津津乐道起来。

王安石的次子王旁一向有心疾，此前娶妻庞氏后生下一子，本是喜事，可王旁认为此子貌不类己，疑心有蹊跷，竟千方百计不想养育，孩子最终惊悸而死。庞氏以泪洗面之余，便因此与丈夫王旁日相争吵不宁。王安石为此十分头疼，他知道王旁素来有多疑的毛病，甚至有医者说的"失心"倾向，而儿媳庞氏一向无过错，便欲让二人和离。虽然如今风气开放，女子和离之后可随意再嫁，但王安石担心儿媳庞氏横被恶名而无人敢娶，遂为她择婿后，方让儿子王旁与其和离，又置办了嫁妆，解决了这件相府家中的丑闻。

巧的是三月末，王安石用以治水的都水监丞侯叔献病殁，时人皆以侯叔献为王安石门人，王安石亦作挽词哀悼，有云"两全忠孝古人风"。但侯叔献留下的寡妻魏氏妒悍成性，在丈夫死后，竟致使其家门帷薄不肃，臭名远扬，王安石不忍门人死后如此，乃奏逐魏氏妇归其本家。两件事撞到了一块，都下便传起民谣来，谓"王太祝生前嫁妇，侯工部死后休妻 ①"。这句谚语颇是嬉笑调戏，背后还有些恶毒的讥讽意味，传到相府里，王安石也为次子王旁感到无奈和忧愁。

四月初夏，今年官家的生日"同天节" ② 却因为辽国国母去世而不再举行上寿宴会等庆典，群臣及辽使只是诣阁门拜表称贺，走个过场而已。

由于四川茂州蕃部亦有千余人作乱，而成都府帅臣蔡延庆颇不能急速妥善了办，官家赵顼终于又想到了正在泾原为帅的资政殿学士冯京。于是乃降指挥，令冯京与蔡延庆两易差遣，命冯京为成都府、利州路安抚使兼知成都，往办此事。自去年末广西经略司奏报交趾入寇以来，似乎总有蕃族蠢蠢欲动，这令赵官家极是烦躁。

四月末，以蔡延庆奏茂州贼势滋盛，忧心忡忡的官家更派遣内侍押班王中正为"体量成都府路边事"，且诏王中正于陕西选募诸军精锐千人入川应援。

官家赵顼偶尔竟有一种"四面边声连角起"的错觉。他看向自己的二府宰执们，如今宰相王安石变得越来越沉默寡言；副相王珪则轻易不在天心明确之前表露态度；元绛又凡事观望王安石，颇有得了参知政事之位已心满意足的味道。枢密院里吴充还能据实秉公奏事；枢密副使王韶或是因为此前和王安石的些许矛盾而常常三缄其口，

---

① 太祝指王旁，当时王旁为太常寺太祝；工部指侯叔献，当时其本官为工部郎中。

② 即当时的辽国皇帝道宗耶律洪基之母，辽兴宗耶律宗真第二任皇后，萧挞里。

又时或告假养病；曾孝宽新除执政，尚未敢多言……

五月初的一日晚间，白矾楼二楼"瑶台阁"内，王雱正与邓绾和练亨甫会面。二人喝着上好的眉寿酒，王雱则是饮茶。吃了会儿菜，王雱放下了筷子，开口谈起正事。

"根究公事所的奏报，二位可看到了？按照徐禧、尹政的说法，福建子全无罪过，只是不察胞弟借钱事。"①

邓绾近来也在琢磨此事，当初他弹劾吕惠卿兄弟强借富民钱买田，又再劾吕惠卿贪浊不法等事，倘若都按照根究公事所的奏报来结案，岂非自己身为御史中丞，所劾尽不实吗？虽然台谏言官可以风闻奏事，但他邓绾是堂堂台长，非寻常言路官员，何况弹劾的又是朝廷的副宰相，这可是非同一般的事件！若是让吕惠卿的案子翻回去，邓绾怕是要坐不稳中执法的御史台长官之位了。

练亨甫也对此怀着恐慌，元台王相公此前固辞求去，如果吕惠卿贪赃狼藉一事无法坐实，万一哪天老相公王安石不在相位了，官家又召回了吕惠卿，以吕吉甫锱铢必较的性格和阴狠毒辣的手段，一旦知道了他练亨甫参与其中，定是要让他远窜岭外的！对练亨甫来说，青云大道正在等着他，怎么能允许这样的事情发生呢？

邓绾眉头紧锁，骂道："徐禧、尹政乃福建子之鹰犬邪党也！必曲庇不实！"

练亨甫也急道："中丞所料极是，根究公事所的奏报是在翻案，所谓打蛇不死，反受其害。何况圣心难测，如果他福建子还有回来的那一天，后果可不堪设想……"

王雱的脸在阁子里的烛光下显得颇是阴森，他道："不须慌张。单是他蔡承禧就比你们更加在乎。此人爱名，去年上白简弹劾吕惠卿二十条大罪，致官家下手诏罢福建子副相，可谓是让他这个监察御史里行暴得大名。后来官家还赏赐他服绯②，称许他'聊以旌卿谠言'。若是吕惠卿的案子翻过来，蔡承禧岂不成了御史里的笑话？他的忠荩谠言，也就会被人说成是望风希旨。"

邓绾道："即是说蔡承禧定然不会袖手旁观？"

① 《长编》卷二百七十五："蒋静作《吕惠卿家传》云：于是罢惠卿政事，以本官知陈州。又上犹降诏封示承禧章，惠卿亦条析上之，凡承禧所言二十有一条，无一实者。宗道等既究治田事，无如绾、承禧言者，穷无自辨，则又上言禧为朋党，公然庇护，乞并案之。而惠卿弟温卿以贾贩庸下，尚居一路按察之任，乞早赐降责。初，绾之言惠卿借钱买田也，惠卿自辨无之，而弟温卿居忧时，尝于秀州买田，质贷于富人家，亦既偿矣，惠卿方护丧归葬泉州，初不与知也。"

② 服绯，即赐绯银鱼袋，如官品未到四、五品，而官家特旨许服绯色官袍，佩戴银鱼袋，即称赐绯章服、赐绯鱼、赐绯、赐五品服。蔡承禧赐绯章服，事在熙宁八年十二月十三（庚子日）。

王雱道：“他一定会再上章弹劾。文约你是台长，若你也上奏劾徐禧、尹政，再使唤几个御史弹击，这声势可就大了。徐禧、尹政再想一手遮天，可谓是做梦！官家也定会再差官根勘！我朝可只有过为现任的宰辅罢黜御史的，还从没有为黜之在外的执政而驱逐台官的！”

练亨甫闻言眼神一亮，王雱的分析可谓切中要害，只要御史们能穷追猛打，徐禧、尹政在根究公事所的奏报就无法让案子了结。而吕惠卿已不是宰臣，何尝有过为一个前宰臣尽罢台官的？

五月十四（己巳日）御史中丞邓绾上章弹劾，谓吕惠卿党人徐禧、尹政等曲加庇护，不根究惠卿奸慝实情，亦全无体访惠卿其他罪恶，令中外失望①。监察御史蔡承禧亦上奏，称吕惠卿兄弟等贪恶之迹，尘秽天下，不应再居密近要职，当先一一行遣，再详细按劾，各加屏废②。

中书班子御前进呈，最终形成统一意见，决定下诏令淮南东路转运副使蹇周辅往秀州置司推勘，罢赞善大夫吕温卿、河北东路转运判官郭附，送审官东院。王雱的计策似乎完全奏效了，官家果然没有相信徐禧和尹政在根究公事所的奏报，而是差蹇周辅再勘案情！

进呈完此事，官家看向宰相道：“王韶事，卿知否？”

官家骤然的提问让王安石不知所措，乃如实回答：“臣不知韶有何事，请陛下示下。”

赵官家道：“王韶疑卿逼迫之，力求去，恐留之则复如吕惠卿。朕慰谕其不必如此。而韶幸无他，冀后尚有可任使，卿宜勉留之。”

王安石对于王韶请辞枢密副使的执政差遣感到非常意外，他自认为从王韶入西府后，从来只有公事上的意见不同，如军器监比较与否，以及马瑊罢免与留任之

---

① 御史中丞邓绾言：“昨惠卿事败，罪恶上闻，小则谄慝私邪，大则害政殃民，欺天罔上，以前代及祖宗之法处之，当即时重诛远窜，然中外之议皆谓朝廷所以未即行者，盖俟推究交结张若济、王利用事。今闻吕惠卿党人徐禧、尹政等庇护，不究情实，又全无体访惠卿等其他罪恶，中外失望，嗟愤不平。窃恐朋邪之计遂行，营救之言渐进，误陛下流共放骦之举，重为圣政之累……”

② 御史蔡承禧言：“去岁中丞邓绾言吕惠卿等以势胁借华亭县民汤伦等钱物结张若济买田事，臣言方泽秽行，以惠卿荐得提举官，朝廷差官体量，所差官虽欲掩覆，而事皆有迹，然勘司皆不研情实，致难论法。若朝廷以为本人悉已谪去，余事不须勘鞫，此则惠卿兄弟等贪恶之迹，尘秽天下，而犹处衣冠，或尚居密近，使指实无以沮劝四方也。其惠卿妹壻殿中丞郭附为两浙转运司管勾公事，事皆干涉，乞先废罢，然后按劾，或止责情，各行屏废，以肃众多。”

事①……

"陛下，臣与王韶无龃龉，恐是彼过虑所致。"

官家叹了口气道："韶论事时不烛理，然不忌他人之能，为人平直。"

王安石道："韶缓急足用，诚亦豪杰之士。"

副相王珪道："或是因马瑊、高遵裕事，故王韶不乐。"

王安石道："高遵裕害马瑊，既朝廷不听，遂乞自引避。马瑊则以为非我莫能守熙河，朝廷竟移瑊江西②，若监司才守法，便为方镇倾害，则国家纪纲败坏矣，此臣所以不敢附和王韶所奏。臣与韶无他，陛下所知。又熙河事臣始与闻开拓之议，今所以谓当治高遵裕等，正欲成就本议，不贻国家后患而已。"

实际上王安石把话说得比较委婉，其言下之意赵官家是分辨得清的。虽然过去高遵裕也曾受人蛊惑，与王韶有过矛盾，但王韶不以为意，仍真诚待之，加之王韶曾久在熙河军中，沾染了武人的性格脾气，把熙河看成是"自己人"的一亩三分地，当然容不得马瑊这样想要较真的文官漕贰。高遵裕在公使钱等账目上想必是不清不楚的，然而在王韶看来，如今鬼章仍在不时骚扰，董毡势力对熙河的渗透、策反可谓是防不胜防，那么只要熙河能妥帖无事，高遵裕以下诸将在财用等方面的小问题，全不值得细问和追究。但王安石觉得，过去熙河开边，尚可有事急从权的地方，如今既然已经设置监司州县，如何能放任藩镇凌迫监司文臣？这种风气一旦不遏制住，缓急之时，恐怕朝廷便难以节制边帅，肆意妄为的经略使也会越来越多。

御座上的官家想了想，最后只是说："卿且勉力留住王韶。"

六月初，熙河经略司谍报称，西贼夏国欲用兵十二万攻夺熙河，六万拒官军，六万攻取。官家赵顼为此又高度紧张起来，特地召见宰相王安石问以对策。王安石却认为全不须过虑，因为倘若夏国真是点集十二万兵马，日须粮草无算，不可能长久停留在熙河边界，而数年来熙州、河州大城皆屡经修筑，坚守绝无问题；加之历来夏国大举入寇很少超过二十天，正因其粮草不继，而熙河少说也有半年以上的粮食积蓄；再者西贼来夺熙河，取之又不能，而大宋可绝其岁赐，夏国显然无利可图。这样一思考，朝廷何必杞人忧天？

---

① 事在熙宁八年十二月初九（丙申日），枢密副使王韶言："熙河路军食阙乏，人心未安，权转运判官马瑊专以据拾熙河官吏报复私仇为意，致一路重扰。乞罢瑊归阙。"诏熙河经略司陈具马瑊据拾实状以闻。

② 事在熙宁九年四月十五（庚子日），诏大理评事、同提举秦凤等路常平事马瑊为太子中舍、权发遣江南西路转运判官。王韶言马瑊据拾熙河官吏，故徙之。

王安石没有说出口的是，这谍报可以虚虚实实，只要说是刺事人探得，最终不实也没什么大不了的，朝廷历来很少问责疆臣。如此想来，莫不是高遵裕恐朝廷行遣，担忧着把他调离熙河路加以贬黜，因而才张大其事，编造了个子虚乌有的夏国欲大举入寇之军情，好让朝廷觉得缓急之际，仍须倚仗高遵裕坐镇熙河经略司？这样的话，朝廷虽然已遣蔡确等人往熙河路根勘，鞫问关于他和王君万等人在熙河路结籴^①和回易等事情上拖欠商贾钱款，乃至不清不楚的账目问题，但为了熙河一路的保全，怕是只能睁一只眼闭一只眼了。王韶想的是熙河一路的安危，加之熙河文官武将大多都是其老部下，故必欲加以回护；可王安石思考的是整个大宋的帅司制度，他要确保边疆帅臣武夫都听从朝廷指挥和节制，不敢肆意妄为。两人围绕着这一点，自然就起了矛盾。只是在王安石看来，如今的王韶已不再只是熙河的方面之臣，而是国家的执政，为何看待问题不能从全国的高度上去思考措置呢？

六月初六（庚寅日），垂拱殿前殿视朝，以议论征讨交趾事，故官家令二府合班。一番御前争辩后，枢密班子下殿。中书班子再奏对，王安石乃进呈在外的吕惠卿之奏。

原来，吕惠卿得知朝廷再遣淮南漕贰蹇周辅往秀州，根勘其兄弟借富民钱买田事后，立即便上章乞罢蹇周辅根勘差遣。

王安石念着奏疏："往者邓绾言，臣丁忧日托张若济贷部内钱。闻推究所穷究首尾，七月乃毕。今朝廷复差蹇周辅推鞫，其初遣使之指，事本缘臣，臣事既明，更为何人置勘？周辅乃绾乡人，尝为御史推直官，不惟有嫌，于法亦碍，乞别选官置院。"

原来，蹇周辅与邓绾乃是同乡，都是四川成都府双流县人，又曾是御史台官吏，要说蹇周辅没有因为与台长的乡谊而得到特殊的关照提携，谁能信之？因此吕惠卿是在暗示，蹇周辅多半要秉承御史中丞邓绾的指示，千方百计陷害他，故乞另选官员办案，以还其清白。

官家赵顼道："此事卿等以为如何？"

王安石道："徐禧本惠卿所荐，自布衣不旋踵为美官，尹政亦惠卿与章惇所荐擢，此二人在根究公事所时，惠卿因何不言'恐人疑其不尽，曲庇于臣'，今乃言蹇周辅不可用，不知周辅有何嫌？"

王珪、元绛两位参知政事在这样敏感的问题上都保持着沉默。但他们注意到，王

---

① 结籴，宋代和籴方式之一。熙宁八年（1075年）始行于四川地区。当时刘佐措置川茶，招诱商人结保赊请官府茶引，让商人按引值揽籴相应数量的粮食，在规定期限内附利息送纳，得粮七万余石，谓之结籴。后推广至熙河、陕西、河东等路，除茶引外，还可结保赊请盐钞、现钱等物。徽宗时，结籴中的强制性质增加，近于抑配。

安石对吕惠卿的态度有了很大的转变，原本吕惠卿未罢执政时，安石屡屡为吕惠卿兄弟辩解，如今却谓惠卿前后判若两人，徐禧、尹政参与他们兄弟案件调查时他一声不吭，而蹇周辅再根勘便无端逆料其受邓绾指使。这等于在说吕惠卿有私心，类小人而非君子。

官家骤然道："吕惠卿言邓绾已是罪人，难更用其言。"

王安石立刻反驳："邓绾是御史中丞，又未罢官，如何曰罪人？何况邓绾为言事官，纵所奏不实，无罪。"

王珪又在心里默默感叹，这并不是一番好的辩解。因为你王安石过去可不是如此评价台谏言官的，而是谓群邪浮议，当加贬斥，现在如此回护邓绾，岂非自食其言、自相矛盾？

果然，官家道："绾言吕惠卿借钱事亦已有不实。数月根勘，见只是其弟吕温卿居丧时尝于秀州借钱买田，又已偿还。一者惠卿未必知，二者非是惠卿借钱。而邓绾以此攻讦。"

王安石道："邓绾认为徐禧、尹政根究未得其实，即未见其为罪。况言事官许风闻奏事，安可遽以罪绾？"

官家道："惠卿必缘罢却温卿故云尔。惠卿又言'观宰臣气焰，必欲致臣于死'。"

天子玉音一出，王安石和王珪、元绛三位宰臣无不是暗自一惊。

吕惠卿话里那个要置他于死地的宰臣，除了昭文宰相王安石，还能是谁呢？官家特意提到这一句，又究竟是何用意呢？

王安石不得已，乃道："如此，臣亦无话可说，不如便罢蹇周辅，改差他人。"

官家竟又为难起来，道："则又似损朝廷威信，所谓朝令夕改，奈何。"

从进呈吕惠卿奏疏起，整个御前议论的节奏都被官家掌握在手中，随时变化，王珪看在眼里，心中默默牢记，官家已然是帝王心术，运于股掌之上了！再也不是刚刚登极没几年的少年天子了。

果然，王安石的神色黯淡下去，开口道："即于蹇周辅外，添差①一人无妨。"

赵官家这才点了点头。

次日初七（辛卯日），乃出朝旨，诏屯田郎中、新权发遣秦凤路提点刑狱李竦与蹇周辅同推鞫吕温卿贷钱买田事。

这一诏令让百官们不禁要揣摩，已经失势的吕惠卿何以能一封奏疏便说动官家，又派了李竦同办借钱买田案？且看诏令，吕惠卿被摘了出来，似乎只勘问吕温卿即

---

① 凡于差遣员额外增添之差遣，名为"添差"。

可。难道说吕惠卿乃是百足之虫故死而不僵，元台昭文相公则圣宠未必一如往常？

人心浮动猜疑之际，六月初八（壬辰日），由于官家批令罢废折二钱，宰相王安石争辩不获听，遂称病谒告，不出视事①。观望的京师官吏便认为这与前一天的朝旨亦有关联，既然官家接二连三地不能从宰辅之建言，元台王相公自然要"卧病不出"了。

两日来发生的事情让邓绾、练亨甫甚至吕嘉问都恐慌起来，似乎官家不愿再深究已经被罢执政的吕惠卿之问题，而老相公的圣宠已颇有动摇的迹象。

邓绾和吕嘉问都坐不住了。

邓绾恐慌着自己台长的宝座，只要稳坐几年，也许便能拜为执政；而吕嘉问近来新除"权检正中书五房公事"，等于是以都检正身份主持市易，前程似锦的他如何能不忧虑呢？于是邓绾令亲信分别去王雱、吕嘉问、练亨甫处传递口信，约他们在自家经营的邸店里秘密会面。吕嘉问本就想着要与王雱、邓绾商议对策，这下一拍即合，当即同意。练亨甫自是也不会拒绝。

口信送到相府时，王雱已午睡醒来。近日他感到恢复得极好，幸许便要沉疴顿愈了，外间人传言王雱也有着自待制而除执政的心思，若是宿疾大好了，王雱自认为以己之才，又有何不可呢？须得当仁不让！

在得到消息的这一刻，王雱心里已有了计划。

是夜，王雱坐着一辆朴素的驴车自相府偏门驶出，一路往州桥附近邓绾的邸店行去。

御史中丞邓绾放衙后先回去换了便服，随即赶到了自家邸店里，让帮他打理日常生意的乡人将闲杂人等都请了出去，又命自己的仆役去订一桌上好的酒菜送过来。做

---

① 《长编》卷二百七十六："（熙宁九年六月壬辰）三司言：'奉诏折二钱可且未得支用，别听指挥。前已诏诸路通行，今未审止禁在京或令诸路并罢。'上批：'都下钱法，自祖宗以来未尝有改，其新行折二钱，不须取索比较利害，宜直指挥京师并畿内并罢。'……先是，薛向铸折二钱于陕西，其后，许彦先又铸于广南，及广南以偿铜价。既而有言折二钱民或不肯折用，又诸路继有如此者，故始诏令府界不用。后章惇乞并府界用之，上曰：'府界既用，即当令京师亦用之。'至是，有言民以用折二钱不售，诉于开封而被决杖者，又言有诉于三司者，以故上批欲罢之。及中书访问开封、三司，皆言无是事，乃再以进呈。上又云：'但恐经久富民藏小钱莫出尔。'王安石曰：'大钱亦无多，富民岂肯藏小钱不出，藏小钱不出，于富民亦有何利？'上又曰：'恐四夷闻中国行两等钱，以为贫窘，乃伤国体，如何？'安石曰：'钱有二品，自周已然，何系贫富？且自古兴王如唐太宗、周太宗时极贫，然何足为耻。臣初不欲铸折二钱，今乃极论者，盖朝廷举动为四方所瞻，稍有罅隙，即为奸人窥伺愚弄，将不能立国，是又何能安天下国家也！'上乃令复行之，然两宫讫不欲用折二钱，故折二钱未尝进入禁中，安石争不能得，退遂移疾不出。按'折二钱'即'熙宁重宝'的一种北宋铁钱，一枚当两文铁钱，故曰'折二'。折二钱主要使用在陕西路，与铜钱共同在该地区流通"。

好这番准备工作，邓绾才在邸店最好的一间阁子里坐了下来。他推开轩窗，看着夜幕下仍在流动不息的汴河。画船上挑起了五彩的花灯笼，夏月伴着星光洒在行人如织的州桥上，这是一个和往常相比，看不出什么异样的热闹繁华的夜晚。已经贵为中执法的邓绾出神地坐在窗边，耳畔车马辚辚的声响一时间让他分不清，这是自己仕途上更进一步的先兆之鸣，还是他日黯然出国门的一种预告。

处在紧张中的邓绾全无烹茶点茶的心思，等了一会儿，却是练亨甫先到了。

"中丞。"练亨甫走将进来，礼数周全地深深一揖。

"葆光且坐，不必多礼。"邓绾请练亨甫落座，二人寒暄了几句后，吕嘉问也到了。

这下三个人便只等候着王雱了，没有他发号施令，总是计议不成。

如此又过了一刻钟，王雱终于出现在邓绾的邸店里，他摇着一把折扇，清瘦而不失倜傥地走进阁子里，邓绾、吕嘉问和练亨甫纷纷起来与王雱彼此见礼，之后四人皆落座。

近一段时间来，这个小团体已经密会过多次，有时是在酒楼里，有时练亨甫和吕嘉问甚至肆无忌惮地去相府，而有邓绾参与的密会，更多的则是在他的邸店里。

邓绾率先道："福建子尚负隅顽抗，而官家为其所动，今差李竦与塞周辅同办案矣，又相公以折二钱事请辞，朝局之如何，恐怕极是微妙。"

王雱看向吕嘉问和练亨甫二人，神色不乐地责问说："吕惠卿上奏章，你二人一个是都检正，一个是中书习学公事，当第一时间知晓，何不早与我商量，早作打算？待官家已出御批，尔乃慌乱无措，实不知所谓！"

见到王雱发怒，吕嘉问、练亨甫不敢辩解，连邓绾都躲闪着王雱的眼神。

"福建子岂可轻视？"王雱还在切责二人，"勿谓他罢了执政就不足为虑，便因尔二人疏忽，乃至相君在御前难堪！何况吕惠卿公然背叛丞相，若不痛加黜责，往后学样的人便多了，丞相若倒，诸君还有前途吗？！"

邓绾道："元泽，算了，事已至此，还是商量对策要紧。"

王雱道："望之，张安国你有把握吗？"

张安国是如今的检正中书刑房公事，吕嘉问亦是聪明人，王雱这样一问，他已有些猜到了。

"安国本就是丞相举荐，其也算知晓恩义之人，"吕嘉问道，"平日某吩咐之事，无不从之。此人可也。"

王雱又问道："刑房的堂后官[1]，他张安国拿捏得住吗？"

---

[1] 堂后官，指中书下属的制敕院五房堂后官，制敕院五房为：孔目房、吏房、户房、兵礼房、刑房（实际上五房之外又另有制敕院生事房、勾销房）。

吕嘉问道："当无问题。"

王雱斥道："何言'当无'？若稍有差池……"

吕嘉问忙道："某意思张安国是靠得住的，吩咐堂后官更是不在话下。若还不放心，届时某亦出面，彼区区吏员，焉能不卖都检正面子？"

王雱略想了想，乃道："亦不须你去。都检正特地去找个堂后官，未免惹人注目，反而泄露事机。这简单得很，此事由葆光你来办，便说是都检正吩咐他如此，那堂后官自然掂量得出轻重来。"

练亨甫闻言，立刻点头道："定妥善理会。"

王雱道："望之，刘袞如何？"

刘袞是"提点中书制敕院五房公事"，虽然位在都检正吕嘉问之下，但敕令朝旨之出，须经其签押。因而想要绕开他，那是断无可能的。

吕嘉问道："刘袞顾何卑贱出身也？①以其谙熟刑统，适逢相公重律法，乃竟得蹿升为诸房提点。相公待其有再造大恩，料其必不敢回绝。"

王雱点点头道："刘袞则由望之去说。"

邓绾听到这里不免一惊，他也猜到了王雱的对策，可这样一来，若是有个闪失……乃道："然则不知元泽想要如何应对？"

王雱瞥向滑头的御史中丞，他完全晓得邓绾是在明知故问。

恰这时候，邓绾差人订的一桌酒菜送到了。

王雱脸上露出智珠在握的微笑来："且边吃边说。"

次日，禁中，中书门下制敕院里。

刑房堂后官张奕想着练亨甫对自己说的一番话，心惊肉跳之余却也知道自己没有选择的权力，既然这是都检正吕嘉问让练亨甫传来的吩咐，背后甚至可能是元台昭文相公的指示！天下谁人不知，大丞相和吕惠卿已是反目成仇？再说，文书上一个个上级的签押一应俱全，他不过是个最后环节，又何必多事？

于是张奕便在敕书上用印，准备作为中书门下的指挥发布出去。

就在此时，他忽然一阵肚子疼，乃起身出恭，将敕书留在了桌案上。

好巧不巧的是，制敕院里平日有另一名堂后官与张奕交好，这会儿正来寻他相约放衙后去找点乐子。见到张奕不在，他便随意拿起桌上的文书看看，以打发时间。他

---

① 刘袞本为刑房堂后官，乃中书吏人出身，故吕嘉问谓其卑贱，后刘袞以刑房堂后官身份充编敕所点对官，而当时的编敕所提举为宰臣王安石。

这一看，可谓是在心中掀起了惊涛骇浪！

凡能在中书办差的官吏，无不是记忆力惊人又反应极快，否则根本无法处理纷繁的中书政务。这位堂后官分明记得，手上这份将要下发给两浙制勘院的敕书指挥里，其用语和此前御史中丞邓绾、监察御史蔡承禧在弹劾前执政大臣吕惠卿的弹章中所写的，几乎一模一样！可张奕前日还说与自己，谓吕惠卿的案子，御批如何，官家天心难测，云云。这会儿的敕书仔细地一个字、一个字看去，竟将御批的意思改得面目全非！御批只令再差李琼与蹇周辅一道同推鞫吕温卿借钱买田事，无再勘吕惠卿的意思，而敕书却把邓绾、蔡承禧的那些污言秽语杂入其中，从而指挥两浙制勘院继续根勘吕惠卿有无罪行。这已经不是官家御批的意思了！这是矫诏！

堂后官立刻抽身离去，回到自己桌案前凭着过人的记忆力默写下来，随即告假，出了宫城，骑马一路往东京城外疾驰而去。原来吕惠卿在开封为官时，就与这位堂后官相善，等吕惠卿为执政以后，又颇多照顾他，并说要设法加以提携擢拔，此人乃铭记于心，对吕惠卿极是感恩戴德，更盼望着吕惠卿还有机会回到二府。因此他毫不犹豫，将默写下来的敕书文字藏在怀中，准备驰赴陈州。陈州离东京城不过三百里，只要中途换几匹租赁的马匹，完全可以一昼夜就到！

想到此，这位堂后官快马加鞭，飞驰而过，胯下的棕马也跑得更快了。

两日后，吕惠卿的奏疏发回了东京城，已送抵大内。御案上，赵官家看着累累万言，前后数十页纸张，乃命召宰相王安石独对。

王安石本于六月初八（壬辰日）官家批令罢折二钱后称病告假，后经官家遣使抚谕：“朕无间于卿，天日可鉴，何遽如此！”乃复起视事。

这一天午后，他正在政事堂里如往常一般处理政务公文，内侍急匆匆地赶来请他上殿，于是王安石放下文书，起身随内侍走向了官家所在的延和殿。

见到宰相到来，赵官家道：“吕惠卿进文字，卿可观览。”

王安石一揖，遂从御前双手接过奏疏，展开来看了起来。

只见吕惠卿写着：

邓绾等入奏，而中书出敕，如出一口。此非夕出于有势之口，朝书于言者之奏乎？臣不意宰臣王安石尽弃素学而隆尚纵横之末数，以为奇术，以至谮愬胁持，蔽贤党奸，移怒行狠，犯命矫令，罔上要君。凡此数恶，力行于年岁之间，莫不备具，虽古之失志倒行而逆施者，殆不如此。平日闻望，一旦扫地，不知安石何苦而为此也。

谋身如此，以之谋国，必无远图，而陛下既以不可少而安之，臣固未易言也。虽然，安石忌臣之心有甚而无已，故其所为无所顾藉。

一目十行下来，王安石几乎晕眩摔倒，好不容易才勉力维持住站立之姿。吕惠卿竟说他指使邓绾等矫诏欺君，百般迫害自己，说他如此倾邪之举，虽倒行逆施者亦不能为。更说他名望扫地，修身不谨，而当国秉政又岂能有平治天下的远大谋略?!

王安石自然想说这是胡扯! 可吕惠卿将敕书段落与邓绾、蔡承禧白简文字罗列在奏疏里，其文字之一致，实属有目共睹。便是吕惠卿不写，王安石也记得邓绾、蔡承禧的弹章，当然知道敕书确实与其近乎一模一样!

吕惠卿更写着:

今中书乃用罪人绾等之诬辞，出降敕命。匿其忮心[1]，托请小事，以脱误诏令之出，此皆奸贼之臣得以擅命作威于闇世者也，奈何安石今日之所为乃与之同事耶? 安石矫诬敕命，以令勘官，此甚明也。前之矫诬，必当彰败。陛下既令安石任政，若至于此而不稍裁抑，犹恐非长久之道。臣又窃料安石必不敢以此为名而求去，若以此求去，是敢以不义要陛下也，其可从乎? 况陛下平日以如何人遇安石，安石平日以何等人自任，不意窘迫乃至于此! 陛下固贤明超迈三代，然祖宗法度，君臣防闲，岂可为安石废也? 臣固死罪，惟臣之所论，皆中其肺肝之隐……

好一句"况陛下平日以如何人遇安石，安石平日以何等人自任"……官家以师臣、宰相恩遇安石，又对他言无不听、计无不从，可谓是尊崇已极，而安石一向更自许为古人君子，如今竟使出这样下三滥的手段来迫害他吕惠卿? 更目无君上，胆大妄为到矫诏以为指挥!

吕惠卿的话像一把把利刃插进了王安石的心中，可这些事情他不能承认，因为他确乎没有做过!

王安石深深地吸了一口气，抬起头看着御座上的官家赵顼:

"此事臣一无所知。"

赵官家见宰相王安石并没有免冠跪拜下去，而是立得笔直，他一时间也不发话。只是在心里想着，吕惠卿说的这一桩桩事情，眼下是铁证如山，王安石与邓绾、吕嘉问等人的关系他也心知肚明，若在平日，官家是断然不会去想有关王安石结党的问题的，可这会儿却由不得他不去想。吕惠卿这句"君臣防闲，岂可为安石废也"重重

---

[1] 忮心，指嫉害、妒忌之心。

地敲打在官家的心坎里。他更不由自主地想到三年前文彦博罢枢密使时说的那番话："今安石虽吕惠卿、曾布不能两平；虽薛向、吕嘉问难以无事，陛下以之治数人尤未能安，乃置诸上宰，欲令天下安，其可得乎！"曾布、吕惠卿先后与王安石反目，这居然让文彦博一一说中！

官家终于开口道："朕亦不疑卿有此。然不知敕书竟何以有邓绾、蔡承禧文字杂入其中。"

王安石一揖道："且待臣检会查问，必令水落石出，再奏禀陛下。"

当日放衙后，王安石回到东府内相府。他知道吕惠卿奏进这样的章疏，是因为认定了这件事背后的主谋是他王安石。在吕惠卿看来，既然王安石无论如何不愿放过已经出外的自己，那自然只能鱼死网破，攻击王安石是权臣奸贼了。

但这究竟是谁做的呢？要做成这样的事情，须得中书门下许多官吏上下串联，然则首先就必须有都检正吕嘉问参与！可吕嘉问自己有这样的胆量么？

左思右想下，王安石想到了儿子王雱。

他来到王雱的寝阁外，见门开着，儿子正在里面写字。近些时日王雱的病情似乎是好了许多，已不须每日都卧床不起了。

见父亲到来，王雱放下笔，瘦削的脸上浮现出笑容。可他分明看到王安石铁青的面色，乃终于意识到有所不妙了。

"爹爹，这是怎么了？"

王安石盯着王雱的双眸，径直问道："下发给两浙制勘院的敕书指挥，里头有邓绾、蔡承禧弹劾吕惠卿的文字，这事可是你让吕嘉问他们做的？"

王雱还想矢口否认，但他不免慌乱，乃道："爹爹何以如此说？"

"吕惠卿从陈州发的实封状里已写明！"王安石陡然吼道，"今日官家乃在便殿里拿奏疏与我看！"

"此事断无可能！吕惠卿不可能知道才是！"王雱极是震惊。

王安石叹道："大哥你糊涂！你自以为神不知鬼不觉，可一份敕书要经手几人才发得出去？制敕院里几多官吏？只要有一人与吕惠卿有旧，尔等所做之事便自然能泄露出去！何况玩弄阴谋诡计，岂是君子之道？！"

王雱苍白的脸上神色数变，他扶着桌案，似自言自语道："福建子罢执政已大半年，何以有人给他通风报信？"

"大哥你如何这般天真？吕惠卿是何如人？他的才智、手段，你尚不清楚吗？能在京师留几个眼线，又有何稀奇？你千不该，万不该，使手段去打击他，你如此做，却置爹爹于何地？你想过没有？！"

面对父亲高声的质问，王雱猛抬起头，迎着王安石的眼神道："爹爹，我所做之一切皆是为了爹爹啊！吕惠卿用郑侠牵连四叔，用赵世居牵连李士宁，这都是在针对爹爹！他背叛爹爹，想要做宰相的心思已是路人皆知！虽然眼下他已出外，可若不对他痛加打击，堵住其回朝之路，天下人便都以为爹爹可欺！"

王安石一掌拍在桌子上，另一只手则指着儿子道："大哥你便真是只为了爹爹吗？你恐怕更是为了自己！你想着做一回执政，才无所不用其极！何况爹爹不是为了权位才做宰相，乃是为了百姓、社稷，为了上报官家知遇之恩，你现在却让天下人都以为是爹爹在擅改君命，以为爹爹结党自固、排挤异己，大哥你真是糊涂、荒唐，错得无可挽回！"

王安石不光是愤怒，更是对儿子失望，对官家愧疚，对自己几十年来所学、所追求的圣贤之道感到羞惭，无数的情绪在他心中翻腾、搅动着，他责问儿子的声音越来越响，相府里的不少仆役们都听到了……

王雱又何尝不是羞愧无地、愤恨内疚呢？蓦地，他感到眼前一阵发黑，随即大口大口地吐出暗红色的血液，他再也撑扶不住自己，重重摔倒在地上。王安石见状，慌乱地上前抱住儿子，大声疾呼着令人去请郎中。

次日，王安石遂向官家赵顼禀明前后原委，并请辞相，官家好言抚慰。消息传出，邓绾等人自然恐惧不已。

御史中丞邓绾已无退路，乃上章继续弹劾吕惠卿，云："吕惠卿罪恶之人，近因朝廷差官按治，抗章自列，尚敢凌蔑陛下股肱耳目之臣，乞赐重行屏窜。"

知谏院邓润甫亦奏："惠卿因朝廷差官案治，抗章自解，谩谰增饰，诋诬大臣，欲以致君之疑，薄己之罪。乞先行绌责，禁绝章疏。"

官家赵顼批答：并候李谏、蹇周辅秀州勘毕取旨。

六月十三（丁酉日），官家御批，令权检正中书五房公事吕嘉问、检正刑房公事张安国、提点五房公事刘袤、刑房堂后官张奕各延长磨勘二年，主事黄九皋以下各降罚有差。对外公布的理由，当然不会涉及王雱与吕嘉问等人串联之事，只是说吕惠卿上奏言朝廷推究其弟吕温卿的指挥札子里，"误"杂入御史中丞邓绾等奏疏内文字。故此次仅属于一次单纯的中书行政"事故"。

然而这显然只是官面文章的一种体面罢了，莫说在京百官，便是地方上的官员们也不能相信这种说法。所有人都知道，这是吕嘉问等有意针对吕惠卿，且在不少人眼中，在背后指使一切之人，自然是当朝首揆昭文相王安石。

眼下，宰相的东阁王雱已是卧病不起，虽然延请了众多名医诊脉开方，却不见功效。他几乎是日日咳血，加之疽复大溃烂，身体愈加虚弱。夫人吴氏日夜守护在儿子床前，整天以泪洗面。王安石自上表乞出后，亦告假不赴朝，见儿子病情加重，无奈之下，他甚至找来寺观的道士设坛斋醮，大陈楮钱，以向三清祈祷。

六月二十二（丙午日），官家下诏，特给假令宰臣王安石在家抚视儿子王雱病情，好生休养。

六月二十五（己酉日），已经在床上躺了十来天的王雱忽然有了精神，他令府中婢女拿来纸笔，不顾母亲吴氏的反对，执意要写诗。不多时，王安石亦来到了儿子的寝阁，只见王雱脸上浮着一层怪异的红光，正朝自己微笑着。

大宋的宰相双手颤抖地拿起儿子写的两首七绝，飘逸飞扬的笔墨写着：

> 一双燕子语帘前，病客无憀尽日眠。
>
> 开遍杏花人不到，满庭轻雨绿如烟。

往下又看去，乃写着：

> 霏微细雨不成泥，料峭轻寒透夹衣。
>
> 处处园林皆有主，欲寻何地看春归？

王雱忽然问道："爹爹，我还看得到春归吗？"

夫人吴氏泣不成声道："看得到，看得到，我们回江宁去，回江宁去……"

王安石再也控制不住，滚烫的泪水划过他坚毅的脸庞。

这位宰相心如刀绞地闭上了双眼，而王雱的手也终于垂了下去，脸上依旧带着淡淡的笑，屋子里所有人都哭了起来。

这一天，年轻的天章阁待制王雱病卒，年仅三十三岁。官家下诏赠王雱左谏议大夫。

灵堂遂在相府中布置起来。王旁穿着丧服代父母亲谢过吊唁的客人，王安石和夫人吴氏都是毁哀过度，也几乎倒下了，难以见客。邓绾、吕嘉问、张安国、练亨甫等人纷纷前来吊唁。

来到王雱的棺椁前，张安国乃声嘶力竭地哭喊道："元泽不幸未有子，今郡君妊娠，安国愿死，托生为元泽子嗣！"在场吊丧的京师百官无不愕然。

张安国的这个插曲很快传遍了京城，于是便有人为之作一语："程师孟生求速死，张安国死愿托生。"①王雱的死，本就引人议论，有了张安国这么一闹腾，京师更是浮议纷纷，甚至有说王雱是"替父受责"而死。

七月初八（壬戌日），官家下诏，许宰臣王安石候王雱丧事终七后供职，令其弟王安上护送王雱灵柩归葬江宁府。

王安石则写信给王珪，请其在御前为他开陈，乞许辞免昭文相一职。赵官家依旧不许，但特旨起复王安国，恢复其官身，除为大理寺丞、江宁府监当，以慰安石丧子之痛。只是没想到的是，恩命刚刚下发，除名以来郁郁寡欢的王安国因久于病中，竟没能赴任便病殁了。

八月初八（辛卯日），官家赵顼又下诏，命宰臣王安石上呈已故王雱所撰《论语解》《孟子义》，这显然也是一种慰藉了。

八月二十二（乙巳日），朝旨命天章阁待制张诜知熙州；昌州团练使、龙神卫四厢都指挥使苗授知河州；又除度支员外郎吕大防为龙图阁待制、知秦州。高遵裕及鲜于师中皆坐违法结籴，分别被罢免了熙河经略使、知熙州和河州知州的差遣。熙河与秦凤的易帅，在百官们看来，似乎标志着王韶，甚至是王安石在西北影响力的大幅下降，更有嗅觉灵敏的人认为，这预示着一个时代即将结束。

九月间，郭逵与赵卨的事情又烦恼着官家赵顼。原本郭逵就是赵卨乞请的主帅，又是赵卨的老上司，官家曾以为二人会同心协力，没料到却是两不相能。收复广南失陷城池及讨伐交趾的事情竟又横生波折。

御史中丞邓绾则极为担心失去权位，乃在上殿奏对时乞官家赐宅邸予王安石，又举荐王安石族中子弟女婿等进用为官或升迁。消息传到相府中，王安石乃写就奏疏，令人送银台通进司，奏乞黜责邓绾。

十月初五（戊子日），官家赵顼御批："翰林学士、权御史中丞邓绾操心颇僻，赋性奸回，论事荐人，不循分守，可落学士、中丞，以兵部郎中知虢州。"又诏以邓润甫为右谏议大夫、权御史中丞。

十月初九（壬辰日），诏横海军节度推官、崇文院校书、兼中书户房习学公事练亨甫身备宰属，与言事官交通，罢为漳州军事判官。

邓绾和练亨甫的相继罢官出外，更坐实了百官们对下两浙制勘院敕书一案的猜

---

① 《涑水记闻》卷十六："谏议大夫程师孟尝请于介甫曰：'公文章命世，师孟多幸，生与公同时，愿得公为《墓志》，庶传不朽，惟公矜许。'介甫问：'先正何官？'师孟曰：'非也，师孟恐不得常侍左右，自欲豫求《墓志》，俟死而刻之耳。'介甫虽笑不许，而心怜之。及王雱死，有习学检正张安国者，被发藉草，哭于枢前，曰：'公不幸，未有子，今郡君妊娠，安国愿死，托生为公嗣。'京师为之语曰：'程师孟生求速死，张安国死愿托生。'"

测，官家终于开始对此事问责，动手贬黜！如此一来，元台王相公又将何去何从呢？

十月十八（辛丑日），王安石妹婿朱明之罢权判刑部，出为权秀州知州。此或因邓绾举荐王安石族人，故官家迁怒于朱明之。

在相府中闭门不出的王安石时常枯坐于书斋里，寒翠儿几次进去送茶饭，相公却不曾吃上一口。这位黯然神伤的宰臣写下数首思归的诗作，趁着他在圈椅上睡着的机会，寒翠儿轻手轻脚地拿起桌案上的诗，默默看了起来：

> 追思尘迹故难忘，翠木苍藤水一方。
>
> 闻说精庐今更好，好随残汴理归艎。①

寒翠儿只是个婢女，她不懂得天下的大事，亦说不出什么"相公的变法大业全都舍弃不要了么"这样的话来，她只看到王安石经历了最信重的曾布、吕惠卿之背叛，又承受了长子王雱和胞弟王安国的先后去世，早就是伤心已极。在寒翠儿眼中，东京城不过是王安石的伤心之地，如今相公满心都是归去江宁的念头，又有何不好呢？

十月二十三（丙午日），文德殿宣麻："左仆射、兼门下侍郎、平章事、昭文馆大学士、监修国史王安石罢为镇南军节度使、同平章事、判江宁府，大敕系衔在陈升之之上，出入内廷，并依中书、枢密院臣僚例。"

以使相衔罢同平章事出外的大诏令制词，通篇无一贬语，罢宰相的原因，也明确为"俄属伯鱼之逝，遽兴王导之悲。引疾自陈，丐闲斯确②"。

随即又是三道大除拜的麻制：

以枢密使、工部侍郎吴充为同平章事、监修国史；以礼部侍郎、参知政事王珪为同平章事兼集贤殿大学士；以资政殿学士、右谏议大夫、知成都府冯京为给事中、知枢密院事。

王安石二次罢相，吴充与王珪拜为国史相、集贤相，冯京则去而复来，除为西府执政。如今的二府有宰相吴充、王珪，副相元绛，执政冯京、王韶、曾孝宽，以政见上的"新旧"来说，四人为支持变法的所谓"新党"，两人为反对变法的所谓"旧党"，这仍是一个参用新旧的二府班子。只是朝中自此已无王安石、文彦博这样一言九鼎的宰辅了，大权已完全掌握在官家赵顼手中。

---

① 王安石所作七言绝句《忆金陵三首其三》。

② 伯鱼，即孔子之子孔鲤，孔鲤字伯鱼。又王导之悲，指东晋名相王导有长子王悦，事亲至孝，不幸英年早逝，事如王安石之丧长子王雱，故用此典。

王安石一家乃搬出东府，寓居于定力院内，准备离京返回江宁。他又两度上表辞免使相，更在离开定力院时写作诗句明志：

江上悠悠不见人，十年尘垢梦中身。
殷勤未解丁香结，放出枝间自在春。①

在离京前最后的陛辞时，王安石于御前再乞抵达江宁府后改除宫观闲职，以便养疾自安，官家则是好言慰藉。

十月末，王安石一家离开东京汴梁。

属于王安石的时代，结束了。

---

① 王安石所作七言绝句《出定力院作》。

王安石二次罢相后相关大事编年

熙宁九年（1076年）

十月二十六（己酉日），权御史中丞邓润甫乞参用新旧（党），乞用恬默持重之人。

十月二十八（辛亥日），王安石女婿吴安持为群牧判官。

十一月初九（辛酉日），吕嘉问罢中书检正。

十一月十三（乙丑日），官家赵顼遣王安石女婿蔡卞（适次女）押送安石生日礼物。

十一月二十六（戊寅日），侍御史周尹论奏免役宽剩钱过多之弊。

是日，三司使沈括奏请差役、免役参用。

十一月二十七（己卯日），洮东安抚司奏，包顺（俞龙珂）等与鬼章战于多叶谷，斩首二百六十余级。

十一月三十（壬午日），知岷州种谔破鬼章于铁城，斩首八百余级。

是月，王安石抵达江宁府。宋军已入交趾。

十二月初四（丙戌日），王安石奏乞施私田与蒋山太平兴国寺，为父母及子王雱营办功德。

十二月初七（己丑日），皇第六子生（即哲宗赵煦），王安石上贺表。

十二月十一（癸巳日），郭逵领大兵入交趾，宋军告捷，溪峒悉降。

十二月十二（甲午日），权御史中丞邓润甫奏称免役法致使县镇弓手数锐减，故贼寇甚多。

是日，诏以昭宣使、入内押班李宪乘驿计议秦凤、熙河路经略司措置边事，以鬼章入寇故。

十二月二十一（癸卯日），富良江大战。宋军阵斩交趾洪真太子，生擒左郎将阮根，大败交趾，交趾国主乾德奉表请降，献纳五州之地，归还所掠宋人百姓。郭逵以宋军南征，疾疫横行，遂许之而班师。

十二月二十八（庚戌日），下诏悬赏鬼章、冷鸡朴首级，生擒者更厚赏之，若二人归顺，亦有封赏，令熙河经略司出榜晓谕。

是月，沈括除翰林学士，有《谢江宁府王相公启》。

熙宁十年（1077年）

正月，王安石两度上表乞罢使相，求宫观差遣。

二月十八（己亥日），枢密副使王韶罢执政，以观文殿学士、户部侍郎知洪州；后又坐谢表怨慢，落职，知鄂州。

二月二十五（丙午日），赐交趾国主李乾德诏，许依旧入贡，送还所掠省地人口。又以郭逵判潭州，赵卨知桂州。以征交趾移疾先还，逵既坐贬，卨亦以不即平贼，降直龙图阁、知桂州。

二月二十七（戊申日），给事中、知陈州吕惠卿为资政殿学士、鄜延路经略使兼知延州。

三月初二（壬子日），提举江南路常平朱炎传圣旨，许王安石便视府事，上谢表。

四月初二（辛巳日），枢密直学士、给事中、知定州薛向为工部侍郎，再任。

六月十四（壬辰日），以王安石累乞罢使相，又请宫观，乃罢判江宁府，以使相领集禧观使。遂屡上札再乞罢使相，官家赵顼不允。

七月初九（丁巳日），翰林学士、权三司使沈括为集贤院学士、知宣州，以蔡确弹劾沈括暗指新法可变，奔走宰相吴充府邸之故。

七月二十七（乙亥日），贬宣徽南院使、雄武军留后郭逵为左卫将军，西京安置；赵卨为左正言、直龙图阁，依旧知桂州。以御史知杂蔡确言郭逵经制安南移疾先还，赵卨措置粮草乖方及不即平贼故。

八月十一（戊子日），镇南军节度使、同平章事王安石再上表，请以本官充集禧观使；诏不允，仍遣安石弟权发遣度支判官王安上赍诏往赐之。而王安石再上札乞罢使相。

八九月间，王安石妻弟吴颐至江宁府，后因与江宁知府元积中冲突，府吏至王安石府上追问，官家赵顼于十一月移元积中知洪州。

十月十一（戊子日），安石弟王安上权发遣江南东路提点刑狱，特诏于江宁治提刑司公事，以便照顾兄长王安石。

十月十八（乙未日），知河阳、翰林侍读学士吕公著提举中太一宫，赴阙入对。

十月二十一（戊戌日），吕嘉问直昭文馆、知江宁府，以便就近照顾安石。王安石喜之，作诗《招吕望之使君》："潮沟直上两牛鸣[①]，十亩潆涟一草亭。委质山林如许国，寄怀鱼鸟欲忘形。纷纷易变浮云白，落落谁钟老柏青。尚有使君同好恶，想随秋水肯扬舲。"

十一月二十三（庚午日），西蕃邈川大首领、保顺军节度使董毡为西平军节度使；青宜结鬼章为廓州刺史，阿里骨为松州刺史。以董毡连续遣使入贡故。

是月，王安石受封舒国公，上谢表；又以南郊恩加食四百户、实封一百户，亦上谢表。

十二月十七（癸巳日），韩缜等上呈与辽人往复公移及相见语录及地图，诏韩缜同吕大忠以耶律荣等赍来文字、馆伴所语录、刘忱等按视疆场与北人论议及朝廷前后指挥，分门编录以闻。此事标志熙宁年间宋辽边界划分争议基本结束，时人称"割地七百里"。

是年，王安石解《金刚经》《维摩诘经》，上呈官家赵顼御览。

元丰元年（1078年）

正月初九（乙卯日），以屡辞使相，乃以本官领集禧观使。

闰正月初六（辛巳日），翰林侍读学士、宝文阁学士、提举中太一宫吕公著兼端明殿学士、知审官西院。

闰正月二十四（乙亥日），太傅兼侍中致仕、鲁国公曾公亮卒。安石后为文祭之。

是月，曾孝宽丁父忧。

二月，王安石与知江宁府吕嘉问游八功德水，作诗《与望之至八功德水》："念方与子违，懔悒夜不眠。起视明星高，整驾出东阡。聊为山水游，以写我心悁。知子不餔糟，相与酌云泉。"

是月，王安石为子王旁乞添差勾当江宁府粮料院，上谢表；安石病愈，陈升之来探望。

四月十二（乙卯日），知谏院蔡确为右谏义大夫、权御史中丞。

九月十四（乙酉日），端明殿学士吕公著、枢密直学士薛向并同知枢密院事。

是月，因江东转运判官何琬弹劾吕嘉问违法不公，致吕嘉问改知润州，王安石作

---

① 一作"潮沟东路两牛鸣"。

诗《邀望之过我庐》《闻望之解舟》相送，甚为不舍。①

十月，诏安石弟江东提刑王安上不许回避，依前指挥同推鞫吕嘉问事。

是月，安石弟王安礼知湖州。

十一月二十八（戊戌日），诏管军臣僚以下至诸军班衔内带功臣者并罢。自此，罢功臣号。南宋绍兴时又有之。

是月，皇八子生，王安石上贺表。

是月，太学生钟世美上书，乞官家赵顼再起王安石于山林，用以提举太学。

是月，王安石为刘定撰《庐山文殊像现瑞记》，有云："某曰：'有有以观空，空亦幻；空空以观有，幻亦实。幻实果有辨乎？'"

十二月，孙觉知福州，过江宁探望王安石，又作书答之。

是月，游北山，与高僧安大师同宿，作诗《示安大师》；又与行祥上人游，有诗《宿北山示行祥上人》："都城羁旅日，独许上人贤。谁为孤峰下，还来宴坐边。是身犹梦幻，何物可攀缘。坐对青灯落，松风咽夜泉。"

元丰二年（1079 年）

正月初九（己卯日），诏："自正月七日以前，市易本息之外所负罚钱悉蠲之。"凡数十万缗。负本息者，延期半年。

三月十七（丙戌日），太子中允、集贤校理、知谏院徐禧为右正言、直龙图阁、权发遣渭州，出为泾原帅。

四月十九（丁巳日），陈升之以检校太尉依前同平章事、镇江军节度使、秀国公，致仕。

春，营建半山园，王安石平素常骑驴出游。

五月十七（甲申日），元绛罢参知政事，出知亳州，后改颍州。

五月二十一（戊子日），蔡确为参知政事。

是月，吕嘉问落职冲替，免勒停，过江宁，王安石与之同游东岭，作诗《与吕望之上东岭》，有云："微云会消散，岂久污尘滓。所怀在分衿，藉草泪如洗。"于中可见王安石对吕嘉问之安慰，及与之情谊之深。

六月，门人陆佃除集贤校理，致谢启于王安石。

七月，安石弟王安礼直舍人院。

---

① 王安石前后当国凡八年，几乎众叛亲离，只吕嘉问与其始终。后王雱之女嫁吕嘉问之子为妻，亦可见王安石待吕嘉问之亲厚一如往昔。

是月，御史中丞李定等弹劾苏轼，苏轼陷乌台诗案。后王安石上书救之，谓："岂有圣世而杀才士者乎！"

十月，太皇太后崩，王安石上表慰问。

十二月二十六（庚申日），祠部员外郎、直史馆苏轼，责授检校水部员外郎、黄州团练副使、本州安置。

是月，安石女婿蔡卞除国子监直讲。

是年，王安石解《华严经》。

是年，王安石多作集句诗词，混然如出于己。①

是年，湖州高僧端禅师来访，做偈子赞颂王安石新法，谓："南无观世音，说出种种法。众生业海深，所以难救拔。往往沉没者，声声怨菩萨。"

元丰三年（1080 年）

正月，吕嘉问贬知临江军，王安石为之送行，且赋诗。

二月，章惇参知政事，应有谢启，王安石遂有书启贺之，且再回其书。

三月，吴充以疾辞，遂罢相，为观文殿大学士、西太一宫使。

四月，吴充病殁，王安石为诗文祭之。

八月，王安石上札乞改《三经新义》中误字，又上札乞改《诗义》中字。

是月，王安石上表辞召赴京师明堂陪位。

九月十六（乙亥日），正官名，详定官制所上以阶易官寄禄新格②，此即厘定新官制的"元丰改制"。

九月二十六，王安石拜特进，改封荆国公，加食邑四百户、食实封一百户，王安石上谢表。

是月，薛向、孙固除枢密副使；冯京拜枢密使；吕公著枢密副使。薛向寻罢执政，出知随州。

是月，加文彦博河东、永兴军节度使，以富弼为司徒。

是月，安石弟王安上追官勒停。

是月，得长女（吴安持妻）诗："西风不入小窗纱，秋气应怜我忆家。极目江南千里恨，依然和泪看黄花。"安石赋诗《次吴氏女子韵》："秋灯一点映笼纱，好读楞

---

① 后世将王安石后期的诗歌体制风格称为"荆公体"，或称"介甫体"，而以荆公体名王安石五、七言绝句，始于南宋严羽《沧浪诗话》。

② 寄禄新格，官制改革中新制定的一种官员薪酬制度。寄禄新格规定，官员的薪酬不再按照官职的等级来确定，而是按照官员的实际职务和工作量来计算。

严莫念家。能了诸缘如梦事，世间唯有妙莲花。"

是年，解《楞严经》。

是年，有疏请高僧法秀入主蒋山太平兴国寺。

是年，有书答曾巩，谓："方今乱俗不在于佛，乃在于学士大夫沉没利欲，以言相尚，不知自治而已。"

元丰四年（1081 年）

正月，枢密使冯京罢知河阳。孙固知枢密院，龙图阁直学士韩缜同知枢密院事。

三月，章惇罢参知政事，外知蔡州，坐父章俞强占民田，而报上不实。

是月，翰林学士张璪为参知政事。

是月，安石弟王安礼为翰林学士。

是月，薛向卒于随州任上。

四月，西夏国主秉常被母亲梁太后囚禁，种谔奏请用兵兴、灵，一举灭夏。

五月，皇八子薨，王安石上表慰官家赵顼。

六月，王韶卒于洪州任上。

是月，诏："陕西路缘边诸路，累报夏国大集兵至，须广为之备。以东上阁门使、文州刺史种谔为鄜延路经略安抚副使，应本司事与经略安抚使沈括从长处置。"调发内地二十三将兵马，发往陕西诸路。

八月，李宪部出熙河，种谔部出鄜延，高遵裕部出环庆，刘昌祚部出泾原，王中正部出河东，"五路伐夏"开始。

九月，宋军正式进攻。种谔出绥德，围攻米脂寨，于无定川大败西夏数万援军。李宪攻克兰州，并筑城。

是月，熊本赴广州知州，途经江宁，与王安石游。

十月，宋军节节胜利，攻占米脂、银州、韦州、夏州、宥州等地。

十一月，刘昌祚部围灵州城，城门不及关闭，几乎破城，以高遵裕争功故，令其不得亟攻城，刘昌祚受高遵裕节制，乃不敢破城，西夏遂闭门死守，宋军仅环庆、泾原两军抵灵州城下，攻城十八日不克。西夏决河水淹宋军，环庆、泾原军撤退，为西夏追击，大溃，其余诸路宋军遂亦退。五路伐夏失败。

是月，女婿蔡卞为崇政殿说书。

是年，删定《字说》。

是年，作《元丰行示德逢》《后元丰行》，歌颂元丰之政。

元丰五年（1082 年）

正月，责授高遵裕郢州团练副使、本州安置，刘昌祚永兴军钤辖。唯种谔以米脂寨功迁官，为泾原经略使兼知渭州。宣庆使、宣州观察使、入内副都知、都大专切经制熙河路边防财利事李宪为泾原路经略安抚制置使。官家赵顼再议西讨夏国。

三月，陈绎知江宁府，与王安石游北山。

是月，江西仓使刘谊勒停，来游江宁，亦书启劝王安石再起，以除新法之不便民者，王安石回书婉拒。

四月二十三（甲戌日），安石弟王安礼为中大夫、守尚书右丞，成为副相执政。

四月二十五（丙子日），安石女婿蔡卞试起居舍人。

是月，门人陆佃试中书舍人，陆佃来谢启，王安石回信。

是月，直龙图阁徐禧为知制诰兼御史中丞。

是月，王珪为尚书左仆射兼门下侍郎，蔡确为尚书右仆射兼中书侍郎。即以王珪为左相，蔡确右相。

是月，知定州章惇为门下侍郎，参知政事张璪为中书侍郎，翰林学士蒲宗孟为尚书左丞。并为副相。

是月，吕公著罢执政，出知定州。

五月，种谔率军西讨，得银、夏、宥三州而不能守。知延州沈括请城古乌延城以包横山，下瞰平夏，使敌不得绝沙漠。甲辰，遣给事中徐禧及内侍押班李舜举往鄜延议之。

是月，王安石作《歌元丰》颂时政。

是月，吕惠卿有书启求和。荆公答曰："安石启：与公同心，以至异意，皆缘国事，岂有他哉！同朝纷纷，公独助我，则我何憾于公？人或言公，吾无预焉，则公亦何尤于我。趋时便事，我不知其说焉；考实论情，公亦宜照于此。开谕重悉，览之怅然！昔之在我，诚无细故之疑；今之在公，尚何旧恶足念？然公以壮烈，方进为于圣世；而某萧然衰疾，将待尽于山林。趋舍异事，则相煦以湿，不若相忘之为愈也。趋召想在朝夕，唯良食自爱。"

六月，吕惠卿遭母丧，王安石再回书。

是月，修成《字说》，有诗自嘲。后上呈《字说》二十四卷，亦有诗记之。

七月，徐禧至延州，与沈括定议，先城永乐。

是月，皇九子生，王安石上贺表。

八月，吕惠卿以资政殿大学士知太原府，王安石有《再答吕吉甫书》。

是月，种谔反对筑城永乐，徐禧奏留谔守延州，而自率诸将往筑之。

九月初一（己卯日），官家赵顼不豫，十三日康复，王安石上表贺之。

九月初六（甲申日），永乐城成，距故银州治二十五里，赐名银川砦。徐禧等还米脂，以兵万人属曲珍守之。次日，西夏兵马来攻。至中旬末，以城中缺水，又西夏围攻甚急，宋军大败，徐禧、李舜举等战死，官军伤亡多达一万两千人以上，汉蕃将官阵亡者二百三十人，此即永乐之败。

十月，官家赵顼得知永乐宋军覆没后，对辅臣泣。

是月，皇十一子生，王安石上贺表。

是月，女婿蔡卞试中书舍人；女婿吴安持为驾部郎中。

是年，王安石编《四家诗选》，四家即杜甫、李白、韩愈、欧阳修。

元丰六年（1083 年）

正月，曾巩在江宁病，王安石每日往探视。

二月，夏人围兰州，为宋军击退。

春，魏泰来拜访，王安石与其游钟山法云寺。

三月，李复圭知荆南，赴任途中来访，王安石与之见于半山园。

四月，种谔卒，曾巩卒。

五月，西夏再寇兰州，围城九日。

闰六月，夏主秉常遣使来贡，欲再修盟好。

是月，守司徒、开府仪同三司韩国公富弼卒。

七月，王安石上表辞免南郊陪位，官家赵顼诏允，上谢表。

是月，知枢密院事孙固引疾求去，遂罢为观文殿学士、知河阳。同知枢密院韩缜知枢密院事，户部尚书安焘同知枢密院事。

八月，安石弟王安礼为尚书左丞。李清臣为尚书右丞，蒲宗孟罢执政出知汝州。

九月，皇十二子生，王安石上谢表。

是月，刘攽贬衡州监当，过江宁拜谒，王安石为集句诗送行。

十一月，河东节度使、守太尉、开府仪同三司、判河南府、潞国公文彦博为河东节度使、守太师、开府仪同三司致仕。王安石有贺启。

是年，江淮荆浙发运副使蒋之奇来书问以佛法疑惑，王安石作《答蒋颍叔书》，有云："所谓性者，若四大是也；所谓无性者，若如来藏是也。虽无性而非断绝，故曰一性所谓无性。曰一性所谓无性，则其实非有非无，此可以意通，难以言了也。惟无性，故能变；若有性，则火不可以为水，水不可以为地，地不可以为风矣。长来短对，动来静对，此但令人勿著尔。若了其语意，则虽不著二边而著中边，此亦是著。故经曰：'不此岸，不彼岸，不中流。'……若知应生无所住心，则但有所著，皆在所诃，虽不涉二边，亦未出三句。若无此过，即在所可，三十六对无所施也。《妙法莲华经》说实相法，然其所说，亦行而已。故导师曰'安立行、净行、无边行、上行'也……佛说有性，无非第一义谛，若第一义谛，有即是无，无即是有，以无有像计度言语起，而佛不二法。离一切计度言说，谓之不二法，亦是方便说耳。"

元丰七年（1084 年）

正月，黄州团练副使苏轼量移汝州。

是月，黄庭坚过江宁来拜谒，王安石与之谈论诗文，颇欢。

春，王安石似有中风症状，官家赵顼遣医者诊治。后又遣使赐金，安石不受，送蒋山修寺祈福，祝延皇帝圣寿。

五月，诏王安石女婿中书舍人蔡卞给假一月，往江宁府省视王安石疾病。

六月，王安石上札子，乞以所居江宁府上元县园屋为僧寺，乞皇帝赐名额，官家赵顼许之，赐额报宁禅寺。

是月，王安石自此租屋居住，不复造宅。

七月，苏轼北迁，过江宁来访，王安石与之游，叹赏苏轼才情。

是月，安石弟王安礼罢尚书左丞，出知江宁府。

八月，太子少保致仕赵抃卒。

九月，苏轼自真州来书，举荐秦观。

十月，西夏入寇熙河路。

是月，蔡卞试给事中。

十一月，蔡卞兄长中书舍人蔡京为龙图阁待制，权知开封府。

十二月，端明殿学士兼翰林侍读学士司马光为资政殿学士，赏《资治通鉴》修成之功劳。

元丰八年（1085 年）

正月，官家赵顼不豫，大赦天下。

二月，官家病危，迁御福宁殿，三省、枢密院入问，见帝于榻前。首相王珪言："去冬尝奉圣旨，皇子延安郡王来春出阁，愿早建东宫。"凡三奏，帝三顾，微首肯而已。又乞皇太后权同听政，候康复日依旧，帝亦顾视首肯。

三月初一（甲午日），执政诣内东门，入问候，皇太后垂帘，皇子立帘外，遂宣制，立为皇太子，改名煦，又诏："应军国政事，并皇太后权同处分，候康复日依旧。"

三月初五（戊戌日），官家赵顼崩于福宁殿，年三十有八。宰臣王珪读遗制："皇太子即皇帝位。尊皇太后为太皇太后，皇后为皇太后，德妃朱氏为皇太妃。应军国事，并太皇太后权同处分，依章献明肃皇后故事。"

是日，皇太子赵煦① 登极即位。

三月二十七（庚申日），王安石为司空。

四月，资政殿大学士吕公著兼侍读。

是月，资政殿学士司马光知陈州。

是月，河东经略使、知太原府吕惠卿遣步骑二万袭夏人于聚星泊，斩首六百级。

是月，王安石书《楞严经旨要》。

是月，司马光上疏抨击，乞开言路言新法之不便，又再上疏乞罢保甲等新法。此可视为"元祐更化"的先声。

是月，按问自首法改除。

五月，司马光为门下侍郎，成为副相执政，再上疏乞罢废新法，恢复祖宗制度。

是月，苏轼复朝奉郎、知登州；诏吕公著乘传赴阙；程颢为宗正寺丞。

是月，首相王珪薨，蔡确为左仆射首相、山陵使。

是月，知枢密院事韩缜为尚书右仆射兼中书侍郎，门下侍郎章惇知枢密院事。

六月，吕公著上奏乞更张新法。

七月，吕公著为尚书左丞执政。

是月，司马光乞尽罢诸处保甲、保正长使归农。依旧置耆长、壮丁，巡捕资贼；户长催督税赋。其所养保马，拣择勾收，太仆寺量给价钱，分配两骐骥院、坊、监、诸军。蔡确等执奏不行。

是月，罢诸镇市易、抵当。

八月，罢诸州市易、抵当；罢府界新创牧马监并经度制置牧马司；罢三路提举保甲钱粮官。

九月，罢免行钱。

是月，上大行皇帝赵顼谥曰英文烈武圣孝皇帝，庙号神宗。

是月，秘书少监刘挚为侍御史；朝奉郎、知登州苏轼为礼部郎中。

---

① 赵煦，即宋哲宗。

十月，罢方田均税法。

是月，散军器所兵匠。

是月，安石女婿蔡卞、门人陆佃罢侍讲。

十一月，程颐为汝州团练推官、充西京国子监教授，用司马光、吕公著、韩绛之荐。

是月，罢诸县巡教保甲官。

元祐元年（1086 年）

正月，台谏累弹劾蔡确、章惇、韩缜等新党宰执。

是月，刘挚、王岩叟力奏免役、青苗之不便。

是月，司马光病，乞速罢免役法。

是月，元丰保马法罢废。

二月，命蔡确提举修《神宗实录》，以邓温伯、陆佃并为修撰官，林希、曾肇并为检讨官。

是月，司马光乞"指挥降诸路转运使下诸州县，限五日内县具利害申州，州限一月申转运司，司限一季奏闻"，以定差役事数额、细则等，准备恢复差役法，尽废免役。

是月，侍御史刘挚为御史中丞。

是月，武威郡王、湟州吐蕃赞普董毡卒，其养子阿里骨为河西军节度使，封宁塞郡公。

是月，司马光奏复差役法，既得旨，知开封府蔡京即用五日限，令两县差一千余人充役，亟诣东府白光。光喜曰："使人人如待制，何患法之不行乎！"

是月，苏轼劝说司马光，不可骤改役法，以为免役亦有便民处，司马光不能听。

闰二月，蔡确罢相，以观文殿大学士知陈州出外；章惇罢知枢密院事，以本官知汝州。

是月，司马光拜尚书左仆射兼门下侍郎，成为首相，又命其提举修《神宗实录》。王安石时已病，弟安礼以邸报示安石，安石曰："司马十二丈作相矣！"怅然久之，知其欲罢废新法。

是月，诏英州编管人郑侠特放自便，仍除落罪名，尚书吏部先注旧官，与合入差遣。

是月，同知枢密院事安焘知枢密院事，试吏部尚书范纯仁同知枢密院事。

是月，李清臣为尚书左丞；吕大防为尚书右丞。

是月，刘挚抨击《三经新义》，乞科场禁《字说》。

是月，王安石闻旧党变役法，愕然不乐。

三月，司马光上疏欲废王安石新学。

是月，苏轼除中书舍人；程颐崇政殿说书。

是月末，王安石病重，折花作诗《新花》："老年少忻豫，况复病在床。汲水置新花，取慰此流芳。流芳柢须臾，我亦岂久长。新花与故吾，已矣两可忘。"陆游后谓此是王安石绝笔诗，不复更作诗。

四月，韩缜罢右相，出为京西北路安抚使、知颍昌府。

四月初六（癸巳日），观文殿大学士、守司空、集禧观使、荆国公王安石薨，年六十六。诏再辍视朝，赠太傅，推遗表恩七人，命所在应副葬事。又赠太傅，制词由苏轼当笔。太学诸生吊祭，一日三千人。

四月二十六（癸丑日），弟王安礼乞终满江宁知府任，以营办兄王安石丧葬事。

是月，王安石葬于蒋山东三里，与弟王安国、子王雱坟茔相望。

是月，陆佃作文，率诸生供佛以祭奠安石。

是月，苏轼、黄庭坚有诗缅怀安石。

五月初一（戊午日），河东节度使、开府仪同三司致仕、潞国公文彦博落致仕，特授太师、平章军国重事；吕公著拜右相；韩维门下侍郎。

是月，苏辙弹劾吕惠卿。

六月，资政殿大学士、正议大夫、提举嵩山崇福宫吕惠卿落职，降为中散大夫、光禄卿、分司南京，苏州居住。苏辙、刘挚、王岩叟相继论惠卿罪恶，故有是命。

是月，吕惠卿责授建宁军节度副使，本州安置，不得签书公事。从王岩叟等四人所奏。

是月，罢市易，令各市易衙署留一员官吏急速了结一切事宜，随即关闭之。

是月，司马光请罢废将兵法，遂诏陕西、河东、广南将兵不出戍他路。

是月，夏主遣使来求兰州、米脂等五寨，司马光言欲弃地予西夏。时异议者众，唯文彦博与司马光合，太皇太后将许之。司马光、文彦博欲并弃熙河路予夏国，安焘等固争之，司马光一时乃止，遂只割让米脂、浮图、葭芦、安疆四寨于夏国。

是月，议论配享神宗庙庭，初议或欲以王安石配享，后终改以富弼。

八月，诏复常平旧法，罢青苗钱。青苗法被废。司马光本欲改善青苗法弊端后继续施行，而刘挚谓，若以青苗为是，则吕惠卿无可责，以此推之，奸臣率皆不可责。司马光遂大悟，力乞罢废青苗法。

是月，司马光以疾作，先出都堂，遂谒告，自是不复入朝。

九月初一（丙辰日），尚书左仆射兼门下侍郎司马光卒，年六十六。太皇太后哭之恸，官家赵煦亦感涕不已。明堂礼毕，皆临奠。赠太师、温国公，谥文正，御篆表其墓道曰"忠清粹德之碑"。

是月，苏轼除翰林学士。

十月，赐范镇诏，落致仕，除兼侍读，诏书到日，可即赴阙。

十一月，尚书右丞吕大防为中书侍郎，御史中丞刘挚为尚书右丞。

是月，傅尧俞除御史中丞，苏辙为中书舍人。

元祐三年（1088 年）

十二月，江宁府司理参军、郓州教授周穜罢官，以刘安世、苏轼言其乞以王安石配享神宗庙庭故。

绍圣元年（1094 年）

四月，官家赵煦亲政，绍圣绍述开始。

是月，诏王安石配享神宗庙庭。

是月，蔡卞请重修《神宗实录》，后曾布请以王安石《日录》参照重修。

五月，加王安石谥号为"文"，故后世称"王荆文公"。

六月，除《字说》之禁。

十月，国子监雕印《字说》。

绍圣二年（1095 年）

正月，雕印颁行《洪范传》。

三月，雕印颁行王雱所撰《论语解》《孟子义》

是年，赠王安石太师。

崇宁三年（1104 年）

六月，王安石配享孔子庙庭，位孟子之后。

是月，立书学，《字说》盛行。

十一月，行三舍法，王安石新学风靡天下。

政和三年（1113 年）

正月，追封王安石舒王。

三月，追封王雱临川伯，从祀文宣王孔子庙。

靖康元年（1126 年）

四月，《字说》再遭禁。

五月，程颐高足杨时上疏抨击王安石，乞追夺王爵、罢配享、断王氏新学之谬。遂罢配享，只从祀孔庙。

建炎三年（1129 年）

六月，赵鼎奏乞正王安石致北宋灭亡之罪，遂罢王安石配享神宗庙庭。

绍兴元年（1131 年）

七月，高宗谓王安石新法、新学乃靖康祸首，"皆由此也"。

绍兴四年（1134 年）

八月，追王安石舒王告，毁抹。

淳熙四年（1177 年）

七月，罢王雱孔庙从祀。

淳祐元年（1241 年）

正月，罢王安石孔庙从祀。

图书在版编目（CIP）数据

王安石当国 / 王晨著. -- 上海：上海社会科学院
出版社，2024. -- ISBN 978-7-5520-4425-6

Ⅰ.K244.05

中国国家版本馆 CIP 数据核字第 20243ME926 号

王安石当国

著　　者：王晨
责任编辑：周萌
封面设计：璞茜设计
出版发行：上海社会科学院出版社
　　　　　上海顺昌路 622 号　邮编 200025
　　　　　电话总机 021-63315947　销售热线 021-53063735
　　　　　https://cbs.sass.org.cn　E-mail:sassp@sassp.cn
照　　排：北京颂煜文化传播有限公司
印　　刷：上海万卷印刷股份有限公司
开　　本：710 毫米 ×1010 毫米　1/16
印　　张：40.5
字　　数：786 千
版　　次：2024 年 7 月第 1 版　　2024 年 7 月第 1 次印刷

ISBN 978-7-5520-4425-6/K · 728　　　　　　　定价：98.00 元